한국의 꿈해몽 비결서

박 재 홍

탑북스

사랑받아 마땅한

______________________ 님께

드리는 선물입니다.

프롤로그

혹시, 독자분께서는 어제 무슨 꿈을 꾸셨는지요? 그럼 그 꿈이 무슨 의미인지, 대박이 날 꿈인지, 쪽박이 날 꿈인지. 궁금하실 것입니다. 이 책은 그 꿈을 제대로 풀어 드리겠습니다. 지금부터 여러분이 꾸신 꿈 풀이의 여정을 시작합니다.

그런데 많은 분들로부터 저자의 정체는 뭡니까? 역술가나 무속인이신가요? 이런 질문을 많이 받고 있는데, 저자의 답변은 아니에요, 법을 전공한 법학자입니다. 대학교수이구요. 그러면 또 질문을 받죠. 교수님이 어쩌다가 꿈을 연구하셨는지요? 저자는 되묻기 답변합니다. 법을 공부한 사람이 꿈을 연구했다는 것이 신기하시죠? 꿈은 법과는 다른 분야인 것은 맞는데요. 그러나 꿈과 인간의 심리를 연관지어 보면, 인간의 심리가 꿈을 통해 그대로 나타난다고 볼 수 있습니다. 즉, 현실 속에서 행해지고 있는 것들이 사람의 꿈을 통해 드러난다고 보기 때문에 범죄자의 심리 또한 꿈으로 드러날 수 있다고 생각합니다. 그래서 꿈과 범죄와의 연관성에 대해 연구하다 보니까 꿈 해몽을 단순히 미신으로만 치부하지 말고, 꿈에 대한 과학적이면서도 논리적인 접근이 필요하다고 생각해서 꿈 해몽을 연구하게 되었습니다.

저자의 「한국의 꿈 해몽 비결서」 초판발행이 나간 후 독자님들의 열화에 힘입어 초판발행 후 6년 만에 초판에 내용을 보완하고, 그간 MBN방송국의 「엄지의 제왕」에 꿈해몽 고수로 출연과 "꿈 칼럼니스트"로 신문기고 등의 자료를 모아 더욱 알찬 모습으로 만나고자 출간하게 되었습니다.

이 책을 보시면 독자 여러분 모두, 본인의 꿈이 대박의 비밀이 담겨져 있는 길몽인지 태몽인지 흉몽인지 알 수 있도록 꿈 풀이를 쉽게 할 수 있습니다. 그렇다면 먼저 미래의 대박을 찾고자 하는 우리가 가장 꾸고 싶어 하는 꿈! 대박 꿈은 과연 어떤 것인지, 왜 대박 꿈으로 풀이가 되는 것인지, MBN 「엄지의 제왕」에서 수 차례 방송출연하면서 이미 꿈 해몽의 고수(高手)로 검증된 저자는 이 책에서 실제 사례와 그림을 통해 쉽게 알 수 있도록 재밌고 흥미진진하게 제시하고 있습니다. 따라서 이 책은 우리가 꾸는 꿈을 과학적이고 논리적으로 풀이하는 비법을 알려 줄 것으로 믿고 싶습니다.

잠을 자고 있는 사람의 얼굴에 얼음물을 뿌리거나 시계 소리를 들려주면, 꿈의 내용이 변한다는 실험이 있습니다. 인류가 잠을 잘 때부터 꿈은 있었고, 그렇게 긴 역사가 있기 때문에 그 통계자료를 무시할 수 없다고 생각합니다. 하지만 이렇듯 작은 자극으로도 꿈이 바뀔 수 있다는 것은 사람의 노력으로 운명도 바꿀 수 있다는 하나의 힌트가 아닐까요. 그러니 독자 여러분께서는 꿈을 믿어야 하나, 아니냐는 결론 없는 공방은 생략하시고 우리 민족의 정서가 담긴 꿈풀이를 통해 일상의 행복을 열도록 하시어, 좋은 꿈으로 생활의 힘을 받으시고, 나쁜 꿈으로 좀 더 조심스럽게 생활할 수 있는 계기를 만든다면 우리의 불완전한 미래에 있어서 행복을 창조할 수 있다고 생각합니다.

끝으로, 각박하고 불확실한 시대의 고달픈 현대인에게 현재와 미래에 행복하기 위한 화두지침과 마음의 위안이 되기 위한 이 책이 나오기까지 도와주신 분들이 있습니다. 부록의 기도문 버전을 베푸신 부산거제리의 보문정사 각광스님, 해박한 지식과 누구나 행복하게 웃게해 주시고 천진과 순수함까지 갖춘 불방의 스타이신 부산 사직동 단나사의 상현스님, 그림을 제공하여 주신 이임춘 화가님, 윤형선 화가님, 일러스트 편집과 사진 이미지 작업을 해주신 동서대학교 방송영상학과 황벼리 양과 힘을 보태주신 MBN 방송국「엄지의 제왕」변세미, 진수정, 손효진 작가님들 그리고 주위의 지인 및 출판을 흔쾌히 허락해주신 도서출판 탑북스 김광식 대표님과 이 책의 제작에 아낌없는 정성을 쏟아주신 이신정 주간님을 비롯한 편집부에도 진심으로 감사드립니다.

2015년 1월 15일

법운서원에서 저자 씀

일러두기

＊ 꿈 해몽서가 왜 필요한가? 꿈을 꿀 수 없는 사람도 있다. 이런 사람들은 특정 항우울제 등 약물을 복용하는 사람이거나 어리석은 사람이든지 반대로 도덕적 수행이나 깨달음의 경지에 도달한 지인(至人) 등이다. 그러면 어리석지도 지인도 아닌 평범한 우리는 개인마다 가지고 있는 인생의 목적을 실현하고자 언제나 꿈을 꿀 수밖에 없을 것 같다. 만약 꿈을 꾸지 않는다면 이미 우리는 평범하지도 않은 사람일지도 모른다. 그러기에 현재와 미래에 대박을 꿈꾸는 우리에게는 전날에 꾼 꿈을 가지고 현재와 미래의 길흉화복에 대처하는 지혜가 필요할지도 모른다. 따라서 '길흉화복의 통로(通路)인 꿈 해몽'을 통해서 자신 또는 주위 사람의 길흉화복의 현재와 미래를 예측해야 하지 않을까? 그러기 위해서는 일차적으로 대박 꿈과 사례중심의 꿈 해몽서가 필요하다. 나아가 우리가 꿈 해몽에 대한 더 높은 전문적 식견을 가질 요량이 있다면 꿈 해몽에 대한 전반적인 기초이론을 함양하기 위해서도 꿈 해몽서가 더욱 필요할 것이다.

＊ 이 책은 꿈에 관한 일반적인 기본이론과 꿈 해몽의 비결인 꿈풀이 공식 및 꿈에 관한 사례풀이 중심으로 이루어져 있다. 꿈 해몽을 기술적으로 능숙하게 하기 위해서는 꿈과 해몽에 관한 어느 정도 고전적인 학문적 기본

지식이 필요하다. 사례풀이를 쉽게 하기 위한 기본이론을 파고가다 보면 사실 엄청난 동서양의 사상이나 고전 및 현대의학을 접하게 된다. 이 책에서 동서양의 참고문헌에 관한 내용을 전달하기 위한 과정에서, 원저(原著)와 현대 정신분석학회나 심리학회 또는 현대 신경생리의학, 생리병리학 등 과학에서 사용 중인 용어와 차이가 날 수 있음을 미리 밝혀둔다.

＊ 제3부의 해몽사례에서 중복되는 사례의 경우가 가끔 있을 것이다. 예를 들면, 결혼한 잔칫집에 술잔이 가득한 꿈은 사람의 행동에 관한 꿈 해몽에도, 결혼에 관한 꿈 해몽에도, 술에 관한 꿈 해몽에도 그 사례가 중첩적으로 있을 수도 있다.

＊ 이 책에서는 꿈 해몽에 관한 더 많은 지식이 필요한 독자분을 위해 자료를 찾아볼 수 있도록 국내외 참고문헌을 제공하였다.

＊ 해몽(解夢)이라는 자체에 '꿈 풀이'라는 의미가 있으므로 '꿈'은 생략하고 '해몽'이라는 표현이 적절할 것 같은데, 이 책에서는 '해몽' 또는 '꿈 해몽'이라 표현한다.

＊ 이 책 부록에 인생의 운명을 바꿀 수 있는 신묘한 기도문 버전 50개 중 일부를 실었다. 독자분께서도 활용해보시어 소원성취하시기 바란다.

차 례

제2부 꿈 해몽의 비결이란?

제3부 이런 꿈은 이렇게 해몽한다.

부록 : 인생의 운명을 바꿀 수 있는 기도문

제1부

꿈 해몽을 위한 기본이론

제1장 꿈은 무엇이고, 언제, 왜 꾸는가?

1. 꿈은 무엇인가?

"꿈을 잃지 말라" 또는 2002월드컵축구의 구호처럼 "꿈은 이루어진다"할 때 그 꿈은 꿈속에서의 꿈이면서 현실에서의 꿈=목표이라 할 수 있다. 그러면 꿈은 무엇이고, 해몽은 왜 하는가?

꿈의 사전적 의미는 "잠자는 동안에도 깨어 있을 때와 마찬가지로 여러 가지 사물을 보고 듣는 정신현상"이라고 하며, 꿈이란 "사람의 예지능력이 극대화되어 꿈으로 형상화되어 나타나는 것으로서 자신에게 다가올 미래를 미리 예측하는 인간의 정신능력 중 하나"라고 정의할 수 있다. 해몽하는 이유로는 꿈은 "인생의 거울이자 미래의 예지"이기 때문이다. 따라서 해몽(解夢, 꿈풀이)은 현실의 목표를 달성하여 윤택하고도 지혜롭게 살아가기 위한 인생만사를 풀어가는 작업이며, 미래를 내다보는 거울이라 할 수 있다. 해몽은 꿈을 도구로써 활용한다.

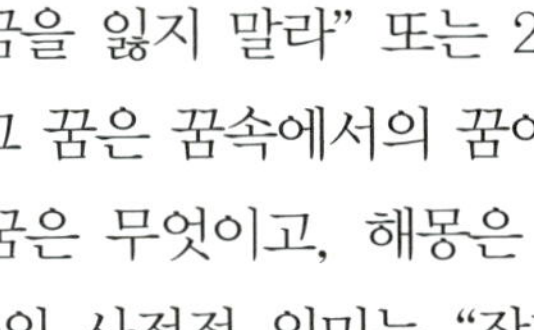

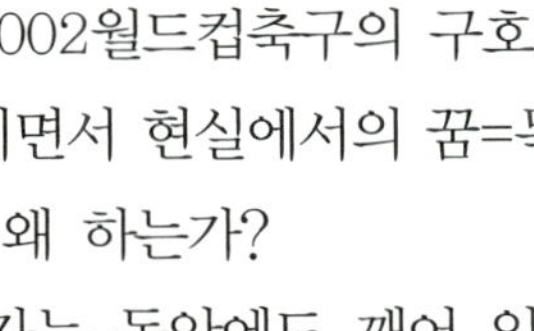

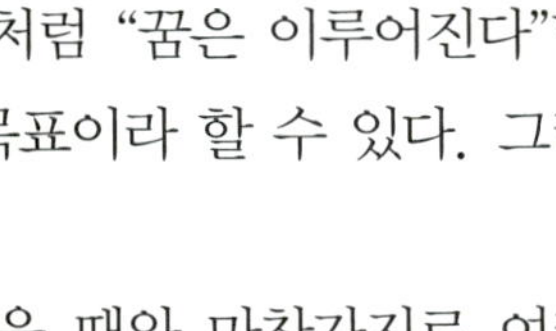

그러면 꿈과 미신의 차이가 있는 것인가? 우리가 꿈 얘기하면 미신이다, 이렇게 말을 많이 하지만, 꿈은 오랜 연구가 이뤄지고 있는 학문이다. 예나 지금이나 동서양을 막론하고 꿈을 바라보는 시각은 동일하여 "꿈은 앞으로 일어날 미래를 미리 보여주는 것"이라 생각하여 꿈을 미신으로 보는 사람이나 종교나 학문은 없다고 한다. 우리가 꿈을 무슨 미신이라고 생각하는 것은 인식을 좀 바꿀 필요가 있다. 그러기에 이제부터는 꿈 해몽을 단순히 미신으로만 치부하지 말고, 꿈에 대한 과학적이면서도 논리적인 접근이 필요하며, 그 근거는 통계이며. 그런데, 이 통계는 동양, 서양, 그리고 상당히 오랜 과거부터 쌓여서 나온 것이기 때문에 상당히 확률이 높은 통계라고 본다.

그런데 여기에서 "인생만사의 지혜의 통로"인 꿈에 있어서 공통된 한 가지 확실한 것은 누구나 꿈을 꾸고 있을 때는 자고 있다는 것이다. 꿈을 꾸고 있음은 분명히 수면 중의 시간이며 깨어 있을 때의 현실 생활의 생각과는 차이가 있다. 그렇다고 무의식 세계에서의 꿈과 현실 생활과는 전혀 관계가 없는 것인가? 그것은 아니다. 우리는 흔히 잠자기 전에 현실 생활의 무언가를 골몰히 생각하면 생각했던 것과 관계되는 것이 꿈속에 나타나는 경우를 실제로 체험을 하기도 했을 것이다.

인간의 현실과 꿈 사이에 떨칠 수 없는 어떤 관계가 맺어지고 있다는 걸 증명하고 있는 사실이다. 이같이 동서고금을 막론하고 고대부터 사람들은 꿈에 큰 의미를 두었으며 관심을 가져왔다. 꿈 자체보다는 자신이 꾸는 '꿈의 내용(dream story)'과 "그 꿈이 현실에 어떠한 영향을 끼치는지의 예언"에 많은 관심을 가져왔다.

고대 중동문화권에서는 꿈의 예언에 따라 동물을 제물로 바치는 행위 등을 하였던 것이다. 이런 행위는 꿈의 예언에 따른 제정일치사회의 통치수단과도 관계가 있었다.

또 고대 그리스에서도 꿈이 직접적으로 질병치료에 이용되었는데 환자는 신전에 가서 사제나 여사제의 도움을 받아 치료용 꿈을 꾸었다. 이러한 '꿈 의식'(dream incubation)과 비슷한 방법은 고대 바빌로니아나 이집트에도 있었다는 기록이 있다. 병에 걸린 사람들은 적어도 600여 곳 이상 되는 병을 고치는 신을 모신 신전으로 찾아가 의식을 거행하거나 제물을 바치고 난 뒤 신(神)이나 사자(死者)가 꿈속에 나타나 병을 고쳐주기를 기원하면서 잠을 청했다. 이집트 신전입구에 세워져 있던 많은 돌기둥에는 아직도 꿈을 통한 질병치료에 관한 기록이 남아 있다. 이러한 사실은 정보와 지식이 부족했던 고대에는 꿈에 의지하는 것이 지금보다 훨씬 심했던 것으로 추측된다.

특히 구약성서에 보면, 요셉은 "어릴 적에 해와 달과 별들이 자기에게 절하는 꿈을 꾼 후 한 나라를 움직이는 재상이 될 것을 알았다"고 한다. 그 후 요셉은 반복되어 나타나는 꿈 때문에 잠을 이루지 못하던 당시 이집트 파라오 바로왕의 꿈을 해몽해주고 그로 인해 한 나라를 다스리는 총리까지 올라가게 되었는데, 해와 달과 별이 절하는 어린 시절에 꾼 꿈이 현실화된 것이다. 야곱에게 12명의 아들이 있었는데, 그 중 11번째 아들이었던 요셉을 제일 아꼈는데, 이를 시기한 형제들이 아랍인에게 요셉을 노예로 팔아버린다. 이집트로 팔려간 요셉은 어쩌다 파라오 감옥에 갇히게 되는데 감옥에서 요셉은 죄수의 꿈 풀이를 해주게 되고, 꿈 풀이를 잘한다는 소문이 나서 이집트의 파라오(바로왕)의 꿈까지 풀어주게 되었다. 파라오가 꾼 꿈은 줄기 하나에서 일곱 이삭이 나와 토실토실 여물어 갔는데 뒤이어 돋아난 일곱 이삭은 시들어가다가 토실토실 여문 이삭을 삼켜 버리는 꿈이었다. 요셉은 7년은 풍년이 들고 7년은 흉년이 드는 꿈이라고 풀이를 했는데 실제로 7년간 풍년이 들고 7년간 흉년이 들었다고 한다. 요셉은 풍년 7년 동안 곡식을 저장하여 7년의 흉년을 예비하여 7년의 가뭄이 들어 나일강이 말라서 가나안 땅이 굶주림에 빠질 때에 이집트 백성은 굶어 죽는 사람이 없다고 한다. 이 내용을 보면 이집트의 왕인 파라오가 꿈에 의해 나라를 다스리고, 그것이 성경에 기록될 정도로 통치수단으로서의 꿈을 믿었다는 것이다.

현대에 들어와서도 꿈을 통한 심리적인 정신분석을 통해 질병을 치료하는 방법으로 사용하게 됨으로써 꿈에 관해 더욱 많은 관심을 불러일으키고 있다.

꿈에 관한 대표적인 연구자는 오스트리아의 정신분석의학자인 '지그문트 프로이트'(Sigmund Freud, 1856~1939)이다. 프로이트는 1900년 그의 대표적인 저서 『꿈의 해석』을 발표였다. 『꿈의 해석』은 「정신분석」 및 「성욕이론에 대한 세 가지 논문」과 함께 프로이트의 명저 가운데 하나로 프로이트를 일약 세계적으로 유명하게 한 책이다. 그는 『꿈의 해석』에서 "꿈을 무의식의 세계에 이르는 지름길"이라고 보고 일곱 개 장에서 정신분석의 기초를 이루고 신경증치료의 근원이 되는 꿈의 사례를 제시하며 설명하고 있다. 프로이트는 꿈의 잠재적인 의미를 알아내기 위해서

다양한 사례를 통한 실험에서 실험자에게 꿈을 꾸게 한 후 그 꿈에 관한 자유로운 연상을 하도록 했다. 그는 자유로운 연상을 분석하고 '실험자의 개인적인 욕구'를 이해함으로써 꿈의 의미를 판정하였다. 그의 『꿈의 해석』에서는 먼 옛날부터 전해 내려오는 해몽과 현재의 꿈 해석 방법을 비교하고 있다. 프로이트는 꿈의 비교정신분석학적인 이런 과학적 분석 작업을 통하여 '꿈은 소망의 충족이다'라는 결론을 내렸던 것이다.

한편 프로이트의 제자인 스위스 분석심리학의 창시자 '카를 구스타프 융'(Carl Gustav Jung, 1875~1961)는 1962년 그의 자서전 『기억 꿈 사상』에서 꿈이란 "잘 드러나지 않는 그 사람의 내면의 성격을 일깨워 균형을 유지해주는 것" 이라고 보아 꿈은 각 민족마다 민족적인 집단무의식적인 원형심상(신화 또는 전설로 승화)이 존재하고 그것이 다양한 상징(symbol)으로 나타나게 된다고 주장하여 "꿈을 민족의 슬기"라 하였다. 그리고 분석심리학자인 융은 프로이트와는 달리 꿈은 개인의 금지된 욕구를 감추거나 위장하기 위한 것이 아니라 "평소에 주목받지 못한 현실 영역에 주의를 기울이기 위한 경험"이라고 했다. 즉 꿈이라는 것은 잠 속에서 장면을 보거나 사물의 감각을 느끼고 '경험'하는 것이라고 하였다.

현대 꿈 과학연구에 또 하나의 발자취를 남긴 프랑스의 '자끄 라깡'(Jaques Lacan, 1901~1981)은 1966년 그의 저서 『에크리』 통해서 바야흐로 '무의식의 시대'가 열렸는데, 그는 프로이트의 무의식을 보다 정교하게 정식화시켜 "꿈은 무의식 속에 억압된 욕망의 기제가 표현된 것"이라고 하였다.

핀란드 투르쿠대학의 연구진은 "꿈이 실제적 기능을 갖추고 있다"는 연구결과를 내놓았다. 600여건의 꿈을 분석한 결과 이 가운데 3분의 2가 한 가지 이상의 위협적 상황을 담고 있었으며 이 중에서 60%는 현실생활에서 부닥칠 수 있는 것들이었다고 한다. 즉 꿈은 잠을 자면서 세상의 위협에 대처하는 방식을 익히는 '가상게임의 일종'이라는 것이 투르쿠대학 연구진의 결론이다.

중국 『몽점일지』(夢占逸旨)에서도 "꿈은 무한한 창조력이며 현재이며 보고 만지고 인식할 수 있는 삼라만상 자체이며, 태초부터 있었으나 물질화되지 않은 채 물질화되기를 기다리고 있는 우주원질 그 자체이다. 또 꿈은 창고이며 보물이기도 한 이 꿈을 누구나 염원(念願)이라는 열쇠로 꺼내어 가질 충분한 자격이 있다."라고 하여 꿈에 긍정적 의미를 부여하고 있다.

특히 우리 민족은 질병치료나 통치수단적 측면보다도 미래예지의 꿈이나 창조적인 사유활동적인 측면에서 뛰어난 능력을 보여 왔다. 이는 꿈을 꾸고 일어난 신비한 일들을 기록한 미래예지 꿈 사례들이 각종 역사서나 문집 및 문학 속에 수없이 산재되어 있다. 이는 우리 민족이 다른 민족보다 꿈 해몽, 관상, 풍수, 사주, 성명학 등의 분야에서 논리적인 바탕보다도 직관이나 영적인 세계의 운명론적인 사유관에 대한 뛰어난 인식을 보여주는 것임을 알 수 있다. 즉 꿈은 미래의 길흉화복을 점지하거나 예지하는 신비한 능력이 있는 생활준칙의 일부라고 여겼던 것이다.

한편 현대에 들어와서 프로이트와 융이 내놓은 주관적인 꿈 연구와 꿈에 대한 정신・심리분석의학과 다른 신경생리의학 분야에서 객관적인 꿈 연구에 의한 새로운 전환기를 맞게 되었다. 그것은 1953년에 발표된, 잠자고 있는 동안에 뇌는 잠을 자지 않고 뇌에 따라 눈동자가 빠르게 움직이는 급속안구운동(rapid eye movement: REM)이 꿈을 꾸는 것과 관계있다는 사실이 알려지면서였다. 즉 꿈은 대부분 일상적인 현실적 환경을 배경으로 하고 시각적 영상을 수반한다고 하는데, 이 시각적인 꿈은 급속안구운동(REM)과 뇌파활동의 증가에 관련이 있다고 한다. 이런 시각적인 꿈을 꾸다가 잠을 깨면 대부분 사람들은 그 꿈의 약 80% 정도를 기억한다고 한다. 그러한 꿈을 거의 매일 밤마다 꾸는 사람도 있고 열흘에 한 번, 혹은 한 달에 한 번 꾸는 사람도 있다.

또한 꿈속에서 '경험'하는 꿈의 종류도 각양각색이어서 딱 잘라 몇 가지라고 단언할 수는 없다. 이것은 개개인의 수면패턴에 따라 차이가 있는 것으로 알려져 있다. 꿈의 종류에 대하여 살펴보면 예지몽과 데자뷔로 크게 나뉘고 여기에는 좋은 꿈, 황홀한 꿈, 즐거운 꿈, 흉한 꿈, 슬픈 꿈, 기괴한 꿈, 무서운 꿈 등 세부적으로는 설명할 수 없는 많은 꿈들이 있다. 그 밖에 길몽, 악몽과 태몽 및 몽정, 몽유병 등을 꿈속에서 다양하게 경험하게 된다. 이 중 일반 사람들이 가장 관심을 갖는 대표적인 꿈이 있는데, 대박 꿈, 흉몽, 태몽이라 할 수 있다.

결론적으로 잠자는 동안의 꿈은 현실에 놓여 있는 "자신의 미래에 대한 예언"이며, 머지않아 다가오게 될 행복과 불행의 징조를 미리 보여준다고 할 수 있다. 좋은 꿈은 행복과 대박을, 나쁜 꿈은 불행의 실마리를 각각 나타낸다고 할 수 있다. 그러나 대부분의 사람들은 자기의 의식이 자신의 현실의 미래를 내다보고 있다는 것을 알고 있지 못하고 있지만, 꿈 해몽은 바로 "자신의 미래를 엿볼 수 있는 자기 현실 생활의 의식"이다. 즉, 꿈 해몽은 미신도 아닌 과학적이고 의학적 근거가 있는 "우리 현실 생활의 행복과 행운의 참된 통로이자 거울"이라 할 수 있다.

2. 꿈은 언제 꾸는 걸까?

우리들은 통상적으로 세 가지 시간적 단계에서 꿈을 꾼다고 한다. 깨어 있는 동안 우리는 의식세계에서 활동한다. 그러나 잠이 들면 잠재의식의 세계(선잠과 REM수면기)로 들어갔다가 지극히 고요한 무의식의 세계(숙면기 또는 델타수면기)로 빠져들게 된다. 잠이 깰 때는 반대 순서로 무의식→잠재의식→

의식세계로 다시 나오게 되는 것이다. 보통 꿈이라고 할 때는 수면 중에 꿈꾼 경험이나 체험이 깨어난 후에도 회상되는 '회상몽' 또는 '꿈의 내용'(dream stroy)을 말한다. 뇌가 수면상태에 들어가면 뇌의 활동상태가 의식세계에서의 각성시의 것과 달라지는데, 이때 일어나는 표상의 과정을 '꿈 의식'(dream incubation)이라 하며, 깨어난 후에 회상되는 것을 '꿈의 내용'(dream stroy)이라 한다.

Q 첫 번째 시기의 꿈은?

우선 잠들기 시작하면서 꿈이 시작되는데 잠들기 시작하자마자 꾸는 꿈은 줄거리가 길지 않은 짤막한 내용들이 대부분인데, 이런 꿈을 꾸고 있는 상태의 사람들을 깨우게 되면 잠들었다고도 하지 않고 꿈을 꿨다고도 하지 않는다. 이때 잠시 '선잠'을 자면서 각성상태의 잠재의식세계에서 꾸는 꿈의 내용에 관한 대부분은 기억에 남지 않고 스쳐가는 '백일몽의 꿈' 또는 '자각몽'이다. 이 시기가 바로 우리가 꾸는 첫 번째 꿈이다.

Q 두 번째 시기의 꿈은?

우리들이 가장 꿈을 많이 꾼다고 하는 때가 'REM수면기' 또는 '렘수면'이라고 한다. 이 시기에는 눈동자가 자는 중에도 빨리 움직이는데 렘수면일 때 꾸는 꿈이 더 잘 기억되기 때문에 이러한 얕은 수면단계의 렘수면을 '꿈수면'(또는 급속안구운동수면)이라고도 한다. 이 시기 동안은 심장도 빨라지고 숨도 가쁘게 쉬고 혈압이 오른다. 이 시기에 잠을 깬 사람들의 60~90%가 꿈을 꿨다고 말하는데, 그 꿈의 내용은 보통 추상적이고 초현실적이고 황당한 스토리의 꿈일 때가 있다. 때로는 '가위눌림'에 의한 꿈을 꾸는 때가 바로 이 렘수면기에 꿈을 꾼 것이다. 이 시기가 바로 두 번째 꿈이다.

Q 세 번째 시기의 꿈은?

보통 우리가 아무런 꿈도 꾸지 않은 것처럼 푹 잔 것 같은 깊은 숙면상태가 바로 'Delta수면기' 또는 '숙면기'이다. 만약 이 시기에 꿈을 꾸었다면 꿈의 내용이 뚜렷하고 목적이 드러나는 꿈이다. 이런 꿈은 예시를 하기에 너무 알맞은 꿈인 반면 대체적으로 푹 자고 있었기에 꿈의 내용이 기억으로 잘 회상되지 못하기 때문에 우리들이 꿈을 해몽하는데 어려움이 있을 뿐이다. 이 세 번째 시기의 꿈을 '델타수면' 또는 '비렘수면'이라 한다. 이 델타수면은 보통 최면하시는 분들이 최면으로 현상을 끄집어내기 위해 많이 활용한다. 그러나 독자 여러분께서 앞으로 꿈에 대해 관심과 흥미를 갖다 보면, 자연스레 꿈을 자주 꿀 뿐만 아니라 잠에서 깨어난 후에도 잘 기억할 수 있게 될 것이다. 그런데 대부분의 사람들은 꿈을 꾼다. 그런데 잠에서 깨어난 후 꿈의 내용이 '기억에 잘 남는다' '남지 않는다' 차이가 생기는 것은 렘수면 내지 델타수면(비렘수면)을 취하는가 아닌가의 시기의 차이가 있기 때문이다. 그렇기 때문에 꿈을 안 꾸는 것이 아니라 단지 그 꿈을 기억을 못할 뿐이다.

그리고 꿈을 꿀 수 없는 경우로서는 영국 러프버러대학 수면연구센터의 짐 혼 소장에 의하면 "특정 항우울제 등 약물을 복용할 경우 수개월 동안이나 꿈을 꾸지 않을 수도 있다"라고 한다.

한편 중국의 『유양잡조』(酉陽雜俎)에서 "어리석은 자는 꿈이 적다"라는 언급이 있는데, 이는 꿈은 "인간 정신의 활동으로 이루어지는 것"으로써 정신능력의 활동이 미약한 사람에게는 장차 일어날 일을 예지해주는 미래예지 꿈이나 위험을 예시해주는 꿈을 꾸는 일이 드물다는 것을 말하고 있다.

또 중국의 장자(莊子)에 의하면 "지인(至人)은 꿈이 없다"라는 말도 있는데, 도덕적 수행이나 깨달음의 경지에 도달한 지인에게는 굳이 꿈을 통하지 않고서라도 현실에서 장차 일어날 일에 대한 예지와 판단이 있을 수 있기에

굳이 번거롭게 꿈을 꾸지 않아도 된다는 의미도 있지만, 지인은 깨달음의 경지에 있기에 잡스런 꿈이나 불안 심리의 표출적인 꿈을 꾸지 않는 것을 말했다고 볼 수 있다. 따라서 어리석지도 지인도 아닌 평범한 우리는 언제나 꿈을 꿀 수밖에 없다. 그러기에 우리에게는 전날에 꾼 꿈을 가지고 현재와 미래에 관심을 가지고 길흉화복에 대처하는 지혜가 필요할지도 모른다.

그런데 나쁜 꿈은 남자보다도 여자가 더 많이 꾸는데, 그러면 어떻게 하면 좋은 꿈을 꿀 수 있을까? 이것은 아직도 영원한 숙제이며 수수께끼로 남아 있다고 하겠다.

3. 잠은 왜 필요할까?

신경생리의학분야에서의 잠의 과학적 연구는 어디까지 왔는가? 독일 뮌헨 루드빅 맥시밀리안 대학의 수면과학자 틸 로에넨버그가 이끄는 '인간수면프로젝트'(human sleep project)는 사람들이 실제 경험하는 잠의 패턴을 연구하는데, 일반참여자 15만 명의 일상수면 데이터를 수집 · 분석하고 있다. 이를 바탕으로 연구진은 대부분의 사람이 평일엔 잠을 평균보다 덜 자며 휴일에 몰아 자는 '잠의 사회적 시차'현상을 겪고 있다고 2012년 과학저널 〈사이언스〉에 보고했다. 또한 사회적 시차가 심할수록 비만도 잦다고 밝혔다. 잠이 부족할 때 우리의 능률은 크게 떨어지는 것을 알고 있다. 만성적 수면장애는 심장질환, 비만, 조기사망 등의 확률을 높인다. 그리고 수면에 대한 연구에는 여러 가지 어려운 점이 있을 수밖에 없다. 우선, 사람들은 모두 다른 수면습관을 가지고 있고, 수면에 대한 대부분의 자료조사는 설문으로 이루어지지만, 사람들은 자신의 수면시간을 실제보다 더 길게 추측하는 경향이 있어, 이는 정확한 통계를 만드는 데 방해가 되기 때문이다. 또한 외부조건을 차단하고 실험실에서 이루어지는 수면연구는 이 문제를 해결해 주지만, 한편으로 대상자의 현실 생활을 재현하지 못하는 단점이 있다. 어쨌거나 수면장애는 현대인이 겪는 큰 어려움 중 하나라 할 수 있다. 잠을 잘 자야 다음날이 상쾌하다는 건 상식이지만, 일에 치이면 잠의 상식을 지키기가 어렵다는 것도 사실이다. 때론 덜 자고도 맑은 정신을 유지할 방법은 없을지 궁금해지기도 한다. 현대인은 대략 100년 전 사람들보다 두 시간 정도 덜 잔다고 한다. 잠은 왜 필요할까. 얼마나, 어떻게 자는 게 좋을까. 꿈은 대체 무엇이며, 잠에서 깨는 건 어떻게 이뤄질까? 잠에 관한 최근의 과학연구를 살펴보자.

왜 잠을 잘까? 잠은 오랫동안 문학과 철학에서 주로 다뤄졌지만, 20세기 들어 본격적인 신경생리의학분야에서의 과학연구의 대상이 되었다. 생명의 언어인 DNA의 이중나선구조가 밝혀진 1953년은 '잠의 생물학'에 관해 처음으로 과학적인 언어가 쓰인 해이기도 했다. 최초의 생리학적 수면연구는 눈이 빠르게 움직이는 '렘'(REM: 급속안구운동수면)이라는 얕은 수면단계가 보고되면서 시작됐다. 지금은 널리 알려졌지만, 수면은 '렘수면'과 '비렘수면'으로 구성된다. 렘은 약간 깬 듯한 상태로 꿈을 꾸는 단계이다. 렘 이외의 수면단계(비렘수면)에선 깊은 잠에 빠지는데, 이때는 피로를 풀고 원기를 회복하는 단계로 알려져 있다. 초기 신경생리의학적 수면연구는 뇌전도 신호와 수면패턴을 관찰하는 수준이었지만, 지금은 과학기술의 발전으로 훨씬 다양한 연구가 진행되고 있다. 2013년 과학저널 〈사이언스〉에 발표된 연구에선 우리가 잠을 제대로 못 잘 때 느끼는 '피로의 정체'가 밝혀졌다. 쥐를 대상으로 한 연구에서 연구진은 깨어 있는 동안에 생긴 뇌 안의 노폐물이 잠을 자는 동안 씻기는 현상을 발견했다. 특히 잠자는 동안에 제거되는 뇌 안의 노폐물인 '아밀로이드베타'라는 분자는 알츠하이머병의 주요 원인 물질이다. 잠든 뇌가 노폐물을 씻어내는 방식은 우리가 집 청소를 할 때 청소하기 쉽게 집안 물건을 한쪽에 밀어두는 것과 비슷하다. 신경세포 간의 틈새가 넓어지고 뇌척수액 같은 유체의 흐름이 증가한다. 일종의 '배관시스템'에 의해 뇌의 노폐물이 씻긴다는 원리다. 따라서 잠은 뇌 안의 노폐물을 청소하는 시간이라 할 수 있다.

이렇게 충분한 잠이 뇌 건강에 좋은 과학적 이유를 들어보자. 수험생은 잠을 잘 자야 한다고들 말한다. 2014년 6월 미국 뉴욕대학 연구진이 과학저널 〈사이언스〉에 발표한 연구가 이런 상식을 뒷받침했다. 학습기억은 신경세포(뉴런) 간의 정보전달 과정이 강화되면서 생성된다는 것은 이미 많이 알려져 있다. 이때 신경세포 사이에서 정보를 수신하는 부분을 수상돌기라 하는데, 반복학습을 거치면 수상돌기에선 버섯 모양의 가지가 생겨 정보송수신이 더 원활해진다. 뉴욕대학 연구진은 깊은 잠에 빠지는 비렘수면 단계에서 이런 수상돌기 가지가 잘 생성됨을 밝혔다. 학습기억의 효과를 높이려면 충분한 잠의 양만큼이나 푹 자는 잠의 질도 중요하다고 말하는 이유가 여기에 있다.

충분한 잠이 왜 중요한지 보여주는 다른 연구도 있다. 2014년 4월 과학저널 〈사이언스〉에 실린 초파리 실험 결과에서, 연구진은 어릴 적에 충분히 자는 것이 뇌의 정상발달에 필수적이라고 밝혔다. 아기가 흔히 어른보다 오래 자듯이, 어린 초파리도 어른 초파리보다 더 많이 잔다. 그것은 잠을 깨우는 신경전달물질인 도파민의 신경회로가 어릴 적엔 약하게 작동하기 때문이다. 그런데 어릴 적에 충분히 자지 못한 수컷 초파리는 나중에 구애 행동을 잘 수행하지 못하는 것으로 나타났으며, 이는 어릴 적의 잠 부족 탓에 페로몬을 인지하는 신경세포의 시냅스(수상돌기와 접하는 부분을 말함)가 제대로 형성되지 못했기 때문인 것으로 보인다고 연구진은 전했다.

여러 연구를 보면, 잠을 충분하게 푹 자지 못하는 일이 지속하면 자칫 어릴 적에는 신경회로가 제대로 형성되지 못할 수 있을뿐더러 성장 뒤에는 학습부진과 치매의 원인이 될 수도 있는 것으로 풀이된다.

2014년 4월엔 과학저널 〈네이처 신경과학〉에서, 두뇌 정면에 미세 전류를 흘려 신경세포의 동시 활성을 일으키면 인위적으로도 '자각몽'을 유도할 수 있다는 사실이 보고됐다. 비슷한 현상이 2014년 과학저널 〈셀〉에 실린 연구를 보면, 가장 원시적인 수면행동을 보이는 동물로 알려진 예쁜 꼬마선충에서도 보고됐다. 길이 1㎜ 안팎의 꼬마선충은 신경세포가 302개뿐일 정도로 신경계가 단순한 동물이다. 자고 있는 꼬마선충에서 신경세포들의 활성은 서로 분리되어 나타난다. 그런데 특정한 두 신경세포의 동시 활성을 일으키는 것만으로도 잠자는 선충을 깨울 수 있다는 것이 밝혀졌다. 이런 최근 연구들은 우리 의식이 잠의 세계에서 나와 바깥세계와 접속하는 것이 신경세포들의 동시 활성을 통해 이뤄짐을 보여준다.

아직도 잠을 둘러싸고 많은 물음이 있고 과학은 그 수수께끼 풀이에 매달린다. 잠들고 꿈꾸게 하는 신경회로와 이를 조절하는 뇌의 작동 방식은 무얼까? 또한 실험동물을 이용한 잠 연구가 서로 다른 유전정보를 지닌 우리 개인들에게는 어떤 의미인지, 어떻게 적용할 수 있을지도 중요한 숙제다. 잠은 동물생활에서 빼놓을 수 없는 필수과정이다. 아무리 바빠도 건너뛸 수 없다. 하지만 얼마만큼 자야 충분한지는 알기 어렵다. 나폴레옹처럼 하루 3시간 수면으로 충분한지, 아인슈타인처럼 10시간씩 자는 게 좋은지는 개인차가 너무 커 일반화하기 어렵다. 한 가지 분명한 것은 잠은 인간에게 굉장히 중요한 행위이며, 질 좋은 수면(일명 꿀잠이라 함)은 삶의 활력소이자 원동력이다. 즉, 1시간의 질 좋은 수면(꿀잠)이 6시간의 질 나쁜 수면보다 훨씬 좋다라고 할 수 있기에 수면의 질이 삶의 질

에 큰 영향을 끼칠 것은 확신한다. 그렇지만 많은 사람의 수면행동과 습관에서 일정한 패턴을 찾아내려는 빅데이터 연구나, 신경회로와 분자들이 합주하는 잠의 비밀에 접근하려는 연구를 통해 잠에 관한 물음은 조금씩 풀려나가리라 기대한다.

가장 어려운 수수께끼, 꿈은 대체 뭔가? 오늘날 잠 연구에서 가장 어려우면서 흥미로운 주제는 잠과 함께 아마도 꿈일 것이다. 왜 꿈을 꾸는가? 최근의 흥미로운 가설 중 하나는 활발한 렘수면기의 꿈은 의식 발달에 중요한 일종의 가상현실이라고 말한다. 2008년 과학저널 〈네이처 신경과학〉에 따르면, 전체 신경계의 활성정도에 따라 우리의 뇌를 세 가지 시기로 나눌 수 있다고 한다. 신경활동이 가라앉는 비렘수면, 중간정도의 활성을 보이는 렘수면, 그리고 활성이 가장 높은 각성상태를 말한다. 그런데 뱃속의 태아에게는 각성 상태 없이 비렘수면과 렘수면만이 존재한다. 자유의지, 추상적 사고 같은 인지능력의 형성을 위해선 각성상태의 신경회로가 발달해야 한다. 이를 위해 태아는 뱃속에서도 뇌의 활성을 깨어 있는 상태처럼 증가시켜 앞으로 마주할 현실세계에 대비하는 원초적 의식을 작동시킨다는 것이다. 이 가설이 옳다면, 어른의 꿈은 태아 때 연습하던 원초적 의식이 실제 현실을 경험하면서 나타나는 가상현실이다.

각성상태에서 잠자는 동안, 렘수면보다 뇌 활성이 더 증가하는 경우도 있다. 즉 꿈속에서 자신이 꿈꾸고 있음을 알아채는 '자각몽'이 그렇다. 자각몽은 꿈과 자의식에 관한 연구에서 자주 다뤄진다. 자각몽을 꾸는 시기에는 두뇌 정면의 넓은 영역에서 서로 다른 신경세포들이 동시활성을 나타낸다는 것이 밝혀져 있어 뇌 활성이 더 증가한다고 한다. 이 영역은 일반 수면상태에서는 활성이 낮아지고 깨어 있을 때 활성화하는 곳이다.

2013년 4월 5일 과학저널 〈사이언스〉지에 일본과학자들이 "꿈을 읽는 기계"를 개발했다고 발표하였다. 기능성 MRI를 가지고 실제 꿈의 60% 정도를 영상으로 확인할 수 있다고 한다. 이러한 분야가 발달하면 과학적으로 꿈 해석이 가능할 수 있을 것이다. 또한 조장희 가천대 석좌교수가 감정을 조절하는 뇌신경 섬유의 4가닥 중 3개는 긍정의 신경, 1개는 부정하는 신경을 발견하였다. 부정적인 신경에 자극을 가하면 부정적인 사람도 긍정적인 사고로 바뀌게 되므로 뇌가 황당하거나 추상적이지 않고 상당히 구체적인 것을 알 수 있다고 하였다. (출처; 최명규 서울대 생명과학부 기고, 한겨레신문사, 2014.10.15. 게재: 저자 보완수정)

4. 꿈은 인간들의 세상사인 현실과 연관이 있는 실제적인 기능이 있는가?

현대에 들어서서 꿈에 대한 연구가 시작된 것은 프로이드 이후 100년 이상이나 된다. 아직 현대과학에서도 꿈에 관한 연구는 현상으로 들어난 것들에 대한 정리단계에 불과하다. 하지만 세계의 유수한 대학에서는 현재에도 정신심리의학, 신경생리의학 분야에서 계속 연구가 진행 중이다. 그러면 꿈은 대체 어디서 오며, 우리 인간들의 현실 생활에 어떤 연관이 있고 어떤 기능을 하는 걸까?

인류 역사 초기에도 꿈은 깨어 있을 때의 현실의 경험이나 욕구를 반영하는 것으로, 주로 주관적으로 해석되었다. '아리스토텔레스'(Aristoteles BC, 384~322)는 그 당시에도 사람들이 꿈을 이용한 '예언'과 '꿈 의식'을 시행하고 있었는데, 자신의 저서 『감각과 그 대상에 관하여』(Parva Naturalia)에서 "외부의 대상이 몸속에 머물러 있다가 처음 그대로 또는 저항에 부딪쳐서 다른 형태로 분해된 정동(情動)이 되살아난 것이다"라고 하였는데, 꿈은 감각적인 느낌 때문에 생기는 것으로 보았다. 다만 프로이트에 앞서 이미 아리스토텔레스는 수면 중에는 감각기능이 떨어져서 꿈이 주관적인 감정의 왜곡을 받기 쉽다고 한다. 이와 같이 꿈에 무언가 초자연적인 특성(예지력)이 있다는 아리스토텔레스 생각은 19세기 중반까지 계속되었다. 즉 1850년대 프랑스 내과의사 '알프레드 모리'는 3,000가지 이상 되는 꿈을 모아서 연구하여 "꿈은 외부자극으로부터 생겨나며 동시에 자고 있는 사람의 주관적인 느낌이 더해져서 만들어 진다"고 결론지었다. 영국의 '윌리엄 셰익스피어'(william shakespeare, 1564~1616)는 『햄릿』에서 "잠을 잔다는 것은 꿈을 꾸는 것"이라고 한다.

우리 인간들은 인생의 반을 밤에 잠으로 소모한다. 가끔 사람들은 "꿈을 꾸지 않았다"라고 말한다. 하지만 그건 꿈이 기억나지 않는 것일 뿐 인간은 대부분 잠자는 시간의 2할은 꿈을 꾼다. 그러므로 꿈은 인간이라면 누구나 겪는 현상이다. 60년 전부터의 생·병리의학 연구에 의하면 인간은 움직이는 동물인 관계로 모든 피로를 풀기 위해서는 수면은 필수적이다. 수면 중이라도 인간의 두뇌는 잠을 자지 않고 계속 움직이고 그에 따라 안구도 계속 움직인다. 즉 잠속의 뇌는 듣고, 보고, 느끼는 등 기능을 하기에 생물학적으로 '두뇌의 움직임'(활동)을 꿈이라고 한다. 두 살 밖에 안 되어 한 두 마디 말하는 어린아이도 꿈을 꾼다고 한다. 그러기에 '두뇌의 무의식 세계에서의 활동'이라는 꿈은 '인간의 생명력'과도 밀접한 관계가 있다. 꿈을 꾸고 있는 동안은 확실히 두뇌가 발달된다고 한다. 무의식의 영상이 두뇌의 뇌파를 거쳐 우리의 의식으로 감지된다고 한다. 그리하여 꿈은 수면을 통해서 하나의 생명활동으로 전환시켜 주고 있다는 것이다.

미래에 일어날 일을 보여주는 꿈, 심리적 욕구표출의 꿈, 꿈속에서 발명이나 발견을 하는 등의 창조적인 사유활동에 관한 꿈 등을 꾼다는 것은 우리 인간의 정신활동이 꿈속에서도 활발하게 일어나고 있음을 의미한다. 반대로 인간의 정신활동 능력이 미약한 사람에게는 꿈을 꾸는 일이 드물게 되는 것이다. 따라서 꿈을 꾸지 못하게 하는 행위는 인간의 생명력 감퇴와도 직결된다고 한다. 그러므로 대뇌생리학적으로 말하자면, 꿈은 인간의 생명력 활동과 회복을 위해서 없어서는 안 될 중요한 시간에 꾸며, 이와 같이 꿈에는 인간의 생명활동 및 정신적인 활동과는 깊은 연관이 있기에 "실제적인 기능이 있다"고 말할 수 있다. 나아가 2010년 4월 미국의 하버드대학 의과대학 정신의학 교수인 로버트 스틱골드(Robert Stickgold, Beth Israel Deaconess Medical Center and Harvard Medical School, Department of Psychiatry, Boston, MA, USA) 박사 등 연구진은 푹 자면서 꿈을 꾸는 것이 낮 시간에서의 학습능력을 증진한다는 연구결과를 내놓기도 하여 "꿈은 인간들의 세상사인 현실과 연관이 있다"고 하였다.

꿈에 대해 좀 더 구체적으로 살펴보면, 일반적으로 잠을 자는 것은 밤이므로 꿈은 대개 밤에 많이 꾸게 된다. 그리하여 밤은 우리에게 큰 안식을 주는 동시에 어둠의 공포라는 무서운 시간을 제공하기도 한다. 이처럼 안식 · 어둠의 공포의 밤과 수면이라는 '무의식의 세계'를 연결시켜 주는 것이 바로 꿈인 것이다. 꿈이라는 것은 말하자면 잠 속에서 장면을 보거나 사물의 감각을 느끼고 경험하는 것이라고 할 수 있다. 잠을 자는 중에서도 사물이 보이고, 소리가 들리고, 맛을 보며, 만져보고 접촉하며, 거기에다 생각까지 더해진 것이 바로 꿈인 것이다. 또 꿈속에서 무섭다든가, 아프다든가, 아니면 차갑거나 뜨겁다고 느끼는 감각이 현실에서 우리가 경험하는 감각과 똑 같다는 것이다. 이렇게 볼 때 꿈이란 그 당사자에게 있어서는 현실 그 자체라고 할 수 있다.

이와 같이 꿈은 인간의 마음이 만들어 낸 장면들인 것이다. 그것은 그 사람 자신 속에 가두어진 보이지 않는 '무의식 세계'에서 일어나는 것이다. 말하자면 의식의 세계에서 일어나는 일이 바로 '현실'인데 비해, 무의식 세계에서 일어나는 일이 '꿈'이라는 것이다.

따라서 무의식 세계에서 일어나는 것이 꿈이지만, 꿈은 현실세계의 자극과 전혀 무관한 것이 아니라 오히려 현실의 자극이 '꿈의 내용'을 이끄는 경우가 많다. 즉 "꿈은 보이지 않는 무의식 세계의 마음이기는 하지만, 의식의 세계에서 일어난 현실과 상호연관 지어져 있다"는 것이다.

여기서 우리는 꿈에 대한 과학적인 탐구의 실마리를 찾을 수 있다. 앞에서의 아리스텔레스나 모리의 견해처럼, 꿈은 신체적으로 가해지는 내적·외부의 자극에 의해 현실로 이어지기도 한다. 내적·외부의 자극을 예를 들면, 잠을 자고 있는 사람의 얼굴에 얼음물을 뿌린다든가, 시계소리를 들려주면 꿈의 내용이 변한다는 실험결과도 있다. 이러한 실험결과처럼 "꿈은 그날 현실에서 일어날 일들이 연관되어 꿈속으로 이어지거나(데자뷰) 그 반대로 꿈속에서의 '꿈의 내용'이 현실로 이어지는" 경우(예지몽)가 많은 것이다. 한마디로 현실 속에서 행해지고 있는 것들이 사람의 꿈을 통해서 드러난다고 할 수 있다. 그러기에 꿈은 현실을 내면세계로, 내면이 현실로 서로 연관되어 있다고 할 수 있다.

이렇듯 인류가 잠을 잘 때부터 꿈은 있었고, 그렇게 긴 역사가 있기 때문에 꿈 풀이에 관한 통계자료를 무시할 수 없다고 생각한다. 위의 예에서처럼 작은 자극으로도 꿈이 바뀔 수 있다는 것은 사람의 노력으로 운명도 바꿀 수 있다는 하나의 힌트가 아닐까 생각한다.

평범한 사람들은 고민이 없거나 컨디션이 좋으면 숙면을 하고, 그렇지 않으면 깊은 잠을 못자고 악몽(a nightmare)에 시달리게 된다. 아픈 부위에 따라 꿈이 달라지게 된다고 한다. 허준(許浚, 1546~1615)은 『동의보감 내경편』(東醫寶鑑 內徑編)에 오장허실위몽(五臟虛實爲夢)이라는 기록이 있다. 오장(五臟), 즉 간장, 심장, 비장, 폐장, 신장의 허와 실에 따른 내적 자극이나 상태에

따라 꿈이 다르게 나타난다고 한다. 간기(肝氣)가 허하면 꿈에 버섯이나 싱싱한 풀이 보이며, 실하면 나무 아래에 엎드려서 일어나지 못하는 꿈을 꾼다. 심기(心氣)가 허하면 꿈에서 불을 끄거나 햇볕에서 물건을 말리는 꿈이 보이고, 실하면 불타는 꿈을 꾸게 된다. 비기(脾氣)가 허하면 음식이 부족한 꿈을 꾸고, 실하면 담장을 쌓고 지붕을 덮는 꿈을 꾼다. 폐기(肺氣)가 허하면 꿈에 흰 것이 보이거나 사람이 베어져서 피가 흥건한 것이 보이고, 실하면 병사들이 싸우는 것이 보인다. 신기(腎氣)가 허하면 꿈에 배가 보이거나 물에 빠진 사람이 보이고, 실하면 물에 빠져 두렵고 무서워하는 꿈을 꾼다. 이러한 것들은 현대에서 꿈이 잠재의식이나 무의식의 표출이라고 해석하듯이 동의보감에서도 혼백의 작용으로 보며, 그 혼백의 작용은 육체적인 연관성이 깊다고 의학적으로 탐구한 내용이라 하겠다. 이처럼 우리의 경우도 생리병리학적 측면에서 꿈의 발생 원인을 알아내어 현실의 질병치료에 이용하고자 하는 노력은 어느 정도 설득력 있게 받아지고 있다.

이와 같이 "내면적인 무의식 세계인 꿈은 현실과 어느 정도 상호연관성이 있다"고 하는 것은 꿈의 신비를 풀어주는 데 있어서 매우 중요한 것이다. 따라서 오늘날의 사람들은 '꿈의 내용'을 통하여 현실을 들여다보는데 그치지 아니하고 '인간의 내면세계'까지도 들여다보고자 하고 있다는 점에서 "꿈에는 실제적인 기능이 있다"는 점이다. 그러므로 자신의 내적 세계의 관찰은 꿈 해몽을 하기 위한 것으로만 그치지 아니하고 현실까지도 볼 수 있으므로 그것은 해몽에 있어서 필요한 상식으로 여기고 있다.

5. 꿈에는 과연 미래를 암시하고 예지하는 초월한 힘이 있는가?

꿈은 미신인가? 아니면 꿈에는 과연 미래를 암시하고 예지하는 초월한 힘이 있는 예지몽인가? 인간의 꿈은 우리가 잘 알지 못하는 형이상학적인 신비한 내용을 내포하고 있는 것 같기도 하다. 그리고 어느 누구는 꿈이 정확하게 맞아 이것을 가지고 그 다음 날을 대비하기도 하고 자기의 현실에도 꿈을 이용한 예도 있다. 그래서 동서양에서 다 같이 옛날 사람들은 꿈을 "마법적이고 신비의 세계와 기이한 환상으로 가득 찬 공간"이라 여겼으며, 꿈이란 "사람의 영혼이 활동하는 것"이라고 믿어 왔다. 한마디로 옛날 사람들은 꿈을 매우 중요시 하였다. 그들에게 있어서 꿈은 신의 소리와 같았으며 그들은 꿈을 신(神)의 계시 내지 성스러운 의사(聖意)가 전달되는 것으로 여겨 숭상하였다. 또 동서고금을 막론하고 해몽전문가가 있었고 이들은 중요한 역할을 담당하였다. 이와 같이 옛날 사람들이 꿈에 대한 그러한 생각을 하게 된 것은 과학이 발달하지 못한 때에 꿈은 신비주의로 가득 차 있는 것으로 믿었기 때문이다. 그러므로 옛날 사람들은 꿈속에서 활동하는 영혼인 꿈, 즉 인간의 능력을 초월한 신(神)의 의사가 꿈을 통하여 일어난 마음에 의해서 당연히 현실의 인간도 다스릴 수 있는 초자연적인 큰 힘을 가지고 있다고 믿었다.

따라서 옛날 사람들은 꿈이 미신이라는 관념이 아니라 현실의 세계를 좌우할 만큼 강력한 현상으로 믿어 왔다. 바로 "꿈과 현실을 동일시로 보아 꿈과 현실은 상호연관 되어 있다"고 믿었던 것이다. 이러한 사실로부터 꿈과 해몽은 특정 종교나 미신으로부터 자유로울 수 밖에 없다. 여기서 꿈과 현실을 동일시한다는 의미는 꿈의 사실과 내용(dream stroy)이 바로 현실로 된다는 의미가 아니라 꿈의 '상징언어'(象徵言語 또는 象徵表象)를 이해하고 해몽한 그 결과가 현실과 동일시한다는 의미를 말한다. 그래서 꿈 해몽을 기술적으로 능숙하게 하기 위해서는 해몽에 관한 어느 정도 고전적이고 학문적인 기본지식이 필요하다고 할 수 있다.

옛날 사람들이 꿈이 현실의 세계를 좌우할 만큼 미래를 암시하고 예지하는 강력한 현상으로 믿었던 사례가 너무나 많이 있다. 그 중에서 『춘향전』을 보면, 춘향이가 변학도 사또에게 잡혀 감금되어 있을 때, 거울이 깨지는 꿈을 꾼 후 길가는 점쟁이에게 해몽을 부탁하는 구절이 나온다. 춘향이는 어쩔 수 없는 현실 속에서, 또한 너무나도 자명한 현실의 결과를 예측하고 있는 춘향이에게 점쟁이는 엉뚱하게도 길몽(吉夢)임을 알려준다. 하지만 춘향이는 자신이 처해 있는 현실이 해몽처럼 길몽으로 일어날 가능성이 없는 터였으므로 그 대박 꿈을 믿으려 하지 않는다. 그러나 현실은 뜻밖에 역전되어 점쟁이의 해몽대로 춘향이는 옥에서 풀려나고 드디어 모든 관민이 우러러 보는 행복한 현실을 맞게 된다. 이와 같이 꿈과 현실은 상호 연관되어 있으며, 꿈 해몽에 대한 긍정적인 반응을 이처럼 완벽하게 묘사한 작품도 드물 것이다.

또한 이 꿈으로 일반 사람들은 꿈 해몽은 반대로 해야 한다고 하나 그것은 한 두 가지의 경험이 그런 결과를 보이는데서 나타난 것일 뿐, 즉 결과인 현실의 경험을 반대로 해석하면 원인인 꿈이 아니듯이 반드시 그러하지 않는다. 춘향전에서의 '거울(감옥을 상징)이 깨지는' 거울이 의미하는 '상징언어'를 제대로 해석해야 올바른 해몽이라고 할 수 있기 때문이다.

그런데 많은 사람들이 꿈, 사주, 관상, 이런 것들을 미신이라고 치부하는 경우가 많다. 하지만 이 꿈 만큼은 역사적으로도 확인된 여러 가지 사실들이 있으며, 꿈 때문에 역사가 바뀐 사례는 동양, 서양. 너무나 많다고 할 수

있다. 아마도 지구 역사상 모든 문화권을 통 털어 공통적으로 통했던 메시지는 '꿈'이 유일하지 않나 싶다. 그래서 저자는 꿈이 신비주의적인 미신이 아닌 미래를 예견하는 상징성을 가진다는 주장은 충분한 설득력이 있다고 하겠다.

꿈과 현실을 동일시로 보아, 꿈과 현실은 상호 연관되어 있다고 볼 수 있다. 이와 관련하여 꿈(예지몽)이 역사를 바꾼 몇 가지 대박 사례를 『이야기한국사』에서 살펴보면, 삼국시대를 통일한 신라 제29대 태종무열왕(太宗武烈王, 604년-661년 음력 6월)이 된 김춘추(金春秋)와 친구간인 김유신(金庾信)의 누이동생 문희(文姬)가 결혼하여 김유신의 출세의 길이 탄탄대로 열리게 되었던 것도 누이동생의 꿈을 통해서였다. 김유신의 누이동생 둘 중 언니 보희(寶姬)가 꿈속에서 서산에 올라가 소변을 보았는데, 그 소변이 경주를 가득 채운 꿈이 하도 이상해서 다음날 아침 동생 문희에게 꿈 이야기를 하니 문희가 그 꿈을 샀던 것도 꿈의 징험(상징)이 대단한 것을 동생 문희가 알았기 때문이었다.

또한 왕위계승싸움이 한창이던 신라하대에서 훗날 38대 원성왕(元聖王)이 된 김경신(金敬信)의 대박 꿈 내용이다. 김경신은 왕이 되기 전 어느 날 밤 꿈을 꾸었는데 사모를 벗고, 갓을 쓰고, 12줄 거문고를 끌어안고, 천관사 우물로 들어갔다. 꿈을 깬 뒤 사람을 시켜 점을 쳐보니 사모를 벗은 것은 관직에서 실직할 징조요, 거문고를 안은 것은 형벌을 받을 징조이며, 우물에 들어간 것은 옥에 갇힐 조짐이라 한다. 가뜩이나 꿈자리가 사나워 두문불출, 집밖으로 출입을 삼가고 있을 때, 김경신 휘하에 있던 아찬(阿湌) 중에 여삼(餘三)이라는 사람이 찾아와 김경신의 꿈 이야기를 들은 후 큰 절을 세 번 하면서, "사모를 벗은 것은 더 이상 높은 사람이 없다는 것이고, 갓을 쓴 것은 면류관을 쓸 징조이며, 12줄의 거문고를 안은 것은 12대 손까지 왕대를 이어갈 징조이고, 천관사 우물로 들어 간 것은 궁궐로 들어갈 징조"라고 해몽을 해주었다. 해몽처럼 훗날 김경신은 왕위에 올랐던 것이다. 이 사례에서도 엿볼 수 있는 것은 "똑같은 꿈에 대해서 이렇게 해몽이 상반될 수가 있을까"이다. 이 꿈도 흉몽으로 길몽으로 해몽을 할 수 있지만, 해몽도 최대한 다양하게 하는 것이 좋다. 즉, 다양한 해몽들 중에서 사회적으로나 개인적으로 잘못된 것이 아니면서 자신에게 유리한 것을 기준으로 꿈을 풀이 하라는 뜻이다. 이렇게 꿈과 현실은 서로 상호 연관되어 있고, 최대한 지혜롭게 꿈 풀이를 해야만 길몽이 될 수 있다는 점이다.

독자 여러분께서도 이미 알고 있는 꿈 해몽과 관련된 초대박 꿈사례를 들자면, 1392년 조선을 건국한 이성계(李成桂) 자신의 꿈 이야기이다. 이성계가 명절 기간에 무학대사가 머무는 절에 있으면서 기도 도중 꿈속에서 우연히 쓰러진 집에 들어갔다가, 서까래 셋을 등에 짊어지고 나왔는데, 무슨 꿈인지 도무지 알 수 없었던 이성계는 무학(無學)대사에게 꿈 해몽을 부탁하였다. 무학은 잠시 눈을 감고 깊이 생각하듯 앉아 있다가 천천히 입을 열었다. "세 서까래를 짊어졌으니 왕(王)자가 분명하니 후일 왕가를 이룰 꿈"이라고 해몽하여 주었다. 이러한 무학대사의 꿈 해몽이 적중되어, 후에 이성계는 조선을 건국하였고, 무학대사는 왕사(王師)가 되었다. 무학대사의 올바른 꿈 해몽으로 서로 win-win하였던 것이다. 이렇듯 이성계가 조선을 건국하는 데도 꿈이 아주 중요한 역할을 했음을 알 수 있다. 또 하나의 꿈으로 이성계가 고려 말에 홍건적과 왜구(倭寇)를 물리치면서 명성을 날리던 중 어느 날 밤 닭이 우는 꿈을 꾸었다. 그 꿈이 너무도 신기해서 친구인 무학을 찾아가

꿈을 이야기했더니 무학이 큰 절을 하면서 "이제 왕이 되겠습니다"라고 한 이유는 닭이 '꼬끼오' 하고 우는데 '꼬'는 한자(漢子)로 고(高)이고, '끼'는 한자로 귀(貴)이고, '요'는 한자로 위(位)인데, 이 세 마디 말을 합치면 고귀위(高貴位)인데 이는 높고 귀한 자리로 바로 왕을 뜻한다고 해석하였다. 이성계는 이 꿈을 이용해 자신의 왕업을 생각하고 실천하였으며 결국 위화도(威化島)에서 회군(回軍)하여 조선을 세웠다.

이와 같이 옛날 사람들은 꿈을 '신의 계시'라 생각하기도 했고, 또는 '행운과 소망의 발현'이라고 생각하기도 했다. 꿈을 통해서 인간의 초능력을 감지하였던 점에서는 동서양 모두 상통한다고 하겠다.

그러면 현대를 살아가는 우리들도 옛날 사람들과 같이 꿈에 신비의 초월한 힘(예지몽, 叡智夢)이 있음을 인정하고 있을까?

이제는 2010년 밴쿠버 동계올림픽에서 우리나라 최초로 피겨 스케이트부문 금메달을 획득한 김연아 선수의 예지몽 사례이다. 그런데, 김연아 선수의 아버지가 '똥 꿈'으로 금메달을 미리 예상했었다. 김연아 선수가 밴쿠버로 떠나던 날 밤, 아버지는 방에 똥이 넘쳐서 치우지 못할 정도로 많은 양의 똥 꿈을 꿨다고 하는데, 똥이 넘쳐서 치우지 못할 정도까지였다면, 돈방석에 앉게 될 정도로 현실에서 재물운이 트인다는 대박을 의미한다. 금메달의 황금색과 그로 인한 부와 명예를 예언한 예지몽이라 할 수 있겠다.

또 하나의 예지몽 사례로, 2014년 인천아시안게임에서 김지연, 이라진, 황선아, 윤지수로 짜인 여자 사브르 대표팀(6위)은 9월 23일 오전 고양실내체육관에서 열린 펜싱여자사브르 단체 결승전서 혈투 끝에 중국(7위)을 45-41로 꺾고 금메달을 목에 걸었다. 개인전에 이어 단체전을 석권하며 2관왕에 오른 이라진(24, 인천중구청)은 경기 후 인터뷰서 "2관왕이 될 줄은 꿈에도 몰랐다"면서 "사실 꿈을 원래 잘 안 꾸는데 이번 대회를 앞두고 1등하는 꿈을 두 번이나 꿨다. 너무 생생해서 확신이 들었다"고 미소를 짓고 있는 모습에서 꿈속에서 감지한 것이 그대로 현실로 이어지기에 꿈과 현실은 상호 연관성이 있다고 볼 수 있다.

이와 같이 꿈에는 과연 미래를 암시하고 예지하는 초월한 힘이 있는 예지몽의 역할을 한다는 점이다. 즉 "꿈을 보면 미래가 보인다."라고 할 수 있다. 사람의 예지능력이 극대화되어 꿈으로 형상화되어 나타나는 것, 꿈은 자신에게 다가올 미래를 미리 예측하는 인간의 정신능력의 중의 하나라 할 수 있다.

6. 꿈속에서 현실의 어려운 문제해결의 실마리를 찾을 수 있는가?

"꿈이 역사를 바꾼다." 꿈이 신비의 힘(예지력이나 창작력)을 가지고 있다고 하는 생각은 동서고금을 막론하고 옛날 사람이나 오늘날 사람이나 다 같이 인정하고 있다고 생각한다. 그러기에 꿈속에서 현실의 어려운 문제해결의 실마리를 찾을 수 있다는 것이다. 꿈속에서 감지한 것이 그대로 현실에서

소설로 씌어지고, 발명이나 발견의 실마리가 되었다는 사실은 우리의 주위에서 종종 들을 수 있다. 미리 말하지만, 꿈이 과학, 화학, 의류, 음악, 미술, 체육 등의 여러 분야의 역사를 바꾸었다고 할 수 있다.

먼저, 꿈이 화학의 역사를 바꾼 대표적인 사례로서, 1865년 '벤젠핵'[탄소 6개와 수소 6개로 이루어진 육각형 고리모양의 벤젠구조(C6H6)]을 고안해 낸 독일의 '프리드리히 케쿨레'(Friedrich A. Kekule, 1829-1896)도 두 번이나 꾸었던 꿈의 내용에서 힌트를 얻어 '벤젠핵'을 발견하였다. 벤젠핵은 6개의 탄소원자가 고리모양으로 결합된 분자구조를 하고 있다. 그는 두 번이나 꿈속에서 힌트를 얻어 위대한 유기화합물의 분자구조를 창안했다. 즉, 영국 런던의 클레이 팜로드에서의 버스 안과 벨기에의 겐트대학 재직 시절 난로 앞에서의 꿈은 유기분자의 구조에 관한 심원한 이론으로 진전되어 과학의 진보에 매우 값진 것이 되었다. 첫 번째 꿈에서 원자가 '사슬을 만들고', '큰 것이 작은 것을 두 개 끌어안기도 하고', '좀 더 큰 것은 작은 것을 서 너 개 붙들고' 있는 것을 보고, 케쿨레는 탄소원자가 수소원자나 기타 원자와 결합하면서 서로 사슬을 만들 수 있을 것이라는 화학분자구조론의 시초를 고안하게 되었다.

그의 두 번째 꿈은 벨기에 겐트대학에 재직 중 시골마을의 독신아파트에서 살고 있을 때였다. 화학연구에 골몰한 나머지 피로했던 그는 집으로 돌아와 자기방의 난롯가에서 졸고 있었다. 그 때 꿈속에서 눈부시게 움직이고 있는 여러 개의 큰 공이 몇 개씩 고리모양으로 연결되어 뱀처럼 움직이기도 하는 것을 보았다. 그런데 그 6개의 공으로 된 몇 마리의 뱀이 자기의 꼬리를 물고 꿈틀거리며 돌고 있다가 큰 공에 작은 공이 하나씩 붙어버리는 것이었다. 그 후 이러한 운동이 멈추었다고 생각한 순간 차례로 눈앞에서 사라져 버렸다. 꿈은 거기서 끝났지만, 그는 이 꿈의 내용에서 힌트를 얻어 큰 공은 탄소원자이고 작은 공은 수소원자이며, 이처럼 2개의 원자가 결합하는 물질은 안정하다는 가설을 세웠다는 것이다. 그리하여 그는 두 번이나 꾸었던 꿈을 가지고 마침내 벤젠핵을 제안해 내기에 이른 것이다. 케쿨레는 그 후 1890년에 베를린의 시청에서 성대한 축제에서 그의 공적을 치하하는 많은 사람들에게 "여러분 꿈꾸기를 배웁시다. 꿈을 꾸므로 해서 우리는 아마도 진실을 발견하게 될 것이다. 그러나 깨어있는 이성으로 잘 살펴볼 수 있을 때까지 그 꿈을 발표하는 것을 조심하시오" 라고 말하였다. 그러나 그 당시 많은 과학자들이 공식적인 논문에서 자기의 아이디어가 어디서 왔는지 일일이 쓰지 않았으며 실제로 있었던 연구과정과 거의 역순으로 자료를 제시하기도 했었다. 그리고 1901년 노벨상이 시작된 것은 케쿨레가 사망한 후였으므로 그는 그 상을 수상하지 못했으나 그야말로 '노벨'(Alfred Bernhard Nobel, 1833-1896)이 기대했던 바로 그런 인물이었다. 노벨이 사망하기 수개월 전에 그는 다음과 같이 말했다. "나는 이 세상에서 달성하기 어려운 꿈을 이루고자 하는 사람을 돕고 싶다." 케쿨레의 연구업적은 염료의 개발뿐만 아니라 설파제나 아스피린과 같은 의약, 고옥탄가 가솔린, 합성세제, 플라스틱, 그리고 폴리에스텔섬유 등 이러한 모든 것들은 케쿨레가 벤젠의 구조식에 의해 기초를 구축한 방향족화학의 성과인 것이다. 그는 1896년에 사망할 때까지 오스트리아의 본 대학에서 연구에 몰두하였다. 그 해는 노벨이 사망한 해이기도 했으나 노벨화학상을 수상한 최초, 두 번째, 다섯 번째의 세 사람[1901년 반트 호프(네), 1902년 에밀 피셔(독) 및 1905년 아돌프 폰 바이엘(독)]이 그의 제자들이었다. 케쿨레는 19세기에 대단히 뛰어난 화학 교육자로도 알려져 있으며, 독일에서의 합성염료공업의 발전과 19세기 후반의 유기화학의 눈부신 개화는 케쿨레와 그의 제자, 동료들에 의해서 발전된 분자구조론에 의해서 이루어 졌던 것이다. 영국의 과학비평가 아서 케스틀러는 케쿨레의 이 꿈을 두고 살찐 소와 여윈 소 10마리가 나온 꿈을 꾼 뒤에 풍년과 흉년이 10년씩 계속될 것을 예언한 구약성서의 요셉 이래 역사상 가장 중요한 꿈이었다고 말하기도 했다.

또한 꿈이 의학의 역사를 바꾼 사례로서, 1921년 오스트리아 생리학자 '오토 레뷔'(Otto Lowi, 1873-1961)는 "아세틸콜린이라는 화학물질에 의한 신경자극의 액성전달"을 꿈속에서 발견하여 영국의 'Henry. H. 데일'과 함께 1936년 노벨의학 · 생리학상을 수상했다. 'U. 바이스'와 'R. A. 브라운'에 따르면 이 아이디어는 레뷔가 잠을 자다 한 번도 아니고 두 번씩이나 꿈에서 얻었다고 한다. 처음 이 아이디어의 꿈을 꿨을 때에 깨어났다가 금방 다시 잠이 들었기 때문에 아침에 눈떴을 때는 기억이 잘 나지 않았다. 두 번째 꿈을 꾼 레뷔는 깨어나자마자 그대로 실험실로 가서 꿈속에서 생각했던 간단하기는 하지만 결정적인 실험을 했다. 케쿨레와 마찬가지로 레뷔도 그의 연구기초가 된 아이디어의 기원에 관해서 곧바로 공표하지 않았으나 케쿨레와는 달리 그는 친구와 가족에게는 바로 설명했으므로 그에 관해서 상세한 기록이 남아있다. 레뷔의 딸은 부친이 꿈에서 비롯된 발견으로 노벨상을 받을 것이라고 레뷔의 동료가 예언했던 것을 기억하고 있었다. 동료들의 예언대로 레뷔는 후일 화학물질(이 물질은 현재 신경가스, 살충제, 수술시 국부마취제로 활용)을 규명한 'Henry. H. 데일'과 함께 1936년의 노벨의학 · 생리학상을 수상했다. 그러나 그는 노벨상 수상강연에서는 꿈 이야기를 하지 않았다. 바이스와 브라운은 "레뷔가 그것을 발견하게 된 배경에는 케쿨레가 말한 바와 같이 과학연구에 매우 중요한 아이디어가 꿈속에서 실제로 얻을 수 있다는 결정적인 증거이다"라고 말했다. 또 그들은 또 19세기의 위대한 철학자이며 생리학자이기도 한 에너지보존의 법칙을 공식화한 독일의 '헤르만 폰 헤름홀츠'(독일어Hermann von Helmholtz, 1821–1894)가 성과가 좋은 아이디어는 "아침에 잠에서 깼을 무렵에 머리에 떠오르는 일이 많았다"고 말한 사실도 지적했다. 바이스와 브라운은 "우리 경험에 의하면 상상력과 기억력은 꿈이나 또는 이에 가까운 상태(백일몽)인 때에 가장 활발하다. 만일 누군가가 꿈에 의해서 행동하고, 케쿨레나 레뷔, 칼빈, 타운즈 등과 같이 훌륭한 발견을 했다면 꿈을 통한 발견이야말로 행운임에는 틀림없을 것이다."라고 하여 꿈을 통해 인류사에 중요한 사실을 발견한 점을 강조한 것이다.

역시 꿈을 꾸고 새로운 발명을 하여 의류역사를 바꾸어 인류의 의류발전에 기여한 사람도 있다. 1867년 재봉틀 발명한 미국의 '일라이어스 하우'(Howe Elias, 1819-1867)는 밀림 속에서 식인종들이 어떤 한 사람을 둘러싸고 창끝에 구멍이 뚫린 뾰족한 창으로 번갈아 위협하는 꿈을 꾼 후, 꿈에서 본 식인종의 창에서 착안하여 재봉틀 바늘 끝에 구멍을 뚫게 된 것이다. 그는 재봉틀 발명으로 1864년 첫 번째로 미국 특허를 받게 되었으며, 이로 인해 인류의 복지를 발전시키게 된 것이다.

이제는 꿈이 문화의 역사를 바꾸거나 발전시킨 사례를 들어보자. 『타임머신』, 『투명인간』, 『우주전쟁』 등의 공상과학소설(Science Fiction: SF)의 시조로 유명한 영국의 '허버트 조지 웰스'(Herbert George Wells, 1866-1946)는 1933년에 발표한 그의 『닥쳐올 미래세계의 이야기』에서 제2차 세계대전의 발발과 일본의 두 큰 도시에 원자폭탄이라는 가공할 무기가 발명되어, 투하됨으로써 엄청난 피해를 보게 될 것이라고 예언했다. 이것은 그가 잠에서 깨어나기 직전 꿈속에서의 미래에 관한 역사책을 보고 잠에서 깨어나자마자 메모해 두었다는 것이다. 참고로 웰스가 죽던 1946년에 태어난 스티븐 스필버그 감독이 톰 크루즈, 팀 로빈스 등의 특급배우들을 기용하여 제작한 대작영화 「우주전쟁」이 2007년 개봉되었다. 「지킬 박사와 하이드」의 저자 로버트 스티븐스도 꿈에서 얻은 영감으로 수면 중에 줄거리를 만들었다고 한다.

꿈속에서 이와 비슷한 경험을 역사가인 영국의 '아놀드 토인비'(Arnold Joseph Toynbee, 1889-1975) 박사도 주장하고 있으며, 프랑스의 철학자 '르네 데카르트'나 영국의 수학자 '뉴우튼', 미국의 과학자 '토머스 에디슨'도 꿈속에서 어려운 문제해결의 실마리를 찾았다고 한다.

음악가 '달티니'도 꿈속에서 그 악보를 예시 받아 「악마의 전율」이라는 곡을 작곡했다고 한다. 그리고 여러분에게 너무나 유명한 비틀즈의 히트곡 「예스터데이」는 팝의 역사를 바꾼 경우인데, 1965년 5월 비틀즈 멤버 '폴 메카트니'는 애인의 옥탑 방에서 잠을 자다가 꿈속에서 현악 앙상블을 듣고 잠에서 깨자마자 그 멜로디를 기억해서 만든 곡이 바로 이 「예스터데이」이다. 폴 매카드니는 그 곡에 대한 영감을 무의식 중에 가지고 있다가 그 무의식이 꿈에서 표현이 된 것인데, 표절곡은 절대 아니라고 한다(매카트니와 비틀즈의 자서전 『비틀스 선집』(The Beatles Anthology); Cross, Craig (2005). 《The Beatles: Day-by- Day, Song-by-Song, Record-by-Record》. Lincoln, NE: iUniverse, Inc.. ISBN 0-595-34663-4, pp. 464-465).

우리가 너무 잘 알고 있는 이순신의 『난중일기』에서의 꿈 역시 역사를 바꾸게 된 사례이다. 정유년 음력 9월 15일(명량해전 전날, 10월 25일) 일기에 "이날 밤 꿈에 신선이 이래하면 이기고 저래하면 진다"(是夜° 神人夢告日° 如此則大捷° 如此則取敗云)고 현몽을 해줬다는 기록은 명량대첩(정유년 9월 16일)을 앞두고 그는 승리를 예감하고 있다. 꿈에서 진을 치고 있는 일본군의 군사배치를 알게 되어 조선 수군이 칠천포 포위망을 뚫고 나오고 명량해협에 진주(정유년 9월 11일~20일)한 이유를 암시하고 있다. 우리는 『난중일기』에 40개나 쓰여진 꿈을 통해 이순신을 파악할 수 있고, 이순신의 잠재된 내면의 의식을 자세히 알 수 있는데, 대체로 이순신은 자신의 꿈을 적극적으로 해석하려고 하고 있음을 잘 보여주고 있다. 특히 그의 꿈에는 강한 예지력이 나타나기도 하는데, 이는 초자연적인 힘에 근거한 것이 아니라 시대 상황, 자신의 위상과 소임에 관한 고도의 집중력과 분석력에 기초한 통찰의 결과라 볼 수 있다. 이순신은 전쟁터에 있는 장수로서 가족을 걱정하는 꿈도 있지만, 대체적으로 공적인 위치에서 꿈을 꾸고, 왜군이 언제 쳐들어올지 전쟁의 결과가 어떻게 될지 등의 전쟁 관점에서 꿈을 해석하였다. 그리고 이순신의 꿈에서는 다른 양반들과 달리 임금을 향한 열망이 강하게 나타나지 않는다. 보통 사람은 꿈을 길흉의 수단으로 이해하고 그치는 반면, 이순신은 꿈의 내용을 실천하는데 까지 나아가서 군사작전에 적용하여 바람 앞에 등불이던 조선을 구하였던 것이다.(아래는 난중일기와 2014년 상영된 영화 '명량' 포스터)

『난중일기』는 임진왜란이 일어난 선조 25년(1592) 임인년 정월 초하루부터 이순신 공이 순국한 마지막 싸움인 노량해전 이틀 전인 선조 31년(1598) 무술년 11월 17일까지의 기록이다. 『난중일기』 초고본은 모두 8책으로 국보 제76호로 지정되었으며, 현재 충남 아산 현충사에 보존되어 있다.

이처럼 꿈속에서 크고 작은 어려운 문제를 해결하고 또한 역사의 물줄기를 바꾼 미래에 관한 강력한 예지를 갖고 있는 꿈은 오늘날에도 위대한 사람이나 평범한 사람들 모두가 많이 체험하고 있다. 이와 같이 꿈은 꿈속에서 현실의 어려운 문제를 해결하거나 미래에 관한 예지를 갖는 꿈은 물론이고 특히 서구에서 정신분석학적으로 중요시하는 잠재된 내면의 심리적 욕구 표출의 꿈도 있다. 즉 장차 일어날 일을 예지하는 꿈, 주변의 위험을 알려주는 꿈, 꿈속에서 발견이나 발명을 하거나 창조적인 사유활동으로 이루어지는 다양한 꿈 등이 있다. 따라서 "과연 꿈속에서도 발견, 발명이나 창작을 할 수 있는 신비한 초월적 힘이 가능한가"에 대해서는 위에서 살펴 본 꿈 사례에 의하면 꿈을 통해서도 발견, 발명 또는 창작이 가능할 수 있다고 하겠다. 즉 꿈속에서 현실을 볼 수 있다는 것이다. 2010년 4월 미국 하버드대학의 정신의학자이자 꿈 연구전문가인 '로버트 스틱골드'도 꿈속에서 창의적 활동이 가능하다고 한다. 그러므로 꿈속에서 현실의 어려운 문제해결의 실마리를 찾을 수 있고, 꿈에도 "실제적인 기능이 있다"는 것이 오늘날 일반적인 생각이라고 할 수 있다.

7. 꿈은 현실의 생활상을 어떻게 나타내는가?

위에서처럼 현실의 어려운 문제해결이나 질병치료 및 창작의 실마리를 꿈속에서 찾을 수 있다면, 꿈은 현실의 생활상을 어떻게 나타내고 있는가이다. 꿈은 현실의 생활상태를 다양하게 표현하고 있다. 그 표현 중에서 "꿈에는 현실과 동일시"(同一視)라는 것이 있다. 꿈과 현실의 동일시란, 꿈이 현실과 똑 같거나 같은 종류의 사건이나 사람 및 사물이 꿈속에 나타나는 현상인 '상징언어'(象徵言語 또는 象徵表象)로 나타내고 있

다고 하겠다. 그리하여 사람들은 해몽에 있어서 꿈에 나타난 상징언어에 따라 꿈의 내용을 분석하고 길몽이니 흉몽이니 따지기도 한다. 앞서 설명한 실례와 통계자료에 따른 학설이나 연구결과를 살펴보아도 꿈의 예지는 확실히 무시해서는 안 될 것 같다. "꿈과 현실을 동일시로 볼 수밖에 없는 이유는 꿈과 현실은 어느 정도 상호 연관되어 있다"고 보기 때문이다.

이와 같이 꿈은 현실 생활을 다양하게 표현하고 있다. 따라서 꿈 해몽에 반드시 필요한 개념이 바로 '꿈의 상징성'(象徵性)을 의미하는 '상징언어'이다. 이러한 꿈의 다양한 표현수단과 상징성의 의미에 대해서는 이 책 제2부에서 후술하고, 그 구체적인 사례들에 대한 해몽은 이 책 제3부에서 기술한다.

8. 꿈은 남을 대신하여 꾸는가?

연로하거나 성교능력이 없는 노부모가 공격성향의 꿈이나 성교를 하는 꿈은 노부모의 자손이 꾸어야 할 자손에 관한 일을 대신 꾸어주기 때문이다. 부모는 자손에 관한 꿈을 대신하여 꾸고, 반대로 자손은 부모들이 하는 꿈을 꿀 수 있다. 이렇게 꿈은 남을 대신하여 나타내기도 한다. 특히 태몽(胎夢)은 옛부터 자신이 직접 꾸기도 하나, 대부분 가족이나 주위의 사람들이 대신 꾸어주는 경우가 많이 있게 된다. 가족상호 간에 서로 대신하여 꿈을 꾸게 되는데도 남이 대신 꾸어주는 꿈을 가족상호 간에 사고 파는 모순과 무지를 범하기도 한다. 이와 같이 가족상호 간에 대신하여 꿈을 꿀 수도 있으므로, 특히 나쁜 꿈을 꾸고 난 뒤에는 아침부터 그 꿈 이야기로 불쾌한 하루를 시작할 이유가 없으므로, "아침부터 꿈 이야기를 하지 말라"는 말이 생긴 근거가 아닌가 생각된다. 나아가 좋은 꿈은 자만하고, 흉몽은 실망하니 스스로 경계하기 위해서 만들어진 속설이다. 이렇게 꿈은 남을 대신하여 꾸기도 하지만 미래의 현실에서 반드시 일어나기로 예정된 어떤 사건을 여러 사람들이 동일한 내용을 공동으로 꾸어 예시하는 경우도 종종 일어나기도 한다.

9. 예지몽(叡智夢)은 누구나 꾸는가?

꿈은 과연 미래를 암시하고 예지하는 초월한 힘이 있는 예지몽의 역할을 한다는 점이다. 즉 "꿈을 보면 미래가 보인다."라고 할 수 있다. 사람의 예지능력이 극대화되어 꿈으로 형상화되어 나타나는 것, 즉 꿈은 자신에게 다가올 미래를 미리 예측하는 인간의 정신능력 중의 하나라 할 수 있다. 그렇다면 사람은 누구나 예지몽을 꾸는가이다. 이에 대한 질문에 대하여는 서울 소재 병원의 정신과 전문의사이신 손석한 박사의 얘기를 들어보자. "꿈은 절대 무시할 수 있는 것이 아니며, 모든 꿈에는 사람의 심리가 담겨있다고 본다. 그래서 제가 환자들을 치료할 때도 어떤 꿈을 주로 꾸는지, 어제는 무슨 꿈을 꿨는지 등을 들어보고 환자의 심리를 파악하기도 하는데, 영적인 기운이 작용한 꿈속에서 미래를 예지하는, 쉽게 말해 예지몽 같은 것은 특정인(도인 또는 무속인)들에게만 나타나는 것이라고 생각되는데, 이건 과학적으로 증명하는데 있어 어려움이 따른다. 일반인들의 경우에는 예지몽보다는 데자뷔(déjà vu, 기시감: 꿈에서 본 듯한 현상이 현실에서 일치하거나, 과거 어디선가 경험했던 장면이라 생각되는 데자뷔 현상이라 한다)란 표현이 적당한 것 같다."고 하고 있다.

그런데 저자는 예지몽은 특정인에게만 나타나는 것이 아니라 일반인도 예지몽을 꾸게 된다. 다만 일반인에게는 예지몽보다는 데자뷔가 더 많이 나타날 것이라 생각한다.

해몽에서도 조상 꿈이야 말로 꿈 해석의 정확도에서 아주 확률이 높은 예

지몽이라 하겠다. 그러나 조상이 나온다고 다 좋은 꿈이 아니라, 조상이 꿈속에서 좋은 말씀, 좋은 표정을 짓거나 나에게 어떤 선물을 주거나 하면 그야말로 대박 꿈이다. 반대로 조상이 슬퍼하거나 어디 가자고 하는 것은 좋지 않은 꿈이라 할 수 있다. 즉, 조상 꿈은 꿈속의 감정, 꿈의 내용이 담고 있는 그대로 해석된다고 할 수 있다. 앞의 사례에서 설명한 바와 같이 꿈이 과학, 화학, 의류, 음악, 미술, 체육 등의 여러 분야의 역사를 바꾸었다고 할 수 있다.

이와 같이 김연아 선수의 아버지나 이라진 선수처럼, 일반사람도 자신에게 다가올 미래를 미리 예측하는 인간의 정신능력의 중의 하나라 할 수 있는 예지몽을 꾸는 것은 가능하다고 할 수 있다.

제2장 꿈에 관한 궁금증은?

1. 꿈도 조작이 가능할까?

가끔씩 꿈을 꾸면서 "이건 확실히 꿈이야. 이럴 땐 이렇게 하고 싶어. 이렇게 하는 게 아니라 저렇게 해야지" 하면서 꿈속에서 내가 하는 행동을 이리저리 바꾸게 되는 때가 있다. 이렇게 꿈을 꾸면서 자기 생각한대로 꿈 자체의 행동을 조작하는 것이 가능한데, 과연 꿈을 조작할 수 있는가? 그러면 과연 깨어 있는 의식이 잠자는 동안의 무의식 세계를 향해 그 속편을 주문할 수 있는가? 이 문제는 저자가 많은 시간을 두고 고민하였던 부분이다. 이에 대해, 앞에 꾼 꿈을 이어서 속편을 꿀 수 있다는 것은 한 마디로 인간의 의식이 무의식 세계의 꿈을 지배할 수 있다는 것을 의미한다. 그렇다면 자기 스스로 원하는 꿈을 꾸고 그 내용도 조작할 수 있지 않을까? 이에 관한 지금까지의 연구 결과로 보면, 자기 스스로 원하는 꿈을 꾸고 나아가 꿈도 조작할 수 있다는 주장과 조작이 불가능하다는 두 가지의 주장으로 나누어진다.

먼저, 조작불가의 주장이다. 꿈이라는 것은 하나의 완결된 드라마이므로 먼저 꾼 꿈과 나중에 꾼 꿈은 완전히 독립된 줄거리를 가지고 있다. 즉 현실의 초롱초롱한 의식이 꿈을 지배할 수는 없는 것이고, "꿈의 세계는 현실의 세계와 동떨어진 또 하나의 무의식 세계인 것"이다. 따라서 인간의 의식이 무의식 세계의 꿈을 지배할 수 없듯이 자기 스스로 원하는 꿈을 꾸고 그 꿈 내용도 조작할 수 없다고 한다. 예를 들면, "자기가 갓난아이를 죽인 꿈은 현재 하고 있는 일이 성사되고 근심걱정이 말끔히 해소된다"는 해몽을 사례로 이를 설명하면, 현실에서 갓난아이를 죽이고 꿈에서도 갓난아이를 죽이는 꿈을 꿀 수(조작할 수) 있는가. 이것은 인간이기를 포기한 자나 정신이상자가 아니면 이를 실행한다는 것은 우스운 이야기이다. 따라서 이 견해는 현실의 세계와 또 하나의 무의식 세계는 동 떨어진 무관한 관계이므로 자기 스스로 원하는 꿈을 꾸고 그 내용도 조작할 수 없다고 한다.

그러나 꿈의 내용은 자유자재로 조작할 수 없지만 자기 스스로 원하는 꿈을 꾸는 것은 어느 정도 가능하다고 주장하는 사람들이 있다. 앞에서 살펴본 바와 같이 "내면적인 무의식 세계인 꿈은 현실과 연관성이 있다"고 한다. 누구나 즐겁고 행복한 꿈을 꾸는 중에 깨었을 때는 계속해서 그 속편을 꾸고 싶은 것이 인간의 공통된 마음이다. 현실에서 어려움을 겪지 않고 순탄하게 살고 있는 어떤 특별한 사람 내지 청소년들은 꿈의 속편을 가끔 꾼 적도 있다고 한다. 또 우리는 흔히 잠자기 전에 현실 생활의 무언가를 골몰히 생각하면 생각했던 것과 관계되는 것이 내가 원하는 대로 꿈속에서도 나타나는 경우(데자뷔, déjá vu)를 실제로 체험을 하기도 했을 것이다. 이것은 인간의 현실과 꿈 사이에 떨칠 수 없는 어떤 관계가 맺어지고 있다는 걸 증명하고 있는 사실이다. 이러한 주장에서 프로이트도 그의 책 『꿈의 해석』에서 "의식적인 소망만이 꿈속에서 실현되는 것 같이 보일 것이 틀림없다"는 말로 이를 잘 대변하고 있다. 또 불가(佛家)에서 현실에서 바라는 화두를 무의식 세계와 연결시켜 참선이나 기도법으로 수련하면 현실의 화두가 항상 잠재의식화 되어 무의식 세계인 꿈속에서도 나타나는 것이 가능하다고 한다. (일타 큰스님 지음, 「생활 속의 기도법」, 효림출판사, 1996, 53면 참조)

따라서 우리는 죽음을 맞이하여 의식이 사라져 갈 때까지 의식 상태이던 무의식 상태이든 천지자연에 순응하는 인간의 본성을 어둠속에서도 영롱한 촛불처럼 밝히고 있어야 한다. 아무리 인생의 무게가 무거워 힘들어도 "꿈은 잃지 말라"하는 말을 이 입장에서 한 번 상기하면 맞아 떨어지는 말이 아닐까 생각한다. 그래서 사찰에서 철야 용맹정진 기도 후 잠들면 꿈속에서 현몽(現夢)이 이루어지는 가피를 받게 되는 것을 종종 볼 수 있다. 결론적으로 저자는 꿈을 자유자재의 마음대로 조작을 할 수 없어도 현실의식이 무의식 세계인 꿈에 나타내거나 어느 정도 영향을 미치는 것은 가능하다고 생각한다.

2. 꿈을 잘 꾸지 못하는 사람은 어떻게 하면 잘 꿀까?

그러면 꿈을 잘 꾸지 못하는 사람은 어떻게 하면 잘 꿀까? 이는 꿈꾸기를 콘트롤(control)하는 방법(꿈조절법)을 배움으로서 그 잠재의식의 다음 단계인 무의식 세계로 다가가는 노력을 해야 한다. "나는 이제부터 A라는 문제에 관하여 기발한 아이디어의 꿈을 꾼다"라고 잠들기 전에 생각하여 잠재의식화 함으로써 꿈의 방향성을 만들어준다. 그렇게 하면 아침에 눈을 떴을 때 해답이 의식가운데 확실하게 떠오르게 된다. 이때 머리맡에 종이와 펜을 준

비해 두었다가 잊지 않도록 그때그때 적어두는 것도 중요하다. 꿈의 내용은 주로 직설적이기보다는 은유적인 경우가 많다. 꿈이 주는 영상을 어떻게 해석하느냐는 온전히 꿈을 꾼 당신의 몫이다. 꿈을 꾸고 난 후의 기분이나 스쳐가는 예감 등에 집중하다 보면 꿈이 의미하는 상징언어를 점점 명확하게 이해할 수 있게 될 것이다.

이와 같이 꿈꾸기 콘트롤을 배우려면, 먼저 잠들기 전에 화제를 정해 두고, 깨어나면 꿈을 글로 옮겨 쓰는 작업을 매일 아침 거듭 되는 것이 중요하다. 또한 꿈꾸기 콘트롤은 하룻밤에 그칠 것이 아니라, 매일 밤마다 꿈의 방향성을 부여하는 것도 중요하다. 모든 훈련이 그러하듯 처음부터 꿈이 생생하게 기억되지는 않을 것이다. 그러니 며칠 동안의 노력으로 원하는 꿈을 꾸는 기대는 바라지 말고 꿈을 통해 값을 따질 수 없는 자신의 정신적 원천을 발견할 수 있을 거라는 기대를 가지고 꿈 조절법을 꾸준히 훈련해 보자.

매일 밤 꾸준히 지속하게 되면 '프라이밍 효과'(Priming theory)가 나타난다고 한다. 무엇인가를 골똘히 생각하고 있을 때, 꿈이 그것을 풀어주는 힌트를 가져다준다. 이것을 '프라이밍 효과'라고 한다. 융은 꿈을 기억하거나 확실하게 음미하게 되면 싱크로니시(synchronicity: 동시성)가 일어난다고 말하고 있다. 꿈을 기록하고 연구하는 습관을 지니게 되면, 확실히 꿈은 진화해나가기 마련이다. 그리하여 꿈꾸기 콘트롤을 할 수 있게 되면 차츰 투시력을 얻게 되고 예지정보를 잡을 수 있는 능력을 몸에 익힐 수 있게 된다.

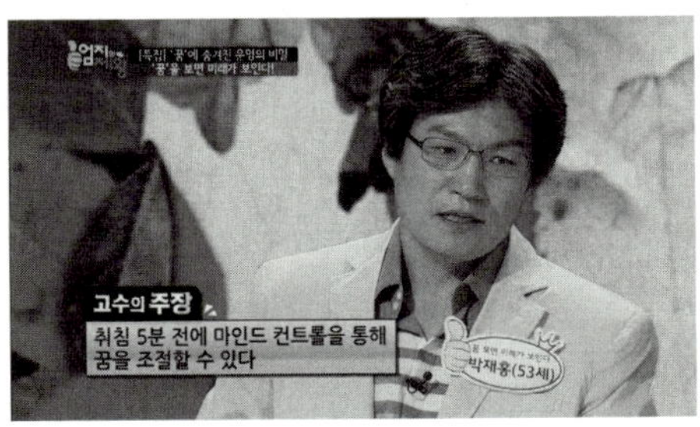

3. 꿈에서 겪은 일이 현실에서도 일어나는가?

꿈과 현실이 맞는다고 믿는 사람이 많다. 죽어가는 사람이 꿈속에 나타나 마지막 인사차 왔다든지, 수험생이 자기의 수험번호가 붙어 있는 합격게시판을 꿈속에서 보고 발표하기 전에 이미 합격사실을 알았다고 진심으로 꿈의 위력에 감탄하는 사람도 있다. 예지몽 또는 데자뷔와 현실과의 관계를 검토해보자. 언젠가 꼭 꿈에서 본 것 같은 일을 현실에서 겪게 되는 때가 있다. 이처럼 "꿈과 현실이 신기할 정도로 일치"하는 일이 흔히 있다. 그 이유는 첫째, 가까운 사람이 병고에 시달리고 있으면 가족이 그것을 걱정할 것이며, 어떤 중대한 일에 부딪치면 그 일에 대해 마음이 사로잡히고 집착할 것이다. 이런 평상시 현실의 의식세계에서의 걱정과 집념이 꿈속에서 형상화 될 수도 있기 때문이다. 그리하여 꿈속에서 보았던 실제 인물이 우연의 일치로 사망할 수도 있기 때문이다. 둘째, 꿈을 꾸고도 잊어버리는 경우도 많아서 비록 의식적으로는 꿈을 기억해내기 힘들지만 그 기억은 잠재의식 속에 남아 있게 되는 것이 대부분이다. 그런 잠재의식 속의 꿈 기억이 현실 경험을 통해 살아날 때 마치 꿈에서 본 듯한 현상과 일치하는 것이라 생각되거나 과거 어디선가 경험했던 장면이라 생각하게 되는 것이다. 이런 현상을 '기시감'(旣視感)이라 하고 프랑스어로 '데자뷔'(déjà vu)라 한다. 상징화된 꿈의 내용이 현실과 거의 유사할 때도 꿈에서 본 듯한 현상과 일치하는 것이라 생각을 하게 되는 것도 데자뷔이다.

그렇다고 해서 꿈이 현실과 반드시 일치하고 맞는다고 단정 내려서도 아니 된다. 그것은 꿈이란 개인이 처한 상황이나 환경에 따라서 그 내용이 달라질 수도 있고, 어떤 사건의 흐름에 따라서 꿈의 내용이 변화할 수도 있다. 그리하여 꿈이 꿈 자체로서 상징적으로 머물러 버리는 경우가 대체적이지만, 그렇지 아니하고 꿈도 상황과 사건에 따라 변화하면서 미래를 직접적으로 투시 내지 예지하는 경우도 있는데, 그 꿈이 현실과 신기할 정도로 일치하여 초월적인 신비의 힘을 제공한다든지 또는 비슷하거나 반대로 되는 경우가 종종 일어나기도 하는 것이다.

4. 꿈으로 학습효과를 높일 수 있는가?

무엇이든 새로운 것을 학습한 후에 낮잠을 자는 사이에 꿈을 꾸면, 학습한 것을 잘 기억하고 실행할 수 있다는 연구 결과가 있다. 즉 미국 하버드대학교 의과대학 정신의학 조교수인 로버트 스틱골드 박사 등 연구진은 이 같은 연구 결과를 의학전문지 〈Current Biology〉온라인 미국 건강웹진 헬스데이, Science is Culture 2010년 4월 22일자 속보판에 발표한 이 연구 결과에 의하면, 새로이 학습한 기술이나 지식에 관한 꿈을 꾼 사람들은, 깨어 있는 대로 휴식하거나 낮잠을 잤지만 꿈을 꾸지 않은 사람들보다 눈을 뜬 후에 그 기술이 능숙해져 있는 것으로 밝혀졌다. 수면이 학습한 기술과 기억을 강화하는 중요한 수단인 것으로 이미 잘 알려져 있었으나, "꿈을 꾸면서 창작도 가능하지만 학습능력이 향상된다고 하는 연구 결과는 시사하는 바가 크다"고 하겠다.

수면 중 꿈을 꾸는 것은 수면 중의 뇌가 기억을 처리하는 과정이며, 단기적으로는 최근의 경험을 통합하여 작업효율을 높이고, 장기적으로는 이것을 우리들의 생활에 광범위하게 활용할 수 있는 정보로 바꾸어 놓는다고 연구는 밝히고 있다. 즉, "학습체험에 관한 꿈을 꾸는 것은

뇌의 해마(hippocampus)에 의존하는 공간적인 기억 타스크의 향상으로 통하는 것"이라고 스틱골드 박사는 말하고 있다. 해마는 공간 기억의 저장을 관장하는 뇌의 영역이다. 그러기에 우리에게는 학습능력 향상이나 작업능력의 업데이트를 위해 충분한 휴식, 그것도 잠이 필요한 이유를 알 수 있게 된다.

"이 연구 결과는 꿈이 뇌가 새로운 정보를 처리하여 통합하는 방법임을 알려주는 것"이라고 스틱골드 박사는 설명하면서, "꿈은 수면 중인 뇌가 직접적으로 능력을 향상시키는 방법을 포함하는 많은 수준에서 동일한 문제를 놓고 작업을 하고 있는 것을 명확하게 제시하고 있다"고 말한다. 그리고 "꿈은 그 정보가 장래에 더 유용하게 쓰여 지도록, 그에 관한 관계를 검색하는 뇌의 시도를 반영할 수 있을 것"이라고 그는 덧붙이고 있다.

이 연구를 구체적으로 소개하면, 99명의 사람들에게, 1시간 동안, 컴퓨터로 '미로 타스크'(테트리스 게임)를 학습하도록 했다. 이 사람들은 복잡한 3차원의 미로를 지나 그 설계도에 대해 학습하고 될 수 있는 대로 빨리 정해진 목적지에 도착하도록 하라는 지시를 받았다. 그런 후에 대상자를 무작위로 두 그룹으로 나누어 최초의 학습 후에 A그룹에게는 90분간의 낮잠을 자게 하고, 다른 B그룹에게는 깨어 있는 대로 조용히 지내면서 휴식을 취하도록 했다. 낮잠을 잔 A그룹에게는 낮잠에서 깨어난 후에 꿈의 내용에 대해 설명하도록 했다. 깨어 있던 B그룹의 사람에게는 마음에 생각하고 있던 것을 설명하도록 했다.

그 후에 두 번째의 '미로 타스크'를 실시하게 했다. 낮잠을 잔 A그룹 사람들 중에서, 낮잠을 자고 있던 사이에 미로 타스크와 관련된 꿈을 꾸지 않았던 사람들은 두 번째의 성적이 향상되었는데 그것은 매우 극소한 것이었다. 그러나 낮잠을 잔 A그룹 사람들 중에서 낮잠을 자고 있던 사이에 미로 타스크(테트리스 게임)의 꿈을 꾸었다고 보고한 사람들은 두 번째의 성적이 극적으로 향상되었다. 그것은 미로 타스크의 꿈을 꾸지 않았던 사람들의 10배 이상이었다. 그러나 깨어 있는 대로 휴식을 취한 사람들은 머리 속에서 "미로의 경로를 복습하고 연습"했다 해도, 두 번째의 미로 타스크의 성적이 향상되는 일은 없었다고 한다.

"꿈을 꾼 사람은 여러 가지 내용의 꿈꾸었던 것을 이야기했다. 미로의 체크포인트를 보았다거나 박쥐가 살고 있는 동굴에서 길을 잃었다거나 또는 컴퓨터 게임의 BGM을 들었다거나 등과 같은 식"이었다고 이 연구의 공동 연구자인 에린 웸즐리 박사(Erin Wamsley, Harvard Medical School, Department of Psychiatry, Boston, MA, USA)의 말이다. 하나의 명백한 차이는 두 번째의 성적이 극적으로 향상되었던 미로 타스크에 관한 꿈을 꾼 사람들은 최초의 트레이닝의 성적이 비교적 좋지 못했다는 것이었다. 그는 "특히 주목할 만한 것은 미로 타스크의 성적이 좋았던 사람들은 다른 사람들보다 미로 타스크에 흥미가 있었다거나 동기부여가 된 것은 아니었다는 것"이라고 한다.

또 그는 "이 테트리스 연구 결과는 무엇인가에 대한 학습에서 어려운 것이 있어 그것이 사람에게 중요한 것이라면 수면 중의 뇌는 그것에 잘 대처하는 데 필요한 것에 초점을 맞춘다는 것을 시사한다"고 말한다. 그러나 그는 "무엇인가를 학습한 때, 그것을 기억하기 위해 꿈을 꾸는 것은 아니라 오히려 뇌에게 기억을 통합시켜 처리할 일련의 평행적인 사실을 준비시키는 것으로 보인다"고 말한다. 잠을 자고 있는 뇌는 두 가지 별도의 기능을 달성하고 있는 것으로 보인다. 그것은 해마가 용이하게 이해될 수 있는 정보(예를 들면 컴퓨터의 미로의 이해)를 처리하고 있는 동시에 대뇌피질이 이 정보를 보다 복잡하고 그다지 구체적이지 않은 과제(예를 들면 일자리의 응모서류의 미로 대처법)에 적응한다는 것이다.(Erin J. Wamsley, Matthew Tucker, Jessica D. Payne, Joseph A. Benavides, Robert Stickgold, "Dreaming of a Learning Task Is Associated with Enhanced Sleep-Dependent Memory Consolidation," Current Biology, 22 April 2010; 10.1016/j.cub. 2010.03.027).

5. 여러 가지 꿈을 꾼 경우에는 어떻게 해몽해야 하는가?

가끔 꿈을 꿀 때 한두 가지만 꾸는 게 아니라 여러 가지 내용이 복합되어 꿈속에 나오는데, 이 경우에 일반인들은 그 중에서 한 가지에 해당하는 것만 해몽하게 된다. 그래서 꿈에서 본 것들을 모두 해몽해보면 이것저것 뒤죽박죽이 되어서 해몽이 이상하게 되기 일쑤이다. 그렇다면 여러 가지 꿈 중에 어떤 걸 해몽해야 할까? 꿈속에서 내가 하는 행동을 이리저리 바꾸게 되는 때가 있는 경우를 말한다. 이럴 때 그 해몽은 어떻게 해야 할까? 이럴 경우 대부분 꿈 해몽 전문가에 의하면, 여러 가지 꿈들은 서로 다른 사연이 있는 꿈들이기에 해몽도 각각 따로 해야 한다고 한다. 자다가 일어나서 다시 꿈을 꾸었는데 이전 꿈이 이어질 경우는 줄거리가 이어지기 때문에 그 해몽도 이어지게 해몽하는 경우가 있다지만, 꿈 내용이 서로 이어지지 않고 끊어진다면 해몽도 각각 다르게 해야 한다.

6. 꿈속에서는 위치를 모르고 잠에서 깨어나면 왜 기억이 잘 되지 않는가?

꿈을 꾸게 되면 꿈속에서는 대부분 방향감각과 위치감각이 흐려진다. 꿈은 시간과 공간을 초월하여 나타난다. 즉 시공을 초월하여 꿈속에서 인생의 부귀영화를 누렸다가 꿈에서 깨어난 후 인생의 부귀영화가 덧없음을 비유한 것으로 옛날 중국 당나라시대의 노생(盧生)의 '한단의 꿈'(邯鄲之夢) 또는 황량몽(黃粱夢)으로 잘 알려져 있다. 노생의 한단의 꿈처럼, 꿈속에서의 자기의 위치는 시간과 공간을 초월한 무한대의 차원으로의 어느 때, 어느 곳이든지 자유자재로 넘나들 수 있는 것이 꿈의 범위이기 때문에 꿈을 꾸게 되면 꿈속에서는 대부분 방향감각과 위치감각이 흐려진다고 할 수 있다. 이와 같이 꿈속에서는 자기의 위치, 장소가 어디에 있었는지가 분명하지 않을 때가 많다. 그 이유로는 꿈은 무의식 세계에서의 무의식 활동이기에 현실과는 다른 점이 많고, 무의식으로는 이해할 수 없는 불가사의 한 점이 많이 있기 때문이라 생각된다.

7. 꿈과 현실은 깊이 관련되어 있는가?

2008년 8월 30일 영국 일간지 〈더 타임스〉에 따르면(2008년 8월 31일 연합뉴스보도자료), 미국 캘리포니아 대학부설 '꿈 은행'(Dream bank)에는 1897년 이래 수집된 2만 2천여 건의 꿈 이야기가 기록되어 있다. 빌 돔 호프 박사는 이를 분석한 결과, 꿈에서 꾼 Sex나 종교는 현실에서 그대로 일어난다는 일반적 통념과 달리 이들 꿈 내용이 현실에서 차지하는 비율은 상대적으로 낮은 것으로 나타났다고 한다. 꿈을 꾼대로 현실에서 이성과 성관계를 맺는 꿈은 남성의 경우 2%, 여성은 0.4%에 불과했으며, 꿈속에서의 교회나 대성당, 사원, 예배당 등 종교적 장소와 현실과의 관련성은 3%에 그쳤다. 특정 종교를 언급한 꿈도 현실에서의 관련성은 0.8% 수준이었다고 한다.

그런데 저자가 고찰하건데, 돔 호프 박사의 연구처럼 꿈에서 꾼 Sex나 종교는 현실에서 그대로 일어나는 경우가 상대적으로 낮다는 점에 대해 저자도 일응 긍정한다. 다만 "꿈과 현실은 상호 무관하며, 꿈은 무가치하다"는 연구결과에 대해서는 금소를 면치 못할 뿐이다. 우리가 말하는 꿈 해몽은 꿈에서 표현하고 있는 섹스나 종교에 대한 다양한 꿈의 상징성(象徵性)을 의미하는 상징언어(象徵言語)의 이해와 풀이이다. 꿈에서 꾼 섹스나 종교는 현실에서 그대로 일어나는 경우가 상대적으로 낮다는 것을 가지고 꿈과 현실은 상호 무관하며, 꿈은 실제적인 기능, 즉 가치가 없다고 하는 견해는 꿈의 상징성(象徵性)이 가지는 다양한 의미를 파악하지 못한 연구결과라고 말하고 싶은 것이다.

이에 대한 이해를 돕고자 섹스에 대한 몇 가지의 해몽 사례를 가지고 살펴보자. "부부간에 Sex를 한 꿈은 사업상의 계약이 성립되고 집안과 관계된 모든 일이 순풍에 돛단 듯이 순조롭다." "남편이 애인과 함께 Sex를 하는 꿈은 자기의 일이나 사업이 확장하게 될 일이 따르게 된다." "여러 명의 여자와 차례대로 Sex를 한 꿈은 자기의 전공과 뒤떨어진 일거리가 모두 처리하지 못할 만큼 많이 생긴다." "할머니와 성행위를 한 꿈은 질질 끌어오던 케케묵은 일거리가 해결하게 된다."라고 해몽을 한다. 이들 사례 중에서 돔호프 박사의 연구처럼 꿈속에서나 현실에서는 할머니와의 성행위를 가질 빈도가 수치상 낮게 일어날 수도 있고, 반드시 일어난다고는 볼 수 없기 때문에 이 점에 대해서는 긍정한다. 그러나 위의 사례에서처럼 꿈 해몽에서는 'Sex'에 관한 다양한 상징성을 가지고 있다. 그러기에 섹스에 대한 상징성은 꿈 해몽에 있어서 매우 뜻 깊은 가치가 있다고 할 수 있다. 따라서 꿈은 가치가 없다고 할 수 없고 꿈과 현실은 상호 연관이 있기에 꿈은 가치가 있다고 할 수 있다.

또한 돔 호프 박사는 "꿈이 일상의 억압에서 벗어난 욕망의 분출이란 시각도 잘못된 것으로 나타났다"고 주장한다. 조사결과 꿈의 75~80%는 가족이나 친구, 운전, 쇼핑, 운동 등 평범하고 일상적인 내용의 꿈이 차지하고 있는 것으로 밝혀졌다고 한다. 예를 들면, 한 남성의 경우 친구들에 대한 꿈이 53.9%로 절반 이상이었고 부모가 23.9%, 운전 24.5%, 야외활동 17%, 식사 13.7%, 운동 6.1% 등 순으로 나타났다. 그 결과 돔 호프 박사는 "우리가 꿈을 거의 기억하지 못한다는 사실은 꿈에 어떤 실제적 기능이 없기 때문이다."라고 주장하고 "꿈이 그렇게 중요하다면 꿈을 기억해 낸 사람들에게 뭔가 이익이 있어야 할 것 아닌가"라고 하였다. 이에 대한 저자의 반론도 바로 위에서 지적한 바와 같이 꿈속에서 표현하고 있는 다양한 꿈의 상징성을 의미하는 상징언어와 민족마다 고유의 문화적 차이를 파악하지 못한 연구결과라고 말하고 싶다. 따라서 앞에서 말한 바대로 꿈속에서 표현된 것은 아무리 사소하거나 무가치한 것이라도 빼 놓을 수 없는 무언가 암시적인 상징적 의미를 가지고 있다고 하겠으므로 저자는 꿈은 "아무런 가치가 없는 2급 쓰레기 영화"라고 하는 위의 연구 결과에 대해서 동의할 수는 없는 것이다.

8. 꿈의 횟수가 적으면 잘 맞는가?

"꿈이 적으면 잘 맞는다"라는 말이 있다. 과연 그런가? 꿈을 적게 꾸는 사람은 상대적으로 장차 일어날 아주 중대한 일에 있어서 예지할 경우에만 꿈의 능력이 발현되어서 꿈을 꾸기에 비교적 꿈의 실현을 맞추기가 쉽다고 볼 수 있다. 그러나 꿈을 자주 꾸는 꿈꾸기에 능력이 뛰어난 사람은 자신의 일뿐만 아니라, 주변의 사람이나 사회적 나아가 국가적 사건까지 꿈을 꾸기에 꿈의 실현을 정확하게 잘 맞추지 못하는 경우가 있다. 이 꿈꾸는 회수의 다소에 의한 꿈의 실현이 잘 들어 맞는가 아닌가는 절대적인 기준은 되지 않으나, 대체적으로 사람의 개인차에 따라 현실상의 능력의 차가 존재하듯이 장차 일어날 일을 예지하는 꿈꾸는 능력에 있어서도 개인별 차이가 있다고 생각한다. 그러므로 꿈 횟수에 대하여도 개인별 차이가 있듯이 마찬가지로 영적인 정신능력의 여부에 따라 꿈의 발현에 차이가 있다고 할 수 있기에 그 꿈이 잘 맞는가 아닌가의 차이가 있다고 할 수 있다.

9. 가위눌림은 무엇인가?

"간밤에 가위에 눌려 잠을 설쳤다"고 호소하는 사람이 많이 있다. 뭔가 알 수 없는 존재가 목을 압박해 가슴이 답답해지고 정신은 멀쩡한데 일어나려고 애써도 몸이 좀처럼 움직여지지 않는다. 더 이상 견디기 어렵다고 느낄 때 잠에서 깨어나 '위기'를 모면한다. 일반적으로 '가위'는 자는 사람을 놀라게 하는 귀신을 말한다. 그렇다면 '가위에 눌렸다'는 말은 정말 귀신으로부터 괴로움을 당했다는 말일까.

정신분석학적으로는 흥미롭게도 가위에 눌린 증상은 '렘(REM: rapid eye movement)수면기'에 나타나는 증상과 유사하다고 한다. 렘수면기는 의식이 깨어있지만 그렇다고 완전한 의식세계가 아닌 잠재의식과 혼재되어 있다. 근육이 완전히 이완된 단계이다. 그래서 꿈을 활발하게 꾸지만 정신이 멀쩡하게 느껴지고, 달갈귀신이 덮치는 '악몽'(nightmare) 또는 '가위눌림'에 시달리며 몸을 움직일 수 없다. 한편 렘수면기에는 호흡이 불규칙하게 변한다. 이때 목이 조여오거나 가슴에 누가 올라 탄 느낌이 들 수 있다. 더욱이 코를 골다 순간적으로 호흡이 멈추는 일이 일반인에게도 빈번히 일어난다. 이 시기에 악몽이 겹치면 영락없이 가위에 눌리게 될 것이다. 그러나 이런 해석만으로는 불충분한 면이 남아있다. 렘수면기에 항상 '가위눌림'이 일어나는 것이 아니기 때문이다. 그러므로 어떤 특정 시기에 무엇 때문에 '가위눌림'이 일어나는지 그 원인이 다양하므로 명백하게 아직 밝혀지지 않고 있다.

우리는 잠이 들면, 잠재의식의 세계로 들어갔다가 지극히 고요한 무의식 세계로 빠져들게 된다. 반대로 잠이 깰 때는, 무의식→잠재의식→의식세계로 다시 나오게 되는 것이다. 그런데 우리의 의식적 활동은 자기도 모르는 사이에 잠재의식 또는 무의식의 조정을 받고 있는 것이다. 따라서 의식세계를 보다 훌륭하게 하기 위해서는 잠재의식과 무의식을 잘 개발해야 한다.

만약 잠들기 전부터 아주 나쁜 생각을 하다가 잠이 들었다면, 그는 악몽에 시달리게 되고 깨어나서도 매우 좋지 않은 기분에 빠져들 수밖에 없는 것이다. 반대로 불가(佛家)나 요가에서는 잠들기 5분 전에 호흡을 고른 후 발원기도의 염불 또는 참선을 하는 경우에 화두(소원)를 또렷이 잡고 잠들고 깨어날 때까지 편안한 수면을 이루고 깨어나서도 맑은 정신을 가질 수 있고 화두가 그대로 살아 있게 된다. 곧 잠들기 직전의 5분의 화두가 수면과 함께 의식세계에서 잠재의식→무의식세계로 들어갔다가, 잠이 깰 때 무의식→잠재의식→의식세계로 다시 나오게 되는 것이다. 잠들기 직전의 5분의 마음이 '가위눌림'에서 벗어 날 수 있고 행복한 하루를 보낼 수 있는 가장 중요한 시기이다. 이 원리를 적용시키면 '가위눌림'현상이 없어지거나 잠에서 깨어나도 맑은 의식을 유지하는데 매우 좋은 효과를 거둘 수 있으므로 독자제현께도 권유하고 싶다.

10. 동물도 꿈을 꾸는가?

집에서 키우는 강아지가 자면서 잠꼬대하는 것을 본 적이 있는 사람이라면, 과학자들이 동물도 꿈을 꾼다는 사실을 발견했다는 사실에 대해 그리 크게 놀라지 않을 것이다. 실제로 일련의 연구진들이 잠자는 쥐의 뇌를 엿보고 그들이 꾸는 꿈의 내용을 유추해 내었다.

이러한 꿈에 대한 연구는 먹이사슬에서 낮은 위치에 있는 하등동물들도 자신의 행동을 기억하고 재평가할 수 있다는 것을 암시하고 있다. 이전에는 단지 똑똑한 동물들, 예를 들면 인간이나 침팬지, 돌고래 등만이 그러한 능력을 가지고 있다고 생각하였다. 꿈에 대한 연구는 또한 꿈이 장기간의 기억을 형성하는데 중요한 역할을 한다는 사실을 환기시키고 있다.

MIT의 두뇌 및 인지신경과학 조교수 매튜 윌슨 박사 연구팀은 생물학과

학생 켄웨이 루이와 함께 쥐를 훈련시켜 동물의 꿈에 대한 연구를 진행하였다. 그들은 쥐가 트랙을 뛰고 나면 먹이를 주는 방식으로 쥐를 길들이면서 쥐가 달리는 동안 기억과 관련된 뇌 부위의 뉴런이 작용하는 패턴을 기록하였다. 그리고 그들은 쥐가 REM(rapid eye movement)상태에 있을 때 뉴런의 패턴이 어떻게 되는지 살펴보았다. 꿈을 꾸는 것은 대부분 REM 단계에서 일어난다. 그들은 쥐가 트랙을 오랫동안 뛰고 난 후에는 쥐가 그것을 기억하고 그와 관련된 꿈을 꾼다는 사실을 알아낼 수 있었다. 즉 쥐가 REM 상태에 있을 때 발생하는 뇌의 신호는 쥐가 깨어 있는 상태에서 열심히 트랙을 뛰고 있을 때 기록한 뇌 신호와 매우 비슷함을 알 수 있었다. 더군다나 연구진은 쥐가 꿈속에서 트랙을 뛰고 있는지 아니면 서 있는지도 구분할 수 있었다고 한다. 이 같은 연구결과는 신경과학저널 〈Neuron〉 2014년 7월 25일에 발표되었다. 윌슨은 "우리의 연구는 쥐도 과거의 경험을 재평가할 수 있고 외부의 도움 없이 생각할 수 있다는 것을 암시하고 있다. 따라서 쥐나 기타 동물들에게도 인간과 같이 자기 내면의 대화를 가지고 있을지 모른다."라고 말한다.

하바드 의과대학의 정신의학 조교수 로버트 스틱골드도 이에 동의하면서 "매튜 윌슨의 연구는 인간이나 동물들이 잠자는 시간을 그들이 얻은 정보를 정리하고 재차 기억하는데 사용한다는 사실을 증명하는 훌륭한 데이터이다."라고 말한다.

윌슨은 "꿈을 꾸는 동안 뇌는 깨어 있을 때 얻은 경험을 정리한다. 뇌는 기억을 스크랩북처럼 저장한다. 이 중 일부의 경험이 꿈에서 다시 재생되고 우리는 이를 기억하게 된다."라고 설명했다. 윌슨은 연구를 계속하여 사람이나 동물이 왜 특정의 경험에 대해서만 꿈을 꾸고 다른 것은 꾸지 않는지 밝혀낼 것이라고 한다.(cys@kins.re.kr)

제3장 태몽에 대한 궁금증

1. 태몽으로 알 수 있는 것은?

사람들이 꿈을 꾸면서 제일 화젯거리가 많은 것이 태몽(胎夢)이다. 누구는 돼지꿈, 뱀꿈, 용꿈, 잉어꿈을 꾸어서 어떻게 되었다느니 하면서 서로가 태몽이야기를 많이 한다. 태몽은 그 사람의 운명, 재능, 성격, 직업, 업적, 공로들을 알 수 있게 예지한다. 태몽이 어떤 것인가를 분명히 알지도 못하면서 덮어놓고 '미신'이라 단정 짓는 사람도 문제이다. 태몽의 사전적 의미는 아이가 태어날 조짐을 나타내는 꿈이라 할 수 있다. 출산 전후의 꿈을 통해서 아이의 성별을 예측하기도 하고 유난히 우리나라에서 많이 발달되어 내려 온 것이 '태몽풀이'이다. 태몽을 정확하게 기억하고 분명히 해석할 수 있으면, 태몽은 "미리 짜놓은 '일생의 이력서' 또는 '전생의 이력서'와 같다"고 할 수 있다. CEO와 역술가는 공통점이 하나 있다. 바로 '지인지통'(知人之通)이다. '사람을 판단하는 통찰력'을 갖춰야 한다는 말이다. 중국 당나라 때는 사람 보는 기준을 신(身) · 언(言) · 서(書) · 판(判)에서 찾았다. 얼굴 생김새, 스피치능력, 문장력, 판단력이 그것이다. 그러나 실전에서는 이 네 가지만 가지고는 부족하다는 사실이 있다 즉 그 사람의 태몽이 무엇인가, 사주가 무엇인가, 태어난 집터가 어떤가를 추가로 점검해 볼 필요가 있다. 위의 네 가지의 기준이 그 사람에게 드러난 부분이라면 여기에 덧붙인다면, 태몽 · 사주 · 집터 · 조상묘터라는 네 가지 요소이다. 이 4가지는 드러나지 않고 배후에 잠복해 있는 부분이다.

인물을 판단할 때마다 이 여덟 가지 기준을 적용하면 정확하다. 이 중에서 태몽이란 '전생의 이력서' 또는 '일생의 이력서'와 같다. 전생에 그 사람이 도달했던 삶의 경지. 그 경지가 압축돼 나타나는 한 장면이 태몽이다. 4차원 '저 세상'에서 3차원 '이 세상'으로 넘어올 때 넘어온 종자돈이라고나 할까. 어떤 사람은 종자돈이 아예 없이 마이너스 통장을 가지고 현생으로 뛰어든 사람도 있고, 반대로 두둑한 적금통장을 가지고 넘어온 사람도 있다. 알고 보면 각자 인생은 출발이 각기 다른 것이다. 하지만 현생에서 열심히 노력하면 더 높은 단계로 올라갈 수도 있고, 덕을 쌓지 않고 방탕한 생활을 하다 보면 더 낮은 단계로 추락할 수 있다.

태몽 중에서 가장 관심을 많이 가지는 것이 아이의 성별(性別)과 미래의 비젼(vision)이다. 먼저 '아들 꿈이냐 딸 꿈이냐' 구별하는 기준은 대체적으로 태몽 중에서 식물과 과일 꿈은 보통 딸을, 동물의 꿈은 보통 아들을 의미하는데, 식물과 과일 꿈의 태몽은 대부분 평범한 사람을 의미한다.

태몽은 대체적으로 동물(예: 돼지, 뱀, 용, 호랑이 등) · 식물(예: 꽃, 과일 등)과 신비한 영적 존재 및 신체, 사물이 많이 나타나는 데, 성별에 관한 태몽에 관한 아래의 표를 보면 특이한 것이 같은 뱀이라도 실뱀은 딸, 구렁이는 아들. 용도 그냥 용은 아들, 흑룡은 딸. 이렇든 기본 상징이 있기는 하지만 좀 더 구체적으로는 더욱 세분화되어 풀이가 된다고 하겠다.

남	여
해, 달, 별, 벼락, 바위, 산, 금, 호랑이, 돼지, 용, 자라, 구렁이, 밤, 대추, 빨간 고추	실뱀, 흑룡, 조개, 달걀, 새, 오이, 꽃, 과일, 풋고추

그리고 태몽의 주인공이 나중에 위인이 되는 꿈은 따로 있는데, 주로 용이나, 호랑이, 돼지, 뱀 등의 '동물'일 경우이다. 이 경우에도 태몽에 나타난 용이나 호랑이들의 사물들이 어떤 상태로 보였느냐가 더 중요하다. 그래서 태몽 꿈은 일반 꿈에 비해 그 꿈이 의미하는 바와 표현수법에 있어서 차이점이 있다. 그러기에 태몽 꿈은 시작부터 끝까지 사물의 상태나 행동변화 등이 모두 중요하므로 '태몽일지'가 필요하다.

2. 태몽은 누가 언제 꾸는가?

태몽은 아기를 가지고 싶던, 자기가 아기를 원하지 않던, 임신한 줄을 알았던 몰랐던 간 불문하고 꿈을 꾼다. 임신한 자신은 물론 집안 식구들이나 가까이의 남이 대신 꾸어주는 경우도 있다. 그리하여 임신한 분께서는 태몽이 없다고 하는데, 누군가가 대신 꾸었지만 꿈꾼 자도 모르게 지나가 버린 경우라 할 수 있겠다. 그리고 태몽은 임신 전 또는 결혼 초에도, 임신 중에도 꾼다. 나아가 출생 후, 수 주일이나 수 개월이 지난 후에도 꾼다. 그러므로 그 아기에 대한 태몽 꿈은 태몽일지에 적어두고 성장과정에서 찬찬히 살펴보는 것도 재미있다. 여기서 이해하셔야 할 것은 대신 태몽을 꾼 경우에 꿈을 꾼 사람 자신이 장차 경험할 일이 아니라 태아가 장성해서 장차 직접 경험하게 될 여러 가지 일들을 대신 꾸어준 것에 불과하다. 그러므로 태몽을 꾼 사람은 그 태몽의 관한 예지의 간접적인 영향만을 받게 된다.

3. 태몽과 일반 꿈은 차이가 있는가?

태몽 꿈은 일반 꿈에 비해 그 꿈이 의미하는 바와 표현수법에 있어서 차이점이 있다. 일반 꿈에서는 파격적이고 화끈한 내용의 꿈이 좋은 꿈이지만, '태몽'(胎夢)에서는 그렇지 않다. 그런 것들은 태아의 생명을 의미하는 것들이다. 예를 들면, 일반 꿈에서는 죽거나 깨지는 것들이 좋은 꿈이지만, 태몽에서는 태아가 일찍 죽을 운명이라는 걸 의미한다.

4. 태몽은 무얼 암시하는가?

태몽은 꿈 내용의 핵심을 이룰 만한 태아에 관한 가정물(假定物: 돼지, 용, 호랑이, 뱀 등)이나 가정물의 행동에 의해서 표시된다.(태아표상이라 함) 그런데 태몽의 핵심을 이루는 태아표상이 곧 태아와 '동일시'(同一視)하는 경우도 있지만, 반드시 동일시 했다고는 할 수 없다. 태아표상이 때로는 태아와 관계된 여러 가지 특징적인 일을 '의사시'(意思視)하거나 때로는 동일시와 의사시가 '합성'된 경우가 있다. 그러므로 태몽의 해몽은 힘들다고 할 수 있다. 그렇지만 옛날 어른들의 말씀처럼, 태몽 후 직감적으로 느낀 것이 있다면 그것이 해몽이므로 '태몽일지'에 기록하여 둘 필요가 있다.

태몽에는 대체적으로 동물(돼지, 뱀, 용, 호랑이 등)·식물(꽃, 과일 등), 신비한 영적 존재 및 신체, 사물이 많이 나타나는 데, 고구려 고분벽화에 보면 사신수(四神獸)가 보인다. 동쪽에는 청룡, 서쪽에는 백호, 남쪽에는 주작, 북쪽에는 현무다. 태몽에 이 사신수가 나타났다고 한다면 그 태어난 인물은 A급으로 단정한다. **첫째**, 청룡이 보이면 정치인이 많다. 청룡은 힘이 좋으므로 사람들을 몰고 가는 추진력이 뛰어나다. **둘째**, 백호는 살생(殺生)의 신이기도 하기에 중국에서는 백호 그림을 잘 그리지 않는다. 그러나 전쟁터에 가면 나라를 구하는 장군이 되기도 한다. 태몽에 백호가 보이면 장군이나 뛰어난 전사(戰士)로 본다. **셋째**, 봉황(주작, 朱雀)은 군왕이거나 또는 대(大)도인이 많다. 시절 인연이 맞으면 군왕이 되는 것이고, 맞지 않으면 명산대천을 유람하면서 도를 닦는 대도인이 된다. 대도인이더라도 많은 사람 앞에 나타나는 활동을 한다. 봉황은 날개와 꼬리가 화려하므로 세상에 나타나서 많은 활동을 하게 되는 것이다. **넷째**, 현무는 거북이와 뱀이 엉켜 있는 모습이다. 이는 북쪽과 겨울, 그리고 물을 상징한다. 생명의 잉태를 형상화한 모습이다. 겨울에는 겨울잠을 자면서 한편으로는 생명을 잉태하는 준비기간이기도 하다. 남자의 성기는 거북이의 대가리인 귀두(龜頭)와 흡사하고, 여자의 성기는 뱀의 입인 사구(蛇口)와 비슷하다. 귀두가 사구와 만나야 생명이 온다. 거북이와 뱀이 엉켜있는 현무의 모습은 생명의 잉태이자 잠복, 그리고 은둔을 암시한다. 현무의 태몽은 깊은 명산에서 내단(內丹)을 연마하는 도교의 수행자, 즉 신선을 가리킨다.

구체적인 태몽사례는 제3부에서 확인하시고, 아래에서는 그 중에서도 태몽으로 많이 꾸는 동물과 식물에 대한 상징적인 의미를 개략적으로 한번 알아보자.

돼지 태몽 일반적으로 재물을 많이 거느리는 운명을 타고난다. 동물꿈의 경우 동물들은 각 동물이 있어야 할 위치에 있는 꿈이 가장 중요하다. 돼지는 육지동물이니까 물론 땅 위에 있는 돼지나 식사시간 즈음에 태어 난 돼지가 가장 좋은 시간의 태몽이다. 혹시나 돼지가 물속에 있다면 그 사람은 자신의 능력을 발휘할 충분한 환경을 갖추지 못하고 살아간다.

용 태몽 높은 직업 운을 타고나는데, 재물보다는 '명예욕'이 더 강하기 때문에 사업가보다는 학계, 공무원, 정치계에서 이름을 떨칠 일이 더 많다. 성격도 비범하고 평범한 사람보다는 특이한 면이 많을 것이다. 여름철에 비가 많이 오니 여름철 출생의 용과 용이 물고 있던 여의주를 받으면 더 좋고, 용이 하늘을 난다면 더 바랄 게 없는 좋은 태몽이다.

뱀 태몽 뱀은 성격이 아주 독하고 집요하다. 미래에 정치가 같은 직업이 어울린다. 뱀 역시도 크기나 윤기가 있는지, 한 마리인지 여러 마리인지가 중요한 단서가 되는데, 일단 크고 윤기가 좋은 상태일수록 좋은 태몽이다.

꽃과 과일 태몽 복숭아꽃뿐만 아니라 붉은 꽃, 화사한 꽃 등은 평탄한 삶을 사는 태몽이다. 하지만 색이나 향기가 진할수록 열정적으로 살게 된다. 사과나 대추, 감, 밤 등의 과일열매들은 그 크기가 아주 클수록, 또는 개수가 아주 많거나 붉은 과일 일수록 좋은 태몽이다. 과일 또는 열매 꿈은 돼지꿈과 비슷하게 재물들을 의미하기 때문에 '재물복'을 타고 났음을 뜻한다. 성격은 붉은 색이 짙을수록 열정적이고 강한 성격을 갖는다. 푸른색 과일은 부드럽고 연약한 성격을 타고난 태몽이다.

영적 대상 태몽 영적 존재인 스님이나 부처님, 예수님이나 신부님을 만나는 태몽은 장차 위대한 사람이나 고승·성직자로 나아감을 상징한다. 특히 지도자를 암시하는 꿈 중에는 사람이나 영적 대상이 등장하는 태몽도 있다. 대표적으로 김대중 전 대통령의 꿈이 그러하다. 김 전 대통령의 어머니는 천신을 보는 태몽을 꾸었다고 전해진다. 이렇게 신선이나 산신령 등의 영적 대상이 태몽 표상에 등장하는 경우는 드물며 매우 귀한 꿈이라 한다.

5. 최고의 태몽은 무엇일까?

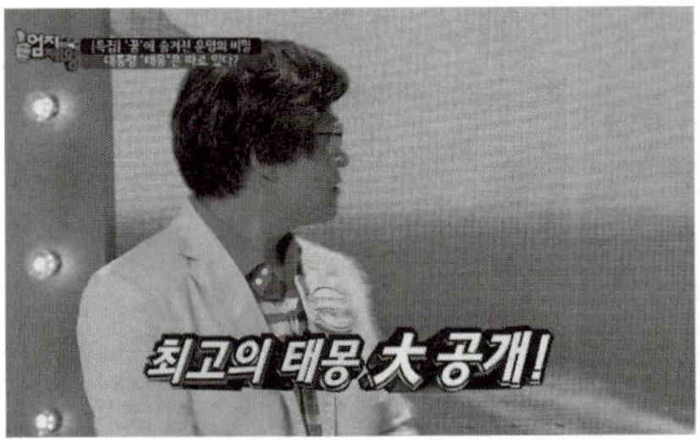

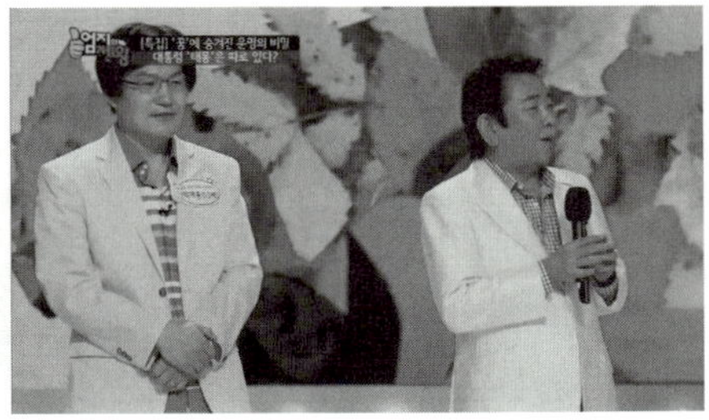

해와 달

이게 최고의 태몽이라 할 수 있다. 해와 달에 대한 태몽은 역사적인 인물을 상징한다. 해와 보름달은 만물을 비추며 우러러보는 대상으로 임금과 왕비를 상징하고 장차 고귀하고 위대한 인물이 될 것을 예지하는 태몽이다. 역사 속의 인물을 살펴보면, 전두환 前대통령의 태몽은 웅덩이에서 광채를 뿜는 달덩이를 어머니가 손으로 떠올려 치마폭에 담은 꿈이다. 이순신(李舜臣) 장군의 태몽이 "하늘에 있는 달을 따오는" 꿈이었고, 이명박(李明博) 前대통령의 태몽이 '달'이었다.

이명박 前대통령의 태몽과 관련한 일화가 있는데, 이명박 前대통령 퇴임 5일 전, 청와대 출입기자들과 오찬 중에 이명박 前대통령이 직접 밝힌 이야기라 하겠다. 4남 3녀 중 다섯째로 태어난 이명박 前대통령. 형들은 모두 '상'(相)자 돌림을 쓰고 있는데 이 前대통령만 돌림을 쓰지 않는 이유가 바로 태몽 때문이라고 한다. 어머니가 꾼 태몽이 "큰 보름달을 치마에 안아서 주위가 환하게 비췄다"는 내용이었다고 한다. 이런 태몽으로 인해 이름을 '상'자 돌림 대신, "밝을(明) · 넓은(博)"이란 이름으로 지어주셨다고 한다. 이런 태몽은 어떤 의미인가? 달 꿈 중에서도 가장 밝게 빛나는 보름달이 나오는 태몽은 세상에 영향력을 크게 떨치게 될 인물이 태어날 것을 예지하는 꿈이다. 대통령이 되셨으니 아주 잘 맞은 거라 할 수 있다.

용(龍)

최고의 태몽! 바로, 용꿈이라 할 수 있다. 예로부터 용꿈은 태몽 중에서도 아주 좋은 것으로 전해지고 있다. 임금이 입던 정복을 곤룡포, 임금의 얼굴을 용안으로 말할 정도로 용은 성스러운 동물이기 때문에 제왕이나 최고의 권세를 상징한다. 용꿈 중에서도 하늘로 승천하는 용꿈을 가장 좋은 태몽으로 여기는데, 우리가 아는 인물 중에 이승만 前대통령의 태몽은 용이 어머니의 품 안으로 뛰어든 꿈이지만 해가 등장한 태몽이야기도 전해진다. 또한 김영삼 前대통령도 용이 어머니의 치마폭에 들어왔다는 꿈과 붉은 해를 보았다는 태몽을 전해온다. 안철수 의원의 태몽이 하늘로 승천하는 용꿈이라고 한다.(출처: 안철수의 He Story 책 내용 中에서 나온 일화)

똥 꿈도 나쁜 꿈이 있다고 하는데, 그럼 용꿈도 혹시 나쁜 꿈일 경우도 있는가? 물론, 용꿈이라고 다 좋은 것은 아니다. 용 태몽은, 아이가 태어나는 계절이 중요하게 작용하는데, 여름에 태어난 아이의 용 태몽이 가장 좋다. 용은 물고기나 뱀이 수백 년을 살아야 비늘이 생기고 뿔이 나면서 물을 통치하고 하늘을 날 수 있게 된다고 해서 물 밖에서의 용은 그 힘을 제대로 쓰지 못하고, 무엇보다 물이 있는 곳이 용에게는 중요하다고 볼 수 있다. 때문에, 비가 많이 오는 여름철에 태어난 아이의 태몽이 용꿈이라면, 큰 인물이 될 것이고, 비가 오지 않는 겨울철의 아이 태몽은 용꿈이 큰 의미가 없다고 본다. 대신, 겨울철 아이는 물이 있는 주변에 살거나, 물과 가까이 하면 좋다.

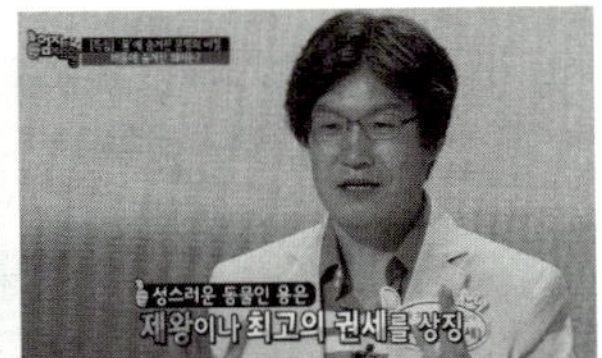

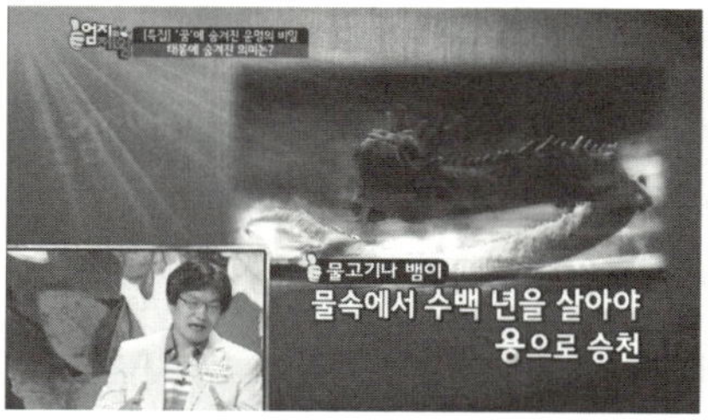

호랑이

그렇다면 호랑이 태몽은 어떤가? 귀한 자식이 태어난다는 의미로, 활발한 성격의 아이가 태어날 확률이 높다. 리더십이 강한 성격으로 자신의 주관과 가치관이 뚜렷하고 자부심이 강한 아이로 성장해 미래에 높은 자리에까지 오를 수 있다. 참고로 국어사전에 '범'은 곧 '호랑이'라고 풀이한 사전도 있고, '호랑이'는 범을 무섭게 일컫는 말이라고 풀이한 사전도 있다. 조선초기의 자료인 『훈민정음』이나 『용비어천가』와 고려시대 우리말을 살필 수 있는 『계림유사』에도 '虎'를 '범'이라고 기록된 것을 보면 우리말에서 적어도 고려 중엽 이전부터 '범'과 '호랑이'를 혼동하여 써 온 것 같다. 그러나 '범'과 '호랑이'는 전연 다른 동물임을 밝히고자 한다. '범' 곧 '표범'은 호랑이처럼 줄무늬가 아니라, 칡뿌리를 짤려서 본 것처럼 무늬가 둥글둥글한 형태로 되어 있기 때문에 '칡범'이라고도 일컫는다. 또는 '갈범'이라고 일컫는 것은 칡을 한자로 '葛(갈)'이라고 쓰기 때문이다.(진태하, 명지대학교 교수, 전국한자교육추진총연합회 상임위원장)

백마

노무현 前대통령의 어머니는 태몽으로 봉하산의 부엉이 바위에서부터 무지개를 타고 옥동자가 걸어와 치마 속으로 들어오는 꿈, 집 앞까지 전신주 공사한 후 환하게 밝히는 꿈 등 태몽이 있으나, 노 前대통령 어머니 꿈에 수염이 허연 노인이 나타나 키가 큰 백마의 고삐를 쥐어 주면서 데리고 가라는 꿈을 꾸었다. 너무 커다란 말이라 처음에는 무서운 생각이 들었지만, 그 노인이 자꾸 몰고 가라고 해서 엉겁결에 고삐를 쥐었더니 의외로 순순히 백마가 따라왔다고 하는 태몽이 있는데, 이 태몽이 아닐까하고 생각한다. 백마는 물론 일반 말도 앞으로 돌진하고 뒤로 가는 습성이 없기에 그의 대통령후보 선출과정이나 대통령 집권 중 및 집권 후의 일대기를 보면 기상이 높은 백마의 습성과 행동과 흡사하기 때문이다.

물고기

물고기 태몽은 어떤 의미일까? 물고기는 통상적으로 재능과 미모가 뛰어나다고 하겠다. 특히 잉어는 크게 될 인물이 태어난다는 것을 의미하는데, 금붕어는 예술적 재능이 뛰어난 아이, 메기는 따뜻하고 인정 많은 아이를 뜻한다.

새(鳥)

이번엔 새 태몽에서, 학은 품격 있는 학자나 성직자가 될 아이를 뜻하므로 품위 있고 우아한 성격을 지니고, 제비 · 참새 · 꾀꼬리는 미모가 뛰어나고 재주가 많은 아이를 뜻한다.

돼지

돼지 태몽의 의미는 끈기가 있고 정열적이며 여유로운 성격의 아이가 태어날 것을 뜻한다.

과일

앞에서 과일 태몽은 딸을 의미한다고 하였는데, 좀 더 자세히 설명을 드리면 사과 · 복숭아 · 배 · 참외 등 둥그런 과일은 건강하고 유쾌한 아이. 가지 · 오이 · 당근 · 수세미 등 길쭉한 과일 · 채소는 장수를 뜻하는 것으로 오래살고 건강한 아이. 앵두 · 살구 · 체리 등 작은 열매과일은 상냥하고 귀여운 아이를 의미하기 때문에 성격이나 성향이 딸인 경우가 많다.

보석

끝으로, 보석 태몽은 상당히 좋을 것 같은데? 미적 감각이 뛰어나고 베풀 줄 아는 아이로, 커다란 금덩이는 장차 재력가가 될 아이. 예쁘고 작은 보석 · 반지는 감수성이 풍부하고 재능이 많은 딸일 가능성이 높다.

제4장 꿈과 건강

보통 꿈을 꾸지 않고 푹 자는 것이 건강에 좋다는 얘기를 하는데, 정말 꿈을 꾸지 않는 것이 건강에 더 좋은 건가요? 꿈은 안 꾸는 것이 아니라 기억하지 못하는 것이다. 만약, 꿈을 꾸지 않는 사람이라면 특정 항우울제 등 약물을 복용할 경우 수개월 동안 꿈을 꾸지 않을 수 있는 것으로 영국 러프버러대학 수면연구센터의 발표가 있다. 보통 사람들은 새해에서부터 인사말로 시작해서 끝나는 것이 건강인데, 뭐니 뭐니 해도 건강이 제일 중요하지 않겠는가라고 생각한다. 그러기에 여기서 꿈으로 건강을 지키는 방법을 알려드리려고 한다. 꿈을 해석하는 것도 중요하지만, 꿈을 꾸느냐 안 꾸느냐도 중요하다고 본다. 꿈은 호르몬과 뇌 활동의 결과물이며, 현재의 건강상태와 관계가 있다는 주장이 나오고 있다.(미국 하버드대 의대 정신의학교수이자 꿈 연구가 앨런 홉슨의 활성화 종합이론). 국내 의료진의 연구 결과에 따르면, 뇌졸중,

간질 등으로 인해 뇌에 손상을 입은 경우 일부가 전혀 꿈을 꾸지 않는 것으로 확인되고 있다. 이 얘기는 꿈과 신체 건강이 연관이 있다는 말이라 하겠다. 한의학에서는 사람의 정신과 육체가 모두 유기적으로 연결되어 있다고 보기 때문에 꿈과 우리 몸의 상태는 밀접한 관계가 있다고 한다. 예를 들어, 배가 고픈 상태에서는 무엇을 가지는 꿈을. 배가 부른 상태에서는 나눠주는 꿈을 꾸게 된다. 또, 부정맥인 사람의 경우 악몽을 꿀 확률이 3배나 높다고 하니까 꿈으로 건강상태를 점검하는 것도 어느 정도는 일리가 있다고 볼 수 있다.

허참 꿈을 보면 건강이 보인다. 실제 사례자의 이야기를 듣고 알아보겠습니다.(이하 저자가 출연한 MBN방송 「엄지의 제왕」 제51회 방영된 내용의 일부에서)

물 꿈꾸고 원인 모를 병에 걸렸다? 안라희(35)

검은 물이 홍수처럼 불어나는 꿈, 모두 잠기고 공포에 떨다 깼는데, 갑자기 쓰러졌다. 병원에 갔더니 원인을 모른다고. 고열과 통증이 계속되고 나서 류마티스 섬유근 통증 진단. 일도 못하고 치료비도 엄청나게 썼다. 그런데, 2년 정도 투병 후 하루는 좋은 호텔 같은 곳의 수영장에서 깨끗하고 맑은 물에서 기분 좋게 수영하는 꿈을 꾸고 난 뒤 완치 판정.

허참 아! 검은 물에 빠져 허우적대는 꿈을 꾸고 원인 모를 병에 걸렸다는 사연입니다. 그런데, 다시 맑은 물에서 수영하는 꿈을 꾸고 완치가 되었다.

어떻게 해석할 수 있습니까?

박재홍 물은 그릇크기, 지형, 용도, 색깔에 따라 해석이 달라져요. 그런데, 시커먼 물, 흙탕물, 물로 인한 공포. 이런 것을 느낀 꿈이라면 건강에 문제가 생기거나 집안에 화를 입을 수 있으니 주의해야 하는 꿈이고요. 반대로 맑은 물을 길어 오거나 보거나 마시는 꿈은 병이 호전되는 좋은 일이 생기고, 먹는 양 만큼의 재물이 생기는 꿈이라 풀이합니다.

한의학적 의미

신동진 물에 빠져 허우적대거나 힘들어 하는 꿈을 꾸는 경우, 신장이 허할 수 있습니다. 신장이 약해지면 해독기능이 떨어져 면역력이 떨어지죠. 따라서 면역질환인 류마티스에 걸린 것으로 풀이할 수 있겠습니다.

허참 처음엔 말이 안 된다고 생각했는데, 이야기를 듣다보니 이해가 됩니다. 다른 사례자 얘기도 들어 볼까요?

꿈 속에 하혈을 한 꿈꾸고 자궁이상 발견 박다혜(40)

> 꿈 속에서 잠을 자고 있었는데 하혈을 해서 하체가 피로 흥건하게 젖은 꿈.
> 혹시나 해서 자궁경부암 무료진단을 받아 보니 자궁미란이라는 진단.
> 작은 충격이나 자극에도 출혈이 생기는 질병.
> 수술 후 한 달 동안 꿈에서처럼 하혈이 계속되었다.

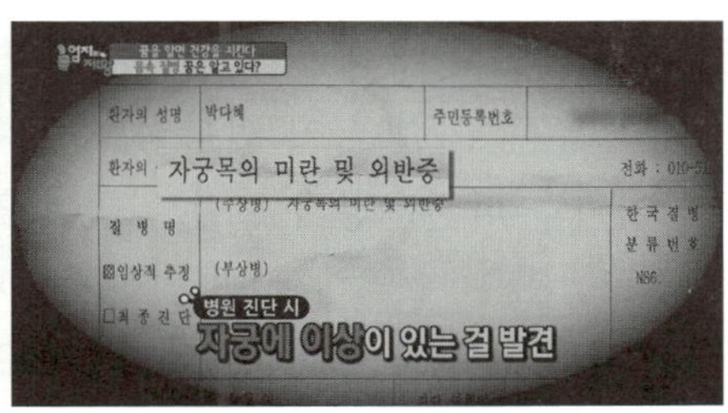

허참 꿈에서 하혈을 하고 혹시나 하는 마음에 검사를 해보니 자궁미란이라는 병을 발견했다. 이렇게 꿈을 통해 병을 발견한 사례가 많이 있습니까?

박재홍 꿈 해몽의 원리를 설명하라는 질문을 가끔 받는데, 해몽은 통계학. 즉 너무나 많은 사례들이 있고 그 통계들이 수 천년 동안 쌓여서 해몽법이 생긴 것. 그러기에 꿈으로 병을 발견한 사례 또한 너무나 많습니다. 50대 남자가 부둣가에서 떨어져 교각에 심하게 부딪히는 꿈을 꿨는데, 바로 심장마비 증후를 발견하였다고 하고요.

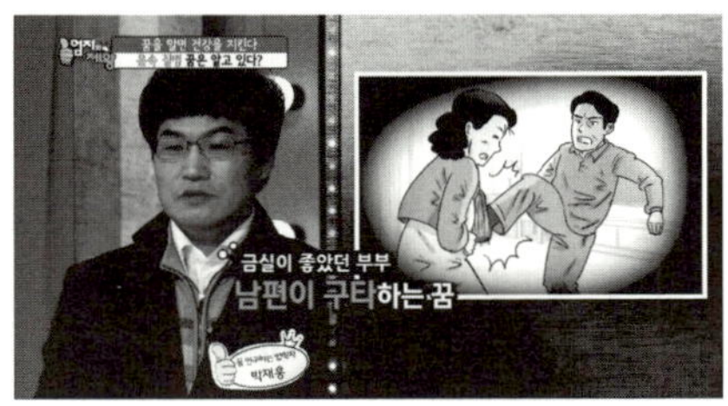

50대 주부는 평소 손찌검을 하지 않는 남편이 골프채로 자기 배를 때리는 꿈을 꿨습니다. 얼마 후 건강 검진에서 위암 초기 발견하게 되었다고 하더군요.

박상진 이런 꿈들은 깨어 있을 때는 자각하지 못하는 통증이 잠을 자고 있는 동안 꿈속에서 자각이 된 경우. 해당 부위의 통증이 본인이 느끼지 못했을 뿐이지 있었다는 얘기. 따라서 반복되어 한 부위가 아픈 꿈을 꾼다면 해당 부위의 이상을 진지하게 점검해 볼 필요 있다고 생각합니다.

치매 예고하는 꿈

허참 이번에는 치매를 예고하는 꿈이 있다고 합니다! 이건 무슨 말입니까?

박재홍 뇌 건강은 특히 꿈과 밀접한 관련이 있습니다. 어릴 때 쫓기거나 누굴 쫓아가고, 뛰어 내리고 하는 꿈을 꾸면 키가 크는 꿈이라고 합니다. 하지만, 50대 이후에 이런 꿈이 반복적으로 나오면 주의해야 합니다. 그 이유는 알츠하이머와 파킨슨병에 걸릴 위험이 있습니다. 특히 자다가 몸을 부르르 떠는 경우. 아주 주의해서 관찰해야 합니다.

허참 서재걸 원장님, 어떤 이유일까요?

서재걸 렘수면 행동 장애로 10년 이내에 기억력 저하 등 인지증의 초기 증상이 올 수 있습니다.

60대 이후에 조심해야 할 꿈

허참 같은 꿈인데, 손주가 꾸면 키가 자라고, 내가 꾸면 치매를 조심하랍니다. 박재홍 교수님, 그런 꿈이 또 있습니까?

박재홍 있습니다. 60대 이후에 꾸면 특히 조심해야 할 꿈입니다. ① 음식에 파리가 꼬이는 꿈은 건강이 악화되는 꿈 ② 하수구와 같이 더러운 물에 서 헤엄치는 꿈은 독감이나 열병에 걸리는 꿈 ③ 입이 벌어지지 않아 뭘 먹지 못하는 꿈은 중병에 걸릴 수 있다. 그리고, 당뇨환자가 계속해서 악몽을 꾼다면 혈당 수치를 확인할 필요가 있습니다.

제5장 꿈과 얼굴 및 인체

1. 얼굴에 관한 부위와 꿈 해몽은?

사람의 표정은 입매와 눈초리로 결정된다고 할 수 있다. 다빈치는 모나리자에 대하여 부드러운 색채로 윤곽을 희미하게 하는 스푸마토 기법으로 입매와 눈초리를 불분명하게 처리함으로써 표정을 모호하게 하였는데, 모나리자의 신비의 미소에는 슬픔과 기쁨, 유혹과 순수함, 무상함과 영원함이 공존하는 듯한 다빈치의 비밀스런 의도가 스며들어 있음을 알 수 있다. 그리하여 다빈치 속의 모나리자의 미소는 영원히 풀 수 없는 다이달로스(그리스로마신화)의 미궁임을 보여준다고 생각한다.(왼쪽에 제시된 그림은 레오나르도 다빈치의 「모나리자」, 16세기)

다이달로스의 미궁처럼, 얼굴에 관한 꿈 해몽은 부위에 따라 다양하게 해석되겠지만 기본적인 상징의 의미를 가진다고 해석한다. 그러므로 얼굴과 꿈해몽은 자기와 관련된 일이 세상에 빛이 날 수도 있고, 자기 직업에 대한 변화를 원하는 현재 상태를 나타내는 것을 찾아내는 작업이라고 할 수 있다. 이와 같이 꿈속에 보이는 얼굴 부위마다 각각 의미하는 뜻이 있다. 눈썹이 길게 자라는 꿈을 꿨다, 턱이 빠져 아픈 꿈을 꿨다 등 해당 부위가 뭘 뜻하는지 알면 꿈을 해석할 수 있다. 여기서 꿈과 얼굴에 관한 그 해몽방법을 살펴보기로 한다.

얼굴: 직업, 직무, 지위

자기 얼굴의 한 부분을 수술하거나 성형하는 꿈
자기와 관련된 일을 바꾸거나 수정할 일이 생긴다.

귀: 소식통, 연락처, 소문.

귀가 둘 이상으로 여러 개 난 꿈
좋은 친구와 후배를 얻게 되며, 명예와 덕망을 얻게 된다.

눈과 눈썹: 건강, 재물, 협조세력

눈에서 빛이 나는 꿈은 대단히 좋은 길몽이다. 사업상 이익을 볼 수 있게 된다. 당신의 주식은 폭등할 것이며 사람들의 주목의 대상이 될 길몽이다. 눈썹이 길게 자란 꿈은 장수할 징조이다. 부귀를 얻게 되며 사랑을 나눌 동반자를 만나거나 연애 중인 사람은 조만간 혼례를 올리게 된다.

입: 자기 신변

입에서 벌레가 나오는 꿈은 행운이 찾아오거나 재난이 닥치다가 돌아갈 길몽이다.

코: 자존심

자기 코가 갑자기 피노키오 코처럼 길게 늘어나는 꿈은 부귀하게 되는 꿈이다. 고시에 합격하여 검사, 판사, 행정관리관이 되어 권리를 행사하고 존경을 받게 된다. 사업체, 기관, 공기업 등의 감사가 되는 꿈이다.

머리: 윗사람, 우두머리

머리가 완전히 하얗게 되거나 검어진 꿈은 운수대통이며 부귀영화를 누리게 된다.

2. 몸과 관련한 꿈해몽은?

얼굴을 보는 관상 외에 몸을 보는 골상으로도 사람의 운명을 예측하는 것이 인상학이다. 그러나 꿈에 보이는 사람의 몸도 각각 의미가 있다. 손가락이 새끼를 쳐서 하나하나 늘더니 양 손에 손가락이 스무 개나 되는 꿈은 아주 좋은 꿈으로 손가락은 힘과 세력을 뜻한다. 지금과는 다른 윤택하고 복있는 생활을 의미한다. 따라서 꿈에 보이는 우리의 몸이 각각 뜻하는 바가 있으므로 알아두면 간단히 꿈을 풀이하는 데 아주 도움이 될 것이다. 이 책 제3부 제1장에 신체에 관한 꿈 풀이 사례를 확인하여 보기로 한다.

제6장 대박 꿈의 비밀?

1. 어떤 꿈이 대박꿈인가?

우리가 가장 꾸고 싶어하는 꿈, 어떤 꿈을 꾸면 대박꿈인가? 행운의 로또복권에 당첨이 되는가? 정말로 답하기 어려운 문제이다. 복(福) 또는 대박(大舶)이란 진인사대천명(盡人事待天命)처럼 자기의 노력과 성실의 대가 내지 결실, 아니면 팔자소관이 운으로 나타난 것이다. 가정, 사업체, 단체나 기관 등에서 "로또복권당첨이나 대박이 터졌다"라고 기뻐 어쩔 줄 모르는 사람은 전생이나 현생에 자기 주위 사람들에게 효행 · 선행 · 덕업 · 자비 · 사랑을 많이 하거나 베푼 사람에게 주어지는 하늘에서 내려주는 최대의 복이 아닌가 생각한다. 그러나 복권에 당첨된 경우도 행운이지만 복권에 당첨된 그 많은 액수의 돈을 어떻게 잘 활용하는가에 따라 행복지수가 더 높아지거나 떨어져 행운일 수도 불행일 수도 있을 것이다. 대체적으로 복권에 당첨된 꿈을 추적해본 결과, 돼지꿈과 용꿈, 황금 꿈,

똥 꿈, 시체 꿈, 죽음 꿈, 화재 꿈 등이 1등 행운의 복권에 많이 당첨되는 대박 꿈으로 나타나 있다.

그러면 대박 꿈은 과연 어떤 것인지 실제 사례를 통해 알아보도록 한다.
(이하 내용은 저자가 출연한 MBN방송 엄지의 제왕 제37회 방영내용 일부임)

사례❶ 로또 당첨 명당

- 충남 홍성군 홍성읍 오관리에 위치한 <천하명당>이란 로또 판매소.
- 현재까지 1등만 7명을 배출하고, 2등은 27명이 나온 로또 명당!
- **1등 당첨자가 나올 때마다, 주인이 매번 꾸는 꿈**이 있다고 함.

수도관을 비롯해 지하수 배관꼭지, 화장실 배관 등이 터지면서 물이 뿜어져 나오는 꿈!

허참 이 꿈은 어떻게 풀이할 수 있습니까?

박재홍 여기서 물이 상징하는 의미는, 보통 현실에서 재산과 같은 돈을 뜻합니다. 복권에 당첨될 경우 많이들 물 꿈을 꾸기도 하는데요. 꿈에서 보이는 물의 용도와 형태, 색깔 등 상황에 따라 그 풀이도 달라질 수 있습니다. 사례자의 집 수도관이 터졌다는 상황은 급속히, 가까운 시간 안에 기쁘고 행복한 일이 일어난다는 것을 암시합니다. 예를 들어 “대박이 터진다” “일이 터진다” “머리가 터진다”라는 표현처럼 〈터진다〉라는 개념은 기존의 상태를 완전히 벗어난다는 상징성을 가지고 있죠. 이 꿈을 종합적으로 풀이해보면,

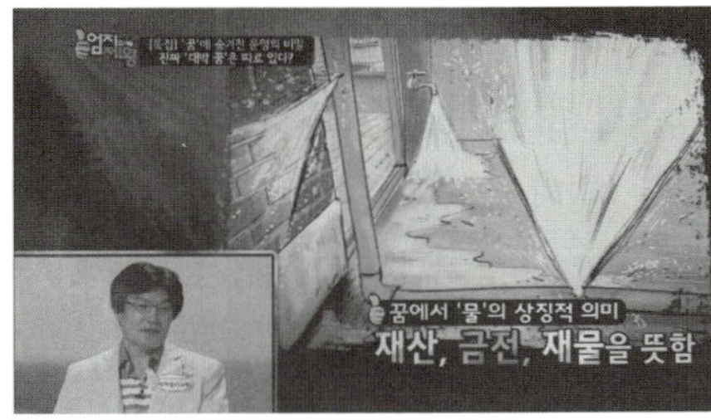

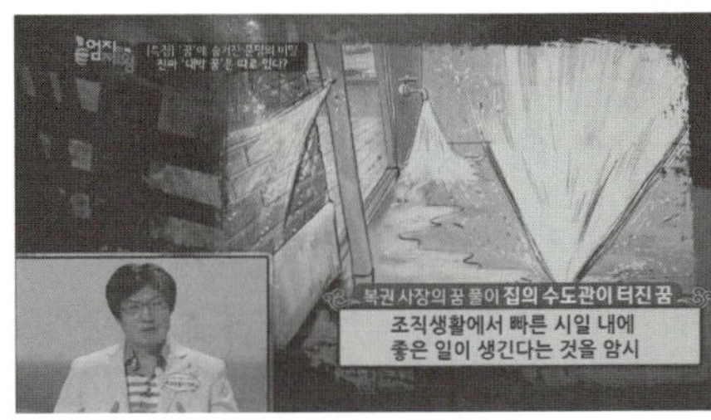

어떤 행운이나 복을 주는 조직이나 단체에서 대박이 터져, 막대한 재물을 얻게 돼 세상에 소문이 퍼진다고 풀이할 수 있습니다. 만약, 학생이나 수험생이 물 꿈을 꾸면 시험에 합격하고, 취업준비 중인 이들은 좋은 직장에 취직하며, 결혼을 앞 둔 사람들은 행복한 결혼을 암시해 볼 수 있습니다.

김태현 '물'이 재산을 뜻한다는 거는 어떤 근거입니까?

박재홍 통계이죠. 그런데, 이 통계는 동양, 서양, 그리고 상당히 오랜 과거부터 쌓여서 나온 것이기 때문에 상당히 확률이 높은 통계라고 생각하시면 됩니다.

사례 ❷ 로또 549회 2등 당첨자

- 549회 로또 2등으로 당첨된 조상규(가명)씨.
- **돌아가신 아버지의 꿈을 꾼 후, 로또를 샀는데 2등으로 당첨!**

돌아가신 아버지께서 시무룩한 모습으로 계시기에 아버지 배를 쓸어내리며"아버지 많이 편찮으세요?"하고 묻자, 아버지 몸이 무지개 색으로 변한 꿈!

허참 돌아가신 아버지가 무지개 색으로 변한 꿈!!!. 아주 말로만 들어도 뭔가 범상치 않네요. 이 꿈은 어떻게 해석이 가능합니까?

박재홍 대체적으로 돌아가신 부모님이 꿈에 나오는 것은 좋은 의미를 뜻합니다. 꿈에 부모가 나타나게 되면, 하고 있는 일이나 가족과 연관된 의미를 가지고 있습니다. 또한 미래에 대한 예지를 내려주기도 합니다. 그러나 조상이 따라오라고 하거나, 슬프게 울고 있는 모습들은 현실에서 가족에게 우환이 생긴다든지, 건강악화나 사고, 사망으로 인한 이별이 예고되는 꿈이므로 대표적인 흉몽입니다. 주인공의 경우, 아버지가 시무룩하게 서 계셨다고 하는데, 이는 돌아가신 아버지가 현재의 자식을 걱정하는 모습으로 풀이할 수 있습니다. 아버지 몸이 무지갯빛으로 변하는 것을 보았다면, 이것은 이 꿈의 핵심이라 볼 수 있겠습니다. 무지갯빛은 신비함, 또는 7가지 색깔로서 여러 사람에게 감동을 준다는 의미를 갖고 있습니다. 흔히 "무지갯빛 인생을 꾼다", "장밋빛 인생"이라는 말을 하기도 하는데, 무지개는 좋은 일이 일어난다는 것을 암시합니다.

허참 돌아가신 부모의 몸에서 무지개빛이 나는 걸 보고 로또 2등에 당첨되셨다는 분의 꿈을 풀어 그렇다면 꿈에 무지개를 본 것도 좋은 길몽인가요?

박재홍 7가지 숫자의 조합에서는 무지갯빛 꿈은 1등이지만, 6가지 숫자의 복권에서는 아쉽지만 1등은 되지 못하는 신기루의 꿈입니다.

사례 ❸ 로또 544회 1등 당첨자

- 544회 로또 1등으로 당첨된 김복만(가명)씨.
- **빛이 나는 말 꿈을 꾸고, 로또를 샀는데 1등으로 당첨!**
  환한 빛을 내뿜는 말이 자신에게로 달려오는 꿈!
- 꿈이 너무 또렷하고 신기해서 얼마 후 로또를 샀더니, 1등에 당첨!
- **근데 이 뿐만 아니다!**
  같은 회차에 친구 2명도 함께 로또 1등에 당첨!
  알고 보니, 꿈에 환한 빛이 나는 말 1마리뿐만 아니라,
  〈그 옆으로 머리 2개 달린 말이 함께 달리고 있었다〉고 함!
- 주인공의 의견으로는,
  환한 빛이 나던 1마리의 말은 자신을 의미하고,
  머리 2개 달린 말은 친구 2명을 의미하는 것이 아니냐고 말함.

허참 로또 1등! 그것도 혼자가 아닌 친구 두 명이 함께 당첨! 대단합니다. 그런데 꿈 또한 범상치가 않아요. 어떻게 해석할 수 있습니까?

박재홍 먼저, 말 꿈에 대해 풀어 볼까요? 말은 예부터 우리 인간과 더불어 살아온 동물로서 운송수단이 되기도 하고, 전쟁터에서 승리를 위해 반드시 필요했던 동물. 그래서 "천군만마를 얻었다"고 표현을 하기도 하는데, 그만큼 우리 인생을 살아가는데 있어 말은 좋은 힘이 되어 주고, 말은 평지를 거침없이 달리기에 성공의 원천이 되는 소재이기도 합니다. 꿈 해몽에 있어서 말 중에서는 백마가 가장 좋은 것을 의미하며, 상황에 따라 풀이가 달리 해석되기도 합니다. 본인이 백마를 타고 있는 꿈이 대표적인 길몽이라 볼 수 있는데, 이는 애타게 바라던 일이 현실에서 성사되는 것을 암시합니다. 대체적으로 말을 타거나, 말이 자신에게 달려오거나, 말에게 물리는 꿈은 길몽이라 할 수 있습니다. 그러나 백마를 타고 정처 없이 어디론가 가는 꿈은 본인이 죽을 고비를 넘기지 못하는 흉몽을 뜻하기도 합니다. 말에서 떨어지는 꿈도 현재의 것을 잃어버린다는 의미가 담겨 있습니다. 주인공의 경우, 말이 자신에게 달려온다는 의미는 다급하게 최대한 빠른 시간 안에 어떠한 소식을 듣게 될 것을 암시합니다. 말에서 빛이 났다는 것은, 그것이 좋은 소식임을 의미하죠.

김태연 그러면, 주인공의 말대로 '빛이 나는 말은 주인공'을 의미하고, '머리 2개 달린 말은 친구 2명'을 의하는 겁니까?

박재홍 머리가 두 개인 말이 함께 달려왔다는 것은, 우두머리인 동시에 1등을 암시하는 머리가 두 개인 것으로 보아, 1등이 2명이라는 것을 암시하는 것으로 보입니다.

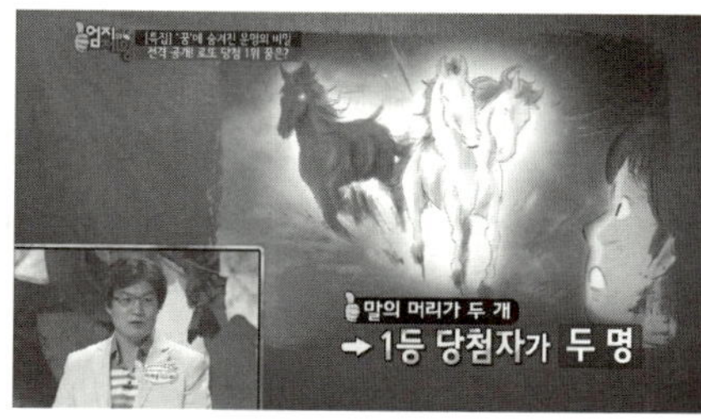

허참 신비한 말 꿈을 꾸고 로또 1등에 당첨된 이야기! 다음은 어떤 대박 꿈일까요? 화면 보시죠!

사례 ❹ 120년 산삼 캔 농부(엄지의 제왕 17회 출연자)

- [엄지의 제왕] 17회, 출연자. 산삼 캐는 농부, 김명국 씨!
- 강원도에서 120년근 산삼을 캤을 당시 <똥 꿈>을 꿨다고 했던 방송내용.
- 그러나 <똥 꿈>외에도,

조상님이 꿈에 나타나면 100% 산삼을 캔다는 김명국 씨의 인터뷰 내용!

허참 네, 다들 기억하시죠? 일년에도 수십 뿌리의 산삼을 캔다고 해서 모두를 놀라게 했던 농부 김명국씨. 산삼을 캘 때마다 똥 꿈, 아니면 조상 꿈을 꿨다고 했는데, 이것은 어떻게 풀이할 수 있습니까?

박재홍 부모님 꿈과 마찬가지로 꿈에 조상이 나타나는 것은 대체적으로 좋은 것을 의미합니다. 특히 조상이 꿈에 나타날 때는 무언가를 암시해주기 위한 경우가 많고 해몽시 적중률이 높으므로, 꿈에 나타난 상황을 잘 파악하는 것이 중요합니다. 똥 꿈의 경우, 똥이 나왔다는 것보다 그걸 본 내가 어떻게 반응했는지. 더럽고 기분이 안좋았다면 흉몽, 아주 좋은 느낌이었으면 길몽입니다.

김태현 실제 사례자들의 예를 들어서 대표적인 대박꿈에 대해 설명을 해주셨는데, 결국 이 모든 풀이의 바탕은 통계라는 말씀인가요?

박재홍 네, 그렇습니다. 근거 없이 말씀드리면 믿지 않을 것 같아서 제가 준비한 것이 있습니다. 〈기획재정부〉에서 복권 당첨자들 300명을 대상으로 설문조사를 실시한 결과, 로또 당첨된 꿈 1위부터 4위가 있습니다!

1위〉조상 꿈 (48%), 2위〉숫자 관련 꿈 (13%), 3위〉돈 관련 꿈, 4위〉돼지 꿈 물론, 아무 꿈도 꾸지 않고 로또가 된 분들도 있지만, 꿈을 꾼 분들 중 무려 48%가 비슷한 조상 꿈을 꿨다는 건, 상당히 확률이 높은 통계라고 할 수 있습니다.

사미자 그러면, 우리가 보통 좋은 꿈이라고 하는 것들이 있어요. 돼지꿈, 대통령꿈, 또 피를 보면 좋다는 얘기도 있는데, 이건 어떻게 해석해야 합니까?

박재홍 로또 이전에 주택복권이 있었어요. 꽤 오랜 기간 서민들이 대박의 꿈을 꾸게 하던 복권인데, 그 1등 당첨자를 보면, (26회)크고 작은 돼지 떼가 길을 막은 꿈 (51회)집 안으로 들어온 돼지를 기른 꿈 (54회)기어 다니는 아기가 돼지꼬리를 잡고 집 안으로 들어온 꿈 (96회)2-3마리의 돼지를 쫓아내도 억지로 집안으로 들어온 꿈 (8회)4구의 시체를 본 꿈 (11회)깊은 동굴 속에서 깊고 맑은 물을 발견한 꿈 (47회)집에 불이 나서 자신이 타 죽어 버린 꿈 보시면, 돼지꿈. 불꿈. 물꿈 등이 있죠? 이 외에, (34회)칼로 찔러서 자신의 온몸이 피투성이가 된 꿈 (122회)용에게 먹혔다 나왔더니 피투성이가 된 꿈 (17회)대통령에게 대통령의 명함 2장을 받은 꿈 등이 있어서 피, 대통령 꿈 등도 좋은 대박을 예지하는 꿈이라고 해석할 수 있습니다.

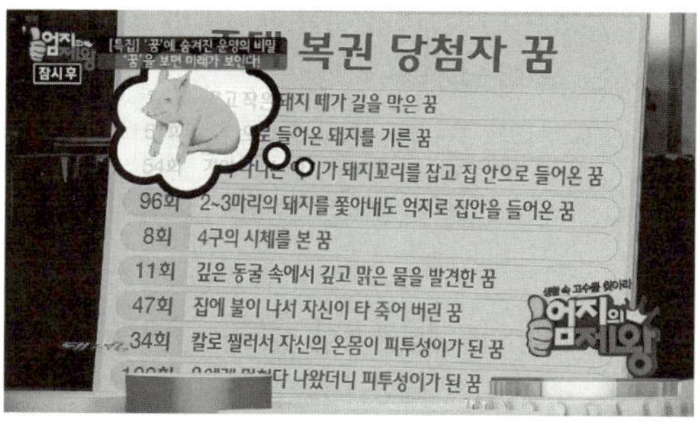

2. 연초에 꾸면 좋은 꿈은?

꿈이라는 것이 평소에 안 좋은 생각, 부정적인 생각만 하면 절대 맑고, 긍정적인(대박) 꿈을 꿀 수 없다. 로또 1등에 당첨된 사례자의 말을 종합하면, 평소에 희망찬 생각, 좋은 생각만 하면 그런 대박 꿈을 꾸게 되고 진짜 대박이 나는 것이라 한다.

허참 우리가 신년 덕담으로 좋은 꿈 꾸시라는 얘기를 많이 하는데, 특별히 연초에 꾸는 꿈이 더 중요한 이유가 있습니까?

박재홍 그렇지요. 우리가 새해 문자메시지로 '좋은 꿈 많이 꾸세요'라고 인사들을 하고 있죠. 평소에 우리가 자주 하는 말에 '시작이 반이다'. '천리 길도 한 걸음부터', '첫 단추를 잘 꿰어야 한다'고들 하고 있지 않습니까. 마찬가지로 연초의 꿈은 대체적으로 한 해 인생농사를 좌우하는 나침반이자 GPS라고 할 수 있습니다. 그리고 연초의 꿈은 한 해 동안 유효기간을 가지기에 연초의 꿈은 한 해의 심리적인 마음가짐과 행동에 큰 영향을 주기 때문에 중요하다고 할 수 있습니다.

새해에 꾸면 좋은 꿈 ① 이사하는 꿈

허참 그렇다면 과연! 연초에 어떤 꿈을 꾸면 좋은 걸까요? BEST 3을 준비했습니다! 새해에 꾸면 좋은 꿈, 첫 번째는! 이사하는 꿈?!!! 연초에 이사하는 꿈을 꾸면 좋습니까?

박재홍 이사하는 꿈은 실제 이동을 할 수 있음을 암시하고, 어려운 상황이 호전된다는 의미를 담고 있습니다. 우리 집에서도 연초에 이사하는 꿈꾸고 실제 좋은 일이 생긴 경우가 있는데요. 제가 결혼하고 나서 몇 년 지나 집사람이 연초에 꿈을 꾸었는데요. 집사람 꿈속에 장인이 나타나시어 장인이 이삿짐을 들고 확 뚫린 고속도로로 나오시더니 이삿짐을 용달차에 싣고 계시는 모습을 보았다고 집사람이 말하더군요. 연초에 꿈속에서 장인이 이사하는 모습을 꾼 후 현재의 살고 있는 아파트로 이사를 오게 되었답니다.

이 아파트로 이사 온 후 정서가 안정되고 일도 잘 풀리고, 또 논문과 많은 책을 출판하게 되었지요. 이와 같이 이사하는 꿈은 실제 이동할 수 있음을 암시한다고 보아야 합니다. 그리고 연초에 이사하는 꿈은 전직, 전근 등 자리이동이나 승진 및 직업의 변화도 암시한다고도 할 수 있죠.

새해에 꾸면 좋은 꿈 ② 도라지 꿈

허참 연초에 꾸면 좋은 꿈! 두 번째는 뭡니까? 도라지 꿈? 산삼도 아니고 도라지 꿈입니까?

박재홍 자, 도라지 꿈이 과연 어떤 대박을 가져다주는지. 실제 사례자를 보시고 설명을 드리도록 하겠습니다.

도라지 꿈 꾸고 산삼을 캔 부부

> 남편이 도라지가 온 몸을 칭칭 감는 꿈을 꾸고 산에 갔다가 이틀 동안 산삼 100뿌리 15억원 어치.
> 얼마 뒤 아내도 도라지 꽃이 너무 이뻐 캐보니 팔뚝만한 도라지가 나온 꿈을 꾸고 다음날 산삼 52뿌리 캠.

허참 도라지 꿈을 꾸고 산삼을 캤다!! 이건 어떤 의미입니까?

박재홍 도라지, 인삼, 산삼 등을 꿈에서 얻게 되면 건강이 회복되거나 집안의 우환이 사라진다는 길몽을 의미합니다.

허참 도라지 꿈이 흉몽으로 해석되는 경우, 실제 사례 들어 쉽게 설명해 주세요.

박재홍 도라지 꽃 색깔은 흰색과 보라색 두 가지가 있는데요. 저는 여기서

흰색도라지를 살펴보겠습니다. 흰색은 음양에서 음기의 시작이고, 오행상 금(金)에 속하여 봄·여름에 이루었던 외형적 성장을 멈추고 내부적으로 정리하여 열매를 이루는 계절상 가을을 상징합니다. 색깔 꿈은 좋은 면과 나쁜 면의 양면을 갖고 있습니다. 그러므로 흰색의 좋은 면은 가정의 안정과 행복을 상징하며, 나쁜 면은 공백으로 인한 현재 상태에 대단히 불만과 어려움을 갖고 있음을 뜻하기도 합니다. 그리고 흰색은 우리 인체의 오장으로는 폐장·대장이 여기에 속합니다. 도라지 꿈이 나쁜 꿈으로 해석되는 경우로는 흰색도라지 뿌리가 꺾어진 꿈을 꾸거나 도라지에 벌레가 우글거리는 꿈은 폐장 또는 대장에 이상 징후가 있거나 현재의 직업을 잃을 수도 있음을 암시하므로 흉몽으로 볼 수 있습니다.

새해에 꾸면 좋은 꿈 ③ 임신하는 꿈

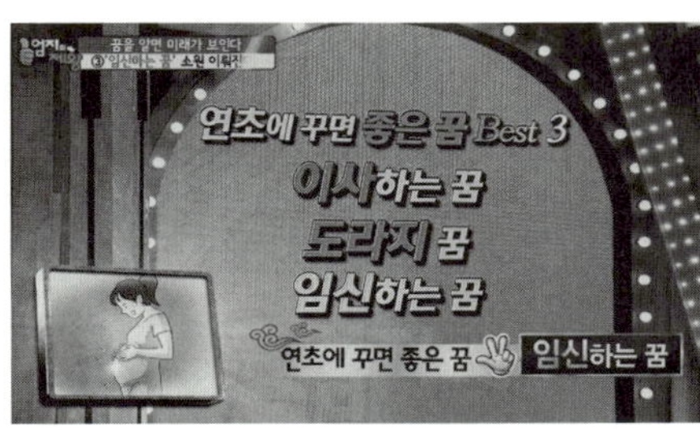

허참 연초에 꾸면 좋은 꿈, 세 번째는 뭡니까? 임신하는 꿈?? 아니, 그러면 이 꿈은 여자만 꿀 수 있는 것 아닙니까?

박재홍 아니다, 남자도 임신하는 꿈을 꾼다. 꿈 속에서 직접 임신을 하기도 하고, 아니면 임산부를 보는 것도 아주 좋은 꿈이기도 합니다. 임산부를 보는 꿈은 하고자 하는 일, 사업이 잘되어 재물이 생기는 것을 암시하고, 자기 스스로 임신을 하면, 사업성과나 저축할 수 있다는 뜻으로 해몽하며, 배가 부른 임산부를 본 꿈은 모든 일이 술술 풀리고 재물 운이 상승되며, 출산하는 여자를 보는 꿈은 집안이 번창하여 경사스러운 일이 일어나기에 임신하는 꿈이나 임산부가 꿈에 나오면 좋은 꿈이라 할 수 있습니다.

기타 연초에 특별히 좋은 꿈

허참 이 밖에 연초에 꾸면 특별히 좋은 어떤 길몽이 있을까요?

박재홍 길몽 중에 길몽으로는, 여러분이 다 아시는 용꿈과 돼지꿈입니다. 용은 권세 · 시험합격 · 소원 성취를 뜻하고, 단, 승천하는 용이 아닌 땅으로 내려오는 용은 흉몽이다. 돼지는 재수 · 재물 · 작품을 뜻하고, 돼지머리로 고사를 지내는 꿈은 제3자에게 칭찬받는 꿈이며, 돼지가 여러 마리로 번식하는 꿈은 사업의 번창을 뜻한다고 합니다.

3. 연초에 꾸면 조심해야 할 꿈과 그 액땜방법?

허참 이번에는, 연초에 꾸면 조심해야 하는 꿈! 어떤 것이 있을까요?

돼지 꿈이 흉몽?

> 자신의 집 안방과 거실에 엄청 커다란 돼지들이 우글거리는 꿈.
> 돼지들이 자신을 밟기도 하고 자신한테 기대어 발에 똥을 누기도.
> 당첨을 기대하며 복권을 샀는데 당첨은 커녕 교통사고가!

허참 연초에 꾸면 좋은 줄 알았던 돼지 꿈, 길몽이 아니었네요? 어떻게 해석됩니까?

박재홍 연초에 꾸면 안 좋은 꿈이란. 바로 뭐가 나왔냐 보다 꿈 속 자신의 기분이 중요합니다. 이렇게 좋은 돼지꿈을 꿨는데, 자신이 꿈속에서 즐겁거나 돼지를 이뻐하는 것이 아니라 불편해하고 무서워하면 이것이 바로 흉몽이 되는 것이죠.

이상벽 그러니까, 흉몽과 길몽의 차이가 뭐가 나왔냐, 무슨 색이었냐 이런 것보다 꿈속에서 자신의 기분이 어땠냐. 그걸로 판단한다는 말씀입니까?

박재홍 그렇습니다. 그래서 평소에 좋은 생각, 밝은 감정을 가져야 똑같은 돼지꿈을 꿔도 길몽을 꿀 수 있는 것입니다.

허참 아무리 좋은 꿈이라도 본인의 마음가짐에 따라 흉몽이 된다! 다음 사례자 보면서 계속 얘기 나누겠습니다.

조상 꿈꾸고 아이 유산 신유지(39)

> 시어머니가 남편 어릴 때 돌아가셔서 얼굴을 본 적이 없는데
> 둘째를 가지고 났을 때 흰 소복을 입은 분이 나타나 시어머니라고....
> 나를 불쌍한 듯 가만히 보셔서 기분이 안 좋았는데 다음 날 유산.

허참 아.. 돌아가신 아버지가 꿈에 나타나 로또 1등 당첨됐다고 해서 조상 꿈은 다 좋은 건지 알았는데,, 아니군요?

박재홍 앞의 흉몽인 돼비 꿈과 마찬가지입니다. 시어머니가 꿈에 나타나 웃으시면서 "내가 니 시어머니다" 했으면 기분 좋은 태몽이 되었을텐데, 꿈 속에서의 감정이 어둡고 슬프고. 이것이 흉몽입니다.

흉몽 액땜

사미자 그러면, 이런 불길한 꿈을 꿨을 때. 아무 일도 일어나지 않게 액땜하는 방법이 있습니까?

박재홍 물론 있습니다. 모든 꿈이 반대라고 할 수는 없지만, 이렇게 악몽이라고 생각했던 것들이 대길몽인 경우가 많이 있기 때문에 '꿈보다 해몽'이라는 말처럼 이왕이면 좋은 꿈이라고 생각하고 그렇게 해석하면 실제로 좋은 일만 생길 것 같습니다. 제 생각에는, 나쁜 꿈일수록 남에게 이야기를 많이

하고, 한 해를 조심하는 것이 좋은 방법이라고 생각합니다. 나쁜 꿈이란 생각이 들면 연극영화, 음악감상 등으로 밝은 기분으로 전환하거나 한 해의 계획을 잘 세워 실천하는 것이 흉몽을 액땜하는 방법이라 할 수 있죠.

4. 꿈 해몽서는 왜 필요한가?

앞에서 이미 본 바와 같이 꿈을 꿀 수 없는 경우로서는 특정 항우울제 등 약물을 복용할 경우나 어리석은 자이든지 아니면 도덕적 수행이나 깨달음의 경지에 도달한 지인 등이다. 따라서 어리석지도 지인도 아닌 평범한 우리는 언제나 꿈을 꿀 수밖에 없다. 만약 꿈을 꾸지 않는다면 이미 우리는 평범하지도 않은 사람일지도 모른다. 그러기에 우리에게는 전날에 꾼 꿈을 가지고 현재와 미래에 관심을 갖고 길흉화복에 대처하는 지혜가 필요할지도 모른다. 그런데 우리가 꾼 그 꿈이 무슨 의미인지, 대박의 비밀이 담겨져 있는 꿈인지, 쪽박이 날 꿈인지 미래에 대박의 행운을 찾고자 하는 우리 자신이 꿈 풀이를 쉽게 할 수 있어야 한다. 그러므로 '길흉화복의 통로(通路)인 꿈 해몽'을 통해서 나 자신 또는 주위사람의 길흉화복의 미래를 예측하기 위해서는, 일차적으로 사례중심의 꿈 해몽서가 필요하고, 더욱이 우리가 꿈 해몽에 대한 더 높은 식견을 가질 필요가 있다면 꿈 해몽에 대한 전반적인 기초이론을 함양하고 그에 따른 전문적 해몽을 위해서도 우리가 꾼 꿈을 과학적이고 논리적으로 풀이하는 비법을 알려 줄 꿈 해몽서가 필요하다 할 수 있다. 따라서 이 책은 대한민국의 주인인 국민들이 조금 더 행복해지기를 바라면서 꿈 풀이 비결을 재미있고 흥미진진하게 읽어 내려가면 스스로 알 수 있도록 엮어냈다고 할 수 있다.

제 7 장 꿈 해몽과 관련한 속설

1. 꿈 해몽은 미신인가?

오늘날 과학문명의 승리로 꿈 해몽이 무슨 필요가 있는 것인가 그것은 미신이 아닌가하고 반문하고 계실 분도 있지만, 고대인 때부터, 구약성경에도 활용한 꿈 해몽은 인류의 시간의 흐름에 따라 쌓여진 대수의 법칙처럼 '확률로 나타난 통계'라 할 수 있다. 이 통계는 동양, 서양 그리고 상당히 오랜 과거부터 쌓여서 나온 것이 때문에 상당히 확률이 높은 통계라고 생각하면 된다.

또한 이 꿈 만큼은 역사적으로도 확인된 여러 가지 사실들이 있다. 꿈이 역사를 바꾼다는 것이 본 저자의 주장인데, '꿈'때문에 역사가 바뀐 사례는 동양, 서양. 너무나 많다고 하겠다. 아마도 지구 역사상 모든 문화권을 통털어 공통적으로 통했던 메시지는'꿈'이 유일하지 않나 싶다. 그런데 저자가 생각하건데, 꿈 또는 해몽을 미신이라 치부하게 된 이유로는, 현대의

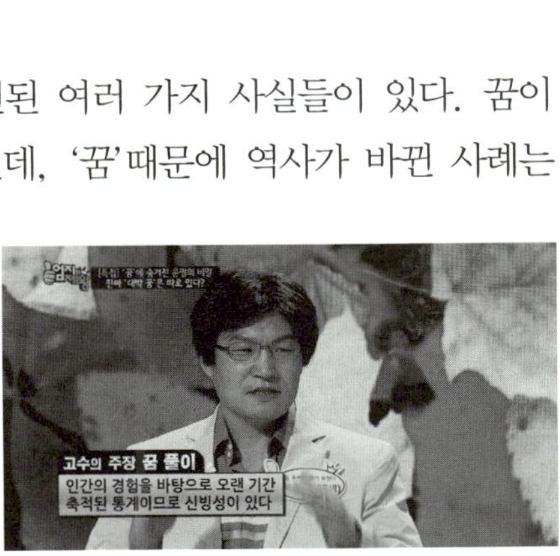

기록문화가 발달하지 못한 때에 일반사람들에게 현실에서 다스릴 수 없는 초월적인 예지몽에 의한 예지력이 종종 현실적으로 나타나게 되었는데, 그것이 기록문화가 없거나 발달하지 못한 관계로 구전되어 가면서 신비주의적으로 부풀게 되었고, 일반사람들이 감당할 수 없다고 해서 미신이라고 하지 않았는가이다. 그러나 100년 전부터 정신·심리의학이나 신경생리의학에서 과학적으로 연구·증명되어 가고 있는 꿈 해몽을 단순히 미신으로만 치부하지 말고 어느 정도 꿈 해몽은 과학적이고 체계적인 논리성을 갖춘 분야라 할 수 있다.

이제 꿈은, 고대인과 종교 또는 서양의 정신의학계나 동양의 다양한 학문에서나 아주 소중한 연구 대상이었고, 우리 인생에 친숙하면서도 인생을 좀 더 쉽게 살필 수 있는 힌트로 되어 있다.

그리고 꿈 해몽은 인류의 시간의 흐름에 따라 쌓여진 대수의 법칙처럼 '확률로 나타난 통계'라 하였는데, 로또 4등 이상 당첨된 1,860명을 대상으로 조사한 결과, 돌아가신 부모님, 조상님 꿈을 꾸고 당첨됐다는 분이 무려 13.7%로 제일 많고, 그 다음이 숫자 꿈이다. 이런 통계만 봐도 꿈이 대박의 기운을 예지하는 확률이 상당히 높다고 할 수 있겠다. 하지만 잠을 자고 있는 사람의 얼굴에 얼음물을 뿌리거나 시계소리를 들려주면, 꿈의 내용이 변한다는 실험이 있다. 인류가 잠을 잘 때부터 꿈은 있었고, 그렇게 긴 역사가 있기 때문에 그 통계 자료를 무시할 수 없다고 생각한다. 이렇듯 작은 자극으로도 꿈이 바뀔 수 있다는 것은 사람의 노력으로 운명도 바꿀 수 있다는 하나의 힌트가 아닐까. 좋은 꿈으로 생활의 힘을 받으시고, 나쁜 꿈으로 좀 더 조심스럽게 생활할 수 있는 계기를 만든다면 세상에 악몽은 없다고 하겠다.

우리는 한해를 마무리하면서 또 새해를 맞아 "좋은 꿈을 꾸시라"는 덕담이 괜히 나온 말이 아니다. 너무나 유명한 일화 하나를 말씀 드리고 싶다. 미국의 링컨 대통령이 어느 날 꿈을 꿨다. 사람들이 모여 하도 슬프게 울 길래 가봤더니 관 속에 자기 자신이 누워 있는 꿈이었다. 해몽가에게 이 꿈을 이야기하니 당분간 어떤 대외활동도 하지 말라고 조언했다고 한다. 그로부터 열흘 뒤, 링컨 대통령은 로드 극장 귀빈석에서 연극을 관람하다가 암살당하게 된다.

결론적으로 꿈은 고대인과 특정 종교는 물론 현대 동서양의 정신・심리・신경・생리의학계나 동서양의 다양한 학문에서 아주 소중한 연구대상으로 되어 있고, 미신이라 치부하지 않으며 우리의 현실생활과 친숙한 생활의 일부인 것이다. 그러니 여러분! 오늘도 기왕이면 좋은 꿈꾸시고, 혹시 나쁜 꿈꾸시면 만나는 사람한테 다 얘기해서 풀어 버리시길 바란다. 또 우리 인생을 좀 더 쉽게 살필 수 있는 꿈이 꿈으로 끝나지 않도록, 기왕이면 좋은 꿈만 꾸도록 언제나 독자 여러분 모두 좋은 생각만 하시기 바란다.

2. 꿈 해몽은 반대로 하여야 하는가?

보통 꿈 풀이를 할 때에도 우리가 알고 있는 몇 가지 속설 중 제일 많이 하는 얘기가 꿈은 반대다. 그러니 반대로 해석해야 한다고들 한다. 과연 그런가? 꿈은 어떻게 해석하느냐에 따라 좋은 꿈이 될 수도 있고, 나쁜 꿈이 될 수도 있다. 그렇기 때문에 나쁜 꿈을 꾼 사람들은 꿈은 반대라는 말로 위로를 하기도 한다(흉몽의 액땜 방법의 하나). 실제로 악몽이라고 생각했던 꿈이 현실에서는 좋은 의미로 풀이되기도 한다. 예를 들어, 도둑을 맞거나 강도가 들어와서 상처・살해당하는 꿈은 길몽으로서 사업가에게는 큰 이익을 볼 좋은 꿈이라 할 수 있다. 그리고 사형선고를 받고 처형되어 죽는 꿈(천재 물

리학자 스티브 호킹 박사도 이 꿈을 꾸고 나서 루게릭병의 정신적인 고통에서 벗어나 연구에 매진하여 유명해졌다고 함)은 대길몽으로, 갑자기 운수가 터져 출세할 꿈이다. 만약 환자가 이 꿈을 꾸면 병이 즉시 완쾌될 정도로 좋은 꿈. 부모에게 매를 맞는 꿈은 모든 것이 번창하게 되고 가정운은 좋아지게 될 길몽이다. 남편이 다른 사람의 부인을 껴안는 꿈은 다른 사람이 부러워할 경사스런 일이 터질 좋은 꿈이기도 한다. 모든 꿈이 반대라고 할 수는 없지만, 이렇게 악몽이라고 생각했던 것들이 대길몽인 경우가 많이 있기 때문에 이왕이면 좋은 꿈이라고 생각하고 그렇게 해석하면 실제로 좋은 일만 생길 것 같다. 그러면, 이런 불길한 꿈을 꿨을 때 아무 일도 일어나지 않게 액땜하는 방법이 있는가? 물론 있다. 모든 꿈이 반대라고 할 수는 없지만, 악몽이라고 생각했던 것들이 대길몽인 경우가 많이 있기 때문에 '꿈보다 해몽'이라는 말처럼 이왕이면 좋은 꿈이라고 생각하고 그렇게 해석하면 실제로 좋은 일만 생길 것이다. 나쁜 꿈일수록 남에게 이야기를 많이 하고, 한 해를 조심하는 것이 좋은 방법이라고 생각한다. 나쁜 꿈이란 생각이 들면 사찰·교회·성당에 가서 기도하든지 연극영화, 음악감상 등으로 밝은 기분으로 전환하거나 좀 더 긴장하여 크고 작은 사건·사고가 터지는 이 시대에 이를 예방하게끔 조신하게 처신하든지 한 해의 계획을 잘 세워 계획대로 실천하는 것이 흉몽을 액땜하는 방법이라 할 수 있다.

3. 꿈을 아침에 말하면 안 되는가?

대박 꿈을 꾸면, 낮 12시 전에 얘기하면 말짱 도루묵이 된다고 하니 말하지 말고 복권 사라는 얘기 많이 들었거든요? 진짜인가요? 꿈을 꾸고 난 뒤 아침에는 꿈 이야기를 하는 것이 아니라는 말도 있고, 어떤 꿈은 아침에 일어나자마자 이야기를 하는 게 좋다는 말도 있는데, 어느 것이 올바른 말일까? 저자의 대답으로는 꿈이 현실로 이루어지기 전에 말을 하면 무의미하게 된다는 식으로 말하기도 하지만 이것은 근거 없는 이야기이다. 꿈은 한번 꾸면 미리 말을 하든 안하든 가끔씩 현실화된다. 그래서 아침에 꿈 얘기를 하면 안 된다는 의미는 나쁜 꿈은 아침부터 불쾌한 기분을 자아내니 하지 말라는 의미로 받아들이면 되고, 길몽은 남에게 빼앗기거나 복이 나갈까봐 염려해서 아침에 꿈 이야기를 하지 말라는 의미로 받아들이면 되겠다. 차라리 흉몽이 나타났을 때에는 꿈 해몽가나 해몽서를 통해 사태를 파악하고 무리를 삼가고 화(禍)를 피하거나 극복하는 것이 인생에 있어서 참된 지혜라고 생각한다. 어른들이 흔히 "오늘 꿈자리가 사납다, 그러니 조심해라"라는 말처럼 나쁜 꿈이란 생각이 들면 그 날은 조신하게 조심하는 것이 좋다.

4. 꿈도 판다?

저자가 주위에서 또 많이 듣는 얘기가 꿈도 팔 수 있는가? 주위에서 좋은 꿈을 꾸었으니 사라는 거. 즉 태몽을 다른 사람이 대신 꿔도 절대 공짜는 안되고 단 돈 천원이라도 주고받아야 한다고 들었거든요. 정말 꿈도 사고 팔

수가 있는 건가요? 저자의 대답으로는 단순히 꿈을 사고 파는 것뿐만 아니라, 운까지도 꿈을 산 사람이 가져갈 수 있다고 생각한다. 좋은 꿈 얘기를 듣고 그 꿈을 사서 복권에 당첨된 경우도 꽤 있고, 우리 역사 속에서도 꿈을 사서 운명이 바뀐 경우가 있는데, 앞에서 설명한 바와 같이 삼국시대를 통일한 신라의 태종무열왕인 김춘추의 왕비가 된 문희는 어느 날 보희언니가 꿈속에서 서산에 올라가 소변을 봤는데 그 소변이 경주를 가득 채운 꿈을 꿨다는 얘기를 듣고 비단치마로 언니의 꿈을 사서 신라를 품는 왕비가 되었다는 일화가 전해져 내려온다.

5. 꿈의 유효기간은?

꿈에 대한 속설 중 꿈에도 유효기간이 있다는 얘기를 듣는데, 그래서 좋은 꿈을 꾸면, 그날 복권을 사야지 아니면 꿈꾼 날 지나면 무효가 된다. 맞나요? 저자의 대답으로는 꿈의 유효기간은 짧게는 하루, 길게는 20년짜리도 있는데, 가장 긴 유효기간을 가지고 있는 것은 바로, 태몽! 태몽은 장차 태어날 아이의 미래를 예지할 수 있기 때문에 긴 유효기간을 가진다. 보통 20년 까지를 태몽이 예언하고, 그 이후에는 스스로의 노력에 따라 바뀔 수 있다고 이야기한다. 또 복권이 당첨되는 꿈의 유효기간은 통계상 3일 전에 꾼 꿈이 가장 많은 것으로 확인되고 있다.

6. 개(犬)꿈이란?

개가 등장하는 꿈을 엉터리 꿈 또는 헛된 꿈이란 뜻으로 '개꿈'이라고 말하는 사람도 있지만, 개가 등장하지 않은 꿈마저도 그 꿈 내용이 난해하고 복잡해서 이해가 안 되거나 흉몽을 피하고자 하는 자연스런 인간의 심리와 어울려 가치가 없는 것으로 판단하여 대부분 '그거 개꿈이야'라고 '개'라는 언어를 많이 쓰고 있다. 이는 잘못된 것이다. 해몽공부만 조금만 더 깊이 한다면 어떤 꿈도 헛된 꿈은 없다고 할 것이다. 따라서 선잠이든 렘수면기나 델타수면기에 꾸었던 어떤 꿈이라도 엉터리 꿈은 없다고 하겠다. 그러므로 꿈속에서 표현된 것은 아무리 사소하거나 무가치한 것이라도 빼 놓을 수 없는 무언가 암시적인 의미를 가지고 있다고 하겠다. 제3부에서 개에 관한 꿈에서도 구체적으로 살펴보겠지만, 개에 관한 꿈도 공부를 해보면 나름대로의 의미가 있지 무가치하다고는 할 수 없다고 하겠다.

7. 색깔 있는 꿈을 꾸면 과연 비정상적인 사람인가?

어떤 잡지에 한 두 가지 이상의 색깔 있는 꿈이 아니라 총천연색의 꿈을 꾸면 비정상(정신병)이라고 게재한 것이 있던데, 사실인가? 그렇다면 무지개 꿈을 꾸면 비정상적인 사람인가? 일반적으로 자기 자신이 정신병인지 아닌지는 좀처럼 알기 힘들다. 정신신경과 의사들도 대체로 정상적인 사람도 비정상적이라는 역설적인 의견을 내놓는다. 자신이 아무리 정상적이라 하더라도 타인이 볼 때에는 어딘가 이상하게 보일 수도 있다. 그렇다면 자신이 정상이라 생각하는 사람이 총천연색 꿈을 꾸었다면 정신이상이 있는가? 이에 대해서는 간단하지만 조건이 붙은 꿈은 여간해서 꾸기가 어렵다. 그것도 총천연색의 꿈은 말이다. 보통 꿈과는 다른 총천연색 꿈을 꾸면 정신이상을 예고하는 뇌장애를 시사한다는 세간의 생각은 근거 없는 낭설에 불과하다. 그 이유는 천연색 꿈을 꾸기가 어려워서 천연색 꿈을 꾼 경우에 붙인 허구에 불과하다고 생각한다. 나아가 무지개 꿈 역시 대박 꿈에도 있지 않는가 반문하고 싶다.

꿈속에 표현된 여러 가지 혼합된 색깔의 꿈은 각별한 상징적 이미지를 나타내고 있으며, 여러 가지 일을 다재다능하게 이끌어 나가기 위해서 표상된 것이다. 그리고 꿈속에서 가장 인상 깊게 남을 수 있는 무지개꿈, 색채의 꿈은 꽃이나 동물, 황금빛, 광선 등에서 많이 나타나고 있다. 후술하는 제3부에서 무지개 꿈이나 색깔에 관한 꿈에서 색깔별 꿈에 대해 어떤 의미가 담겨져 있는지 살펴보시기 바란다.

제2부

꿈 해몽의 비결이란?

제 1 장 꿈 해몽은 왜 해야 하는가?

사람들은 누구나 자신의 운명이 어떻게 예정되어 있는지 모른 채 살아가고 있다. 그래서 자연의 법리에 따라 어려움이 닥치면 그 어려움을 그대로 받아들이며 감내하거나 행운의 기회가 찾아와도 그것을 모른 채 지나버리고 있다. 만약 우리가 조금이라도 자신의 미래를 미리 알 수 있다면 조금쯤은 어려움에 대처하기도 하고 그 행운의 기회를 붙잡을 수 있을 것이다. 그리하여 역술인이나 무속인에게 사주팔자를 물어보거나 사찰이나 성당, 교회에서 기도를 하기도 한다. 여기서 사주팔자, 즉 생년, 월, 일, 시는 자신의 4가지 기둥을 말한다. 이러한 4가지의 기둥에 따라 집의 대소와 모양이 다르게 되듯이, 4주도 인생의 미래 모습을 보여주는 상수(常數)이기는 하지만, 이에 관계없이 자신의 성실과 노력 여하 등 변수(變數)와 방편(方便)에 의해 얼마든지 인생이 바뀔 수도 있다. 그러자면 많은 시간과 노력이 뒤따라야 한다. 그런데 우리가 밤마다 자면서 가끔 꾸는 꿈은 당장 앞날의 현실을 그대로 재빨리 알려준다. 그러기에 꿈은 우리의 과거와 현재를 바탕으로 미래를 비추어 주는 반사거울이라 할 수 있다. 따라서 꿈 해몽은 미신도 아닌 "우리 현실 생활의 행복과 행운의 참된 통로이자 거울"이라 할 수 있다.

우리가 꿈속에서 일어나는 사건과 장면들을 꿈 해몽을 통해 주의 깊게 살펴볼 수 있다면 우리의 미래에 대해 가느다란 희망과 기대의 끈을 잡을 수 있을 것이다. 누구나 꾸는 '꿈은 자신의 예지에 대한 기록이며 앞날에 대한 선견'이라 할 수 있겠다. 즉 꿈은 자신의 미래에 대한 예언이며, 머지않아 다가오게 될 행복과 불행의 징조를 미리 보여준다고 할 수 있다. 대박 꿈은 행복과 행운을, 쪽박 꿈은 불행의 실마리를 각각 나타낸다. 대부분의 사람들은 자기의 의식이 자신의 미래를 내다보고 있다는 것을 알지 못하고 있지만, 꿈 해몽은 바로 "자신의 미래를 엿볼 수 있는 자기 생활의 일부"라고 할 수 있다. 그래서 우리는 미래의 대박을 잡기 위해서, 그리고 참된 나를 찾기 위해서, 나아가 존재 모든 것에 대한 감사와 행복을 위해서 꿈 해몽은 필요하다고 할 것이다.

제2장 꿈 해몽 공식

꿈은, 꿈꾸는 사람의 외부 현실세계에서 실제로 일어나거나 곧 일어나려는 사건들에 대한 메시지를 전달하거나 그에 대해 암시하는 역할을 한다. 그러기에 꿈을 해몽하기 위한 전제로써 꿈의 내용에 대한 관찰이 필요하다. 또 현실의 실제적인 사물에 대한 동일·유사관계에 있는 표상물을 꿈으로 나타내는 여러 다양한 표현수단이자 중요한 암호인 '상징언어'(象徵言語, 象徵性)를 이해하여야 한다.

아래에서는 어떤 내용의 관찰이 필요한가와 꿈 해몽에 있어서 반드시 이해하여 할 필수개념이고 꿈풀이 공식이면서 비결이 있다고 하겠다. 즉 여러 다양한 표상물의 구체적 표현수단인 '동일시'나 '의사시' 또는 '의인시' 및 '합성시'에 대한 상징언어를 알아보기로 한다.

1. 외부 · 내부 · 객관적 관찰이 필요하다.

첫 번째, 꿈을 꾼 후에는 외부 현실세계의 관찰이 필요하다. 꿈은 꿈꾸는 사람의 외부 현실세계에서 실제로 일어나거나, 곧 일어나려하는 사건들에 대한 메시지를 전달하거나 그에 대해 경고하는 역할을 행할 수 있음은 어느 정도 인정된 사실이다. 즉 꿈은 '기억의 회상', '경고', '천리안적인 시각', '예지', '예견'의 역할을 할 수 있다는 의미이다. 그러므로 꿈꾸는 사람의 외부세계에서 실제로 일어나고 있거나, 곧 일어 날 수가 있기 때문에 꿈 꾼 후에는 외부의 관찰이 필한 것이다. 따라서 우리들의 꿈속에 나타나는 그와 같은 메시지들에 주목함으로써 우리는 많은 불행(不幸)과 화(禍)를 피해갈 수 있으며, 매일 겪게 되는 문제들을 더욱 효과적으로 지혜롭게 대처할 수 있다. 두 번째, 꿈을 꾼 후에는 자신의 내면세계인 내부의 관찰이 필요하다. 외부 현실세계의 관찰과 동시에 꿈 꾼 우리로 하여금 자신의 내부에 관찰의 눈길을 돌려서 자신의 인생에 있어서의 성취도를 감소시키는 내적 약점, 불균형, 갈등과 자신의 목표나 욕구에 대해 발견하도록 생각하고 관찰해보는 것도 필요하다. 즉 꿈은 내적 문제들에 대해 자신의 성취도를 저하시키는 내적 갈등이나 목표를 인식하게 해준다는 점에서 꿈 꾼 후에는 자신의 내면세계인 내부의 관찰이 필요한 것이다. 이순신의 『난중일기』, 고대와 현대의 모든 꿈 과학연구 분야, 『동의보감』의 사례에서 본 것처럼, 꿈에는 자신의 잠재된 내면의 의식이 고스란히 담겨져 있기 때문에 질병치료나 미래를 보기 위한 거울로서, 꿈 꾼 자신의 내부관찰이 필요하다.

끝으로, 자신의 현실에 처한 상황들을 종합적인 시각에서 관찰이 필요하다. 꿈은 현실에서 일어날 일들이 꿈속에서, 반대로 꿈속에서의 꿈의 내용(dream story)이 현실로, 나타나기에 우리들의 내적 태도와 편견 및 주관, 가치관, 세계관들이 잠자는 동안 무의식 세계에 영향을 미쳐 꿈으로 나타나 그 꿈이 우리들 인생의 특정한 정황들에 대해 영향을 미치게 된다. 그러므로 꿈은 우리가 처해 있는 현실에 대해 주관적 편견이나 고정관념적인 생각에 따라 해몽을 왜곡시킬 수도 있으므로 원칙적으로는 객관적으로 관찰하여 해몽하여야 하지만, 자신의 현실에 처한 상황들을 참된 지혜로써 해몽을 하기 위해서는 종합적 관찰이 필요한 것이다.

2. 꿈의 상징언어를 이해한다.

이 책을 쭉 읽다보니까 우리가 속설처럼 좋은 꿈이라고 했던 것들이 상당히 일리가 있는 것 같은 생각이 들 것이다. 그러면 꿈 풀이 고수님만의 꿈 풀이 공식 같은 것이 있을까? 이걸 알면, 독자 여러분도 스스로 해몽이 가능할 것 같은데? 그렇다. 누구나 꿈을 꿀 수 있지만, 누구나 해몽을 할 수 있는 것은 아니다. 그러나 몇 가지 의미만 알고 있다면, 누구나 자신이 꾼 꿈에 대해 해몽을 할 수 있다고 하겠다. 가장 먼저, 꿈의 '상징언어'(象徵言語)를 알아야 한다.

꿈에 대한 과학적 연구가 본격적으로 시작된 지는 프로이트 이후 100년이 넘었지만, 꿈을 어떻게 풀이하느냐는 프로이트와 융의 정신분석학에서 주관적으로 시작한 것이 50년 전부터 오늘날까지 유럽과 북미의 꿈 전문가들에 의해서 변화가 있게 되었고, 이들에 의하여 꿈에 대한 연구가 더 발전하게 되었다. 즉 이들은 뇌 연구 중심의 객관적인 연구로서 신경생리학의 힘을 빌려, 프로이트와 융의 정신분석학 측면의 꿈에 대

한 분석을 비판한다. 그러나 꿈 해석에 있어서 수 세기에 걸쳐서 오늘날까지도 행해지는 주관적 경험을 완전 무시할 수는 없다는 생각이다. 후기의 꿈 연구전문가들은 꿈속에 나타나는 중요한 암호를 풀었는데, 꿈이 우리 인간의 현실 생활에 실제적인 기능이 있다는 것을 알기 위해선 꿈의 상징언어를 알아야 한다고 했는데, 꿈의 대부분은 상징적인 의미들로 꾸며져 있으며, 이 상징언어는 꿈 풀이에 있어서 아주 중요한 비결이다. 상징언어는 주로 미래의 어느 때에 일어나게 될 현실의 경험을 미리 예견하는 상징성(象徵性)으로 표현되는 것이라고 한다. 결론적으로 이 상징언어는 꿈이 의미하는 모든 것을 함축적으로 담고 있다고 할 수 있다.

그러면 현실에서와는 다른 현상의 언어인 꿈의 상징언어란 구체적으로 어떤 것을 말하는가? 예를 들어, '소'의 모습은 '조상'을 의미하고, '뱀, 용'은 '좋은 일'을 예견하며, '물고기'는 '재물'을, '불'은 '흥망성쇠'를, '호박'은 '대박'을 뜻한다는 등의 상징적인 언어들이다.

이와 같이 꿈의 상징언어라는 것은 꿈이 상징하고 있는 특수한 은어(隱語)란 것이다. 꿈의 대부분이 상징적인 의미들로 꾸며져 있다. 말하자면 꿈의 상징적 언어는 현실에서 일반적으로 사용하고 있는 상식적인 언어를 포함하며 반드시 상식적인 언어와는 그 뜻이 같다고 할 수 없는 상식적인 언어보다도 넓은 함축적 개념이다. 예를 들면, 상징언어에서의 상징이라고 하는 것은 현실에서의 사회적 관습이나 의식적으로 만들어 낸 상식적인 언어가 아니다. 예를 들면, 정열(의식)=뜨거운 것(현실), 행복(관습)=네잎클로버(현실), 막대기(의식)=성기(현실) 등과 같은 상식적인 언어가 그 뜻이라고 말하는 것은 아니다.

이러한 꿈의 상징언어는 주로 미래의 어느 때에 일어나게 될 현실의 경험을 미리 예견하는 상징성으로 표현된다. 상징성은 우리가 알고 있는 어떤 사람・사물・일에 대한 상식적인 개념을 꿈의 상징과 동일하거나 유사한 것(同一視), 꿈의 상징을 과장된 표현으로 창작하거나 다른 상징개념으로 바꿔 놓아진 것(擬人視, 擬事視, 表象轉移 또는 反對表現)으로 이해하고 이를 풀이하는 것이다. 예를 들면, '물고기'에 대한 상식적인 개념을 실제의 어떤 다른 생물과의 유사관계나 동질관계에서 꿈의 상징적 개념을 찾아내야 하는 것이다. 즉 '물고기'라는 동물의 의미와 생김새, 생활습성, 생활환경, 활동범위 등으로 미루어 보아 '물고기'를 '사람과 같은 것'으로 보거나(同一視), 또 물고기의 용도로 미루어 보아서 물고기가 '어떤 물건이나 재물'을 뜻하거나 '어떤 일이나 작품' 등으로 볼 수 있게 되는 것이다(擬事視). 물고기의 활동이나 생활태도 등으로 미루어 보아서는 물고기를 사람인 것처럼 표현하여 물고기가 '사람의 성격이나 감성, 정조, 능력 등'을 뜻할 수도 있는 것이다(擬人視). 구체적으로 예를 들면, "시냇물에 물고기가 한가롭게 놀고 있다"하면 시냇물은 일의 진행속도를 상징하고, 물고기는 그 일 자체의 진행자 또는 핵심적인 물건, 재물을 의미한다. 이를 해석해 보면 일의 진행이 지연되고 있다는 상징성과 함께 재물을 모으기 위해서는 더 노력하라는 채찍성도 내포되어 있다고 할 수 있다.

우리가 꿈을 꾼다는 것은 바로 이 상징적 의미(상징성)와 만나는 일이며, 꿈을 해석한다는 것은 꿈이 가진 상징언어를 풀이하는 것을 의미한다. 꿈의 상징언어를 낱낱이 모아 이해한 후 그것을 전체적으로 짜 맞추어 풀이하다 보면 꿈이 무엇을 뜻하는지(상징성)를 알 수 있다. 그러므로 꿈 해몽을 하기 위한 전제로서 꿈의 상징언어를 알고 이해하는 것이 필요하다고 할 수 있다. '똥' 꿈이라는 상징언어는 굉장히 좋은 대박 꿈이라는 상징성을 가지지만, 똥 꿈 중에서도 황금색에 가까운 누런 똥일수록 더 좋고, 몸에 똥을 묻히거나 똥 속에 빠지면 초대박이라 할 수 있다. 똥을 집으로 가져오면 좋으며, 똥의 양이 많을수록 더 좋다. 그러나 '똥 꿈'도 나쁜 것이 있는데, 똥을 버리는 꿈은 현실에서 재물의 손실을 예언하고, 똥이 더러워서 피하는 꿈은 행운을 스스로 피한다는 뜻이라서 안 좋다고 할 수 있다.

꿈이 미래를 예견하는 상징성을 가진다는 것에 대해 독자분께서는 어떻게 생각하는지 궁금하지만, 우선 꿈은 절대 무시할 수 있는 것이 아니며, 모든 꿈에는 사람의 심리가 담겨있다고 본다. 그래서 일부 의사들은 환자들을 치료할 때도 어떤 꿈을 주로 꾸는지, 어제는 무슨 꿈을 꿨는지 등을 들어보고 환자의 심리를 파악하기도 한다.

3. 동일시 표현을 이해한다.

동일시(同一視)란 두 개의 대상 간에는 본질적으로 전연 다르지만, 마치 같거나 유사관계에 있는 특징을 말한다. 예를 들면, 소를 보는 것은 자기의 조상을 보는 것과 같은 동일시이며, 뱀이나 용은 좋은 일이나 기쁜 일로 동일시한다. 그리고 꿈속에 나타난 과거나 현재의 인물을 동일시 인물이라 한다. 동일시 인물은 꿈 꾼 자신의 미래와 현실에서 상관하게 될 실제 인물의 대리물이다. 우리는 꿈속의 동일시 인물을 통해서 과거에 알고 있던 어떤 동일시 인물의 특징을 발견하고 미래의 새로운 인물의 특징들을 비유하고 상징적으로 파악할 수 있다. 그리하여 동일시 인물의 해몽은 자신의 미래거울로 삼을 수 있다. 꿈속에서의 동일시 인물은 아는 사람, 모르는 사람, 남녀노소, 신령적인 것이나 영원적인 것의 모든 표상물로 나타낼 수 있다. 특히 꿈속에서 나타난 동일시 인물들은 미래의 현실에서 상관하게

될 실제의 인물이 동일시되거나 때로는 어떤 사물의 의사시로 표현된다. 또한 꿈속의 장소가 실제의 어떤 장소를 동일시하기도 한다.

4. 의인시 표현을 이해한다.

꿈속에서 동물이나 기타 사물을 '사람인 것처럼' 다루어 표현한 것을 의인시(擬人視)라고 한다. 꿈에 동물을 의인시해서 표현하는 까닭에 꿈속에서 동물이 사람처럼 말을 하고 울고 웃으며, 그 동물과 성교를 하는 꿈을 형성할 수 있으며, 다양한 형태로 의인화되어 나타난다. 꿈속에서 의인화로 표현된 것은 아무리 사소하거나 무가치한 것이라도 빼 놓을 수 없는 암시적인 의미를 가지고 있다. 왜냐하면, 꿈은 한마디로 과거·현재·미래의 장소, 가족 상호간 또는 자기의 신상문제와 미해결의 관심사, 국가나 사회의 일, 시각적 이미지, 색채, 시간, 년월일시, 숫자, 신앙심 등 다양하게 표현되어 미래의 예지를 나타내기 때문이다.

5. 의사시 표현을 이해한다.

의사시(擬事視)란 의인시의 반대개념으로, 신령적인 존재나 사람, 심지어 자기 자신에 이르기까지의 모든 것을 '어떤 사물로 간주'하는 표현수법을 의미한다. 나아가 꿈이 의인시로 바꿔놓은 일체의 표상도 어떤 사물로 간주하는 표현을 한다. 예를 들면, 오디푸스적 콤플렉스가 있는 꿈이나 근친상간의 꿈이 가능한 것은 그것이 상대방을 누구의 의사시로 보기 때문이다. 또 다른 예로써, 자기가 죽은 시체를 스스로 담담하게 내려다 볼 수 있는 것은 자기를 자기의 시체라는 사물로 의사시했기 때문이다.

6. 합성상 표현을 이해한다.

합성상(合成像)은 두 가지 이상의 표상이 결합된 상태를 표현하는 것이다. 사람의 합성, 사물·장소의 합성 등 여러 가지로 표현된다. 남성의 몸에 여성기가 달려 있거나 남성이 임신과 출산을 하는 것은 '이성기능의 합성'이다. 자기의 신체상의 각 부분에 어떤 다른 부분이 제 위치로 옮겨져 다른 부분과 합성해 보이는 것은 '자체부분 합성' 이다. 그리고 사람과 동물의 합성인 것은 '반인반수 합성'이다. 서로 다른 동물이 합성화 된 것은 '타동물성 합성'이다. 그리고 성질이 다른 사물의 부분이 합성된 것은 '혼합 합성상'이라 한다.

7. 숫자 표현을 이해한다.

꿈속에서의 숫자는 실제적인 것과 상징적인 것이 있으며 또 한편 대상 사물의 다소, 대소, 장단의 시간적 표현 등으로 대신하여 이해하기도 한다.

8. 꿈일지를 작성한다.

우리가 꿈을 꾸고 나면 꿈의 내용이 논리적이고 체계적으로 생각나는 것도 있고, 논리적이지 못하고 체계가 없이 토막토막 나열되는 것도 있어서 해몽에 더욱 어려움을 주게 되는 것도 있다. 그러기에 꿈 해몽에 능통하기 위해서는 언제 어디서 무엇을 어떻게 했으며, 어떻게 되었는가를 되살려 볼 필요가 있고, 어떤 생각과 느낌이었는지 알아보고 어떻게 반응(유쾌, 불유쾌, 만족, 불만족)되었는가를 일깨워 보아야한다. 이러한 이유에서 우리에게 '꿈일지'(日誌, dream of diary)가 필요한지도 모른다.

따라서 꿈에 대한 해석능력이 생기면 매일 밤 꾸는 꿈을 '일지'로 적어두는 것은 대단히 유익하다. 그 일지에 적어둔 꿈은 반드시 실현되기 때문이다. 꿈일지를 작성함에 있어서 가족들이 꾼 꿈도 자기의 꿈일지에 포함시켜 작성해 둘 필요도 있다. 꿈일지에서 해결된 것은 체크하고 미해결된 것은 수시로 읽어보고 해석해 보는 것도 재미있는 일이 될 것이다.

9. 선불리 길흉의 판단을 속단하지 않는다.

꿈이 가지는 예지의 적중 시기는 꿈의 의도성 여하에 따라 결정지어 진다. 꿈은 꿈꾸는 현재 시간에, 몇 시간 후에, 며칠 후에, 수주 후에, 수년 후, 수십 년 후 그리고 한 평생이나 몇 세기 후, 나아가 자신에게, 타인에게, 사회에게, 국가에게 있을 일을 예지(豫知) 내지 암시(暗示)한다. 그래서 길몽이거나 악몽이거나 자기가 꾼 꿈이라고 해서 모두 자신에 관한 것이 아니므로 정확한 해석과 현실 적중을 가져올 때까지 꾸준하게 기다려서 결정하여야 한다. 꿈은 일반적으로 가까운 장래에 관한 일보다 더 먼 장래에 관한 일을 더 많이 예지하는 까닭에 '꿈일지' 에 기록하여 그 일이 이루어질 때까지 인내와 노력에 의해 실현되는 것을 확인해야 한다. 그러므로 가까운 장래에 관한 꿈이 아니라면 먼 장래에 관한 해몽은 함부로 속단할 필요가 없다고 본다.

제3장 꿈 해몽 비결

1. 꿈의 상징언어를 해석하여 해몽한다.

역사 이래 많은 사람들이 꿈의 연구에 몰두하여 왔고, 본격적인 연구는 100년 전의 프로이트에 의해서 연구되어 왔지만 꿈에 대한 정의와 꿈에 숨은 깊은 뜻을 정확하게 알지는 못한다. 그리하여 꿈 풀이는 사전이나 옥편처럼 객관식 해답이 나올 수 없는 것이다. 그래서 오늘날의 대부분 꿈 전문가들은 프로이트나 융의 주관적이고 비과학적인 방식의 보편적인 의미로 단순하게 해석해서는 안 된다고 한다. 즉 우선 꿈이 보편적 의미를 지닌다는 생각을 버리라고 말한다. 100년 전 처음으로 꿈을 해석하기 시작한 프로이트는 꿈에서 '칼'과 '연필'은 으레 남성의 성기이고 '사발'이나 '동굴'은 여성의 성기를 뜻한다고 했다. 이러한 보편적 의미에 의한 해몽서들은 개가 짖는 꿈은 나쁜 소식이고 터키옥(보석의 일종)은 행운을 암시한다고 했다. 그리고 "3,000년 전부터 사람들은 꿈속에 나타나는 물건들을 무슨 점괘처럼 해석하려고 하지만 그건 터무니없는 얘기예요." 하버드대학교 정신의학교수 '앨런 홉슨 박사'의 말이다. 또한 캐나다 오타와대학교 심리학 교수 '조지프 코닌크' 박사의 최근 연구 결과를 보면, 꿈에 나타나는 상징언어들은 사람에 따라 다르게 해석해야 한다는 것이다. 이가 올바른 말이다. 이와 같이 오늘날 유럽과 북미의 꿈 전문가들의 주장에 의한다면 꿈을 꾼 내용을 그대로 보편적 의미로 해석할 것이 아니라 꿈에 잠재되어 나타나고 의미하는 '상징성'(象徵性)을 알아야 한다고 한다. 그 상징성을 알아야 하기 때문에 꿈 해몽에 어려움이 따르게 된다.

앞에서 본 바와 같이 우리가 꿈을 꾼다는 것은 바로 상징적 의미(상징성)와 만나는 일이며, 꿈을 해석한다는 것은 꿈이 가진 상징언어를 풀이하는 것을 의미한다. 꿈의 상징언어를 낱낱이 모아 이해한 후 그것을 전체적으로 짜 맞추어 풀이하다보면 꿈이 무엇을 뜻하는지를 알 수 있다. 그러므로 꿈속에서의 상징적 의미는 '어떤 장소나 배경'(후술한다)으로, 공상 · 창작 등 '과장된 표현'으로, 몸을 꼼짝도 할 수 없는 '의지의 갈등'으로, 같은 내용을 '계속 · 반복적'으로, 색채 등 '다양하게 표현'되는 것이다.

이러한 상징적 의미를 가진 상징언어를 풀이하여 현실생활에 대비시킴으로써 현실을 점지하고 미래의 길흉을 점치는 것이 바로 꿈 해몽이다. 다시 말하지만, 꿈 해몽은 상징성을 위주로 하여 개개인이 처한 현실과 꿈의 Stroy에 따라 길흉과 흉길이 바뀔 수 있다는 점을 유념해야 할 것이다. 따라서 꿈을 꾼 자신의 환경을 먼저 생각하고 꿈의 내용으로 발현된 상징언어를 해석하면 꿈 해몽이 된다.

우리가 꿈 해몽을 잘 하기 위해서는 상징언어를 잘 알고 해몽하여 한다는 점 이외에 또 참고할 것을 알아보자. 꿈 해몽에 능통하기 위해서는 꿈의 내용이 언제 어디서 무엇을 어떻게 했으며, 어떻게 되었는가 결과까지도 되살려 볼 필요가 있다. 그리고 꿈 내용에 대해 어떤 생각과 느낌이었는지 알아

보고 어떻게 반응(유쾌, 불유쾌, 만족, 불만족)되었는지를 살펴보아야 한다. 이러한 이유에서 앞서 말한 바와 같이 우리에게 '꿈일지'가 필요한지도 모른다.

이 책 제3부의 해몽 사례들에 관하여 개개인의 행동, 상념적인 표상, 물질 등의 잠재 내용을 지극히 상식적이고 일반적으로 해몽하였다. 그러므로 독자분께서는 스스로 이 책을 참고하시어 자신의 처지에 맞게끔 '헛된 꿈'이 되지 않도록 해몽하시길 바란다.

2. 꿈속에서의 상징언어와 현실을 동일시하여 해몽한다.

옛날 사람들은 꿈이 현실의 세계를 좌우할 만큼 강력한 현상으로 믿어 왔다. 바로 "꿈과 현실을 동일시로 보아 꿈과 현실은 상호 연관되어 있다"고 믿었던 것이다. 우리가 꿈을 꾼다는 것은 바로 상징적 의미(상징성)와 만나는 일이며, 꿈을 해석한다는 것은 꿈이 가진 상징언어를 풀이하는 것이다. 그래서 사람들은 꿈에 나타난 상징언어에 따라 꿈의 내용을 분석하고 길몽이니 흉몽이니 따지기도 한다. 즉 "꿈속에서의 상징언어와 현실을 동일시 해몽"하여 꿈은 미래의 다가올 행복과 불행을 예지해준다는 것이다. 따라서 옛 날부터 현대까지 '꿈과 현실을 동일시'로 볼 수밖에 없는 이유로 꿈과 현실은 상호 연관되어 있다고 보았기 때문이다.

3. 꿈속의 배경을 현실과 연결지어 해몽한다.

꿈속에서 표현된 장소와 배경은 주로 꿈꾸는 자에게 친숙한 장소일 때가 많다고 하겠다. 이 장소는 꿈꾸는 이와 직접 관련된 관심사와 기억을 반영하는 곳, 꿈꾸는 사람의 사회적 배경과 문화 배경의 반향이 듬뿍 밴 곳이라 할 수 있다. 많은 화가들이 꿈속 배경에서 작품의 영감을 받는다. 특히 이탈

리아의 초현실주의자 '조르지오 데 키리코'나 벨기에의 초현실주의자 '폴 델보' 같은 화가는 꿈속의 분위기를 포착하는 이 방면의 대가라 할 수 있다. 그러기에 단순한 배경이 아닌 꿈속의 풍경은 단순한 관찰대상을 넘어서서 심도 높은 경험을 유발하는 때가 많다. 꿈속의 풍경 자체가 외로움을 못 견디고 고통스러워 할 때도 있고, 알 수 없는 행복감에 젖은 모습으로 보이기도 한다. 그러므로 꿈의 풀이 과정에서 꿈의 의미를 완전히 밝히려면 꿈속의 풍경을 세세하게 기억해내는 것이 극히 중요하다. 즉 꿈속의 풍경 중에서 단순한 배경에 불과한 부분들조차 중요하다. 꿈속의 배경은 상상력이 만들어 낸 풍경이다. 즉 꿈꾸는 자의 인생, 추억과 감정, 소망, 두려움 등이 교차된 전반적인 상상세계의 일면이라 보면 된다. 그것은 배경인 동시에 꿈의 내용이고, 그것은 일순간에 꿈에 매혹적인 특질을 부여하며, 꿈이 지닌 한층 심오한 단계의 의미를 전달하거나 보강한다. 따라서 꿈속에서 표현된 장소와 배경은 미래의 현실에서 경험하게 될 실체의 장소가 꿈에 투시되거나 꿈속의 장소가 실제의 어떤 장소를 동일시하거나 어떤 상징적 의미로서 표현된 것이라 할 수 있다.

4. 당신도 꿈을 해몽할 수 있다.

꿈의 상징언어를 잘 이해하고 그 풀이에 능하게 되면 자연히 꿈에 대한 해몽이 가능해진다고 볼 수 있다. 그렇다고 해서 상징언어 해석만으로 바로 꿈 해몽이 가능한 것은 아니다. 그것은 꿈을 꾼 당사자가 처해 있는 환경(장소와 배경)이나, 직면하고 있는 사건, 나아가 민족마다 가지고 있는 고유한 문화적 차이 등에 따라서 꿈 해몽은 달라질 수 있으며, 똑 같은 내용의 꿈이라도 자기에게는 길몽이, 다른 사람에게는 흉몽으로 그 반대일 수도 있기 때문이다.

그러므로 올바른 꿈 해몽을 하기 위해서는 먼저, 꿈의 상징성을 이해하여야 하고, 둘째로는, 꿈의 상징언어를 종합하여 정리·분석함으로써 당사자의 환경과 성격, 직면하고 있는 일의 상황과 유사성 있게 연결지어 판단하여야 한다. 그러므로 처음부터 꿈 해몽박사가 되려고 하지 말고 꿈 해몽에 관심을 갖고 차츰 주의 깊게 탐구한다면, 누구나 꿈 해몽에 자신감을 가질 수 있고 "길흉화복의 통로(通路)인 꿈 해몽"을 통(通)해서 자신 또는 주위 사람의 길흉화복의 미래를 예측할 수 있는 지혜가 생긴다고 하겠다.

5. 꿈 해몽은 현실생활에 있어서 길흉화복의 교훈이다.

꿈 해몽에는 "길몽이다 흉몽이다"하는 것으로 해석하지만, 길몽으로 나타났을 때에는 더 노력하고 자기 할 일을 다하여야 한다. 또 흉몽이 나타났을 때에는 무리를 삼가고 화(禍)를 피해야 한다. 따라서 길·흉몽 그 자체보다도 그러한 길·흉몽을 가지고 인생에 있어서 어떻게 적응 또는 극복하느냐에 꿈 해몽의 참된 뜻이 있다. 꿈 해몽에 나타나는 것은 천지(天地)와 자연(自然)에 순응한 현실 생활의 움직임이 꿈꾼 사람의 꿈에 다 드러나기 때문이다. 그러므로 꿈 해몽이란 "인생의 거울이자 미래의 예지"라 할 수 있다. 그러니까 이 해몽서를 인생을 윤택하고 지혜롭게 살아가는데 "자신을 비추어 본 거울"이라 생각하고 인생만사를 풀어 가는데 도구로써 활용하여야 할 것이다.

고대인 때부터 활용한 꿈 해몽이, 오늘날 과학문명의 승리로 무슨 필요가 있는 것인가 하고 반문하고 계실 분도 있지만, 그러나 세대는 변해도 천지자연은 천지자연으로서, 또 사람은 사람으로서 그 본성이 변하는 것이 아니기 때문에 아득한 옛 성현들로부터 축적되어 내려온 꿈 해몽이 오늘날도 그 가치가 있고 우리에게 도움이 된다는 것을 잊지 마시기 바란다.

국내외 참고 문헌

고코로연구소 편집부 역, “꿈풀이”, 금하출판, 1999
구자일, “구자일의 꿈 이야기”, 사회평론출판사, 1994
김민정, “꿈풀이 복풀이 2”, 대성, 1993
김상환 · 홍준기 엮음, 라깡의 재탄생, 창작과 비평사, 2002
김영진, “재미있는 꿈풀이”, 송정문화사, 2005
동학사 특별기획팀, “복 꿈풀이”, 2000
라야실크 · 안영욱 譯, “꿈보다 해몽”, 태학당, 1992
리처드 도킨스, 이한음 譯, “만들어진 신”, 김영사
무진미래연구원, “꿈풀이 사전”, 황금시대, 1998
──────, “꿈풀이 사전”, 황금시대, 2003
민승만, “꿈풀이 화풀이 복풀이”, 시가 있는 마을, 2001
───, “최고의 꿈풀이 대백과”, 예일출판사, 2004
───, “최고의 꿈풀이 책”, 시가 있는 마을, 2002
박성몽, “꿈 신비활용”, 창조사, 1993
백운당, “해몽학전서-역학총서”, 동양서적, 1979
백운산, “백운산의 그림과 함께 보는 길흉화복 꿈풀이 비법”, 가림M&B, 1999
───, “꿈풀이 운풀이”, 일송미디어, 2007
───, “운좋고 복많은 꿈풀이”, 가림, 1996
SAM영진.com, 예나의 사랑의 꿈풀이, 2008
송미정 외, 화남출판사, “청소년을 위한 현대 꿈풀이 사전”, 2003
송순, “대박 꿈풀이 사전”, 백만문화사, 2002
송순 · 엄원섭, “대박 꿈풀이 사전”, 백만문화사, 2006
시우, “꿈의 예시와 꿈해몽”, 신문화사, 1994
신재용, 동의보감 100병 100답, 국일미디어, 2001
R.제이콥 著, “재미있는 꿈풀이”, 키출판사, 1992
A.패러디 著, “꿈의 힘”, 키출판사, 1987
운정 · 김종현, “꿈풀이 대백과”, 범조사, 1993

월간 "과학문화", 6월호, 2006
유래웅, "좋은 꿈 나쁜 꿈", 삼한출판사, 1994
유화정, "꿈풀이 백과", 오성출판사, 1999
———, "꿈풀이 큰 사전", 오성출판사, 2003
윤덕선, "꿈풀이 대백과 사전", 동반인, 2001
———, "꿈풀이 대백과", 동반인, 1995
윤성해, "왕꿈에서 개꿈까지 꿈풀이 혁명", 내외문학, 2003
은광사 편집부, 꿈 해몽법, 1995
이용훈, "용꿈 돼지꿈 대박나는 꿈풀이 사전", 아카데미북, 2004
이운학, "꿈 해몽법", 효종출판사, 1983
이정환, "꿈풀이 인생풀이", 상아, 1994
이창재, "꿈의 기원과 의미에 대한 정신분석적 해석-프로이드와 현대정신분석 관점 비교", Journal of Lacan & Contemporary Psychoanalysis Vol. 9 No.1 Summer 2007
이현희, "이야기 한국사", 청아출판사, 1995
일타큰스님 지음, "생활 속의 기도법", 효림출판사, 1996
정도명, "21세기 신 꿈풀이 대백과", 테마북스, 2003
정현우, "꿈풀이 삶풀이 대백과", 관음출판사, 2001
중국 "몽점일지(夢占逸旨)", 陳士元 지음, 김재두 역주, 은행나무, 2008
중국 "周公解夢", 周公(原著)・, 白雲山人 편집, 청해인민출판사, 2007
청림거사・유화정・편집부, "꿈풀이 큰사전", 오성출판사
최전권・김재천 譯, "생활궁합과 꿈풀이", 한줄기, 1997
한건덕, "현대 해몽법", 명문당, 2005
한상연, "선조들의 꿈 전설이야기", 나나출판사, 1994
한현태, 로또꿈풀이 대백과, 신지평, 2004
해와달 재미북스, "맞아 맞아 꿈풀이", 2004
허수인, "개꿈도 약이 된다", 태흥기획, 1994
홍순래, "꿈으로 본 역사", 중앙북스, 2007
———, "이런 꿈을 꾸면 복권을 사라", 학민사, 1997
———, "현실속의 꿈 이야기, 내일을 여는 책 1996

화남출판사 편집부, "현대 꿈풀이 큰사전", 2003

Sigmund Freud, "꿈의 해석", 범우사, 1992
―――――――, "꿈의 해석", 열린 책들, 1998
―――――――, "꿈과 정신분석", 임진수 譯, 계명대학교출판부, 1999
―――――――,「꿈」『정신분석강의』(1917) 열린 책들, 2002
―――――――,「꿈이론과 초심리학」(1917)『무의식에 관하여』윤호기 譯, 열린 책들, 1997
Carl. G. Jung, "인간과 무의식의 상징", 선영사, 1983
――――――, 조성기 譯, "카를 융—기억 꿈 사상", 김영사, 2007
――――――, 인간과 상징, 열린책들, 1996

Anthony Bateman & Jeremy Holmes, "Dreams, symbols, imagination" in Introduction to Psychoanalysis, 1995

BBC news, "Dreams 'can help with learning'," 23 April 2010.

Beth Israel Deaconess Medical Center (BIDMC) News Release, "Dreams Tell Us That the Brain Is Hard At Work On Memory Functions," April 22, 2010.

Charles Brenner, "Dreams in clinical psychoanalytic practice", in The Dream Discourse Today, Routledge, 2005

Discovermagazine.com news, "To sleep, perchance to dream, perchance to remember," April 23, 2010.

Donald Winnicott, 『놀이와 현실』(1971), 한국심리치료연구소, 1997

Dylan Evans, 『라깡정신분석사전』(1996), 김종주 譯, 인간사랑, 1998

Erin J. Wamsley, Matthew Tucker, Jessica D. Payne, Joseph A. Benavides, Robert Stickgold, "Dreaming of a Learning Task Is Associated with Enhanced Sleep-Dependent Memory Consolidation," Current Biology, 22 April 2010; 10.1016/j.cub. 2010.03.027).

Hanna Segal, "The function of dreams", in The Dream Discourse Today, Routledge, 2005

Harry Trosman, "Freud on Dreams and Dreaming", in Psychoanalysis:The Major Concepts, ed,by Burness E Moore, Yale University Press, 1995

HealthDay News, "Dreams Could Give Learning a Boost: Subjects who dreamed about video game did better playing it a second time," April 22, 2010.

Heinz Kohut, 『자기의 회복』(1977), 이재훈 譯, 한국심리치료연구소, 2006

James L. Fosshage, "The Organizing functions of dream mentation", in www.psychomedia.it/rapaport-klein/fosshage.htm.(Klein Study Group) June 15, 2002

Mathematics under the Microscope news, "Dreaming of Learning helps Learning," April 24, 2010.

Paul H. Ornstein, "On Self-State Dreams in the Psychoanalytic Treatment Process", in The Interpretations of Dreams in Clinical Work, International Universites Press, 꿈의 기원과 의미에 대한 정신분석적 해석 1987

Paul Ricoeur, Freud and Philosophy, trans. by, Denis Savage, Yale University Press, 1970.

Ralph R. Greenson(1970), "The exceptional position of the dream in psychoanalytic practice" in The Dream Discourse Today, Routledge, 2005

Robert Stickgold, "Review Article Sleep-dependent memory consolidation," Nature 437, 1272-1278(27 October 2005) | doi:10.1038/nature04286; Published online 26 October 2005.

Science Daily news, "To Learn Better, Take a Nap (and Don' t Forget to Dream)," April 26, 2010.

The Beatles: Day-by-Day, Song-by-Song, Record-by-Record》. Lincoln, NE: iUniverse, Inc.. 2005.

The Independent news, "Nap and dream to improve learning and memory," 27 April 2010.

W. Ronald D. Fairbairn, 『성격에 관한 정신분석학적 연구』(1952) 이재훈 譯, 한국심리치료연구소, 2003

제3부

이런 꿈은 이렇게 해몽한다.

제 1 장 신체에 관한 꿈 해몽

1. 인체에 관한 꿈

자기가 발가벗고 알몸인 꿈
모든 일이 순조롭게 잘 진행되니 걱정할 필요가 없다.

자기의 몸에 혹이 나는 꿈(대박)
운수가 대통한다. 복권을 사볼만하다.

온몸에 털이 많이 난 사람을 보는 꿈
수완이 좋은 사람과 만나서 일을 하게 되지만 결과는 실패로 끝난다.

남의 몸에 털이 난 것을 보는 꿈
상대방이 신분을 위장하거나 거래상 만난 사람이 진실을 말하지 않으며 그와 더불어 시비할 일이 생긴다.

뱃속에 들어있는 털을 꺼낸 꿈
타지방으로 가 있어서 만나기 어려웠던 친척이나 가까운 사람이 갑자기 돌아온다.

몸에 원숭이처럼 털이 나 있는 꿈
어떤 단체의 우두머리로 추대되거나 많은 사람들에게서 도움을 받는다.

수염을 기르는 꿈
재물운이 생겨 생활이 윤택해지며, 생활이 여유롭고 풍요로워 지게 된다.

턱에 난 수염을 면도하는 꿈
집안에 불길한 일이 일어나거나 불화가 생길 징조를 예시해 주는 꿈이다.

눈썹이나 수염을 깎아 우는 꿈
부모자식, 상사와 부하, 협조자 등을 상실하고 신분이나 체면에 손상을 받는다.

수염을 뽑는 꿈
부부사이가 원만치 못하고 친척과 멀어진다.

자기 몸에서 광채가 나는 꿈
황금빛이라면 좋은 일이 일어날 징조이지만, 그렇지 못하면 병이 생기거나 위독해질 꿈이다.

자기의 몸에 날개가 생겨 공중을 날아다니는 꿈(대길)
모든 일이 계획대로 순조롭게 추진되고, 사업이 번창한다.

온몸이 땀으로 흠뻑 젖은 꿈
일이 계획대로 추진되지 않고, 자칫 병을 얻게 된다.

온몸에 그물을 덮어 쓰는 꿈
먹을 복이 생겨서 식사에 초대받게 된다.

몸에 부스럼이 나는 꿈
첩이나 양자 때문에 구설수가 있게 된다.

몸의 부스럼이 곪아 터지는 꿈
어렵게 진행되던 일이 갑자기 호전된다. 시험에 합격하게 되고, 고전 속에 바동거리던 사업가는 역전하여 호전될 수 있는 탈출구가 생긴다.

자기의 온몸에서 피고름이 나오는 꿈(대박)
길몽이다. 재수가 있고, 모든 일이 잘 풀리며 금전적으로 넉넉해진다.

자기 몸이 갑자기 살이 찌거나 뚱뚱해지는 꿈
불길한 징조이니, 자신을 한번 되새겨 살펴보자.

자기 몸이 수척해지는 꿈
하는 일이 모두 성사되지만 고생이 뒤 따른다.

자기의 머리가 사자나 호랑이, 또는 용의머리로 변하는 꿈(대박)
길몽이다. 어떤 기관의 최고 우두머리나 고급관리나 장성이 된다.

머리가 몹시 아픈 꿈
꿈과 반대로 모든 일에 발전이 있게 된다. 관직에 있는 사람은 승진할 꿈이다.

목의 때를 씻어 버리는 꿈
어떤 누명을 벗게 된다.

송곳에 목이 찔린 꿈
편도선염 또는 독감으로 한동안 고통 받을 것을 예시한 꿈이다.

상대방의 목을 쳐서 죽이는 꿈(대길)
회사원은 상부기관에 영향을 주어 일을 성취시키거나 학생은 수석이 된다.

목을 졸리는 꿈
잠자리의 불편함을 호소하거나 장차 자기 일

이 방해를 받아 중지될 것을 예시하는 경우다

남이 자기 목에 목발을 타는 꿈

남의 억제를 받게 되지만, 반대로 자기가 남의 목발을 타면 추대를 받아 직책, 지위, 관직이 높아진다.

갑자기 목이 길어지는 꿈

좋은 운수가 따르며 돈이 들어오는 곳이 생긴다.

양 어깨에 견장이 빛나고 있는 꿈

자기에게 권세와 명예 등을 과시하거나 어떤 중책이 부여된다.

어깨에 짐을 지는 꿈

어떤 일을 책임지거나 고통의 상징이다.

어깨에 날개가 나는 꿈

권리를 얻거나 출세하고 사업상 유리한 방도가 주어진다.

어깨가 살찌고 우람해 보이는 꿈

만사가 잘 될 길몽이다.

이성의 상대가 성기를 자기에게 노출시켜 보여주는 꿈

다른 사람이 사업상 자기를 유혹해 온다.

다른 사람의 성기와 자기의 성기를 비교하는 꿈

자기의 작품, 일, 지식을 다른 사람의 것과 비교해 볼 일이 생긴다.

자기가 옷을 하나도 걸치지 않고 발가벗고 있는 꿈(대길)

아주 좋은 꿈이다. 어딜 가서 뭘 하더라도 좋은 일만 생긴다.

자기가 상반신을 벗고 일을 한 꿈

무슨 일을 하던 윗사람으로부터 협조를 받지 못한다.

자기가 하반신을 벗고 일을 한 꿈

무슨 일을 하던 아랫사람에게 협조를 받지 못한다.

홀딱 벗은 쇼를 구경한 꿈

자신과는 전혀 무관한 싸움구경을 하게 된다.

거울을 앞에 놓고 옷을 모두 벗는 꿈

몹시 반가운 사람을 만나는데 그 사람으로부터 신세한탄을 듣게 된다.

여자의 유방이 노출된 가슴을 보는 꿈

가까운 형제간의 신변에 위험함을 알리게 되는 꿈이며, 그것을 감싸주면 형제간에 보호해줄 일이 생긴다.

여러 개의 유방을 가진 꿈

정조에 파탄이 생긴다. 유방에서 피가 나오면 출산이 멈추게 된다.

유방이 크고 아름답게 보이는 꿈

건강하고 행복해진다.

유방에 털이 나는 꿈

임신할 징조이다.

여자의 젖을 빨아먹는 꿈

형제로부터 금전적인 도움을 받게 된다.

다른 사람의 가슴을 흉기로 찌르는 꿈

거래처나 상대방의 수뇌부에 타격을 주어 자기 일이 성사된다.

상대방의 배를 터트려 죽이는 꿈

어떤 사업에 마지막 결판을 내려 성사시키고 세상에 공개할 일을 암시한다.

그릇에 담긴 물을 손으로 젓는 꿈

형제자매간에 재물을 얻어 쓰게 된다.

자기의 발에 피나 물감을 들이는 꿈

현재 자신의 일거리나 사업에 대한 계약이 성사된다.

몸이 무겁고 다리가 무거워 잘 걷지 못하는 꿈

자신 또는 자녀간의 생활난, 사업난, 지휘력의 쇠퇴, 득병 등의 일이 각각 생긴다.

다리에서 피가 철철 흐르는 꿈

재물을 많이 모으게 되며, 주위로부터 선망의 대상이 된다.

다리에 부상을 입은 꿈

일이 잘 풀리고 사업이 확장된다.

자기 다리에서 피가 나는 꿈

현재 하고 있는 일이 매우 잘 될 조짐을 보이고 사업이 번창하게 된다.

무릎을 다치는 꿈

사업상 영업이 부진하게 된다. 또는 직장을 잃을 징조이다.

다친 무릎이 완쾌되는 꿈

어려움이 사라지고 운수가 트여 모든 일이 잘된다.

발이 부어서 아프거나 삐어서 잘 걸을 수 없는 꿈

친구나 가까운 직원에게 사기를 당한다.

발을 삐는 꿈이나 발을 절룩거리는 꿈

좋지 않은 흉몽이다. 친한 친구나 후배에게 속임을 당하거나 이용당하게 된다.

알몸으로 부끄럼 또는 더럽다는 생각이 없이 대소변을 배설하는 꿈

상담자에게 숨겼던 과거를 깨끗이 털어 놓고 새로운 희망을 갖게 된다.

임신한 여자를 보는 꿈

새로운 정보, 아이디어, 창작, 고민덩어리를 가진 사람과 만나 어울리게 된다.

양쪽 허벅지가 잘려 나간 꿈

미혼자는 아주 멀리 시집을 가게 되고, 이미 결혼한 사람이라면 이혼하게 된다.

몸이 땅 속으로 들어가는 꿈

고민이나 방황했던 일에서 해방된다.

자신의 몸에 난 상처의 꿈

정열적인 사랑이나 빚을 지게 된다.

몸에 바늘이 꽂히는 꿈

남으로부터 자신의 나쁜 행동에 대해 부정적인 평가를 받게 된다.

자기가 교통사고나 기타 상처를 입는 꿈

자신의 도덕적 양심이 불안한 위치에 처해 있어 불행하게 된다.

자기 자신이 병이 들은 꿈

자기 일에 대한 근심이나 불만이 있어 일이 잘 진행되지 않게 된다.

양친에 대한 병의 꿈

상대방에 대한 불만이나 근심을 나타낸다.

꿈속에서 불구자 또는 기형인을 만나게 되는 꿈

현실 속에서 고생을 많이 하게 될 것이다. 무엇을 하여도 쉽게 일이 잘 안 풀리고 어려운 길로만 돌아가게 된다는 것이다.

자기가 항문에 값비싼 패물을 감추는 꿈

아무도 모르게 돈 따위의 귀중품을 빼돌릴 일이 생긴다.

항문으로 삐져나온 창자를 깨끗이 닦아서 다시 밀어 넣는 꿈

자신이 벌여놓은 사업 등의 일에 마무리를 해야 할일이 생긴다.

여자의 엉덩이를 똑똑히 본 꿈

전혀 예기치 않았던 좋지 않은 일을 당하게 된다.

여자의 엉덩이를 손바닥으로 때린 꿈

집을 지을 때 기초를 잘못 다듬었으며, 무슨 일을 하든 하부조직이나 단체에서 실수를 저지르게 된다.

신을 신으로고 해도 크기가 맞지 않는 꿈

성에 대한 혐오감을 나타낸다.

구두를 슬리퍼로 바꿔 신는 꿈

많은 이성에 욕망을 채우고 싶다는 잠재적 욕구이다.

2. 얼굴에 관한 꿈

얼굴을 손으로 깨끗이 세수하는 꿈

직위나 신분이 새로워지거나 근심걱정이 사

라진다.

자기 얼굴의 한 부분을 수술하거나 성형하는 꿈

자기와 관련된 일을 바꾸거나 수정할 일이 생긴다.

이발이나 수염을 면도를 하는 꿈

하는 일이 만족스럽고 속 시원하게 잘 풀린다.

미·이용실에서 머리를 다듬고 아끼며 자르는 꿈

하는 일에서 불쾌한 체험을 한다.

얼굴 전체를 붕대로 감은 꿈

남에게 사기당하거나 교통사고 등의 화(禍)를 당한다.

얼굴에 먹칠을 하는 꿈

꿈대로 자손으로 인하여 수치스런 일을 당한다. 자손이 없는 사람은 부모와 떨어져 고생이 겹치는 꿈이다.

무서운 자신의 얼굴을 본 꿈

돈이 들어올 전조이다. 얼굴모양이 흉측스러울수록 큰 이득을 얻고 행복해질 길몽이다

자기의 얼굴에 검은 사마귀가 나는 꿈

하고자 하는 일이 순조롭게 잘 풀리지 않는다. 반대로 얼굴에 난 사마귀를 없애버리는 것은 길몽이다.

얼굴에 검은 사마귀가 나타나는 꿈

매사에 모든 일이 귀찮고 짜증이 나며 재수가 없으니 주의해야한다.

얼굴에 검버섯이 난 꿈

재물을 모아 부귀롭게 살게 된다.

자기 또는 남의 얼굴이 거울에 검게 비치는 것을 본 꿈

보기 싫은 사람, 만나기 싫은 사람과 거래할 일이 생긴다.

무서운 타인의 얼굴을 본 꿈

타인의 신상에 불행한 일이 생기거나 타인이 나쁜 일을 하고 있는 증거다.

자기의 이마가 커 보이거나 넓어 보인 꿈(대길)

좋은 일이 생길 길몽이다. 승진하거나 사업적으로 성공할 꿈이다.

자기의 이마를 다치는 꿈

근심할 일이 생긴다.

얼굴과 얼굴이 겹쳐지는 꿈

서로 다른 상표의 선물을 받거나 집안의 가구 등을 옮기게 된다.

얼굴이 검은 아이를 본 꿈

자기가 어떤 조직, 회사, 단체, 기관에서 누구나 싫어하는 일을 떠맡게 된다.

얼굴 부위를 치료하거나 수술한 꿈

자신의 주위에서 무언가 옮겨지는 일을 행하게 된다. 즉 문패를 새로 갈아 단다든지 방문을 다시 고쳐단다든지 등의 일을 하게 된다.

얼굴이 거울에 맑게 비치는 꿈

예기치 않았던 사람을 만나거나 소식을 전해 듣게 된다.

얼굴의 한 부분을 수술하는 꿈

관직에 있는 사람에 의해서 심문을 받거나 고문을 받게 된다.

얼굴에 주사를 맞는 꿈

직장이나 집안일에 변화가 있게 된다.

얼굴을 가린 사람을 만난 꿈

전혀 신분을 모르는 사람으로부터 폭행 등의 피해를 당하게 된다.

자기 얼굴이 흉악해진 꿈

자기 얼굴이 무섭고 흉한 꿈은 금전상에 대이익을 볼 길몽이다. 이 때 얼굴이 크면 얻는 금전도 많다.

자기 얼굴에 종기가 난 꿈

체면을 손상하는 일이 생긴다. 일에는 크게 낭패한다.

하얀 얼굴의 첫 남자와 키스하는 꿈

대길하며 만사가 형통한다.

얼굴이 붉고 볼이 커 보이는 꿈

권세가 이루어지며, 시험에 합격하게 된다. 사귀고 있는 이성간에는 문제가 해결된다.

3. 머리에 관한 꿈

머리에 뿔이 났거나 뿔난 사람을 보는 꿈

다른 사람들과 싸움을 하게 된다는 뜻도 있지만, 때로는 이런 꿈은 출세를 의미한다.

자기 머리가 하나 이상으로 보이거나 메두사처럼 머리수가 많아 보인 꿈

출세할 운이 열린다.

여러 개의 동물 머리가 한 곳에 붙어 있는 꿈

한 단계에 두 가지의 사상이나 이념이 있어 두 파로 갈라져 있음을 뜻한다.

잘린 머리를 천정에 매단 꿈

곧 처리해야 할 급한 일, 다른 부서에 부탁할 일이 생긴다.

남에게 머리를 숙인 꿈

누구에게 복종할 일이 생긴다.

머리가 커지는 꿈(대길)

조직 · 사업이 널리 확장되거나 권세가 커지게 된다. 어느 신체 부위가 커지는 꿈은 길몽이다.

남이 자신에게 머리를 숙인 꿈
자기가 주장하는 일을 많은 사람들이 받아들인다.

머릿속에서 온갖 벌레들이 나온 꿈
정신적이 압박감이 있게 된다. 마음을 편히 가져라.

닭이나 새의 머리를 보는 꿈
집안에 기쁜 일이 생길 징조이다.

머리에 뿔이 나는 꿈
다른 사람과 다툴 일이 생긴다.

머리를 빗을 때 머리에서 비듬이 눈처럼 많이 쏟아지는 꿈
지금까지 꼬이기만 하던 일이 봇물이 터지듯 일시에 풀리게 된다.

머리에서 비듬이 떨어지는 꿈
타인의 방해를 받아 계획에 차질이 생긴다.

자신이 머리를 감고 거울을 보는 꿈
좋은 꿈이며 길하다.

반백이 된 머리를 거울에 비쳐보는 꿈
객지에 있는 동기 또는 아는 사람이 곤경에 빠져 있고, 완전히 희어져 있으면 나이 많거나 학식이 많은 사람을 만나게 된다.

자기의 머리털이 백발이 되는 꿈
모든 일이 잘되고, 오래 살 꿈이다.

머리털이 검어 지는 꿈
재수가 있다. 부귀를 얻게 된다.

백발인 사람들이 여러 명 모여 음식을 먹고 있는 광경을 본 꿈
걱정거리가 생겨 괴로워하는 사람들을 만나게 된다.

머리가 완전히 하얗게 되거나 검어진 꿈(대박)
운수대통이며 부귀영화를 누리게 된다.

머리카락이 희게 시는 꿈
나이 지긋한 사람이 이 꿈을 꾸면 남의 존경을 받고 사회적 지위가 높아진다. 젊은 사람에게는 좋은 꿈이 못된다. 친구에게 배반당하거나 애인으로부터 버림받는 등 슬픈 고민에 빠진다. 학생, 수험생이 이 꿈을 꾸면 지금까지의 노력이 허사가 되어 낙방이다.

자기의 머리카락이 빠지는 꿈
길한 일보다는 집안에 흉한 일이 많게 된다.

머리카락들 중에서 하얗고, 긴 머리카락을 죄다 뽑아내고 있는 꿈
애정관계가 해결되거나 재물이 모인다.

가운데 머리카락이 다 빠진 꿈
머리털이 빠지고 없다 함은 웃어른에 대한

근심이 생길수다. 자주 문안을 드려라.

머리카락이 빠져 달아나는 꿈
자손들이 불행을 맞게 된다.

대머리가 되는 꿈
사업, 그밖에 신변에 액이 온다. 병자, 노인이 이 꿈을 꾸면 임종이 가깝다. 나쁜 일, 웃어른이나 집안에 흉한 일이 일어나게 된다.

머리카락이 빠지거나 대머리가 되는 꿈
흉몽이다. 뜻한 대로 되지 않고 꼬이게 된다.

대머리에 머리카락이 새로 나는 꿈
병이 회복되고 불경기가 회복되어 사업이 재건된다.

머리를 빗거나 감는 꿈
먼데서 손님이나 소식이 오고, 근심걱정 하던 일이 사라지고 성취한다.

머리를 감고 빗질하는 꿈
근심을 떨어버린다. 길몽이다.

자기가 남의 머리를 빗어주는 꿈
남의 근심거리를 풀어 줄 일이 있거나 일을 정리하게 된다.

헝클어진 머리를 빗는 꿈
복잡하게 얽힌 사건, 일 등이 협조자나 방도에 의해 시원하게 해결된다.

머리카락이 헝클어져 있는 꿈
애정문제로 고민이 생긴다. 머리카락이 엉켜 버리면 삼각관계의 경고다.

머리털이 엉켜서 잘 빗어지지 않는 꿈
근심걱정이 생기며 추진 중인 문제가 해결되지 않는다.

자신이 머리를 단정하게 빗고 얼굴까지 깨끗하게 씻는 꿈
지금까지 가지고 있던 많은 걱정과 근심이 사라지게 된다.

누군가 머리를 감고 단정하게 빗는 것을 본 꿈
자신에게 자해를 하거나, 자신이 잘못된 것을 남이 좋아하는 일을 당하게 된다.

평소에 묶고 있던 머리카락을 모두 풀어 헤치는 꿈
춘향이처럼 다른 사람으로부터 억울하게 누명을 쓰고 괴롭힘을 당한다.

머리카락이 앞으로 흘러 내려 얼굴 전체를 덮어서 얼굴을 가리는 꿈
교통사고의 위험이 있다는 걸 예시하는 전조이다. 당신의 전도가 어둡다. 흉몽이다. 때로는 출세나 문제 해결의 징조로 길몽이다. 이 꿈은 자기상황에 구체적으로 맞춰 해몽한다.

머리카락이 엉켜 있던 것이 잘 풀어지는 꿈
어려운 일에 닥쳤지만 친구의 도움으로 잘

해결된다.

머리카락이 실몽당이처럼 엉켜서 빗기가 어려운 꿈

걱정거리가 생기며, 하고 있는 일도 잘 풀리지 않는다.

머리를 짧게 커트하는 꿈

집안 문제로 불화가 자주 일어나고 피해를 주는 사람을 만나게 된다. 당신 가족 중에 누군가가 불행을 만난다. 머리카락을 자르는 것은 육친과의 이별을 상징한다. 그러나 자른 머리를 남에게 주면 일가가 다 함께 행복할 꿈이다.

남자가 머리를 깎거나 면도를 한 꿈

속 시원한 일이 생기거나 무슨 일을 해도 만족스럽다.

여자가 머리를 자르거나 깎는 꿈

의지하는 사람을 잃게 되거나 근심걱정이 생긴다. 치장이나 몸단장을 위해 미용하면 기쁜 소식이 오거나 소원이 성취된다.

여자가 머리를 빡빡 깎는 꿈

좋지 않은 일이나 평상시 두려워했던 일을 겪게 된다. 믿고 의지하던 사람과 헤어지게 된다.

누군가가 강제로 자기의 머리를 깎은 꿈

직계가족 누군가가 해를 입게 된다.

멋을 내기 위해 머리를 깎거나 손질한 꿈

갈망하고 있던 소원이 이루어지거나 뜻하지 않았던 기쁜 소식을 듣게 된다.

머리카락을 자르고 세수를 한 꿈

세수를 깨끗이 했다면 그것은 길몽이다. 자신의 집안에 걱정이 없어지고 집안에 평화가 온다.

남자 스스로 이발을 하는 꿈

하는 일이 만족스럽고 속 시원하게 잘 풀린다.

머리를 아끼고 기르는 꿈

불쾌한 여러 가지 체험을 한다.

어머니 앞에서 자신의 머리카락을 확 잘라버린 꿈

흉몽이다. 집안에 근심이 생길 수로 어머니께 자주 안부를 전하고 당분간 매사 조심하고 근신할 필요가 있다.

머리를 한 곳에 묶는 꿈

좋은 인연을 맺는다.

긴 머리의 처녀나 총각을 본 꿈

고집이 조금 세긴 하지만 무슨 일에든 정열적이고 솔선수범하는 협력자를 만난다.

이발소에 갔는데 자기보다 앞서 이발을 하고 있는 사람을 본 꿈

회사나 어떤 단체에서 동료가 자기보다 먼저 승진을 하게 된다.

머리카락에 기름을 바르는 꿈
머릿기름, 포마드 등을 바르면 당신 자신이 병에 걸린다. 타인이 바르면 그 사람이 병환을 얻는다.

머리카락이나 수염을 뽑고 있는 꿈
재물운이 따라 주어 재산을 모으게 된다.

샴푸로 머리를 감는 꿈
인간관계가 원만해지고 걱정하던 일이 원만히 해결되어 걱정근심이 사라진다.

4. 혀(舌)·입(口)과 이(齒)에 관한 꿈

혀가 두 개인 사람을 본 꿈
거짓말을 잘 하는 사람과 사귀게 된다.

상대방이 혀를 길게 내미는 꿈
감언이설에 속아 넘어가는 꿈이다. 사기에 조심하자.

상대방이 혀끝이 두 가닥으로 갈라지는 꿈
상대방이 거짓말을 잘하는 사람이거나 두 가지의 운영방침을 가진 업체이다.

자기의 혓바닥이 갈라지거나 잘라지는 꿈
직장, 단체, 집안에서 자기의 주권을 잃거나 주도권이 다른 사람에게 넘어가게 된다.

군침을 흘리는 꿈
모든 일이 뜻대로 되지 않고 운세가 기울어진다.

입이 막혀서 아무것도 먹을 수 없는 꿈
질병에 걸린다. 여자일 경우에는 구설수가 따른다.

자기의 입안에 털이 나는 꿈(대박)
재복이 굴러온다. 부자가 되어 여생을 편안히 살게 된다.

자신의 입이 상처를 입는 꿈
모든 일에 실패하게 되고 패가망신한다.

자기의 입이 커지는 꿈
일이 잘 풀리고, 재물을 얻게 된다.

자기의 입속으로 곡물이 들어가는 꿈
돈이 들어 올 징조이다.

자기의 입안에 머리털이 꽉 차있는 꿈
집안에 병자가 생겨 오래도록 근심걱정을 한다.

자기 입으로 동물이나 사물 등을 통째로 삼키는 꿈
어떤 일거리를 집안이나 국가기관에 이끌어 넣는데 성공한다.

이빨이 새로 나는 꿈
오래 살고 건강할 꿈이다.

이(齒) 한 개가 빠지는 꿈

누가 죽거나 퇴직 또는 조직이 없어지거나 거세 등으로 재물에 손실이 온다.

남의 이가 빠져 피가 나는 꿈

타인의 죽음, 다른 조직의 거세, 타인의 퇴직, 일의 성취 등으로 자기에게 이득이 생긴다.

이빨이 빠지는 꿈

가까운 사람이 죽게 된다. 윗어금니는 아버지를 의미하며 아랫어금니는 어머니를, 앞니는 동생이나 손아랫사람을, 송곳니는 손윗사람을 뜻한다. 또한 윗니는 남자를, 아랫니는 여자를 뜻한다. 해당니가 빠지면 그 사람이 죽게 된다.

이빨이 몽땅 빠져 버리는 꿈

현재의 조직 또는 사업 등을 갱신할 일이 생기고 완전히 새롭게 할 징조이다. 한 개만 빠지거나 남으면 가문 또는 사업 등이 몰락한다.

자신의 앓고 있던 이빨이 빠지는 꿈

집안의 환자가 죽거나, 문제 많은 직원이나 고용인이 면직된다. 근심거리가 없어지는 꿈이다.

치아가 흔들리는 꿈

신원이 위태롭거나 사업과 조직이 튼튼하지 못하고 직장에서 면직될까 두려워하고 있다. 미리 능력을 개발하거나 방도를 세울 필요가 있다.

치아가 부러지는 꿈

질병, 방도의 좌절, 일의 중단 등이 관계된 꿈이다.

의치(義齒)에 관한 꿈

의치를 해서 빠진 이를 막으면 양자의 형제, 직원 등을 불러들인다. 의치가 황금빛으로 빛나면 회사, 조직, 단체에서는 훌륭한 인재를 얻는다.

자기 이가 검거나 누렇게 때 묻은 꿈

집안이나 사업상에 근심걱정이 생긴다.

이를 뽑고 난 후에 잇새가 벌어져 마음에 걸리는 꿈

허전함을 느끼며 고독을 면치 못한다.

어린이의 이가 다시 나는 꿈

소원충족, 사업융성, 인적자원이나 식구가 늘어난다.

거울을 통해서 자신의 덧니를 보게 된 꿈

부인 이외의 여자와 관계를 갖거나 사업상의 동업자가 나타나게 된다.

치아에 물린 자국이 나는 꿈

계약, 권리양도와 관계하고 동물에 물린 자국이 나면 관직에 오른다.

이가 빠지는 꿈
사망의 꿈으로 많이 알려져 있고, 입의 상처와 관련된 꿈은 질병과 관계된 꿈이 많다.

자신의 이가 빠지는 꿈
가까운 친척이 죽게 된다는 예시인데, 특히 윗니가 빠지는 꿈은 아버지가 돌아가신다는 뜻이고, 아랫니가 빠지는 꿈은 어머니가 돌아가시고, 앞니는 동생이 죽게 되며, 어금니는 먼 친척, 덧니는 양자나 사위에 해당된다.

썩은 사랑니가 빠지는 꿈
웃어른에게 근심이 생긴다.

이빨이 잇몸이랑 같이 빠진 꿈
부모님 상(喪)을 당할 수다.

부모님의 이가 빠져서 부모님이 돌아가시는 꿈
꿈과 반대로 오히려 부모님께 더없이 좋은 꿈이다.

부모님의 어금니가 빠지고 피가 나지 않는 꿈
흉몽으로 부모상을 당할 예시이다

병중에 있는 환자의 앓던 이빨이 빠지는 꿈
환자 자신이 사망을 하게 된다.

자신의 썩은 이가 빠지는 꿈
상대의 협력으로 어려움을 극복하게 된다.

남의 이빨이 빠져 흐르는 피를 본 꿈
자기를 괴롭혔던 사람이 사망 또는 사직을 당해 자신에겐 큰 이득이 되는 일이 생긴다.

자신의 윗니가 전체적으로 왼쪽으로 쏠려 있는 꿈
자신에게 좋지 않은 질환이 생길 수다.

자신이 하나둘씩 빠진 이빨을 들고 치과로 가는 꿈
꿈에 치아가 빠지는 것은 웃어른에 대한 근심이 생길수다.

입 안에 상처를 입는 꿈
집안에 큰 우환이 닥칠 징조이다.

입으로 음식을 삼키는데도 불구하고 목이 막히고 음식을 먹지 못하는 꿈
급성질병에 걸릴 징조기 때문에 조심해야 하며, 남의 입에 오르내릴 일을 하게 된다.

입이 몹시 큰 사람을 만난 꿈
재산이 많은 부자나 권력가 등 유명인사와 만나게 된다.

여러 가지의 물건을 한꺼번에 삼킨 꿈
회사나 집안에 집기나 가재도구 등을 들여놓게 된다.

입을 벌렸는데 속에서 벌레가 나온 꿈
근심걱정이 없어지고 무슨 일이든 만사형통한다.

입이 없는 사람이나 인형을 꿈

당신이 비밀을 갖고 있어, 그것이 남에게 알려지기를 바라고 있지 않다.

5. 눈(眼)에 관한 꿈

장님을 만나거나 보게 되는 꿈

하는 일이 어려움에 부딪치게 되며 매사가 잘 풀리지 않는다.

자기의 눈썹이 하얗게 되어 길게 늘어진 꿈

회사, 조직, 단체의 우두머리가 된다.

갑자기 속눈썹이나 눈썹이 길어져 보이는 꿈

자신을 도와주는 여자 때문에 재물 복이 많아지게 된다. 때로는 슬픈 일이 생기기도 한다.

자기의 눈썹이 길어지는 꿈(대길)

장수할 징조이다. 부귀를 얻게 되며, 연애 중인 사람은 연애에 성공하게 된다.

눈썹이 머리카락처럼 길게 난 꿈

어떤 형태로든 금전적인 이익을 얻게 된다.

눈썹이 평상시보다 길어 보이는 꿈

길몽으로 금전적 이익을 얻게 되어 행복이 가득하게 된다.

자기의 눈썹을 깎아버리는 꿈

직장을 옮기거나 이사할 일이 생긴다.

눈썹이 빠져 바닥에 떨어진 것을 보는 꿈

질병으로 인하여 고생을 하게 된다.

어떤 사람이 눈썹을 깎든지 또는 자신이 눈썹을 깎는 여자의 꿈

바로 이사를 하게 된다.

눈썹이나 수염 등 몸에 난 털을 깎은 꿈

집안이나 가까운 사람 등의 누군가가 죽게 되며 망신당할 일이 생긴다.

눈썹이 하얗게 변한 꿈

어떤 모임에서든 높은 중책을 맡아보게 된다.

눈썹이 휘어지는 꿈

친구나 지인의 일로 걱정거리가 생겨 고민하게 된다.

눈썹이 몽땅 빠지는 꿈

몸이 아프거나 직위를 잃게 되거나 당신 가족의 신상에 재난이 닥칠 흉조이다.

눈가에 털이 많이 난 꿈

허풍쟁이와 동업을 하게 된다.

여자가 눈썹을 짧게 깎는 꿈

이사를 하게 된다.

안경을 끼는 꿈

새 계획을 실행하여 성공하게 된다.

안경에 먼지가 끼는 꿈

물건을 잃거나 도둑을 맞아 손해를 볼 전조이다.

갑자기 눈에서 아무것도 보이지 않게 된 꿈

사기를 당하거나 법률에 저촉될 사건에 말려들어 고민하게 된다.

자기가 장님이 되는 꿈

후손에게 나쁜 일이 일어날 수 있다.

눈에서 빛이 나는 꿈(대길)

대단히 좋은 길몽이다. 사업상 이익을 볼 수 있게 된다. 당신의 주식은 폭등할 것이며, 사람들의 주목의 대상이 될 길몽이다.

한쪽 눈이 없는 사람과 만나거나 보는 꿈

소극적인 사람, 의견이 편협한 사람을 만나거나 관계하게 된다. 균형을 잃은 일거리나 정상적이 아닌 사건과 마주치게 되는 수도 있다.

갑자기 눈알이 바닥으로 툭 떨어지는 꿈

바로 자식과 이별하게 된다.

눈병을 얻은 꿈

사업이 잘 풀리지 않아서 고통을 받거나 집안에 좋지 않은 일이 일어나게 된다.

눈빛이 희미하고 광채가 없는 사람을 본 꿈

소견이 좁은 사람과 사귀게 된다.

눈이 충혈되는 꿈

처녀성을 잃는데 대한 불안과 기대를 나타낸다.

장님이 되는 꿈

절망상태에 빠지거나 답답한 일이 생기며 성적 불능 또는 죄악으로 자학에 빠지게 된다.

장님이 눈을 뜨는 꿈(대길)

정말 횡재한 꿈으로 재수가 좋고 직장에서의 위치가 올라간다.

자기가 봉사였는데 눈을 뜬 꿈(대길)

막혔던 운세가 한꺼번에 트이게 된다.

6. 손, 팔, 다리, 발에 관한 꿈

손 꿈

외부에 대한 적극적인 행동의 표시다. 손을 내미는 행위는 무슨 일에 착수하려는 의지다. 한편 손은 범죄의 범인을 의미하기도 한다. 손을 자꾸 감추려는 꿈은 범죄의식으로 인한 은폐작용이다.

손등과 손바닥에 검은 털이 나있는 꿈

한 마디로 흉몽이다. 하는 일은 잘되지 않고

건강에도 이상이 생기며 사기를 당할 지도 모른다.

손가락 꿈

꿈속의 손가락은 적극적으로 외부와 접촉하려는 의지를 표시한다. 또는 자위 등의 여러 가지 나쁜 짓의 의미가 있다. 이 뜻은 손과 같다. 손가락을 마주 끼는 꿈은 성적인 불만 또는 불안의 표시다.

손가락이 여러 개 나타나는 꿈

적극적인 행동 뒤에 따르는 좋은 결과로 길몽이다.

수족을 깨끗이 씻는 꿈

손에 든 근심을 씻어버린다. 밝은 새 생활이 시작된다.

손톱을 자르는 꿈

상황에 따라 다양하게 해몽하는데, 현재 직면하고 있는 고민이 시원하게 해결된다. 또는 집안에 우환이 생기거나 가족 중에 질병을 얻게 된다.

열 손가락을 모두 사용하여 무슨 일을 했던 꿈

많은 사람들이 함께 임해야 하는 일이 생긴다.

오른손으로 무슨 일을 한 꿈

누구보다도 정의롭고 옳은 일을 하게 된다.

왼손을 사용하여 무슨 일을 한 꿈

옳지 못한 일에 협조하고 또는 직접 일을 저지르게 된다.

의자에 앉아서 자기의 손을 본 꿈

중요한 물건을 잃어버리거나 누군가에게 모함을 받는다.

넓은 공간을 덮을 만큼 자기의 손이 커지는 꿈(대길)

사업이 널리 확장되거나 권세를 얻게 된다.

손바닥 안을 들여다보는 꿈

형제지간의 일을 간섭하게 된다.

손가락이 잘리거나 손가락이 원래 없었던 것처럼 보이는 꿈

친구와 헤어질 거라는 것이다.

손을 들어 거수경례를 하는 꿈

상부기관에 청원할 일이 생기며, 그 일은 반드시 이루어진다.

손바닥에 불을 올려놓아도 뜨겁지 않은 꿈

어려움을 극복하고 일을 성사시키게 된다.

자기의 발바닥에 털이 난 꿈

회사나 관직에 변동이 없고, 모든 일이 순조롭게 잘 진행된다.

타인의 손이 자기의 의자에 닿는 꿈

자기의 사업체나 직위를 빼으려고 탐내는 사람이 생긴다. 조심할 것이다.

다른 사람의 의자를 자기 손으로 만지거나 앉는 꿈

머지않아 다른 사람의 직위나 사업을 물려받게 된다.

손가락이 꺾이는 꿈

손가락은 직계자손을 의미하므로 직계자손에게 해가 미칠 일이 생기므로 잘 살펴보자.

잘라진 손을 줍는 꿈

작품을 완성하게 된다. 남의 손을 잘라 가지게 되면 남의 작품을 얻게 되는 꿈이다.

빈 의자에 손을 얹는 사람을 보는 꿈

반역자, 음모자, 배신자, 승진 모함 자를 예시해주는 꿈이다.

자기의 팔과 손의 힘이 강해지는 꿈

협조세력이 늘어나며, 능력이 왕성하게 된다.

자기의 손이 작아지는 꿈

하수인이나 고용인에게 사기를 당하게 되니 조심해야 한다.

자신의 손톱이 길어 보이는 꿈

다음날 아주 재수가 좋은 길몽이고, 손톱이 짧아 보이면 손해 볼 일이 생긴다.

손톱이 짧거나 손이 작아지는 꿈

손해를 보는 일이 있거나 속임을 당하는 일이 있으며, 근심거리가 생기거나 인간관계에서 고민거리가 있다.

손 운동을 하는 꿈

타인과의 활발한 교섭의 소망을 나타낸다.

손으로 그릇에 담겨있는 물을 휘젓는 꿈

친척지간 재물을 얻어 쓰게 되고, 상부기관에 청탁할 일이 생긴다.

자기의 검은 손이 자기의 문패를 떼어가는 꿈

자기가 죽게 되거나 몰락하게 된다. 꿈속에서 다른 사람의 문패를 떼어 가면 그 사람의 가정이 몰락하거나 그가 죽게 된다.

자기가 다른 사람을 손으로 구타하는 꿈

주위의 도움을 받아 다른 사람을 공격하게 된다.

한 사람에게 여러 개의 팔이 달린 것을 본 꿈

많은 부하를 거느린 우두머리 격의 사람과 만나게 된다.

빠진 손목을 다시 맞춘 꿈

사업상 동거 동락했던 사람과 당분간 헤어질 일이 생긴다.

팔에 종기나 부스럼이 나는 꿈

건강이 나빠져 질병을 얻거나 뜻밖의 재난을 당할 징조를 예시하는 꿈이다.

팔뚝이 굵어지고 늘름한 모습으로 변하는 꿈

집안 문제가 해결되고 병약한 사람은 건강

을 회복하게 된다.

팔이 부러지는 꿈

흉몽이다. 자기가 몸이 아프거나 가까운 사람이 죽게 되는데, 여자일 경우에는 남편과 사별하게 되고, 정치가일 경우에는 실각 당하게 된다. 오른팔이 부러지면 친가에, 왼쪽 팔이 부러지면 외가에 불행한 일이 생길 것을 암시한다.

오른팔이 부러지는 꿈

아버지와 아버지형제나 자손에게 불행한 일이 생긴다.

왼팔이 부러지는 꿈

어머니와 여자형제들에게 좋지 않은 일이 생긴다.

양쪽 팔이 모두 부러지는 꿈

자기 자신이 큰 병에 걸리거나 감옥에 가게 될 일이 생긴다.

팔이 굳세어지고 커지는 꿈

여자일 경우에는 남편에게 재수가 있다.

팔이 굽은 사람을 보는 꿈

많은 경쟁자를 물리치고 자기가 승리하게 된다.

팔에 종기가 난 꿈

고통 또는 고생하는 일이 있으며 사업이나 장사가 잘 안 된다.

다리, 발 꿈

남성의 적극성, 행동력 등의 표시다. 남성의 행동력은 스포츠, 사냥 등을 즐기는 남성의 일면이다. 남성이 꿈에 다리에 대한 인상이 강하면 의욕적인 정신상태의 표시다. 여자가 꾸면 남성에게 굴복당하지 않으려는 잠재의식이 있다. 다리가 허우적거리고 뜻대로 움직이지 않든가 힘이 없으면 행동력이 감퇴하여 의기가 소침해진 징조다. 다른 의미로는 육체적 관계에 전혀 관심이 없다는 것을 표현한 것이기도 한다.

발바닥에서 피가 난 꿈

아랫사람에게 재물상의 손해를 입게 된다.

자기가 허벅지에 총알이 박힌 꿈

경쟁자에게 져서 승복을 하게 되고 그의 뜻에 따르게 된다.

처녀가 허벅지에 총알을 맞은 꿈

혼담이 이루어진다.

학생이 허벅지에 총알을 맞은 꿈

입학시험 등 각종 시험에 합격하게 된다.

유부녀가 허벅지에 총알을 맞은 꿈

임신을 하게 된다.

다리가 천근이나 되는 것처럼 무거워서 걸을 수가 없었던 꿈

자기 자신이나 직계가족에게 병이 생기거나

사업 등 모든 일이 순조롭게 진행되지 않는다.

어느 한쪽 다리에 상처를 입은 꿈

자신의 지난날의 일을 나쁘게 평가받을 일이 생기거나 자기를 도와주던 사람이나 자손이 어떤 해를 당하게 된다.

발바닥에 빨간 물감이나 남이 흘린 피가 묻은 꿈

남이 자기의 일거리를 빼앗아가거나 사업에 심한 간섭을 받게 된다.

다리가 진흙탕에 빠져 허우적거리는 꿈

모든 일이 매사에 뜻대로 되지 않는다. 그래서 늘 적극적이고 진취적인 행동을 취하고 싶은 욕망을 의미한다.

다리에서 피가 나는 꿈

사업이 번창하고 부귀영화를 누리게 된다.

다리를 모포로 휘감고 자는 꿈

연인과의 이별을 뜻하니 주의해야 한다.

붓거나 발톱이 아파 행동의 부자유를 느끼는 꿈

행동뿐만 아니라 정력에 자신을 잃게 된다.

7. 코(鼻)에 관한 꿈

자기의 코가 커지는 꿈

부귀를 얻게 된다. 사촌이 땅 사면 배 아프다는 말처럼 남으로부터 시기를 받을 꿈이다.

코의 길이가 평소보다 더 길어 보이는 꿈

곧 부자가 될 거라는 걸 암시하는 꿈이다. 하지만 나는 부자가 되더라도 남에게 미움을 받게 된다는 운도 있다. 즉 돈을 얻고 우정은 잃는다는 운이다.

자기의 코가 높아지는 꿈

구설수 등 문제에 말려들 예고이니 조심해야 한다.

자기 코가 갑자기 피노키오 코처럼 길게 늘어나는 꿈

사법고시에 합격하여 검사, 판사, 관리관이 되어 권리를 행사하고 존경을 받게 된다. 사업체, 기관, 공기업 등의 감사가 되는 꿈이다.

코가 비뚤어진 사람을 만나는 꿈

자기 일을 방해하고 괴롭힐 사람을 만나게 된다.

코를 높이기 위해 수술을 받는 꿈

점차 운세가 호전될 길몽이다.

코를 다치는 꿈

남에게 사기를 당한다. 하지만 다치면서 코피가 났다면 반대로 상당히 재수가 좋다.

코가 없어진 꿈

힘들여 쌓아 올렸던 명예, 권세 등이 실추될

일에 직면하게 된다.

코가 썩어서 떨어지는 꿈
잠자리 때문에 걱정할 일이 생긴다.

콧등에 종기가 생겨 곪게 되는 꿈
자신의 죄상이 밝혀지거나 자존심이 꺾이는 것을 보게 된다.

자기의 코가 두 개가 되는 꿈
다른 사람과 다투게 된다.

코털이 밖으로 삐져나올 정도로 자라는 꿈
상담, 혼담, 금전에 관한 상담 등 모든 일이 파탄될 흉몽이다.

코가 마르는 꿈
머지않아 병에 걸릴 예고이다.

코에 검은 점이 생기는 꿈
애정관계로 문제가 생겨 고민하게 된다.

자기의 콧등에 붉은 점이 생기는 꿈
자존심이나 인기가 상승하여 남의 이목을 끈다.

코피가 콸콸 쏟아지는 꿈
뜻밖의 일이 잘 풀리고 매사가 순조롭게 잘 풀린다.

코피가 흐르는 꿈
정신적, 물질적인 재물을 공개할 일이 있거나 손실을 가져오거나 자존심이 상하는 일이 생긴다.

코가 하나가 아니라 둘 또는 그 이상이 되어 보이는 꿈
반드시 주변 사람과 다투거나 싸우게 된다.

8. 귀(耳)에 관한 꿈

자기의 몸에 당나귀의 귀나 소의 귀가 생기는 꿈
남의 집에서 일꾼으로 살게 된다.

귀가 어두워 희미하게 잘 들리지 않는 꿈
기다리는 소식이 오지 않아 답답해지나 컴퓨터나 휴대폰, 자동차 등 고장이 생기게 된다.

자기가 귀머거리가 되는 꿈
온 가정이 고요하고 신상이 편안해진다.

귀지 또는 귓속을 파내는 꿈
지금까지 사업상 어려움과 고질화된 어떤 난관이 해결되어 소원이 이루어지게 된다.

귀가 먹어서 다른 사람이 하는 이야기가 들리지 않는 꿈
나를 둘러싸고 있던 재앙이 물러나게 되어 편하게 된다.

귀에 물건이나 뭔가가 들어가서 막힌 꿈

남의 유혹에 빠지거나 남의 충고를 듣지 않아 중요한 일에 실패하게 된다.

귀에 상처가 난 꿈

믿는 사람에게 모함을 당하거나 배신을 당하게 된다.

귀가 끊기거나 떨어져 나가는 꿈

친척 간에 아주 언짢은 일이 생긴다.

귀가 둘 이상으로 여러 개 난 꿈

좋은 친구와 후배를 얻게 되며, 명예와 덕망을 얻게 된다.

사람 몸에 짐승의 귀가 많이 보이는 꿈

자신의 위치가 상당히 하락하게 되어 지금까지의 당당하던 친구관계가 깨지게 된다.

사자나 맹수의 귀를 많이 보게 되는 꿈

순탄하고 평범한 대인관계에서 벗어나 일방적으로 남에게 이용당하게 된다.

9. 등, 배, 유방, 가슴에 관한 꿈

누군가의 등에 업힌 꿈

무엇이든지 믿고 맡길 수 있는 사람과 접하게 된다.

차를 탄 사람의 등을 본 꿈

자신의 뜻에 무조건 복종하는 사람을 만나게 된다.

등에 혹이 난 꿈

무거운 책임을 맡고 고생한다. 그 혹이 일그러 없어지면 재난을 면한다.

등에 이상이 생기거나 아픈 꿈

좌절이나 지위를 잃을 위험이 있으니 미리 대비할 것을 의미한다.

누군가가 당신에게 등을 돌리는 꿈

동료에게 질투를 받게 된다. 하지만 그 사람이 다시 당신을 바라보았다면 동료의 질투는 일시적인 것으로 끝날 것이다. 남성의 등은 일시적인 마음의 고통을 나타내고 여성의 등은 불안정한 정서를 의미한다.

배(腹) 꿈

꿈에서 자신이 배를 드러내고 있었다면 믿었던 사람이 불성실한 행동을 하거나 배반을 하게 된다는 경고이다.

누군가의 복부를 갈라 죽인 꿈

하고 있는 사업이 성공을 거두고 숨기고 있던 무엇인가를 만천하에 공개할 일이 생긴다.

배가 무척 부른 임산부를 본 꿈

뜻하지 않았던 재물이 생기거나 기발한 아이디어가 떠올라 응용할 수 있게 된다.

배를 가르고 내장을 꺼낸 꿈
어떤 일의 제일 중요한 일을 맡아 하거나 또는 그 일을 감독, 관리하게 된다.

유방이 드러난 그림이나 사진, 조각품 등을 본 꿈
멀리 떨어져 있는 사람의 소식을 듣거나 사진, 편지 등을 받게 된다.

여자의 유방을 거칠게 애무한 꿈
직계가족이나 가까운 사람과 싸울 일이 생기며 부모에게 불효한 일까지 겹친다.

유난히 큰 여자의 유방을 봤는데도 성적 충동이 전혀 일지 않았던 꿈
오래 떨어져 있던 형제, 자매를 만나거나 어떤 소식을 듣게 된다.

자신이 유방을 여러 개 가진 꿈
처음보다는 결과가 안 좋게 나타나는 꿈으로 유방은 현실에서는 남녀 간의 욕망을 의미한다. 여성의 경우 남자관계에 주의하여야 한다.

피 묻은 유방을 보는 꿈
좋지 않은 꿈으로 친구나 이성과의 관계가 멀어지게 된다.

유방이 크게 부풀어 오르는 꿈
여성에게만 길몽이다. 미혼여성은 결혼을 하게 되고, 젊은 기혼여성은 아이를 잉태할 꿈이며, 중년부인에게는 재산증식의 기회가 온다.

어른에게 젖을 먹이기 위해 유두를 물리고 있는 꿈
빌린 돈 때문에 감당할 수 없는 상태에 빠져 있다는 증거이다. 빨리 빚을 갚고 낭비를 삼가도록 해야 한다.

아기에게 젖을 먹인 꿈
고민하던 일이 적어도 한 가지는 해결될 것이다. 유두가 아픈 꿈을 꾸었다면 건강진단을 받아 보는 것이 좋을 것이다.

어린아이가 아닌데도 어머니의 젖을 빨아먹은 꿈
조상의 유산을 물려받거나 뜻하지 않은 금전적 도움을 받을 일이 생긴다.

처음 본 여자에게 칼로 가슴을 찔린 꿈
무슨 병엔가 걸려 수술할 일이 생긴다.

누군가의 가슴을 강하게 때리거나 칼로 찌른 꿈
경쟁자의 사업체나 하는 일의 중심부에 타격을 주어 자기의 하는 일이 이들을 본다.

괴한이 가슴에 압박을 가해 몹시 괴로워했던 꿈
질병에 걸리거나 가까운 사람이 괴로움에 시달리게 된다.

가슴을 풀어헤친 여자를 본 꿈
가까운 사람 중 누군가가 위험에 직면하게

되고 그 위험을 처리해주게 된다.

가슴에 훈장을 단 꿈
많은 사람들에게 자신의 솜씨나 실력을 과시할 일이 생긴다.

가슴에 훈장을 단 자신의 사진을 본 꿈
자기가 발표한 작품에 대해 좋은 평가를 받게 된다.

10. 피(血液)에 관한 꿈

자기나 상대방 몸에서 피가 나는 것을 본 꿈(대길)
대체적으로 재물을 얻을 좋은 꿈이다. 힘들었던 일들이 쉽게 해결되는 좋은 일들이 생긴다.

타인의 피가 흐르고 멎지 않는 꿈
지금의 트러블이 좀처럼 뛰어넘을 수 없다는 불안을 나타낸다.

상처가 나서 피가 조금 맺히는 꿈
정열적인 사랑을 하고 싶으나 여건 상 이루지 못하고, 게다가 다른 사람에게 마음의 빚까지 지게 된다.

칼로 찔러서 자신의 온 몸이 피투성이가 된 꿈
제34회 주택복권 1등 당첨자의 꿈이다.

사람을 칼로 찔렀는데 피가 나지 않는 꿈
자기의 일이 성사되지만 왠지 모르게 불안하다.

다른 사람이 피 흘리는 것을 보고 도망친 꿈
어떤 재물을 얻을 기회를 놓치거나 일이 미수에 그친다.

상대방 옷에 온통 더러운 피가 묻어 있는 것을 본 꿈
상대방이 횡사한 것을 보거나 듣게 된다.

몸에 묻은 피를 닦아 내거나 옷을 세탁한 꿈
재물의 손실을 가져오거나 계약이 취소된다.

코피가 터져서 온통 얼굴에 묻은 꿈
여러 방면으로 자기의 재물을 남에게 기부하게 된다.

신령적인 존재의 손가락 피를 마신 꿈
위대한 학자나 진리 탐구자가 펴는 참된 교리나 지식을 얻게 된다.

뱃속에 피가 고여 불룩해진 꿈
많은 재물을 모으게 된다.

다른 사람이 코피를 흘리는 것을 본 꿈
상대방에게 많은 재물을 얻거나 정신적으로 도움을 받는다.

사람이 죽어 피가 낭자한 것을 본 꿈(대박)
사회적으로나 집안 일로 막대한 재물을 얻

게 하게 된다.

자기가 찌른 사람의 몸에서 피가 나고 그 피가 자기 몸에 묻은 꿈
상대방에게 돈을 요구할 일이 있거나 남의 사업을 거들어 재물이 생긴다.

피 빛으로 물든 꿈
진리, 사상 등으로 많은 사람들을 지도하여 감동을 받게 된다.

항문에서 피가 흐른 꿈
사업상 생산품의 매도나 거래상 손실을 입게 된다.

동물의 목을 잘랐는데 피가 솟구치는 꿈
자기가 소원했던 일이 성취되어 재물이 생기거나 많은 사람들에게 감동을 준다.

시체에서 피가 냇물처럼 흐르는 꿈
진리가 담겨있는 책을 읽고 감동하게 된다.

남이 피 흘리는 것을 보고 만족하거나 무관심한 표정을 지은 꿈
자기의 일이 성사되거나 재물이 만족스럽게 생긴다.

땅에 떨어진 피의 꿈
라이벌에 대한 경계심이 최고에 달해서 불안해한다.

11. 대변(똥), 소변에 관한 꿈

인분의 냄새를 맡은 꿈
자기의 일이 성사되어 널리 보급되고 남이 하는 행동이 역겹게 느껴진다.

산더미 같은 인분을 그릇에 담는 꿈
남에게 창피를 당하고 체면이 크게 손상된다.

수북이 쌓인 인분을 손으로 주무른 꿈
막대한 재물을 자신이 마음대로 움직인다.

화장실에서 대변을 청소차가 쳐 가는 꿈
마음의 근심 걱정이 해소되고 때로는 재물에 손실을 가져온다.

인분을 들고 와서 놓은 꿈
자기의 일을 남에게 과시하거나 소청할 일이 생긴다.

자기가 배설한 인분이 수북이 쌓여있는 꿈
여러 방면으로 사업이 점차적으로 번창하기 시작한다.

변소 안에 누런 똥이 가득히 찬 꿈(대박)
제125회 주택복권 1등 당첨자의 꿈이다.

전신이 인분이나 소변 통에 빠진 꿈(대박)
악취를 느끼지 않으면 큰 횡재수가 생긴다.

색깔이 탁하고 묽으며 극히 소량의 인분을 손으로 만진 꿈

마음이 불쾌해지고 매사에 불만을 느끼게 된다.

집안에 쌓여있는 인분을 삽으로 뒤적인 꿈

여러 방면으로 상당한 자본을 취급하게 된다.

신체 일부분에 자기가 배설한 인분이나 남의 것이 묻은 꿈

남에게 진 빚으로 고통을 받거나 창피를 당한다.

수북이 쌓인 인분을 삽으로 옮긴 꿈

사업자금을 남에게 의지하거나 작품 원고를 다시 쓸 일이 생긴다.

변비로 인해 배설이 잘 되지 않거나 남의 대변이 여기저기에 널려 있어 발 디딜 틈이 없어 한참을 망설이고 있는 꿈

자기가 소원하고 있는 일들이 뜻대로 이루어지지 않는다.

일반적으로 대변이거나 소변이 몸에 묻어서 몸이 더럽게 되는 꿈

큰 재물을 얻게 된다. 그래서 변소에 빠졌다가 나오면 만사가 다 잘 풀리게 된다.

남의 똥이 분명한 똥 위에 주저앉는 꿈

아주 운이 나쁘게 된다. 똥 꿈은 대부분이 좋지만 똥의 빛깔이 검으면 불쾌한 기분이 들면 좋지 않은 꿈이다.

꿈속에서 똥과 오줌을 잃어버리거나 도둑맞게 되는 꿈

재산이 없어지거나 지갑을 잃어버리게 된다.

변기의 상태가 이상해서 용변을 제대로 끝낼 수 없는 꿈

성적 접촉에 대해서 공포심이나 죄책감을 갖게 된다.

대변을 밟은 꿈(대박)

똥을 밟는 꿈은 횡재할 꿈이다.

대변을 누는 꿈

길몽이다. 횡재한다.

화장실에 대변이 가득 차 있는 꿈

횡재하는 꿈이다.

다른 사람과 같이 오물통에 빠진 꿈

오물통에 빠진 것은 횡재하는 꿈이다.

여러 사람 앞에서 대변을 보는 꿈

좋은 일이 생길 징조이다.

변기에 대소변이 넘쳐흐르는 꿈(대박)

대소변이 넘쳐흐르는 꿈은 횡재할 수다.

파이프가 터져 똥이 솟아오르는 꿈(대박)

똥이 솟아오르는 꿈은 크게 횡재하는 꿈으로 앞으로 좋은 일이 많이 생긴다.

애기가 대변을 본 기저귀를 스스로 빼 자신에게 준 꿈
근심이 생길 꿈이다.

대변이 이불에 묻은 꿈
좋은 꿈으로 길몽이다.

둥글고 윤이 나는 똥이 군데군데 있는 꿈
횡재하는 꿈으로 좋은 일이 생기는 꿈이다.

개의 대변(개똥)이 가득 쌓인 것을 본 꿈
앞으로 운세가 좋아지거나 횡재수가 있다.

변이 꽉차있는 화장실에 구멍이 커서 빠질 번한 꿈
좋은 일이 생긴다.

똥을 뒤집어 쓴 꿈, 똥물을 뒤집어쓰는 꿈
횡재할 꿈으로 재수 좋은 일이 많이 생긴다.

마당에다 대변을 많이 쌌는데 누군가가 그걸 치우는 꿈
배설물은 보통 재물을 상징한다. 노란색은 재물, 검은색은 오히려 그 반대이다. 좋은 기회가 생겼는데 방해자가 있어 놓치는 형국이다.

인분을 걸어 놓은 꿈
자기의 일을 남에게 과시하거나 소청할 일이 생긴다.

엄청난 양의 인분을 청소하는 꿈(대박)
아주 대길몽이다. 즉, 인분은 횡재하는 꿈이므로 그 꿈이 시험에 연관된 꿈이라면 수석 합격이다.

본인이 배설한 변이 쌓이는 꿈
길하여 높은 자리에 승진하게 된다.

방안 가득 누런 오줌이 가득 찬 꿈
길몽으로 좋은 일이 생길 수다.

하수구에 빠지거나 오물에 빠지는 꿈
대부분 재물을 얻을 꿈이다.

소변을 보기 위해 화장실에 들어가는데 잠이 깬 꿈
어떤 일에 관여하는데 자기가 바라고 있는 일은 이루어지지 않는다.

소변이 옷에 묻은 꿈
어떤 상호간에 계약을 맺거나 사소한 감정으로 불쾌한 마음을 갖는다.

남이 보고 있어 소변을 누지 못하거나 잘 나오지 않은 꿈
어떤 일을 하든지 자기의 소원이 충족되지 않는다.

음식점 화장실에 들어간 꿈
유흥업소에서 일을 하거나 사람을 찾을 일이 있게 된다.

화장실에 들어가는 꿈

먹을 것이 생기고 돈이 생기는 꿈이다.

여러 군데를 두리번거리다가 화장실을 찾은 꿈

여러 기관을 물색한 다음 한 곳에서 자기의 소원을 충족시켜 준다.

화장실을 찾아다녀도 마땅한 곳이 없어 들어가지 못한 꿈

자기가 소원하고 있던 일이 뜻대로 이루어지지 않는다.

소변을 자기 집 화장실에서 본 꿈

자기 집안일이나 직장 일과 관련이 있다.

자기의 소변이 큰 강을 이루거나 한 마을을 덮은 꿈(대길)

자기에게 큰 권세가 주어지거나 자기 사상을 남에게 강력히 주장한다.

수십 명의 사람이 줄을 맞추어 소변을 보는 꿈(대박)

횡재를 하는 꿈이다. 즉, 길몽이며 좋은 일이 생긴다.

소변이 그득한 구덩이나 비료 통에 소변을 본 꿈

어떤 잡지사에 문필가는 작품을 투고하고 사업가는 일의 성과를 올린다.

세면장, 물이 흐르는 개천에서 소변을 본 꿈

어떤 언론, 출판사에서 자기와 관련 있는 기사거리를 읽게 된다.

남이 소변을 보는 것을 본 꿈

남이 어떤 소원을 충족시킴을 보거나 남의 작품이 지상에 발표된 것을 읽는다.

거위가 마당에 똥을 싸 수북하게 보이는 꿈

곡식과 재물이 생기고 먹을 것이 지천이다. 횡재, 돈, 식복, 기쁨, 오복 등이 절로 굴러 들어온다.

똥을 밟거나 손에 묻은 꿈(대박)

재물을 얻고 행운이 찾아올 길몽, 장사나 사업이 잘될 꿈이다.

자기의 똥이나 소변을 누군가가 퍼가는 꿈

도둑이 들거나 돈을 잃어버리는 꿈이다.

똥차가 냄새를 풍기는 곳을 지나가는 꿈

어떤 기관에서 아름답지 않은 소문을 퍼뜨리거나 자신의 사업이 소문난다.

똥차가 자신의 집 똥을 퍼가는 꿈

재물의 손실이 있거나 체납된 세금을 납부한다.

독수리가 고기를 먹고 파란 구슬 똥을 싸는 꿈

교육기관이나 특수조직체에서 정기교육을 마치고 수료증을 받는다. 특히 사법, 행정고시에 대길한 길조이다.

화장실 안에 똥이 가득히 보이는 꿈, 혹은 비슷한 꿈(대박)

사업이 잘되고 재물과 돈이 들어온다. 횡재, 물품, 식복, 재수대통 등의 길운이다.

큰 저수지에 똥이 가득한 꿈(대박)

신의 도움으로 일확천금이 생기고 영세업에서 대기업으로 등극하게 된다.

똥통에 빠져 똥으로 범벅이 된 꿈(대박)

엄청난 행운이 오게 된다.

똥 속에 노란 꽃이 피어오르는 꿈(대박)

생각지도 않게 횡재수가 있어 떼돈이 들어온다. 재수대통이다.

똥구덩이에 빠져 허우적거리는 꿈

뜻밖에 돈을 벌 수 있는 기회를 만나게 되고 소비자 기호에 잘 맞는 사업에 투자하여 많은 이익을 얻게 된다. 생산, 식품, 농수산, 가공, 유통, 무역업 등에 투자하여 많은 돈을 벌게 된다. 혹 사고와 액운이 낄 수도 있다.

돼지우리 안에 똥이 수북하게 쌓여 있는 꿈(대박)

사업이 잘되어 돈과 재물이 많이 들어오게 되고 부동산에 투자하여 짭짤한 재미를 보며 이를 다시 재투자하여 많은 돈을 벌게 될 징조이다.

똥차가 집 앞에 머무르는 꿈

똥, 오줌을 수거할 뜻이 강하므로 손재수가 있다. 크게 도난, 사기, 실패를 맛보게 된다.

똥 위에 며느리밥풀꽃이 활짝 피어 있는 꿈

하는 사업과 일이 잘 되고 재물과 돈이 들어온다. 횡재, 먹거리, 잔치 등의 길운이다.

갓난아이가 똥오줌을 싸서 옷과 몸에 묻어 기분이 나빠진 꿈

남에게 기분 나쁜 소리를 듣거나 창피 당한다.

요나 이부자리에 오줌과 똥을 싸는 꿈

순간 실수로 인하여 창피를 당하고 낯 뜨겁게 된다. 망신살이 뻗친다. 혹은 하고 싶은 대로 일을 처리하게 되고 노력한 만큼의 재물과 돈이 생기며, 다소 기분이 유쾌해진다.

똥 먹는 꿈(대박)

꿈을 꾼 후 기분이 좋으면 먹은 만큼의 재물이나 이득이 생긴다.

똥이 산더미같이 수북 쌓인 꿈(대박)

지신, 경제, 재물, 돈, 금융, 보험, 단자회사, 상품, 식품, 식복, 먹거리, 선물, 광고, 정보, 뒷거래 등을 상징한다. 재수가 대통하고 재물과 돈이 들어와 부자가 된다. 횡재, 먹을 복, 선물, 결재, 계약, 낙찰, 성취 등이 발생한다.

화장실에 똥, 오줌이 질펀하게 깔려 쌓여져 있는 꿈(대박)

장차 재물이 흥왕하고 가업이 번성하는 부귀가 따르게 된다. 화장실 변기의 똥, 오줌이 밖으로 넘쳐흐르는 꿈도 길몽이다.

똥이 마린데 장소가 없어 헤매다 깨는 꿈

계속해서 장애나 방해물이 나타나 일의 진전이 없고 지연되는 꿈이다.

코끼리가 똥을 수북하게 싸는 꿈(대박)

지금까지 하던 사업이 잘되고 사업성과를 올린다. 재물, 돈, 먹거리 등의 횡재수가 있다.

알밤을 먹고 황금 똥을 싸는 꿈

생산, 무역, 유통, 서비스, 관광업 등에 투자하여 사업성과를 올리고 부자가 된다. 횡재, 재물, 돈, 물품, 선물, 발전, 발명, 생산효과 등이 있다.

똥통에 빠져 똥으로 범벅이 된 꿈(대박)

엄청난 행운이 온다.

시골집 화장실에 똥이 가득히 보이는 꿈

먼 곳에서 재물과 돈이 들어오고 사업이 날로 번창하게 된다. 길몽이다.

똥더미 위에 구더기가 수북한 꿈

생산 및 식품업에 투자하여 사업성과를 올리고 부자가 된다. 횡재, 재물 등의 길조이다.

똥, 오줌이 파도처럼 자기를 덮치는 꿈(대박)

돈벼락을 맞을 꿈이다.

길을 걸어가다 똥을 밟는 꿈

생각지도 않은 횡재수로 인하여 돈이 들어온다. 공돈이 생겨 여행을 간다.

똥차가 자신의 집 똥을 퍼가는 꿈

재물의 손실이 있거나 체납된 세금을 납부한다.

마루에 누워 제비 똥을 맞는 꿈

외상값을 받거나 힘 안 들이고 공돈이 생긴다. 횡재, 재물, 선물 등이 생긴다.

거위가 마당에 똥을 싸 수북하게 보이는 꿈

곡식과 재물이 생기고 먹을 것이 지천이다. 횡재, 돈, 식복, 기쁨, 오복 등이 절로 굴러들어온다.

큰 저수지에 똥이 가득한 꿈(대박)

신의 도움으로 일확천금이 생기고 영세업에서 대기업으로 등극하게 된다.

똥더미가 마당 여기저기에 있는 꿈

여러 곳에서 재물과 돈이 쏟아져 들어온다. 밀린 외상값을 받게 되고 목돈이 생긴다.

화장실에서 넘어져 똥 묻은 꿈

화장실에서 넘어지면 안 좋은 꿈이다.

감방 안에 있는 변기통에서 똥물이 줄줄 새어나오는 꿈

재물과 돈이 생기고 먹을 것이 풍족하게 된

다. 횡재, 식복, 물품, 복꿈 등이 있다.

비둘기가 방으로 들어와 똥을 싸는 꿈
돈과 재물이 생기고 새 식구를 맞게 된다. 횡재, 행운이 온다.

똥차가 자기 집에 똥을 쏟아 부어 버린 꿈
어마한 재산이 들어올 징조 투자한 일에서 엄청난 이득이 생길 꿈이다.

하늘에서 용이 똥과 오줌을 싸는 꿈
한 해 동안 농사일이 잘되고 풍년이 들어 오곡백과를 거두어들인다.

똥차가 전답에 똥, 오줌을 쏟아 내는 꿈
똥차가 아니라, 수레, 지게, 바가지 등으로라도 자신의 전답에 붓는 것은 재물이 들어오게 된다.

똥물이 흐르는 것을 본 꿈
자신의 재물이 다른 곳으로 흘러 나가는 것을 상징하는 것으로 남에게 사기를 당하거나 재물을 잃게 된다. 똥물이 굴러 들어올 수다. 많을수록 좋다.

대변 보는 중에 똥이 넘치는 꿈
큰돈이 들어오거나 마음속의 분노나 불만의 표시한다.

잔칫집에 똥파리 떼가 들끓는 꿈
생각지도 않은 불청객이나 괴한이 침입하여 이성을 잃고 소란을 피운다.

나체로 서서 똥, 오줌을 배설하는데 부끄러움이나 더러운 느낌이 없는 꿈
상담자에게 숨겼던 과거를 깨끗이 털어놓고 새로운 희망을 갖게 된다.

똥을 밟고 다니는 꿈
운수, 수송, 유통, 수출업 등에 투자하여 사업성과를 올리고 탄탄한 기업으로 발전하게 된다. 횡재, 재물, 돈, 일거리 등이 생긴다. 친구들과 공동 투자하여 사업성과를 올리고 부자가 된다.

밥상 옆에 파란 똥이 있었던 꿈
빚보증을 섰던 일에 사고가 생겨 빚을 걸머지게 되거나 심하게 창피 당할 일이 생긴다.

날아가는 용의 똥을 두 손으로 받는 꿈
뜻밖에 일확천금을 거머쥐게 된다. 적금, 곗돈, 목돈이 생긴다.

친구들과 같이 똥을 만지는 꿈
공동으로 투자하여 순이익을 나누어 몫을 차지하게 된다. 합작회사를 한다. 문예창작을 한다.

호랑이 똥 속에 영롱한 옥이 나오는 꿈
금상첨화격으로 쌍복이 겹쳐 들어온다. 임산부는 예쁜 딸을 낳는다.

변소의 똥을 다른 곳으로 옮기는 꿈
뜻밖의 재물을 얻거나 횡재할 수 있으니 기다려 보라. 복권에 당첨될 확률도 높다고 한다.

용이 싼 똥에서 황금덩어리가 나오는 꿈(대박)
신으로부터 대복을 받고 일약 부자가 된다. 재물, 돈, 물품 등 횡재수가 있다.

똥이나 오줌을 뒤집어쓰는 꿈(대박)
돈 벼락이 생긴다.

코끼리가 똥을 왕창 싸는 꿈
지금까지 하던 일이 잘되어 성과가 나타나거나 횡재수가 있게 된다.

똥차가 집 앞에 머무르는 꿈
똥, 오줌을 수거할 뜻이 강하므로 손재수가 있다. 크게 도난, 사기, 실패를 맛보게 된다.

곰 똥이 산같이 보이는 꿈
한마디로 말하면 돈벼락을 맞아 부자가 된다.

얼굴에 똥칠을 하는 꿈
꿈을 꾼 후 기분에 따라 반흉반길이다. 재물과 돈이 생기거나, 우환과 망신살이 있다.

옷에 묻은 똥, 오줌을 씻어내는 꿈
재물이나 이권을 얻었다가 도로 손실하게 되는 장애가 따르게 된다.

맑은 된똥을 손으로 주무르는 꿈
손으로 일확천금을 만지게 된다. 재물, 횡재, 돈, 물품, 식품, 식복 등이 생긴다.

코뿔소가 똥을 싸는 꿈
생산, 식품업에 투자하여 사업성과를 올리고 날로 번창해진다. 재물, 돈, 먹거리가 생긴다.

친구들과 같이 똥을 만지는 꿈
공동으로 투자하여 순이익을 나누어 몫을 차지하게 된다. 합작회사를 한다. 문예창작을 한다.

소똥 속에 영롱한 옥이 나오는 꿈
뜻밖에 횡재하여 많은 재물을 얻게 된다. 금은보석의 발굴, 돈, 태몽 등의 길조이다.

똥통에 빠졌는데 똥이 묻지 않고 얼룩만 남은 꿈
실속 없는 장사로 헛고생으로 손해를 보게 된다.

똥을 싸는 소의 항문을 본 꿈
다른 사람이 뒷거래, 암거래를 하거나 수출품을 수조하는 광경을 보고 불쾌해지는 등 부정을 하는 현장을 목격하게 된다.

요강에 앉아 오줌과 똥을 싸는 꿈
사업에 투자하여 돈을 많이 벌어 한밑천 톡톡히 잡는다. 재물, 돈이 생긴다.

산 위에서 똥물이 흘러 내려오는 꿈
상당한 실력자의 도움으로 사업에 발전을

자져오고 떼돈을 벌게 된다.

먹음직스러워 보이던 음식이 갑자기 똥으로 변한 꿈
전혀 노력을 하지 않았는데도 돈을 얻게 된다.

속고쟁이에 똥 한 사발을 싸는 꿈
재물과 돈이 생기고 먹을 것이 들어온다. 횡재, 재수대통이다.

변기통에서 똥이 쏟아지는 꿈
재물과 돈이 생기고 집안에 물질적인 풍요로움이 가득하다.

그릇마다 똥이 가득 들어 있는 꿈
집안에 살림살이가 점점 늘어나고 재물과 먹을 것이 풍요롭게 된다.

똥이 방안에 가득한 꿈
집안에 경사스런 일이 있고 재물과 돈이 들어온다. 횡재, 목돈, 먹거리 등이 생긴다.

똥통의 똥물이 점점 줄어드는 꿈
집안의 재산과 재물이 점점 빠져나가고 어려움을 겪게 된다.

닭똥을 수북하게 모아놓는 꿈
적금이나 곗돈을 타게 된다. 재물, 돈 물품, 횡재 등이 생긴다.

마굿간을 치워 내거나 말똥을 내다버리는 꿈
재물의 손실이나 구하는 일의 부진 등 근심과 애로를 겪게 된다.

항아리 안에 똥이 가득히 담겨 있는 꿈
적금이나 계를 들어 목돈을 만지게 된다. 은행돈, 곗돈, 공돈, 먹거리 등이 생긴다.

똥을 싸는 소를 본 꿈
물심양면으로 좋은 성과를 얻거나 부정한 짓이 발각되는 현장을 목격한다.

똥을 싸는 꿈
생산 및 수출업에 투자하여 많은 사업성과를 올리고 부자가 된다.

비둘기가 방으로 들어와 똥을 싸는 꿈
돈과 재물이 생기고 새 식구를 맞게 된다. 횡재, 행운이 온다.

12. 가래, 눈물. 정액, 땀에 관한 꿈

가래에 피가 섞여 나온 꿈
근심걱정이 해소되거나 재물의 손실이 있게 된다.

상대방이 눈물을 흘리는 것을 본 꿈
상대방으로 하여금 불만을 갖게 되고 불쾌한 감정이 생긴다.

정액이 옷에 묻어 마음이 불쾌해진 꿈
자기가 소원한 일이 성사되더라도 마음 한 구석에는 불쾌한 감정을 갖게 된다.

땀을 많이 흘리는 꿈
매사에 의욕을 잃거나 기력이 쇠퇴하여 근심 걱정이 생긴다.

13. 질병, 환자, 치료·의술, 약에 관한 꿈

건강한 사람이 병에 걸리는 꿈
문제가 일어나 싸움이 끊이지 않는다.

병으로 진찰받거나 환자가 되어 문병을 받는 꿈
남의 원조를 얻어 운이 트일 길몽이다.

환자가 옷을 갈아입는 꿈
백, 흑, 청 색깔의 옷은 병이 중해짐을 암시하고, 하얀 옷을 입고 있으면 그 환자는 얼마 후에 사망한다. 그 밖의 색깔은 얼마 후 나을 길조이다.

환자가 슬프게 우는 꿈
멀리 있는 친척이나 지인이 찾아온다. 만약 당신이 환자를 꾸짖는다면 괴롭힐 일이 일어나고, 환자가 울게 되면 재난이 일어날 전조이다.

환자가 산에 올라가는 꿈
아내가 문제를 일으켜서 그 원인으로 말다툼이 끊이지 않는다.

환자가 산을 내려오는 꿈
병이 한 고비를 넘어 낫게 되는 방향으로 가게 될 길몽이다.

환자가 소를 보는 꿈
소는 조상을 상징한다. 조상이 노해서 앓는 것이므로 조상께 제사를 지내야 한다고 전해오고 있다.

죽을 시기가 다가옴을 알리는 꿈
환자가 말 또는 배를 타거나 검은 버선을 신거나 우산을 쓰고 달리는 등의 꿈은 죽을 때가 가까웠음을 알리는 흉몽이다.

환자가 건강해 지는 꿈
장차 자기병이 완쾌될 것을 예지하는 경우도 있으나, 대개는 자기 병과는 상관없는 소원, 계획 등의 성사 여부를 예시하는 꿈이다.

벙어리를 본 꿈
남의 일로 모욕을 받는 수가 있다.

병이 완치되거나 치료하다 죽는 꿈
사업, 소원, 계획한 일이 각각 성취되거나 그 일에서 손을 뗀다.

나병환자와 싸우다가 나병환자를 죽여 버린 꿈
제127회 주택복권 1등 당첨자의 꿈이다.

상자 속에 가득 들어있는 약병을 얻는 꿈

담배, 술 등을 충분하게 얻어먹을 일이 있게 된다.

환자가 건강해진 꿈

극히 드물게 장차 자기의 병이 완쾌될 것을 예지하는 경우도 있으나 대부분 자기 병과 상관없는 정신적인 일이나 소원, 계획 등의 성사 여부에서 성공을 예시한 것이다.

병원에 가서 진찰대에 누운 꿈

주무 당국이 시키는 대로 복종하게 되고 의사가 진찰하면 일, 사업, 업적 등에 관해서 검토, 상담, 심사 등을 받게 된다.

환자가 병을 스스로 치료하는 꿈

사업, 소망, 사건 등을 검사, 심사, 검토, 감정, 정리, 보완, 수정할 일이 각각 생긴다.

자기의 신체 여러 부분에 병이 심하게 든 꿈

인체의 부분적 표상의 상징과 결부된 어떤 일을 각각 그 부분에 심한 문제가 생긴다.

자기의 병세를 의사에게 자세하게 설명한 꿈

기관장, 신부, 목사, 스님 그 밖의 자기 일에 관하여 남에게 행적, 이력, 사업 실적 등을 보고할 일이 생긴다.

음식을 먹고 체해서 몹시 배가 아픈 꿈

어떤 일을 책임졌으나 그 일이 심히 벅차게 된다.

심리요법 또는 정신분석학적 치료를 행한 꿈

카운슬러, 최면술사, 정신분석학자, 예언자 등에게 상담하거나 정신문제를 연구하게 된다.

문둥병 환자가 자기 집에 찾아온 꿈

전도원, 선교사, 선전원 등이 찾아온다.

병원에 한 달 간 입원해야 한다는 진찰카드를 받는 꿈

1년 간 어떤 기관에서 일하거나 일거리를 보관해 두어야 한다.

수족에 피고름이 난 꿈

상업이 번창한다.

병든 자가 뛰 쳐 달아난 꿈

사망할 수다.

죽은 사람이 웃는 꿈

큰 병이 낫는다.

문둥이가 되거나 피부에 종기 같은 병이 생긴 꿈

재물이 생기고 여자라면 부자와 결혼을 하게 된다.

콩팥에 병이 들었으니 어떻게 하면 좋으냐고 의문에 온 20대 처녀의 꿈

문학작품이나 연구를 발표하려는데 어떻게 하면 좋겠느냐고 상의해 올 사람이 있다.

사육하는 짐승이 몹시 아픈 것을 본 꿈

작품, 일거리 등이 잘못되었거나 오랫동안 연구했으나 연구결과가 잘못되거나 만약 짐승이 수의사에게 치료 받으면 주무당국에서 심사나 검토를 받는다.

출산을 하려고 배가 아픈 꿈

창조적, 생산적인 일거리에 진통을 겪게 된다.

머리를 다쳐 수술을 하는 꿈

논문, 문예작품 등을 심사 받거나 기자, 검사 등에게 자기 사상이나 주장을 피력하게 된다.

감기에 걸리는 꿈

사상적, 종교적 감화를 받고, 콧물이 나오면 자기의 신념을 남에게 피력하게 된다.

전염병의 꿈

전염병은 사상, 종교, 유행 등을 상징하고 전염병에 감염되면 어떤 사상에 감화된다.

열이 많이 나는 꿈

학문, 신앙 등에 열중하게 되고, 기침이 나면 학문적, 신앙적인 논쟁을 한다.

가슴에 병이 든 꿈

마음에 상처를 받거나 어떤 일에 대한 검토, 심사, 연구, 보완할 일들이 생긴다.

메스, 침, 주사기, 물리치료기 등의 꿈

어떤 일의 심사, 검토, 수정 등을 하기 위한 방도, 자원, 능력 등을 상징한다.

의사가 약을 주어서 먹은 꿈

어떤 기관장으로부터 임무를 부여받거나 업무처리에 시정을 요하는 지시를 받는다.

약국의 꿈

약국은 은행, 백화점, 서점, 회사 등의 바꿔 놓는 것이고, 약사는 기관의 주인, 지도자, 책임자의 동일시다.

병자가 약을 먹는 꿈

병이 점점 나을 징조이다.

전염병에 걸렸는데 약을 먹고 낫는 꿈

신앙생활에서의 이탈, 사업의 재정비, 계약해제 등의 일이 있게 된다.

뱀의 머리를 밟고 뱀의 뱃속에서 이빨을 고치는 약을 뽑는 꿈

가족의 생계비를 어떤 기관을 통해 얻게 되는 것으로 현실화된 꿈이다.

약병이 즐비하게 많이 놓여 있는 꿈

학문적 자료, 사업 방도, 생계비 등이 마련된다.

약을 조제하고 처방하는 꿈

학문, 사업 등의 방도를 마련하고 여러 자료를 수집하거나 상담에 응하게 된다.

임금님이 내리는 사약을 먹고 죽는 꿈(대박)

꿈과 반대로 현실에서는 최고의 명예, 권리 등이 주어져 부귀영화를 가지게 되는 대길몽이다.

신령적인 인물이 약을 주거나 치료법을 가르쳐 주는 꿈

현실에서 병을 고칠 수 있다. 이때의 신령적인 존재는 의사 또는 자기의 또 하나의 자아이다.

귀인이 내리는 사약을 받아먹고 자신이 죽어버린 꿈(대길)

최고의 명예, 권리 등이 주어져 부귀영화를 누리게 된다.

가루약을 신선로부터 받아 삼킨 꿈

제20회 주택복권 1등 당첨자의 꿈이다.

제2장 사람의 일반적 행동에 관한 꿈 해몽

1. 사람의 일반적인 동작과 행동 및 생각에 관한 꿈

옛사람과 이야기 하는 꿈

좋은 생각과 지혜를 얻는다.

자기의 물건을 시중에 팔아 버리는 꿈

술이 생긴다.

많은 사람 앞에서 일등을 했다고 상장을 받는 꿈

직장인은 전근을 가게 된다.

팔도강산을 유람하며 친척들을 찾아 돌아다니는 꿈

손재수가 있거나 불시에 여행할 일이 있다.

의자에 앉는 꿈

의자에 걸터앉으면 어떤 부서의 책임을 맡게 되거나 취직, 입학 등이 확정된다. 반대로 의자를 찾지 못하거나 의자에서 내려오는 꿈은 직장을 그만 두거나 입시, 취직시험 등에 낙방한다.

포장이 잘된 신작로를 걷는 꿈

자기 자신은 물론 온 가족이 평화롭고 하는 일마다 순조롭게 잘 풀린다.

사랑하는 애인이나 사람과 함께 새로운 거리를 걷는 꿈

꿈속의 인물이 평소에 잘 아는 사람이라면 그 사람과의 관계가 더욱 좋아지고 대화가 잘 풀려나가는 징조이다. 그러나 꿈속의 인물이 실제 인물이 아닌 어떤 일이나 사건의 상징이라면 그 일이나 사건의 성취과정을 나타낸다.

여러 번 결혼하거나 여러 명의 아이를 낳는 꿈

하고 있는 일이나 사업 등을 바꾸게 되며 사업의 성과도 호전된다.

허공에서 말이 들려오는 꿈

자기에게 어떤 일에 대한 경고를 하거나 예지 등을 말해 주는 꿈이다. 어떤 소식통을 통해 사건을 알게 되기도 한다.

한 군데 있지를 못하고 이곳 저곳을 옮겨 다니는 꿈

부모 친척과 불화하게 된다.

시험에 낙방하여 통곡하며 집으로 돌아가는 꿈

꿈과는 반대로 우수한 성적으로 시험이나 취직이 이루어진다.

야만인과 싸우는 꿈

상대방에 대해 야만적인 욕망을 자유롭게 채우고 싶은 잠재적인 욕구와 그것을 억제하려는 이성과의 싸움을 나타낸다.

전쟁, 싸움 등 꿈에 자신의 상대를 공격하는 꿈

현실에서 자신이 가지고 있는 공포감, 불안감을 감추거나 없애버리고 싶어 한다는 것이다.

강도와 격투하는 꿈

양심과 성적 갈등 사이에서 몹시 괴로워하게 된다.

애인과 싸움을 하는 꿈

애인에게 더 다정하게 또는 관심을 가져달라고 애원하는 내 마음을 의미이므로 젊은 분들이 이 꿈을 꾸었다고 해서 불안해 할 필요는 없다.

막일하는 사람과 다투는 꿈

자신의 이성이 감정적인 흥분에 지지 않으려고 안간힘을 쓰고 있다는 것을 나타낸다.

자기가 상대방을 때리는 꿈

평소에 자기의 일이나 사업에 관련이 있는 사람을 정신적으로 곤궁에 몰아넣거나 시비, 공박, 야유 등으로 비판 또는 칭찬해 줄 일이 생기게 된다.

자기가 꿈속에서 무언가를 자르는 꿈

다른 사람들의 사이를 갈라놓게 되며, 새로운 일이나 작품을 계획하게 된다.

곤충과 해충, 벌, 모기 등을 손으로 때려잡는 꿈

자기의 일을 방해하는 사람이나, 일을 혼자 또는 여럿의 힘으로 방해를 제거하는 꿈이다.

나쁜 일을 하려고 마음먹는 꿈

억지로 어떤 일을 달성하려고 노력하게 되며, 일단 그 일은 이루어진다.

타인을 어떤 곳에 가두는 꿈

남의 행위나 충동에 대해서 충고를 하거나 현재 어떤 일에 대한 평가를 보류하게 된다.

자신이 감금당하는 꿈

죄의식과, 자유를 속박하는 답답함으로부터 탈출하고 싶어 하나 뜻대로 잘 이루어지지 않게 된다.

현재 앓아누워 있는 중병환자가 다른 사람으로부터 큰 절을 받는 꿈

병이 갑자기 악화되거나 얼마 지나 않아 죽게 된다.

자기가 남에게 휴지를 빌리러 가는 꿈

자신에게 바람기가 있으며, 다른 여자나 남자가 생긴다.

어딘가 출입구를 찾던 중에 한 번에 출입구를 찾는 꿈

자신의 마음속에 뭔가 어지러운 생각들이 있어서 결단을 내릴 수 없는 상태를 나타낸다.

출입구를 찾았으나 출입구가 막힌 꿈

자신의 몸에 대해서 열등감에 사로잡혀 있다는 것이다.

자기 스스로 벽을 뚫고 들어가는 꿈

시험에 합격하거나 깨달음을 얻게 된다.

사람들이 몰려오는 꿈

자기에게 몰려오는 꿈은 좋지 않다. 현재 진행하고 있는 사업이나 일이 매우 힘들고 벅차다. 그러나 사람들이 자기에게서 저쪽으로 몰려가면 일에 대한 어려움이 사라지고 주위의 모든 사람들이 자기에게 협조하게 된다.

곡식을 추수한다든지 나무를 베는 꿈(태몽)

아들이며 길쌈에 관계된 꿈은 딸에 대한 태몽이다.

포로가 되어 결박당한 채 포로대열에 끼어 있는 꿈

자기의 이력서나 작품 등이 어떤 기관에서 선발되기를 기다리거나 직장이 확정되기를 기다리게 된다.

남을 질식시키는 꿈

어떤 사람을 죽이고 싶다는 소망이다.

다른 사람이 자기에게 화를 버럭 내는 꿈

길몽으로 자기의 소원이 성취되며 상대방을 지배하게 된다.

다른 사람의 차에 치이는 꿈

현재 자기가 하고 있는 일이 다른 사람에 의해 성취된다.

시체를 발로 차서 굴리는 꿈

사업자금을 여러 번 활용할 일이 생긴다.

재산을 다른 사람에게 파는 꿈

사업을 그만 두거나 직장을 떠나게 되며, 또는 배우자와 이별하게 된다.

주사를 맞는 꿈

자신의 생각이나 태도를 무리하게 변화시키려고 하고 있는 사람에 대한 불만이며, 결국 설득 당하게 된다.

주사기 바늘이 잘 안 들어가는 꿈

자신과의 의견이 맞지 않는 다른 사람이 자신을 설득하려고 서투른 설교를 하고 있는데 대한 불만사항을 잠재적으로 나타낸 것이며, 원하는 일이 순조롭게 잘 이루어지지 않게 된다.

지팡이를 짚고 길을 걷는 꿈

다른 사람의 협조를 얻어 함께 일을 진행한다.

짐이나 갓난아이를 업거나 안고 걷는 꿈

하고 있는 일에 고통이 따른다.

횃불을 들고 깊은 동굴 속으로 들어가는 꿈

머지않아 연구기관에 종사하거나 무슨 사건의 전말을 조사하게 된다.

철로 만들어진 다리를 걸어서 건너는 꿈

지나치게 욕망을 채우려는 모험에 대한 소망을 나타낸다.

물건이나 사람을 찾고 있는 꿈

잃어버렸거나 혹은 잃어버릴 것 같다고 근심하고 있는 물건이나 사람이 제자리에 있다는 것을 나타낸다.

남의 물건을 훔치는 꿈

다른 사람이 도와주거나 허락해 주지 않는 일을 힘겹게 애써서 얻게 된다. 누군가로부터 사랑, 권력 등을 훔치고 싶다는 소망을 나타낸다.

신랑신부가 맞절을 하는 꿈

세운 계획이나 일, 사업, 계약, 작품 등이 이루어지지 않는다.

경례를 하는 꿈

자신이 꿈속에서 성적으로 흥분하고 있다는 상태이다.

꿈속에서 다른 사람에게 인사를 받는 꿈

자신이 권력에 대하여 동경심을 갖고 있다는 증거이며, 자신의 지위가 높아져 다른 사람으로부터 인사를 받는 경사스러운 일이 있다.

사랑하는 사람과의 뜨거운 키스가 열열하고 만족스럽게 끝나는 꿈

다른 사람으로부터 기쁜 소식이나 자백을 얻게 된다. 또는 결혼의 승낙이나 교제의 허락을 얻게 된다.

결혼식장에서 축하객을 만나는 꿈

이름이 사방에 드날리고 뭇사람으로부터 존경을 받는다.

투표를 하러 가는 꿈

자신이 내적으로나 외적으로 사업, 작품 등이 충분히 완성해 있다는 주장을 하게 된다.

원고지에 글씨를 쓰는 꿈

자신이 남들 모르게 은밀히 무언가 나쁜 짓을 할려는 생각하고 있다는 것을 나타내고 있다.

사진을 찍거나 카메라의 사용법을 묻는 꿈

자신이 누군가의 마음속을 알고 싶다는 마음을 나타내거나, 평소에 꿍하고 속에만 담아놨지만 사실은 강하게 생각하고 있음을 나타낸다.

친구와 어떤 문제에 대해서 의논하는 도중에 큰소리로 웃기 시작하는 꿈

자신의 마음속에서 성적인 감정에 눈이 떠서 근심이 된 나머지 밝히기 두려워서 웃고 어물어물 넘기려는 것을 나타낸다.

어떤 남자와 자신이 무엇인가를 상담하는 꿈

자신이 무언가 비밀을 갖고 있는데, 그 비밀이 다른 사람들에게 알려질까 봐 걱정하게 된다.

스케줄의 표를 보는 꿈

시간표 예정대로 일이 진행되지 않고, 근심 걱정, 불안이 있게 된다.

다리가 약해서 걸을 수 없는 꿈

거세나 인포텐츠에 대한 두려움이 있게 된다. 현재 하고 있는 일이 잘 풀리지 않고 있다.

상대방의 육체를 완전히 정복함으로써 화끈한 Sex를 하는 꿈

진행하고 있는 일이나 계획하고 있는 일이 이외로 잘 풀리며 만족스럽게 끝나게 된다.

한 여자를 여러 남자가 돌려가며 강간하는 꿈

어떤 한 가지 일을 놓고 여러 사람이 의논할 일이 있게 된다.

사정(射精)하는 것을 보는 꿈

계약조건 등과 관계되는 꿈이다. 정신적 물질적인 소모가 따르게 된다.

발가벗고 있다가 나체를 감추려고 하는 꿈

비밀을 간직하고 사건이나 일 등을 숨기고 공개하지 않는다.

육체적인 아픔을 느끼는 꿈

이성문제나 사업, 직장의 업무 등으로 스트레스를 당할 일이 생긴다.

무언가 모르게 자기가 한 없이 커지는 것을 느끼는 꿈

사업, 세력, 운세 등이 확대되는 길몽이다.

무슨 일이든지 자신이 기뻐하는 꿈

대단히 기쁜 일과 만족스러운 일이 생긴다.

남의 화장실에 가는 꿈
바람기가 있는 증거이다.

다른 사람에게 빌면서 용서를 받는 꿈
이력서, 행적, 업적, 일의 능률 등에 대해서 다른 사람의 허가 승인을 받게 된다.

자기가 좌절·절망 상태에 놓여 있는 꿈
꿈 그대로 원하는 일이 잘 되지 않는다.

다른 사람이 죽어서 자기가 슬퍼하는 꿈
불안한 가운데 어떤 일이 이루어진다.

다른 사람이 슬퍼하는 꿈
꿈에 본 사람의 신상에 나쁜 일이 생기고 그것으로 인해 자기도 괴로워하게 된다.

한 자루의 칼로 두 사람을 동시에 죽이는 꿈
일석이조의 반가운 일이 있게 된다. 한 가지 방법으로 두 가지의 일이 성사된다.

병따개로 맥주병을 여는 꿈
처녀성을 잃고 싶다는 마음을 나타내고 있다.

당장에 출입구를 찾는 꿈
자신의 마음속에 뭔가 도무지 결단을 내릴 수 없다는 것을 나타낸다.

카메라렌즈를 닦는 꿈
자신이 누군가의 마음속을 알고 싶다는 소원을 나타낸다.

판자로 된 복도에 틈이 생겨 걷기 힘이 드는 꿈
부인병을 근심하거나 질에 손상을 받는 게 아닌가를 염려하고 있는 걸 나타낸다.

비누로 몸을 씻거나 내의를 빨거나 하는 꿈
자위행위를 나타낸다.

더러운 것이 묻어 기분이 몹시 나쁜 꿈
현실에서 불쾌한 체험을 하게 된다.

자비, 인정, 우정을 베풀고자 하는 마음이 생기는 꿈
다른 사람이나 어떤 일로 자기의 마음에 염려와 근심이 생긴다.

이혼하는 꿈
계약된 일이나 결정 등이 해지되고, 사귀던 사람과의 작별 또는 사업의 포기 등이 있게 된다.

철교를 걸어서 건너는 꿈
지나치게 욕망을 채우려는 모험에 대한 소망을 나타난다.

거울을 향해서 화장을 하는 꿈
비밀을 가진 기쁨, 또는 죄의식의 양면을 뜻한다.

도박을 하는 꿈
자신이 무언가 결단을 내릴 문제를 안고 고민하고 있어서 결단을 내리고 싶은 것을 나타내고 있다.

누군가 혹은 무언가를 향해서 자기가 달리고 있는 꿈

어떤 요구나 소망을 달성하기 위해 노력 중이다.

특별한 목표 없이 달리고 있는 꿈

자신의 의욕이나 힘이 오래 계속되는 것을 알리는 꿈이다.

다른 사람이 흐느껴 우는 꿈

자기가 다른 사람을 의심하게 되거나 가족이나 자신이 병을 얻게 된다.

자기가 통쾌하게 웃는 꿈

원하던 일이 충분히 이루어지고 모든 근심이 없어진다. 또한 세력이 확장되어 다른 사람이 자기를 따른다.

큰소리로 후련하게 우는 꿈

만족스러운 기쁜 일이 생기며 원하는 바가 크게 이루어진다.

다른 사람의 시체 앞에서 자기가 딴 사람과 같이 우는 꿈

사업성과나 유산 등을 놓고 다른 사람과 쟁탈전을 벌이게 된다.

다른 사람의 시체 앞에서 자기 혼자 우는 꿈

사업성과나 유산 등을 놓고 혼자 독차지하게 된다.

자기의 조상이 우는 꿈

그 집안의 장손이 불행해지고 자기의 가정이나 직장에 걱정거리가 생긴다.

이성을 보고 욕정을 느끼지만 해소하지 못한 꿈

다른 사람 또는 어떤 일에 만족할 만한 성과를 얻지 못하고 불안, 초조, 불쾌하게 된다. 하던 일이 중도에 끝나게 된다.

다방에 있는 꿈

자기를 남의 눈에 드러내고 싶다는 욕망을 나타낸다.

손님이 오는데도 반갑지 않고 열심히 요리를 하는 꿈

이성에 관심을 끌고 사랑을 받으려고 노력하고 있는 것이다.

제비뽑기하는 꿈

결혼이나 취직 등, 인생의 행복이나 불행을 결정할지도 모르는 중대한 시기를 뜻한다.

계산을 하고 있는 꿈

욕망을 추구하고 싶은 생각과 불명예스러운 소문이나 양심의 가책을 재고 있는 것을 나타낸다.

무언가를 찢는 꿈

性的인 관계를 가진 결과의 손해에 두려움

을 상징하고 있다.

건강진단이나 진찰을 받는 꿈

자신의 결점을 감추려는 것을 나타낸다.

서커스공연을 보거나 직접 자신이 연기를 하는 꿈

자연의 법칙을 무시한 초인적 능력에의 동경을 나타내고 있다.

무언가를 자르는 꿈

다른 사람들의 사이를 갈라놓고 싶다는 소망이다.

시험을 볼 때 커닝을 하고 있어도 조금도 나쁘게 생각되지 않는 꿈

자기의 청결, 결백의 주장이며 우월감을 나타내고 있다.

큰 일이 일어났다고 생각하는 꿈

실제로 큰 기쁨을 안겨 줄 큰일이 일어나거나 세상에 널리 호평 받을 일이 일어난다.

차를 운전하고 있는 꿈

자신이 자기의 운명이나 감정을 자제하고 있거나 자제하고 싶어 하고 있다.

그림을 그리는 꿈

자신의 행동, 자기의 생각을 숨기고 싶다는 것을 나타낸다. 또는 고독의 불안을 달래려고 하는 자의적(恣意的), 자애적(自哀的) 태도를 나타내고 있다.

스님의 흉내를 내는 꿈

표면적으로 금욕을 억제하고 있는 것에 지나지 않거나 실제로 스님의 출가로 원하는 것을 나타낸다.

더러워진 것을 감추려고 하는 꿈

처녀를 범하고 싶다는 소망이나 공상에 죄악감을 느끼고 반성하고 있는 것을 나타낸다.

호주머니에 물건을 넣는 꿈

性的 공상의 표현을 의미한다.

호주머니에 넣은 것을 아무리 찾아도 없는 꿈

당신의 性的인 미숙함을 드러내고 있다.

서가에 책을 넣거나 늘어놓는 꿈

Sex의 소망을 나타낸다.

서가나 서재를 보는 꿈

어머니의 도움을 받고 싶다는 소원을 나타낸다.

창문을 여는 꿈

성적 충동의 해방을 의미한다.

권력자 또는 유명인과 껴안거나 키스하는 꿈

주위로부터 명성을 얻거나 명예를 날릴 수 있는 소식을 얻게 된다.

등산용 배낭을 지고 걷는 꿈

당신의 강한 소망을 나타낸다.

투표를 가는 꿈

자신이 충분히 성숙해 있다는 주장을 나타낸다.

바다에 가는 꿈

타락하고 싶다든가 욕망이 명하는 대로 살고 싶다는 소망을 나타낸다.

묘석, 비석을 무너뜨리는 꿈

남편이나 연인을 잃는 두려움이나 그들로부터 해방되고 싶다는 생각을 나타낸다.

마차를 타고 있는 꿈

경제적으로나 육체적으로 풍부한 남성에 대한 동경을 나타낸다.

애인, 처자식, 적이나 동지를 구별하지 않고 마음대로 무자비하고 통쾌하게 죽이는 꿈

자기가 하고자 하는 일이나 사업, 학문, 작품 등을 뜻대로 처리하고 통쾌하게 성취시키게 된다.

다른 사람을 죽였는데 그가 다시 살아서 쫓아오는 꿈

이루어졌다고 생각한 일이 사실은 이루어지지 않아 고민하고 괴로워하게 된다.

어질러져 있는 것을 정돈하는 꿈

자신의 머리가 혼란스러워지고 있다는 것을 나타낸다.

원고지에 글씨를 쓰는 꿈

은밀히 무언가 나쁜 짓을 하고 있다는 것을 가리키고 있다.

사막을 걷거나 탐험하는 꿈

자신의 변화를 기대하고 있는 것을 나타낸다.

무언가 짊어지고 걷는 꿈

性的인 번뇌를 버리지 못하고 괴로워하고 있든지 지금의 일이 힘들다는 것이다.

걸레로 청소를 하는 꿈

자신이 지은 죄를 깨끗이 하고자 하는 것을 나타낸다.

측량을 하는 꿈

자신이 이성의 몸에 대해서 해부학적인 흥미를 갖는 것을 나타낸다.

계란을 사서 바구니에 넣는 꿈

임신에 대한 소원을 나타낸다.

영화를 보고 있는 꿈

잠을 자고 싶다. 일어나 공부에서 해방되고 싶다는 소원을 나타낸다.

엘리베이터를 타는 꿈

어떤 이성에 대한 오르가즘을 위한 성적인 흥분을 나타내고 있다.

자기 자신이 병이 들은 꿈
일에 대한 근심이나 불만을 상징한다.

양친에 대한 병의 꿈
상대방에 대한 불만이나 근심을 나타낸다.

옥상에 올라가는 꿈
성적인 감정이 고조되는 것을 나타낸다.

회의에 출석해서 토론하는 꿈
자신에 대한 마음의 갈등을 나타내고 있다.

사진을 찍거나 카메라의 사용법을 묻는 꿈
자신이 누군가의 마음속을 알고 싶은 소망을 나타낸다.

세수를 하는 꿈
마음을 깨끗이 하고 싶다는 생각을 나타낸다.

실컷 얻어터진 꿈
남에게 칭찬을 받지 않으면 심한 비난을 받게 된다.

잘 다듬어진 길을 걸어가는 꿈
一身이 안락하고 하는 일이 잘 성사되는 길몽이다.

테이블을 사이에 두고 마주 앉거나 서 있는 꿈
그 두 사람 사이의 의견대립이나 시비 거리가 생긴다.

남을 결박해서 끌어오는 꿈
부하를 얻고 배우자가 생기며, 상품이나 일거리를 얻는 길몽이다.

새처럼 나무에 날아오르는 꿈
회사에서 승급, 승진하거나 이성과의 사랑이 열매를 맺게 된다.

군중이 야유하고 아우성치는 꿈
대중의 반대나 비난 또는 시비를 받고 군중이 박수갈채를 보내면 동의를 얻을 수 있다.

상대방과 서로 언쟁하는 꿈
어떤 시비 거리가 생기거나 일에 대한 불만이 생긴다.

뛰려 해도 뛸 수 없고 악을 써도 소리가 나오지 않는 꿈
어떤 일을 급히 추진시키려 하지만 잘 되지 않아 안타까워 할 일이 생긴다.

다른 사람을 측은하게 생각하거나 불쌍해서 위로해주는 꿈
자기가 불리해지고 손해를 본다.

여성이 알 수 없는 두 개의 남성기를 손에 쥐고 비교해 보는 꿈
두 남자, 두 가장, 두 개의 작품을 비교해 볼일이 각각 생긴다.

예쁜 꽃 한 다발을 손에 쥐고 있는 꿈

하던 일의 진전이 좋거나 , 자신이 투자한 주식이 상한가로 올라가는 등 경사스러운 일이 생긴다.

모래 한 주먹을 꽉 쥐고 있으니까 손 밑으로 빠져나가는 꿈

어렵게 모아둔 재산이 힘없이 새어나간다. 여러 곳으로 지출이 많다. 깨우치지 못한 한 나라의 민족성과 같이 통일성과 응집력이 부족하다.

2. 일상생활에 관한 꿈

손님접대를 위해서 요리를 만드는 꿈

이제 이성에게서 관심을 받아보고 싶다는 소망이다.

손님을 안내하거나 초대하는 꿈

자신이 미처 알지 못하는 이성의 신체에 대해서 호기심이 생길 때 꾸는 꿈이다.

손님이 와서 당황하면서 과자를 사러 가는 꿈

자신이 아직 이성 친구를 사귈 마음의 준비가 되어 있지 않다는 것을 나타낸다.

손님이 와서 숨으려는데 손님이 방안에 들어와 있는 꿈

이성친구가 지금보다도 더 적극적으로 대해줬으면 하는 소망을 나타내는 꿈이다.

어지럽게 어질러져 있는 것을 정돈하는 꿈

자기의 머리가 복잡하고 혼란스럽다는 것을 나타낸다.

걸레로 청소를 하는 꿈

자기가 남들 몰래 저지른 죄를 깨끗이 했으면 하는 마음을 나타낸 것이다.

쭈그리고 앉아 있는 꿈

자기가 저지른 나쁜 일이 좋게 해결된다는 미래를 암시하는 꿈이다.

공원의 벤치에 혼자 앉아 있는 꿈

군대병영, 기관, 공공단체에서, 직책, 부서 등에 한 동안 머물 것을 뜻한다.

어슬렁어슬렁 걷고 있는 꿈

활달하고 씩씩하게 걷는 것과 달라서 일상생활에서 여러 가지 장애가 일어난다.

건강진단이나 진찰을 받는 꿈

자신의 신체적인 결점을 감추려는 것을 나타낸다.

자기 자신이 병이 생긴 꿈

지금 하고 있는 일에 대한 근심이나 불만이 있다는 것을 나타낸다.

부모님이 병이 난 꿈
병이 난 부모님에 대한 불만이나 걱정거리가 있다.

커피숍에 앉아서 수다를 떠는 꿈
자기 자신을 다른 사람에게 과시하고 싶은 욕망을 나타낸 것이다.

어린이가 텔레비전을 보는 꿈
性的인 것을 감추는 부모에 대해 나는 몰래 보고 있다는 식의 무언의 반항을 나타낸다.

텔레비전의 소리만 들리고 화면이 안 보이는 꿈
본인이 가지고 있는 性지식이 완전하지 못하다는 것을 의미한다.

회의에 출석해서 열심히 토론하는 꿈
자기 마음속의 갈등을 나타내고 있다.

외국 사람이건 한국 사람이건 외국어로 능숙하게 이야기하는 꿈
본인 스스로 性的으로 점점 더 성숙하고 있다.

물건사러 가게에 갔는데 아무리 불러도 가게의 주인이 나오지 않는 꿈
본인의 신체나 성격에 대해서 자신감을 가지고 있지 않다는 표시이다.

누군가에게 선물을 하는 꿈
새로운 동성친구나 이성 친구를 얻게 된다.

답안지를 풀지 못하는 꿈
어떤 해결할 수 없는 문제로 고통을 받는다.

답안지를 제출하고 나오는 꿈
자신이 이직 또는 전근이 이루어진다.

끝이 안 보이는 꿈
상상 속의 허망함을 추구하게 된다.

일정한 곳에 오래토록 있지 못하고 자꾸 장소를 옮기며 사는 꿈
친척 간에 싸울 일이 있다.

거리낌 없이 하염없이 우는 꿈
생활에 만족감을 갖게 된다.

무지개를 바라보는 꿈
모든 일이 순조롭게 이루어진다는 전조한다.

애인과 계속 변화 있는 곳을 걸어가는 꿈
화제인물일 땐 그와의 대화가 다채롭게 진행될 것이고, 어떤 일거리의 상징이라면 일의 진도나 성취과정을 묘사한 것이다.

애인과 같이 공원을 산책하거나 새처럼 나는 꿈
꿈속의 애인이 실제 인물이면 그 인물과 애정이나 혼담이 성사되고, 일거리를 상징할 때는 그 일이 순조롭게 진행된다.

애인과 키스가 열렬히 만족스럽게 끝나는 꿈
상대방에게서 기쁜 소식, 고백, 결혼승낙 등

을 얻으며 일에 관계되는 좋은 소식이 온다.

애인에게 시를 낭독해 주는 꿈
그에게 사랑을 고백할 일이 있게 된다.

애인이 창문을 열고 내다보는 꿈
그의 애정을 받을 수 있고, 그것이 일거리의 상징이라면 소원이 성취된다.

연인과 어깨동무하고 뛰는 꿈
서로의 책임전가에 의하여 불안과 고통이 따른다.

남녀(이성)간의 포옹하는 꿈
벅차고 어려운 일을 맡아 고민하게 된다. 반대로 동성 간의 포옹하는 꿈은 의견일치와 연합할 일이 생긴다.

급한 일로 빨리 걸어야 할 텐데 도무지 발걸음이 뜨지 않는 꿈
어디에 청탁할 일이 잘 진행되지 않아 안타까워 할 일이 생긴다.

어떤 고장을 걷다가 길가에 앉아 쉬는 꿈
일의 중단, 기다림, 일자리에 한 동안 머무는 것을 암시한다.

의자를 나란히 해서 같은 방향으로 앉아 있는 꿈
의견일치를 가져오고 나란히 걸어가면 동업이나 협조적인 일이 생긴다.

상대방을 때리는 꿈
육체적인 타격을 가하는 것이 아니라 정신적 타격, 즉 시비, 공박, 야유, 비평 등으로 상대방을 곤경에 몰아넣거나 혹평해 줄 일이 있게 된다.

상대방에게 매 맞는 꿈
만족할 만한 남의 호평을 받거나 남에게 공격, 비난을 받을 일이 각각 있게 된다.

자기가 넘어지는 꿈
신분, 지위, 사업체가 몰락함을 뜻한다.

누구와 손을 맞잡고 걸어가는 꿈
상대방과 어떤 일이나 직업, 결혼 등을 잘 추진시킬 수 있다.

갓난아이를 안은 꿈
벅찬 일거리로 고민한다.

여러 사람이 바라보는 가운데서 부끄럼 없이 性관계를 가지는 꿈
여러 사람의 관심을 집중시키는 일을 성취시킨다.

수면이 잔잔하고 아무런 방해도 없는 곳에서 수영을 멋지게 하는 꿈
직장생활, 결혼생활이 원만하고 하는 일이 만족스럽게 이루어진다.

남을 도와주는 꿈

현실에서도 도울 일이 생긴다. 남이 자기를 도와주면 남의 은혜와 협조를 얻는다.

실, 머리카락, 끈 등이 얽힌 것을 푸는 꿈

꿈과 같이 어떤 일이나 문제가 해결된다.

3. 다른 사람이 내 꿈에 나오는 꿈

어떤 사람이 꿈속에 나타나는 꿈

자신의 마음속에 숨겨진 본능들을 알게 한다. 해몽을 하면 좋은 꿈과 나쁜 꿈의 반반이다.

일거리의 상징물로서 남녀의 꿈

각자 남녀가 맡은 것을 구분해서 일을 한다.

사람이 희미하게 보인 꿈

기억의 부실로 불분명한 사람, 일거리, 사건 등과 관계해서 불이익을 당할 일과 관계하게 된다.

사원들이나 직원들이 백발이 성성한 노인으로 변해 있는 꿈

사원들이나 직원들이 매우 고달픈 일에 몰두해 있다는 것을 알게 된다.

어떤 남성을 여성으로 동일시하는 꿈

그의 성격이 여성적이고, 용모가 여자 같고 자애로움이 있을 때, 이중인격을 보일 때 등을 나타낸다.

꿈에 보인 사람이 사실적이거나 투시적인 꿈

꿈속에 나타난 그 사람을 미래에 실제로 상관하게 된다.

어떤 일거리와 상관된 상대방의 연령이 맞지 않은 꿈

현재 하고 있는 일이 쉽게 해결되지 않는다.

선생님 또는 직장 상사가 나온 꿈

이들은 사회적 도덕적 의무의 대변자를 상징한다.

도둑을 보고 무서워서 숨죽이고 숨어 있는 꿈

내 마음속에 높아진 욕망을 어쩔 수 없다고 포기하게 된다.

갓난아이를 안아 준 꿈

정신적인 일로 한 때 고민한다.

아이를 낳았는데 낳자마자 걸어 다닌 것을 본 꿈

어떤 작품이 출판되어 널리 보급된다.

갓난아이를 죽인 꿈

현재 하고 있는 일이 성사되고 근심걱정이 말끔히 해소되는 길몽이다.

평소에 검은 옷을 입지 않는 사람이 검은 옷을 입고 나타나는 꿈

내 마음속에 죽고 싶다는 소망이 있다는 것을 의미하고, 새로 태어나서 재출발했으면 좋겠다는 소망을 나타내고 있음을 의미한다.

임신을 해서 배가 부른 여자를 본 꿈

다음 날부터 만사가 다 잘 풀리게 된다.

거지를 본 꿈(대박)

길몽이다. 운이 굉장히 좋다. 특히 윗사람의 도움을 받아서 평소에 내가 바라던 것을 성취하게 될 것이다.

수염이 길고 백발이 성성한 노인의 꿈

사회적으로 존경받는 인격의 소유자나 학자를 만나게 된다.

사람이 죽는 것을 본 꿈(대박)

길몽이다. 운세가 아주 좋은데 죽은 사람이 부자라면 그 사람도 장수할 뿐 아니라 자신에게도 좋다.

남자 두 사람 여자 두 사람이 있는 꿈

결혼을 두 번 하게 된다.

여자가 어머니가 죽는 꿈을 꾸거나 남자가 아버지가 죽는 꿈

자신이 부모님과 더 친해지게 된다.

돌아가신 부모님이 꿈에서 나타난 꿈

부모님이 아직 살아계셨으면 하는 나의 소망이 강렬하다는 것을 의미한다. 그리고 상황에 따라 여러 가지 의미의 해몽이 있을 수 있다.

돌아가신 아버지를 꿈속에서 만난 꿈

좋은 일이 생길 것을 예고한다.

죽은 사람과 함께 음식을 먹는 꿈

만사가 예상 밖으로 잘 풀리는 길몽이다.

전혀 모르는 사람이 나타나서 자신과 거래한 꿈

제3자, 일거리, 실제로 만나게 될 사람, 다른 사람의 동일시 등을 나타낸다.

자신에게 충고한 친구의 꿈

자기 아닌 또 하나의 자아를 발견한다.

길에서 잠깐 본 사람이 꿈속에 자주 나타난 꿈

자기와 비슷한 사람을 만나거나 현재의 주변인물을 나타낸다.

유명인과 뽀뽀하는 꿈

추진 중인 일이 주위사람들로부터 인정을 받게 된다.

자기의 그림자가 들판을 가로 지른 꿈

자기의 영향력이 크게 사회에 미친다.

자신이 임신을 하고 출산일이 가까워졌다고 생각하는 꿈

사업의 확장이나 거래 등에 있어서 새로운 사업추진이나 거래처로부터의 지불기일이 가까워졌음을 인식하게 된다.

상대방이 춤을 추는 것을 본 꿈
어떤 자가 자기의 일에 시비나 비평을 가한다.

여자를 보는 꿈
남과 시비가 붙는다.

왕족이나 신분이 높은 사람을 만나는 꿈(태몽)
태몽이라면 성장하여 큰일을 하거나 지도자가 되며, 사업가는 귀인의 도움을 받게 되어 순조롭게 일이 진행되어 마음이 안정된다.

신분이 높은 사람으로부터 물건을 받는 꿈
인생의 위험신호다. 뇌일혈, 심장마비, 교통사고 등 돌발적인 불행을 만날 흉몽이다.

신분이 높은 사람과 동침하는 꿈(태몽)
아기가 후에 신분이 높은 인물이 된다.

높은 사람의 심부름을 하는 꿈
무당이 될 꿈이다.

자기가 사진을 찍거나 녹음해 가는 꿈
다른 사람으로부터 자유를 구속받는다.

산더미 같은 기인이 수염을 길게 늘어뜨리고 있는 꿈
위대한 학자나 정치가를 보게 된다.

자기가 거인이 된 꿈
현실에서 자기가 훌륭한 지도자가 된다.

노인을 만났는데 실제 인물이 아닌 꿈
많은 경험을 필요로 하는 일거리를 얻게 된다.

많은 아이들이 놀고 있거나 모여 있는 꿈
슬픈 일이 생기게 된다.

남의 아이들이 놀고 있는 꿈
자기가 아이를 갖게 된다.

미인의 꿈
무슨 일이든 운이 트인다는 것을 알리는 길몽이다.

추녀의 꿈
남성이 추한 여성의 꿈을 꾸면 여난을 당하게 된다.

추남의 꿈
특히 색깔이 검은 추남의 꿈은 경제적인 곤란에 빠질 징조이다. 또한 한국여인이 흑인의 꿈을 꾸는 것도 좋지 않다.

남자·여자가 함께 물속으로 뛰어 들어가는 꿈
돈을 많이 벌게 되며 걱정거리가 없어진다.

여자가 남자로 변하는 꿈
괴롭고 고민스러웠던 일이 역전되어 경사스런 일로 바뀐다.

자기가 갑자기 늙어 보이는 꿈
실제로 어떤 일을 신중하게 검토하여야 할 경우가 생긴다.

서양인들이 나누는 인사처럼 간단하게 나눈 인사의 꿈

어떤 사람에게 맹세할 일이나 굴복할 일이 생긴다.

지나가는 사람에게 윙크를 했는데 그가 따라온 꿈

자신이 어떤 일을 계획하든 반대하는 사람이 없다.

인상이 나쁜 남자의 꿈

싸움이나 말다툼의 전조이므로 말을 삼가고 싸움이나 말다툼을 피하도록 하는 것이 좋다.

모르는 남자의 얼굴이 꿈에 보이는 꿈

불상사가 일어나고 싸움이나 말다툼이 일어나게 된다.

창녀와 같이 걷거나 노는 꿈

공짜 술을 얻어먹거나 자기주장이 관철된다.

타인과 대화하는 꿈

가까운 장래에 좋은 일이 찾아 들게 된다.

처녀가 악한의 꿈을 자주 꾸는 꿈

혼담이 여러 번 있겠으나 마음에 들지는 않아 혼담이 성사되지 않는다.

남자하인의 꿈

하인이 꿈에 나타났을 경우에는 급한 성질을 삼가는 것이 좋다. 그렇지 않으면 엄청난 잘못을 저지르게 될 지도 모른다.

하녀의 꿈

착실히 일하고 있는데, 슬픈 일이 일어난다.

바보 같은 사람의 꿈

꿈속에 바보가 보이면 굉장히 어려운 일을 당하게 될 예고의 꿈이다.

4. 남의 동작들에 관한 꿈

남들이 내 꿈에서 뭔가 활동을 하는 꿈

별로 좋은 꿈은 아니다. 나한테도 정신적으로 복잡한 일들이 생기는데 남한테도 좋지 않은 일들이 생기기도 한다.

목수가 집을 수리하는 꿈

자기가 가지고 있는 성격이나 육체적인 결함을 고쳤으면 하는 나의 소망을 나타낸 꿈이다.

어른과 어린아이가 운동경기를 하는 꿈

마음속에 어른으로서의 생각과 어린아이로서의 생각이 대립되어 괴로워하고 있다는 것임을 나타낸다.

남자와 여자가 같이 운동을 하는 꿈

자신이 이성 친구에 대해서 기대와 불안이

섞인 복잡한 생각을 갖고 있다는 것을 의미한다.

어떤 꼬마가 내게 온 편지를 가져다주는 꿈

현실에서 다른 사람과 시비를 걸며 싸워야 할 일이 생긴다.

도둑이 방문을 열고 방안으로나 집안으로 들어오는 꿈

불길하다. 아주 험상궂게 생긴 힘센 도둑이 집안에 들어온다면 집안이 망하게 된다. 그러나 다른 것도 아니고 옷을 훔쳐가는 것을 본다면 자신에게 생긴 병이 금방 낫게 될 것을 의미한다.

다른 사람이 내게 피리를 건네주는 꿈

자신의 이름을 사방에 떨치게 될 것을 의미한다.

병든 사람이 앓아누워 있다가 갑자기 일어나는 꿈

흉몽이다. 그 사람이 반드시 죽게 된다. 또 병든 사람이 수레를 준비하면 그 사람은 반드시 죽게 된다.

한번 죽은 사람이 다시 살아나는 꿈(대박)

아주 좋은 일이 생길 뿐 아니라 죽은 사람이 일어서면 엄청나게 좋은 일이 생긴다.

병든 사람이 뛰어다니는 꿈

그 사람은 곧 죽게 될 것을 의미한다.

5. 기타 인간사와 관련한 꿈

사진이 희미하거나 초점이 맞지 않는 꿈

누군가를 알고 싶다고 여기면서도 아는 것이 두렵다고 생각하는 마음이 한편에 있다는 것을 나타낸다.

귀여운 인형의 꿈

행복한 가정생활을 의미한다.

인형의 팔을 잡아떼거나 옷을 찢거나 하는 꿈

자기 자신이 특정한 사람에게 마음을 갖고 있다는 것을 의미한다.

풍선의 꿈

여성의 가슴을 암시한다.

책을 읽고 있는 꿈

인생을 풍요롭게 살아가는 것을 나타낸다.

도서관을 보는 꿈

지식을 얻고 싶다는 것을 암시한다. 또 자기 분야에 더 필요한 지식을 요구하고 있다.

요람의 꿈

아기처럼 의지하고 싶다는 소원을 나타낸 꿈이다.

비누의 꿈

자신의 책임감, 도덕관을 나타낸 꿈이다.

점을 치는 꿈
뭔가를 기대하고 있는 것을 나타낸 꿈이다.

물건을 둔 곳을 잊은 꿈
언제 벌어질지도 모른다는 불안을 나타낸 꿈이다.

떨어지는 꿈
명성이 떨어지는 것을 두려워하고 있음을 나타낸 꿈이다.

목소리가 나오지 않는 꿈
주위에 대한 불만이 강한 것을 나타낸다.

시험을 보아 자신이 합격하는 꿈
꿈과 반대로 실패할 위험이 있다는 것을 나타낸다.

시험에 타인이 불합격하는 꿈
자신이 생각하는 대로 되는 자신에게 기회가 온다는 것을 나타낸다.

시험을 보아 자신이 불합격하는 꿈
꿈과 반대로 좋은 실력을 발휘하고 합격할 꿈이다.

면허가 없어도 차를 운전할 수 있는 꿈
이미 자유롭게 성적 욕망을 채울 수 있다는 주장을 나타내고 있다.

여행하는 꿈
타인은 활동을 하고 있으나 자신은 정지해 있다는 것에 대한 불안한 마음을 나타낸다.

관광여행의 꿈
남의 눈을 의식하지 않고 자신의 욕망을 발산하고 싶다는 소원을 나타낸 꿈이다.

외국여행의 꿈
미지의 것에 대한 당신의 동경, 호기심, 공포 등을 나타낸다.

농담을 하는 꿈
남에게 미움을 사지는 않을까 하는 불안을 나타내고 있다.

상을 받는 꿈
실제로는 자기에게 자신이 없다는 것을 나타낸다.

학교를 졸업하는 꿈
인생의 어떤 단계에서 다음 단계로 옮기는 생각을 나타낸다.

상처의 꿈
정열적인 사랑이나 빚을 지는 것을 나타낸다.

학교나 회사에 지각하는 꿈
지금부터 하는 일이 자신에게 싫거나 맞지 않는다.

데이트에 늦은 꿈
생리임을 염려하거나 임신의 불안을 나타낸다.

뭔가 시험을 보는 꿈에서 답을 쓰지 못하는 꿈
마음속에서의 슬픔이나 불안을 나타낸다.

잠자는 꿈
죽음에 대한 소망이나 평안을 구하는 마음을 나타낸다.

당신이 기술자가 돼 있는 꿈
연인의 진정한 마음을 알고 싶다는 소망을 나타낸다.

주문한 것이 좀처럼 배달되지 않는 꿈
자신의 매력을 드러내고 싶으나 그 기회나 대상이 없어 초조하다는 생각을 나타내고 있다.

차표를 사지 않고 승차하여 근심이 되는 꿈
당신이 현실적으로 떳떳하지 못한 일, 특히 성적인 것으로 양심이 부끄러운 일을 하고 있다는 것을 나타낸다.

자기가 타고 있는 전차가 역에 정차하지 않는 꿈
임신해서 월경이 없어지는 것처럼, 정기적인 구획이 없어지는 것에 대한 불안을 나타낸 것이다.

복도가 너무 길어 방에 도달하기가 어려운 꿈
안식처가 없는 불만을 나타낸 꿈이다.

배(船)가 공중을 날아다니는 꿈(대박)
운세가 대길하고 연구 관계기관이 설립되고 많은 동조자를 얻거나 학문적 성과를 얻는다.

신호나 암호의 꿈
자기 자신의 정신이나 육체의 변화를 나타낸다.

비누를 조금 문질렀는데 거품이 가득해진 꿈
자신이 자위행위를 하고 있는 것이 남에게 알려질까 봐 하는 두려움을 나타낸 꿈이다.

면허증의 꿈
결혼하면 죄악감 없이 성적쾌락을 즐길 수 있다는 생각이다.

누군가를 기쁘게 하는 꿈
실제로는 자신이 그 사람에 대해서 갖고 있는 질투심을 감추려하다.

훌륭한 호텔에 숙박하는 꿈
호기심이나 모험심을 채우는 당신의 능력에 자신이 있다는 것이다.

초라한 여관에 숙박하는 꿈
호기심이나 모험심을 채울 능력에 자신이 없다는 것이다.

접시를 떨어뜨려서 깨뜨리는 꿈
처녀를 범하고 싶다는 소망이다.

접시를 깨버리는 꿈
계약, 혼담 등이 깨지고 고의적으로 깨어버리면 소원이 이루어진다.

접시를 얻게 되는 꿈(태몽)
둘째 자리와 관계되는 직책의 소유자가 되거나 두 번 시집가는 경우가 있다.

컵에 물이나 액체가 가득 담긴 꿈
정신적, 물질적인 소원이 충족되고 그 일부만 하면 일부에 관한 일과 관계된다.

빈병이 날아오는 것을 야구 방망이로 부셔버리는 꿈
빈 베이스를 모두 통과하는 홈런을 날려 승리한다.

처녀가 꽃병을 얻거나 훔쳐 가는 꿈
흠모하는 남자와 결혼하거나 직장에서 어떤 직책이 주어진다.

몸에 바늘이 꽂히는 꿈
자신의 나쁜 행동이나 생각에 대한 벌을 의미한다.

용기의 꿈
일반적으로 여성의 상징이다.

호텔을 예약하는 꿈
특정의 연인이나 결혼상대를 정하고 싶은 소망이 있다.

서가에 책이 정돈되지 않은 꿈
아내의 남편에 대한 성적 불만이다.

소녀가 백마의 꿈을 꾸는 꿈
성에 대한 눈뜸과 정신적인 사랑에 대한 동경이다.

무임승차하는 꿈
폭력적으로 Sex를 하고 싶은 소망이다.

일요일의 꿈
자기 신분이나 지위로부터 벗어나기를 바라는 마음이다.

경기장에 아무도 없는 꿈
여성이 자기 몸에 무언가 비밀을 갖고 있어, 그것이 남에게 알려지기 싫다는 생각이다.

교실에서 제일 앞에 앉아있는 꿈
자신이 도덕심이 강한 성격이라는 것을 나타내고 있다. 나쁘게 말하면 자주성이 없다는 것이다.

교통사고나 기타의 일로 상처를 입는 꿈
당신의 도덕적 양심이 불안한 위치에 처해 있다는 것이다.

고향의 꿈
번거로운 일에서 벗어나고 싶은 것이다.

꿈속에서 어디서인지 들려오는 목소리의 꿈
자신에 대한 경고를 나타내는 전조이다.

지갑이 비어 있는 꿈

이성과의 사랑의 교류가 없는데 대한 외로움을 호소하고 있다.

자신이 앉을 좌석이 없는 꿈

자신이 목표하고 있는 것이 더욱 높은 상태로 참가자격이 아직 본인에게 없다는 쓸쓸함을 나타낸 꿈이다.

시합이나 게임의 꿈

자신의 정신적인 갈등을 의미한다.

꾸중을 듣는 꿈

양심의 소리에 귀를 기울이고 있다는 것이다.

차단기의 꿈

자신이 새로운 삶의 태도를 강력히 방해하고 있는 것이 있다.

전차나 지하철의 꿈

강력한 남성적 욕망을 나타낸다.

시험에 실수를 해서 고생하는 꿈

단념하고 있던 일이 잘 해결될 기회가 온다는 것이다.

손에 미치지 않는 곳에 부엌칼을 버리는 꿈

자신의 성적 역할을 명확히 하려는 생각이다.

안경 꿈

어른의 교활하고 빈틈없음, 불결함에 대한 젊은이의 반감을 나타낸다.

자기가 고급 라이터를 갖고 있는 꿈

자신의 성적 능력을 자기가 높이 평가하고 있다.

냉장고 속의 물건이 썩는 꿈

섹스에 대해서 억제심 또는 혐오감이나 공포심을 갖고 있다.

로켓트가 발사되는 꿈

섹스에서의 사정을 의미하고, 성적 흥분의 오르가즘을 바라고 있다.

벽의 색을 바꿔 칠하는 꿈

자신의 환경을 변경해 볼 필요가 있을 것을 암시한 것과 같다. 그렇지 않으면 자기의 주위와 어떤 문제로 충돌할 가능성이 있음을 나타낸다.

주거나 받거나 한 보석이 흐려 있는 꿈

사랑하는 마음이 흐림을 나타낸 것을 암시한다.

꿈에서 남의 차를 타고 있는 꿈

그 차를 운전하고 있는 사람이 자신의 운명을 좌우하는 사람이다.

꿈속에서 기차나 비행기를 놓치는 꿈

좋은 기회를 놓쳤다는 생각을 나타낸다.

못의 꿈
섹스로 남성이 여성을 공격하여 상처를 입히는 것이라는 생각이 표현되고 있다.

부드럽게 못을 박는 동작의 꿈
성행위를 의미하고 있다.

집을 지을 제목이 썩거나 이상한 형태가 된 꿈
몸의 어딘가에 고장이 있을 것을 나타낸 꿈이다.

책의 내용이 목차와 같지 않는 꿈
일이 계획대로 안 되는데 대한 불안을 나타낸 것이다.

편지의 꿈
대개 경우 자신의 과거를 알리는 것이다.

환자실이 만원인 꿈
자기를 상대해 줄 이성이 없다는 실망을 나타낸 꿈이다.

화장실이 외부로부터 훤히 들여다보이는 꿈
무의식 중에 자기의 성적 매력을 과시하고 싶다는 것을 나타낸다.

눈이 충혈 되는 꿈
처녀성을 잃는데 대한 불안과 기대를 나타낸다.

모포를 목이나 다리에 걸치는 꿈
성생활의 권태를 나타낸다.

파티의 꿈
축복을 받고 싶다는 희망과 기대를 나타내고 있다.

백과사전의 꿈
성적 지식을 조급히 목에 익히고 싶다는 소망을 나타낸 꿈이다.

도의 경계표지나 국경표지의 꿈
남자의 성기를 나타낸다.

밀수의 꿈
남에게 공개할 수 없는 사항에 관계하고 있는 것을 의미한다.

자신이 학생시절로 돌아간 꿈
여자로 인해 가정이 심란하고 집안이 산란하다. 재물로 인한 다툼이 있거나 분쟁이 생긴다.

무거운 가방을 메고 가는 꿈
미혼남이나 홀아비라면 장가 갈 꿈이다. 다만 금전거래는 손재수가 있다.

거울이 깨지는 꿈
시간이 흐르면 하는 일에 발전이 있다. 시작하기 전에 세밀히 검토하고 진행하면 무난하다. 감옥에 갇혀 있는 춘향이가 어사또가 된 몽룡이를 만나기 전에 꾼 꿈이다.

무대에서 강한 스포트라이트를 받는 꿈
세상에 크게 알려지고 소원, 계획이 성취된

다. 인기가 급상승하는 것을 전조한다.

자신이 수술 받는 도중 목숨을 잃는 꿈

환자라면 상태가 어렵고 매매관계는 성사직전에 깨진다.

자신이 교통사고로 불구가 되는 꿈

관재 구설이 일어나거나 뜻밖의 사고로 의욕을 잃는다. 오로지 본인 업무에만 충실하라.

의사가 약을 처방해 주는 꿈

직장인은 영전하거나 사업이 날로 발전, 번영할 꿈이다.

형제자매가 환자가 된 꿈

사업상 어려운 결정을 해야 할 시기다. 투자에 적은 돈을 아끼면 차질이 생긴다.

제3장 사람의 각종 행위에 관한 꿈 해몽

1. 시험, 연설에 관한 꿈

시험에 낙방하여 통곡하며 집으로 돌아가는 꿈
꿈과는 반대로 우수한 성적으로 시험이나 취직이 이루어진다.

시험감독관 앞에서 답안지를 작성한 꿈
신원조회를 받거나 불신검문을 받게 된다.

시험을 치러 갔는데 늦게 도착한 꿈
무슨 일을 하던 남에게 인정을 받지 못한다.

시험에 떨어져서 슬퍼하거나 많은 삶들로부터 질책을 받은 꿈
어떤 일이든 순조롭게 진행되며 시험 칠 일이 있으면 무난히 합격한다.

시험을 치는데 남의 것을 훔쳐 본 꿈
시험에 떨어져 슬퍼했던 꿈과 똑같은 결과에 직면한다.

시험과는 관계가 없을 사람이 시험을 치르고 있는 것을 본 꿈
계획했던 일을 시작하며 쉽게 이루어지고 취직운도 트이게 된다.

합격자 발표를 하는데 자신의 이름이 유난히 돋보인 꿈
수석으로 합격하게 된다.

시험을 치르는데 필기구가 없어서 마음을 졸였던 꿈
시험에도 떨어지고 취직이 되지 않아 의기소침해진다.

시험관 앞에서 답을 쓰고 있는 꿈
상대방에게 어떤 사상 검토를 당하거나 어떤 소청을 할 일이 생긴다.

시험을 치러 갔는데 늦게 도착한 꿈
매사가 답답하여 풀리지 않고 무슨 일을 하던 남에게 인정을 받지 못할 것이다.

구술시험을 본 꿈

사업상의 일 등으로 사람을 만나 논쟁을 벌일 일이 생긴다.

시험을 보아 자기가 합격하는 꿈

실패할 위험이 있다는 것을 나타낸다.

시험을 보아 자기가 불합격하는 꿈

실력을 발휘할 수 있다는 것을 나타낸다.

작문시험을 보던 중 답안지를 시험감독관에게 받친 꿈

자신의 신원조회를 받게 되거나 힘있는 사람에게 협조를 구하게 될 것이다.

자신과 전혀 관계가 없는 것에 대한 시험을 본 꿈

현재 진행하고 있거나 계획한 일이 쉽게 이루어지고 취직운도 트인다.

시험에 떨어져서 슬퍼하거나 많은 삶들로부터 질책을 받은 꿈

어떤 일이든 순조롭게 진행되며 시험 칠 일이 있으면 무난히 합격할 것이다.

시험에 떨어진 것을 확인하고 집으로 돌아오는 꿈

시험을 치르면 수석을 하거나 우수한 성적으로 합격하게 될 것이다.

시험장에서 시험감독관과 말다툼을 하는 꿈

실제로 시험장에서 기분이 불쾌하고 제대로 시험을 치르지 못하게 된다.

시험감독관에게 답안지를 제출한 꿈

직장을 옮기거나 전근, 또는 가까운 사람과의 이별수가 있을 것이다.

시험 보는 것에 관한 꿈

시험을 앞둔 사람의 꿈과 시험과 관계없는 사람의 꿈이 다르다.

뭔가 시험을 보는 꿈에서 답을 쓰지 못하는 꿈

마음속에서의 슬픔이나 불안을 나타낸다. 그러나 진실한 마음을 감추기 위해서 흘리는 눈물도 꿈속에는 많은 것이다.

교실이나 강당에서 면접시험을 보거나 유명인사나 선생님의 강의를 듣는 꿈

원하는 소망이나 구상하는 계획 및 경영사 등에 불안이 생기고 기대가 엇갈리는 혼란이나 애로를 치르게 된다.

면접시험을 보는 꿈

상대방과 사업상의 대화, 논쟁, 설전할 일과 관계된다. 생각지도 않게 친인척이나 친구를 만나게 된다. 상봉, 합의, 상의 등이 있다.

시험을 치르는데 필기구가 없어서 마음을 졸였던 꿈

시험에도 떨어지고 취직이 되지 않아 의기소침해진다.

시험을 치르는데 문제가 몹시 어려웠던 꿈
해결할 수 없는 문제가 발생해 여러 방면으로 고통을 받을 일이 있다.

사촌이 성혼을 했다는 소식을 들었던 꿈
가까운 사람이 동거 생활에 들어갔다는 사실을 알게 된다.

군중들의 앞에서 열렬하게 웅변을 토한 꿈
어떤 단체에 가입해 기반을 닦게 되고 작품 등을 발표하게 된다.

연설을 하는데 군중이 꾸역꾸역 몰려든 꿈
큰 사업을 시작해도 잘 풀리지 않아 도산의 위기에 처하게 된다.

하늘에서 무슨 말인가가 들렸던 꿈
사람의 입을 통해서나 우편물 등으로 획기적인 사실을 알게 된다.

시험 때문에 몹시 괴로워했던 꿈
현재의 산재한 풀리지 않는 일을 풀려고 노력하지만 그러면 그럴수록 꼬이기만 한다.

연설을 하는 도중에 모였던 군중들이 흩어져 버린 꿈
자신의 계획에 동조해 줄 사람이 많아서 무슨 일을 하든 무난히 처리된다.

아무도 없는 산꼭대기에서 연설을 한 꿈
세상 사람들이 크게 놀랄만한 일을 혼자서 쉽게 처리한다.

2. 받거나 얻는 꿈

조상이 주는 물건을 받는 꿈
횡재를 하거나 유산을 상속 받는 등 생각지도 않았던 재물이 들어온다.

병원에 한 달간 입원해야 된다는 진찰카드를 받는 꿈
1년간 그 기관에서 일하거나 일거리를 보관해 두어야 한다.

하늘에서 떨어지는 유성이나 옥(보석)을 손으로 받는 꿈이나 이와 비슷한 꿈
신의 도움으로 뜻밖에 횡재수가 있다. 재물, 돈, 명예, 문서, 임신, 임명장, 상장, 훈장, 승진, 당선, 합격, 자격취득 등이 있다.

남이 준 손수건을 받는 꿈
남의 고용인이 되거나 도움을 받고 그의 뜻에 동조한다.

아는 친지로부터 아기를 받는 꿈
남의 죄를 떠맡아 사이좋게 같이 망신살이 뻗치게 된다. 누명, 구설, 우환 등의 불운이 닥친다.

친구에게 서류뭉치를 받는 꿈
어떤 일에 계약을 하거나 문서상 기쁜 일이

생기게 된다. 수주, 선물이 있다.

스승, 국가원수 등으로부터 책과 필기도구를 받는 꿈

윗사람의 도움을 받아 당당히 시험에 합격하고 마음먹은 대로 소원성취한다. 입학, 승진, 당선, 학위, 자격취득, 승리, 성공, 재물, 돈, 여권, 비자 등의 길조이다.

마음에 드는 모자를 사거나 선물 받는 꿈

뜻하지 않은 횡재나 좋은 직장으로 옮기게 된다.

코수술을 받는 꿈

코를 높이기 위한 수술은 점차 운세가 호전될 길조이다.

낯모르는 사람에게 매화를 받는 꿈

남녀가 사랑의 증표나 고운 선물을 주고받으며 분홍빛 꿈을 꾼다.

여러 가지 빛깔의 물고기를 치마로 받는 꿈

인기인이 되어 사회적으로 유명하게 될 아이가 될 태몽이다.

세무사로부터 두툼한 서류뭉치를 받는 꿈

모든 복잡한 서류가 깨끗이 완결되어 좋은 결과를 얻는다. 선물, 희소식이 온다.

회계사로부터 문서상 회계장부를 받는 꿈

문서상에 기쁜 일이 있고 마음먹은 대로 일이 풀린다. 임명장, 상장, 훈장, 계약 등이 있다.

의사에게 하얀 알약을 받는 꿈

실제로 약효의 탁월한 효험을 얻어 각종 질환에 도움이 된다. 확실한 실력자를 만나 지도와 도움을 받고 좋은 성과를 올리게 된다. 예방, 치료, 건강, 경감, 처치, 영향, 완화, 대책, 성과, 결과, 선약, 독극물, 변동, 변화, 혁신, 보호, 생사, 생기, 기분전환 등을 상징한다.

활을 얻거나 선물로 받는 꿈

자신에게 큰 힘이 될 사람을 만나게 되는 꿈.

최고의 통치자로부터 자신의 이름을 호명 받는 꿈(대길)

확실한 시험에 합격되거나 국회, 지방의회에 당선하여 소원성취하게 된다.

택시 안에서 손님과 담배를 주고받는 꿈

부동산, 물건, 상품, 사업 등에 관한 계약과 좋은 인연을 맺게 된다.

넥타이를 선물 받는 꿈

직위 상승이나 새로운 친구가 생길 꿈, 미혼 여성은 좋은 남자를 만나게 된다.

배우나 탈렌트로부터 선물을 받는 꿈

실제로 비슷한 일이 생기거나 친한 친구로부터 귀한 선물을 받는다.

임산부가 오색찬란한 물고기를 치마에 받는 꿈 (태몽)

태어날 아이가 장차 소설가가 되어 인기작품을 쓰거나 인기인이 되어 사회적으로 유명인이 되고 많은 재물을 모으게 되고 높은 지위를 얻게 된다.

길거리에서 경찰관에게 심문을 받는 꿈

지금까지 하던 일이 중단되고 매우 어려움을 겪게 된다. 고생, 불운이 있다.

버스에서 내려 주는 물건을 받는 꿈

기관, 회사 등에서 일거리, 권리, 이득, 명예 등을 얻는다.

택시에서 내려 주는 물건을 받는 꿈

기관, 회사 등에서 일, 권리, 이득, 명예를 얻게 된다.

깊은 산중에서 미인을 만나 안내를 받는 꿈

입신출세하게 될 길몽이다.

대통령, 임금 등 매우 높은 신분에게 명함을 받는 꿈

취직을 하게 되거나 승진을 하게 될 것이며 통과해야 할 어떤 관문에 합격하게 되리라 본다. 또한 뜻밖의 횡재를 하게 될 지도 모른다.

고승대덕한 스님으로부터 불경 책을 받는 꿈

자비스런 불자나 법사가 되어 많은 중생에게 불법을 전하게 된다. 입학, 승진, 합격, 당선, 논문통과, 학위, 자격취득, 상장, 훈장 등이 있다.

하늘에서 떨어지는 돌을 손으로 받는 꿈

신의 선물로 확실한 복을 받는다. 뜻밖에 윗사람의 도움으로 거액을 만지게 된다.

윗사람에게 선물로 운동화를 받는 꿈

실제로 경기대회에 출전권의 자격을 받게 된다. 선물을 받는다.

법원 또는 법정에 출두하거나 경찰 또는 사법기관의 조사를 받는 꿈

어떤 말썽이나 차질이 생겨 어려움을 겪게 되며 여러 가지 장애와 난관을 치르게 된다. 자신이 원고일 경우의 꿈은 남보다 유리한 결과를 얻게 되고, 자신이 피고일 경우의 꿈은 남보다 불리하고 나쁜 결과에 부딪친다. 재판의 승패와 관계없이 제반 주변의 일이 정리된다.

윗사람에게 문서의 결재를 받는 꿈

누군가에게 부탁한 일이 받아들여지거나 기타 소원이 성취된다.

많은 군중이 모인 곳에서 윗사람으로부터 양귀비꽃을 받는 꿈

어떤 창작물 과 공적 사항으로 상, 훈장을 받거나 푸짐한 선물을 받는다.

차표나 승차권, 패스 등을 구입, 사용하거나 검표를 받는 꿈

심리적 갈등과 방황을 겪을 애로사항이 발생되며 충동이나 유혹에 의한 장애 내지 손실에 부딪치게 된다.

친분 있는 사람에게 튜울립꽃을 받는 꿈

예쁜 선물과 사랑의 고백을 받게 된다. 상장, 훈장, 임명장, 재물, 횡재 등이 있다.

하늘에서 떨어지는 돼지를 손으로 받는 꿈

천신의 도움으로 만복을 받아 부자가 된다. 행운, 재물, 돈, 잉태 등 길조이다.

국가원수로부터 증서를 받는 꿈

승진하여 자리바꿈이 생기고 상, 훈장을 받게 된다. 입학, 당선, 합격, 논문통과, 학위, 자격취득, 결재, 계약, 취직, 수주, 상장, 훈장, 행운, 성취 등이 있다.

친분있는 사람으로부터 국화를 받는 꿈

상, 훈장이나 자격증을 받고 새롭게 다시 태어난다. 선물, 재물, 돈 등이 생긴다.

애인이나 친구로부터 예쁜 다이아반지를 받는 꿈

선남선녀가 약혼과 결혼을 약속하게 된다. 재물, 돈, 선물이 들어온다.

교수로부터 귀한 책을 받는 꿈

확실한 공적으로 인하여 상, 훈장을 받고 명성을 떨치게 된다. 선물이 있다.

날아가는 용의 똥을 두 손으로 받는 꿈

뜻밖에 일확천금을 거머쥐게 된다. 적금, 곗돈, 목돈이 생긴다.

하늘의 신으로부터 신비한 꽃을 받는 꿈

종교, 인문, 과학, 의학 등의 발달을 가져다 주고 일신상에 경사스런 일이 생긴다. 명예, 부귀, 상장, 훈장, 임명장, 선물, 합격, 당선, 승진, 학위, 자격취득 등이 있다.

플래시를 받는 꿈

당신이 강렬한 사정이나 오르가즘을 생각하고 있다는 것을 나타낸다.

신령으로부터 꽃다발을 받는 꿈

학원에서 학위를 받거나 기관에서 명예를 얻고 결혼이 성립되기도 한다. 명예, 경사, 기쁜 소식 등이 있고 뜻밖의 횡재를 하여 재수가 대통하다.

친구에게 붉은 카네이션을 받는 꿈

실제로 친구나 사랑하는 애인에게 사랑의 선물을 받는다. 횡재, 재물, 행운 등이 있다.

병원에서 엑스레이 촬영을 받는 꿈

어떤 일이나 사실이 백일하에 뚜렷하게 드러나게 된다. 검사, 발표, 현상 등이 있다.

병원에 가서 의사에게 진찰을 받는 꿈

실제와 같은 꿈일 수도 있고, 또한 업무나 일거리를 전문가에게 의뢰하여 확실하게 검사를 받게 된다. 진료, 심사, 검사, 판결, 의뢰, 협조, 일거리 등이 있다.

군인이나 경찰이 하늘에서 별이 떨어지는 것을 받는 꿈
공적 사항으로 인해 특진을 하고 찬란한 스타가 된다.

신의 전송을 받는 꿈
이 꿈은 자손의 행운을 의미하는 길몽이다. 아이들로 인한 즐거운 일이 생긴다.

친구에게 해당화를 받는 꿈
실제로 친구나 사랑하는 사람으로부터 예쁜 사랑의 증표를 받는다. 선물, 물품, 상장, 훈장, 임명장, 재물, 돈, 수입, 수금, 계약, 수주 등이 있다.

판사로부터 사건을 기록한 서류뭉치를 받는 꿈
뜻밖의 많은 일거리가 터져 분주다사하고 좋은 일도 생기게 된다. 계약을 하게 된다.

백발노인으로부터 귀중한 의학서적을 받는 꿈이나 이와 유사한 꿈(태몽)
임산부는 자식을 낳아 장차 커서 훌륭한 의사로 만든다. 문서, 선물, 재물 등이 생긴다.

노인으로부터 예쁜 사과 하나를 받는 꿈이나 이와 비슷한 꿈(태몽)
부인과 새댁은 임신을 하여 예쁜 딸을 낳는다. 횡재, 재물, 돈, 선물, 식복, 명예, 상장, 훈장, 임명장, 하청, 낙찰, 행운 등이 있다.

털장갑을 선물 받는 꿈
고민이 풀리고 마음이 안정을 찾는다.

변리사로부터 문서나 인장, 관인 등을 받는 꿈
매우 어렵던 문서에 결재가 나거나 별을 따듯 힘들던 특허를 받아낸다.

하늘에서 떨어지는 영롱한 옥덩어리를 앞치마로 받는 꿈(태몽)
태몽으로, 부인과 새댁은 임신을 하여 옥동자를 낳는다. 옳은 일을 했으면 천복을 받는다.

경기에서 우승을 하여 많은 사람들 앞에서 우승컵을 받는 꿈
장래가 밝고 사회적으로는 명성이 있는 회사에 취직 또는 전근을 하게 된다.

부처님으로부터 만수향을 받는 꿈
지성이면 감천으로 온갖 정성을 다하면 큰 대업을 쌓게 된다. 천우신조로 귀한 보배와 재물을 얻게 된다. 임신, 교리, 소원성취 등이 있다.

농부로부터 싱싱한 푸른 고추를 받는 꿈(태몽)
부인과 새댁은 임신을 하여 옥동자를 낳는다.

한의사에게 진맥을 받는 꿈
어떤 새로운 자료나 발명품을 전문기관에 의뢰하게 된다. 실제로 약방이나 병원에 찾아가 진찰을 받게도 된다. 검사, 조사, 도움 등을 암시한다.

상대방과 계약서를 작성하고 또 그에 따르는 돈을 받는 꿈

실제로 이러한 일을 체험하거나 어떤 계약이 체결됨을 뜻한다.

신발을 선물 받는 꿈

교통사고를 조심하라는 암시의 꿈. 혹은 초청을 받아 결혼식에 참석하거나 여행을 떠난다.

아는 사람으로부터 초대권을 받는 꿈

실제로 특별공연에 초대를 받아 영접을 받게 된다. 재물, 돈, 선물 등이 있다.

남에게 책을 받거나 책을 펴놓고 가르침을 받는 꿈

지식이 늘어나고 장차 다른 사람들로부터 존경받는 귀한 인물이 되거나 크게 발전할 징조이다.

차표나 승차권, 패스 등을 구입, 사용하거나 검표를 받는 꿈

심리적 갈등과 방황을 겪을 애로사항이 발생되며 충동이나 유혹에 의한 장애 내지 손실에 부딪치게 된다.

휴대폰으로 대화를 주고받는 꿈

실제로 긴급사항이나 정보와 소식을 주고받게 되고 새로운 일을 접하게 된다. 신문, 잡지, 매스컴, 통지, 우편물, 연락, 섭외 등이 있다.

부모님이나 스승으로부터 문패를 받는 꿈

재산을 물려받거나 직장에서 승진한다. 합격, 당선, 상장, 훈장 등의 길조이다.

부모님이나 윗어른으로부터 금시계를 받는 꿈

신분과 직위가 높아지고 명성이 자자하다. 임명장, 자격증, 학위 등을 얻는다.

알지 못하는 이성의 윙크를 받는 꿈

자신이 관계하는 일에서 어떤 사람의 계략이나 모함에 빠지거나, 명예를 손상당할 일과 관계하게 됩니다.

윗사람이 준 옷을 받는 꿈

보상, 직장, 권리 들이 주어진다.

배구공을 주고받는 꿈

어떤 시비 거리로 공과를 따질 일이 발생한다.

성현이나 높은 위인으로부터 용무늬가 새긴 도장을 받는 꿈

직장에서 승진하고 입신출세하게 된다. 합격, 당선, 승리, 재물, 행운 등이 있다.

처녀가 대추나무 밑에서 떨어지는 대추알을 받는 꿈

곧 혼담이 들어와 지적이고 세련된 훌륭한 신랑감이 혜성같이 나타난다. 재물과 돈이 생기고 푸짐한 먹을 것이 들어온다. 부인과 새댁은 임신을 하여 옥동자를 낳는다. 횡재, 수주, 관급, 도급, 낙찰 등이 있다.

윗사람으로부터 양배추 하나를 받는 꿈(태몽)

부인과 새댁은 임신을 하여 곱고 예쁜 딸을 낳는다. 명예, 임명장, 자격증, 상장, 훈장, 횡재, 재물, 돈, 물품, 선물, 식복 등이 있다.

예언가로부터 책을 받는 꿈

부귀공명하고 세상에 이름을 떨치게 된다. 입학, 당선, 합격, 승진, 취직 등이 있다.

현재 아무것도 하지 않는 중병의 환자가 큰 절을 받는 꿈

병이 악화되거나 머지않아 죽는다.

스타킹(양말) 세 켤레를 선물 받는 꿈

미혼인 겨우 혼담이 들어오거나, 3에 관한 것들이 당신을 도와준다.

통행권을 받는 꿈

관문을 무사히 통과하여 목적지로 가게 된다. 반출반입, 여권발급이 있다.

부모님으로부터 아파트 열쇠를 받는 꿈

갈구하고 있던 소망이 이제 희망찬 행운으로 다가온다. 합격, 행운이 있다.

부모님으로부터 에메랄드 반지와 팔찌를 받는 꿈

집안에 혼사 문제가 있거나 경사스런 일이 있다. 귀하고 예쁜 선물을 받는다.

많은 기자로부터 인터뷰에 응해 달라고 부탁받는 꿈

군중이 많이 모인 곳에서 새로운 자료를 발표하거나 중대한 회의를 갖는다.

치아가 갑자기 까맣게 되거나 썩어들고 아파서 고통받는 꿈

재물과 이권의 손실이 생기고 집안에 질병 및 근심거리가 발생되어 곤란을 치르게 되며, 만일 배우자나 연인의 치아일 경우는 그들이 바람을 피우거나 눈속임을 하게 된다.

보험설계사로부터 희귀한 문서를 받는 꿈

뜻밖에 좋은 경사스런 일이 있고 문서상 행운을 맞이하게 된다.

상대방에게 각서나 시말서를 받는 꿈

상대방에게 명령을 하거나 신변 조사할 일이 생긴다.

한의사에게 한약 9첩을 받는 꿈

실제로 환자는 구사일생으로 죽을 고비를 넘어 살아난다. 9라는 숫자의 관계가 확실히 좋은 결과가 있다는 것을 암시한다. 예컨대, 9개, 9봉지, 9일, 19일, 29일, 39일, 90일, 900일 등의 숫자를 암시하고 의사, 성인, 도인, 종교인 등을 상징한다.

밤나무 밑에서 떨어지는 밤알을 손으로 받는 꿈

수주, 관급, 도급, 경매물 등의 입찰을 하면 손쉽게 낙찰권을 손에 거머쥔다.

하늘에서 떨어지는 돼지를 손으로 받는 꿈(태몽)

천신의 도움으로 만복을 받아 부자가 된다. 행운, 재물, 돈, 잉태 등 길조이다.

옥황상제가 천도복숭아를 자신에게 주어 받는 꿈

오래도록 건강하게 장수한다.

낯선 사람으로부터 모과를 받는 꿈

상, 훈장과 임명장을 받거나 푸짐한 선물이 들어온다. 횡재, 재물, 돈, 물품 등이 생긴다.

백발노인으로부터 귀중한 의학서적을 받는 꿈이나 이와 유사한 꿈

임산부는 자식을 낳아 장차 커서 훌륭한 의사로 만든다. 문서, 선물, 재물 등이 생긴다.

운전면허나 기능적 면허 따위의 증서를 받는 꿈

방도 또는 임무가 주어진다.

크리스마스카드를 받는 꿈

행운의 여신으로부터 사랑의 선물을 받는다. 희소식, 편지, 선물 등이 있다.

노인으로부터 금방울 종 한 쌍을 받는 꿈

선남선녀가 백년의 가약을 맺고 멋진 꿈에 부풀게 된다. 횡재수가 있다.

상관에게 결재 도장을 받는 꿈

후원자에 의해서 소원이 충족되고 진급이나 사업성과를 얻는다.

신의 전송을 받는 꿈

이 꿈은 자손의 행운을 의미하는 길몽이다. 아이들로 인한 즐거운 일이 생긴다.

윗사람으로부터 함박꽃을 받는 꿈

상, 훈장을 받거나 재물과 돈이 들어온 다. 선물, 물품, 임명장, 임신 등 경사가 생긴다.

지위가 높은 귀인에게 화려하게 치장된 총이나 칼을 선물 받는 꿈(태몽)

사업이 번창하고 월급쟁이는 승진, 영전하며 지위나 명예가 높아지고 재물과 이권이 생기는 소망성취와 더불어 부귀가 얻어지게 된다. 미혼여성은 훌륭한 남성을 배우자로 맞이하게 되며 장차 귀하게 출세할 자녀가 임신될 태몽인 경우도 있다.

공중에서 포도송이가 내려오는 것을 받는 꿈(태몽)

태몽으로, 아이가 장차 관리나 교사 또는 작가 등으로 성공한다.

아는 친지로부터 아기를 받는 꿈

남의 죄를 떠맡아 사이좋게 같이 망신살이 뻗치게 된다. 누명, 구설, 우환 등의 불운이 닥친다.

병원에 한 달간 입원해야 된다는 진찰카드를 받는 꿈

1년간 그 기관에서 일하거나 일거리를 보관해 두어야 한다.

국회의원 당선통지서를 받는 꿈

어떤 위원회의 임원이 되거나 세미나 또는 연구 발표회, 방송국 등에 초대된다.

상으로 수저를 받는 꿈

재산을 상속 받거나 사회에서 어떤 일거리나 재물을 위임받게 된다.

의사에게 약초나 풀뿌리를 받는 꿈

실제로 환자는 병이 깨끗이 낫는다. 자격취득, 선물, 합격, 승진, 당선, 계약 등이 있다.

옷감이나 비단을 선물 받는 꿈

혼담이 오가거나 연인을 만나게 된다.

어미 팬더곰에게 대나무순을 받는 꿈

친구나 애인에게 예쁜 선물을 받고 사랑과 우정의 표시를 한다.

돈 중에서 금줄이 쳐져있고 상(賞)자가 씌어진 것을 받는 꿈

금액이 암시하는 것이 시일 후에 크게 이득을 얻는다.

여러 가지 빛깔의 물고기를 치마로 받는 꿈(태몽)

인기인이 된다.

늑대소굴 속에 들어갔다 나와 보니 사람들에게 눈총을 받는 꿈

예기치 않았던 사건에 휘말려 혐의를 받거나 모함을 당하게 된다.

은행에서 대출을 받는 꿈

횡재를 하거나 뜻밖의 재물과 목돈이 생긴다. 곗돈, 뭉칫돈, 재수대통 등의 길운이다.

노인으로부터 예쁜 사과 하나를 받는 꿈이나 이와 비슷한 꿈(태몽)

부인과 새댁은 임신을 하여 예쁜 딸을 낳는다. 횡재, 재물, 돈, 선물, 식복, 명예, 상장, 훈장, 임명장, 하청, 낙찰, 행운 등이 있다.

부채를 얻는 꿈

행운이 온다. 그러나 부채를 잃어버리면 이혼하게 된다.

큰 길가에서 패물이나 금전을 얻는 꿈

머지않아 이권 또는 재물이 생기고 경영하는 일이나 소망사의 순탄한 발전이 따르게 된다.

비단 천이나 고급 견직물로 만들어진 훌륭한 베개를 얻는 꿈

재물에 이로움이 생기고 귀인이나 유력자의 도움을 받게 된다.

친척집이나 친구에게 과일과 먹을 것을 얻는 꿈

새댁과 부인은 임신을 하고, 가정식구는 물

건을 구입한다. 선물과 횡재수가 있다.

파나 마늘 등을 얻는 꿈

태몽일 경우, 태아가 장차 선전원, 전도원, 교직자, 기타 정신적인 지도자가 된다.

바나나를 얻는 꿈

태몽으로, 부인과 새댁은 임신을 하여 귀한 아들을 낳는다. 횡재, 재물, 돈, 물품, 선물, 명예, 계약, 상장, 훈장, 자료, 낙찰 등이 있다.

신으로부터 음식물을 얻는 꿈

장수할 꿈이다. 중환자인 경우라도 죽음의 위기를 벗어나 건강을 회복하게 된다.

책을 얻는 꿈

진리, 방도, 학문, 선생, 계시 등을 상관하게 되고 서적을 사거나 얻게도 된다.

긴 칼을 얻는 꿈

아내나 애인의 건강에 심각한 이상이 예상된다.

곡식의 이삭을 얻는 꿈

여러 방면으로 도움을 받아 자본이 생긴다.

처녀가 유리잔을 얻는 꿈

활발하고 시원스런 배우자를 맞고, 금이 간 컵을 얻으면 사업 기반, 회담, 배우자의 일에 흠이 있거나 완전치 못하다.

약방에서 감초를 얻는 꿈

어떤 일에 있어서 좋은 결과로 매듭지어지고 일이 잘 풀린다. 물건 구입을 한다.

호랑이, 사자 등의 머리를 얻는 꿈

큰일의 중요한 부분이 성사되거나 권리와 명예를 얻으며, 우두머리가 된다.

용이 바다나 큰 강물로 들어가거나 용을 본 후 구슬이나 비늘을 얻는 꿈(태몽)

크게 출세하고 이름을 떨치며 부귀, 번성하는 영화와 발전, 안정을 누리게 된다.

낚시도구를 얻는 꿈

돈을 버는 수단이나 일에 대한 방도, 사람을 구하는 방법 등이 생긴다.

갑작스러운 사람을 만나게 되고 그 사람에게서 낚시도구를 얻는 꿈

돈을 버는 수단을 알게 되고 일처리에 대한 방법, 사람을 구하는 방법 등이 생기게 된다.

금반지를 얻는 꿈(태몽)

대체로 여아를 출산하게 되면 태아는 성품이 원만하고 영리하다.

조상이 사용하던 밥그릇을 얻는 꿈(태몽)

소유자는 유업을 계승하거나 전통적인 일에 종사하게 된다.

금으로 만든 두꺼비, 송아지 등을 얻는 꿈 (태몽, 대박)

태몽일 경우에는 부귀공명할 자손을 얻게 된다. 또는 복권에 당첨된다.

곡식의 이삭을 얻는 꿈

여러 방면으로 도움을 받아 자본이 생긴다.

남에게 필기도구를 얻는 꿈

백화점, 시장, 판매점 등에서 물건을 구입하거나 선물이 들어온다.

신발을 얻는 꿈(태몽)

자수성가를 해서 세인의 이목을 한 몸에 받는다.

한꺼번에 6~7개의 달걀을 얻는 꿈

개수 만큼의 날수만큼 앓게 되고, 헤아릴 수 없이 많은 달걀을 소유하게 되면 그만큼의 많은 이득이 생기게 된다.

깨끗한 동전을 얻는 꿈

새로운 친구를 소개받거나 직장에 취직이 된다.

흙을 파서 금은보화나 대통령의 직인 또는 고고학적 유물 등을 얻는 꿈

어떤 기관, 학원 등에서 연구나 사업성과를 얻고 권리나 횡재 등이 생기게 된다.

결혼 전에 처녀가 재떨이를 얻는 꿈

자신의 어려운 일이나 격한 감정을 잘 조절해 줄 남편을 맞는다.

핸드백을 구입하는 꿈이나 얻는 꿈

큰 근심거리가 생긴다. 사업은 항상 근심이 떠나지 않는다.

상대방에게 담뱃불을 얻는 꿈

남에게 물질적인 도움을 받거나 재물이 생긴다. 대출, 채무, 수입 등이 있다.

친인척이나 주변 사람으로부터 예쁜 동물을 얻는 꿈

실제로 애완용 동물을 사오거나 친구에게 선물로 받는다.

맑은 옥도장을 얻는 꿈(대길)

부귀공명하고 입신출세하게 된다. 재물과 돈이 생기고 호화로운 주택을 장만한다. 입학, 승진, 당선, 합격, 승리, 자격취득, 운수대통 등이 있다.

복권을 사거나 얻는 꿈

소개장 또는 상품권, 계약증서 등을 받는다.

숟가락을 얻는 꿈(태몽)

소유자는 사업가가 되거나 식생활에 궁핍을 느끼지 않을 사람이 된다.

옛 성터나 조개더미에서 귀한 물건을 얻는 꿈

국보급 유물과 보물을 발굴하고 귀중한 가치로 빛을 본다. 횡재, 재물, 돈, 물품, 연구자료, 부귀공명, 이상실현 등이 있다.

남의 집문서, 부동산 증서 등을 얻는 꿈
권리, 재산, 토지 등이 생기게 된다.

집터에서 금은보화를 얻는 꿈
생산, 농업에 투자하여 사업성과를 올리고 부자가 된다. 천우신조로 엄청난 재물과 돈이 생기고 재수가 대통하다. 횡재, 임신을 하게 된다.

바이올린, 첼로, 하프, 거문고, 가야금 등의 악기를 우연한 기회에 얻는 꿈
애인을 만나게 되어 사랑을 이루고 협조자, 일에 대한 방법 등을 얻어서 도움을 받고 일이 순조롭게 이루어진다.

아는 사람에게 가전제품이나 자동차를 얻는 꿈
실제로 생활필수품이나 자동차를 구입하여 이상적인 생활을 하게 된다.

수풀 속에서 호랑이 새끼를 얻는 꿈(태몽)
부인과 새댁은 임신을 하여 귀한 옥동자를 낳는다. 자격취득, 횡재, 수금, 수입, 명예, 낚시, 레저, 선물, 먹거리, 소유권 등이 있다.

붉게 잘 익은 복숭아를 얻는 꿈
이성교제가 자연스럽게 이루어지고, 학생이면 학업 성적이 올라간다.

남의 성명이 새겨진 인장을 얻는 꿈
협조자나 권리를 얻게 된다.

곰을 죽여 웅담을 얻는 꿈
큰 사업이 이루어지고 그 결과 세인의 주목거리와 흠모의 대상이 될 것이다. 작가는 작품의 성공으로 선풍적인 인기를 얻을 수 있다.

사슴뿔(녹용)을 얻는 꿈
기발한 아이디어를 발휘하거나 재물의 얻는다.

산에서 꿩의 알을 발견하거나 다른 어떤 사람으로부터 얻는 꿈
현재 종사 하고 있는 직장에서 진급되거나 훌륭한 아이디어로 큰 일을 이룰 수 있게 된다. 또는 신기하고 희귀한 국보급 유물이나 보물을 발굴하여 세상에 드러낸다.

3. 덮고, 얹고, 열고, 닫는 꿈

자신을 검은 천으로 덮거나 가린 꿈
사람이 죽었을 때 천으로 사람을 덮는 것과 같이 여러 가지 좋지 않은 일에 휘말리게 된다.

얇은 이불로 시체를 덮은 꿈
어떤 일이 이루어졌을 때 오래토록 그 기분에 도취되거나 재물을 얻었다면 쉽게 빠져나가지 않는다.

객지에 나가있는 식구가 기별도 없이 방문을 열고 빠끔히 들여다 본 꿈
꿈속에 보였던 그 사람이 집을 찾아오게 된다.

열쇠로 굳게 잠긴 자물통을 연 꿈

운세가 열려서 재물을 얻거나 진급을 하게 된다.

누군가가 자기 앞에 엎드린 꿈

자기가 시키는 대로 순순히 응해줄 사람을 만나게 되거나 누구든지 해낼 수 있는 일거리를 하청 받게 된다.

여러 개의 방문을 열고 자세히 살핀 꿈

상급기관이나 정부기관에 청원할 일이 생기고 여자에 대해 생각할 일도 뒤따른다.

성문, 방문 등 각종의 문을 열고 안쪽을 살핀 꿈

사업상의 일로 남이 소유하고 있는 사업장을 방문하거나 재정상태 등을 조사할 일이 생긴다.

누군가를 엎어놓고 위에서 누른 꿈

사업이나 기타 여러 가지 경쟁에서 자기가 승리한다.

복면을 한 강도를 만난 꿈

전혀 알지 못하는 사람이 접근해 피해를 주고 자신도 모르는 사이에 사라진다.

애인이 창문을 열고 밖을 내다본 꿈

그녀와 더욱 뜨겁게 사랑하게 된다.

헝겊조각이나 신문지 등 하찮은 물건으로 얼굴을 덮은 꿈

어떤 사건의 죄를 뒤집어쓰거나 자유가 구속되는 등 일신상의 일이 일어나게 된다.

엎드려 있는 사람을 젖힌 꿈

쉽게 처리할 수 있는 일에 손을 대나 갈수록 어려워진다.

조상이 대문 안으로 들어온 꿈(대길)

기울던 가문이 역전되어 트이기 시작해서 하는 일마다 성공을 거둔다.

4. 하늘을 나는 꿈

높은 곳으로 날아오른 꿈

모든 일을 대하고 행함에 있어서 꿈속에서 날아오른 높이에 비례해서 그만큼 호전된다.

애인과 함께 창공을 날아다닌 꿈

진행 중이던 혼담이 성사되고 어떤 일거리를 맡았을 때 순조롭게 진행된다.

창공을 날고 있는 새를 본 꿈

잔잔하던 생활에 갑작스레 변화가 생기거나 정부기관으로부터도 간섭을 받는다.

비행기나 우주선을 타고 날아다닌 꿈

제89회 주택복권 1등 당첨자의 꿈이다.

높게 날을 수 없는 꿈(대길)
소원이 이루어질 수 없는 어려운 일이나 노고가 많은 것을 의미한다.

5. 부수고, 깨고, 뚫음, 매듭, 쌓고, 허묾, 기침에 관한 꿈

벽을 뚫고 그 안으로 들어간 꿈
시험에 수석으로 합격하거나 지금까지 깨닫지 못하던 것을 알게 된다.

축대나 둑을 쌓는 꿈
꿈속의 작업진도에 비례해서 사업의 진전도 있게 된다.

생활필수품이나 곡식 등을 높이 쌓아올린 꿈
여유 있는 돈이 생겨 저축을 하게 되거나 묵묵히 맡은 바 일을 하는 가운데 자신도 모르는 사이에 공적이 쌓이게 된다.

쉬지 않고 재채기를 한 꿈
의문스러웠던 일을 속 시원히 알게 되거나 정신적으로 큰 타격을 받을 일이 생긴다.

높게 쌓은 물건을 무너뜨린 꿈
어떤 희망이 소멸되거나 병마에게 깨어나게 된다.

차곡차곡 쌓아놓은 물건을 다른 곳으로 옮긴 꿈
이사를 하게 되거나 직장에서 인사이동을 체험하게 된다.

실타래 등이 풀지 못할 정도로 뒤엉켜 있는 꿈
여러 가지 걱정거리가 한꺼번에 엉켜 헤어나갈 길이 막막하다.

물건을 던지거나 떨어뜨려서 박살이 난 꿈
사업의 진로를 바꾸게 되거나 소원하던 것이 이루어지게 된다.

뒤엉켜 있는 실타래를 순조롭게 풀 수 있었던 꿈
오래 묵은 걱정거리가 해결되거나 사업상 어려웠던 점도 순조롭게 풀린다.

감기나 기타 질병에 걸리지 않았는데도 심하게 기침을 한 꿈
참고 있던 울분을 토해낼 일이 있거나 좋지 않던 감정을 풀 일이 생긴다.

6. 미끄러짐, 빠짐, 떨어짐, 오르는 꿈

튼튼하게 박힌 기둥에 오르는 꿈
강자의 비위를 맞추며 도움을 기대하게 된다.

산꼭대기에 오른 꿈

바라던 것이 쉽게 이루어지고 명예와 권리도 뒤따른다.

낭떠러지로 뛰어내리면서 짜릿한 기분을 느낀 꿈

어떤 형태로든 바라던 것이 이루어지게 된다.

높은 곳으로 한없이 올라간 꿈

자신의 지위나 위치가 향상되고 하급 사람들로부터 존경을 받게 된다.

얼음판 위를 조심조심 걸어간 꿈

부진했던 사업은 활기를 되찾으나 그 진행 속도가 한없이 느리고 고달프다.

높은 곳에서 떨어진 꿈

힘겹게 쌓았던 명예가 일시에 떨어지거나 신상에 커다란 변화가 온다.

기어오르는 꿈

정상에 도달하고 싶다는 소망을 나타낸다.

산정상에 오르는 꿈

무난히 자기의 소원이 달성되고 권리를 얻거나 명예를 얻는다.

추락 중도에서 잠이 깨는 꿈

애정, 처녀성, 희망 등을 상실하거나 신상에 위험이 닥쳐온다.

높은 곳에서 떨어져 부상을 당한 꿈

자신에게 막강한 타격을 줄 실수를 저지르게 되고 그로 인해 큰 손해를 입게 된다.

높은 곳에서 떨어지는 도중에 꿈에서 깨어난 꿈

사랑하던 사람과 헤어지게 되거나 희망이 사라지고 질병 등 육체적인 시달림을 받게 된다.

높은 곳으로 여겨지는 곳에 오른 꿈

승진이 되거나 자기 사업과 관련이 있는 기관의 도움을 받아 승승장구한다.

높은 곳에서 떨어지던 중 나뭇가지나 전깃줄 등에 걸려 살아난 꿈

부도직전에 기사회생하거나 구사일생이란 말을 인용할 일이 생긴다.

높은 곳을 오르려하는데 너무나 힘이 들고 위험하다는 생각이 들었던 꿈

목적을 달성하는데 너무 험한 고통이 뒤따르며 그로 인해 끼니 걱정까지도 하게 된다.

높은 건물에서 뛰어내렸는데 죽지 않은 꿈

회사에 취직이 되거나 많은 사람들이 자신을 과대평가 해준다.

계단을 올라가다 넘어져서 데굴데굴 구른 꿈

여러 사람과 경쟁하는 모든 일에서 뒤떨어지게 되고 하는 사업도 진전이 없다.

풀뿌리나 나뭇가지 등을 움켜잡으며 힘겹게 산으로 오른 꿈

해결할 수 없던 일로 고민하고 있는데 뜻하지 않았던 협조자가 나타나서 해결해 준다.

한쪽 발이 수렁에 빠졌는데 바로 뽑아 낸 꿈

누군가의 모함에 빠져 곤욕을 치르게 되지만 이내 결백함이 증명된다.

수렁에 빠져서 허우적거리고 있는 황소를 구해준 꿈

가깝게 지내던 사람이 꿈속의 소처럼 힘겨운 일에 부딪히게 되지만 자신의 힘으로 큰 도움을 줘 몰락 직전에 구해주게 된다.

까마득한 허공에서 떨어져 머리가 깨져 죽은 꿈

어렵기만 하던 사업이 풀리기 시작하고 좋은 아이디어가 가미된 새로운 사업 계획을 세우게 된다.

7. 쫓고 쫓김, 공격, 협조, 거꾸로 서기, 뒹구는 꿈

뒤집힌 배가 유유히 떠다니는 꿈

직장이나 가정이 안정을 찾지 못하고 한동안 그에 따른 고통을 겪게 된다.

주로 도망치는 꿈

현재의 불안한 상황에서 도피를 하게 된다.

어떤 표현이 거꾸로 됐다고 생각한 꿈

어떤 일을 함에 있어서 자신이 원했던 반대 현상이 일어나거나 불안한 상태가 끝도 없이 계속된다.

칼로 상대방을 찔렀는데 죽지 않고 자신을 끈질기게 쫓아온 꿈

어떤 일을 성사시키려고 노력하면 그 노력에 비례해서 이득이 생기게 되고 이성문제도 원활한 상태로 유지할 수가 있다.

어려움에 처한 자신을 누군가가 도와준 꿈

꿈속의 실제 인물이나 아니면 그 주위의 인물로부터 극적인 도움을 받게 된다.

갖가지 물체가 어지럽게 뒹굴고 있는 꿈

자신과 직·간접으로 연결된 일에 큰 변화가 있거나 많은 사람들이 부러워할 일을 벌이게 된다.

심문을 하거나 받는 꿈

사회에서 비난을 받는 일을 생각하고 있어 어떻게 구실을 찾으려고 하는 것을 나타낸다.

무언가에 쫓기듯이 서두르는 꿈

부모나 사회에 의해서 해서는 안 된다고 규정된 일을 하기 시작하게 된다.

도망치려고 해도 도망칠 수 없는 꿈

지금 염려하고 있는 일에의 집착하게 된다.

도망치는 꿈

불안에서의 도피를 나타낸다.

타인을 가두는 꿈

남의 행위나 충동을 범하고 싶다는 마음을 나타낸다.

자신이 감금당하는 꿈

죄의식과, 자유를 속박하는 참을 수 없는 충동으로부터 보호를 받고 싶다는 마음을 나타내고 있다.

야만인과 싸우는 꿈

야만적인 욕망을 자유롭게 채워보고 싶은 잠재적인 욕구와 그것을 억제하려는 이성과의 싸움을 나타낸다.

아주 불안하고 초조한 마음이나 누군가 혹은 무언가를 향해서 달리고 있는 꿈

어떤 요구나 소망을 나타낸다.

특별한 목표 없이 달리고 있는 꿈

당신의 의욕이나 힘이 오래 계속되는 것을 알리는 꿈이다.

8. 맞고 때림, 밟는 꿈, 밀치는 꿈

실컷 얻어터진 꿈

남에게 칭찬을 받지 않으면 심한 비난을 받게 된다.

큰 바위를 가볍게 굴려버린 꿈

자신의 미비한 힘으로 어떤 단체를 움직일 수 있게 된다.

강아지가 뒤따라오자 야멸치게 쫓아버린 꿈

자신의 일에 방해가 되는 사람을 따돌리게 되거나 병상에서 헤어나게 된다.

여러 사람에게 일시에 폭행을 당한 꿈

자신이 하고 있는 일에 대해 세상 사람들이 동시에 평가하게 된다.

뒤쫓아 오는 여자를 손으로 밀어서 넘어뜨린 꿈

교활하고 타산적인 사람을 설득할 일이 생긴다.

상처가 날 정도로 두들겨 맞은 꿈

자신이 하고 있는 일에 대해 세상 사람들이 손가락질을 하며 비난하게 된다.

9. 나오는 꿈

자신에게 새 이가 솟아 나오는 꿈

새로운 출발, 어려웠던 상황이 풀리고 새롭게 시작한다.

무덤 속을 파헤쳐 송장이나 토기가 나오는 꿈

국보급 유물이나 보물을 발굴해 낸다. 잃었

던 물건을 되찾는다. 훌륭한 문예작품을 창작하여 출품한다. 횡재, 재물이 생긴다.

보물을 찾다가 흙을 헤치니 사람의 뼈가 나오는 꿈

논문이 채택되거나 학위증, 돈, 증서 등을 얻게 된다.

거북이가 하수구에서 쏟아져 나오는 꿈

은행 대출을 받거나 목돈을 타게 된다. 곗돈, 횡재, 재물, 돈 등 재수 대통하다.

목소리가 안나오는 꿈

주위에 대한 불만이 강한 것을 나타낸다.

굴 속에서 영롱한 옥이 나오는 꿈

깊은 학문과 진리를 탐구한다. 창조, 창작, 발견, 발명, 횡재, 재물, 행운 등이 있다.

장롱 속에 구더기가 쏟아져 나오는 꿈

적금이나 곗돈을 타게 된다. 뜻밖에 횡재를 하여 많은 거금을 만진다.

꽃 속에서 예쁜 여자아이가 나오는 꿈(태몽)

어떤 성과물, 작품, 연주, 공연 등으로 사람들에게 감동을 선사한다.

강물에 빠졌다가 나오는 꿈

일에 어려움을 겪을 수도 있으나, 쉽게 성사되고 뜻한 대로 이루어지게 된다.

호랑이 똥 속에 영롱한 옥이 나오는 꿈(태몽)

금상첨화격으로 쌍복이 겹쳐 들어온다. 임산부는 예쁜 딸을 낳는다.

구멍에서 큰구렁이가 나오는 꿈

조그만 구멍에서 큰 구렁이가 튀어나오면 현실에서 어려움을 극복하고 취직되거나 시험 합격의 영광을 얻게 된다.

어두운 움막에서 나오는 꿈

오래간만에 햇빛을 보게 되고 잃었던 명예를 되찾게 된다. 석방, 회복이 있다.

키스하던 열대어가 수족관 밖으로 튀어나오는 꿈

부부간에 갈등이 생기고 성질을 못 이겨 두 사람 중 한 사람이 가출하게 된다.

방바닥에 뿌리를 박은 거목이 지붕을 뚫고 나오는 꿈

사회적인 이목을 한 몸에 받는다.

땅속에서 똥이 나오는 꿈

생산 및 식품업에 투자하여 사업성과를 올리고 엄청난 돈을 벌어 부자가 된다. 부동산이나 토지, 임야에 투자하면 금싸라기 땅이 된다.

콧물이 자꾸만 나오는 꿈

자신의 주장을 남에게 강력히 내세운다.

이전에 잡히지 않던 낚싯대에 싱싱한 물고기가 걸려 나오는 꿈

목표하고 있는 계획이나 사업이 성공을 이루게 되고 연애가 결실을 거두게 되며 준비하고 있는 시험에 합격한다.

새순이 땅을 비집고 나오는 것을 보는 꿈

창작물이나 사업 등이 곧 세상에 공개되거나 시작된다.

면접시험에 대답이 유창하게 나오는 꿈

특히 면접시험에 대길한 꿈이다. 각종 시험에 행운이 보인다.

여우가 쥐구멍을 지키다가 튀어나오는 쥐를 잡는 꿈

호경기를 만나 사업계약을 하고 쾌재를 부른다. 사랑을 낚는다.

무덤에서 사람의 손이 나오는 꿈

채권자의 빚독촉으로 고통을 받는다.

계란 속에서 용이 나오는 꿈(태몽)

부인과 새댁은 임신을 하여 똑똑한 자식을 낳는다.

화산의 분화구에서 시뻘건 불이 뿜어져 나오는 것을 본 꿈

돈과 재물이 생길 것을 암시하는 길몽으로, 많은 사람들에게 인정받는 큰일을 해낼 징조다.

이부자리를 들쳐보니 그 속에서 큰 거북이가 나오는 꿈

집안에 경사스런 일이 있고 재물과 돈이 들어온다. 횡재, 재복이 있다.

자신이 영화나 연극의 엑스트라로 나오는 꿈

어떤 일에 잠시 대역을 맡거나 깜짝 쇼로 순간 빛을 보게 된다.

명태알 속에서 파란 옥이 나오는 꿈

깊은 학문과 진리를 탐구하고 새로운 물질을 발견하게 된다. 연구, 발견한다.

밭에서 곧고 때깔 좋은 가지를 따 가지고 나오는 꿈이나 비슷한 꿈(태몽)

부인과 새댁은 임신을 하여 훌륭한 옥동자를 낳는다. 횡재, 재물, 돈, 물품, 먹거리, 취득, 소유, 소권, 하청, 낙찰, 승리 등 자신의 복만큼 소원은 이루어진다.

귀에서 쌀이 계속 나오는 꿈

재물이 들어오는 암시한다. 집안의 풍요와 번영을 누리게 된다.

수박을 쩍 갈라보니 그 속에서 금은보화가 나오는 꿈

사람이 타고난 복만큼 많은 재물과 돈이 들어온다.

여자의 성기에서 보물이 쏟아져 나오는 꿈

재물과 돈이 생기고 여자로 인해 도움을 받

게 된다.

용이 싼 똥에서 황금덩어리가 나오는 꿈(대박)

신으로부터 대복을 받고 일약 부자가 된다. 재물, 돈, 물품 등 횡재수가 있다.

누에고치 속에서 나방이 기어 나오는 꿈(태몽)

새댁이나 부인은 옥동자를 낳고, 사업가는 보다 큰 기업으로 성장하게 될 것이며, 공부에 소질이 없었던 학생은 학문에 눈을 뜨게 되어 명문 학교에 들어간다.

낚싯대에 신발이 줄줄이 걸려나오는 꿈

자신을 아끼고 돌봐 줄 사람이 많아진다는 꿈. 또는 자신의 조그만 실수가 커질 수도 있다.

조개 속에서 진주알이 나오는 꿈

깊은 학문과 진리를 탐구하게 된다. 새로운 아이디어로 신상품을 개발하게 된다. 재물, 돈, 횡재가 있다.

병아리가 알에서 깨어 나오는 꿈

수입과 재산이 늘어난다.

동굴 속에서 석순을 따 가지고 나오는 꿈

유명회사의 샘플을 얻어 온다. 새로 나온 물품을 구입한다. 태몽일 경우, 부인과 새댁은 임신을 하여 훌륭한 옥동자를 낳는다. 새로운 문헌 자료를 얻는다.

텔레비전에서 나오는 드라마를 보는 꿈

타인과의 불화나 감정의 악화, 다툼, 말썽 내지 궂은 일이 빚어지게 된다.

콧물이 자꾸만 나오는 꿈

자신의 주장을 남에게 강력히 내세운다.

오색찬란한 빛이 나오는 사슴을 보는 꿈(태몽)

예술적 재능이 뛰어나고 명예를 얻을 아들을 얻게 된다.

소변을 보는데 성기가 돋보이고 오줌 줄기가 세차게 나오는 꿈

크게 소원이 성취되고 소문이 난다.

라디오 방송에서 CM송이 흘러나오는 꿈

실제로 산업정보와 상업광고를 방송매체로 얻게 된다. 통신, 문화예술, 대중음악, 교양강좌, 희소식, 전화, 알림, 뉴스 등이 있다.

고무신이 물에 빠져 그것을 꺼내는 데 여러 켤레의 고무신이 나오는 꿈

하나의 밑천을 들여 많은 소득을 얻거나 이자를 받는다.

책장 밑에서 하얀구렁이가 나오는 꿈

오래된 문헌 속에서 깊은 진리를 발견하고 깨닫게 된다. 학문과 진리탐구를 하게 된다.

솥, 냄비, 주전자 등의 가재도구에서 김이 폭폭 솟아 나오는 꿈

순조로운 안정과 발전이 따라서 재물과 이권을 얻고 집안이 번성하게 된다.

절이나 교회, 사당, 향교로부터 밝은 광채가 비쳐 나오는 꿈

행운과 영달, 부귀의 기회를 얻게 되며 재물과 권세가 늘어나고, 천우신조와 귀인의 도움이 따르게 된다.

자기의 입속에서 뱀이 나오는 꿈

입조심하라는 예시이다. 망신의 우려가 있으니 조심해서 말을 하라는 뜻이다.

화산의 분화구에서 시뻘건 불이 뿜어져 나오는 것을 본 꿈

돈과 재물이 생길 것을 암시하는 길몽으로, 많은 사람들에게 인정받는 큰일을 해낼 징조다.

깊은 바다 속에서 물뱀이 진주알을 몰고 나오는 꿈

희귀한 문예작품을 창작하여 전시회에 출품하게 된다. 발명, 발굴 등의 길조이다.

밥을 먹고 있는데 벌레가 나오는 꿈

유행성 바이러스로 내균과 외균이 발생하여 무척 고생을 하게 된다.

바다속 깊이 헤엄쳐 들어갔다가 나오는 꿈

깊고 심오한 학문과 진리를 탐구하여 새로운 자료를 얻어낸다. 재수대통이다.

땅속에 묻힌 오래된 서류뭉치가 나오는 꿈

그늘에 가린 작품이 드디어 햇빛을 보게 되고 출판하게 된다. 발명을 한다.

대, 소변을 보지 못한 채 그냥 나오는 꿈

갈망하던 일이 좀처럼 이뤄지지 않을 징조다.

동굴 속에서 큰 거북이가 나오는 꿈(대박)

새로운 창업을 하여 대기업으로 비약 발전한다. 횡재, 재물, 물품 등의 행운이 온다.

누에껍질 속에서 금반지가 나오는 꿈

집안에 경사스런 일이 있고 혼사가 들어온다. 횡재, 재물, 돈, 식복 등의 행운이 온다.

무사히 수영을 마치고 육지에 나오는 꿈이나 물가에 도착한 꿈

빠른 시일 내에 희망이 이루어질 길몽이다. 연애중인 사람은 주위의 축복을 받고 결혼에 골인한다.

금붕어가 어항 밖으로 튀어나오는 꿈

사랑하는 애인이 변심을 하거나 등을 돌리게 된다. 사랑을 찾아 가출을 한다.

고추밭에 들어가 붉고 큰 고추를 따 가지고 나오는 꿈(태몽, 대박)

생산, 농업, 식품, 유통업 등에 투자하여 사업성과를 올리고 부자가 된다. 부인과 새댁은 임신을 하여 훌륭한 자식을 낳는다. 횡재, 재물, 돈이 생긴다.

불속에서 타 죽은 돼지를 안고 나오는 꿈

임산부는 자연유산으로 심적 고통을 받게 된다. 생돈이 나간다.

선녀, 신령 또는 사람이 우물 속에서 나오는 꿈

관청, 학원, 교회 등에서 훌륭한 인재가 나오거나 진리의 서적이 출간된다.

복숭아를 잘라 보니 속에서 영롱한 옥이 나오는 꿈

새로운 아이디어로 신상품을 개발하여 국내외 시장에 내놓아 소비자의 이목을 끌게 된다. 연구, 발명, 발견, 발굴, 횡재, 재물, 돈, 행운 등이 있다.

배꼽 속에서 오색금은보화가 쏟아져 나오는 꿈(대박)

뜻밖의 신의 도움으로 일확천금을 만지고 당대에 부자가 된다.

땅이 쩍 갈라지면서 구더기가 쏟아져 나오는 꿈

유적지에서 국보급 유물이나 보물을 발굴해 낸다. 생산 및 유통에 투자하여 사업성과를 올리고 상장회사로 등극한다.

늑대가 여우 굴로 들어가 묵은 여우를 잡아 몰고 나오는 꿈

밀린 외상값을 받는다. 재물과 돈이 들어온다. 횡재수가 있다.

지퍼를 올려도 자꾸만 성기가 나오는 꿈

자신의 주장이 너무 강하니 좀 더 자숙할 것을 암시한다.

기침이 나오는 꿈

많은 대중 앞에서 자신의 속마음을 드러내 의사를 표현한다. 감기에 걸린다.

곰 똥 속에서 옥이 나오는 꿈

생산, 유통, 식품업 등에 투자하여 사업성과를 올리고 사업이 날로 번창하여진다. 소비자 취향에 잘 맞는 상품을 개발한다. 재물과 돈이 생긴다.

크리스마스카드 속에 사진 한 장이 나오는 꿈

생각지도 않게 사랑하는 연인을 만난다. 기쁨, 희소식, 사연, 만남 등이 있다.

레코드점에서 음악 소리가 들려 나오는 꿈

실제로 예술의 전당이나 음악 감상실에서 음악을 감상하게 된다. 희소식이 있다.

땅속을 파보니 자라가 쏟아져 나오는 꿈

오래된 집터에서 유물과 보물을 발굴하게 된다. 출토, 발명, 연구, 재물 등이 있다.

지하실 안에서 불빛이 새어나오는 꿈

긴급정보와 비밀을 캐낸다. 연구, 소식, 발굴, 발명, 전술, 전략, 희망 등의 길조이다.

무거운 책가방을 방에다 놓고 나오는 꿈

근심 걱정이 해소된다.

여성의 성기 속에서 지렁이 같은 벌레가 나오는 꿈

오랫동안 앓던 병이 씻은 듯 깨끗이 낫게 된다. 상쾌, 회복이 있다.

학교 장면이 나오는 꿈

복잡한 문제 거리가 많은 가정을 탈피하고 자유로웠던 학생시절을 동경하는 표시이다. 사회적 제약을 강하게 받는 사람도 학창시절의 꿈을 꾼다. 책임이 없던 시절을 동경하는 것이다.

무덤에서 저절로 관이 땅 밖으로 솟아 나오는 꿈

장차 돌발사고나 중병, 재물의 파탄 등 흉액이 발생한다.

수렁에 한 발이 빠졌다가 나오는 꿈

모함에서 결백을 증명하게 된다는 꿈.

참외밭에 들어가 탐스럽고 잘생긴 참외를 따가지고 나오는 꿈(태몽)

부인과 새댁은 임신을 하여 똘똘한 옥동자를 낳는다. 사업을 하여 많은 돈을 벌게 되거나 행운을 낚는다.

해골 속에서 금은보화가 나오는 꿈

뜻밖의 횡재를 하거나 재물이 생기는데 투기와 모험이 따르게 된다.

입안에서 벌레가 기어 나오는 꿈

집안의 우환이나 걱정이 사라진다.

10. 보는 꿈

등산길에서 방울새를 보는 꿈

여행길에 우연히 사람을 만나 좋은 인연을 맺는다. 상봉, 극장구경을 간다.

담 위에서 고양이가 내려다보는 꿈

자기의 일에 간섭할 사람이 나타나거나 누군가에 의해 감시를 받게 된다.

늙은 스님을 보는 꿈

정신적으로 부담이 컸던 고민거리가 해결되어 마음이 산뜻해지며 정신적으로도 상당한 노련미를 갖추게 된다.

큰 감자를 보는 꿈(태몽)

태몽으로, 총명하고 재주 있는 아들을 낳게 된다.

하천, 강, 호수 등지에 모래와 조약돌이 많이 쌓여있는 것을 보는 꿈

재물이 불어나고 가업이 번창하여 부귀해진다.

촌스러운 옷을 입고 있어서 남이 쳐다보는 꿈

자신의 어리석은 행동이나 태도로 인해 곤경에 처하게 되는 꿈.

음식점 옆에 붙어 있는 변소에서 용변을 보는 꿈

누군가를 접대하는 과정에서 윤락녀와 관계를 하게 된다.

집을 수리하는 것을 보는 꿈

기존 사업을 완벽하게 하고 자본을 더 투자할 일이 생긴다.

조화를 보는 꿈

어떤 일에 대한 업적으로 표창이나 명예를 얻게 된다.

공중에 뜬 비행기를 아래서 올려다보는 꿈

자신의 사회적 지위가 높아질 것을 예시한 꿈이다.

애인, 또는 부부 중에서 한 사람이 다른 사람과 섹스하는 것을 보는 꿈

행운의 꿈이다. 뜻밖의 이득이 생기거나 계획한 일이 잘된다.

광산으로 검은 화차가 달려가는 것을 보는 꿈

어떤 외부 세력이나 파괴적인 집단이 평화를 해칠 일이 생긴다.

상여 앞에 만장이 많이 있는 것을 보는 꿈

사업에 많은 성과가 생기고 업적을 쌓게 된다. 또는 뛰어난 작품이 완성되어 만장의 수효만큼 세상에 선전, 광고할 일이 생기고 명성을 떨치게 됨과 동시에 많은 돈을 벌게 된다.

남이 화재로 타 죽는 것을 보는 꿈(대박)

특히 냄새가 났으면 최고의 길몽이다. 유산, 기부금 등 막대한 재산이 굴러 들어온다.

부인이 족도리를 쓰고 거울을 들여다 보는 꿈

권력을 쥔 친척을 만나거나 반가운 사람을 접대한다.

꼬리가 여러 개 있는 용을 보는 꿈

여러 산하 단체를 가지는 기업체 또는 재주가 뛰어난 사람과 관계된 표상이다.

하늘이 무너져 내리는 것을 보는 꿈

가정에 경제적인 어려움을 겪거나 가장에게 불행한 사고나 실패, 좌절 등으로 집안이 큰 혼란과 피해를 겪게 된다.

자신의 어머니가 여러 어린아이를 돌보는 꿈

자신이 구설수에 오르거나 사건에 휘말린다.

동쪽 하늘을 향하여 해돋이를 바라보는 꿈

새로운 만물이 소생하고 운동의 법칙이 밝은 역사의 장을 열게 한다. 인류사회의 문명과 문화가 발달되고 새로운 소망이 이루어지게 된다.

하나의 몸에 많은 팔과 손이 있는 것을 보는 꿈

많은 부하, 세력, 파벌, 능력을 가진 사람을 보게 된다.

원숭이와 정면으로 마주 보는 꿈

교활한 자가 자신의 권리를 침해하려 하거나 사기꾼에게 모욕을 당해 싸우게 된다.

앉은 키가 하늘에 닿고 수염이 남산만 한 거인을 보는 꿈

일국의 으뜸가는 정치가 또는 학자의 동일시이며, 국운이나 업적의 상징이다.

하늘나라에 올라가 꽃이 만발하게 피어 있는 것을 보는 꿈

재물이나 이권 등 금전과 관련된 유혹이나 속임수로 피해를 겪게 된다.

사람 또는 신적인 존재가 구름을 타고 하늘에서 내려오는 것을 보는 꿈

어떤 진리의 서적이 연구기관 또는 출판사에 의해서 출판되고 세상에 선전 광고된다.

멀리서 쏟아지는 빗줄기를 보는 꿈

상당한 시일이 경과한 연후에 좋은 혜택이 들어온다.

지붕에 나무나 풀이 난 것을 보는 꿈

사업이 유성하고 세상에 업적을 남기거나, 태몽일 수도 있다.

우물가에 뽕나무가 자라고 있는 것을 보는 꿈

근심이 생기고 자신에 대한 회의나 열등감을 느낀다. 상복을 입는 슬픈 일이나 뜻밖의 놀랄 일에 부딪치게도 된다.

갓난아이의 시체가 관에 담겨진 것을 보는 꿈

자신의 작품이 지상에 발표되거나 일이 성사되어 기뻐하게 된다.

부처님을 만나거나 절에서 부처의 상을 보는 꿈(태몽, 대박)

태몽으로, 귀한 아들을 낳게 된다. 만약 노부인이 이 꿈을 꾸게 되면 그 자손이 번창하거나 출세하게 된다.

죄인이 수레나 차량에 실려 호송되는 것을 보는 꿈

말썽과 손실이 발생되고 시비에 부딪치는 액화가 발생하게 된다.

태양 가운데 사람이 있거나 전쟁 등의 기타 사건이 일어나는 것을 보는 꿈

어떤 기관, 세력권, 단체 내부에서 생기는 일을 상징한다.

하늘높이 까마귀떼가 날아가는 것을 보는 꿈

협조자가 흩어지거나 시국이 자신의 생각과는 다르게 변화하며 친척 간에 불화가 생긴다.

집안에 높다랗게 쌓인 목재더미가 있는 것을 보는 꿈

장차 가업의 번성과 일신의 출세 등 기쁨을 누리게 된다.

법당 안이나 교회 안에서 승려나 목사 등이 경전, 성경책을 읽는 꿈

말썽이나 우환이 발생하며 근심과 손실을 치르게 된다.

하얀 원숭이나 흰 침팬지를 보는 꿈(대길)

성공 운이 트이고 직장이 생기며 주변생활이 안정되고 번창하여 부귀영화를 누린다.

잘 익은 탐스러운 감을 보는 꿈

훌륭하고 환상적인 명작품을 보고 감상에 빠져 예술의 진수를 맛보게 된다. 미인을 보고 매료가 되어 넋이 빠진다. 창작, 감정 등이 있다.

석양에 지는 저녁 하늘을 보는 꿈

매사가 꼬이고 운수가 막히게 된다. 구하는 목적은 성취되기 힘들고 사업가는 도산, 실패의 타격을 받는다. 환자의 병은 날로 악화되어 중태에 빠지게 된다.

교회에서 예배보는 꿈, 절에서 불공드리는 꿈

귀인의 도움을 받아 가내가 태평하고 번영할 길몽이다. 미혼자는 훌륭한 결혼상대를 만난다.

배추나 무우의 꽃이 활짝 핀 것을 보는 꿈

멀리서 기쁜 소식이 날아들고 세상에 이름을 떨치니 좋은 일만 생긴다.

채소, 야채의 싹이 자라 그것이 다른 종류로 변해서 증식되는 것을 보는 꿈

사업 또는 작품이 급속도로 진전 확대됨을 뜻한다.

높은 산위에서 폭포를 바라보는 꿈

자식, 형제문제로 고민이 생기나 해결된다, 사업자는 조언자를 만나서 해결된다.

스승, 대통령, 신령적인 존재가 화려한 옷을 입은 것을 보는 꿈

은혜로운 일, 권위적인 일 등이 주어진다.

길을 지나가는 도중 분수가 높이 치솟는 것을 보는 꿈

자신의 사업이 성황을 이루거나 뛰어난 업적을 과시하게 되며 선전광고를 할일이 계속해서 생긴다.

방직공장을 보는 꿈

큰 재난이 닥친다.

매화가 매실을 맺는 것을 보는 꿈(태몽)

재주가 비상하고 이름을 빛낼 자손이 태어나게 된다.

메밀꽃이 들판에 활짝 핀 것을 보는 꿈

사업이 순리대로 이루어지고 재물이 들어올 길몽이다.

돌문을 열고 동굴에 들어가거나 들여다보는 꿈(대길)

새로운 발견, 고시합격 등의 일이 이루어진다.

이사할 집이 부서진 것을 보는 꿈

평생 동안 만날 행운 중에서 제일 큰 행운을 잡게 된다.

부모, 조상의 누군가가 어린아기를 업고 걸어가는 것을 보는 꿈

호주나 윗사람 또는 직장의 상사 등이 병들거나 사업상 고통을 받게 된다.

시체나 관이 물위에 떠 있는 것을 보는 꿈

가업이 융성해지고 재물과 이권이 풍부해지며 발전 및 안정을 획득하게 된다.

다른 사람이 읽는 책을 함께 보는 꿈

상대방의 마음을 살피거나 그 사람의 비밀을 알고자 하는 마음의 표시이다.

백정이 소를 도살하거나 푸주간이나 주방에서 고기를 썰고 자르는 것을 보는 꿈

주로 질병이 발생하거나 집안에 재물의 손실 내지 어려운 일이 발생하게 된다. 도살된 고기를 끓이고 굽거나 먹는 꿈도 비슷한 흉몽이다.

산토끼가 나타났다 숲속이나 바위 속으로 숨어버리는 것을 보는 꿈

사업상 횡재수가 있으려다 말 것이며, 어떤 목적이 뚜렷하지 못한 일에 착수하게 된다.

자신의 집 주변에서 영화촬영 장면을 보는 꿈

문예작품, 기술작품 등의 방면의 일을 하게 되고 관련직종의 사람과 친분을 갖게 되며 도움을 얻어 그 분야의 연구, 학습 등의 일을 하게 된다.

집 안팎에 흙탕물이 고여 질퍽거리고 진흙이 여기저기 널려 있는 것을 보는 꿈

사업상의 장애와 재물 및 이권의 손실이 발생되고 직장과 연관된 곤란과 낭패가 닥칠 액화의 징조다.

시험보는데 한 문제도 풀 수 없는 꿈

초조하고 불안한 자신의 심정이나 앞으로의 상황이 좋아진다.

여성의 유방이 노출된 것을 보는 꿈

형제의 신변에 위험이 닥쳤음을 나타내며, 그것을 감싸주면 형제를 보호해 줄 일이 생긴다.

저녁 노을을 보는 꿈

인생 말년에 큰 업적을 남길 사람과 관계한다.

음식점의 간판을 보는 꿈

먹고 싶다는 것으로, 성적인 소망을 완곡하게 나타내고 있다.

새장에 갇혀 있는 새를 보는 꿈

새는 부인, 가정부, 애인, 하인 등을 뜻하며

새장에 갇혀 있으므로 자유를 속박하고 귀찮게 통제할 일이 있게 된다.

무덤을 파고 관을 땅 밑으로 내리는 것을 보는 꿈

값진 물품 등을 창고에 넣거나 비밀을 간직할 일 또는 집을 새로 사들일 일 등과 관계한다.

상사화를 유심히 바라보는 꿈

학문과 진리를 탐구하고 새로운 자료와 소재를 발견하게 된다.

감자나 고구마 등을 보는 꿈(태몽)

태몽으로, 임신을 하여 영리하고 재능 있는 아들을 낳게 된다.

해가 강에서 떠오르는 것을 계속 지켜보는 꿈

아들을 얻게 되나 이내 헤어질까 염려된다.

군악대가 행진곡을 연주하며 행진하는 것을 군중 속에서 지켜보는 꿈

단체나 회사의 선전 광고를 보거나, 욕정적이고 도전적인 일이 잘 진행된다.

오이를 휘감은 구렁이를 지켜보는 고양이의 꿈

자신이 간통하는 사실을 앙칼진 아내가 지켜보게 될 것을 예시한다.

남이 소변을 보는 것을 보는 꿈

남이 어떤 소원을 충족시킴을 보거나 남의 작품이 지상에 발표된 것을 본다.

우박이나 싸라기눈이 내리는 것을 보는 꿈

말썽이나 분쟁이 생겨서 손실과 피해가 발생하며, 사소한 문제가 심각한 장애로 확대되어 낭패를 치르게 된다.

개미집을 헤집어 보는 꿈

가정에 불화가 있을 징조다.

어둠속에서 고양이의 눈이 유난히 빛나는 것을 보는 꿈

진행 중인 작품이나 연구 중인 학설 등이 뚜렷하게 이미지를 제시하여 많은 사람들에게 감동을 주게 된다.

황금빛의 누런 흙탕물이 흐르는 것을 보는 꿈

진리의 대작을 쓰거나 특수 사업체와 관련을 맺는다.

주먹만한 시계를 손목에 차지 못하고 배에 찬 사람을 보는 꿈

큰 생활능력, 지휘력, 권리, 사업체 등을 소유하게 된다.

여자가 소변보는 모습을 감상한 꿈

경쟁자에게 뒤떨어지거나, 경쟁을 했던 사람이 크게 성공하자 패배의식에 빠져 몹시 괴로워하게 될 것입니다.

대소변을 시원스럽게 보는 꿈

자신이 이루어졌으면 하고 바라는 소원을 성취하게 된다.

궁성 안에 들어가 백발노인을 보는 꿈

훌륭한 스승을 만나서 원하는 일을 성취하게 된다.

하나의 꽃나무에 여러 가지 색깔의 꽃이 핀 것을 보는 꿈

어떤 일을 함에 있어 자료가 풍부하고 다각적으로 검토하고 추진함을 나타낸다.

유리가게에서 거울을 쳐다보는 꿈

하루 온종일 기분이 상쾌해지고 하는 일마다 잘 풀린다. 재수 만점이다.

넓은 들판이나 자신이 살고 있는 집의 마당에서 샘물이 솟는 것을 보는 꿈

어떤 기관을 통해서 창작물이 발표 되거나 사업자금이 생겨서 성공하게 되고 재물을 얻게 된다.

길가에 수많은 뱀이 우글거리는 것을 보는 꿈

태아가 학자나 지도자 또는 교사 등이 되는 태몽이 될 수 있다.

남의 몸에 털이 난 것을 보는 꿈

상대방이 신분을 위장하거나 진실을 말하지 않으며 그와 더불어 시비할 일이 발생한다.

도서관에서 책을 찾아보는 꿈

학생은 눈망울이 또렷해지고 학업성적이 올라가 장학생이 된다. 발명가나 연구원은 어떤 자료를 놓고 연구하여 신상품을 개발한다.

스승, 대통령, 신령적인 존재가 화려한 옷을 입은 것을 보는 꿈

은혜로운 일, 권위적인 일 등이 주어진다.

반딧불이 여기저기에서 깜빡이면서 그것을 지켜보는 꿈

자신이 경영하고 있는 사업이 잘못되어 가고 불이익을 당할 것을 암시한다.

아내가 담장 밑에서 아기를 낳는 것을 보는 꿈

취직이나 승진, 혹은 많은 돈이 생길 징조다.

코끼리를 보는 꿈

계획한 일이 순조롭게 잘 풀리며 금전문제도 귀인을 만나 잘 해결된다.

원맨쇼를 구경하면서 그 배우의 연기를 보는 꿈

그 배우가 자신의 또 다른 자아로서 마음속에 있는 생각을 표현한 것이거나 또는 자신의 일이나 누군가와 동일시하고 있는 것으로 자신에 대한 반성이나 비평 등을 하게 된다.

바다에서 해일이 일어나는 것을 임산부가 보는 꿈(태몽)

태어날 아이는 장차 정치가나 사업가가 되어 큰 권세를 행사하거나 작가가 되어 문학 분야에서 혁신적인 작품을 출판하여 세상에 이름이 알려지게 되고 큰 부자가 된다.

남의 남성기와 비교해 보는 꿈

자신의 자식이나 작품을 남의 것과 비교해 볼일이 생긴다.

길가에 수많은 뱀이 우글거리는 것을 보는 꿈(태몽)

태아가 학자나 지도자 또는 교사 등이 되는 태몽이 될 수 있다.

비행기에서 폭탄을 투하하거나 기관총을 쏘는 것을 보는 꿈

명성이 높아지거나 큰 재물이 생길 징조이다.

각종 물새나 물오리, 갈매기 등을 보는 꿈

이성간에 불필요한 감정싸움이나 상대방이 바람을 피우게 되고 독신자는 연인이 생기고 기혼자는 외도하게 된다.

음식을 먹어 치우는 쥐떼를 보는 꿈

하는 일이 뜻대로 되지 않고 몇 번의 고비를 겪는다.

다른 사람이 읽는 책을 함께 보는 꿈

상대방의 마음을 살피거나 그 사람의 비밀을 알고자 하는 마음의 표시이다.

날지 않는 비행기에 한번 타보는 꿈

사업실패, 말썽, 시비 등으로 파란을 겪는다.

다리 위에서 맑은 하천이나 강물이 흐르는 것을 내려다보는 꿈

순조로운 발전과 성취를 거두어 안정과 풍요를 획득하게 되고, 여성은 좋은 혼처가 생기고 남성은 귀인, 친구를 얻게 되는 기쁨이 생기게 된다. 다리 위에서 내려다 본 물이 흐리고 혼탁하면 손실과 말썽이 빚어지고, 물이 흐르지 않고 멈춰 정체해 있을 경우는 남에게 훼방이나 타격을 받는 장애를 치르게 된다.

큰 책상 위에 가지런히 놓여 진 경전이나 문서 등을 보는 꿈

사업이 번성하고 재물과 이권이 풍부해지는 등 부귀, 발전과 안정을 누리게 된다.

호화로운 주택을 보는 꿈

싫더라도 변화를 받아들여야 할 상황에 처하게 될 것이며, 자신의 능력에 자신이 있음을 뜻한다.

문밖에서 유령이나 도깨비 등이 딩굴며 춤추는 것을 보는 꿈

병에 걸리거나 우환이 생긴다.

고궁 대문에 걸어 놓은 현판, 액자를 보는 꿈

어떤 기관의 경우 간판의 바꿔 놓기 이거나 연구성과, 업적 등을 과시할 일이 발생한다.

자기의 아내가 아이를 낳고 있는 것을 지켜보는 꿈

새로운 일에 착수하거나 해야 하는 일이 다

가오고 있다.

가족이 모여 앉아 텔레비전을 보는 꿈

상사의 명령 수령, 영화 관람, 교육을 받을 일이 각각 있을 수 있다.

술집에서 주정하는 사람을 보는 꿈

건강이 좋지 않다는 뜻이다. 자신이 주정을 했다면 약간의 수확이 있을 것이다. 술이 취해 노래를 불렀다면 현재 자신감을 잃고 있다는 의미이다.

태양이 반쯤 솟아오르는 것을 바라보는 꿈

부모님의 일이 잘되거나, 본인은 이과 계열로 진학하거나 취직하면 노력에 만족하는 대가를 얻는다.

밖에서 들여다보는 집 창문에 불이 환히 밝혀져 있는 꿈

어떤 기관에서 자기의 성실함을 인정해 준다.

자신의 집에 초상이 나서 곡성을 듣거나 상여가 놓여지는 것을 보는 꿈

소원이나 사업이 이루어져 사람들에게 소문이 나고 돈을 벌게 된다.

고층건물의 창문을 열어 놓고 앉아 밖을 내다보는 꿈

어떤 일을 세상에 제기하고 그 반응을 관찰할 일이 생긴다.

들판에 쌓인 많은 쌀을 보는 꿈

상당히 먼 훗날에 치부하게 된다.

결혼한 사람이 날아가는 새를 보는 꿈

어떤 사건이 생기고 그 일로 인하여 배우자와 조만간에 이별하거나 별거하게 되는 어려운 상황이 생긴다.

우물 속에 비친 자기 얼굴을 보는 꿈

샐러리맨은 승진, 영전 등에 의하여 지위가 높아질 길몽이다. 한편 사업주는 남의 도움을 받아 사업이 훌륭하게 번영한다. 우물 속에 비친 얼굴이 남의 얼굴이면 파산할 우려가 있다.

잔디밭에서 풀을 뜯고 있는 말을 보는 꿈(태몽)

소유자는 교육자로서 사회에 공헌할 아들을 출산하게 된다.

원숭이가 자위 하는 것을 보는 꿈

간사한 사람이 자신을 부채질하여 분노하게 한다.

선글라스를 낀 사람을 보는 꿈

이중인격을 나타내는 사람과 접하게 된다.

보살의 집에서 점을 보는 꿈

실제로 앞날의 길흉화복을 예언하여 바른 길로 인도해 준다.

소가 배설하는 것을 보는 꿈

어떤 사람 또는 사업체의 암거래나 생산품

의 수출 광경을 목격하고 공연히 불쾌해진다.

미친 늙은이나 젊은 여자가 방안을 들여다보는 꿈

두통, 신경통 등의 스트레스성 질병에 걸리게 된다.

사람들이 지켜보는 곳에서 부끄럼 없이 성교하는 꿈

여러 사람의 관심을 집중시키는 일을 성취시킨다.

골동품 가게에서 고대 예술품이나 귀한 작품을 보는 꿈

실제로 희소가치가 오래된 물건이나 미술품을 감상하게 된다. 구경, 방문이 있다.

동물원으로 소풍을 가서 사자나 호랑이를 보는 꿈

관청이나 공공기관에서 지도자와 관련하여 도움을 받게 되고 그로 인하여 성공하게 된다.

이사한 집의 방을 일일이 살펴보는 꿈

새 식구가 된 사람 즉, 시집을 온 여자의 됨됨이를 살피거나 생김새 등에 많은 궁금증을 갖고 대하게 된다.

연못에 다리가 놓인 것을 보는 꿈

무슨 상담이든 현재 진행 중인 상담은 잘 처리된다.

교직자의 꿈에 교장과 교감을 보는 꿈

실제로 인물이 아니면 학무 과장 등의 동일시일 수 있다.

소가 마당에서 똥, 오줌을 싸는 것을 보는 꿈

귀인의 도움과 주위 사람들의 협력으로 재물과 이권이 풍성해지고 사업과 집안이 흥해진다.

중병에 걸려 아픈 사람이 산속으로 소를 몰고 들어가는 것을 보는 꿈

상실을 의미한다. 이것은 나 아닌 다른 병에 걸린 사람에 의한 소유물의 상실로 그 집 재산이 소실되거나 누군가가 죽는 꿈이다.

비구니와 스님들이 동석하여 염불을 하거나 경전을 읽는 것을 보는 꿈

구설수에 연루되어 망신과 치욕을 겪게 된다.

집 가운데 소나무가 자란 것을 보는 꿈

온 가족이 모두 장수하게 될 길몽이다.

많은 사람이 보는 가운데 모르는 사람과 섹스하는 꿈

직장에서 인정받아 자리가 오르거나 집안의 화목이 있고 미혼이라면 좋은 사람을 만나 결혼한다.

시체에 구더기나 벌레가 우글거리거나 심하게 부패되어 썩어있는 것을 보는 꿈(대박)

사업이 번창하고 큰 재물이나 명예가 얻어지

며, 입신, 출세하는 부귀영화를 누리게 된다.

문 밖에 웅크리고 앉아 있는 호랑이를 보는 꿈

조만간 큰 인재를 만나 도움을 받는다. 예술인인 경우, 훌륭한 작품을 완성시킬 수 있게 된다.

화려한 장롱이 방안에 가득 찬 것을 보는 꿈

장차 가정이 흥할 징조이며, 신혼 남녀가 이러한 꿈을 꾸면 부부 생활이 매우 행복해진다.

넓은 목장에서 한가로이 놀거나 가축을 돌보는 꿈

당신의 모든 일이 순풍에 돛을 단 것처럼 순조로울 것입니다.

식당에 많은 식기를 쌓아 놓은 것을 보는 꿈

어떤 기관에서 많은 사람을 부리거나 사업의 성과를 보게 된다.

개미가 큰 벌레를 힘들게 운반하는 것을 보는 꿈

여러 사람이 자신의 사업을 도와줄 일이 생기고 그로 인하여 많은 재물이 생기고 인정도 받게 된다.

벼가 누렇게 익은 황금벌판을 보는 꿈

결혼이 성사될 것이며, 남자와 직업은 신문기자와 관계한다.

파손된 택시를 보는 꿈

새로운 사업을 시작한다.

들판에 널려 있는 곡식 또는 기타 농산물을 먹고 있는 쥐떼를 보는 꿈

흉년이나 천재지변을 당한다. 사업가인 경우 사업 실패의 운명에 놓이기도 한다.

지하실을 들여다보는 꿈

어떤 비밀스런 사업, 학문, 남의 이면상 등을 연구, 탐사, 관심 등을 가지게 된다.

망원경을 통해 무언가를 보다가 육안으로 보는 꿈

남을 통해서 일을 하지 않고 직접 나서서 일을 처리한다.

군인들이 군모를 여기저기에 벗어 놓은 것을 보는 꿈

군인은 임무를 완수하고 제대한다.

여자가 수건을 쓰고 앉아 있는 것을 보는 꿈

자기의 주장을 다른 사람이 받아주지 않는다.

소방차나 살수차가 물을 뿌리는 것을 보는 꿈

자신이 바라고 있는 일이 실현되지 않는다. 불은 재운의 상징이다. 이 불을 여지없이 꺼버린다면 현재 진행 중인 일에 곤란을 겪게 된다.

기린이 달아나는 것을 보는 꿈

그동안 자신이 계획한 일이 모두 수포로 돌

아가거나 명예를 잃거나 권세를 얻지 못하고 재물 등을 얻지 못한다.

불이 타는 것을 보는 꿈

일어나듯 재물이 늘어날 꿈이다. 그러나 꿈속에서 불을 끄면 재물이 생겼다가 도로 나간다. 불이 활활 타는 것을 보기만 하면 재수가 있을 뿐이고 불이 완전히 타서 재가 남으면 재물이 수북이 쌓인다.

소를 끌고 다리에 가보는 꿈

아내가 임신하게 될 것을 예시한 꿈이다.

바다에서 상어 떼가 노는 것을 보는 꿈

자기 사업이 잘 추진되어 부와 명예를 얻게 된다.

서리가 와서 주위를 하얗게 덮은 것을 보는 꿈

사업이 위축되거나 전염병이 만연되고, 외세의 간섭을 받는다.

남이 화재로 타 죽는 것을 보는 꿈

특히 냄새가 났으면 최고의 길몽이다. 유산, 기부금 등 막대한 재산이 굴러 들어온다.

까마귀나 까치가 송장을 파먹는 것을 보는 꿈

자신이 추진하고 있는 사업이 번창하여 수많은 직원을 고용하게 되거나 집안에 경사가 생기고 잔치를 벌여 많은 손님들이 찾아와 접대할 일이 생긴다.

임산부가 집안이나 공공장소에서 어항 속의 금붕어를 들여다보는 꿈(태몽)

태어날 아이가 장차 예술가가 되어 예술작품으로 성공하거나 많은 여직공을 거느릴 수 있는 기업을 일으키게 되어 많은 돈을 벌게 된다.

집 가운데 소나무가 자란 것을 보는 꿈

온 가족이 모두 장수하게 될 길몽이다.

책 속에서 화려한 그림을 보는 꿈

훌륭한 문예작품을 창작하거나 명화감상을 하게 된다. 구경, 아이디어가 있다.

분뇨를 보는 소 꿈

물심양면으로 성과가 좋다.

아기의 이가 나는 것을 바라보는 꿈

소원이 성취되고 좋은 일이 생긴다.

부부가 함께 잠자리에 누워 있는 것을 보는 꿈

집안이 단란, 화목해지며 가족, 친지와 협력해서 재물과 이권이 늘어나는 즐거움이 생기게 된다.

여러 가지 그림이 담겨진 책을 한장 한장 들쳐 보는 꿈

도서 목록, 프로그램, 이력서 등을 보게 되고 어떤 사건을 추적하게도 된다.

여자나 신선이 하늘에서 내려오면서 음악소리나 구름, 안개가 날리는 것을 본 꿈

귀한 인연을 만나거나 남녀교제나 이성간의 애정관계에 따른 기쁜 일이 생기게 될 길몽이다.

음식물이 썩고 부패하여 애벌레나 파리의 알이 있는 것을 보는 꿈

재물과 이권의 손실 등 피해가 발생하고 시끄러운 말썽 내지 곤란을 치르게 된다.

밤송이가 잘 익어 벌어진 것을 보는 꿈

결혼이 빠른 시일 안에 이루어지거나 사업이나 작품도 마찬가지로 잘 마무리 된다.

높은 돌산을 우러러 보는 꿈

계획을 뜻대로 성취할 수 있게 된다. 높은 사람을 만나 도움을 받는다.

지붕을 수리하거나 기와를 잇는 것을 보는 꿈

하던 일이 완성되거나 확실하던 거래체가 거래를 끊고 다른 곳으로 옮기게 된다.

학교나 조직에서 학생이나 단체원이 맨손체조 하는 것을 보는 꿈

사업이나 학문적인 선전 등에 호응을 해주고 도움을 줄 사람들을 만나게 된다.

숲속에서 한 나무만이 유별나게 큰 것을 보는 꿈

총명한 자식을 잉태하거나 자손에 영화로움이 따른다든지 금전과 이권의 기쁨을 얻게 된다.

보리수나무를 바라보는 꿈

사찰이나 수도원을 찾아 부처님께 발원하게 된다. 작품감상, 창작, 관람 등을 하게 된다.

하늘을 가로질러 날아가는 유성을 보는 꿈

집이나 직장을 옮기거나 자리 변동이 생기게 된다.

산토끼가 나타났다 숲속이나 바위 속으로 숨어버리는 것을 보는 꿈

사업상 횡재수가 있으려다 말 것이며, 어떤 목적이 뚜렷하지 못한 일에 착수하게 된다.

호랑이, 고양이, 등이 지붕에 올라가 내려다 보는 꿈

어떤 권력가가 해를 끼치거나 억압을 가할 일이 생긴다.

물건을 훔치는 손을 보는 꿈

실제로 물건, 권리 등을 도적맞거나 모함을 받는다.

뻐꾸기나 두견새를 보는 꿈

먼 곳에 손님이 찾아오고, 울음소리를 들으면 소원이 성취된다.

화장실 밖이나 안에서 사람, 동물이 들여다보고 기웃거려 변을 못 보는 꿈

방해하는 사람으로 인해서 일을 처리하지 못한다.

소의 다리를 묶어 공중에 매단 것을 보는 꿈

어떤 정신적인 연구물을 세상에 발표하고 가부를 물을 일과 관계한다.

상처 입은 말을 보는 꿈

어려움을 겪는다. 사랑하는 사람을 잃게 되거나 수험생의 경우에는 시험에 합격하는 것이 어렵다.

자기 집 개의 성기가 팽창한 것을 보는 꿈

가정부나 직장에서의 고용인 등의 반항을 겪게 되고, 또는 절조 없는 사람 등의 반대에 부딪치 게 되어 어려움을 겪게 된다.

고추를 덜어 놓은 것을 보는 꿈

소년 소녀는 싸움, 창피, 경도 등이 있음을 예시한다.

갓난아이의 시체가 관에 담겨진 것을 보는 꿈

자신의 작품이 지상에 발표되거나 일이 성사되어 기뻐하게 된다.

산속의 숲이 울창하고 아늑한 것을 보는 꿈

장차 가업이 번성, 발전하고 명예가 높아지며 식솔이 늘어나고 재물과 권리가 풍부해지는 안정을 누리게 된다.

달팽이가 높은 곳으로 힘들게 기어오르는 것을 보는 꿈

자신이 진행 중인 사업이 부실하게 되거나 또는 직장에서의 진급 등이 지지부진해진다.

무수히 많은 조약돌에 비가 촉촉이 내리는 것을 보는 꿈

사업성과, 작품, 등의 심리상태, 세상을 억제하거나 감화시키는 거대한 힘, 정신력, 재력, 법규 등을 상징한다.

반딧불이 여기저기에서 깜빡이면서 그것을 지켜보는 꿈

자신이 경영하고 있는 사업이 잘못되어 가고 불이익을 당할 것을 암시한다.

감옥을 보는 꿈

생활이 아무 근심 걱정 없이 행복할 꿈이다. 그러나 기혼 여자는 건강이 날로 안 좋아지게 된다.

자신의 담요나 이불 등에 피가 묻어 있는 것을 보는 꿈

가정불화나 이성관계의 말썽 및 재난, 손실 등 장애가 발생되어 액화를 겪게 된다.

하늘이 무너져 내리는 것을 보는 꿈

가정에 경제적인 어려움을 겪거나 가장에게 불행한 사고나 실패, 좌절 등으로 집안이 큰 혼란과 피해를 겪게 된다.

거미줄이 사방에 쳐져 있는 것을 보는 꿈

사업을 크게 벌이게 되고 또는 수사망을 펼쳐 처리할 일이 생긴다. 자신의 방구석 또는 천정 등에 거미줄이 얽혀 있으면 두통이 생겨 괴로움을 겪거나 운세가 막혀 어려움을 당한다.

쥐가 황급히 달아나는 것을 보는 꿈

자녀나 재물에 연관된 기쁨 내지 이득을 얻게 된다.

별이 낙엽처럼 떨어지는 것을 보는 꿈

사업상 손해를 입을 일이 발생하거나 개혁을 단행할 일이 생긴다.

이사를 하고 나서 꿈에 그 집이 붕괴되는 것을 보는 꿈

큰 행운이 찾아온다. 그러나 전체가 아닌 일부가 무너지는 것은 불길하다.

백화점에서 상품과 공예품을 유심히 보는 꿈

실제로 충동적인 구매로 시장이나 백화점을 찾게 된다.

전투를 치르고 난 후 시체가 뒹구는 것을 보는 꿈

새로운 직장을 얻을 꿈. 하는 일이 성공한다.

복숭아꽃으로 울긋불긋하게 물들인 꽃동산을 보는 꿈

학문 및 예술작품이나 대중소설을 출판하게 된다. 대중의 취향과 소비성이 있는 브랜드를 매스컴을 통해 효과를 극대화한다. 창작, 명예, 부귀, 상장, 훈장, 승진, 입학, 합격, 당선, 경사, 행운 등이 있다.

걸어 다니거나 서고 앉으며 차를 탄 상대방의 뒷모습을 보는 꿈

자신의 일이나 의사에 잘 따라 주고 복종할 사람과 상관하게 된다.

곡식을 주물러 보는 꿈

추진하고 있는 일에서 장차 행운을 얻게 된다.

새로 집을 지어 보는 꿈

무언가 새로운 일을 시작하여 성공할 징조이다.

공중에서 선녀가 춤을 추는 것을 보는 꿈

천생의 배필을 상봉하여 귀한 인연을 맺거나 남녀교제나 이성간의 애정관계에 따른 기쁜 일이 생기게 된다.

투명한 옷을 걸치고 적진을 활보해도 알아보는 사람이 없는 꿈

남의 눈을 피해서 염탐하거나 교제한다.

큰 잉어가 폭포 위로 뛰어 오르는 것을 보는 꿈

자신이 경영하던 사업이 호황을 누리게 되고 또 다른 사업으로 크게 성공하여 세상을 떠들썩하게 만든다.

용이 공중에서 떨어지는 것을 보는 꿈

지위가 떨어지고 권세를 잃게 되고 자신에게 벅찬 일이 성취된다.

상반신은 양인데 하반신은 개이고 성기가 노출된 것을 보는 꿈

일편 양과 같이 온순하고 선량해 보이지만

사실은 개 같은 절조 없고 방탕한 인간임을 동일시한 것이다.

눈 속에서 꽃이 피어나고 있는 것을 보는 꿈

귀인을 만나고 남에게 축하를 받거나 이성 교제 내지 남녀관계에 원만한 결합과 성취를 이끌어 낼 수 있으며, 재물과 명예 등 자신의 권리가 풍족해진다.

개미떼가 이동하는 것을 보는 꿈

이전의 사업이 망하여 사업을 변경할 일이나 이사할 일이 생기거나 괴로움을 당하던 걱정이 해소되며, 개미떼가 원을 그리는 것을 보면 일이 언제 끝날지 몰라서 오랜 시일 동안 부진해 진다.

나체로 거울을 보는 꿈

반가운 사람을 만났는데 그 사람이 고독해 하게 된다.

머리가 일곱 달린 뱀이 물속에 있는 것을 보는 꿈

진리의 서적 또는 희귀한 보물을 얻게 될 것이다.

높은 산정에서 사방을 굽어보는 꿈

사회적인 대업을 이루거나 신분이 고귀해진다.

여성이 알 수 없는 두 개의 남성기를 손에 쥐고 비교해 보는 꿈

두 남자, 두 가장, 두 개의 작품을 비교해 볼일이 각각 생긴다.

관세음보살과 예수를 보는 꿈

관세음보살은 자비광명을 가지고, 예수는 사랑과 꿈을 가지고 오신다. 행운의 여신이 온다.

도마뱀이 한 곳으로 모이는 것을 보는 꿈

사람을 모집하거나 학자는 연구자료를 수집해서 새로운 학설을 정립하게 된다.

남이 지폐를 몇 장 주워 가진 걸 보는 꿈

근심 걱정할 일이 생긴다.

자신의 젖가슴에 털이 무성한 것을 보는 꿈

남자의 경우는 재수가 있고 하는 일이 순조롭게 성취되며 이득과 명예가 따르고 가업이 번성하는 발전을 얻게 되나, 여자일 경우는 비밀이나 부정의 노출 및 말썽, 손실이 발생되어 곤란을 치르게 된다.

옥상에서 하늘을 우러러보는 꿈

정신적인 수도를 하게 된다.

말이 왔다갔다하는 것을 보는 꿈

먼 곳에서 기쁜 편지가 오게 된다.

멀리서 쏟아지는 빗줄기를 보는 꿈

상당한 시일이 경과한 연후에 좋은 혜택이 들어온다.

초원에서 많은 사자와 호랑이가 뒹굴며 노는 것을 보는 꿈

자신과 관련된 기관에 인재가 많아 도움을 받게 되거나 위인 전기류의 책을 써내거나 읽을 일이 생긴다.

말이 도망쳐 달아나거나 싸움하는 것을 보는 꿈

질병을 얻거나 행하는 일의 곤란 및 실패, 좌절이 생기게 된다.

서커스나 시골 장터에서 줄타기를 하다 떨어지는 것을 보는 꿈

사업이나 시험에서 실패를 하게 되고, 떨어져서 죽은 것을 보면 자신에게 닥친 어려운 일이 어떤 기관의 도움을 받아 처리할 수 있게 된다.

우물 속에 비친 자기 얼굴을 보는 꿈

샐러리맨은 승진, 영전 등에 의하여 지위가 높아질 길몽이다. 한편 사업주는 남의 도움을 받아 사업이 훌륭하게 번영한다. 우물 속에 비친 얼굴이 남의 얼굴이면 파산할 우려가 있다.

곰이 나무에 기어오르는 것을 보는 꿈

자신이 속해있는 기관에서 출세를 하게 되거나 진급 등이 이루어져 재물이 쌓이게 되고 세상에 이름을 떨치게 된다.

물속에 비친 달을 보는 꿈

사회적으로 유명한 사람이나 자신이 보고 싫어하는 사람을 만나는 꿈이다.

극장에서 영화를 보는 꿈

실제로 예술의 전당이나 극장에서 명화감상을 하게 된다. 구경거리가 생긴다.

성능이 좋은 다리미를 보는 꿈

재물과 이권이 불어나고 소망사가 순조롭게 진척된다. 연두에 불붙은 숯덩어리가 많이 쌓인 것도 역시 길몽이다.

어떤 계산서에 여러 사람들의 도장이 찍혀있는 것을 보는 꿈

많은 동조자, 호평자 등을 얻는다.

우물가의 나무 뒤에 서서 용이 우물에 들어간 것을 보는 꿈

다니고 있는 직장에서 승진을 하게 되거나 감옥에 들어가게 되고, 자신이 관계하고 있는 곳에서 추진 중이던 일이나 작품 등이 채택되기도 한다.

기린이 산을 굽어 멀리 바라보는 꿈

밝은 미래의 희망이 점점 다가온다. 학수고대하던 사람이 온다.

떨어지는 포도송이를 받아먹지 않고 쳐다만 보는 꿈

태몽으로, 장차 교육자나 정신적인 지도자로 크게 이름을 떨칠 아이를 출산한다.

자신의 얼굴 전체를 붕대로 감은 것을 보는 꿈

어떤 사람에게 자신의 신분을 보호받게 되거나 위태로운 처지에서 은인을 만나 도움을 받는다.

샛별이 찬란하게 빛나는 것을 보는 꿈

소원성취하고 자신의 이름을 널리 알린다. 발명을 하거나 연구를 하면 세인들의 주목을 받는 성과를 거두고, 작가, 예술가, 연예인 등은 각 방면에서 명성을 얻게 된다.

아이를 낳았는데 곧 걸어가는 것을 보는 꿈

어떤 작품이 출판되어 시판 또는 광고된다.

겨울 동안에 꽃이 만개한 것을 보는 꿈

개척적인 일이나 사업의 성공으로 명성을 떨친다.

불꽃이 공중에서 폭발하는 것을 올려다보는 꿈

성적인 쾌감에 대한 격렬한 소망을 나타낸다.

수선화가 피어있는 것을 보는 꿈

건강에 이상이 있다.

무를 보는 꿈

짧은 시간에 성공을 거둘 수 있을 것을 암시한다.

성교 후에 소변을 보는 꿈

일이 성사된 다음 이차적으로 소원이 달성됨을 뜻한다.

용상에 어떤 사람의 손이 닿는 것을 보는 꿈

정당, 사회단체, 기관, 회사 등에서 야망을 품은 자를 상대한다.

오이 줄거리 밑동이나 인삼 껍질 줄기를 보는 꿈

질병이나 사고가 발생하여 우환 내지 손실에 부딪치게 된다.

하늘높이 까마귀떼가 날아가는 것을 보는 꿈

협조자가 흩어지거나 시국이 자신의 생각과는 다르게 변화하며 친척간에 불화가 생긴다.

누군가가 양젖을 짜는 것을 보는 꿈

어떤 사업으로 돈을 벌거나 재물을 얻는다. 미지의 어떤 사람의 도움으로 인하여 돈을 벌게 되거나 또한 정신적, 물질적인 도움을 얻게 된다.

천둥이 사방에서 발생하는 것을 보는 꿈

사업이 도처에서 융성하거나 사건이 생겨 소문과 명성을 떨칠 일이 생긴다.

들판에 널려 있는 곡식 또는 기타 농산물을 먹고 있는 쥐떼를 보는 꿈

흉년이나 천재지변을 당한다. 사업가인 경우 사업 실패의 운명에 놓이기도 한다.

생존해 떨어져 살고 있는 부모님를 만나보는 꿈

주위에 나쁜 일이 닥치고 다툼, 질병, 손실

등 장애가 발생하여 곤란을 겪게 된다.

체조경기를 보는 꿈

실제로 국내외 체육대회 및 운동 경기를 관람하거나 경마장을 찾는다. 국제경쟁력 강화, 창의성, 묘기 연출, 두뇌계발, 관람, 감상 등이 있다.

여성이 꿈에 앵무새를 보는 꿈

시비나 구설을 조심해야 한다.

아기를 밴 여자를 보는 꿈

어떤 사업의 이차적인 성과가 조만간 나타날 것이며 자신이 임신을 해도 사업성과가 나타난다.

자신의 주위에서 생선을 소금에 절이는 것을 보는 꿈

사업가나 선원은 재물을 축적하게 되고 기타 일반인은 주위의 누군가가 병들거나 사업이 침체된다.

맹수가 노려보는 앞에서 얼어붙어 버린 꿈

자신의 능력으로는 해결하기 어려운 일을 떠맡게 된다.

붉은 색이 도는 가지를 보는 꿈

좋은 꿈이다. 생각했던 일들이 다 성취될 길몽이다.

야채를 보는 꿈

그다지 좋은 꿈은 아니다. 말린 야채와 조리가 끝난 야채는 가족간의 말다툼을 암시한다. 야채를 먹고 있었다면 돈을 잃어버릴 가능성이 많다. 또 밭에 심어져 있는 야채를 보았다면 뭔가 고민이 있다는 증거이다.

천당에 가서 보좌에 앉은 하느님을 보는 꿈

사회적으로 권위있는 사람을 만나게 되고 진리의 서적을 읽게 된다.

검은 손이 대문에서 문패를 떼어 가는 것을 보는 꿈

문패 주인공의 신분이 몰락하거나 죽는다.

결혼식날 밤 꿈에 여자가 암탉을 보는 꿈

장차 남편이 불구자가 될 흉몽이다.

묘지 주위를 오가며 왕래하거나 묘지에 관련된 일을 보는 꿈

재물과 이권이 생기고 연회에 연관된 즐거움이 있게 된다.

남의 집에 초상난 것을 보는 꿈

초상난 사람의 집에 잔치가 있거나 사업상 크게 소문날 일이 생긴다.

임산부가 무덤 위에 꽃이 피어나는 것을 보는 꿈(태몽)

자수성가하여 크게 명성을 얻을 아이를 출산하게 된다.

다른 집의 대문이 꼭 닫혀 있는 것을 보는 꿈

절친한 사람과 절교하게 된다.

미장원에 갔는데 자기보다 먼저 머리를 깎고 있는 사람을 보는 꿈

회사, 단체 등에서 동료가 성과를 올리고 실력을 인정받아 자기보다 먼저 진급, 승진을 하게 된다.

금으로 장식된 밥상을 누가 주어 높은 곳에 놓고 바라보는 꿈

태몽으로, 소유자는 훌륭한 사업 기반, 사업 성과 등을 얻고 그 일에 종사하거나 과시할 일이 있게 된다.

처음 보는 하얀 얼굴의 사나이와 키스하는 꿈

처음 대하는 책을 읽고 만족해한다.

상대방이 코피가 난 것을 보는 꿈

그 사람에게서 상당한 재물을 얻거나 정신적인 감화를 받게 된다.

세 마리의 황소가 매어져 있는 것을 보는 꿈(태몽)

이 꿈을 꾸고 태어난 아기는 자라나 스스로 일을 해결하며 성공할 수 있는 자수성가할 인물이 된다.

하늘에서 떨어지는 지폐나 종이조각 등이 어수선하게 흩날리는 것을 보는 꿈

재산의 손실이나 금전상의 피해를 보게 된다. 하늘에서 지폐나 동전이 우박처럼 무수히 쏟아져 내리면 큰 재물이나 이권이 생기는 등 최고의 행운과 복록을 얻게 되나 반대로 금액이 작은 경우는 근심과 피해가 발생하게 된다.

용이 사람을 물어 죽이는 것을 보는 꿈

강대세력에 의해서 자신이 추진하던 일이 성취가 되어 주위에 있는 다른 많은 사람들에게 두터운 신용이 생긴다.

길바닥 또는 동굴 속 시체의 일부가 떨어져 나간 것을 보는 꿈

공적으로 승인하는 어떤 사건 등의 일부가 결여되어 있다는 암시이다.

극장에서 영화를 보는 꿈

실제로 예술의 전당이나 극장에서 명화감상을 하게 된다. 구경거리가 생긴다.

꿈속에서 사정한 것을 보는 꿈

물질적, 정신적인 소모가 따르는 일과 관계한다.

여러 가지 그림이 담겨진 책을 한장 한장 들쳐 보는 꿈

도서 목록, 프로그램, 이력서 등을 보게 되고 어떤 사건을 추적하게도 된다.

무덤을 파헤치는 것을 보는 꿈

새로운 직업을 얻거나 학문적인 새로운 성과를 얻는다.

바다에서 상어떼가 자신의 배로 몰려오는 것을 보는 꿈

악당들이 자신의 사업에 방해를 하거나 여러 사람들의 시비를 받게 되어 어려움을 겪게 된다.

사찰 법당에서 부처님을 보는 꿈

절이나 암자에 가서 불사를 하고 정성을 들이면 마음먹은 대로 소원성취하고 모든 만사가 순리적으로 풀리게 된다. 천신, 천도, 극락세계, 정토, 자비, 대각, 불사, 자성청정, 성불, 발원, 기도, 정성, 대업, 재물, 평화, 자유, 희망, 행운, 소원성취 등을 상징한다.

성교 후에 소변을 보는 꿈

일이 성사된 다음 이차적으로 소원이 달성됨을 뜻한다.

공작새가 춤추는 동작을 보는 꿈

수험생은 합격의 영예를 얻는 등 집안에 경사가 있을 징조이다.

배를 타고 있으면서 해 또는 달을 바라보는 꿈

직장운이 트이고 좋은 일이 겹치며 귀인의 도움을 얻는 등 부귀, 번성하게 된다. 좋은 일이 겹겹이 찾아온다.

상대방의 귓밥이 두꺼운 것을 보는 꿈

자신을 도와줄 사람이 충분한 재력이 있음을 예시한다.

부부, 연인이 서로 바람피는 것을 보는 꿈

오히려 자신의 외도를 조심한다.

남서쪽 하늘을 바라보는 꿈

숙련되고 세련된 모습으로 자연과 사물에 대하여 이해력이 향상된다.

딸기가 나무에 달려 있는 것을 보는 꿈

사회적인 지위가 향상될 것을 암시한다.

해질 무렵 개가 달려가는 것을 보는 꿈

탐정, 취재기자 등의 활동상을 보게 된다.

거미줄에 매달린 거미를 보는 꿈

자신의 주위에 있는 어떤 사람이 잔머리를 굴리고 있음을 예시한 것이다.

여러 사람들이 수건을 동여매고 뛰는 것을 보는 꿈

남의 명령에 굴복하고 자기 주장을 내세우는 사람을 접하게 된다.

살얼음이 언 것을 보는 꿈

기다려야 소원이 성취될 일과 관계한다.

원앙금침이나 원앙문장 또는 그림을 보는 꿈

자기와 일을 같이 하는 사람과 잘 타협한다.

짐승들이 서서 다니거나 말을 하는 것을 보는 꿈

남에게 사기를 당하게 될 흉몽이다.

정장을 갖추고 단상이나 관공서의 업무를 보는 좌석에 앉는 꿈

지위나 명예와 관련된 움직임 내지 사업, 직장과 관련된 변화가 생기게 된다.

천정에 청룡, 황룡이 얽히어 날아가고 있는 그림을 보는 꿈

업적, 작품 등이 어떤 기관을 통해서 선전 광고되고 명예가 주어진다.

소변을 보는데 돼지새끼들이 몰려와서 그것을 받아먹은 꿈

자신이 해놓은 일에 대해 주위사람, 특히 권위 있는 유명인에 의해서 평가받을 일이 생긴다.

제분소를 보는 꿈

큰돈을 벌게 된다.

생리가 걸레에 묻은 것을 보는 꿈

계약이 체결되고, 생리가 소변같이 많이 나오면 소원이 크게 충족된다.

자신이 거북이의 목을 쳐서 피가 흐르는 것을 보는 꿈

큰 기관으로부터 돈을 얻어 도움을 얻게 되며, 사업에서 성공하여 많은 재물을 얻게 된다.

친구가 얼굴이 달라지도록 짙은 화장을 한 것을 보는 꿈

남에게 지휘권을 뺏기거나 사업체 명의, 간판 등이 바뀜을 본다.

음식점 옆에 붙어 있는 변소에서 용변을 보는 꿈

누군가를 접대하는 과정에서 윤락녀와 관계를 하게 된다.

빵을 보는 꿈

경마 등의 도박에 운이 따른다.

술을 담가보던지 누룩을 보는 꿈

손님을 접대할 일이 생기고, 곡식을 얻어 보면 재수가 좋아진다.

11. 속삭임, 기절, 놀람, 물거나 물림에 대한 꿈

누군가에게 물린 꿈

상대방이 누리고 있는 인기나 권세 등이 자기 쪽으로 옮겨져 온다.

자신의 결혼식에 상대자가 바뀌어 버린 꿈

계약할 일이 생기며 자신에게 유리한 조건이 된다.

두 마리의 서로 다른 짐승이 서로 물어뜯으

며 싸우는 걸 본 꿈
두 개의 서로 다른 세력이 단합하거나 원수처럼 지내던 사람과 화해한다.

어떤 남자와 당신이 뭔가를 상담하는 꿈
자신이 뭔가 비밀을 갖고 있어, 그것이 폭로되는 것을 염려하고 있는 것이다.

12. 전쟁(무기, 깃발 등)과 다툼에 관한 꿈

박격포, 야포, 함포 등의 중화기의 꿈
강력하고 거대한 세력, 사업성과, 방도, 단체, 기관, 법령 등을 상징하고 탄환은 거대한 정신적 물질적인 자본이다.

상대방이 쏜 총알이 몸에 박힌 꿈
결사, 계약, 청혼, 입학, 당선 등의 일이 이루어진다.

죽은 시체에서 권총을 빼어 찬 꿈
소원은 성취되지만 유형무형의 부채를 갚지 못해 마음의 부담을 항상 가지게 된다.

휴전선이 가로막혀 갈 수 없는 꿈
어떤 기관에 일을 청탁하기 어렵고 사업이 더 진전되지 않는다.

전쟁이 나서 피난을 가는 꿈
가정 사정, 기관에 청탁한 일, 시험, 경쟁 등에서 일이 잘되지 않거나 실패한다.

적과 싸워서 상대방이 죽거나 자기가 전사한 꿈
분투노력 끝에 자기 사업이 크게 성공한다.

전쟁이 치열하게 계속된 꿈
자기 사업은 복잡하고 난관에 봉착한다.

전쟁에 승리한 꿈
현재 하는 일의 성취를 뜻하고, 패배하면 일의 실패를 암시한다.

삼팔선을 넘다가 북괴군에게 체포되어 포로가 된 꿈
논문이나 문예작품이 당국에 의해서 선택될 수 있다.

군대가 군기를 앞세우고 행군하는 것을 본 꿈
자기의 이념, 정책, 권세 등이 세상에 알려진다.

군함의 꿈
거대한 권력 기관, 협조 세력, 단체, 사업체, 권세 등을 상징한다.

상대방과 싸움한 꿈
언쟁, 지상을 통한 논쟁, 자기와 대등한 능력의 소유자와 경쟁, 일의 어려움 등을 겪게 된다.

자기가 선전 포고문을 낭독한 꿈
성명서를 내거나 사업계획서를 발표할 일이 생긴다.

상대방이 총구를 자기에게 겨누고 있어서 쩔쩔매는 꿈
고통, 득병, 불안 등의 가장 불길한 일이 생긴다.

군기를 빼앗기거나 접어 둔 꿈
일은 성사되지 않고 자기 세력이나 단체는 와해되고 만다.

군도(軍刀)를 얻어서 허리에 찬 꿈
지위가 높아지고 학문 연구나 정치 작전, 사업 등에 특수한 방도가 생긴다.

공중에서 총구가 자기에게 겨누어져 무서움에 벌벌 떨었던 꿈
데모가 일어나거나 고위급의 견책을 받는다.

전쟁이 나서 군대가 이동하는 것을 본 꿈
자기의 큰 사업이 시작되거나 사업성과가 발표된다.

적과 싸워서 적이 전사한 꿈
분투노력 끝에 자기 사업이 크게 성공한다.

포로가 되거나 폭사 당한 꿈
어떤 사람에게 부탁한 일이 소원대로 이루어진다.

전쟁에서 패배한 꿈
매사에 하는 일마다 실패를 하게 된다.

간첩을 잡아서 신고하는 꿈
상품의 매매처를 구하게 되고 중간업자나 상인에게 매도 처분하게 된다.

간첩을 신고한 꿈
사업상 여러 군데의 거래처를 확보하기 위해서 많은 사람들과 접하게 된다.

마지막 한 발의 총알을 이마에 맞은 꿈
제12회 주택복권 1등 당첨자의 꿈이다.

활을 쏘아서 표적을 맞추는 꿈
소원하는 일, 입학, 시험, 취직, 연애 등이 이루어진다.

국기를 높이 게양한 꿈
국가적인 명예와 권세가 주어지고 세상에 과시할 만한 일이 생기며 사업체나 조직체가 형성된다.

만국기를 달거나 깃대에 나란히 꽂은 것을 본 꿈
국가적 사회적인 경사가 있고 사업장 선전 광고나 과시할 일이 생긴다.

13. 청소년들이 잘 꾸는 꿈

높은 곳에서 떨어지는 꿈

이 꿈은 두 가지 해몽이 가능한데, 하나는 고의로 떨어져 통쾌함을 맛보는 꿈인데, 이는 현실에서도 통쾌함을 맛볼 만큼 하는 일에 있어 성공을 가져다준다. 예를 들면 시험을 봤는데 뜻하지 않은 높은 점수를 받거나 하는 경우이다. 다른 하나는 떨어지고 싶지 않은데 떨어지는 경우의 꿈이다. 떨어질 때 어디 한 군데도 잡을 곳이 없었다면 현실 속에서 좌절을 맛보게 된다. 이런 꿈은 현실이 어렵고 괴로운 사람들이 자주 꾸는 꿈이다. 또한 애들이 커 갈 때 꾸는 꿈으로 이런 꿈을 꾸면 키가 큰다고 한다.

누군가에게 쫓겨서 도망가는 꿈

이런 꿈들은 나쁜 친구들로부터 괴롭힘을 받거나 공부나 숙제는 많은데 마음은 급하고, 제대로 하지 못해서 뭐든 뜻대로 잘 안 된다는 것을 의미한다. 주로 마음이 급한 청소년들이 자주 꾸게 되는 꿈이다.

피 흘리는 꿈

주로 공부를 너무 열심히 해서 또는 살짝 부딪혔는데 코피가 나는 꿈을 많이 꾸는데 꿈에서 코피가 나면 현실에서는 재수가 아주 좋다. 하지만 또 순결에 대한 강박관념을 나타내는 의미도 있다. 어떤 내용이건 피가 나면 아주 좋은 꿈이지만 피가 날 뻔했는데도 피가 나지 않았다면 반대로 재수가 없다.

꿈에서 유명 연예인이 되는 꿈 또는 연예인과 데이트하는 꿈

일반적인 생각처럼 연예인을 동경한다고 해서 내 자신이 꿈속에서 연예인이 되는 것은 아니다. 또 꿈속에서 연예인은 상징일 뿐 실제의 연예인의 의미는 아니다. 이 꿈은 미래 내 자신의 모습을 예시한 것이다. 따라서 연예인에 대한 상징적 의미를 알아야 실제의 모습을 알 수 있다. 연예인은 유명하고 돈도 많이 벌고 자유롭다는 것에 대한 상징이 될 수 있다. 연예인과 데이트하는 꿈은 미래에 어떤 재력이 있는 사람과 협력하여 일을 같이 해나가거나 또는 또래 친구들 중 인기 있는 어떤 친구와 어울려 지내는 것을 뜻한다.

쇼핑하면서 사고 싶은 거 다 사는 꿈

이런 꿈은 대부분 소원을 성취한다는 의미인데 엄마랑 같이 쇼핑을 가서 새 신발을 얻어 신게 되면 귀인의 도움을 받게 된다. 또 쇼핑을 하다가 화장품을 선물을 받게 되면 남에게 사랑을 받는다.

학교에서 친한 친구와 싸우는 꿈

친구랑 싸울 때 어떻게 싸우는가가 해몽에 중요한 핵심이 된다. 주로 내가 친구를 때리면 재물에 손해가 있고 반대로 친구에게 내가 맞으면 만사가 잘 풀린다. 하여튼 서로 몸싸움을 하고 때리고 싸우면 인덕도 있고 재물도 얻게 된다. 하지만 욕을 하면 만사에 구설수만 생기고 좋은 일이 하나도 없으니까 조심해야 한다.

학생 자신이 교문 위로 올라가는 꿈

주변 친구들과 갑자기 친해지게 되며, 특히 학생에게 제일 중요한 시험성적이 갑자기 향상된다.

잘 아는 사람이 죽는 꿈

죽는 꿈은 좋은 꿈이다. 이래저래 스토리가 구구절절 가슴도 아프고 찜찜하기 그지없겠지만 일단 아는 사람이 죽으면 운수대통인데, 게다가 그 죽은 사람이 부자이면 그 사람도 장수하고 나한테도 좋은 일이 생긴다.

내가 죽는 꿈

죽는 대상이 누가 됐건 죽는 꿈은 좋은 꿈이란 건 이젠 기본이다. 일단 내가 죽는 꿈은 내가 출세를 하는 꿈이다. 게다가 만약 애인이 있는 사람이 이런 꿈을 꿨다면 결혼을 하게 되는 운이다.

마구 먹는 꿈

먹는 꿈은 엄청나게 신나는 일은 아니더라도 나쁜 일은 생기지 않는 꿈이 많다. 그중에서 특히 생선이나 새 종류의 고기(닭, 오리, 칠면조)를 먹으면 소원을 성취하게 된다. 또 과일 중에서 감이나 복숭아를 먹는 꿈을 꿨으면 이별했던 사람과 다시 만나게 된다.

이상한 나라에 놀러 가는 꿈

이런 황당하고 초현실적인 꿈은 스케일이 큰 경우가 많다. 시간의 흐름에 따른 현실의 변화를 상징하기 위해 꾸는 게 이런 꿈인데, 꿈에서 상징된 만큼 많은 일이 연속적으로 일어난다는 뜻한다. 이런 꿈은 현실화되는데도 시간이 오래 걸린다. 그날그날의 운세가 아니라 장기적인 운세들을 풀이해주는 꿈이다.

노래방에 간 꿈

노래방에 가서 파트너가 된 두 사람이 신나게 노래를 했던 꿈을 꿨다면 미팅에서 잘되도록 해줄 후원자나 협력자를 원하고 있다는 의미한다.

들판으로 나가서 놀았던 꿈

남자보다도 여자 때문에 어려운 일을 겪게 된다. 미팅을 해도 남자들은 괜찮은데 같이 나간 친구가 더 재수 없어 하는 바람에 전체적 분위기가 꽝이 된다.

미팅에 나갔는데 모든 남자들이 자신만 쳐다보고 있는 꿈

이런 꿈들은 남의 시선을 모으고 싶다는 소망을 나타낼 뿐이지 내일 미팅에서 이런 일이 생기는 것과는 무관한 꿈이다.

제4장 사람과 직업에 관한 꿈 해몽

1. 조상에 관한 꿈

자신의 집을 이롭게 했던 조상이 대문으로 들어오는 꿈

가업이 번창하고 집안에 재물이 쌓일 길몽이다.

신령, 조상 등이 자신을 사랑하는 자세를 취하는 꿈

은인, 협조자 등이 크게 혜택을 준다.

조상이 암소를 내다 파는 꿈

집안 여자가 혼사를 치르거나 며느리나 가정부가 나간다. 현재 살고 있는 집을 팔수도 있다.

조상이 집 안으로 말을 끌고 들어 온 꿈

기쁜 소식을 듣게 되거나 집안에 새사람을 맞이하게 될 것입니다. 또는 재물을 얻고 경사스러운 꿈이다.

돌아가신 조상이 절구에 약을 넣고 찧는 꿈

부모님이 병이 걸릴 가능성이 많다.

돌아가신 조상에게 음식을 대접하는 꿈

취직, 입학, 진급 등이 이루어진다.

조상을 모신 위패 밑에 샘물 그릇이 놓여 있는 꿈

고사를 지내거나 종교의식에 참석하게 된다.

돌아가신 부모님이나 조상이 눈물을 흘리며 우는 꿈

집안에 좋지 못한 불상사나 장애, 손실이 생기며 사업의 파탄 및 재물의 실패와 직장, 지위, 명예훼손, 좌절, 말썽 등 가장과 직속상사에게 흉험이 닿고 궂은 일이 닥치게 된다.

조상이나 부모에게 꾸지람을 듣는 꿈

사업의 차질과 일신이나 가정에도 뜻하지 않은 말썽이나 손재가 생기는 등 궂은일과 피해로 곤란을 겪게 된다.

조상의 무덤이 즐비하게 늘어서 있는 것을 본 꿈
거래회사에 근무하는 직원에게서 많은 협조를 받게 된다.

조상이 주는 물건을 받는 꿈
횡재를 하거나 유산을 상속 받는 등 생각지도 않았던 재물이 들어온다.

돌아가신 친지나 조상의 모습이 초췌하게 보인 꿈
그 사람의 자손에게 액운이 있다는 뜻의 암시로 우환이나 사고를 당할 수 있으므로 주의해야 한다.

조상이 주는 물건을 받는 꿈
횡재를 하거나 유산을 상속 받는 등 생각지도 않았던 재물이 들어온다.

조상의 산소를 찾아서 성묘를 하는 꿈
자신에게 벅찬 일이 생기지만, 도움을 청할 수 있는 협력자나 유력자를 만나게 되어 일이 이루어진다.

조상의 누군가가 자신의 몸이나 머리를 쓰다듬거나 불쌍하다고 우는 꿈
병이 들거나 위험에 처하게 된다.

죽은 사람(조상)과 식사를 하는 꿈
마음먹은 대로 일이 막힘없이 진행된다. 마음이 평온해지는 길몽이다.

죽은 조상이 호랑이와 함께 보이는 꿈
손재, 인재 등의 위험이 닥칠 것을 미리 알려주는 꿈으로, 이사할 생각이 있다면 심각하게 고려해보는 것이 좋다.

조상의 누군가에게 큰절을 하는 꿈
집안 또는 기관에서 어떤 상속을 받거나 소청할 일과 관계한다.

조상, 부모님 앞에서 묵념하는 꿈
고사나 경로효친 사상으로 부모님께 정성을 다하게 된다.

조상이 사용하던 밥그릇을 얻는 꿈(태몽)
소유자는 유업을 계승하거나 전통적인 일에 종사하게 된다.

조상과 고인에 관한 꿈
조상 또는 고인은 실존인물이 아니라 집안 식구, 직장인, 아는 사람 등의 동일시이고, 어떤 일거리의 상징물일 수도 있다.

새로운 일에 착수할 때마다 조상이 나타나는 꿈
집안 운세와 관계하거나 그 일에 대한 협조자가 생김을 뜻한다.

조상에게 수저를 받는 꿈
재산을 상속 받거나 사회에서 어떤 일거리나 재물을 위임받게 된다.

조상이 사용하던 밥그릇을 얻는 꿈(태몽)
소유자는 유업을 계승하거나 전통적인 일에 종사하게 된다.

죽은 조상이 꿈속에서 또 죽는 꿈
과거에 한번 성취했던 일이 다시 성취됨을 뜻한다.

조상이나 죽은 사람이 길을 떠나자고 오는 꿈
갑작스런 사고로 목숨을 잃을 수도 있다.

죽은 사람이 절 보며 웃는 꿈(말하는 꿈)
웃으면 중병이 낫고, 말을 하면 사업이 번창할 것이다.

줄타기를 하다 떨어져 죽은 것을 본 꿈
어렵고 힘든 일이 어떤 기관을 통해서 이루어진다.

죽은 부모님이 자신을 데리고 길을 가거나 길을 빨리 떠나자고 재촉하는 꿈
뜻밖의 사고나 불행한 일이 생기고 질병 및 우환이 닥쳐 손재와 근심을 치르게 되며 신변에 사망의 위험이 다가오고 있는 징조이다.

죽은 시신을 실은 영구차나 상여의 행렬이 장지를 향해 출발하는 꿈
제반 장애와 손실, 우환 등 궂은일들이 해소되고, 직장과 사업에 큰 유익과 발전이 있게 된다.

제삿상의 물을 조상이 와서 먹는 것을 보는 꿈
일거리를 부탁 받은 사람이 그 일을 맡아 심사하고 성사시켜 준다.

조상이 끌어다 맨 소 두 마리 중에 한 마리가 죽는 꿈
둘 중의 하나의 일이 성사되거나 고용인중 한 사람의 일이 성사되고, 혹은 고용인의 하나가 죽을 수도 있다.

조상 중 한 사람이 암소를 끌고 와 외양간에 매는 꿈
새로운 식구가 생기거나 재물이 생긴다.

돌아가신 조상 할아버지가 말을 타고 집안으로 들아오시는 꿈
집안에 경사스런 일이 있고 뜻밖에 먼 곳에서 기쁜 소식을 듣게 된다.

조상이 대문 안으로 들어온 꿈
기울던 가문이 트이기 시작해서 하는 일마다 성공을 거둔다.

사당에서 조상에게 절을 하거나 음식을 차려 놓고 제사를 지내는 꿈
운수 대통하여 하는 일마다 성공하고 부귀영화를 누린다.

조상의 무덤에 불이 나는 꿈
집안 식구중에 중병 환자가 생기는 우환이 따를 수 있다.

조상이 나타나 우는 꿈

자신에게는 불명예 등의 불운을 맛보고 가정적으로는 질병이 생길 꿈이다.

할아버지가 호피 방석에 앉아 계시는 꿈

실제로 부모형제, 친인척, 친구, 지도자, 실력자, 상관, 보호자, 협조자, 소집단, 가족단위, 상황, 조화, 균형, 질서, 화목, 갈등, 관계 등을 상징한다. 집안에 경사스런 일이 있고 부모님께로 기쁜 일이 생긴다. 승진, 당선, 합격, 자격취득, 명예, 승리, 성공, 부귀공명 등이 있다.

할아버지나 할머니가 나타나는 꿈이나 이와 비슷한 꿈

삶에 있어 행운을 가리켜주고 바른 곳으로 인도하게 된다. 또한 집안의 대소사에 대한 일들을 일깨워 준다.

거울 속에 산신 할아버지나 백발노인이 나타나는 꿈

사회적 신분이 있는 지도자를 만나 협조와 도움을 받는다. 행운의 길조이다.

손님에게 술을 권하는 꿈

당신 명성과 위엄이 크게 떨치고 관운이 형통할 것이다.

2. 부모, 부부에 관한 꿈

건장한 부모의 꿈

아버지의 건강한 모습을 뵙게 되면 기쁜 일이 생기고, 어머니의 건강한 모습은 행운과 평화를 가져오게 될 길몽이다.

부모와 함께 거니는 꿈

소원이 이루어지고, 손윗사람의 인정을 받게 될 길몽이다.

부모에게 꾸중을 듣는 꿈

좋지 않다. 사업과 집안 운에 어려움이 닥칠 것을 예고하니 조심해야 한다.

부모와 싸워 이기는 꿈

손실을 가져오게 된다. 특히 어머니와 싸우는 꿈은 머지않아 불행한 일이 생길 흉몽이다.

부모와 트러블로 부모에게서 매를 맞는 꿈 (대길)

모든 것이 번창하게 되고 가정운은 좋아지게 될 길몽이다.

부모와 이별하는 꿈

반드시 풍파가 일게 된다.

부모와 사별하는 꿈
건강한 아버지가 죽는 꿈은 가난해질 염려가 있으나, 늙은 부모의 죽음은 기쁜 일이 찾아드는 수도 있다.

죽은 부모가 나타나는 꿈
대체적으로 근심걱정이 사라지고 좋은 일이 생기나, 상황에 따라 해몽해야 한다.

죽은 부모가 당신을 데려가는 꿈
당신의 생명이 얼마 남지 않았다. 부모뿐 아니라 죽은 사람의 안내를 받고 길에 나서는 것은 모두 죽음을 뜻한다.

조부모의 꿈
아주 좋은 꿈으로 혼담이 성공하게 되고 곧 결혼하게 될 길몽이다.

죽은 남편이 알몸으로 나타난 꿈
대체로 근심걱정이 사라지고 좋은 일이 생기나, 이 꿈도 상황에 따라 해몽해야 한다.

부부가 마주 앉아 보고 있는 꿈
모두일이 저절로 순조로 와서 행운이 찾아들게 된다. 가정이 화목하게 된다.

부부가 서로 다른 사람과 Sex하는 꿈
가정에 트러블이 일어나게 된다.

부부간에 Sex를 한 꿈
사업상의 계약이 성립되고 집안과 관계된 모든 일이 순풍에 돛단 듯이 순조롭다.

남편이 애인과 함께 Sex를 하는 꿈
자기의 일이나 사업상으로 확장하게 될 일이 따르게 된다.

남편이 다른 사람의 부인을 껴안는 꿈
좋은 일이 생긴다. 다른 사람이 부러워 할 경사스런 일이 터진다.

자기 부인과 함께 나들이 나가는 꿈
재물을 잃거나 도둑을 맞는다.

부부동침 중에 남편이 아내를 끌어안는 꿈
가정에 트러블이 일어나게 된다.

아내가 남편을 끌어안는 꿈
길몽으로 가정에 기쁜 일이 생기게 된다.

젊은 남편이 외도하는 꿈
남편의 연령이 젊으면 실제로 외도할 가능성이 많으므로 요조심해야 한다.

노년기의 남편이 외도하는 꿈
건강하고 행복스러운 말년을 보낼 수 있게 된다.

아내가 외도하는 꿈
걱정할 필요가 없다. 남편은 승진하게 되며, 주위 사람들의 칭송을 받게 될 길몽이다.

자기 아내가 피부가 검은 남자와 Sex를 하는 꿈

자기 지위가 높아지고 명예를 얻게 된다.

부부 서로가 이혼하는 꿈
상대방에게 이혼장을 내미는 등 이혼당하는 꿈은 길몽으로 재혼을 기다리던 사람에게는 좋은 배우자가 나타난다.

자기 부인이 다른 남자에게 시집가는 꿈
자기 부인에게 재앙이 따른다. 병이 들거나 죽게 될 것을 암시하는 꿈이다.

아내인 자기가 여승이 되는 꿈
부부 이별수가 있고, 남편의 애인이 자기의 가정을 훼방 놓게 된다.

아내와 자녀가 함께 모여서 통곡하는 꿈
재산을 잃고 가난해진다.

부부가 함께 대화하는 꿈
부부간에 서로 헤어지게 된다.

부부가 서로 헐뜯고 싸우는 꿈
부인이나 자기의 건강이 나빠진다.

임신한 아내가 꿈속에서 임신한 꿈
어린아이가 꼭 아빠를 닮으며 커서도 건강하고 영리하다.

자기 아내와 같이 앉아 있는 꿈
삶이 정상적이고, 가정이 화목하다.

온 가족이 모두 한 방에 모여 있는 꿈
자기의 집안 식구가 가까운 이웃이나 친척과 서로 다툰다.

3. 형제자매에 관한 꿈

형제자매 사이가 좋은 꿈
꿈과 반대로 재산상의 다툼이 일어난다.

형제자매 중에 누가 불행한 입장을 당하고 있는 꿈
그 사람이 크게 성공할 길조이다.

먼 곳에서 형제자매가 찾아오는 꿈
꿈에 나타난 사람의 신상에 좋지 않은 사건이 일어난다.

형제끼리 이별하는 꿈
다른 사람과 다툴 일이 있게 된다.

형제자매가 함께 걷는 꿈
형제자매가 사이좋게 길을 걷고 있는 꿈을 꾸면 당신은 얼마 후 여행을 떠나게 된다.

부모형제자매가 모여 잔치를 여는 꿈
먼 곳에서 기쁜 소식이 있고, 하는 일마다 잘 풀린다.

형제자매가 함께 배를 타는 꿈(대길)
당신에게 굉장한 행운이 찾아올 길몽이다.

형제자매가 서로 장난을 치고 있는 꿈
별로 좋지 않은 일이 일어나게 된다.

형제자매가 같은 방에서 자는 꿈(대길)
길몽으로 원조나 협력자를 얻어 뜻하지 않은 행운을 잡게 될 길몽이다.

4. 어린아이, 갓난아이에 관한 꿈

아이가 태어나는 꿈
길몽으로 집안에 새로운 행복이 찾아들게 된다.

건강한 아이가 죽는 꿈
집안에 문제가 생긴다.

병을 앓고 있는 아이가 죽는 꿈
그 아이의 죽음이 가까웠다는 것을 알리는 예고이다.

아이가 훌륭한 사람이 되는 꿈
꿈에 나왔던 아이나 그 아이의 형제자매의 신상에 좋은 변화가 일어날 전조이다.

성장한 아이가 어린애로 변하는 꿈
그 아이의 전도가 다난하여 좋지 않은 일이 일어난다는 것을 알린다.

아이가 자기를 따르는 꿈
별로 좋은 꿈이 아니고 장애에 부딪히는 등 고통스러운 일이 생긴다.

아이를 들어 올리는 꿈
남아를 들어 올리면 길몽이지만, 여아라면 말다툼이 일어날 것이다.

어린 여자아이를 껴안아 주는 꿈
구설수가 생긴다.

아이의 알몸을 쓰다듬는 꿈
수 없는 일에 직면하거나 자위행위를 할 일이 생긴다.

아이를 죽이는 꿈
작품, 일거리 등이 성사되고 근심걱정이 해소된다.

자기 아이가 죽는 꿈
근심과 구설이 없어지고 만사가 뜻대로 풀려 나간다.

어린아이가 갑자기 작아지는 꿈
그 어린아이의 전도에 불길한 일이 생긴다.

어린이들이 날아다니는 꿈
학교, 직장에서의 성적이 우수하거나 같은 나이 또래의 사람들이 할 수 없는 일을 하게 된다. 장래에 출세할 수 있다는 것을 예지해 주는 꿈이다.

어린아이 둘을 데리고 강을 건너가는 꿈

근심과 걱정 속에서 어떤 일을 시도하려고 한다.

어린여자가 어린아이를 업고 자기를 부지런히 쫓아오는 꿈

재난이나 위험한 사고 등으로 고통을 받게 된다.

갓난아이를 안아준 꿈

정신적인 일로 한 때 고민한다.

아이를 낳았는데 낳자마자 걸어 다닌 것을 본 꿈

어떤 작품이 출판되어 널리 보급된다.

갓난아이와 성교한 꿈

유치한 사람과 협의하거나 동업할 일이 있고 완전하지 못한 일을 맡아 한다.

자기가 갓난아이를 죽인 꿈

하고 있는 일이 성사되고 근심걱정이 말끔히 해소된다.

갓난아이를 안았거나 업은 여자가 따라온 꿈

누군가가 하찮은 일로 시비를 걸어 말다툼을 하게 된다.

갓난아이를 때리는 것을 본 꿈

하고 있는 일을 좀 더 변화 있게 연구한다.

갓난아이가 똥오줌을 싸서 옷과 몸에 묻어 기분이 나빠진 꿈

남에게 기분 나쁜 소리를 듣거나 창피 당한다.

임신을 한 여자를 본 꿈

어떤 일을 추진하고 그것에 대해 성과를 기다린다.

살아 있는 평소의 어른이 어린아이로 보인 꿈

무슨 일을 하던 상대방의 행동을 자기와 비교하여 판단한다.

신령적인 존재가 어린애를 데려와 주거나 저절로 나타난 것을 본 꿈(태몽)

태몽이라면 장차 자라서 학문적으로 이름을 날린다.

어른인 자신이 꿈속에서 학생이 되어 어른과 관계하는 꿈

자기보다 모든 면에서 뛰어난 사람과 접하게 된다.

갓난아이의 시체가 관에 담겨진 것을 본 꿈

자기가 하고 있는 일이 남을 통해서 인정을 받는다.

갓난아이의 똥을 손으로 주무른 꿈

마음이 편안해지고 여러 방면으로 재물이 생긴다.

갓난아이가 출산되거나 여러 명 모여 있는 꿈

성욕을 억제할 수 없거나 일거리가 많이 생기거나 재물이 형성된다.

갓난아이가 다른 사람이 안고 가서 자기 앞에서 사라져 버린 꿈
근심걱정이 해소된다.

5. 결혼, 출산과 성교행위와 관한 꿈

형제자매가 결혼하는 꿈
이 꿈에 나타난 사람의 신상에 좋지 않은 사건이 일어난다.

친구의 결혼피로연에 참석하는 꿈
당신에게 좋은 혼담이 생길 길조이다.

아름다운 처녀에게 장가가는 꿈
경사스런 일이 생긴다.

처녀가 멋진 남자와 결혼하는 꿈
하는 일이 만족스럽게 이루어진다.

자기가 중매를 하는 꿈
다른 사람과 다툴 일이 생긴다.

자기가 사위를 얻는 꿈
재물이나 복록이 생긴다.

자기가 흑인아가씨와 결혼하는 꿈
건강이 나빠지거나 병을 얻게 된다.

여자가 저녁 무렵에 화장하는 꿈
하는 일이 순조롭게 이루어진다.

신부가 웃고 있는 꿈
가까운 사람이나 친한 친구가 찾아온다.

주근깨가 많고 비쩍 마른 아가씨와 결혼하는 꿈
현재보다 점점 가난해진다.

자기가 다른 집의 양자 또는 데릴사위가 되는 꿈
걱정거리가 생기고, 친구들로 인하여 고민하게 된다.

결혼한 잔칫집에 술잔이 가득한 꿈
근심이 생긴다.

결혼식장에 서있는 자신을 거울을 통해 본 꿈
유부녀가 꿨다면 결혼 전에 사랑했던 사람을 우연히 만나게 된다.

웨딩드레스를 입고 결혼식장으로 들어가는 꿈
신분이 새로워지거나 입학, 취직, 면담, 신규사업 등이 이루어진다.

임신하여 배가 불룩한 여자를 보는 꿈(대길)
모든 일이 술술 잘 풀리고 재물이 넉넉해진다.

남자 자신이 임신한 꿈

해산이 가까웠다고 생각되면 자기 사업의 이차적인 사업성과가 나타나거나 원금에 대한 이자를 받을 날이 가깝다는 것을 암시한다.

남자인 자기가 아이를 낳는 꿈

쉽게 재산을 모은다.

처녀가 아이를 낳거나 임신하지 않은 여자가 출산하는 꿈

갑자기 좋은 일이 생긴다. 전혀 생각지도 않았는데 자기의 이름이 사방에 널리 알려지게 된다.

출산하는 여자를 보는 꿈

집안이 번창하며 경사스러운 일이 생긴다. 재물이 늘어나게 된다.

자기의 아내가 사내아이를 출산하는 꿈

건강이 완쾌되고 걱정이 가신다.

아이를 낳거나 낳는 것을 본 꿈

일거리, 재물, 작품 등을 얻고 성사된다.

낯모른 여자가 집에 와서 아기를 낳는 꿈

제29회 주택복권 1등 당첨자의 꿈이다.

남자 세쌍둥이를 낳은 것을 본 꿈

제44회 주택복권 1등 당첨자의 꿈이다.

부부간에 Sex를 한 꿈

사업상의 계약이 성립되고 집안과 관계된 모든 일이 순풍에 돛단 듯이 순조롭다.

남녀가 Sex를 하며 잔치를 베푸는 꿈

만사가 뜻대로 이루어진다. 혼사가 성립되거나 계약이 체결이 순조롭게 체결되고, 입학, 취업 등이 확정된다.

Sex도중 사람이 갑자기 나타나 목적을 달성하지 못한 꿈

하는 일마다 방해자가 나타나 괴롭히며 심지어는 계약된 것도 해약되는 경우가 있다.

아무런 감정도 없이 졸고 있는데 성기가 발기한 꿈

일을 해도 결과가 의욕을 뒤따르지 못하며 질병에 걸리기 쉽다.

누군가와 Sex를 하다가 사정을 해버린 꿈

과격한 운동을 하다 빈혈증세 등으로 다칠 염려가 있다.

여러 명의 여자와 차례대로 Sex를 한 꿈

전공과 뒤떨어진 일거리가 다 처리하지 못할 만큼 많이 생긴다.

할머니와 Sex를 한 꿈

질질 끌어오던 케케묵은 일거리를 해결하게 된다.

멀리 떨어져서 살고 있다는 생각이 든 이성과 Sex한 꿈

외교적인 일과 관련해서 정도의 차이를 막론하고 자신이 직접 개입하게 된다.

사람들이 이름만 들어도 알 수 있는 유명, 인기인과 입맞춤을 한 꿈

생애 최고의 명예가 될 일에 관계하게 된다.

교미를 하고 있는 동물을 감상한 꿈

어떤 사람과 동업할 일이 생기거나 어떤 형태로든 재물이 불어나게 된다.

옛날에 사랑했던 사람을 다시 만나 Sex를 한 꿈

언제 해결될지도 몰랐던 묵은 일, 또는 포기하고 있었던 일을 다시 시작하게 된다.

유부녀와 아무런 거리낌 없이 Sex를 한 꿈

남의 일에 간섭을 해서 금전적으로는 큰 이익을 보게 된다.

Sex를 하는데 미수에 그치거나 만족스럽지 못했던 꿈

계획하고 있었던 일이 좌절되어 크게 실망하거나 불쾌한 일과 접하게 된다.

오르가즘을 강렬하게 느꼈던 꿈

물질적으로 큰 손해를 보거나 괴로운 일을 당해 정신적 시달림을 받게 된다.

친족과 성교를 한 꿈

평소에 존경하거나 짝사랑하던 사람과 급속도로 가까워질 기회가 생기게 된다.

키스와 Sex를 같은 차원으로 생각하며 Sex를 했던 꿈

한꺼번에 두 가지의 일을 성취시키며 실업자에겐 여러 곳에서 취직을 알선해준다.

부처나 예수 등 신적 존재와 성교한 꿈

신앙에 의지할 일이 생기거나 그 방면의 학문에 심취되게 된다.

사람들이 수치스럽게 생각하는 타인의 Sex나 성기를 본 꿈

어떤 일을 하던 미수에 그치게 되고 그로 인해 불쾌감에서 벗어나지 못한다.

강간에 성공해서 만족해 한 꿈

자기에게 주어진 일에 대해서는 강압적으로라도 성취시키나, 큰 만족감은 맛보지 못해 심적 고통을 받게 된다.

Sex를 했는데 최고의 만족감을 체험했던 꿈

대인관계나 직업, 기타의 자기와 관계된 일에 불만족을 조금도 느끼지 않게 된다.

동물을 사람으로 여기고 Sex를 한 꿈

어떤 일을 하는데 있어서 순리를 벗어나긴 해도 결과는 만족을 얻는다.

창녀라고 생각되는 여자와 Sex를 한 꿈

바이어나 관계되는 사람과 술을 마시면서

해야 할 비지니스가 생기거나 자신의 하는 일에 여러 사람이 참견을 하게 된다.

하찮은 곤충이 교미하는 것을 본 꿈
유치한 일이나 아무도 거들떠보지 않는 하찮은 일에 신경 쓸 일이 생긴다.

사람들이 보는 곳에서 전혀 거리낌 없이 Sex를 한 꿈
많은 사람들이 관심을 갖고 있는 일에 손을 대 성공을 거두게 된다.

남이 Sex하는 것을 관심 있게 바라 본 꿈
남이 하는 일에 관여를 해서 창피를 당하게 된다.

6. 태몽과 관련한 영적 행동에 관한 꿈

달을 삼키거나 뱃속으로 들어가는 꿈(태몽)
예쁜 딸을 낳을 태몽이다.

별이 품안에 떨어지는 꿈
구자적인 인물을 출산하거나 성직자가 될 인재를 낳는다.

해가 강에서 떠오르는 것을 계속 지켜보는 꿈
아들을 얻게 되나 이내 헤어질까 염려되어 안절부절한다.

두 개의 해가 맞붙어 보이는 꿈(태몽)
쌍둥이를 낳거나 두개의 사업을 동시에 이룩할 사람이 태어난다.

서산에 해가 기우는 것을 보고 안타까워하는 꿈
여아를 얻게 된다.

해나 달을 짊어지는 꿈
장차 영부인이 될 여아를 잉태하게 된다.

용이 손가락을 무는 꿈
아들을 얻게 되나 말썽꾼이 된다.

우물에서 용과 구렁이가 어우러져 하늘로 오르는 꿈(태몽)
큰 인물이 될 아들이다.

7. 태몽과 관련한 신체, 사물에 관한 꿈

임신 중에 외간남자와 간통을 하는 꿈
훗날 자식이 부모를 배척하게 된다.

먹은 음식을 토해 내는 꿈
태아가 위험하니 임산부는 매사에 조심할 필요가 있다.

무덤 위에 꽃이 만발한 꿈(태몽)
귀한 자녀를 낳을 꿈이다.

고구마를 먹는 꿈(태몽)
태아가 건강하고 집안에 기둥이 될 아들이 태어난다.

침실에 빛이 스며드는 꿈(태몽)
귀여운 옥동자를 분만하게 된다.

은수저를 받게 되는 꿈(태몽)
잘 생기고 미남인 아들을 잉태한다.

창문을 통해서 안을 들여다보는 꿈
출산시 산모의 건강이 우려된다.

산에 어떤 물건을 가지고 오르는 꿈(태몽)
귀한 아이를 잉태할 꿈이다.

8. 친구, 연인에 관한 꿈

옛 친구의 꿈
뜻하지 않았던 사람으로부터 편지가 날아들거나 유쾌한 일이 있을 길몽이다.

먼 곳에서 친구가 찾아오는 꿈
좋은 일이 생길 길몽이다.

찾아온 친구와 함께 술을 마시거나 음식을 먹는 꿈
당신은 병에 걸린다. 또한 그 친구로부터 선물을 받으면 손해를 본다.

친구에게 음식을 대접하는 꿈
친구와 같이 음식을 들더라도 자신은 음식을 먹지 않는 꿈은 승진하는 등 기쁜 일이 있을 길몽이다.

친구와 함께 일하고 있는 꿈
좋은 꿈이다. 현재 당신을 괴롭히고 있는 문제가 있으면 귀인이 나타나서 당장 해결된다.

친구를 축복하는 꿈
친구의 승진이나 출세를 기뻐하는 꿈은 길몽으로 머지않아 기쁜 일이 있다.

친구와 말다툼 하는 꿈
나쁜 평판이 떠돌아 당신은 고립된다.

친구와 말다툼하고 있는 동안에 친구로부터 두들겨 맞는 꿈
남의 원조나 좋은 협력자를 얻어 이익을 얻는 꿈이다.

누군가를 사랑하는 꿈
일종의 매달리고 싶다는 마음의 표현으로 간주되어 누구에게 핀잔이나 꾸중을 듣는 일이 생긴다.

사랑받는 꿈
뜻하지 않았던 칭찬이나 즐거운 일이 생길 길몽이다.

사랑을 고백하는 꿈
주위 사람으로부터 경멸당하거나 중상모략으로 인해 고민하게 된다.

자기의 연인이 심히 추한 얼굴로 변해 있는 것 같은 꿈
그 연애는 오래 가지 않는다는 것을 알린다.

연인과 사랑스럽고 즐겁게 장난치는 꿈
소원이 성취될 길몽이다.

연인과 함께 거니는 꿈
두 사람이 앞일에 대해 서로 상의하게 된다.

연인을 만나도 얘기를 하지 않는 꿈
연인의 마음은 당신으로부터 자꾸 멀어져 가고 있다.

연인을 제3자에게 빼앗기는 꿈
자신도 그 연인을 사랑하고 있다는 증거이다.

연인과 Sex하는 꿈
당분간 재물을 낭비하게 되며 서로 다툼이 일어나게 된다.

연인이 임신한 꿈
연인에게 아이가 생긴 꿈은 그 사랑이 결실을 맺게 된다.

연인과 동거하는 꿈
자기가 하고 있는 일이 바쁘게 된다.

죽은 애인이 자기를 문 밖에서 부르는 꿈
가까운 시일 안에 진행 중인 혼담이 성사된다.

삼각관계의 여자가 내 품에 안기는 꿈
성취하고 싶던 일 또는 두 사람이 관여하는 일에 착수하나 심적 고통이 따른다.

짝사랑의 꿈
성취하고 싶던 일 또는 두 사람이 관여하는 일에 착수하나 심적 고통이 따른다.

애인과 낮에 못 다한 사랑을 꿈속에서 계속하는 꿈
꿈속에서의 애인과의 소원 충족이 아니라 애인과는 상관없는 현실에서의 앞으로의 일이나 실제 자기 일의 성사 여부를 암시하는 것이다.

9. 도둑, 강도, 걸인에 관한 꿈

도둑을 맞는 꿈(대길)
도둑을 맞거나 강도가 들어와서 상처 또는 살해당하는 꿈은 길몽으로 이익이 들어온다.

특히 사업가에게는 큰 이익을 볼 좋은 꿈이다.

강도에게 결박당하는 꿈

손발이 묶여지는 등 강도에게 몸의 자유를 빼앗긴 꿈은 경제적으로 곤란해진다.

도둑에게 먹을 것을 주는 꿈

뜻하지 않았던 재난을 당할 꿈이다.

누군가가 강도에 살해당하는 꿈

큰 이득을 얻을 징조이다.

강도와 싸워 자신이 죽은 꿈

가까운 앞날에 근심이 해결될 길몽이다.

강도나 악한에게 주먹, 흉기로 맞은 꿈

피를 흘리면 재수가 있어 돈이 생기나, 피가 나오지 않으면 별의미가 없다.

도둑과 말다툼을 한 꿈

가까운 친척과 언쟁을 벌인다.

도둑이 잡히는 꿈

기업이 날로 번창할 길몽이다.

이웃이 강도에게 맞아 죽는 꿈

장사, 내기, 놀음 등에서 크게 이익을 본다.

강도를 누군가가 죽여 버리는 꿈

머지않아 재난이 닥친다.

자신이 도둑이 된 꿈

당신이 도둑과 함께 남의 집을 털려고 간 꿈은 아주 좋은 꿈으로 자신이 출세할 꿈이다.

걸인을 본 꿈

꿈과 반대로 뜻하지 않았던 이익을 얻는 좋은 일이 생긴다.

걸인과 음식을 같이 먹는 꿈

가까운 장래에 상사나 선배에게 초청되어 푸짐한 대접을 받게 될 것이다.

자기가 거지가 된 꿈

이 꿈을 꾸면 병에 걸려 고생할 흉조이다. 다만 음식물이 아닌 물품을 얻는 꿈은 지인의 원조를 얻어 재운이 열린다.

형제자매나 친구가 걸인이 된 꿈

꿈속에 거지가 되었던 사람이 의지해 올 것이며 돈을 주지 않으면 안될 일이 생긴다.

거지와 동행하는 꿈

외로운 사람과 일을 함께 하거나 개선해야 할 일거리를 맡게 한다.

10. 귀인, 위인에 관한 꿈

왕이나 대통령 같은 귀인을 본 꿈

자기 일을 도와주는 사람을 만나게 되어 사업, 계획 등의 진행이 순조롭게 이루어져 마음의 안정을 얻게 된다.

대통령, 스승, 신령적인 존재가 빛나는 옷을 입은 것을 보는 꿈

은혜로운 일, 권위적인 일 등으로 크게 명예로와진다.

대통령께 음식을 대접하는 꿈

최고 존경의 대상에게 일거리를 부탁하고 청원할 일이 생긴다.

대통령이나 정부고관이 죽어 국장행렬을 구경한 꿈

사회적으로나 국가적으로 생애 최고의 명예와 관련된 일과 부딪히게 된다.

길가에서 대통령과 약속하는 꿈

특히 자기 집에 오겠다는 약속을 받은 사람은 훗일 자신에게 최대의 명예나 권리가 주어진다.

샐러리맨이 타국 대통령과 비행기를 함께 타고 간 꿈

다른 회사의 사장이 자신을 발탁하여 그곳으로 스카웃해 갈 것을 암시한다.

임금이나 대통령이 말을 타고 시찰하는 꿈

실력자를 만나 협조와 도움을 받고 일이 잘 풀리게 된다. 기쁨, 경사스런 일이 있다.

대통령에게 음식을 대접하는 꿈

최고존경의 대상에게 일거리를 부탁하고 청원할 일이 생긴다.

대통령께 보리밥을 진상하는 꿈

직무수행상 자신의 능력 또는 실력이 부족함을 뜻한다.

대통령과 함께 나란히 걸어가는 꿈

가장 존경할 만한 사람과 일을 같이 하거나 이야기할 일과 관계한다.

대통령, 스승, 신령적인 존재가 빛나는 옷을 입은 것을 보는 꿈

은혜로운 일, 권위적인 일 등으로 크게 명예로와진다.

대통령의 방으로 따라 들어가는 꿈

진급, 일의 성취, 명예 등의 일이 이루어진다.

땅속에서 대통령 도장을 캐내는 꿈

운수대통하거나 대업을 완수할 능력, 권리가 주어진다.

일반적으로 귀인의 앞에 나가는 꿈

출세를 약속받는 길몽이다.

왕족과 온화한 분위기에서 얘기하는 꿈

걱정거리가 일어나게 된다.

왕족으로부터 당신이 꾸중을 맞거나 매도당하는 꿈

행운이 찾아들 길몽이다.

당신이 왕족을 매도하는 꿈
흉몽으로 반드시 재난이 닥치게 된다.

지위가 높은 사람의 꿈
입신출세할 길운이다.

장관을 만나는 꿈
당장 승진하게 된다.

자기가 왕이나 왕비가 되는 꿈
정치가는 당수나 위원장, 학생은 수석을 차지하는 등 자기의 일거리로 최고의 명예가 주어진다.

여왕이 되어 왕을 따라가는 꿈
남편 사업에 협조하거나 사업체의 둘째자리를 획득한다.

왕이 베푼 만찬회에 초대된 꿈
권위 있는 사람, 지도자가 베푸는 일, 회담 등에 참석한다.

자기가 왕자나 공주가 되는 꿈
유산상속자, 수제자, 대리인, 서리 등의 신분이 된다.

악인과 이야기를 하는 꿈
구설이 생긴다.

귀인을 만나 절하고 만나는 꿈
복과 덕이 온다.

귀인에게 보물을 받는 꿈
대길하니 반드시 출세하며 여자라면 좋은 인연을 만나 결혼이 이루어진다.

신선과 만나서 이야기 하는 꿈
대길하다. 더 이상의 어려움은 사라지고 운수가 열린다.

높은 사람과 만나는 꿈
술이 생긴다.

귀인과 서로 이야기를 하는 꿈
주인을 얻고 출세한다.

빈곤한 사람을 보는 꿈
반대로 대길이다.

11. 통치가(대통령, 국회의원, 재판관)에 관한 꿈

대통령이 자기 집을 다녀가는 꿈
정부나 단체, 유력기관, 직장에서 자기에게 중대한 책임을 준다.

길가에서 대통령과 약속하는 꿈(대길)
특히 자기 집에 오겠다는 약속을 받은 사람은 훗일 자신에게 최대의 명예나 권리가 주어진다.

대통령이 자기 집을 방문하겠다고 길에서 약속 받은 꿈

자기에게 최대의 명예나 권리가 주어진다.

대통령이 수행원과 함께 자기 집을 방문한 꿈

어떤 단체나 기관에서 자기에게 막중한 책임을 맡긴다.

대통령의 방으로 따라 들어가는 꿈(대길)

진급, 성취, 명예 등의 일이 원하든 대로 이루어진다.

대통령의 의관이 단정하지 못하는 꿈

정부기강이나 회사의 질서가 문란해질 것이며 아버지나 존경의 대상이 그 인격과 신분에 이상이나 변고가 생긴다.

외국 대통령과 같이 비행기에 동승한 꿈

자기 회사와 버금가는 회사 사장이 자기를 발탁해서 외국 지점이나 현지법인으로 영전하든지 스카웃되어 간다.

대통령으로부터 표창을 받는 꿈(대길)

자신, 회사, 단체, 조직, 기관에게 최고의 명예와 권리가 주어지거나 사령장을 받는 길몽이다.

대통령께 음식을 대접하는 꿈

최고 존경의 대상에게 일거리를 부탁하고 청원할 일이 생긴다.

대통령으로부터 대통령의 명함 2장을 받은 꿈(대박)

제17회 주택복권 1등 당첨자의 꿈이다.

자신이 영부인이 되어 대통령을 따라가는 꿈

남편이 하는 일을 도와주거나 사업체의 일원으로써 맡은 일에 성실하게 된다.

수상이 되어 내각을 조직한 꿈

어떤 조직체의 주도권을 잡게 된다.

군중 속에서 대통령을 환영한 꿈

국가시책에 호응해서 좋은 일이 있다.

자신이 국가의 통치자가 된 꿈

어떤 단체의 주도권을 잡거나 자기 일거리나 작품으로 세인의 관심거리가 된다.

자신이 대통령이 된 꿈

어떤 기관의 지도자가 되며 명예나 권세가 주어진다.

대통령과 그 비서에게 술을 대접하는 꿈

사장 또는 기관장과 그의 부하 직원에게 취직관계를 부탁할 것을 예시하는 꿈이다.

대통령으로부터 중요한 서류, 문서를 받는 꿈

승진, 합격, 당선 등과 경사스런 일이 있고 문서상 기쁜 일이 생긴다.

흙을 파서 금은보화나 대통령의 직인 또는

고고학적 유물 등을 얻는 꿈

어떤 기관, 학원 등에서 연구나 사업성과를 얻고 권리나 횡재 등이 생기게 된다.

대통령이나 임금을 만나 절을 한 꿈

귀인 상봉의 암시이자 입신출세가 암시되는 행운의 꿈이다.

군중 속에서 대통령을 환영한 꿈

여러 방면에서 국가시책에 호응해서 좋은 일이 있을 것을 암시한다.

대통령이나 왕으로부터 술잔을 받아 마시는 꿈

귀인을 만나 운이 트이고 명예와 권세를 얻게 된다.

대통령이나 임금을 만나 절을 한 꿈

귀인 상봉의 암시이자 입신출세가 암시되는 행운의 꿈이다.

대통령이나 부처님께 드리려고 쌀밥을 하는 꿈

고시에 합격하거나 문예작품 현상에 당선된다.

일국의 왕, 황제, 대통령, 수상 등 통치자가 사망하는 꿈

국권이 회복되고 새로운 정당이 집권하여 개헌할 일, 사사로이는 최고 최대의 성취와 명예가 주어질 것이다.

국가원수나 대통령이 연설을 하는 꿈

국가 최고의 통치권자는 국가의 밝은 앞날과 국운을 창조하고, 국가의 발전을 가져다 준다는 명실상부한 실천공약을 대국민 앞에 약속을 하게 된다. 자신이 대중이 많이 모인 곳에서 명강의를 하게 된다.

용이 대궐이나 대통령의 집무실로 들어가는 꿈

한 국가의 통치자가 되어 국운을 창출하고 민족정기를 되살려 국태민안과 국민의 복리를 증진하며 국가를 보위하여 훌륭한 통치자가 된다. 명예, 승진, 당선, 합격, 학위, 자격취득, 승리, 성공, 취직, 결합, 약속, 합의, 부귀공명, 입신출세 등이 있다.

국회의원 연설을 자세히 듣는 꿈

자기의 신변에 관한 이야기를 남을 통해서 듣게 된다.

장관이 되는 꿈

모든 것이 뜻대로 되어가며 소원이 이루어진다.

재판관의 꿈

범죄의 상징이다. 재판관을 꿈에 보면 조심해야 하며 범법자가 될 가능성이 있다.

자기가 법정에서 판사로부터 언도를 받는 꿈

작품, 학업성적, 근무성적, 표창 등 평가를 받게 된다.

재판관에게 사형언도를 받는 꿈

자기가 소원한 일이 뜻대로 성취된다.

재판관이나 변호사에게 자기 신변에 관해서 이야기한 꿈
제3자에게 무엇인가를 서로 의논하게 된다.

방청객이 많은 가운데 재판을 받는 꿈
경쟁자 중에서 선택할 일, 설법, 설교를 들을 일, 작품에 평가받을 일이 각각 생긴다.

준엄한 논고를 검사가 한 꿈
자신이 하고 있는 일이 불안하거나 양심의 가책을 받는다.

자기가 사형선고를 받고 처형이 되어 죽는 꿈(대박, 대길)
대질몽이다. 갑자기 운수가 터져 출세하며 만약 환자가 이 꿈을 꾸면 병이 즉시 완쾌된다.

감방에 들어가 매를 맞는 꿈
사업이 번창하고 부귀해질 징조이다.

죄인이 감방을 탈출하는 꿈
병이 나으며 병원에서 퇴원하게 된다.

죽은 사형수의 고기를 먹는 꿈
유력한 사람의 힘으로 큰 재산가가 될 징조이다.

자신이 남에게 사형선고를 내리는 꿈
송사가 끊이지 않는다.

그물이 자신을 덮어버린 꿈
주식을 얻게 된다.

새끼줄로 자기의 몸을 동여매는 꿈
병이 나으며 길하다.

죄를 범하고 자수하여 감방에 들어가는 꿈
대단히 흉몽이니 조심하라.

지옥에서 괴상한 썩는 냄새를 맡는 꿈(대길)
만사가 길하다.

죄수가 형벌을 받기 전에 죽어버리는 꿈
주식을 얻게 된다.

타인에게 매를 맞는 꿈(대길)
의식주가 생기고 재수가 좋다.

사형수가 되었는데 가까스로 구원을 받는 꿈
차츰 실패하게 되고 사회적으로 매장당한다.

자기가 감옥에 갇힌 죄수를 다른 사람에게 때리라고 하는 꿈(대길)
부귀하게 될 징조이다.

죄수복을 입은 꿈
병원에 입원하거나 자기의 작품이 심사대상이 된다.

손발에 상처를 입은 꿈
법을 위반하게 된다.

12. 직업에 관한 꿈

자기가 연예인이 되는 꿈
세상 사람들로부터 구설을 들어 친한 사람들에게서 고립되고 몹시 괴로운 입장에 놓이게 된다. 대체로 대중 앞에서 떠드는 직업의 꿈은 별로 좋지 않다.

연예인과 결혼하는 꿈
좋지 않은 꿈이다. 이상적이고 환상적 인물을 생각하는 마음이 잠재했기 때문에 꿈에서 결혼까지 한 것이다. 그러므로 부부애정관계에 위기가 온 것이며, 진행 중인 혼담은 파혼될 것이다.

영화배우와 같이 걸어가는 꿈
애정관계로 고민할 일이 생긴다.

가수가 되어 무대 위에 오르는 꿈
당신이 좀 경솔한 짓을 저지를지 모른다. 주변에 창피해서 얼굴을 들지 못할 일이 생긴다. 심사숙고한 후 행동해야 하며, 즉흥적인 일은 무조건 보류할 필요가 있겠다.

가수에게 꽃다발을 증정하는 꿈
당신이 선의를 이용해서 당신에게 불리한 일을 당하게끔 행동할 사람이 나타난다. 남에게 도움을 줄 때 오히려 화(禍)가 되어 되돌아오지 않을까 하는 의심을 해봄직하다.

가수와 악수를 하는 꿈
허다한 액운이 겹칠 꿈이다. 공연히 기분좋아할 필요가 없다.

유명한 가수, 배우와 대화를 나누는 꿈
평소에 닦아 놓은 실력을 발휘할 기회를 얻을 것이다. 단시일 안에 커다란 명성을 얻어 지위를 확립하게 된다.

운동선수, 영화배우 등 유명인사와 키스하는 꿈
실제인물이나 동일시 인물에 관해서 어떤 것을 알게 되고 최고의 명예, 명성에 관한 소식에 접할 수 있다.

유명한 영화배우나 탈렌트를 만나는 꿈
귀인을 만나 기쁜 소식을 듣고 도움을 받는다는 것을 암시한다. 뜻밖의 옛 친구나 애인을 만나 즐거운 얘기를 나눈다. 기쁜 소식이 있다.

창문 안의 유명인과 악수하거나 키스하는 꿈
당당히 일이 성사된 기별을 듣거나 명예가 직접 주어진다.

교실이나 강당에서 면접시험을 보거나 유명인사나 선생님의 강의를 듣는 꿈
원하는 소망이나 구상하는 계획 및 경영사 등에 불안이 생기고 기대가 엇갈리는 혼란이나 애로를 치르게 된다.

텔레비전을 통해 유명한 탤런트가 보이는 꿈

친구나 애인을 만나 문화의 공간에서 즐거운 시간을 갖게 된다.

유명한 정치가와 같이 동행하는 꿈

확실한 실력자를 만나 협조와 도움을 받고 하는 일에 새로운 기틀을 마련하게 된다. 귀인, 협조, 조직, 공동체 등이 있다.

가수나 배우 및 유명 연예인에게 꽃다발을 주거나 악수를 하는 꿈

생각지 않은 손실이나 말썽이 생겨서 피해를 치르게 되며 타인과 연관되어 불이익 내지 궂은일을 치르게 된다.

유명한 가수를 만나는 꿈

생각지도 않은 귀인을 만나 협조와 도움을 받는다. 상봉, 희소식이 있다.

운동선수, 영화배우 등 유명인사와 키스하는 꿈

실제인물이나 동일시 인물에 관해서 어떤 것을 알게 되고 최고의 명예, 명성에 관한 소식에 접할 수 있다.

유명한 배우가 입던 옷을 받아 입는 꿈

유명인, 인기인의 지도를 받거나 협조를 얻어 비슷한 일을 할 수 있다.

세계적으로 유명한 산위에서 돌아다닌 꿈

전세계에서 유명하다고 하는 산들을 직접 돌아다니는 꿈은 자신의 능력을 세상에 과시하고 그 증거를 보여주게 되는 좋은 징조이다

자신이 유명한 연예인이 되어 팬들의 지지를 받는 꿈

자신의 현실에 대한 불만의 표시, 기회를 주지 않는 현실에 대한 불만을 의미한다.

자신이 연예인이 되든지 유명 연기자와 결혼하는 꿈

타인의 구설이나 말썽이 발생하고 주의 사람들과의 마찰 내지 고립 등으로 곤란과 장애를 치르는 입장에 놓이게 되며 애정관계나 이성문제로 갈등과 고민에 부딪치게 된다.

유명한 탈렌트와 함께 데이트 한 꿈

인기인이 되거나 자기를 과시할 일이 있다.

유명한 사람에게 명함을 받거나 귀인, 실력자를 소개 받는다든지 초대장을 받는 꿈

상사로부터 신뢰, 인정을 받고 중요한 책임과 업무를 맡게 된다.

유명한 목사와 함께 걸어간 꿈

어떤 지도자나 학자와 같이 덕망 있는 사람과 접하게 되거나 감명 깊은 책을 읽게 될 것이다.

작곡하는 꿈

사업계획, 작전계획, 선전문, 문예작품 등을 구상할 일이 생긴다.

대중 앞에서 노래를 부르는 꿈
많은 사람들을 따르게 한다.

자신이 악기를 연주하는 꿈
기의 목적을 달성한다.

그림을 잘못 그리거니 잘못 붙인 꿈
좋지 않은 곳으로 발령을 받게 된다.

정치가의 꿈
장관, 국회의원 등 지위가 높은 사람이외의 정치가를 꿈에서 보면 말을 삼가하라는 경고이고, 말로 인해 손해 볼 일이 생긴다.

변호사의 꿈
좋지 않다. 남과 불화가 생겨 금전과 시간을 낭비하게 된다.

경찰관의 꿈
불길한 꿈으로 머지않아 불명예스러운 사건에 말려들어 눈물을 흘리게 된다.

집배원의 꿈
우편배달부의 가방이 열려져 있으면 계속해서 편지나 소식이 온다.

우편집배원의 꿈
우편집배원이 멀리 가는 모습을 본 꿈은 친척, 지인에 무언가 변한 일이 생기게 된다.

디자이너의 꿈
화려하긴 하지만 서로 일을 탈취하려고 서둘거나 서로 속고 속이는 일이 끊이지 않는다.

배우나 연극인의 꿈
공연하고 있는 것을 보면 길몽이지만, 당신이 배우가 되어 무대에 서는 꿈은 걱정거리가 생길 전조이다.

코미디언, 개그맨, 개그우먼의 꿈
사기에 걸릴 염려가 있으니 요조심해야 한다. 남의 말을 쉽게 믿으면 큰 일이 난다는 것을 경고한다.

조각가의 꿈
슬픈 일이 생기게 된다.

기생의 꿈
아름다운 기생이 혼자서 걷고 있는 꿈은 멋있는 연인이 생길 징조이다. 그러나 기생과 놀고 있는 꿈은 여난을 만날 전조이며 첩을 둔 사람은 첩과 헤어질 것이다.

의사의 꿈
좋은 꿈이다. 의사를 꿈에서 보면 건강이 보증되고 돈도 모인다.

산파의 꿈
머지않아 아이를 낳을 예고이다. 만약 독신자가 이 꿈을 꾸면 남에게서 미움 받을 것을 암시한다.

유모나 아이를 보는 사람의 꿈

뜻밖의 대접을 받게 될 길몽이다.

목수나 건축사의 꿈
이는 길몽으로 머지않아 자기 집을 짓게 된다. 그러나 이미 신축한 것을 꾸면 가난과 연결되는 흉몽이다.

미장이의 꿈
비밀이나 음모를 뜻하는 꿈이다. 남의 언동을 잘 관찰할 필요가 있다.

대장장이의 꿈
집안일이 바빠지게 될 징조이다.

세탁소의 꿈
좋은 꿈이다. 행복을 약속하는 길몽이다.

사업가나 부자의 꿈
모든 일이 행운으로 기울게 되고 사업은 성공하며 부호가 될 길몽이다. 다만 자신이 부자가 되어 있는 꿈은 좋지 않다.

군인이나 무사의 꿈
이익과 영예의 표시이다. 특히 군대가 지나는 것을 보면 행복과 이익을 잡게 되는 길몽이다.

적군의 병사를 본 꿈
벅차고 고통스러운 일거리를 맡게 된다.

자신은 군인이 아닌데 군인처럼 완전무장하는 꿈
좋은 꿈이다. 어떤 기관, 단체의 중요인물이 되어 중책을 진다. 작품이나 업적이 공모에서 당선된다.

신문기자가 집에 찾아오는 꿈
신상문제, 직책, 작품 등에 관해서 알려고 하는 사람이 찾아온다.

신문기자와 인터뷰를 한 꿈
자신의 행동거지를 남에게 체크 당하거나 행적, 업적 등을 누구에게 설명하게 된다.

기자가 사진 찍거나 녹음해 가는 꿈
별로 좋지 않다. 사건의 증거물로 포착당하고 누구에겐가 구속을 받게 된다.

과거 은사의 꿈
은혜로운 협조자의 도움을 받게 된다.

존경할 수 없는 선생님이 보이는 꿈
윗사람에게 책망을 듣거나 불쾌한 일이 생기는 꿈이다.

교사와 교수의 꿈
교양서적, 백과사전의 상징이다.

무용가의 꿈
실제인물, 지휘자, 감독관 등과 동일시되고, 작품 기타 일거리의 상징을 나타낸다.

목사, 신부의 꿈
실제인물, 선생, 법관, 학자와 동일시이고 교양서적, 또는 선악과 관계된 상징물이다.

스님이 되는 꿈
교사, 학자, 한의사, 군인, 회사원 등이 된다.

스님이 문전에서 목탁을 두드리는 꿈
집안에 널리 소문날 일이 생긴다.

고승을 대하는 꿈
진리탐구 하는 학자, 스승, 사장들과 상관하게 된다.

수녀원에 들어가는 꿈
학교, 교도소, 회사 등에 갈 일이 생긴다. 또 자기 작품이나 일거리가 당국에서 심사과정을 거치게 된다.

교도관의 꿈
법규나 양심의 상징일 수 있다.

안내원이 밀폐된 방으로 안내하는 꿈
어떤 연구, 사업에 종사한다. 안내원이 사라져 바라면 모함에 빠지거나 구속당한다.

가정부의 꿈
출가하거나 취직이 되거나 어떤 사람의 일을 거두어 준다.

가정부가 음식을 자기에게 가져다주는 꿈
직장이나 어떤 기관의 실무자 또는 협조자가 자기에게 일거리를 맡겨준다.

일꾼이 마당을 청소하는 꿈
당신에 관한 일을 어떤 기관의 실무자가 잘 처리 해주어 근심이 없게 된다.

농부의 꿈
문필가, 사업가 등과 동일시 할 수 있다.

어부의 꿈
실업가, 권사, 작전관 등과 동일시 할 수 있다.

13. 경찰관, 군인에 관한 꿈

자기 도장을 경찰관이 찍어간 꿈
가정에 화근이 생긴다.

경찰관에게 쫓기거나 경찰관을 만나는 꿈
경찰, 포졸은 터줏대감을 상징한다. 고사를 넌지시 지내라는 것을 암시하는 꿈이다.

자신을 경찰관이 연행해 가는 꿈
자신이 하고 있는 일을 제3자에 의해서 심사대상으로서 평가받는다.

경찰관이 집을 포위한 꿈
남에게 부탁한 일이 성사 직전에 있거나 위험한 사건이 발생한다.

사복형사가 집안을 수색하는 꿈
남에게 여러 가지 질의응답을 받게 된다.

남을 살해하고 경관에게 쫓겨 다닌 꿈
입사시험, 논문, 고시 등에서 낙방한다.

경관이 총을 겨누자 공포에 떤 꿈
심적 고통을 받는다.

출장이나 영장을 경찰이 보낸 꿈
당첨, 취직, 체포, 입원 등의 통지서가 온다.

경찰관에게 잡히는 꿈
남과 다툴 일이 생긴다.

경찰관에게 수갑을 찬 채 끌려간 꿈
취업, 질병, 죽음, 일의 성사 등을 나타낸다.

경찰관과 다투는 꿈
이사, 전직, 전근 등 일신상의 변동이 올 것을 알린다.

군인이 아닌 자신이 완전무장을 한 꿈
어떤 단체에서 주도권을 쥐게 된다.

군복을 착용하고 적진을 향해 걷는 꿈
어떤 기관에 의해서 사업, 일거리, 작품 등이 어려운 절차를 거치게 된다.

일반인이 장교가 된 꿈
어떤 단체의 지도자가 되어 그 단체를 이끌어 나간다.

행진하는 군인들(군대)을 본 꿈
계획하고 있는 일이 잘 추진된다.

문화작품의 광고를 내려는 사람이 군대가 행진한 것을 본 꿈
계획하고 있는 일이 뜻대로 추진된다.

전사자의 유골을 군인이 안고 온 꿈
하고 있는 일이 뜻대로 성취되어 세인의 주목을 받는다.

장교나 사령관에게 훈장을 받은 꿈
명예가 주어지고 기합이나 구타를 당하면 문책, 또는 중대한 책임이 주어진다.

검문소에서 신분증을 제시한 꿈
자신의 신분을 내세울 수 있는 것을 자랑으로 삼을 일이 있다.

적병을 차례차례로 총살한 꿈
관청의 일이나 계획한 일 또는 침체된 일이 달성된다.

적병에게 쫓기는 꿈
질병에 걸리거나 계획했던 일을 성사시키지 못한다.

군인이 무기를 잃어버린 꿈
동업자나 일에 대한 방법과 추진력을 잃게 된다.

간수 꿈

당신이 일에 고민하는 꿈이다. 죄수가 자주 도망치려는 꿈, 도망치는 꿈 등은 당신의 양심이 허약한 징조다.

죄수가 되어 형무소에 갇힌 꿈

당신의 욕정과 자유의 구속을 뜻한다. 너무나 욕망이 억압되어 있다거나 자유를 구속당하고 있다고 자기 스스로 의식하는 결과다. 또는 주거에 관한 고민이 생긴다.

자기가 유치장, 형무소에 들어간 꿈

행운을 잡을 길몽이다.

형무소에서 탈옥하는 꿈

욕정의 해방 또는 모든 구속에서 벗어나 자유를 쟁취하겠다는 의지의 표현이다.

탈옥을 해도 도망가지 못하거나 뛰어도 잘 뛰어지지 않는 꿈

운수가 막혀 진퇴양난의 현실에서 벗어나지 못하고 있다.

타인이 옥중에 들어가는 꿈

걱정거리가 사라지며 좋은 일이 찾아올 길조이다.

제5장 동물에 관한 꿈 해몽

1. 가축동물(돼지(豚), 소(牛), 말(馬), 개(犬)) 등에 관한 꿈

돼지에 관한 꿈

돼지는 똥, 오줌과 함께 재물을 상징한다. 돼지를 보면 재물이 생긴다. 정초에 보면 일년 내내 효과가 있다고 한다. 결혼 초에 꾸면 일생동안 행복하게 사는 길몽이다.

자기가 돼지를 몰고 오는 꿈(대박)

재물 또는 돈이 생긴다.

돼지를 타고 오는 꿈(대박)

재물을 얻게 된다. 만사가 순조롭게 잘 풀리게 되고 장사에서 큰 이익을 남긴다.

크고 작은 돼지 떼가 길을 막는 꿈

제26회 주택복권 1등 당첨자의 꿈이다.

새끼돼지를 들여오는 꿈

그것을 키워서 팔아야하기 때문에 조금씩 돈이나 재물을 얻어 먼 훗일에 큰돈을 만들게 된다.

큰 돼지가 자기 뒤를 따라오는 꿈

유력한 재산가의 보살핌을 받으나 불안한 상태이며, 옆에서 따르면 대길한다.

돼지가 집안으로 들어오는 꿈(대박)

복록이 굴러들어온다. 큰돈이 생길 꿈이다.

집안으로 들어온 돼지를 기른 꿈

제51회 주택복권 1등 당첨자의 꿈이다.

기어 다니는 아기가 돼지꼬리를 잡고 집안으로 들어 온 꿈

제54회 주택복권 1등 당첨자의 꿈이다.

돼지가 새끼를 낳은 것을 본 꿈
가만히 있어도 돈이 굴러 들어온다. 제89회 주택복권 1등 당첨자의 꿈이다.

두세 마리의 돼지를 쫓아도 억지로 우리 집의 돼지우리 안으로 들어 온 꿈
제96회 주택복권 1등 당첨자의 꿈이다.

돼지가 방 안으로 들어오는 꿈
장차 부자가 될 사람이 청혼해 와서 결혼하게 된다.

돼지를 파는 꿈
자기 소유의 물건을 잃어버리거나 남에게 일거리를 빼앗기게 된다.

돼지고기를 상식 이상으로 많이 사는 꿈(대박)
뜻하지 않은 많은 재물을 얻게 되어 횡재한다. 복권을 산다.

돼지와 방에서 싸우다 돼지의 목을 누르는 꿈
사업을 일으키거나 재물을 소유하며, 후에 경쟁, 재판 등의 시비가 있으나 승리한다.

멧돼지를 잡는 꿈
대학입학, 고시합격, 권리확보 등이 뜻대로 성사된다.

돼지가 나타나 자신은 물어뜯는 꿈(대박)
복권을 사면 횡재할 수 있다.

돼지를 몰아오거나, 등에 지고 오든지, 차에 실어오는 꿈(대박)
재물 또는 돈이 생긴다.

새끼돼지를 사는 꿈
적은 돈을 얻었지만 그 돈을 이용하여 큰 재물을 만들 수 있다.

핏물 속에서 큰 돼지를 건져내는 꿈
뜻밖의 일확천금을 얻어 떼부자가 된다. 횡재, 거금, 식복, 재수대통 등의 길운이다.

멧돼지가 사람을 물려고 덤벼드는 것을 죽인 꿈
힘들고 어려운 일이나, 적의 침입을 막을 수 있다.

돼지가 방에 들어왔는데 밖으로 내몬 꿈
좋은 일이 있으려다 허사가 되는 아쉬움을 맛보게 된다.

여러 가지 색깔의 돼지새끼들이 태어나는 것을 보고 출산하는 꿈
직계가족 중에서 이별을 하거나 자손들이 제각기 다른 사업에 손을 대게 된다.

밥상 위에 돼지 머리를 올려놓는 꿈
집안에서 안택고사를 지내게 된다. 종교의식, 기도, 불사 등의 헌금을 하게 된다.

남의 돼지우리에서 황소만한 돼지를 몰아 훔쳐오는 꿈

공동투자나 하청업에 투자하여 많은 돈을 벌게 되고 부자가 된다. 은행, 보험, 새마을금고, 농협 등에서 융자를 받는다.

돼지를 해치러 오는 호랑이와 사자를 때려잡은 꿈

출산이 순조롭게 이루어질 태몽에 해당하거나 큰 사업을 성취하거나 권력층을 굴복시켜 목적 달성을 하게 된다.

뱀이 변해 돼지가 되는 꿈

가난뱅이 보따리장사가 시운이 맞아떨어져 떼돈을 벌게 된다. 횡재수가 있다.

돼지새끼가 점점 커져 황소만한 돼지가 되는 꿈

계나 적금을 들어 만기일에 큰 목돈을 만지게 된다. 꿈과 희망이 있다.

어미돼지를 베고 잠을 자는 꿈

목마른 나무에 물 주듯 비몽사몽간에 신으로부터 만복을 받게 된다.

고양이가 돼지새끼를 물고 집안으로 들어오는 꿈

재물과 먹을 것이 생기고 친인척이 찾아온다. 돈, 횡재수, 선물, 소복 등의 길운이다.

멧돼지 수십 마리가 한꺼번에 몰려오는 꿈

직계가족, 일가친척 중에 자식을 낳은 사람이 있으면 그 자손의 앞날은 밝다.

굴속에서 많은 돼지를 발견하는 꿈

오래된 국보급 유물이나 보물을 발굴하여 새로운 평가를 받게 된다. 재물과 돈이 생기고 재수가 대통하다.

돼지를 차에 한가득 실어다가 우리 안에 넣는 꿈

많은 사람의 도움을 받아 경제적으로는 풍족하지만 심적 부담을 느끼게 될 것이며, 돼지가 따라오면 매사가 성공적이며 남이 부러워할 정도로 순탄한 길을 암시한다.

사냥꾼의 화살에 맞은 흰 돼지가 내 품으로 달려들은 꿈

의사가 되거나 기계, 전기, 화학, 컴퓨터계통으로 진출하면 발전이 있게 된다. 다만 자라면서 수술수가 있으니 건강에 주의한다.

돼지갈비를 맛있게 먹는 꿈

낙상이나 교통사고로 인하여 병원 신세를 진다. 질병, 사고, 복통, 우환 등의 불운이 있다.

양배추가 변해 큰 돼지가 되는 꿈

작은 영세업을 하다가 뜻밖에 때를 만나 돈을 벌어서 큰 기업으로 발전한다. 앉은뱅이가 어려움을 딛고 일어나 단숨에 천리 길을 달린다.

궁둥이를 베어버린 돼지의 목을 쳐서 죽인 꿈

작품의 말미는 생략되고 원문과 소개문이 따로 구분돼서 발표될 것을 예시한 꿈이다.

불속에서 타 죽은 돼지를 안고 나오는 꿈

임산부는 자연유산으로 심적 고통을 받게 된다. 생돈이 나간다.

자신이 돼지가 되거나 돼지 속에 파묻혀 돼지 행세를 하는 꿈

부자가 되거나 좋은 집에 살게 된다.

소만한 돼지가 가는 곳마다 따라오는 꿈

재산이 많은 사람의 도움을 받아 경제적으로는 풍족하지만 심적 부담을 느끼게 된다.

사람과 돼지가 서로 어울려 놀고 있는 꿈

사업을 하면 많은 돈을 벌고 부자가 된다. 재물과 돈이 저절로 굴러 들어온다.

멧돼지가 사람을 물려고 덤벼드는 것을 죽여 버린 꿈

힘들고 어려운 일이나, 적의 침입을 막을 수 있다.

돼지의 엉덩이를 칼로 찌르고 목을 쳐서 죽인 꿈

무슨 일을 하는데 시작은 잘 했으면서도 결과가 신통치 않음을 암시한다.

돼지를 차에 가득하게 실어다 우리에 넣은 꿈

책임자가 되어 사업을 성공적으로 이끌고 잘 마무리하여 후에 공로를 인정받으며, 사업기반을 굳건히 다지게 되고 뜻하지 않은 재물이 들어올 징조다.

돼지비계로 요리를 한 꿈

지나치게 돈에 집착해 있다는 증거이다.

죽여야 할 돼지가 갑자기 사람이 되는 꿈

하는 일에 대해서 실패하거나 불안에 빠진다.

돼지떼가 나타나 자신의 길을 막는 꿈(대박)

횡재할 꿈이다.

돼지고기를 먹는 꿈

돼지고기를 먹는 것은 병이 생길 징조다. 특히, 고기를 생 으로 먹으면 좋지 않다.

돼지의 털이 빛나는 꿈

새로운 신상품이 날개가 돋친 듯 팔린다. 상품개발에 길운이다.

돼지우리 안에 똥이 수북하게 쌓여 있는 꿈

사업이 잘되어 돈과 재물이 많이 들어오게 되고 부동산에 투자하여 짭짤한 재미를 보며 이를 다시 재투자하여 많은 돈을 벌게 될 징조다.

신묘한 돼지가 입으로 옥구슬을 수북하게 토해 내는 꿈

생산, 가공, 유통, 서비스업 등에 투자를 하면 엄청난 돈을 벌게 된다.

자신이 돼지와 성교하는 꿈

사업체 또는 돈벌이와 관계되는 어떤 계약을 맺을 수 있게 된다.

번데기가 변해 돼지가 되는 꿈

영세업에서 중소기업으로 탈바꿈하여 사업에 성공을 한다. 재물, 돈, 승진, 당선, 합격, 입학, 학위, 자격취득, 변동, 승리, 성공 등 전화위복이다.

바닷물 위에 떠 있는 황소만한 돼지를 건져내는 꿈

횡재수가 있어 많은 재물이 생긴다. 무역업으로 많은 돈을 벌게 된다.

돼지가 하천 물을 다 마시고 점점 커져 엄청나게 커 보이는 꿈

생산업을 하다가 뜻밖에 호황을 맞아 엄청난 돈을 벌어 재벌회사로 등극하게 된다. 재물, 돈, 물품 등 큰 복이 들어온다.

돼지를 사다가 잡아서 파는 꿈

재물을 잃거나 다른 사람에게 주게 된다.

가까운 친척 중의 한사람이 돼지를 몰고 오는 꿈

직계가족 중의 한사람이 가까운 시일 내에 돈을 가져온다.

독수리가 앞마당에 돼지를 떨어뜨리고 날아가버린 꿈

사업이 잘되어 재물과 돈이 들어오고, 제조업체는 많은 주문이 들어오는 등 뜻밖의 귀인을 만나 도움을 받게 된다.

돼지 한 마리가 부엌 안으로 들어오는 꿈

주식과 먹을 것을 장만하거나 재물과 돈이 들어온다. 새 식구를 맞이하게 된다.

죽여야 할 돼지나 싸워야 할 돼지가 갑자기 사람이 된 꿈

경쟁상대가 우세해지거나 동정, 실의 등으로 매사에 좌절하게 될 징조다.

돼지와 같이 서로 안고 키스하는 꿈

각종 시험에 응시하여 당당히 우수한 성적으로 합격하게 된다. 입학, 승진, 당선, 학위, 각종취득, 결재, 승리, 체결, 낙찰, 결혼, 합방, 성공 등의 길조이다.

돼지 여러 마리가 교미하고 있는 꿈

하는 일이 번창하거나 축하금을 받을 일이 생긴다.

송장이 변해 황소 만한 돼지가 되는 꿈

영세업으로 돈을 벌어 대기업으로 대성 발전하게 된다. 재물이 생긴다.

돼지가 우리 밖으로 뛰쳐나가는데도 붙잡지 못한 꿈

하는 일이 심하게 꼬이거나 물질적인 손해를 보게 된다.

돼지새끼를 쓰다듬은 후 아이를 낳은 꿈

재물복이 있는 자식을 낳게 되겠지만, 그 자

식으로 인해 마음 고생할 일이 생긴다.

돼지가 쥐로 변해 담벽에 난 구멍으로 도망치는 꿈

처음에는 장사가 잘되다가 끝에 가서는 실패하게 된다. 용두사미 격이다.

커다란 돼지가 귀찮을 정도로 자기를 졸졸 따라다닌 꿈

재력가의 도움을 받아 경제적으로 풍족하게 되지만, 심적 부담을 느끼게 된다.

땅속에서 신묘한 돼지들이 나와 산 위로 올라가는 꿈

직장에서 승진하여 서울이나 중앙으로 자리를 옮기게 된다. 재물, 돈, 횡재 등의 길조이다.

성난 돼지가 자기를 쓰러뜨리는 꿈

빚쟁이에게 커다란 고통을 당한다.

굴속에서 많은 돼지를 발견하는 꿈

오래된 국보급 유물이나 보물을 발굴하여 새로운 평가를 받게 된다. 재물과 돈이 생기고 재수가 대통하다.

돼지가 하천물을 모두 마시고 집채만하게 커진 꿈(대박)

돈, 재물, 물품 등을 암시하며, 생산업을 하다가 뜻밖의 호황이 찾아와 재벌로 등극하게 된다.

돼지의 크기와 수표가 정비례한 꿈

높은 지위에 오르게 된다. 또한 복권 등에 당첨되거나 계약이 성사되고 하는 일이 모두 번창하여 재물이 생기게 될 징조다.

죽은 돼지를 어깨에 메고 온 꿈

좋지 못한 일이 생겨 근심 걱정과 우환이 따르는 등 가정에 화근이 생것입니다. 또한 남의 돈을 빌려 사업을 벌이면 손해를 보게 된다.

돼지비계를 자르는 꿈

친구를 잃을 가능성이 있다.

여러 마리의 돼지 새끼를 마당에 풀어놓는 꿈

재물이나 이권, 상품 등이 들어오지만 돼지를 우리에 가둬놓지 않았기 때문에 결국은 모두 다시 잃어버리게 된다.

사납고 노린내가 나는 큰 돼지가 방에 와서 갑자기 사람으로 변하는 꿈

억세고 돈이 많으며 세도가 당당한 어떤 나쁜 소문이 난 사람이 인격자인 척하고 자신의 집에 찾아올 것이다.

산 돼지를 차에 싣고 왔고, 가끔은 등에 지고 또 몰고 온 꿈

책임자가 되어 사업을 성공적으로 이끌고 잘 마무리하여 후에 공로를 인정받으며, 돈이 들어오고 명예를 얻게 된다.

돼지를 타고 달에 도착하는 꿈

오래된 경제학 문헌 속에서 새로운 자료를 발견하게 된다. 소원성취를 한다. 새로운 경영기법으로 상품개발을 하여 세계시장의 벽을 무너뜨린다.

돼지새끼가 어미젖을 빨고 있는 것을 본 꿈

가정에 경사스런 일이 있고, 재물과 돈이 들어와 번성하고 부귀해질 것이다.

돼지 한 마리가 갑자기 여러 마리로 변하는 꿈

재물이 생기며 사업이 번창한다. 연구하는 직업을 가진 사람은 좋은 결실을 맺게 된다.

우물이나 수렁에 빠진 돼지를 구해주는 꿈

행운이 이중으로 겹쳐온다. 하는 모든 일이 순조롭게 다 해결된다.

돼지가 무서워서 도망쳐 달아나는 꿈

자신 또는 가까운 식구들 중에 누가 시끄러운 말썽이나 불상사 및 손재에 부딪쳐 장애를 겪거나 범죄를 짓는 액화가 발생하게 된다.

싸워 이기거나 죽여야 할 돼지가 갑자기 사람이 되는 꿈

상대방이 우세해지거나 동정, 연민, 실의 등으로 일거리에 패배하고 불안해진다.

쥐가 죽어서 돼지가 된 꿈

열심히 노력한 결과 대업을 성취하게 될 꿈으로, 어려움을 딛고 자수성가하여 성공하게 된다.

자신이 돼지가 되거나 돼지 속에 파묻혀 돼지 행세를 하는 꿈

부자가 되거나 좋은 집에 살게 된다.

까마귀가 죽은 돼지고기를 파먹는 꿈

기뻐해야 할 잔칫집에 보기 싫은 불청객이 먼저 찾아와서 초를 치게 될 것이다.

맑은 물위에서 큰 돼지를 건져내는 꿈이나 이와 비슷한 꿈

우연히 돈방석 위에 앉아 쾌재를 부르게 된다. 재물, 돈, 횡재수가 있다.

하늘에서 떨어지는 돼지를 손으로 받는 꿈

천신의 도움으로 만복을 받아 부자가 된다. 행운, 재물, 돈, 잉태 등 길조이다.

길을 걸어가다가 뜻밖에 돼지를 만나는 꿈

생각지도 않은 일에 길신이 도와, 떼돈을 만지게 된다. 짭짤한 횡재수가 있다.

성난 돼지가 자기를 쓰러뜨리는 꿈

빚쟁이에게 커다란 고통을 당한다.

온 식구들이 돼지를 타고 대궐 안으로 들어가는 꿈

새집, 아파트, 빌라로 이사를 가서 집안이 불같이 일어나게 된다.

죽어 상한 돼지를 가져오는 꿈
집안에 화가 생긴다.

돼지가 옆에서 따라오는 꿈
하는 일마다 실패가 없으며 남이 부러워할 정도로 순탄한 길을 걷게 된다.

깊은 계곡에서 멧돼지 3마리가 나타나는 꿈
산신령이 내리는 산삼 3뿌리를 발견하게 된다. 재물, 행운이 있다.

돼지머리를 삶아서 칼로 썰어 그 일부를 감추는 꿈
사업상 장부를 위조해 세금의 일부를 급한 곳에 활용할 수도 있을 것이다.

빨간 돼지가 마당 앞에 있는 꿈이나 이와 비슷한 꿈
어떤 종교의식 행사에 참여하거나 집안에 안택고사를 지낸다. 재물, 횡재, 먹거리가 생긴다.

돼지머리를 제삿상에 올려놓은 꿈
자신이 해놓은 일에 대해 제3자가 칭찬을 하게 되거나, 누군가로부터 물질적인 보답을 받게 될 것이다.

돼지를 통째로 구워서 잘라먹은 꿈
논문, 작품 등에 좋은 평가가 내려져서 많은 사람들로부터 축하를 받게 될 것이다.

돼지와 방에서 싸우다 돼지의 목을 눌런 꿈
사업을 일으키거나 재물을 소유하며 경쟁, 재판 등의 시비가 있으나 승리할 것이다.

소 꿈
소는 죽은 조상이라고 한다. 조상이 당신에게 나타난 것은 무엇인가 할 말이 있거나 할 일이 있기 때문이다. 제사, 성묘를 하라는 뜻이라고 한다.

목장에 흩어져 있는 많은 소를 보는 꿈
장차 많은 고용인을 두거나 사업체를 갖는다.

목동이 많은 소를 몰아 한 장소로 인도하는 꿈
한 집단이나 병력을 지휘하거나 재물을 한 곳으로 유치할 일이 생긴다.

자기가 소를 죽이는 꿈
어떤 사업이 이루어진다.

소에게 받히거나 소뿔에 받히는 꿈
믿었던 사람이 배신하거나 마음에 고통을 받으며 병에 걸리게 된다. 매우 불길하다.

소가 사람을 치여 받는 꿈
일이 뜻대로 잘 풀리지 않는다.

자기가 소의 등을 타고 길을 걸어가는 꿈
단체나 사업체, 협조기관의 협조를 얻어 사업이 추진· 확장되고 권세를 얻는다.

여러 사람이 소 등을 타고 가는 꿈

여러 사람과 협조할 일이 있다.

죽은 소를 묻으려고 하는 꿈

집안에 화근이 생긴다.

밖으로 뛰쳐나간 소를 잡지 못한 꿈

믿었던 사람이 배신하거나 재물의 손실을 가져온다.

소가 대문을 나가는 꿈

흉몽이다. 재판을 받을 일이 생긴다.

소가 방 안으로 들어오는 꿈

열심히 노력하지만 가난하게 된다.

외양간에 매어진 소가 머리를 밖으로 향한 꿈

집안에 있는 사람이 오래 머물러 있지 않는다. 결국 서로 별거한다.

소를 팔고 사는 꿈

집안 식구, 사업, 재물 등이 바뀐다.

자신을 보고 소가 웃는 꿈

관계하고 있는 사람들이 서로 다투거나 나쁜 일이 생긴다.

아픈 사람이 깊은 산 속으로 소를 끌고 들어간 꿈

사람이 죽거나 고립되어 재물의 손실을 가져온다.

많은 소가 목장에서 평화롭게 놀고 있는 꿈

많은 사람을 대하거나 일거리가 생긴다.

소를 팔러 간 꿈

집, 고용인, 재물 등을 잃게 되거나 다른 사람에게 빌려준 물건을 찾기가 힘들다.

성난 소가 뒤 쫓아와 도망친 꿈

사업상의 일이나 책 등을 접하게 된다.

누런 암소가 검정 송아지를 낳은 꿈(태몽)

태몽이라면 자손이 여러 사람과 자주 다툰다.

황소 여러 마리가 메어져 있는 꿈(태몽)

태몽이라면 자손이 많거나, 자수성가할 인물이다.

큰 암소를 끌어내어 말뚝에 매는 꿈

고용인 또는 새로운 친구를 얻게 되는 꿈이다. 노인의 경우는 며느리를 얻거나 간병인을 얻게 될 꿈이다.

소를 기르는 꿈

집안 식구나 협조자가 방황하게 된다.

소뿔에서 피가 흐르는 것을 본 꿈(대박)

진급이 되거나 학술 등으로 세인들의 관심을 받게 된다. 사업가는 대성하며, 회사원은 이사가 되고, 공무원은 장관에 오르게 된다.

소뿔이 잘 생기고 털에 윤기가 있는 것을 본 꿈

좋은 사람을 만나고 뛰어난 작품을 접하게

된다.

소의 다리를 묶어 매단 것을 본 꿈

자신을 내세워 내면의 모든 것을 남에게 보여준다.

소가 수레를 끌고 가는 꿈

사업이 꾸준하게 발전하게 된다. 많은 사람과 협력하고 하고자 하는 일이 이루어진다.

소의 수레만 있고 소가 없는 꿈

재물을 얻을 징조이다.

소를 타고 거리를 나가는 꿈

공공단체나 협조자에 의해서 일이 잘 추진된다.

짐을 가득 실은 소가 지쳐 있는 꿈

현재 하고 있는 일이 너무나 힘들어서 고통을 받는다.

많은 사람이 쇠고기를 자르는 꿈

물건을 서로들 나누어 가지려다 시비가 생긴다.

소의 털이 여러 가지 빛깔을 띤 꿈

사람, 재물, 작품 등이 여러 가지의 특성을 나타내지만 탐탁하지 못하다.

소에다 쟁기를 매고 농사일을 하고 있는 꿈

어떤 사람 또는 협조자를 시켜 일을 추진한다.

자신이 소를 이끌고 높은 산이나 높은 언덕에 오른 꿈(대길)

길몽이다. 일이 크게 이루어지거나 또는 자신을 내세울 일이 있거나 재물이 생긴다. 신분이 고귀해지거나 부자가 된다.

목동이 여러 마리의 소를 몰고 앞으로 향하는 꿈

단체의 주도권을 잡거나 재물이 한 곳으로 모인다.

소의 분뇨를 보는 꿈

물심양면으로 성과가 좋다.

소를 타고 산에 가는 꿈

죽는다. 죽은 조상의 인도로 산에 찾아가는 격이기 때문이다.

소가 송아지를 낳는 꿈

평소에 원하던 것이 이루어진다. 오랫동안의 고생이 드디어 결실을 맺게 된다. 선조의 도움을 받는다.

소를 이끌고 산으로 가는 꿈

소에게 이끌려 가면 소를 타고 가는 꿈과 같으나, 능동적으로 이끌고 가면 조상을 공경하여 집안에 화목과 행운이 찾아온다.

소의 몸에서 피가 흐르는 꿈

윗사람이나 조상의 도움으로 금전상의 이익을 본다. 소의 피가 자기의 몸에 묻으면 더 좋다.

소가 대·소변을 마당에 눈 꿈(대박)
윗사람의 도움으로 재물을 얻는다. 재물이 내 집에 쌓일 꿈이다.

소를 회사나 어느 기관에 몰고 가는 꿈
재산이 불어나고 관직에서 승진하거나 모르는 사람과 사귀게 된다.

소가 상처를 입고 피를 흘리는 꿈
길몽이다.

황소가 수레를 끌고 가는데 힘들어 하는 꿈
흉몽이고, 쉽게 끌고 가면 길몽이다.

황소 등에 올라타고 몰고 가는 꿈
노력한 대가를 얻게 되는 좋은 꿈이다.

소가 논두렁·수렁이나 함정에 빠진 꿈
소를 구하면 집안 식구 또는 고용인이 병들거나 모함에 빠지고 몰락된 집, 가산, 사업을 구해낼 수 있다.

검은 소가 외딴 곳에 매어져 있는 꿈
탐탁지 않게 생각되었던 며느리, 자식과 별거하게 된다.

소가 자기를 쓰러뜨리는 꿈
소가 짓밟고 뒹굴면 빚을 져서 심한 고통을 받는다.

자기가 소를 죽이는 꿈
어떤 사업이 잘 이루어진다.

투우를 구경하는 꿈
이념투쟁이나 경쟁 등을 비유하며 일의 성패를 암시한다. 승리하면 일이 성사된다.

소가 배설하는 것을 본 꿈
부정을 저지르는 현장을 목격하게 된다.

소나 말, 염소 등의 가축이 모여 있는 것을 본 꿈(대박)
재산이 증식되어 부자가 될 꿈이다.

가축을 끌고 자기에게 오는 사람이 있는 꿈
꿈에서 본 사람이 실제 인물 중에 존재하는 경우, 그 사람이 바로 자기에게 복을 줄 사람이다.

가축이 제 발로 기어들어오는 꿈
이익 또는 해를 끼칠 사람이 찾아오게 된다. 대부분이 협조적인 사람이 찾아온다.

남의 가축을 빼앗거나 훔쳐오는 꿈
어떤 재산, 사람, 일거리 등을 소유하게 된다.

말을 타는 꿈
지위가 높아지게 될 꿈이다. 승진, 영전을 하고 선거에 입후보한 사람은 당선한다. 또는 득세하여 기세를 떨치고, 사업방도를 얻는다. 처녀, 총각에게는 취직 또는 결혼이 성립되고, 기혼녀의 경우에는 자기 또는 남편이나 자식이 득세한다.

로또 1등에 당첨된 어느 청년의 꿈

"꿈에 빛이 막 나는 말이 자신을 향해 달려오고 있었다. 그 광경이 너무 또렷했다 잠시 후 옆을 봤더니 머리 두 개 달린 말이 막 달리고 있었는데 정말 신기한 꿈이라고 생각하였다. 그리고 얼마 후 친구가 로또 번호를 주었다. 그 번호대로 했더니 1등에 당첨 됐는데 친구에게 번호를 받은 나머지 한 명과 총 3명이 같은 번호로 로또를 사서 1등에 당첨된 것이다. 이후 그 꿈을 생각 해 보니 빛이 막 나는 말이 자기에게 달려 온 건 본인 행운이고 머리 둘 달린 말은 친구 둘이라고 생각했다고 한다."

먼저, 꿈해몽을 잘 하기 위해서 말꿈을 꾸면 어떠한 암시를 주는지 알아봅니다.
말은 가장 먼 옛날부터 우리 인류와 같이 더불어 살아오고 있는 가축입니다. 말은 운송수단으로서, 전쟁터에서 승리를 위해 반드시 존재했던 동물이죠. 역사적으로 말을 즐겨 이용했던 기마민족은 모두 세계를 재패한 역사를 가지고 있습니다. 우리가 "천군만마를 얻었다"고 표현하는데, 말은 우리의 인생에 살아가는데 좋은 힘이 되어 주고, 성공의 원천이 되는 소재이기도 합니다. 오늘날 말을 가지고 상업적으로 활성화되어 있는 곳이 마사회가 운영하는 경마장이 있고, 또한 스포츠로서의 승마장이 있습니다. 그리고 제주도 관광지도 있습니다. 가장 대표적인 사례로 세계를 제패한 가수 싸이의 말춤도 있네요. 하여튼 말은 명성과 부를 상징합니다.
이와 같이 말은 우리 인간과 소 돼지, 닭, 개와 함께 친숙한 동물이면서, 우리의 인생을 윤택하게 해주는 부를 상징하기도 합니다. 그러면서 우리의 인생의 나아갈 길을 의미하기도 하죠. 결혼을 앞 둔 여성들의 로망인 백마탄 기사가 오기를, 내가 어려움에 처할 때 누군가의 백기사를 기다린다고 합니다.

그렇다고 꿈해몽에서 흰 말이 모두 좋은 것은 아니죠. 상황에 맞게 설정되어 있듯이 꿈해몽도 상황에 따라 바뀌기도 합니다. 자기가 흰 말을 타는 것은 대표적인 사례입니다. 이 때 흰 말을 타는 것은 애타게 바라던 일이 성사되거나 미인을 아내로 맞이들인다고 해몽하기도 하고요. 자기가 백마를 타고 정처 없이 어디론가 가는 꿈은 자기 죽을 고비를 넘기지 못하는 흉몽이기도 합니다.
그러나 대체적으로 말을 탄다. 말이 자기에게 달려온다. 말에게 물린다는 꿈은 길몽이죠. 반대로 말에서 떨어진다는 것은 현재의 것을 잃어버린다는 의미가 있는 최악의 흉몽입니다.

꿈해몽에서 말의 의미는 일의 진행을 나타냅니다. 우리가 말을 갈아탄다. 주식시장에서 투자종목을 바꿀 때 말을 갈아 탄다고 표현하는 것이 대표적인 말이 나타내는 언어의 상징이죠. 그것도 건강한 말을 갈아타야 인생의 쪽박을 면하게 되죠.

이분의 꿈에서처럼 「말이 자신에게 막 달려온다」는 의미는 다급하게 그것도 빠른 시간에 소식을 듣게 될 것이라는 징조이고요.
「말에서 빛이 났다」는 것은 좋은 소식을 상징하죠.
「머리가 둘이 달렸다」 이것이 이 꿈의 꽃중의 꽃이죠. 머리는 우두머리, 1등을 암시하고요. 둘이라는 것은 우두머리나 1등이 2명이라는 것을 상징하네요.

이 꿈을 종합하여 정리하면, "가장 빠른 시간에 우두머리나 1등이 되어 빛나게 된다" 라고 꿈을 풀이할 수 있습니다. 선거당선, 장원급제, 최고직으로 승진, 1등 당첨 등 대박을 주는 대길몽이라 할 수 밖에 없습니다.(이상 저자의 MBN방송 「엄지의 제왕」 제37회 방영 내용)

말을 타고 달리는 사람들을 보는 꿈(태몽)
현재 자신의 사업이 잘 되며, 이런 꿈이 태몽이면 정치가, 고급관리가 될 자손을 낳는다.

말을 타고 산을 오르는 꿈
뭇사람의 추앙을 받아 출세하게 되며 직위나 계급이 올라가게 된다.

말을 타고 들판을 달리는 꿈
추진하고 있는 일이 몇 번의 고비를 겪으나 결국 호전된다.

명마(名馬)를 타고 다니는 꿈(대길)
앞으로의 일들이 무난히 해결되는 대단한 길몽이다.

준마(駿馬)를 탄 꿈
출세할 꿈이다. 회사원은 지위가 올라가고 사업가는 사업이 번창된다.

준마를 타고 하늘을 나는 꿈
자신의 모습을 남에게 과시하게 되는 길몽이다.

군마(軍馬)가 달리는 꿈
큰일이 생긴다. 크게 잘되거나 아니면 크게 시끄러운 일이 생긴다.

자기 소유가 된 아름다운 말을 타는 꿈
이상에 맞는 배우자와 결혼할 꿈이다.

말을 타고 신나게 경주하는 꿈
애인이나 연인사이에 육체적으로 흥분되어 있음을 암시한다.

자기가 백마를 타고 어디론가 가는 꿈

자기가 흰 말을 타고 가면 자기 죽을 고비를 넘기지 못할 흉몽이다. 다른 사람이 타고 가면 그 사람이 죽게 된다.

자기가 흰 말을 타는 꿈

애타게 바라던 일이 성사되거나 예쁘고 정숙한 여인을 아내로 맞아들이게 된다.

자기가 검은 말(黑馬)을 타는 꿈

부유하지만 음탕한 여인을 아내로 맞아들이게 된다.

마차를 타는 꿈

멀리 여행할 꿈이다. 마차를 보기만 해도 여행을 떠난다.

놀란 말을 타는 꿈

갑자기 하는 일이 난관에 부딪치고 파란을 겪게 된다.

자기가 말을 타고 멀리 달리는 꿈

기쁜 소식을 접하게 되거나 직접 그 기쁨을 맞이하게 된다.

험한 길을 말을 타고 무사히 지나가는 꿈

배우자의 도움으로 출세하게 된다.

죄를 지은 사람이 말을 타고 달리는 꿈

손재수를 당하게 되며 액운이 찾아온다.

우체부가 말을 타고 오는 꿈

기쁜 소식이나 경사스런 일이 찾아온다.

쌍두마차를 타고 거리를 달리는 꿈

여러 사람과 협조해서 사업을 경영한다.

처녀가 말을 타는 꿈

취직 또는 결혼이 성립되고, 기혼녀가 이 꿈을 꾸면 자기 또는 남편이나 자식이 득세한다.

말을 타고 즐겁게 달리는 꿈

현재의 일, 사랑, 작품, 계획, 등이 잘 진행되고 있다.

말을 타고 사람들 앞을 지나가는데 그들이 우러러보거나 엎드려 있는 꿈

공공단체에서 자신이 주도권을 잡는다.

자기가 말을 급히 몰아 달리는 꿈

일을 급히 추진시켜 불안한 일이 생기게 된다. 매사에 신중할 필요가 있다.

달리던 말이 쓰러진 꿈

하고 있는 일에 장애물이 생겨 고비를 겪게 된다.

말이 다쳐서 쓰러진 꿈

교통사고 등의 재난이 온다.

말에게 물린 꿈(대박)

어떤 일의 주도권을 잡거나 출세하여 세상

에 이름을 날려 입신양명한다.

말에서 떨어지는 꿈

정당의 배신, 세력과 신분, 직위의 몰락, 정책수행의 실패, 남녀 간의 배신을 가져온다.

말과 다투거나 말들이 서로 싸우는 꿈

모든 일이 성사되지 않는다.

화려한 안장을 얹은 암말이 뛰어 들어오는 꿈

유복한 아내를 얻어 행복하게 잘 살게 된다.

말안장이 없는 꿈

일을 추진하거나 여행을 떠날 일이 생긴다.

말에 안장이 완전히 채워 진 꿈

하는 일이 반드시 이루어진다.

지저분한 암말이 들어오는 꿈

악처, 혹은 악독한 첩이나 가정부를 만나 곤궁을 면치 못한다.

말이 실내에 들어오는 꿈

남편, 또는 부인이 바람난다.

고깃집 사장의 꿈

고깃집을 운영하는 40대 남자는 어느날 꿈에 돌아가신 아버지가 나오더니 시무룩하게 서 계셨다고 합니다. 그래서 남자가 아버지의 배를 쓸어내리며 "아버지 많이 편찮으세요?" 라고 묻자 아버지의 몸이 무지갯빛으로 변하는 것을 봄

꿈을 꾸고 로또를 샀더니 2등에 당첨

Q. 남자가 꾼 꿈 풀이 해주세요

먼저, 돌아가신 조상 즉, 부모님이 꿈속에서 보아거나 나타났다하는 것은 자손에게 조상님의 분명한 의도(메시지)를 전달하시려고 꿈에 보입니다. 대체적으로 돌아가신 부모님의 현몽은 좋은 일이 일어나는 경우가 많습니다. 그러나 돌아가신 부모님이 우신다든가, 따라오라고 하는 꿈은 현실의 이 세상에서 가족에 우환이 생긴다든지, 이별하는 꿈이므로 다 같은 조상 꿈이라고 해서 100%가 행운의 길몽이라 할 수 없죠.

화면의 이 분의 아버지가 시무룩하게 서 계셨다고 하는데, 이는 돌아가신 아버지가 현재의 자식을 걱정하는 모습으로 보면 될 것이고요.

이 분의 꿈에서 「아버지 몸이 무지갯빛으로 변하는 것을 보았다」. 이것이 이 꿈의 백미이고 압권이군요. 무지개빛은 신비함, 또 7가지 색갈이니 여러 사람에게 감동을 준다는 의미를 담고 있죠.
우리가 '무지개빛 인생을 꾼다'. '장밋빛 인생'이라는 말에서도 나타나 있듯이 무지개는

좋은 일이 일어난다는 것을 암시한다고 봅니다. 그러나 이 분의 이 꿈에서 돌아가신 아버지께서는 일곱 가지 영롱한 색깔을 가진 천당 극락에서 잘 사시고 계시는 군요.
만약 이 꿈을 꾸고 복권을 사게 되면 어떻게 될까요? 7가지 숫자의 조합에서는 1등이겠지만, 6가지 숫자의 복권에는 아쉽지만 1등은 되지 못하는 신기루의 꿈입니다. 1등이 아니더라도 자기 인생을 더 성실하고 노력해서 살면 더 값지고 더 행복해진다는 것은 잊지 마시기 바랍니다.
이 꿈을 종합정리해보면, 좋은 일이 일어나니 걱정하지 말고 잘 살아 라는 의미를 담고 있습니다.(이상 저자의 MBN방송「엄지의 제왕」제37회 방영 내용)

조상이 집으로 말을 끌고 온 꿈(대박)
집안에 사람이 오거나 큰 재물이 생긴다.

백마(白馬)가 하늘을 나는 꿈
사업을 벌여 세인의 관심을 끌지만, 한편으로는 불안해 할 일도 생긴다.

춤추는 말을 본 꿈
남의 시비를 받아 기분이 언짢아진다.

마당에서 말이 춤추는 꿈
화재를 당할 꿈이다.

말이 놀라서 사방으로 흩어져 도망친 꿈
부동산, 동산 등이 흩어져 하고 있는 일이 제대로 풀리지 않는다.

경마를 구경한 꿈
부동산, 투기, 증권, 추첨 등의 일과 관련하여 승패가 좌우된다.

말과 수레가 흙탕물에 빠지는 꿈
일에 장애물이 생겨서 심한 고통을 받는다.

망아지가 굴레를 벗고 날뛰는 꿈
주색잡기에 빠져 하고 있는 일이 불안정하다.

말의 성기가 팽창해 있는 꿈
가까운 사람이 자기에게 반항을 한다.

잔디밭에 묶여 있는 말을 보고 출산한 꿈(태몽)
이것이 태몽이라면 재산이 많고 육영사업에 종사할 자손이다.

말이 단체나 군대가 도열해 있는 곳을 지나가거나 사열한 꿈
남 또는 단체, 기관에 청탁을 하지만 쉽게 이루어지지 않는다.

말이 자기에게 급히 달려오는 꿈
급한 소식을 전해 듣는다.

많은 말들이 자기로부터 도망치는 꿈
모든 일이 잘 풀리지 않는다.

말에다 짐을 싣거나 마차를 맨 꿈

가정에 화근이 생기거나 이사할 일이 있다.

말 잔등에 재물을 싣는 꿈

직위나 관직을 잃게 된다.

말이 울음소리를 내며 발을 구르는 꿈

자신의 일거리가 남을 통해서 전해진다.

말이 왔다 갔다 하는 꿈

먼 곳에서 기쁜 편지가 온다.

여러 마리 말이 군집해 있는 꿈

집안에 근심이 일어날 경고다.

매어져 있는 말이 한 없이 우는 꿈

협조자 또는 고용인 또는 제3자가 불행을 호소하거나, 하는 일에 위험이 박두한다는 등 경고를 자기에게 해올 일이 생긴다.

마굿간에 가서 소나 말에게 여물을 주는 꿈(태몽)

훌륭한 아이를 얻을 꿈이다.

개를 이끌고 다니는 꿈

노력을 필요로 하는 고용인이나 호위병, 경비원 등에 종사하게 되거나 학업 등에 계속적으로 정진하여 결국 성과를 얻게 된다.

들개나 천박하게 생긴 개가 자기를 따라오거나 집으로 오는 꿈

방랑자 또는 무의탁 자를 만나 낭패를 보거나 유행성 전염병에 걸리게 되어 어려움을 겪게 된다.

자기 집 개의 성기가 팽창한 것을 보는 꿈

가정부나 직장에서의 고용인 등의 반항을 겪게 되고, 또는 절조 없는 사람 등의 반대에 부딪치게 되어 어려움을 겪게 되는 것을 예견한다.

남의 집 개가 자기 집 개에게 가까이 다가오는 꿈

얻기 힘들었던 정보를 얻게 되거나 자기 자신이나 배후자에게 간통하려는 자가 나타나는 꿈이다.

많은 개가 하늘로 올라가는 꿈(대박)

복록과 행운이 찾아오게 된다.

개가 교미하는 꿈

어떠한 관계가 성립됨을 의미한다. 이것은 사업상으로 동업할 일이 생기거나 어려웠던 어떤 계약이 성립되어 또 다른 관계가 생기는 것을 예견한다.

개가 사나워 어떤 집에 못 들어가는 꿈

관청이나 공공장소에서의 경비원에게 출입을 저지당하거나 방문이 난처하게 되어 일에 방해를 받게 된다. 결국 일이 난관에 부딪치게 된다.

개를 죽이는 꿈

어려운 일과 노력을 요하는 일을 성사시킬 수 있고 빚을 갚거나 시험에 합격한다. 또 남에게 끼친 폐를 갚게 된다.

숲 속에서 노루를 잡았는데 개로 변한 꿈

현재 상태에서 상황이 전환된다. 우수한 성적으로 입사 또는 입학하지만 포기하게 된다.

잃었거나 집을 나갔던 개가 집을 찾아와 기뻐하는 꿈

한 때 잊었던 사람이나 일거리가 찾아온다.

개가 사나운 기세로 으르렁대며 물려고 덤비거나 떼를 지어 덤비는 꿈

신변에 위험을 느끼게 되는 힘든 일이 생기거나 뜻하지 못한 남의 시비를 받게 된다.

개에게 물려서 흉터가 남는 꿈

실직자인 경우 취직이 되고, 직장인의 경우 직책이 주어진다. 그러나 개에게 물린 자리에서 피가 나면 자신에게 가장 가까운 심복이나 직장에서의 고용인에게 배반을 당하여 손실이 생기게 된다.

남의 집 대문에 묶여 있는 개에게 물린 꿈

관청이나 공공기관에 취직이 되거나 자기가 원하고 추진하던 일이 어느 공공기관에 의하여 성사되는 꿈이다.

개가 주인을 무는 꿈

가까운 사람에게 배신을 당하거나 가까운 사람에게 재산을 탕진하게 된다.

개가 손을 물고 놓지 않는 꿈

자기의 진행 중이던 작품이나 자신의 능력 또는 일에 대하여 심사기관에서 테스트 받을 일이 생기게 되어 그 결과 어떠한 기회가 주어짐을 예견하는 꿈이다.

개가 짖어대는 것을 듣는 꿈

집안 식구나 고용인으로 인하여 풍파가 생기고 널리 소문날 일이 있게 된다.

개를 잡아 끓여 먹는 꿈

사업자금을 마련해서 이차적인 사업에 돌입하나 결국 자본금을 회수할 수 없게 된다.

개가 건물에 오르거나 공중을 나는 꿈(대박)

높은 관직에 오르거나 출세하게 된다.

개들끼리 서로 짖어대며 싸우는 꿈

어떤 사람이 헐뜯고 비난하는 것을 참견하다 오히려 화를 입는다.

해질 무렵에 개가 달려가는 것을 본 꿈

탐정, 기자, 취재 등의 일에 종사하는 사람들은 능력을 발휘하게 된다.

자기 집 개를 귀엽다고 쓰다듬는 꿈

집안 식구나 고용인이 자기에게 속 쓸 일이 생긴다.

값비싼 애완용 개를 사오는 꿈

훌륭한 인재를 얻거나 좋은 학교에 입학할 수 있다.

2. 용(龍)에 관한 꿈

용궁을 보는 꿈

만사에 행운이 있다.

임신 중에 용을 보는 꿈(태몽)

훌륭한 아이를 낳는 태몽이다.

하늘에서 용이 내려오는 꿈

권세, 지위, 명성 등이 몰락하거나 반대로 힘든 일이 성사되기도 한다.

용이 공중에서 떨어지는 꿈

지위, 권세, 명성 따위가 몰락하지만 최악의 상태에 있는 자는 벅찬 일이 성취되기도 한다.

용을 두 팔로 꼭 껴안고 있는 꿈

일거리가 많이 들어오거나, 뜻밖의 사람을 만나 목표를 성취하게 된다.

가지고 있는 물건이 갑자기 용으로 변하는 꿈

귀인이 나타나 자기 일을 도와 성취하게 된다.

자기가 용으로 변하는 꿈(대박)

천하에 자기 이름이 알려질 정도로 출세하고 성공한다.

용을 타고 하늘을 나는 꿈(태몽. 대길몽)

고시시험합격, 박사학위취득, 소원성취 등이 이루어지는 대길몽이다. 장관이 되거나 권세가가 되며 기업체의 최고관리자가 된다. 명성을 널리 떨치고 권세를 함께 얻는다.

용을 타고 산으로 오르는 꿈(대박)

원하던 바가 모두 이루어진다.

화재가 난 집에서 용이 승천하는 꿈

하고 있는 일이 날로 번창해서 세인의 이목을 받는다.

불난 집에서 용이 하늘로 오르는 꿈

사업이 융성해져서 세상에 과시할 일이 생긴다.

용이 나타나 불을 뿜어 거리를 태우는 꿈

법령이나 사상을 널리 세상에 알리어 악습이나 구습을 쇄신하게 된다.

바다에서 용이 하늘을 오르는 꿈(대길)

넓은 사회기반이나 국가정책으로 무난히 성공하게 된다.

덤벼드는 용을 죽이는 꿈(대길)

장애물을 제거하고 대업을 완수하게 된다.

용이 대문으로 들어오는 꿈(대길)
귀인이 집에 오거나 취직시험, 고시패스나 관청에 취직하여 富하게 된다.

용이나 뱀이 방 안으로 들어오는 꿈
횡재할 꿈이다. 로또복권을 사라. 돈과 재물이 생긴다.

용이 구름 속에서 큰 소리를 내는 꿈
사업이 크게 성공하여 사람들이 놀랄 만한 일을 하게 된다.

용에게 먹혔다 나왔더니 피투성이가 된 꿈
제122회 주택복권 1등 당첨자의 꿈이다.

용이 연못 가운데서 잠자고 있는 꿈
하는 일이 벽에 부딪친다. 용은 승천조건을 갖춰야 길몽인데, 잠자고 있으니,,ㅉㅉ

용이 우물 속으로 들어가는 꿈
단체, 조직, 기관 등에서 수난을 겪는다.

용이 물속에 있는 꿈
고생한 보람이 있어 출세할 기회가 온다.

용이나 뱀이 사람을 죽이는 꿈
흉몽이다. 자기가 다른 사람을 해칠 염려가 있거나 자기 신변에 재난이 온다.

3. 뱀(巳)과 관한 꿈

구렁이가 자신을 문 꿈
제3자에게 도움을 많이 받고 일을 성취하게 된다.

뱀에게 물려 독이 몸에 퍼진 꿈(대박)
자신을 남에게 과시하거나 복권에 당첨되어 재물이 생긴다.

뱀이 자신을 물고 사라진 꿈
순간적으로 마음의 상처를 받지만 남을 통해서 재물이 생긴다.

뱀에게 물리는 꿈(대박)
횡재운이 크게 온다. 뱀이 몸을 감아도 역시 금전상의 큰 이익을 볼 길몽이다. 독신자는 배우자를 만난다.

큰 구렁이에게 물린 꿈(태몽)
태몽이라면 큰일을 할 남아를 얻는다.

뱀이 자기의 몸이나 손, 발 등을 무는 꿈
귀한 사람이 되며 부자가 된다.

뱀이 자기를 물고 늘어지는 꿈(대박)
횡재할 꿈이다. 복권을 사라. 큰 재물이 생긴다. 또한 큰 고생을 하지 않고 많은 재물을 얻는다.

새빨간 뱀이 치마 속으로 들어온 꿈(태몽)
태몽이라면 건강하고 정열적인 아이를 얻는다.

뱀이 품속에 들어오는 꿈(태몽)
태몽이다. 재주가 비상한 딸을 낳는다.

집안으로 뱀이 들어온 꿈
집안 식구가 늘어나거나 사업상 일이 생긴다.

뱀이 방안으로 들어오는 꿈(대박)
횡재할 꿈이다. 로또복권을 사라.

뱀이 대문으로 들어오는 꿈
집안 식구가 늘거나 일이 생기며, 뱀이 문밖에서 집안을 들여다보면 청혼자가 생긴다.

수많은 뱀이 문틈 사이로 들어온 꿈
여러 계층의 사람과 접하게 되고 자신의 신변에 관한 이야기를 타인에 의해 듣게 된다.

자기 방안이나 집안에서 뱀이 바깥으로 나가는 꿈
집안이 패가망신할 흉몽이다. 병이 들거나 하는 일이 제대로 풀리지 않아 가산을 탕진하게 되고 가난하게 된다.

큰 구렁이가 작은 구멍 속으로 들어간 꿈
가정에 좋지 않은 일이 생긴다.

머리가 여러 개인 뱀이 물속에 있는 꿈
교양 있는 책을 읽거나 귀한 물건을 보게 된다.

큰 구렁이가 지붕의 용마루로 들어간 꿈(태몽)
태몽이라면 공공단체의 주도권을 쥐게 될 자손을 얻는다.

임신 중 큰 뱀을 보는 꿈(태몽)
뱀은 여아를 임신하고 구렁이는 남아를 임신한다. 효성이 지극한 딸을 낳는다.

임신 중 큰 구렁이를 보는 꿈(태몽)
진취적이고 재주가 뛰어난 남아자손을 얻을 것이다. 큰 정치가나 사업가, 학자, 작가, 인기인이 된다.

푸른 구렁이나 붉고 누런 구렁이(비단구렁이)를 본 꿈(태몽)
인기인이 된다. 인기작가, 인기연예인, 인기가수, 인기스포츠선수가 된다.

축 늘어져 있는 누런 구렁이가 사라져 버린 꿈
누군가가 나타나 자신에게 도움을 주기는커녕 불쾌하게 만든다.

뱀이 우글거리는 꿈
부부간의 비밀이 폭로되어 지금까지 행복했던 생활에 종지부를 찍는다.

큰 구렁이 주위에 많은 뱀들이 우글거리는 꿈
권세를 잡거나 사회단체의 주도권을 쥐게 된다.

자기의 온몸을 감은 뱀이 혓바닥을 날름거리고 있는 꿈
악한 사람이 자기에게 피해를 준다. 주위의 사람으로부터 사기를 당할 수도 있다. 흉계를 가진 사람이 자기에게 해를 끼친다.

뱀이 나무의 줄기처럼 길게 늘어져 있는 꿈
남의 잔꾀에 넘어가기 쉽다. 주위의 사람이 자기에게 사기를 칠 일이 생긴다.

수많은 뱀이 길바닥에 우글거리는 꿈(태몽)
태몽이라면 남을 가르치는 직업을 가질 자손이다.

연못 속의 수많은 뱀을 들여다 본 꿈
오랜 유물, 골동품, 금은보화 등을 얻게 된다.

뱀이 물속에 있는 꿈
고생한 보람이 있어 입신할 기회가 온다. 즉, 물속의 뱀이 용이 되어 하늘을 날게 될 기회가 온 것이다.

뱀이 자기의 온몸을 감고 턱 밑에서 노려 본 꿈
가까운 사람으로 인해 구속받거나 사소한 말다툼으로 신경을 쓴다.

큰 뱀이 자기 몸을 칭칭 감고 있는 꿈
이성과의 육체관계가 맺어지거나 결혼, 잉태, 연구, 작품 등이 완성되거나 결실을 보게 된다.

구렁이가 전신을 감는 꿈
여러 계층의 사람들과 만나게 된다. 처녀는 배우자를 만나며 유부녀는 잉태한다.

자기의 몸에 감긴 구렁이를 떨쳐버리는 꿈
임신 중은 유산되고 만다.

자기의 몸을 감고 있던 뱀이 풀려져 사라져 가는 꿈
가난하게 징조이다.

큰 뱀이 자기를 삼키는 꿈
당신이 보호받고 싶다는 것을 나타낸다. 기관이나 단체, 협조자가 도와주게 된다.

쫓아오던 뱀이 사람으로 탈바꿈한 꿈
하고 싶지 않은 일을 회피하려고 하지만 어쩔 수 없이 일을 해주게 된다.

큰 구렁이를 죽이니까 피가 난 꿈
장애물을 제거하여 뜻대로 일이 성사된다.

뱀을 죽이는 꿈
끝까지 완전하게 죽이면 길몽이다. 승진과 사업의 번영 등 행운이 온다. 불완전하게 죽이면 남의 간계에 의하여 화를 입고 예전의 실수에 대해 복수를 당한다.

자기가 백사를 완전히 죽이는 꿈
경쟁자를 물리치고 자기가 승리한다.

자기의 온몸에 구렁이가 감겨있는데 호랑이가 바위로 쳐서 토막을 낸 꿈

어떤 세력을 꺾거나 협조자와 더불어 일을 성사시킨다.

큰 구렁이를 치마로 싸서 쳐 죽이는 꿈

가정에 화근이 생긴다. 현재의 자식이 교통사고로 급사하는 꿈이다.

자기 발을 문 뱀을 그 자리에서 밟아 죽인 꿈(태몽)

태몽이라면 자손에게 나쁜 영향을 미친다. 태몽이 아니라면 자손에게 나쁜 영향이 미친다.

뱀이 덤벼들어 물려고 하는 것을 밟아 죽이는 꿈(태몽)

태몽이라면 태아가 위험하다.

자기의 전신을 감고 있는 뱀을 죽이는 꿈

어려웠던 난관이 순리대로 풀린다.

화살을 쏘아 뱀을 맞춰 죽인 꿈

하는 일이 척척 맞아떨어지고 만사가 형통한다.

뱀이나 이무기가 칼을 가진 사람을 호위하는 꿈

귀한 사람이 된다.

뱀을 토막 내어 먹는 꿈

자기가 모르는 것을 남이나 인터넷 등을 통해서 안다.

구운 구렁이를 토막 내어 먹는 꿈

출판된 서적을 읽고 많은 지식을 얻는다.

구렁이가 허물을 벗고 사라진 꿈

자신의 잘못을 뉘우치고 새로운 사람이 된다.

울타리 밑으로 뱀이나 호랑이 등의 동물이 집으로 들어오는 꿈

학업을 닦으면 장차 크게 출세할 것이다.

뱀과 Sex한 꿈

계약을 하거나 다른 사람과 동업을 한다.

산 정상에서 청구렁이가 몸 전체를 아래로 늘어뜨린 꿈(태몽)

태몽이라면 공공단체에서 우두머리가 될 자손을 얻는다.

청구렁이가 숲 속에 길게 늘어져 있는 꿈(태몽)

태몽이라면 남에게 선망의 대상이 될 자손을 얻는다.

수많은 황구렁이가 늘어서 있는 꿈(태몽)

태몽이라면 정치가, 사업가, 권력자 등이 될 자손을 얻는다.

많은 구렁이가 즐비하게 늘어져 있는 꿈(태몽)

정치가나 큰 기업인이 될 자손을 잉태한다.

큰 뱀이 자기를 쫓아오는 꿈

배우자의 마음이 변하여 자기로부터 떠난다.

뱀이 칼을 삼키거나 본 꿈
재물을 얻고 지위가 높이 올라간다.

뱀이 용으로 변하는 꿈(대박)
높은 지위에 있는 사람의 도움으로 운수대통할 길몽이다. 그야말로 당신은 용이 될 꿈이다.

뱀이 사람을 죽이는 꿈
좋지 않다. 한 집안의 가장, 또는 기업의 최고자리에 있는 사람의 신변에 재난이 온다.

뱀이 산으로 올라가는 꿈
세상사가 시끄럽고 다툴 일이 많아진다.

뱀의 몸속에서 이빨 고치는 약을 구한 꿈
뜻밖에 생활에 필요한 필수품이 생긴다.

뱀이 오이를 휘감고 있는데 그것을 고양이가 지켜보는 꿈
자기가 다른 여자와 간통하는데 그 장면을 아내가 지켜보게 된다.

4. 기타 동물, 가축에 관한 꿈

너구리를 붙잡거나 털을 얻는 꿈
기관이나 직장에서 어떤 권리 또는 재물이 생긴다.

여우가 닭을 물어가는 꿈
다른 사람에게 사기를 당한다.

자기가 여우를 보는 꿈
다른 사람이나 회사에서 의심을 받게 된다.

자기가 여우를 기르는 꿈
어려운 일이 닥쳐옴을 예고한 꿈이다.

자기가 여우와 싸우는 꿈
머지않아 교활한 사람이 자기 일을 방해하게 된다.

숲속에서 늑대가 노려보고 있는 꿈
경찰관에게 심문을 당하거나 검사의 논고를 받게 된다.

노루나 사슴이 스스로 집에 들어오는 꿈
훌륭한 여인을 만나거나 사업가는 사세가 확장되며, 샐러리맨은 승진되며, 공무원은 고급관리가 되고, 학자에게는 명예 등이 주어진다.

자기가 사슴을 잡는 꿈
시험에 우수한 성적으로 합격한다.

사슴고기를 먹는 꿈
돈이 생기며 부유해진다.

사슴이 도망치는 꿈
자기의 지혜로 이익을 본다.

사슴을 죽여 그 뿔을 자기가 갖는 꿈(대박)

뜻밖에 횡재한다. 로또복권을 산다.

사슴을 죽이는 꿈

친하던 사람과의 거리가 멀어진다.

노루고기를 먹은 꿈

주위의 사람에게 현혹되어 사기를 당한다.

양이 풀밭에서 풀을 뜯는 것을 보는 꿈

성직자 또는 교육자 등이 자기 직업에 충실함을 보거나 일반인이 어떤 사업을 시작하게 된다.

양 또는 염소고기를 먹는 꿈

학문을 연구하게 되거나 책임 있는 중책을 맡게 된다.

양고기를 먹는 꿈

양고기를 먹는 꿈은 다른 사람을 무시하다가 오히려 창피를 당한다는 꿈이니 자중이 필요하다.

양을 잡아먹는 꿈

양을 잡아먹는 꿈은 경쟁자에게 지고 사업에 실패한다는 흉몽이다.

새끼양들이 뛰어노는 꿈

새끼양들이 뛰어노는 꿈은 가정이 화목해지는 꿈이다.

양을 죽이는 꿈

양을 죽이는 꿈은 가정에 불화가 일어난다.

양 우리가 비어있는 꿈

우리에 양이 없는 꿈은 하는 일이 되지 않아 좌절한다는 꿈이다.

양털을 깎는 꿈

양털을 깎거나 깎는 것을 보는 꿈은 길몽으로 미혼자는 결혼을 하게 되는 꿈이다.

새끼양이 없어져 여기저기 찾아다니는 꿈

우연한 계기로 싸웠던 옛 친구나 동료를 다시 만나 화해하고 우정이 깊어지게 된다.

새끼양이 울고 있는 꿈

새로운 일을 맡게 될 징조이다.

양, 염소가 한가로이 풀을 뜯고 있는 꿈

그저 한가롭고 평안한 일만 계속된다.

양고기를 맛있게 먹는 꿈

목돈이 생길 징조이다.

양떼가 초원을 달리는 꿈

일이 번창할 징조, 집을 늘릴 꿈이다.

양떼를 몰고 다닌 꿈

성직자, 교육자 등이 되거나 인재를 양성하는데 종사한다.

양에게 받치는 꿈

심신이 피로해 휴식을 취해야 한다는 암시한다.

양을 끌고 집으로 들어오는 꿈

재물이 들어오거나 직장을 얻게 되며 즐거움을 누릴 징조의 꿈이다.

양을 한꺼번에 몰아다 집에다 매놓는 꿈

좋은 사람이 들어오고, 재물을 얻기도 한다.

양의 젖을 짜는 것을 보는 꿈

하고 있는 일이 잘 되어서 재물이 생긴다.

양이 방안으로 들어와 누워 있는 꿈

집안에 우환이 생기거나 가족 때문에 근심이 생길 꿈이다.

양털을 깎고 있는 꿈

머지않아 결혼하거나 연분을 만날 꿈이다.

물에 빠진 양을 구해주는 꿈

물에 빠진 양을 구하는 꿈은 좋은 일이 생기게 된다는 길몽이다.

양이 덤비는 꿈

양이 덤벼드는 꿈은 새로운 사업에 투자한다.

양한테 물리는 꿈

양이 무는 꿈은 욕심을 부리다가 화를 입는다.

양떼를 모는 꿈

양떼를 모는 꿈은 남들을 위해 봉사하게 된다.

양을 데리고 오는 꿈

양을 집에 들이는 꿈은 재물이 들어오거나 좋은 사람을 만난다.

양이 도망가는 꿈

양이 도망가는 꿈은 재물을 잃을 흉몽이다.

오색이 찬란한 사슴을 본 꿈(태몽)

예능에 뛰어난 재능을 가진 아들을 얻게 된다.

토끼가 번식하는 것을 보는 꿈

상당한 재물이 생기거나 작품 등을 출판하게 된다.

산에서 여러 마리의 토끼가 노니는 꿈

선거전을 보거나 특별한 책 등이 서점에서 판매되게 되는 것을 본다.

토끼가 도망치는 꿈

뜻밖에 횡재를 하게 된다.

기린의 꿈(태몽, 대길)

오늘날의 기린은 아프리카 등지에서 야생하는 동물을 말하나 동양에서는 기린이 수입되기 이전부터 태평성대를 상징하는 전설적인 영험한 동물로 알려져 있다. 당신의 명성이 천하에 떨칠 대단한 길몽이다. 미혼여성이 이 꿈을 꾸면 장래 큰 일물이 될 남성과 맺어진다. 임신부는 현명한 인물을 낳는다. 당신가정이 태평성대를 누릴 꿈이다. 지도자가 이 꿈을 꾸면 자기가 통솔하는 단체가 번영한다. 또한 기린은 자비와 평화를 뜻한다. 꿈속에 기린이 나타났다면 앞으로 사회에 봉사하고 헌신하는 일을 할 것임을 알려주는 꿈이다.

기린의 목을 잘라 죽인 꿈
기쁜 소식이 있고 어렵던 일이 성사된다.

기린이 새싹을 뜯어먹는 꿈
사업, 취직 등이 순조롭게 된다.

기린이 나무의 싹을 뜯어먹는 꿈
신분이 귀하게 되거나 시험에 합격되고 사업과 결혼생활 등이 유복해 진다.

도망치고 있는 기린을 본 꿈
계획한 일이 뜻대로 이루어지지 않고 재물을 잃게 된다.

산등성이 마다 쥐가 들어 있는 꿈
자기의 상품이나 일이 사회적으로 획기적인 반응을 일으키게 된다.

쫓던 쥐가 구멍 속으로 들어가거나 사라지는 꿈
목적한 일이 성사되지 않는다.

달리는 쥐를 돌로 쳐서 잡는 꿈
잔꾀를 잘 부리는 소인배를 설득시켜 일을 성사시킬 수 있다.

쥐가 발가락을 물고 놓지 않는 꿈
뜻하지 않은 협력자가 생겨 자기의 일이나 사업의 운세가 좋아진다.

쥐가 달려들어 물어뜯는 꿈
갑자기 원하던 일이 성취된다.

하얀 쥐가 안내하는 꿈
많은 사람들이 자기를 따르고 복종한다.

창고의 곡식을 쥐떼가 와서 먹는 꿈
큰 사업이 성취된다. 곡식이 하나도 남지 않는 것이 더욱 좋다.

쥐와 개가 뛰어가는 꿈
기쁜 일이 생긴다.

쥐 꿈, 돌로 쳐서 뱀이나 쥐를 죽이는 꿈
어떤 정신적 또는 물질적 힘을 행사해서 목적을 달성할 수 있다.

쥐 꿈, 쥐가 죽어 돼지가 되는 꿈
보따리장사로 시작해 중소기업까지 열심히 노력한 결과 큰 대업을 성취하게 된다. 어려움을 딛고 자수성가하여 성공하게 된다.

실험용 흰쥐가 우리에 있는 꿈
갖가지의 물건을 손에 넣을 수 있는 일이 생기게 된다.

다람쥐가 책상 위에서 도토리를 가지고 재주를 부리는 꿈
색다른 아이디어로 새로운 일이나 계획을

세우게 된다.

다람쥐가 큰 수박을 굴리는 꿈

뜻밖에 횡재를 하여 많은 재물과 돈을 만지게 된다. 금상첨화격, 행운이 온다.

베개속을 쥐가 쏠아 메밀껍질이 쏟아지는 꿈

머리를 다치거나 두통이 생겨 정신이 들쑥날쑥한다.

쥐가 물건을 쏠아 먹거나 물체 밑을 판 꿈

쥐가 물건을 쏠아 먹거나 물체 밑을 판 것은 큰일을 시작하거나 단체활동에 가입하게 될 것을 암시한다.

용머리가 쥐 대가리로 변해 문틀을 갉아 먹는 꿈

글을 배운 학자가 사회민중으로부터 지탄을 받게 된다.

거미가 떼를 지어 쥐를 공격하는 꿈

수사관이 동료와 함께 전국에 수배된 강력사건 흉악범을 체포하게 된다.

박쥐에게 물린 꿈

자기에게 어떤 직분이 주어짐을 예시한 꿈이다.

쥐가 발까락을 물고 놓지 않는 꿈

뜻하지 않은 협력자가 생겨 사업의 운세가 좋아진다.

고양이가 쥐를 붙잡는 꿈

재물과 이권이 생기는 등 집안 살림과 일신상의 이로움이 늘어나게 된다.

쥐가 방문을 쏠아 뚫린 구멍 사이로 바람이 솔솔 들어오는 꿈

집안에 유행성 병마들이 쳐들어와 비상계엄을 선포한다. 질병, 도둑이 든다.

쥐가 접시에 담은 음식을 먹어 치우는 꿈

어떤 사람이 자신의 일을 대신해 주거나 간섭할 일이 생긴다.

창고의 곡식을 쥐떼가 와서 먹는 꿈

큰 사업이 성취된다. 곡식이 하나도 남지 않는 것이 더욱 좋다.

방 천정 구멍을 뚫고 쥐가 떨어져 죽는 꿈

집안에 질병이 생기고 우환이 들끓게 된다. 도둑, 불길, 실물수 등의 사고가 생긴다.

구멍 속에서 머리를 내밀고 내다보는 쥐가 인상적인 꿈

자신의 사업에 관심을 가지고 주시하는 사람이 있게 된다.

호랑이가 변해 생쥐로 되는 꿈

껍데기는 그럴듯한데 속빈강정이다.

쥐가 호랑이로 변하는 꿈

하급직에서 점차 승진하고 하고 있는 일도

순탄하며 귀하게 될 자식을 잉태할 태몽이다.

다람쥐가 큰 수박을 굴리는 꿈

뜻밖에 횡재를 하여 많은 재물과 돈을 만지게 된다. 금상첨화격, 행운이 온다.

다람쥐가 밤나무에 올라가는 꿈

확실한 실력자를 만나 도움을 받고 사업 성과가 대단히 양호하게 된다. 재물, 승진 등의 길조이다.

박쥐떼가 줄을 지어 하늘을 날아가는 꿈

소원하던 일이 순조로이 성사되고 근심과 걱정이 해결될 징조이다.

바위틈 굴 속에 다람쥐 새끼가 보이는 꿈

오래된 국보급 유물이나 보물을 발굴해 낸다. 상품개발, 창작, 재물, 횡재수 등의 길조가 보인다.

노란 토파즈 원석을 손으로 꽉 쥐고 있는 꿈

뜻밖에 일확천금을 손으로 만진다. 재물, 돈, 물품, 계약, 낙찰, 소유, 승소 등이 있다.

집안에서 쥐들이 소리를 질러대는 꿈

집안에 우환이 들끓고 시비, 싸움, 소송이 생긴다. 꼴불견, 불청객, 치한 등이 이성을 잃고 행패를 부린다.

창고에 쌓아 둔 곡식들을 쥐들이 먹어치워버린 꿈(대박)

현재 진행하고 있는 일이나 사업이 잘 풀려 크게 번창하게 된다.

곡식을 습득하거나 손에 곡물을 움켜쥐는 꿈

재물과 이권이 생기고 명예나 직분에 따른 기쁨을 얻게 된다. 모든 곡물이 쌓여 있지 않고 흩어져 있으면 재물의 파탄이나 손실 등의 흉몽이다.

쫓던 쥐가 구멍 속으로 사라지는 꿈

목적한 일이 성사되지 않는다.

쥐가 발가락을 물고 놓지 않는 꿈

뜻하지 않은 협력자가 생겨 추진하고 있는 사업의 운세가 좋아져 돈과 명예를 획득하게 된다.

흰쥐가 나타나는 꿈

행운이나 소원성취를 상징한다.

박쥐를 본 꿈

매사가 순조롭지 못할 흉몽으로 소극적인 행동을 취하는 것이 현명하며, 하는 일마다 성사가 지연될 것이므로 여유를 갖고 일을 추진하는 것이 좋다.

여우가 쥐구멍을 지키다가 튀어나오는 쥐를 잡는 꿈

호경기를 만나 사업계약을 하고 쾌재를 부른다. 사랑을 낚는다.

다람쥐가 여우굴로 들어가는 꿈
화약을 손에 쥐고 불 속으로 뛰어들게 된다. 자살행위, 실패, 끝장, 사고 등이 발생한다.

바위틈 굴 속에 다람쥐 새끼가 보이는 꿈
오래된 국보급 유물이나 보물을 발굴해 낸다. 상품개발, 창작, 재물, 횡재수 등의 길조가 보인다.

다람쥐가 나무에 오르는 꿈
직장에서 승진이 이루어진다. 권위를 남 앞에 내세운다.

의자를 쥐가 쏠아서 구멍이 뚫어 버린 꿈
직장에서 한 순간의 실수나 부주의로 인해 어떤 일을 그르쳐서 좌천, 면직, 파면 등 좋지 못한 일이 생긴다.

치타가 염소를 잡으려다 놓치고 들쥐를 잡는 꿈
큰일은 잘 안되고 아주 경미한 일은 해결된다. 큰 건은 미궁, 작은 건은 해결된다.

다람쥐가 이 나무에서 저 나무로 뛰어다니며 곡예를 부리는 꿈
예술의 전당이나 극장에서 관람을 하게 된다. 작품 전시회, 멋진 마당놀이 구경을 하게 된다.

도망가는 쥐를 때려잡는 꿈
골치 썩이던 일이 잘 풀려 성사된다.

쥐의 귀와 같이 약하게 보이는 꿈
자신의 행동이 가볍고 조급하며 매사에 실수가 많아 구설을 듣게 된다. 잔병이 많고 천박하여 단명하게 된다. 실패, 실수, 낙방, 경솔, 질병 등의 불운이 닥친다.

예쁜 다람쥐가 책상 위에서 도토리로 곡예를 하는 꿈
새로운 아이디어로 예술작품을 창작하게 된다. 전문기술 실습, 묘기를 연출하게 된다.

시라소니가 먹이를 찾아 헤매다가 호랑이를 만나 피하고 토끼와 쥐를 잡는 꿈
시합에 나갔다가 결승에서 금, 은메달을 놓치고 대신 동메달을 딴다.

쥐가 옷 등을 갉아 먹는 꿈
재물이 넉넉해지고 심신의 안정을 찾아 행운이 온다.

빨간 손수건을 쥐고 손짓을 하는 꿈
천만리 길을 떠나가도 알찬 사랑은 식지 않고 이른 아침 새벽녘에 밝은 태양은 힘차게 솟구친다. 고무줄 사랑, 기쁜 소식, 정보 등이 있다.

들판에 널려 있는 곡식 또는 기타 농산물을 먹고 있는 쥐떼를 보는 꿈
흉년이나 천재지변을 당한다. 사업가인 경우 사업 실패의 운명에 놓이기도 한다.

쥐가 감자나 고구마를 물어다 마루 밑에 소복하게 쌓는 꿈

장사에 이득을 보고 가정에 먹을 것이 생긴다. 재물, 물품, 식품, 먹거리 등이 지천이다.

달리는 쥐를 돌로 쳐서 잡는 꿈

잔꾀를 잘 부리는 소인배를 설득시켜 일을 성사시킬 수 있다.

집안에서 쥐들이 소리를 질러대는 꿈

집안에 우환이 들끓고 시비, 싸움, 소송이 생긴다. 꼴불견, 불청객, 치한 등이 이성을 잃고 행패를 부린다.

페스트균을 지닌 쥐를 잡은 꿈

집안에 행운의 길한 소식을 듣거나 소망을 이루고, 일에 있어서 큰 성과를 보게 된다.

족제비를 만나는 꿈

질병에 걸린다.

고양이를 안아주거나 어루만지는 꿈

어떤 여자나 아이를 품에 안을 일이 생기며. 벅차고 고달픈 일을 맡게 된다.

고양이를 잡아 죽이는 꿈

자기 일에 방해가 되는 사람 또는 일을 제거할 수 있다. 그리고 소원이 이루어 질 것이다.

검은 고양이가 울면서 쫓아오는 꿈

두렵고 불길한 사건을 체험하게 된다.

고양이가 높은 곳에 오르는 꿈

지위가 높아지고, 담장에서 내려다보면 별거중인 배우자가 자기를 감시한다.

정글에서 원숭이 떼에게 조롱당하는 꿈

어떤 사업에 착수하거나 단체에 가입해서 많은 라이벌로 인해 고통을 당한다.

원숭이와 정면으로 마주보는 꿈

교활한 자가 자기 권리를 침해하거나 사기꾼에게 모욕을 당해 싸우게 된다.

원숭이의 귀가 잘리는 꿈

자기 주위에서 은근히 사기를 치던 사람과 절교하게 된다.

자기가 원숭이를 타는 꿈

재판 또는 싸움할 일이 생긴다.

맹수의 꿈

여성은 남성에게 유혹되기를 바라고 있는 것을 나타낸다.

여자가 코끼리를 타는 꿈(대길)

부귀한 남편을 얻고 학생이 타면 학위를 받는다. 부귀로운 사람을 만나거나 남에게 인정을 받는다.

자기가 코끼리를 타고 가는 꿈

학위를 받거나 부귀영화를 누리게 된다. 단체의 지도자가 되기도 하며 사업체의 대표가 되기도 한다.

타고 있는 코끼리가 움직이지 않아 채찍질을 해서 걷게 한 꿈

풀리지 않은 일을 여러 각도로 구상하여 푼다.

코끼리의 코에 감기거나 매달린 꿈

여러 사람들이나 유력자에게 시달림을 받는다.

코끼리 상아 종류의 제품을 구한 꿈

금은보화나 희한한 물건이 들어오게 된다.

곰의 꿈(태몽)

곰은 태몽이다. 동시에 번영을 상징한다. 재수 좋은 꿈이다.

곰이 나무에 기어오르는 것을 보는 꿈

출세 또는 진급 등이 이루어진다.

곰이 높은 곳으로 기어오르는 꿈

하고 있는 일이 순조롭게 이루어진다.

죽은 곰의 쓸개를 구한 꿈

일이 잘 추진되어 세인의 이목을 한 몸에 받게 된다.

곰을 만나는 꿈

가까운 사람으로부터 미움을 받는다.

맹수를 피해 숨는 꿈

임산부는 유산될 수 있고, 배우자를 구하는 사람은 결혼 운이 트이지 않는다.

동물의 뿔이 여러 개 난 꿈

여러 방면으로 실력을 발휘하여 인정을 받게 된다.

동물의 머리가 여러 개인 꿈

자신이 가입한 단체에 우수한 사람이 많이 있다.

꿈속에서 동물이나 괴물, 악인 등에 습격을 당하는 꿈

섹스에 대한 공포와 기대를 나타낸다.

사람, 짐승, 곤충 등 생명체를 죽이는 꿈

어떤 일을 완전히 성취하게 된다.

사람 또는 동물을 죽이고 양심의 가책을 받아 두렵고 불안해하는 꿈

어떤 일을 성취하더라도 뒤처리를 할 수 없거나 불안한 일이 닥친다.

낙타를 타고 끝없는 사막을 걸었던 꿈

추진하고 싶은 일이 난관에 부딪히게 된다.

낙타를 끌고 온 꿈

가축, 부동산, 작품 등이 생긴다.

낙타의 볼록한 등이 기억 속에 남는 꿈

여러 가지 특징을 가진 기업체나 작품을 접하게 된다.

5. 날짐승과 닭, 애완동물에 관한 꿈

공작새를 보는 꿈(대길)

부귀와 명예, 이상적인 연인, 뛰어난 작품, 재물 등이 생긴다. 높은 자리에 앉게 된다. 미혼 남성은 훌륭한 처녀에게 장가들 꿈이다.

자기가 공작새를 기르는 꿈

자기 마음에 드는 이상적인 배우자를 만나 부귀영화를 누리게 된다.

자기가 기르던 공작새를 남에게 주는 꿈

자기의 배우자를 남에게 빼앗기게 되거나 재물을 잃게 된다.

봉황새를 본 꿈

부부가 서로 화목하고 평화롭게 되며, 친분이 두터운 고귀한 분의 도움으로 크게 출세하거나 선남선녀는 좋은 배필을 만나 백년가약을 맺게 된다.

봉황새를 보거나 소유하는 꿈(대길)

결혼생활에 백년해로하고 관직이 높아진다. 또 은인이 나타나 도와준다.

봉황새와 함께 있는 꿈

명성을 크게 떨치고 재물을 얻을 길몽이다. 한편으로는 귀한 인물을 만나 그의 지도를 받거나 도움을 얻어 새로운 삶을 시작하게 된다.

봉황무늬로 장식된 3층 장롱이 보이는 꿈

선조 때부터 전해 내려오는 가도, 가례, 가풍 등을 잘 지켜 집안이 태평무사하고 부귀영화를 누리게 된다. 입체적인 예술미를 감상한다.

봉황새가 집 안의 나무에 낮아 아름다운 소리로 울어 대는 꿈

집안에 경사가 생기고, 자손이 창성하여 기운이 융성해지게 된다.

까치가 봉황새로 변한 꿈

어려운 역경을 딛고 일어나 입신출세하게 될것이며, 풀리지 않던어려운 일이 드디어 해결되고 그것으로 명성을 얻게 된다.

상서롭고 예쁜 봉황새가 집안으로 들어오는 꿈

집안에 경사스런 일이 있고 귀한 손님을 맞이하게 된다. 기쁨, 재물, 행운 등의 길조이다.

봉황이나 공작새를 타고 하늘을 날아다니는 꿈

이상형의 배우자를 만나거나 결혼할 꿈이다. 또한 뜻하지 않은 재물을 얻게도 된다. 부귀공명하고 학문과 예술로써 명성을 떨치게 된다. 입학, 승진, 당선, 합격 등의 경사가 있다.

닭이 봉황새로 변한 꿈
어렵던 사업에 관로가 열려 승승장구하게 될 좋은 징조다.

손으로 봉황새를 잡는 꿈
부귀공명하고 일취월장하게 된다. 문화의 공간에서 멋진 애인을 낚는다.

봉황새가 논밭에 앉아 있는 꿈
한 해 동안 농사가 잘되고 풍년이 들어 주민의 주름살이 펴진다.

오동나무 위에 봉황새가 앉아 있는 꿈
영몽의 꿈으로 행운의 신이 찾아온다. 권력, 명예, 승진, 당선, 합격 등으로 집안에 경사스런 일이 생긴다.

한 쌍의 봉황을 얻은 꿈
봉황은 지도자, 영도력, 황제, 최고의 상징성을 뜻하는 새다. 봉황을 보거나 소유하게 되는 꿈은 결혼의 백년가약을 맺거나 높은 지위에 오르게 됨을 뜻한다.

날아가는 봉황새를 손으로 잡는 꿈
부귀공명하고 입신출세하여 만인의 대표자가 된다. 뜻밖의 호운을 잡는다.

학교 교실마다 봉황새와 용이 보이는 꿈
실제로 학교에서 학문 탐구와 진리를 연구하고 많은 훌륭한 인재를 배출하게 된다. 입학, 승진, 합격, 당선, 학위, 자격취득, 입신출세, 재수대통 등이 있다.

기와 지붕 위에 봉황새가 앉아 있는 꿈
부귀공명하고 입신출세하게 된다. 경사, 기쁨, 소식, 행운, 귀빈, 상봉 등의 길조이다.

봉황새가 신묘한 씨앗을 물어다 놓는 꿈
뜻밖의 귀인을 만나 도움을 받고 부귀영화를 누리게 된다. 재물, 횡재, 행운 등의 길조이다.

봉황새가 논밭에 앉아 있는 꿈
한 해 동안 농사가 잘되고 풍년이 들어 주민의 주름살이 펴진다.

봉황무늬로 장식된 3층 장롱이 보이는 꿈
선조 때부터 전해 내려오는 가도, 가례, 가풍 등을 잘 지켜 집안이 태평무사하고 부귀영화를 누리게 된다. 입체적인 예술미를 감상한다.

봉황새가 집 안의 나무에 낮아 아름다운 소리로 울어대는 꿈
집안에 경사가 생기고, 자손이 창성하여 기운이 융성해진다.

감방 안에서 봉황새나 용을 타고 밖으로 훨훨 날아가는 꿈
실제로 수감자는 형집행 정지가 되거나 뜻밖에 자유의 몸이 되어 햇빛을 본다. 신묘한 문예작품을 창작하여 작품 전시회에서 대상을 받는다.

봉황새가 마당 정원수 위에 앉아 아름다운 소리로 우는 꿈

집안에 경사스런 일이 있고 그 자손이 창성하여 가운이 융성해진다. 가화만사성이다.

봉황새가 멋진 위령을 보이며 하늘 위로 오색찬란하게 날아가는 꿈

국가나 사회의 최고지도자가 되어 국조, 국혼을 받들고 국운을 창출하여 국민의 복리를 증진하게 된다. 부귀공명, 입신출세, 양과고시 합격, 승진, 당선, 학위, 자격취득, 승리, 입학, 창작, 성공, 횡재, 재물 행운 등의 희망과 복이 있겠다.

봉황을 보거나 봉황과 나의 몸이 접촉하는 꿈

부부가 화목하고 평화스럽게 지내게 된다.

원앙새를 보는 꿈

부부애가 좋아진다.

원앙새의 자웅 한 쌍을 보는 꿈

헤어진 부부가 다시 만나게 될 것이고, 자식의 혼사는 대길하다.

원앙새가 날아가 버린 꿈

부부 이별수가 있다. 그렇지 않으면 남편 혹은 아내가 별도로 애인을 두게 된다.

학이 자기의 품안으로 날아드는 꿈(태몽)

귀한 여아를 잉태하며 태아는 장차 학자나 성직자가 되기 쉽다.

학을 타고 하늘을 나는 꿈(대길)

반드시 높은 관직을 얻는다. 또는 자기소망의 달성과 경쟁적인 일에 있어서의 승리를 암시한다.

학이 공중을 나는 꿈

장차 출세하게 된다.

자기가 기르던 학을 놓아 보내는 꿈

돈이 생길 꿈으로 장사하는 사람은 많은 이익을 보게 된다.

현재 임신 중인 여자가 학을 보는 꿈(태몽)

귀한 사내아이를 낳는다.

학이 날아와 자기 옆에 앉는 꿈

유력자나 교수, 성직자 등에게 가르침을 받거나 의사의 진찰을 받는다.

백조가 보이는 꿈

몸이 건강해진다. 또는 명성을 떨치게 된다.

백조가 우는 꿈

건강이 나빠진다.

제비가 둥우리에 새끼를 치는 꿈

가업이 번창하고 제비가 나는 것을 보면 작품이나 사업으로 유명해진다.

자기 품안으로 제비가 날아드는 꿈(태몽)

기쁜 소식을 듣게 되거나 귀한 자식을 낳는다.

작은 새를 기르는 꿈

아내를 자기의 지배, 통제 하에 두고 싶다는 소망을 나타낸다.

새가 품안으로 날아드는 꿈(태몽)

남자는 승진할 꿈이며, 여자는 잉태할 꿈으로 득남하게 된다.

전신주에 많은 새가 앉고 날고 하는 꿈

어느 신문 잡지사에서 여러 사람의 작품, 기사 거리 등을 취급하고 발표하는 일이 있게 된다.

기르고 있던 새장에서 새가 도망가는 꿈

호의를 갖고 있던 사람에게 배반을 당하는 등의 자신 의도와 정반대인 결과가 생겨 난처해하게 된다.

새의 날개가 떨어지거나 부러지는 꿈

세력 또는 명예 등의 일부가 상실된다. 또는 자식을 잃게 된다.

새떼가 줄을 지어 하늘을 날아가는 꿈

자기의 일이 세상에 널리 알려져 호평을 받게 된다. 시판되는 상품이 히트하게 된다.

날아가는 새를 잡는 꿈

배우자와 머지않아 이별하게 된다.

독수리, 매, 솔개 등 육식을 하는 새의 꿈

남의 존경을 받거나 출세 또는 부자가 된다.

독수리가 자기를 헤치려 하는 꿈

악한에게 시달림을 받거나 질병에 걸릴 염려가 있다.

매가 푸른 하늘을 빙빙 돌고 있는 꿈(대길)

지위가 높아지게 되거나 세상에 과시할 만한 사업 또는 작품 등으로 성공한다.

독수리가 푸른 하늘을 나는 꿈

우두머리나 두목이 된다. 사업은 확장되고, 공무원은 그 직위가 장관까지 오른다.

독수리가 먹이를 노려 공중으로부터 급강하하는 꿈

자유에의 동경이나 욕망이 해방된 기쁨을 나타낸다.

독수리의 공격에 쫓기는 꿈

변명의 여지가 없을 정도로 당신의 욕망이 해방된 기쁨을 나타낸다.

송골매가 사납게 새를 잡는 꿈

금은보화가 집안에 가득 차게 된다.

부엉이를 보는 꿈

모든 일이 잘 풀리지 않는다. 항상 근심이 떠날 줄을 모른다.

참새들이 모여 있는 꿈(대박)
재물을 얻게 된다.

참새들이 집안으로 날아드는 꿈
집안에 경사가 있게 된다.

참새가 품안으로 날아드는 꿈(태몽)
딸을 낳는다.

참새들이 모여서 서로 싸우는 꿈
재판을 받게 된다.

많은 까치들이 날아가는 꿈
지금까지의 나쁜 일들이 사라지고 이제부터는 만사가 순조롭게 잘 풀린다.

까치와 까마귀가 함께 어울려 노는 꿈
돈이 든 통장이 생기거나 주식이 생긴다.

아카시아 나무 위에서 까치가 우는 꿈
친인척, 친구나 애인을 만나게 된다. 긴급정보, 희소식, 우편물, 전화 등의 소식이 온다.

비둘기나 까치가 감방 안으로 날아오는 꿈
친인척이나 사랑하는 사람이 찾아온다. 정보, 희소식, 전화, 우편물 등이 온다.

까치나 기타의 새가 나무에 집을 짓는 것을 보게 되는 꿈
자신의 집이나 자신이 속해 있는 세력권내에 뜨내기 같은 사람이 찾아와 도움을 줄 일이 생긴다.

까치 여러 마리가 나뭇가지에 앉는 꿈
자신에게 도움을 줄 사람을 만나게 된다.

까치가 다른 사람 머리 위에서 우는 꿈
반가운 소식과 사람이 찾아온다.

까치가 어깨 위에 앉아 있는 꿈
뜻밖의 승진으로 일약 직장 스타가 되어 어깨가 으쓱거린다.

까마귀나 까치가 시체를 파먹는 것을 본 꿈
하고 있는 일이 번성하여 고용인을 늘리게 되고, 집안에 잔치를 벌여 손님을 대접할 일이 생긴다.

참나무 가지 위에 까치가 집을 짓고 있는 것을 본 꿈
집이나 건물 등의 신축공사로 인해 분주다사하게 된다. 새로운 사업과 일을 착수하게 될 것을 암시한다.

까치가 방안으로 들어오는 꿈
기쁜 마음으로 새 식구를 맞게 된다. 우편물, 전화, 희소식이 온다.

감옥 철창 사이로 까치 우는 소리가 들리는 꿈
친인척이나 애인이 찾아온다. 정보, 희소식, 전화, 우편물, 상봉 등의 길운이다.

까마귀가 나무 위에서 우는 꿈

반가운 소식이 오거나 손님이 찾아온다. 지붕마루에서 울면 집안에 우환이 생긴다.

까마귀가 여러 마리 모여서 우는 꿈

구설수가 생기거나 남의 비방을 듣는다.

뻐꾸기나 두견새를 보는 꿈

먼 곳에 손님이 찾아오고, 울음소리를 들으면 소원이 성취된다.

비둘기를 보는 꿈

온 집안이 화목하고 가업이 번창하게 된다. 여자가 꾸면 남편의 사랑을 더욱 독차지하게 된다.

기러기를 보는 꿈

먼 곳으로부터 반가운 소식이 있다.

꾀꼬리가 나는 꿈

회사나 부서를 옮기게 된다. 사업가는 사업을 바꾸게 된다.

자기가 물새로 변하는 꿈(대박)

재물과 영화를 얻게 되는 길몽이다.

물새가 하늘에서 지저귀는 꿈

아내 또는 남편에게 기쁜 일이 생길 징조이다.

앵무새를 보는 꿈

소식을 접하게 된다.

자기가 앵무새와 말하는 꿈

자기의 손윗사람이 병이 들어 고생하다가 죽는다.

자기 집안으로 물오리가 날아드는 꿈

갑자기 원하지 않은 일이 생겨 집안이 망한다.

수탉 또는 장끼가 우는 소리의 꿈

관직이나 신분이 높아지고 명성을 떨치게 된다.

암탉이 우는 소리를 듣는 꿈

평소에 전혀 기대하지 않던 사람이 성공해서 명성을 떨치고 세상을 놀라게 한다.

닭이나 비둘기에게 모이를 주는 꿈

문하생이나 부하세력을 양육하게 될 것이며, 여러 사업에 투자할 일이 생기게 된다.

닭이 모이를 쪼아 먹는 꿈

길몽이다. 혼담이 성사되고 계약이 체결된다. 그러나 확정적이지 않다.

닭이 알을 품는 꿈

얼마 후 멋진 아이디어나 창작물, 사업, 일거리 등이 이루어진다.

닭이 울며 새벽을 알리는 꿈

미혼여성은 시집을 가게 된다. 기업은 전도양양하다.

닭이 몸을 씻는 꿈
일자리를 얻거나 작품을 완성하게 된다.

닭 두 마리가 서로 싸우는 꿈
다른 사람과 시비가 있고, 그 다툼은 오래 동안 지속된다.

달걀이 한두 개 놓여있는 꿈
기쁜 소식을 접하게 된다.

달걀이 제멋대로 놓여 져 있는 꿈
재판할 일이 계속되며 싸움이 잦다.

수탉이 병아리를 품고 있는 꿈
손해가 생길 꿈이다.

닭이 나무 위에 올라 앉아 있는 꿈
드디어 바라던 일이 이루어진다.

닭이 지붕 위에 올라 앉아 있는 꿈
남으로부터 원성을 듣게 된다. 이웃 사람과 시비가 잦고 구설수가 끊일 날이 없다.

애완동물에게 물린(개는 제외) 꿈
당신은 부하 또는 고용인에게 배신을 당한다. 겉과 속이 다른 부하에게 주의를 요한다.

애완동물을 기르는 꿈
윗사람이나 권력자에게 대항할 힘이 없는 사람이 마음대로 쥐고 흔들 수 있게 되어 감정을 해소하게 된다.

애완동물(강아지, 새 등)을 팔에 안거나 가까이 가서 쓰다듬는 꿈
가까운 사람, 특히 배우자나 친척, 아랫사람 때문에 속상하고 불쾌한 일이 생긴다.

6. 호랑이, 표범, 사자에 관한 꿈

호랑이를 끌고 다니는 꿈(대길)
하고 있는 일이 크게 이루어지고 명예나 권세를 얻는다. 사람들을 마음대로 움직이게 하거나 큰일을 성사시킨다.

호랑이가 무서워 부들부들 떨었던 꿈
제3자에 의해서 정신적인 고통을 받는다.

큰 호랑이에게 물렸던 꿈(대박)
제110회 주택복권 1등 당첨자의 꿈이다.

호랑이가 사자를 타고 달리는 꿈
권력자, 공공단체 등의 도움을 받는다.

토끼만한 동물이 점차 커져서 호랑이가 된 꿈
작은 일부터 시작하여 점차 번창해 진다.

호랑이 꿈을 꾸고 여아를 낳는 꿈(태몽)
크게 성공하거나 큰 인물을 배우자로 맞이한다.

임신 중 호랑이를 본 꿈(태몽)

후에 그 아이가 성장하여 큰 인물이 된다. 호랑이 꿈을 꾸고 여자를 낳으면 팔자가 사납다는 말은 미신이다.

돼지를 해치려는 호랑이나 사자를 때려잡는 꿈(태몽)

태몽이면 출산이 순조롭다.

호랑이나 사자 등을 타고 달리는 꿈(대길, 태몽)

위대한 사람, 권력자, 단체의 도움으로 고귀한 지위를 누려 출세하게 된다.

호랑이가 자기 옆 또는 앞뒤에서 개처럼 따라다니는 꿈(대길)

협조자를 얻거나 소망하는 사업이 잘 추진되어 대성할 수 있다.

사자나 호랑이에게 쫓기는 꿈

연애, 관직, 사업 등의 일이 난관에 처해진다.

호랑이, 사자, 범을 만나는 꿈

승진이나 승급, 또는 일약 이름을 만방에 떨친다. 또 어떤 경우에는 강한 경쟁자를 만나 곤란을 당하게 되나 결국 승리한다.

문밖에 웅크리고 앉은 호랑이의 꿈

조만간 큰 인재를 만나거나 훌륭한 작품을 성사시킬 수 있다.

표범이 사람이나 가축을 물어가는 꿈

조만간 큰 인재를 만나거나 훌륭한 작품을 성사시킬 수 있다. 또는 다른 사람이 근심걱정을 해소시켜 주거나 재물에 손실이 있게 된다.

집에서 기르는 동물이나 사람을 표범이 물어간 꿈

제3자에 의해서 근심걱정이 해소되거나 재물의 손실이 있다.

사방에서 호랑이가 개처럼 졸졸 쫓아다닌 꿈

남에게 도움을 받거나 계획한 일을 잘 추진해 나간다.

사자나 호랑이가 자기 앞에 앉아 있는 꿈

여러 계층의 사람들을 굴복시킨다.

호랑이나 사자, 표범에게 물린 꿈(대길)

하고 있는 일이 순조롭게 풀린다. 명예나 권세를 얻게 되며, 작품이 크게 이루어지거나 집권하게 된다. 사업가는 대기업으로 확장된다. 사원은 간부직으로 승진하게 된다.

들판에서 여러 마리의 호랑이나 사자가 어울려 노는 꿈

어떤 단체에서 지식인이 많은 것을 보거나 책을 읽을 일이 있다.

호랑이나 사자가 우는 소리를 듣는 꿈

남의 이목을 한꺼번에 받는다.

호랑이를 타고 가다 다른 동물로 바꿔 탄 꿈

맡고 있는 일을 그만 두거나 다른 데로 옮긴다.

사자나 호랑이를 죽인 꿈

걸림돌을 제거하게 되고 일이 성사된다.

사자나 호랑이 등의 맹수와 싸워서 이긴 꿈

하고 있는 일이 뜻대로 성사된다.

호랑이를 때려눕힌 꿈

경쟁에서 이길 꿈이다.

집안으로 호랑이가 들어온 꿈(태몽)

태몽이라면 세인의 이목을 받을 자손이 된다.

호랑이와 성교한 꿈

사업, 작품 등이 이루어진다.

호랑이를 타고 궁궐이나 큰 저택으로 들어간 꿈(대길, 태몽)

정당이나 큰 기관의 우두머리가 되어 권력자가 되고 재물을 얻는다.

울타리 밑으로 호랑이 등의 동물이 집으로 들어오는 꿈

학업을 닦으면 장차 크게 출세할 것이다.

호랑이나 사자가 자신을 피해서 도망친 꿈

일반적으로 권리상실, 사업 실패 등이 뒤따른다.

호랑이가 집안으로 들어온 꿈

경쟁자의 계략에 걸려들 징조이다.

호랑이에게 물린다거나 호랑이를 타고 다니는 꿈(대길)

자신감이 넘쳐 성공할 꿈이다.

범(=표범)이 집에 들어오는 꿈

범 역시 영험하고 경이로운 동물이나 인간이 꿈속에서 원하는 동물이다. 위험이 닥쳐올 전조이다. 특히 중대한 책임 있는 자리에 앉은 사람은 그 자리에서 물러나게 된다. 일부 지방에서는 범이 집안에 들어오는 꿈을 꾸면 불가불 이사를 해야 한다고 까지 하여 꺼려한다. 범이 많은 평안, 함경, 강원도 지방에서는 산신의 출현으로 해석한다. 즉 산제를 올릴 의무와 동시에 산제를 지내주면 행운이 온다고 믿는다. 중국에서는 먹을 것이 없이 메말라 있음을 뜻한다. 따라서 흉년을 예고한다는 뜻으로 해몽한다.

범이 으르렁거리는 꿈

산신이 대노한 격이다. 기업체는 노사분규, 학원은 학원분규 등 소란한 일이 생긴다. 가정에는 어지러운 일이 생긴다.

범이 뛰어 다니는 꿈(대길)

당신 운명에 커다란 비약이 이루어진다. 기업의 대발전, 개인의 특진, 학생의 월반이 예상된다.

범의 등에 타고 가는 꿈(대길)

당신은 특별한 은혜를 입고 동서남북으로 실력을 크게 발휘한다. 만인이 우러러본다.

사자의 등에 올라타고 달리는 꿈(대길)

귀한 인물이 나타나 도와 줄 징조이다. 크게 출세하게 된다.

사자와 싸워 이긴 꿈

소원성취 할 꿈이다.

사자고기를 먹는 꿈(대길)

출세할 꿈이다. 높은 지위에 오르며 부귀를 얻는다.

7. 물고기, 바다동물, 수륙양서동물에 관한 꿈

자기가 물고기를 풀어 놓아주는 방생하는 꿈(대길)

만사가 형통한다. 하는 일마다 소원 성취한다. 임신, 일거리, 돈, 재물 사람 등을 얻는다.

그물을 던져서 물고기를 잡는 꿈

많은 재물을 편리한 방법에 의해서 얻거나 적을 섬멸한다. 한마디로 모든 일이 계획대로 잘 이루어진다.

아내 또는 남편이 물고기를 잡아오는 꿈

돈을 벌어오게 된다. 많이 잡을수록 돈도 많이 벌어오게 된다.

냇가에서 물고기를 잡는 꿈

큰 물고기를 잡으면 재물을 얻게 되나, 작은 물고기를 잡으면 직장을 옮기게 된다.

임신한 아내가 물고기를 출산하는 꿈

예쁜 아기를 순산한다.

물고기가 새끼를 낳는 꿈

모든 일이 잘 풀리고 재물을 얻게 된다.

바짝 마른 물고기를 얻어 오는 꿈

일거리나 재물, 서적 등을 얻게 된다.

마른 물고기가 하천으로 떠내려가는 꿈

지금까지의 어려움이 가시고 운수대통하게 된다.

논바닥 맑은 물에서 물고기가 노는 꿈

사업성과를 기대 할 수 있고 작품, 이미지가 참신하게 되는 일에 관계한다.

생선장수에게서 물고기를 사는 꿈

임금, 노력의 대가, 융자 등을 받게 된다.

남에게서 물고기를 선물 받는 꿈

먼 곳에서 반가운 소식이 있다.

물이 없는 갯바닥에 조개, 게, 고기 등이 있

으면 정신적 또는 물질적인 사업에서 많은 이득을 보게 된다.

죽을 것 같은 물고기를 물에 넣어 살리려는 생각에 마음을 졸이는 꿈
자기 능력에 알맞은 환경이나 지위를 얻고 싶다는 소망이다.

물고기를 대나무나 창 등으로 찌르는 꿈
병이 들거나 건강이 악화된다.

물고기에게 발이 무수히 많이 달린 꿈
능력, 권력, 재주 등이 강대한 사람을 만나게 된다.

썩은 생선을 본 꿈
상대 이성에 대해 믿음을 가지고 못하고 이별을 하게 된다.

물고기 떼가 물속에서 노니는 꿈(대박)
재물을 얻게 된다. 금의환향한다.

갑판위로 물고기가 저절로 뛰어오르는 꿈(대박)
시험에 합격하거나 입신출세하게 된다.

연못에서 잉어가 뛰는 꿈(태몽)
아내가 귀한 자식을 낳아 입신출세하게 된다.

잉어를 우물이나 연못에 넣는 꿈
크게 출세하거나 관직에 오르게 된다.

자기 집 우물 안에 커다란 물고기 있는 꿈
직장이나 관직을 옮기게 되며, 사업가는 이사나 전업을 하게 된다.

물속에서 넙치, 광어, 도미가 꿈틀대는 꿈
장사에 곧 이익과 관련된 기쁜 소식이 있다.

어항이 깨지거나 물이 마르는 꿈
부부간의 행복, 사업이 깨지고 자녀가 죽게 된다.

물고기가 물 위를 날아다니는 꿈
마음이 어수선해지고 한 가지도 되는 일이 없다.

여러 가지 빛깔이 나는 물고기를 보는 꿈
환자가 완쾌된다. 또는 다른 사람과 다툴 일이 생기기도 한다.

자기가 물고기로 변하는 꿈
재물을 잃게 되어 노숙자가 된다.

자기 몸에서 물고기가 배설되는 꿈
질병이 다 낫는다. 근심걱정이 모두 없어진다.

새우가 물고기로 변하는 꿈
이웃으로부터 사기를 조심해야한다. 손재수가 있다.

낚시질을 하는 꿈
사업, 작품 등을 계획하거나 구상하게 된다.

고래등을 타고 달리는 꿈
교통수단을 이용하거나 어느 단체의 주도자가 된다.

고래를 타고 바다를 다니는 꿈(태몽)
권세를 잡거나 부자의 남편을 얻으며 훌륭히 될 인물을 낳고 남의 지도자가 된다.

고래 떼가 몰려와서 배를 뒤엎은 꿈
하고 있는 일이 위태롭거나 파산된다.

뱃길을 고래가 앞장 선 꿈
도움을 받을 사람이 있어서 일이 쉽게 추진된다.

고래 뱃속으로 사람이 들어간 꿈(대박)
진급이 되거나 많은 재물을 얻는다.

물 밖으로 나왔던 물개가 다시 물로 들어간 꿈
광범위한 사회활동을 하다가 몇 번의 고비를 맛본 다음 다시 유복해진다.

물개를 붙잡는 꿈
많은 재물이 생기고, 물개가 가까이 오는 꿈은 단체에 가입하거나 사람과 만나게 된다.

물에서 나온 물개를 도구로 쳐서 죽인 꿈
어떤 사업체나 기관, 조직, 단체에서 걸림돌이 되는 것을 제거하게 된다.

몰려오는 상어 떼를 본 꿈
괴한들이 방해를 놓거나 여러 사람의 시비를 받는다.

상어에게 물려 다리를 잘린 꿈
가까운 사람을 잃게 된다.

상어 떼가 몰려오는 꿈
악당들이 자기 사업을 침해하거나 여러 사람의 시비를 받는다.

인어를 붙잡아 온 꿈(태몽)
태몽이라면 자손이 이색적인 직업을 갖게 된다.

게를 본 꿈
흉몽이다. 방해물이 많아서 제대로 되는 일이 없다. 바닷가에서는 바람이 불어 일기가 나빠져 풍랑이 일어난다.

논에서 게를 잡는 꿈
잡은 수만큼의 돈이 생긴다.

소라, 우렁이의 꿈
우환이 생기고 쓸데없이 밖에 돌아다니나 공치는 일만 생긴다.

조개 등 패류의 꿈
일반적으로 여성으로 인하여 언쟁이 발생한다. 남자는 여자문제로 고민하는 여난의 꿈이다.

조개를 열어 보는 꿈(태몽)
높은 지위를 얻지 않으면 귀한 아들을 낳는다.

조개를 한 두 개 잡거나 얻는 꿈(태몽)
태몽 꿈이다. 여자아이를 낳게 된다.

공중에서 내려오는 조개를 받아먹는 꿈
연금, 세금 등 공적으로 혜택이나 재물을 받게 된다.

소라를 얻거나 보는 꿈
이별수가 있다.

거북이 본 꿈(태몽)
거북이 역시 태몽이다. 거북이를 보고 난 아이는 장수한다고 한다.

거북이의 등을 타고 가는 꿈(태몽)
장차 큰 인물이 될 아들을 낳는다.

거북이의 목덜미를 잡은 꿈
소속되어 있는 집단의 일이 풀리게 된다.

거북이가 집에 들어오는 꿈(대길)
예부터 거북이 역시 영물이며, 용왕님의 신하라고 믿고 있다. 명성과 재물을 얻고 장수할 꿈이다.

거북이가 바다, 강, 우물 속으로 들어가는 꿈(대박)
재물이 많이 생기고, 큰 부자가 될 꿈이다.

자라가 거북이로 변해 옆에 있는 꿈
적은 자본으로 큰 소득을 얻는다.

거북이가 거처하고 있는 곳에 들어간 꿈
부귀영화를 누린다.

거북이를 쫓아 가다가 잡지 못한 꿈
치밀한 계획을 세우지만 뜻대로 이루어지지 않는다.

거북이가 앞장서서 뱃길을 따라 가는 꿈
타인의 도움을 받아 하고 있는 일이 번창해진다.

거북이의 몸을 도구로 쳐서 거북이의 피가 흐르는 꿈
남에게 도움을 받거나 일이 성사된다.

거북이 등을 타거나 가까이 대하는 꿈(태몽)
태몽이라면 권력자, 기관장 등이 되어 부귀를 누린다.

뱀과 거북이를 꿈속에서 만나는 꿈
뜻밖의 이익을 얻게 된다.

거북이를 억지로 잡아 죽이는 꿈
가까운 장래에 친지간에 초상이 난다.

거북이를 죽인 꿈
장애물 없이 일이 성사된다.

자라를 보는 꿈

공무원시험에 합격한다. 관직을 얻게 된다. 직장을 얻는다.

악어를 본 꿈

흉몽이다. 고생을 하게 된다. 흉악한 적의 침입을 받거나 혹은 강한 자와 원수지게 된다. 아니면 당신을 배반하고 해하던 사람과 등지게 될 것이다.

악어의 공포에서 벗어 난 꿈

위험을 피하게 되는 꿈이다.

악어 떼를 차례로 한 마리씩 쳐 죽이는 꿈

풀리지 않던 일이 하나하나 해소되고 재물이 생긴다.

음침한 곳에 도마뱀이 우글거리는 꿈

자신의 능력을 남에게 과시한다.

도롱뇽의 알을 먹는 꿈

지식을 얻거나 창작물을 발표한다.

사람만큼 큰 도마뱀을 보는 꿈(대길)

사업을 크게 벌여 이루거나 출세하게 된다.

황소만한 도마뱀을 본 꿈

권력자와 만나게 되고 거래, 사업 등이 이루어진다.

도마뱀이 자신을 물고 있는 꿈

계획하고 있는 일이 제대로 안 된다.

뱀과 같은 연체동물에게 몸이 감긴 꿈

얽혔던 일이 풀린다.

두꺼비나 맹꽁이가 거리에서 돌아다닌 꿈

줏대 없는 사람을 만나거나 신통치 않은 일이 생긴다.

맹꽁이 암수가 붙어 울고 있는 꿈

같이 일하는 사람과 시비가 생기거나 재수 없는 일을 당한다.

두꺼비가 울고 뛰어 가는 꿈

남에게 비방을 듣는다.

여럿마리의 비단개구리가 모여 울고 있는 꿈

화류계의 여자를 만나 패가망신한다.

논둑에서 개구리가 울고 있는 꿈

일을 추진하는데 여러 사람의 시비를 받는다.

개구리를 본 꿈

남과의 송사를 벌인다. 구설과 말다툼, 이권싸움 등이 어수선해진다.

지렁이가 뱀처럼 길어지는 꿈

땅을 사면 큰 이익을 얻는다. 이미 사놓은 땅은 값이 높이 뛴다.

지렁이가 풀숲으로 숨는 꿈

밤잠이 오지 않을 정도의 큰 근심이 생긴다. 그 쇼크로 병을 얻어 이중으로 고생한다.

달팽이 꿈
친절한 언행에 속아 화를 입을 꿈이다. 남에게 소개하는 일, 남을 보증하는 일은 삼가는 것이 좋다.

거머리가 달라붙는 꿈
글자 그대로 거머리 같은 존재를 만난다. 끝까지 철저하게 손해를 입는다.

양쪽 다리에 거머리가 붙어 있는 꿈
많은 재물이 생겨 인력을 필요로 할 일이 생긴다.

8. 곤충류에 관한 꿈

곤충과 해충, 벌, 모기 등을 손으로 때려잡는 꿈
자기의 일을 방해하는 사람이나 일을 혼자 또는 여럿의 힘으로 제거할 수 있게 된다.

많은 꿀벌이 달아나는 꿈
주위에 있는 재물이 사방으로 흩어진다.

하늘에서 벌떼가 떼 지어 날아다니는 꿈
자기를 다른 사람에게 내세운다.

꿀벌을 보는 꿈
선물을 받는다. 꿀벌의 꿈은 큰 벌이를 하든가 가족이 늘어날 것을 의미한다.

벌에게 쫓기는 꿈
실망하는 일이 많아지게 된다.

자신에게 벌떼가 덤벼드는 꿈
다른 사람으로 인해 시달림을 받거나 근심 걱정이 생긴다.

벌통에 꿀이 많은 것을 본 꿈(대박)
뜻밖의 재물이 들어온다.

많은 벌이 나무에 매달려 있거나 벌이 벌집을 드나드는 꿈
인력을 많이 필요로 하는 사업을 한다.

큰 말벌을 손으로 잡는 꿈
약속이나 계약, 혼담이 이루어진다.

벌에게 쏘인 꿈
질병에 걸리거나 크게 손해를 본다. 또는 작품에 대해서 평가를 받을 일이 생긴다. 머리를 쏘이면 남에게 화를 입고 발을 쏘이면 돈이 생긴다.

벌이 분봉하는 꿈
큰 재산이 돌아온다. 투자하면 갑절의 이익을 취득할 수 있다.

고추잠자리가 무리 져서 나는 꿈
귀한 사람을 만나 좋은 일이 생긴다.

팔다리에 개미 떼가 새까맣게 모여 있는 꿈
남에게 도움을 청할 일이 있다.

거미줄에 걸려 고생하는 꿈

정말 큰 어려움이 일어날 예고이다.

거미를 죽이고 있는 꿈

현재 어려움에 처해 있는 어떤 난관이 없어지고 성공하게 된다.

거미줄에 매달린 거미를 본 꿈

누군가가 자기와 관련한 계교를 부리고 있다.

거미가 먹이를 감고 있는 꿈

재물이 생기거나 심복을 얻는다.

곤충을 거미줄에서 떼어주는 꿈

어려움에 처해 있는 사람을 도와준다.

거미 떼가 마구 덤비는 꿈

사람에게 시달림을 받거나 화를 면치 못한다.

여러 곳에 거미줄이 엉켜있는 꿈

사업이 사방팔방으로 전개된다. 프랜차이즈업이나 가맹점사업에 유리하다. 그러나 방구석이나 천장 등에 엉켜 있으면 머리가 아프거나 운세가 막힌다.

송충이의 꿈

나뭇가지나 앞에 앉아있는 송충이를 보면 뜻한 바가 제대로 되지 않는다.

송충이를 잡는 꿈

얼마 후 성공할 길몽이지만 만약에 죽어 버리면 가정불화가 생긴다.

송충이가 몸에 달라붙는 꿈

큰 화를 면치 못한다.

송충이가 부엌에서 따라 다니는 꿈(태몽)

자손이 착하고 정직한 사람으로 부모님에게 효도한다.

송충이를 밟아 죽이려는 꿈

자기의 연적을 제거하려고 한다.

누에를 치는 꿈

희망을 성취할 길조이다.

시샘을 받고, 모기에게 물리는 꿈

난을 당한다.

파리의 꿈

큰 파리일수록 좋지 않고 걱정거리가 생긴다.

파리가 몸에 붙어서 떨어지지 않는 꿈

어떤 장애물로 인하여 시달림을 받는다.

파리를 나르고 있는 개미를 본 꿈

아는 사람이 자기의 일을 도와준다.

거리에 파리 떼가 무수히 모여 있는 꿈

인쇄물 등에 관계할 일이 생기나 결과는 썩 좋지 않다.

하루살이의 꿈, 하루살이가 모여드는 꿈

신용을 얻을 길조이다.

나비가 한두 마리가 춤추는 꿈
머지않아 무언가 변한다는 것을 알리는 전조이다.

여러 마리의 나비가 떼 지어 나는 꿈
집안에 경사스러운 일이 있다.

나비를 보고 잡으려다 넘어지는 꿈
헛된 욕망으로 분수에 넘치는 일을 시도하다가 좌절하게 된다. 만사에 사리판단을 정확히 하여 계획적으로 모든 일을 시도함이 바람직하다.

나비 여러 마리가 별이 떨어진 주위를 나는 꿈
자손이 여러 사람과 깊은 인연을 맺는다.

나비가 나는 꿈
결혼을 하지 않으면 바람을 피울 꿈이다.

나비가 죽는 꿈
여성 배우자에게 화(禍)가 생긴다.

지네에게 물리는 꿈(대길)
투자나 융자받을 일이 생긴다. 금전상에 큰 이익을 얻는다. 환자는 완쾌한다. 장수할 꿈이다. 그리고 말린 지네를 많이 가지고 있으면 재물이 생긴다.

딱정벌레가 자기의 양쪽 다리에 빈틈없이 붙어 있는 꿈
세일즈맨이 보험가입 신청이나 증권 등에 관한 일로 찾아온다.

개미 떼가 이동하는 꿈
재물이 생기거나 물건을 생산한다.

개미 떼가 큰 벌레나 물건을 나르는 꿈
여러 사람이 자기의 일이나 사업을 도와주게 된다.

개미집을 헐어 버리는 꿈
가정에 화근이 생긴다.

벼룩이 갑자기 없어진 꿈
잡고 있는 것을 놓치기 쉽다.

천장에 붙어있는 파리 떼를 죽이거나 날려 보내는 꿈
근심걱정이 말끔히 해소된다.

험한 곳으로 달팽이가 기어오르는 꿈
하고 있는 일이 고비를 겪는다.

반딧불을 본 꿈
지금 당장 일이 잘되는 것 같으면서 제대로 풀리지가 않고 시간이 지나야만 애쓴 노력의 대가가 추수된다. 즉, 공부한 학생은 형설의 공이 이루어진다. 예능인, 예술가는 작품을 인정받게 되고 명성이 함께 오른다.

누에를 많이 사육하는 꿈
재물이 생기고, 누에고치를 만드는 꿈은 건

설, 결혼 등이 이루어진다.

잠자리가 날고 있는 꿈

남성이 이 꿈을 구면 아름다운 매력의 여성을 만난다. 고추잠자리를 보면 재물운수가 있다.

모기에 물리는 꿈

전염병에 대한 경고다.

빈대 때문에 잠을 제대로 못 자는 꿈

장애요인이 되는 사람 때문에 세웠던 계획을 변경하게 된다.

벌레우는 소리를 들은 꿈

수심이 생긴다. 또한 적적한 일을 당한다. 귀뚜라미 소리도 같다.

구더기가 들끓는 꿈(대길)

불결한 꿈이지만 재물을 뜻한다. 큰 이익을 본다. 변소 속에 많은 것을 보면 재미있게 돈이 생긴다. 인분탱크 속처럼 많은 인분과 구더기를 함께 보면 더욱 좋다.

자기 몸에서 기생충이 나오는 꿈

작품이나 일거리가 완성되고 근심걱정이 모두 사라진다.

바퀴벌레를 모두 잡아 자루에 넣는 꿈

정보를 수집하거나 어느 단체의 중임을 맡게 된다.

주방에 바퀴벌레가 있어 아무리 두들겨도 죽지 않는 꿈

떨쳐 버릴 수 없는 부도덕한 생각으로 괴로워하게 된다.

곤충이 교미하는 꿈

일이 이루어지고 단체가 조직된다.

제6장 자연에 관한 꿈 해몽

1. 자연현상에 관한 꿈

천정이 대단히 높아 으스스한 느낌이 드는 꿈

당신이 하고 있는 일에 과로하고 있다.

빈약하고 사라질 것 같은 농가의 꿈

성적인 불만이나 자신이 없는 것을 나타낸다.

벼락을 맞아 나무가 찢어지는 꿈

정신적으로 큰 충격을 나타내고 있다.

강을 건너는 꿈

당신의 강한 성적 호기심, 모험심을 갖고 있다는 것을 나타낸다.

기둥이 쓰러지는 꿈

자기의 능력에 대해서 불안을 갖고 있다는 것을 나타낸다.

봄의 경치가 꿈에 나오는 것

당신 마음의 안전성이나 풍요로움을 나타낸다.

눈에 익은 길에 도(道)의 경계 표시가 서 있는 꿈

가끔 경험한 일이 있는 성적 흥분을 의미한다.

빌딩을 올려다보는 꿈

여성의 복잡성, 오묘함에 대한 호기심을 나타내고 있다.

폭풍우의 꿈

당신의 새로운 일이 정리되지 않고 혼란스러움을 나타낸다.

바다가 거칠게 펼쳐진 꿈

당신의 감정이 고조되고 정욕적인 것을 나타낸다.

시가지에 있는 공지의 꿈

자기의 몸 둘 곳을 원하는 생각을 나타낸다.

사람이 살지 않는 빈 집의 꿈

사랑이 없는 처지를 나타낸다. 서로 간에 애정이 결여되어 있는 꿈이기도 한다.

산의 꿈

어머니에 대한 강한 애착을 나타낸다.

유원지에서 뛰어 노는 꿈

자유로웠던 어릴 때에 대한 그리움을 나타낸다.

흙먼지가 날려 올라가 전망이 나빠지는 꿈

분명히 보고 싶지 않은 것이 마음속에 있는 것을 암시하고 있다.

꿈속에서 울리는 땅울림

당신의 감정이 통일을 잃고 있다는 것을 나타낸다.

출입금지의 팻말을 무시하고 잔디밭으로 들어가는 꿈

호기심을 나타낸다.

이름을 아는 섬의 꿈

남자의 성기를 나타낸다.

이름을 모르는 섬, 고도 등의 꿈

여성기를 나타낸다.

벽을 뚫으려고 하나 견고해서 좀처럼 뚫리지 않는 꿈

자신이 주위의 완고함으로 자유를 잃고 괴로움을 나타낸 꿈이다.

2. 나무, 풀, 꽃 등 식물에 관한 꿈

집 앞마당에 풀이 소복하게 솟아나는 것을 본 꿈

제41회 주택복권 1등 당첨자의 꿈이다.

자기 뜰에 잡초가 무성한 꿈

걱정거리가 계속된다.

집안 온 사방에 풀이 무성하게 솟아나는 꿈(대길)

정말 길몽이다. 가산을 탕진하게 된다. 집안 온 사방에 풀이 무성하게 있는 꿈은 집안이 쑥대밭이 되었다는 표현처럼 가산을 탕진하게 된다.

풀을 심고 있는 꿈

길몽이다. 큰 벌이를 한다든가 경제적으로 혜택을 입는다.

숲속에서 앉거나 누운 꿈

병원에 입원하거나 사업상 기다릴 일이 있게 된다.

숲 꿈

멀리 보이는 무성한 숲은 정글 지대처럼 들어가기 어려운 곳, 들어가면 안 되는 곳의 의미로 처녀에 대한 침범의 의욕이 있기 때문이다. 자기가 숲 속에 들어가 있는 꿈에서 나무줄기가 기둥처럼 튼튼하고 잎이 지붕처럼 덮여 아늑한 분위기를 이루었다면 자기만의 비밀을 가지고 싶어 하는 심리표현이다.

숲속에 숨는 꿈

성의 의식하고 부끄럼에 놓여 있다.

낙엽을 밟고 걷는 꿈

재물을 얻게 된다.

낙엽을 긁어모으는 꿈

노력 끝에 다른 사람이 나타나 자기의 사업자금을 대주어서 정신적, 물질적인 자본을 축적하게 된다.

푸른 나뭇잎이 시들어서 낙엽이 되는 꿈

재해나 천재지변으로 많은 사람이 죽게 된다.

마당에 나무를 옮겨 심는 꿈

사업체를 옮겨 경영하거나 훌륭한 사람을 고용하거나 지도자를 만나 일이 융성해진다.

나무에 오르는 꿈(대길)

필사적으로 기어오르면 입신출세할 것이다.

방안에 나무가 있는데 뿌리는 방바닥에 박혀 있고 줄기는 천정을 뚫고 하늘로 치솟는 꿈(대길)

대성할 꿈이다. 기업체를 갖게 되거나 학자가 된다.

큰 나무가 뿌리 채로 뽑혀져 쓰러져 있는 꿈

큰 인물이 소속한 곳을 떠나게 되며, 그로 인하여 그가 소속했던 단체가 곤경에 처한다.

나무가 지붕 위에 쓰러져 있는 꿈(대길)

재물이 생기고, 출세하게 된다.

거목이 부러지는 꿈

사람이 죽게 된다.

거목 위에 자기가 올라가 앉은 꿈(대길)

관직이 올라가고 출세하게 된다.

나무에 오르다가 떨어져 다치는 꿈

불길한 꿈이다. 시도하는 일이 실패로 돌아간다.

잎이 싱싱한 계수나무 아래에 서 있는 꿈

훌륭한 배우자를 얻거나 인기작품을 쓴다.

대밭을 가꾸고 화롯불을 쪼인 꿈

제111회 주택복권 1등 당첨자의 꿈이다.

숲속에서 길을 잃고 헤매는 꿈

일에 지나치게 열중하게 되거나 사업성과를 얻지 못한다.

숲속에서 앉거나 무언가 줍는 꿈
병원에 입원하거나 사업상 기다릴 일이 생기게 된다.

숲이 불타고 있는 꿈
사업이 융성해지거나 자기 사업이 번창해진다.

울창한 삼림을 보는 꿈
기업이 번영할 길조이다.

숲속에서 환자가 산보하는 꿈
병이 여간해서 낫지 않는다.

큰 나무를 자기 집에 옮겨 심는 꿈
머지않아 훌륭한 인재를 얻게 되거나 자기가 사업체 또는 정치세력 등의 주도권을 잡게 된다.

자기가 나무를 심는 꿈
출세할 수 있는 기반이 열리게 된다.

죽은 나무가 되살아나는 꿈
부진하던 사업이 소생할 것이다.

고목에서 순이 나거나 꽃이 피는 꿈
생명, 사업, 부귀영화 등이 활기를 되찾고 다시 생기를 갖게 된다.

푸른 나뭇잎이 떨어져서 낙엽이 되어 쌓여 있는 꿈
전쟁이나 천재지변으로 많은 생명이 죽는다.

지붕이나 방 안에 나무가 나는 꿈(대길)
사람, 직업, 사업, 기관 등에서 소원이 이루어지고 융성함을 본다.

정원수가 시드는 꿈
사업상 손실을 가져온다.

마른 나무의 꿈
걱정거리가 생기거나 가업이 쇠퇴한다.

나무 밑에 앉았거나 누워 있는 꿈
병이 완쾌된다. 어려운 난관이 사라지고 한시름 놓게 된다.

나무 위에 난초가 자라는 꿈
자손이 많고 유복해진다.

큰 나무를 자기의 등에 짊어지는 꿈(대길)
길몽으로 나무가 크면 클수록 기쁜 일과 재물이 커진다.

뽕나무를 심거나 뽕나무밭이 무성한 꿈
사업에 착수하거나 사업이 번창한다.

뽕나무가 꽉 찬 숲을 보는 꿈
자손이 번창하고, 가세가 확장된다.

뽕나무 잎이 떨어지는 꿈
모든 일이 잘 안 된다. 시도하는 일마다 중도에 포기하게 된다.

대문 앞이나 앞마당에 뽕나무가 나 있는 꿈

집안이 망할 징조이다. 하는 일이 제대로 잘 되지 않아 고민하게 된다. 반대로 삼국지(三國志)의 유비 집 앞에 큰 뽕나무가 있어 큰 인물이 나오기로 한다.

월계수를 보는 꿈

시험에 합격하며, 미혼여성은 곧 결혼하게 된다.

죽순을 꺾어 가지고 집으로 들어오는 꿈(태몽)

아들을 낳게 된다.

앞마당에 대나무가 나 있는 꿈

길몽이다. 근심걱정이 사라지고 온 가족이 건강하다.

대나무를 심는 꿈

좋은 친구를 얻게 된다.

자기가 대나무를 자르는 꿈

친한 사람과 헤어지게 된다.

대나무를 타인인 자르는 꿈

기쁨이 있다.

대나무나 소나무가 울창한 꿈

하는 일이 모두 순조롭게 잘 풀리고 번창하게 된다.

대나무에 꽃이 피는 꿈

만년에는 유복하게 살 수 있다.

은행잎이 쌓이거나 은행 알을 소유하는 꿈(대박)

많은 돈을 얻거나 작품성과를 얻는다.

단풍나무를 보는 꿈

모든 일에 신중해야 한다. 남성은 특히 신중하지 않으면 빠질 수 없는 운명에 빠진다. 또한 친한 사람과 이별하지 않으면 안 될 일이 생긴다.

삼(대마)을 심는 꿈

감정이 흩어져서 좋지 않은 일이 생긴다.

차(茶)를 심는 꿈

말다툼이 일어날 수 있다.

차열매를 따는 꿈

운명이 호전한다는 것을 알리는 길몽이다.

소나무의 꿈

사업이 번영할 징조이다.

소나무를 뿌리째로 뽑는 꿈(대박)

최고의 길몽이다. 가난이 뿌리 채 뽑혀 나간다.

늙은 소나무 아래에 동물들이 모여 앉아 있는 꿈(태몽)

태몽이다. 장차 큰 인물이 될 아이가 태어난다.

노송 밑에 동물이 있는 꿈(태몽)

태아가 장차 커서 기관의 관리가 되거나 지

조 있고 충의로운 사람이 된다.

우물물이나 연못에 소나무가 자라는 꿈
슬픔을 알리는 꿈으로 꿈도 희망도 사라진다.

나무가 말라 죽은 꿈
집안에 어려운 일이 닥친다. 자기나 가족이 아프든지 아니면 가난해진다.

나무의 씨를 뿌리는 꿈
작품이 호평을 받게 되거나 사업 등이 번영하게 된다.

묘목을 심는 꿈
순조롭게 진행되고 생활이 안정 될 길몽이다.

수양버들이 싹트는 꿈이나 푸른 수양버들의 꿈
희망이 성취되며 선물을 받는다. 다만 시들은 수양버들은 불행을 가져온다.

문간에 있는 나무에 열매가 맺는 꿈(태몽)
귀한 자식을 얻을 꿈이다.

집안에 상록수가 보이는 꿈
집안 식구 중에 훌륭한 인재가 나온다.

떡갈나무가 커다랗게 솟아서 하늘을 찌르는 꿈(대길)
어려운 일이 점점 풀리고 만사가 대통한다.

꽃에 대한 꿈
일반적으로 경사스러운 일, 영광, 애정, 명예 등을 나타낸다.

자신이 꽃 속에 들어가는 꿈
훌륭한 배우자를 만나거나 결혼이 행복하거나 작품이나 일거리에서 성과를 거둔다.

꽃 속에 자기가 파묻혀 있는 꿈
좋은 사람을 만나거나 행복한 결혼생활을 한다.

매우 진한 꽃향기를 맡는 꿈(태몽)
작품 또는 일거리 등에 좋은 평을 받고 신분이 고귀해지거나 연인이나 그리운 사람 등을 만난다.

빨간 꽃의 꿈
행복한 일이 있게 된다.

푸른 꽃의 꿈
신비롭고 낭만적인 일이 있게 된다.

고목에 꽃이 피는 꿈
자손이 번창해진다.

숲속에서 꽃을 꺾어 드는 꿈(대길)
학교나 직장 또는 국가 등으로 부터 명예(훈장)나 상을 받게 된다.

크고 탐스러운 꽃송이를 본 꿈
일의 성과나 자기의 작품, 명예 등이 뛰어나게 된다.

꽃송이에서 천사가 나와 하늘로 올라가는 꿈

작품이나 발명품, 업무성과 등이 크게 뛰어나 세상에 널리 알려지게 된다.

꽃송이에서 아름다운 소녀가 나와 하늘로 사라져 버린 꿈

일이 성사된다.

집 마당에 꽃이 만발한 꿈

여러 가지로 좋은 일이 겹쳐서 경사스럽다.

만발한 꽃나무 아래를 걷는 꿈

기쁜 일이 생긴다. 예쁜 애인이 생기거나 작품, 성과 등이 호평을 받게 된다.

꽃이 만발한 꽃길을 걷는 꿈

업적, 성과, 대화, 독서 등으로 기쁜 일이 생긴다.

꽃을 씹어 먹는 꿈

사람들과의 만남이 자연스럽게 맺어진다.

꽃을 꺾는 꿈

급한 일이 생기는데, 여기서 급하게 처리하면 이익이 되나 늑장을 부리면 손해가 된다.

꽃을 꺾어 든 꿈(태몽)

태몽이라면 사회적으로 자수성가할 자손을 얻는다.

만발한 꽃을 한꺼번에 꺾어 놓은 꿈

업적, 성과, 수집 등의 평가를 기다리게 된다.

예식장이 온통 화환으로 장식된 꿈

단체나 집단에서 자신의 성실함을 인정받는다.

꽃이 시든 것을 본 꿈

생명의 단절, 질병, 사업의 실패 등을 나타낸다. 또는 친구나 연인과의 사이에 오해나 이별이 있다.

들꽃이 만발한 것을 본 꿈

어떤 기관, 사업장 등에서 자신을 인정해 준다.

정원에 꽃이 만발한 것을 보는 꿈

자기 사업상 또는 개인적인 일에 기쁨이 따른다.

정원수에 꽃이 피어 있는 꿈

재물이 들어온다.

꽃나무를 다른 사람에게 나누어 주는 꿈

자기의 재산이 없어지게 된다.

고목에 핀 꽃 한 송이를 얻은 꿈

남의 사업을 인수받아 그것을 발판으로 대성한다.

꽃나무를 뿌리 채 캐낸 꿈

계약, 투자, 증권 등에서 이익이 나거나 이루어진다.

스님이 옥쟁반에 어사화를 담아 준 꿈
사회기관, 학원 등에서 자신을 인정해 준다.

꽃을 보거나 꺾은 장소가 유난히 돋보였던 꿈(태몽)
태몽이라면 사회적으로 기반을 튼튼히 잡을 자손을 얻는다.

영적인 존재가 꽃다발을 안겨 준 꿈
어떤 기관에서 자신을 인정해 주거나 미혼자는 결혼이 성립된다.

꽃나무의 꽃이 떨어진 꿈
단체나 개인의 세력이 몰락함을 나타낸다.

험한 산에 꽃이 만발한 꿈
국가나 사회적인 일로 자신을 내세운다.

야외로 놀러가서 꽃구경을 하고 있는 꿈
제3의 인물이 나타나 갈등을 빚을 꿈이다.

잔 꽃잎가루가 흩날리는 꿈
무슨 꽃인지는 모르겠으나 사람이 많은 자리에서 실속 없이 자신이 비용을 쓰게 된다.

이웃에게 화분을 나누어 주는 꿈
가세가 기울거나 자신의 현재 위치가 흔들리는 불안한 꿈이다.

여자 또는 남자가 꽃을 들고 찾아오는 꿈
이성 간에 다툼이 있게 될 꿈이다.

누군가로부터 꽃다발을 받아서 손에 들고 있는 꿈
현실적으로 꽃다발을 실지 받게 된다. 그리고 실제로 자기 분야에서 최고가 된다는 꿈이다.

아름다운 화원에서 작은 새가 지저귀고 있는 꿈
좋은 일이 생긴다.

잡초 밭에서 꽃이 피는 꿈
무슨 꽃인지는 모르지만 아무튼 쓸모없는 땅이라고 생각되었던 잡초 밭에서 꽃이 핀다는 것은 고난 속에 결실을 맺게 된다.

꽃과 나비의 꿈
나비는 대체적으로 좋지 않은 것을 예시하므로 불행이 닥칠 전조이다.

대나무에 꽃이 피는 꿈(대길)
부귀영화를 누리게 된다. 정말 좋은 꿈이다.

대나무를 많이 베어오는 꿈
재물이 생기거나 건설적인 사업을 시작한다.

으스름한 달밤에 배꽃이 핀 것을 본 꿈
반가운 사람을 만나 경사로운 일이 생긴다.

장미꽃의 꿈
장미꽃은 손실, 흰 장미는 신용, 붉은 장미는 사랑과 섹스를 상징하고 행운을 나타내지만 노란 장미는 고생을 나타낸다.

장미꽃을 꺾는 꿈

여자관계로 손해를 볼 수 있다. 그리고 남에게 기쁜 소식을 전해주기도 한다.

장미 봉오리의 꿈

소원이 성취될 길몽이다.

빨간 장미의 향기를 맡는 꿈

연애편지를 받거나 사업상 좋은 교섭이 들어온다.

국화꽃을 한 묶음 꺾어 드는 꿈(태몽)

아들, 딸 관계없이 명예로운 자녀를 얻는다.

여름에 동백꽃이 피는 꿈

그다지 나쁜 꿈은 아니다. 뜻하지 않게 돈이 들어오게 된다. 그러나 정상적인 것은 아니므로 그 돈의 규모는 그리 많지 않다.

벚꽃나무를 심는 꿈

모든 일이 순조롭게 된다.

벚꽃을 보는 꿈

손해를 볼 수도 있지만 큰 손해는 아니다.

벚꽃이 만발하는 꿈

귀인을 만나게 될 꿈이다.

겨울에 벚꽃이 피는 꿈

푼돈 정도의 돈을 횡재할 꿈이다.

벚꽃이 만발한 화창함을 보는 꿈(태몽)

효도하는 미녀를 잉태한다.

푸른 잎의 매화나무를 본 꿈

병세가 회복된다.

매화꽃이 활짝 피어오르는 꿈

명성과 인기가 상승하여 좋은 평판을 받게 된다. 색깔은 흰 것이 좋고 붉은 꽃은 좋지 않다.

매화를 보는 꿈(대길)

사군자(四君子) 중에 하나인 매화는 고고함과 절개를 상징하는 꽃이므로 꿈에서 매화를 보면 역시 길몽이다. 집안의 명성을 크게 떨치고 재복이 있게 된다.

매화나무에 매실이 맺은 것을 보는 꿈(태몽)

재주가 비상하고 이름을 빛낼 자손이 태어날 징조이다.

붉은 매화를 꺾는 꿈

귀인의 도움을 받아 성공할 것이다.

하얀 매화꽃이 만발한 사이로 지나가는 꿈

여자로 인해 고생한다.

수선화가 피어있는 것을 보는 꿈

건강에 이상이 있다. 건강에 각별히 신경을 쓰시기 바란다.

연꽃을 꺾어서 손에 들고 있는 꿈(대길)

신선의 도움으로 부귀를 누리게 될 꿈이다. 집안이 함께 화락하며 가업이 번성하고 가족 모두 건강하며 하는 일마다 성사된다. 주위 사람들로부터도 도움을 받아 출세하게 된다.

연못에 연꽃이 피어있는 꿈(태몽)

행운이 있다. 태몽이라면 귀한 아들을 낳는다.

연못에 연꽃을 심는 꿈

좋은 일을 하게 되지만 다른 사람의 질투를 받게 되나 후에 오해가 풀린다.

뜰에 국화꽃이 만발해 있는 꿈

가정이 원만하고 가족이 모두 건강하며 연인끼리 화목하고 소원이 성취되며 사업이 번성할 꿈이다.

마당에 모란꽃이 피어있는 꿈(대길)

부자가 될 길몽이다. 그래서 예부터 화가분들이 부를 상징하는 목단을 화선지에 많이 올렸던 것이다.

모란꽃의 꿈

부귀를 가져오므로 꺾으면 좋지 않다. 흰 모란은 친구를 얻게 되고, 붉은 모란은 미인을 얻을 징조이다.

동백꽃의 꿈

무엇이든 이동을 하게 될 전조이다.

가지의 꿈

가지를 따거나 남으로부터 지위나 명예를 얻을 길조이다.

오동나무의 꿈

길몽으로 인기, 존경을 얻는다.

수선화의 꿈

병에 걸리거나 상처를 입게 되므로 주의해야 한다.

양귀비의 꿈

당나라 때 양귀비나 현재 금제품(禁制品)의 하나인 양귀비에 관한 꿈은 위험한 변을 당하게 되는 흉몽이다.

식물원에 관한 꿈

숲과 공원 등과 동일한 의미를 가지며 관광, 인생 문제, 연구, 사업성과, 혼담 등과 관계해서 상징된다.

3. 논, 밭 등 경작에 관한 꿈

쌀, 곡식이 집안 가득히 쌓인 꿈

상인은 대길하므로 재주가 있으며 부자가 되거나 정신적 물질적인 사업성과를 얻는다.

탈곡하는 것을 본 꿈

정신적 물질적인 자본을 얻게 된다.

미역을 지붕에 말린 꿈

정신병에 걸릴 수 있고, 미역국을 먹으면 입학이나 취직이 마음과 뜻대로 이루어 지지 않는다.

보리 탈곡을 하는데 낱알이 하나도 떨어지지 않는 꿈

도박장엔 금물이다. 아무리 화투장을 때려 봐도 돈을 딸 수가 없기 때문이다.

옥수수, 조, 수수 등의 잡곡의 이삭을 줍는 꿈

정신적이나 물질적인 도움을 받아 성과를 얻는다.

채소나 청과류를 사온 꿈

사업장이나 기관에서 재물이나 자료 등의 성과를 얻는다.

황량한 논두렁을 걷는 꿈

사업의 결실, 성공, 치부 등이 인생의 중년 이후에는 실속이 없는 일과 관계한다.

씨앗을 본 꿈

인적 자원, 정신적 물질적인 자본이다.

과수원을 들어가거나 본 꿈

학문 연구, 작품, 상담 등의 일과 관계된다.

풋고추를 본 꿈(태몽)

남자 아이를 분만할 태몽이나 붉은 고추는 여아이다.

포도넝쿨에서 제일 큰 포도송이를 따온 꿈

성적표에 우수한 성적이 기입된다.

떨어진 밤알을 줍거나 주머니나 그릇에 주워 오는 꿈

주머니에 넣으면 남과 다툴 일이 있게 되나, 그릇 등 용기에 주워오는 경우에는 학과 성적이 우수하거나 상당한 자금을 얻게 된다.

제 7 장 천, 지, 수, 화, 풍에 관한 꿈 해몽

1. 하늘에 관한 꿈

하늘에 관한 꿈
하늘은 국가나 사회의 최고 권력기반과 사회, 사업의 기반을 의미한다.

하늘이 무너지는 꿈
아버지는 또는 남편의 신상에 변고가 생길 예고이다. 교통사고나 도산의 위험이 따르므로 주의해야 한다.

하늘이 갈라지는 꿈
협조세력, 부모, 스승 등과의 인연이 끊어지거나 국가나 사회적 혼란이 생긴다.

타인 또는 동물(새), 물건(비행기, 배)이 하늘로 승천하는 꿈(대길)
남의 일이나 자신의 일거리가 사회적으로 공개, 과시되어 성공하게 된다.

자기가 하늘에 승천하는 꿈(대길)
일의 출세, 득세, 명예, 진급, 성공 등이 이루어진다.

자기가 하늘에 오르는 꿈
출세, 득세, 명예, 진급, 성공, 깨달음 등을 얻게 된다.

하늘을 나는 꿈
자유에의 동경, 우월감, 성적 소망을 나타낸다.

자기가 하늘 문을 통과 하는 꿈(대길)
최고의 목적을 달성하게 된다. 최고의 권력기구 내에서 일할 꿈이다.

어두운 공간으로부터 하늘이 크게 열리는 꿈
다른 사람과 분쟁이 생기지만 결과는 승리한다.

푸르고 맑은 하늘을 쳐다보는 꿈
일의 종말, 사망, 행방불명 등과 관계된 꿈이다.

자기가 용이 되어 하늘로 승천하는 꿈(대길)
최고의 대길몽으로 승진, 출세가 약속된다. 이보다 더 좋은 꿈은 없다.

어린애를 안고 하늘로 승천하는 꿈
불길한 꿈이다. 죽거나 사업이 망할 흉조이니 특히 조심해야 한다.

붉은 하늘의 꿈
노력하면 행복해 질 수 있다는 길몽이다.

하늘이 어두워지는 꿈
가까운 장래에 반드시 불행이 찾아오게 된다.

자기가 하늘에서 내려오는 꿈
남한테서 경멸당하거나 모욕을 당하게 된다.

선녀가 춤추는 꿈
남성은 이상적인 여성과 교재 할 수 있게 되고, 여성은 명예로 명성을 떨치게 된다.

푸르고 맑은 하늘을 쳐다보는 꿈
근심걱정이 없어지고, 자신이 희망하는 소원이 성취된다.

사람 또는 동물이 하늘을 오르는 꿈
길몽이다. 그 형체가 사라지기 전에 잠을 깨야 좋다. 그러나 공중에서 완전히 사라지는 것은 일의 종말, 사망, 행방불명 등과 관계된 꿈이다.

사람 또는 동물이 하늘을 날고 있는데 순식간에 시야에서 사라져 버리는 꿈
일이 끝장나거나 가까운 사람이 죽게 된다.

하늘과 땅이 서로 맞붙는 꿈
모든 일이 원하는 대로 이루어진다.

하늘에서 천사가 자기를 부르는 꿈
기다리는 사람이 나타난다.

동쪽 하늘에서 혜성이 나타나는 꿈
귀인이 나타나 자기의 길을 인도한다.

맑은 하늘에 천둥번개가 요란한 꿈
자기의 이름이 언론에 나오거나 아니면 국가의 정책 등이 톱뉴스로 발표된다.

자기가 하늘로 날아 올라가 물건을 가져오는 꿈(대길)
입신출세하여 높은 관직에 오를 꿈이다.

자기가 하늘의 은하수를 건너가는 꿈
원하는 바가 이루어진다.

자기가 우물 속에 들어가 하늘을 향해 내다보는 꿈
가정이 빈궁해지게 된다.

2. 태양에 관한 꿈

태양에 관한 꿈

태양은 국가, 대통령, 위대한 인물, 명예, 권력기관, 사업체를 의미하므로 길몽이다.

태양을 바라보는 꿈(태몽)

임신 중이라면 태몽이며 태어나는 아기는 자라서 학식과 덕이 높게 되며 뭇사람의 존경과 우러름을 받게 된다.

햇빛이 화사하게 빛나는 꿈

영광, 경사, 명예, 소원, 충족, 근심해소를 상징하는 길몽이다.

강이나 산에서 해가 막 떠오르는 꿈

하고 있는 일이 성공적으로 추진되고 있으며, 사업의 출범. 성공의 시초 등 기초적 단계에서부터 명예로워짐을 뜻한다.

자기 몸에 햇빛이 비치는 꿈

입신양명, 병마제거 등이 일어나게 된다.

집안이나 하늘에 오색빛깔이 노을처럼 깔리는 것을 보는 꿈(태몽)

태몽이며, 아기가 자라면 유명인, 인기인, 훌륭한 학자가 된다.

숲이나 나뭇가지에 햇빛이 찬란하게 빛나는 꿈

학업. 작품. 기타 사업으로 영광된 일이 생기게 된다.

해 또는 달이 두 개가 하나로 결합되는 꿈

사업단체가 연합하고 결혼이 성립되는 꿈이다.

햇빛이 따사롭게 느낌이 드는 꿈

영광, 경사, 명예, 소원성취, 근심걱정 해소가 이루어진다.

해가 안개 속에 들거나 구름 속에 들어 희미하다고 느끼는 꿈

포부는 크나 근심걱정이 많고 병들거나 작품, 자신의 사업 등이 별로 빛을 못 본다.

해를 품고 방으로 들어가는 꿈

지금까지 어렵던 일이 점차로 풀리게 되고, 말년에 가서야 성공한다.

해가 일그러져 보이는 꿈

세력, 사업 등이 쇠퇴한다.

일식하는 꿈

한 때 국운, 사업 운이 일시적으로 불운에 직면 하나 반드시 재기한다.

해를 보고 절하는 꿈

권력기관에 소청할 일이 있고, 그 소원이 이루어지게 된다.

해와 달이 충돌하여 천지에 그 소리가 요란한 꿈

두 개의 작품이 동시에 발표되어 세상을 놀라게 한다.

해와 달이 한 하늘에 동시에 떠 있는 꿈

가까운 사람이나 고용된 자가 자기를 속이게 된다.

해 한가운데 사람이 있거나 전쟁이 일어나는 꿈

기관이나 사업체 또는 직장 내부에 큰 분쟁이 있게 된다.

해나 달을 입안으로 삼키는 꿈(태몽)

태몽으로 귀한 자녀를 낳는다.

구름이 햇빛을 가리는 꿈

남의 비방을 듣게 된다.

3. 달에 관한 꿈

달 앞에 빛나는 별이 지나가는 꿈

사업이나 희망적인 일들이 협조자에 의해서 달성된다.

달빛이 창문으로 들어오는 꿈

집안에 경사가 생기고 소식이 오며, 고통이 사라지는 길몽이다.

떠오르는 달을 한 아름에 안으려 달려 간 꿈

제42회 주택복권 1등 당첨자의 꿈이다.

자기가 달을 보며 절하는 꿈

유력한 기관이나 권력자에게 부탁하여 그 일이 이루어진다.

달을 보며 술을 마시는 꿈

사회적인 책임을 지거나 큰 연구 성과를 거두게 된다.

달을 쳐다보거나 품에 안은 꿈

미혼자의 경우 결혼을 하며, 사업가는 사업이 잘 풀리게 되는 길몽이다.

달빛이 창문으로 들어와 대낮 같이 밝은 꿈

집안에 경사가 있고, 소식이 오며, 심적 고통이 사라진다.

달무리가 오색찬란한 꿈

결혼생활이 행복해지거나 영광된 일이 생긴다.

달나라를 탐험하는 꿈

최고의 목표를 달성하거나 학문연구의 큰 성과나 외국여행 등이 이루어진다.

물에 비친 달의 꿈

오랜 노력의 결과가 이루어져 명예를 얻게 될 길몽이다.

물속에 달그림자가 비치는 꿈

계획한 일이 마음대로 되지 않는다. 혼담은

성사되지 않고, 계약은 파기되는 꿈이다.

달에 접하는 꿈
사업이 점차 발전할 것을 의미한다.

자기가 활을 쏘아 달을 맞추는 꿈
다른 사람과 경쟁하거나 싸움이 있게 된다. 그 경쟁에서 반드시 승리하게 된다.

4. 별에 관한 꿈

무수한 별이 휘황찬란하게 빛나는 꿈(대길)
운세가 대길하고 학문적 성과를 얻거나, 지상에 발표된 작품이 인정받는다.

수많은 별 중에서 유난히 빛나는 별을 발견하는 꿈(태몽)
태몽이라면 후에 조직, 단체, 기관에서 우두머리가 된다. 성인이라면 마찬가지로 우두머리가 되거나 자기 작품이 발군의 실력을 인정받아 뛰어나게 된다.

별이 사방으로 우수수 떨어지는 꿈
권력, 권리, 사업, 명예가 추락 또는 개혁할 일이 생긴다. 손에 쥐었던 재물을 잃게 되거나 협조세력이 자기를 떠나게 된다.

쏟아진 별이 가까이 자기 쌓이는 것을 본 꿈
학문적 자료를 수집하거나 작품을 생산하고 부귀영화를 누리게 된다.

별이 길게 흐르는 것을 보는 꿈
관직, 신분, 명예가 새로워지거나 이사 갈 일이 생긴다. 작품의 과시도 된다.

별이 날아가는 꿈
여자 때문에 곤욕을 치르거나 여자 때문에 정사(情死)하게 될 꿈이다.

별이 흘러도 떨어지지 않는 꿈
이사하거나 직장을 옮기게 된다.

북두칠성이 집으로 들어오는 꿈(대길)
횡재수나 벼슬을 하고, 북두칠성이 자리를 바꾸면 시국에 변화가 생긴다.

견우성과 직녀성이 나란히 있는 꿈
국가나 사회단체의 연합, 결혼 등이 있다.

자기가 북극성 또는 십자성을 보는 꿈
희망과 목표가 생기고 그것을 달성하게 된다. 또한 조언자나 협조자를 만나게 되며, 법률, 교리가 새로 생긴다.

물에 비친 별의 꿈
연애 중이면 비련으로 끝나고, 바라는 일은 깨어질 전조이다.

은하수를 보는 꿈
이별의 상징한다, 만일 중환자가 이 꿈을 꾸

었다면 머지않아 황천길로 떠날 전조이다.

자기가 하늘의 은하수를 건너가는 꿈
원하던 바가 이루어진다.

달 주위를 별이 둘러싸고 있는 꿈
사람들로부터 사랑을 받게 되어 좋은 협력자를 얻게 된다.

갑자기 구름이 나타나 별을 가리는 꿈
자기에게 해코지를 할 사람이 기다리고 있다는 의미이니 주위를 다시 한번 살펴보자.

5. 구름에 관한 꿈

자기가 구름을 타고 다니는 꿈
높은 관직에 오르거나 단체를 이끌어 가는 지도자가 된다.

무지개나 천연색 구름을 보는 꿈
여러 사람에게 감동을 주거나 신비감을 주게 될 인기직장, 인기사업 등을 얻게 된다.

오색구름의 꿈
인기직장, 사업체를 뜻하거나 세인에게 감동을 줄 사업과 관계한다.

구름사이로 햇빛, 번개, 용, 꽃송이, 불꽃 등이 나타나 보이는 꿈
국민에게 감동을 줄 국가기관의 발표가 있게 되거나 자기가 명성을 얻게 될 것이다.

먹구름이 온 하늘을 뒤덮는 꿈
불쾌, 불만, 불길한 징조가 나타난다.

용이 공중을 올라 구름 속으로 들어가는 꿈(대길)
국가 최고기관에 몸을 담아 입신양명을 할 것을 암시하는 꿈이다.

흰 구름이 사방으로 떠다니는 꿈
사업이 융성하고 여러 단체, 기관을 운영할 수 있는 신분이 된다.

구름이 갑자기 걷히는 꿈
단념하고 있었던 소망이 이루어질 길몽이다.

바람에 날려가는 구름의 꿈
고생이나 걱정스런 일이 구름과 같이 날려가고 운이 트일 꿈이다.

구름 위에 서 있는 꿈
당신의 능력이 충분히 발휘되고 목적달성을 할 수 있다.

구름에서 떨어지는 꿈
뜻하지 않았던 차질로 실패할 것을 알리는 나쁜 꿈이다.

구름사이로 새어 나오는 햇빛의 꿈
머지않은 장래에 지도자를 만나게 될 꿈이다.

6. 비(雨)에 관한 꿈

흡족하게 비가 내리는 꿈
정신적, 물질적인 소원이 충족된다.

소나기가 세차게 쏟아지는 꿈
사회적 여론, 정신적인 혜택, 작품평, 큰 소문, 기타 소원충족과 관계한다.

빗방울이 하나, 둘 떨어지는 꿈
슬픔과 눈물, 불만과 불쾌를 상징하는 꿈이다.

장마가 계속되는 꿈
불안, 근심, 과잉상태, 사회적인 환란, 박해 등의 일을 상징하고 비유한다.

오랜 장마가 그치고 날씨가 맑게 개이는 꿈
불안, 초조, 근심걱정이 사라지고 만사가 순조롭게 풀린다.

비가 부슬부슬 내리는 꿈
적당한 감정의 표현인 동시에 이성적인 억제까지도 의미한다.

갑자기 소나기가 쏟아지는 꿈
어려움에 처한 사람을 도와주게 된다.

비에 온몸을 적신 꿈
훌륭한 업적을 남길 학자나 지도자가 된다.

말리려고 내놓은 작물에 비가 내리는 꿈
배우자에게 감시를 받게 된다.

쏟아지는 빗줄기를 감상하는 꿈
모든 것을 버리고 새로운 것을 계획하게 된다.

멀리서 쏟아지는 빗줄기를 보는 꿈
상당한 시일이 경과한 연후에 좋은 혜택이 들어온다.

갑자기 비를 맞는 꿈
흠뻑 맞으면 큰 은혜를 입고, 축축이 맞으면 자비로운 사람으로부터 혜택을 받는다.

길을 걷다가 비를 맞는 꿈
술을 얻어 마시게 될 것이다.

비가 새는 꿈(대길)
돈이 들어올 길몽이다. 비가 새는 것을 그릇에 받고 있으면 최고의 꿈이다.

비오는 데 등산하는 꿈
노력에 의해서 희망이 달성되는 꿈이다.

비오는 데 우산을 들고 걷는 꿈(대길)
하늘의 은혜(天惠)를 한 몸에 받아 행복해질 것이다.

갑자기 비가 내리는데 우산이 없는 꿈

살고 있는 집을 떠나 이사하게 된다.

비가 그치고 날씨가 개는 꿈

소원이 성취될 길몽이다. 당분간 기쁨에 넘친 생활이 보증되어 있는 셈이다.

비가 창문으로 들어 치는 꿈

사업, 업적, 성과 등이 사회적으로 인정받는다.

큰비로 길이 막힌 꿈

재앙이 다가온다. 특히 가까운 사람에게 불행이 있기 쉽다.

폭풍우가 마구 몰아치는 꿈

전염병에 걸릴 위험이 있으므로 조심해야 한다.

비와 바람이 사나워서 다리를 건너기가 힘이 드는 꿈

상부기관의 압력에 의해서 진급이나 전직 등이 마음먹은 대로 되지 않는다.

큰 빗물에 떠내려가는 꿈

노력한 보람이 없이 모든 것이 물거품처럼 사라진다.

7. 눈(雪)에 관한 꿈

펄펄 내리는 눈을 맞는 꿈

사회나 국가적인 혜택을 받거나 공법을 준수해야 할 일이 생긴다.

산과 들이 온통 하얀 눈으로 뒤덮여 있는 꿈(대길)

자기의 힘이 세상을 덮게 된다.

큰 눈덩이가 방안에 쌓이는 꿈(대길)

횡재수에 의해 재물과 선거에 당선, 국제경기에 우승하여 축하금이 쇄도하게 된다.

집안 가득 눈이 쌓인 꿈

집안에 근심이 생긴다.

눈에 맞는 사람을 보는 꿈

고소를 당하거나 부모상을 입는다.

눈 덮인 산을 오르는 꿈

신앙, 수도, 학문연구 일의 난관을 극복할 일과 결부된다.

눈 속에서 앞사람의 발자국을 따라가는 꿈

선각자, 지도자의 교양, 업적을 가리고 추종할 일이 있게 된다.

우박이나 싸락눈이 내리는 꿈

재수가 없고, 원하는 일도 잘 풀리지 않는다.

눈이 사방에 날리어 사방이 캄캄해지고 음산해지는 꿈

질병에 걸리거나 집안에 우환이 생긴다.

스키나 썰매 타는 꿈

협상, 사업, 입학, 고시, 취직 등의 일과 관계되는 꿈이다.

자기의 온 몸을 눈이 와서 덮는 꿈

자기 세력을 확장하고 사업 기반을 닦거나 가정, 직장 등에서 유보됐던 일이 풀리고, 오래 살게 된다.

폭설로 인한 꿈

폭설로 길이 질퍽하고 풍경이 아름답지 못하면 일처리, 남과의 시비. 소원의 경향 등이 지지부진하게 해결된다.

눈을 뭉쳐 상대방을 때리는 꿈

정신적, 물질적인 자본을 들여 경쟁자와 투쟁할 일이 있게 된다.

눈뭉치를 큰 덩어리로 만드는 꿈

일의 축적과 사업자금의 조달이 생긴다.

나뭇가지에 쌓인 눈의 꿈

책임이 무거워지고 진퇴양난에 빠진다.

눈을 먹는 꿈

연인이 생겨 마음이 흡족해지는 꿈이다. 정신적, 육체적으로 위로를 받게 되고 행복을 맛볼 수 있다.

붉은 눈의 꿈

뜻하지 않은 부주위로 상처를 입게 된다.

눈과 비가 함께 섞여서 내리는 꿈

다른 사람과의 심한 경쟁 등으로 일이 제대로 이루어지지 않는다.

8. 안개, 노을, 이슬, 서리에 관한 꿈

안개가 시야를 막는 꿈

형체를 분간할 수 없을 정도의 안개에 대한 꿈은 사상적 쇠퇴, 유행성 장염, 근심, 재난, 비밀 등의 일을 체험하게 되는 꿈이다.

갑자기 안개가 몰려와 세상이 어두워지는 꿈

병을 얻거나 실패할 꿈이다.

국부적, 부분적으로 안개가 덮이는 꿈

불미스런 사건이 생기거나 세상에 소문 낼 일과 관계한다.

산허리에 안개가 도는 꿈

어떤 사업의 성공과정 등이 한 동안 비밀의

장막 속에 있게 되거나 무엇이든 행방불명 될 일이 생긴다.

저녁노을을 보는 꿈

인생 말년에 큰 업적을 남길 사람과 관계한다.

이슬에 옷이 젖는 꿈

환대를 받게 된다. 다만 환자가 이슬에 옷이 푹 젖은 꿈은 중태에 !빠지게 된다.

이슬이 내린 길을 걷는 꿈

사랑이 이루어진다.

이슬과 서리가 내리는 꿈

원하는 바가 이루어지지 않고 방해물이 생겨 고민하게 된다.

나뭇잎에 맺힌 이슬을 본 꿈

저축저금이 늘어나게 될 길몽이다.

환자가 이슬을 마시는 꿈

좋은 약으로 효험을 얻어 머지않아 완쾌하게 될 길몽이다.

이슬방울을 손으로 만지는 꿈(태몽)

가까운 장래에 목돈이 들어올 길몽이다. 여성이 꾸면 임신을 알리는 태몽이다.

싸리나무가지에 맺힌 이슬을 본 꿈

남성은 취직이 되고, 여성에겐 멋있는 남성과의 혼담이 생긴다.

언제까지나 녹지 않는 서리의 꿈

도둑맞을 것을 예고하며, 부하가 돈을 횡령하여 입장을 난처하게 만드는 일이 생긴다.

9. 천둥, 우박, 싸락눈에 관한 꿈

뇌성이 사방에서 일어나는 꿈(대길)

사업이 도처에서 융성하거나 사건이 생겨 소문과 명성을 떨칠 일이 생긴다.

뇌성과 더불어 번개가 치는 꿈

사업, 권세, 명성을 세상에 드높이게 된다.

번개가 자기 몸에 비치는 꿈(대길)

운세가 호전되고 부자가 되며 기쁜 소식이 올 길몽이다.

벼락을 맞아 죽는 꿈

국가나 사회적인 최고의 보상, 명예를 얻게 된다.

벼락을 등에 맞는 꿈(대길)

협조자가 사업을 도와주거나 작품성과로 호평을 받아 부귀영화를 누리게 된다.

나무가 벼락을 맞아 베어지는 꿈

어떤 사업체, 기관이 망하거나 분산되기도 한다.

벼락이 길에 떨어지는 꿈
시험, 고시, 작품 등이 성사되어 세인들로 하여금 경탄케 하는 길몽이다.

우박이 심하게 내리는 꿈
모든 일에 내적인 분쟁이 생길 될 수가 있다.

갑자기 우박이 세차게 오는 꿈
집안에 남자 아이가 태어난다.

싸락눈의 꿈
사소한 부주의가 커다란 슬픔을 불러 일으키게 될 흉몽이다.

10. 바람. 폭풍우에 관한 꿈

바람에 소지품을 날리는 꿈
외세의 침범 또는 타인에 의해 정신적, 물질적인 손실을 가져오거나 어떤 타처에 위탁하게 된다.

집 또는 자기가 바람에 날아가는 꿈
공중에 날아다니면 세상에 과시할 일이 생기거나 좋은 운세가 있고, 아니면 병세의 호전을 암시하는 꿈이다.

자기 집 유독 한 채만 바람에 날려 공중에 뜨는 꿈
흉몽이다. 기관에 연행되거나 강제탄압을 받게 된다.

돛단배가 바람에 잘 가는 꿈
강대한 협조세력을 등에 입고 사업을 잘 추진시키게 된다.

강풍으로 모래나 먼지가 흩날리는 꿈
친한 친구가 급사하게 되는 것을 알리는 꿈이다. 작은 돌이 날리는 꿈은 집안에 큰 변고가 일어남을 예시하는 꿈이다.

폭풍우의 꿈
놀람과 슬픔의 상징이다. 도산, 실연, 이혼 등 쇼킹한 일이 일어날 흉조이다.

비바람이 세차게 몰아치는 꿈
지금의 일에 대해 불안, 초조, 위험을 느끼게 된다.

홍수가 탁하고 흙탕물을 본 꿈
사회적 재난이나 이질적인 사상으로 환란이 있거나 또는 세상을 감화시키게 된다.

11. 무지개에 관한 꿈

무지개가 자기 집이나 우물에 꽂히는 꿈
입신양명하거나 무훈을 세우거나 무사히 결

혼의 성립 등을 가져오는 길몽이다.

무지개의 중간이 끊어지거나 희미한 꿈

약속, 결사, 결연, 혼담 등에 파탄이 오는 꿈이다.

쌍무지개의 꿈

어버이와 자식 사이에 트러블이 생기거나 삼각관계로 고민하게 된다.

무지개를 타고 건너는 꿈(대길)

모든 소원이 이루어질 대길몽이다.

무지개가 산에 걸친 꿈

명예와 재물을 얻을 길몽이다.

무지개를 향해 달려가는 꿈(태몽)

후에 인기인이나 유명인으로 매스컴을 타게 된다.

12. 땅(地), 길(道), 들(野), 다리(橋), 고장, 고향, 지도, 약도에 관한 꿈

땅 위에 앉는 꿈

앉는 일에 관련한다. 반드시 주변의 환대를 받게 될 것이다.

땅 위에 드러눕는 꿈

그다지 좋은 꿈은 아니다. 이 꿈을 꾸면 병에 걸리거나 고생이 늘게 된다.

땅 위를 청소하는 꿈

병에 걸리거나 고생이 늘어날 흉조이다.

땅 속에 기어들어 가는 꿈

정신분석에서는 구덩이 또는 고랑 등에 들어가는 꿈은 성적인 충동이 심할 때 꾼다고 한다.

지면이 푸른 잔디밭으로 되는 꿈

길몽으로, 오랜 노력의 보람이 있어 모든 것이 순조로워진다.

땅 위에 발이 닿지 않은 만큼 기분 좋게 달리는 꿈

풍에 돛단배처럼 모든 일이 순조롭게 진행될 것을 알리는 길몽이다.

지상에서 검은 연기가 솟아오르는 꿈

가족 중의 누군가가 죽는 다는 흉조이다.

땅에다 웅덩이를 파는 꿈

즐거운 곳에 갈 수 있는 길몽이다. 주저하지 말고 잘 지내도록 하라.

땅에다 구멍을 뚫는 꿈

그다지 좋지 않은 꿈이다. 집안에 다툴 일이 일어날 경고하는 꿈이다.

논밭에 발이 빠지는 꿈
약간 복잡한 뜻이 있어서 검소와 낭비의 갈등을 암시하는 꿈이다.

땅이 갈라지는 꿈
출세는 해도 여태껏 신세 진 손윗사람과 헤어지지 않으면 안 된다. 사업체나 조직, 세력, 기관 등이 2개로 분리된다.

땅이 갈라진 곳에 자기가 떨어지는 꿈
주거에 곤란한 일이 생길 전조이다.

지진이 일어나서 집에 흔들리는 꿈
소송사건이 생기거나 부상을 입을 수가 있으니 조심하라.

넓은 벌판에서 일하는 꿈
큰 세력기관이나 조직 등에서 어떤 사업을 진행시킴을 뜻한다.

들에서 놀거나 나물을 캐는 꿈
부귀영화를 누리고 자손이 번창 할 꿈이다.

들판에서 노는 꿈
사업장, 직장 등에서 경기, 시험, 사업, 직무수행 등을 하게 된다.

넓은 광야에 혼자 서 있는 꿈
먼 길을 갈 수다.

집터였던 땅이 들판으로 변하는 꿈
가까운 일가친척, 가족들이 따로 따로 헤어질 꿈이다.

땅이 꺼지거나 집이 가라앉는 꿈
부모 중에서 어머니에게 좋지 않은 일이 생긴다.

땅의 흙을 용기에 담아서 집으로 가져오는 꿈(대박)
아주 재수 있는 꿈이다. 복권을 사시라. 그러나 자신의 손에 흙을 직접 쥐고 오면 수치를 당한다.

회사사장이 논과 밭을 사주겠다고 한 꿈
제19회 주택복권 1등 당첨자의 꿈이다.

땅 속을 평지같이 힘들이지 않고 걷거나 헤엄쳐 다니는 꿈
연구, 탐색, 지하활동, 회사나 관청의 내부에서 성공을 하게 된다.

연장을 땅에 박다가 지면이 갈라져 버린 꿈
자기의 주장, 권력, 학설이 기존 관념을 타파하게 된다.

땅 속에서 동물이나 불길이 나오는 꿈
물질적이나 정신적으로 발전하게 된다.

땅이 갈라져서 깊은 곳이 환하게 보이는 꿈
예전에 없었던 학문적 연구가 발전되어 깊은 성과를 얻게 된다.

지평선을 보는 꿈

미래의 일을 암시하거나 외국에서 할일을 예시한다.

지평선 위에 검은 구름이 피어오르는 꿈

먼 나라 또는 훗날에 전란 등의 불길한 소식이 오게 된다.

지진이 일어나 지축이 흔들리는 꿈

크게는 사회적 혁명이 일어나고 작게는 조직, 기관에 변동이 생기거나 소송사건이 일어난다.

자신 또는 동기를 묻을 곳이라 흙구덩이를 파는 꿈

집, 직장, 사업장 등이 마련된다.

모래 무더기나 모래 언덕을 쌓아 올리는 꿈

학업을 닦거나 연구의 성과를 축척하게 된다.

이정표 앞에 선 꿈

지도자, 조력자, 안내자 등을 만나게 될 징조이다.

암흑 속에서 길을 찾아 헤매는 꿈

모든 일이 암담하거나 미개척분야에서 일을 하게 된다.

길을 천천히 걷고 있는 꿈

타인의 원조를 받을 수 있다.

길에 구멍이 있는 꿈

함정이므로 거기에 빠지게 되면 경쟁에 지게 된다.

가던 길이 갑자기 사라지고 곧 다른 길을 가고 있는 꿈

인생항로의 이변을 나타내는 꿈이다.

넓은 포장도로를 걷고 있는 꿈

순조로움을 알리는 길몽이며, 시험에는 합격하게 되고 공무원과 회사원은 승진하게 된다.

잘 포장된 탄탄대로의 길을 본 꿈

사업, 운세, 소원 등이 대길할 여건인 것을 예시한다.

길을 포장을 하고 있는 것을 본 꿈

사업기반을 닦거나 일에 착수하게 된다.

하이웨이를 자동차로 질주하는 꿈

자기가 그 차를 운전하고 있으면 목적 달성이 빨라진다는 것을 말하고, 또한 자기가 조수석에 앉아 있는 꿈은 좋은 원조자를 얻게 된다.

포장이 잘된 도로를 걷는 꿈

자기 자신은 물론 온 가족이 안락하고, 하는 일마다 순조롭게 일이 잘 풀린다.

한적한 길을 외로이 걷는 꿈

얼마 가지 않아서 고독한 인생이 찾아오게 된다.

복잡한 길의 꿈

걱정거리나 고생이 많은 인생을 암시하고 있다.

길이 험한 꿈

사업, 소원이 잘 이루어 지지 않는다. 길 없는 곳을 정처 없이 걸으면 극심한 고통이나 방황할 일이 생긴다.

모랫길을 걷는 꿈

모랫길은 발이 빠져 제대로 걸을 수 없으므로 모든 일이 어렵게 되고 활동이 곤란하게 된다. 모래바람이 일어나면 가정에 트러블이 생길 전조이다.

풀이 무성한 길의 꿈

초목이 무성한 길은 당신의 앞날에 큰 이익이 기다리고 있다는 길조의 꿈이다, 다만 너무 무성하여 발이 빠져 나가지 못할 정도이면 마음의 병이 생기거나 잘못을 저지를 염려가 있으니 조심해야 한다.

길가에 자갈을 깔아 놓는 꿈

어떤 교리를 탐구하거나 일의 방도를 여러 사람에게 제시할 수 있다.

갈림길의 꿈

갈림길에서 어느 쪽을 갈까 하고 망설이고 있는 꿈인데, 걱정스러운 일이 닥쳐올 전조이다.

골목길의 꿈

사회의 현실상의 이면, 사건, 진상, 일의 편재, 세력권의 일가를 상징하거나 실제의 골목일 수도 있다.

고갯길을 넘는 꿈

사업상 난관을 극복하거나 전환기에 접어들고 직장을 옮기는 일도 생긴다.

길이 질어 빠지고 걷기가 힘든 꿈

성공하기까지 아직 많은 일이 남았음을 뜻한다.

호수를 중심으로 길이 여섯 갈래로 뻗어 있는 것을 본 꿈

방도, 이론, 정견이나 지식을 사통오달로 사람들에게 이해시킨다.

두 세 개의 길이 겹치고 엇갈리게 뻗어 나가는 꿈

세상을 왜곡해서 보게 되거나 정신분열병자가 될 꿈이다.

대로를 걷다가 작은 길에 접어드는 꿈

사업, 정치, 기타의 운세가 내리막길에 접어든다.

집 마당에 크게 난 도로를 본 꿈

사업이나 관운 모두가 대길하다.

길모퉁이에서 사람을 잃는 꿈

사건이 미궁에 빠지고, 길모퉁이를 돌면 다음 해로 연장된다.

길을 달리는 꿈
무엇인가를 좇기 위해 길을 달리고 있는 꿈은 소원이 이루어지게 된다.

길에서 도망가는 꿈
마음이 약한 삶이 많이 꾸게 되는데, 실패나 후회에 너무 신경을 쓴 나머지 타인에게 뒤지는 일이 있게 된다.

사랑하는 사람(애인)과 함께 새로운 거리를 걷는 꿈
꿈속에서 함께 행동한 상대(이성)가 평소에 잘 아는 사람이라면 그 사람과의 관계가 호전되고 대화가 잘 풀려나간다. 그러나 꿈속의 상대방이 실제 인물이 아닌 어떤 일이나 사건의 상징이라면 그 일이나 사건의 성취 과정을 나타낸다.

길을 보수하는 것을 본 꿈
어떤 기존 사업이나 이념, 학문, 법령 등을 개선할 일이 생긴다.

기찻길을 걸어서 집으로 오는 꿈
분수에 지나치게 일을 하며 불안한 일과 관계한다.

산모퉁이로 꺾어진 길을 걷는 꿈
일의 전환기, 연도의 바뀜을 뜻한다.

하늘에 난 길을 걷는 꿈
고위층, 최고의 일, 사회적인 업적과 공적인 일의 진행 과정을 뜻한다.

달밤이나 저녁 무렵에 길을 걷는 꿈
생소한 일, 생소한 곳, 처음 만나는 사람과 대화를 하게 된다.

학교나 관청 등의 긴 복도를 걷는 꿈
기관의 부속 건물, 직책, 비서, 안내의 일과 연락, 부서 등을 상징한다.

길 가운데 물건을 옮겨 놓는 꿈
사업 도중, 또는 예정된 운세 가운데서 생기는 일이다.

강을 건너지 못해서 애들 태우는데 사람들이 다리를 놓아 주어서 강을 건너가는 꿈
정치, 작전, 사업, 등이 난관에 처해진 것을 집단, 단체, 친지들이 도와주어서 난관을 이겨 나간다.

한 낮에 길을 왕래하는 꿈
길몽이다.

넓고 곧은길을 걸어 다니는 꿈
기쁜 일이 많고 가사가 번창해질 징조이다.

길이 협곡이고 가시덤불인데다 옷이 찢어지고 더렵혀진 꿈
병을 얻는다.

다리를 건너는 꿈
위험한 재난을 면한 다음에 좋은 일이 있을

길조이다.

다리가 내려앉는 꿈

다리가 무너지는 꿈은 대흉몽이다. 교각이 부러지는 꿈은 집안에 죽는 사람이 생긴다.

다리가 없는 꿈

강이나 시내를 건너려고 하는데 다리가 없어서 곤란을 당하고 있는 꿈은 모든 일이 잘 진행되지 않음을 나타낸다.

못에 가로 놓여 진 다리의 꿈

무슨 상담이든 현재 진행 중인 상담이 잘 처리될 길조이다.

외나무다리를 건너는 꿈

일, 사업, 직무 등을 수행함에 있어서 기반이 튼튼하지 못하면 어떤 난관에 부딪치게 된다.

다리 위에 물건을 올려놓는 꿈

어떤 기관에 자기 일거리를 부탁하게 된다.

다리 위에서 누군가가 자기를 부르는 꿈

송사에 이긴다. 그러나 다리 위에서 자기가 남을 부르는 것은 송사가 생긴다.

다리가 좁고 약한데 그 위를 걸어가는 꿈

자기가 다니는 회사나 기관이 튼튼하지 못하고, 또한 중매자가 믿음성이 없음을 뜻하는 것이다.

다리 위를 우마차가 지나가는 꿈

협조 기관을 통해서 일을 진행시킨다.

다리 위에서 누군가를 기다리는 꿈

어떤 기관에 청탁한 일이 잘 추진되지 않아서 기다리게 된다.

다리 위에서 아래를 내려다 본 꿈

신분이 높아지거나 상부기관에서 하부 층을 내려다보는 태도다.

비바람이 사나워서 다리를 건너기가 힘이 드는 꿈

상부 측의 압력에 의해서 진급, 전직 등이 뜻대로 되지 않는다.

다리가 중간에서 부러져 버린 꿈

자손과 그 수하자에게 불길하다.

다리를 새로 놓는 꿈

소원성취하고 부자가 된다. 다만 남에게 사기 당하기 쉬우니 조심하라.

다리와 도랑을 수리하는 꿈

만사가 잘 될 징조이다.

시가전을 보는 꿈

사무계통의 관청, 직장, 기타 어려운 일을 처리하게 된다.

누군가가 약도를 보여주면서 자기가 살 곳을 일러주는 꿈

중개소에서 땅이나 물건, 집, 아파트 등을 매매하거나 흥정할 일이 생긴다.

지도상의 한 점을 지적하고 설명하는 꿈

전근, 진급, 직책변동, 구매처, 계약상대 등을 발견하게 된다.

지도에 관한 꿈

방도, 사업, 계획, 사업기반, 권세, 이권, 행운 등과 관계된 일을 하게 된다.

지구의를 사오는 꿈

이변이 생기거나 시험에 합격한다.

산 위에서 지도를 그린 꿈

이웃 사람에게 청원할 일이나 어느 학교에서 면학하거나 사찰, 교회에서 교리와 신앙할 일이 생긴다.

산맥의 모형도를 그린 꿈

자기의 실력이나 작품을 사회적으로 인정받아 세인의 관심을 갖게 된다.

한 번도 가본 적이 없는 고장의 꿈

꿈에 본 그대로 가게 될 경우이다. 이것은 사실적, 투시적인 꿈이다.

황산벌, 삼성리벌, 금산벌, 만주벌판 등에 관한 꿈

이런 곳에서 사업체나 관청 등이 장차 상관하게 된다.

13. 산, 골짜기, 동굴, 절벽 등에 관한 꿈

산(山)의 꿈

풍경으로서의 산은 여성의 가슴을 뜻한다. 특히 어머니의 유방을 뜻할 때가 많다. 어머니에 대한 강한 애착의 표시다.

등산하는 꿈

등산하는 사람은 옛날부터 보람이 나타나게 되는 꿈이라고 한다. 산이 높으면 높을수록 좋은 꿈이다.

산에 오르는 꿈

힘든 일에 도전할 꿈이다. 산이 험하면 험할수록 곤란한 일에 매우 애쓰게 된다.

등산 중에 사람을 만나는 꿈

타인의 원조나 협력을 얻어 승진하게 된다. 특히 입학, 결혼, 취직 등 인생의 중대사에 좋은 결과를 가져오게 될 길몽이다.

높은 산꼭대기에 오르는 꿈

자기도 깜짝 놀랄 만큼의 이익을 얻을 기회가 찾아든다. 또한 시험을 치른 사람이면 합격은 물론 우수한 성적으로 패스하게 될 것이니 안심해도 되는 좋은 꿈이다. 운동선수는 우승할 꿈이다.

히말라야, 백두산, 로키, 알프스 등 이름난 산의 최고봉에 오른 꿈

세계적 또는 국내 유일의 사업가나 업적을 남기는 인물이 된다.

산에 올라가서 나뭇가지를 꺾는 꿈

불길한 일이 일어난 전조이고, 환자가 죽거나 혼담 같은 것이 깨드려지는 흉몽이다.

높은 산에서 살고 있는 꿈

머지않아 무엇이든 기쁜 일이 생길 것이다.

높은 산이 봄이거나 여름 같은 꿈

굉장한 행운이 찾아 올 길몽이다.

산에서 물이 아닌 기름이 냇물이 되어 흐르는 것을 본 꿈

자기의 작품을 발표하건 종교적인 전도를 하게 된다.

무거운 배낭을 메고 등산하는 꿈

책임진 과제나 연구물로 고통이 있으나 희망이 이루어질 길몽이다.

무거운 배낭을 메고 지팡이를 짚고 등산하는 꿈

협조자나 기관의 도움으로 일이 진행되어 성사된다.

험난한 산에 올라 벌벌 떠는 꿈

승진이 되고 재운이 트이는 길몽이다.

여러 개의 산을 넘는 꿈

여러 직장을 전전하거나 여러 가지 일을 성취시킨다.

산 정상을 오르는데 아직 많이 남아 있는 꿈

성공, 목적달성까지는 아직 상당한 시일이 남아 있다.

날아서 산 정상에 오른 꿈

가장 빠른 방면으로 목적을 달성하거나 진급하게 된다.

산 정상에서 큰소리로 외친 꿈

세인의 관심을 한 몸에 받거나 자기 신변에 관한 일을 타인에 의해서 듣게 된다.

적진의 산 정상을 점령한 꿈

어떤 현상모집, 단체경기에서 입선을 하거나 우승을 하게 된다.

높은 산 정상에서 사방을 굽어 살펴 본 꿈

사회적으로 큰 업적을 이루거나 신분이 고귀해진다.

산을 짊어지거나 산을 떠밀고 들어 올린 꿈

강대한 세력이나 단체를 자기 마음대로 움직일 수 있는 실력자가 된다.

등산에서 험한 곳을 지나는 꿈

어려운 일을 극복할 길몽이다. 불길한 꿈으로 해석하기 쉽지만 재산운과 승진운이 있다.

산을 뛰어서 오르는 꿈

운명의 호전을 알리는 행운의 길몽이다. 환자는 완쾌하고 그 후 장수한다.

산속으로 누구의 손에 이끌려 걸어가는 꿈

자기 손을 잡은 사람이 죽은 사람이라면 자기가 죽지 않으면 중병을 앓는다.

산을 통째로 삼켜 버린 사람을 본 꿈

우일에 장관이 될 자손을 낳을 것을 예시한 것이다.

야산을 산보하는 꿈

환자가 점차 중해지고 모든 일이 혼미하게 된다.

낮은 산의 꿈

얕은 수준에 속하는 직장, 단체, 학교, 기관, 조직 등에 관계하게 된다.

앞산이나 뒷산의 꿈

기관, 직장, 학교, 회사 등에 관계하며, 상당히 떨어진 도시를 뜻하기도 한다.

산중에서 농사를 짓는 꿈

엉뚱한 일에서 엉뚱한 결과를 바라고 있다. 하는 일을 다시 한번 검토할 필요가 있다.

봉우리에서 봉우리로 날아다니는 꿈

스스로 위험을 초래하는 모험을 하게 된다. 한 가지 일에 전념하지 못하고 남의 일만이 좋아 보인다.

자신이 바라보고 있는 산이 용이나 호랑이, 사람으로 변하는 꿈

사업가, 권력가, 정치가로서 그 세력을 잡는다.

산속에서 신발을 잃어버린 꿈

무엇인가를 상실하거나 작기의 작품이나 일거리가 보류된다.

산 중턱에서 물건을 얻는 꿈

물건을 얻거나 그 사람이 중류급 인물에서 출세하거나 중년 이후에 출세함을 뜻한다.

높은 산 정상에서 사방을 굽어보는 꿈

사회적인 대업을 이루거나 신분이 고귀해진다.

산을 개간하여 농사를 짓는 꿈

사회적으로 충분한 기틀을 마련하게 되고, 지어놓은 농작물을 보면 크게 이득을 얻는다.

산 정상까지 오르는데 멀다고 느껴진 꿈

목적한 일이 자기 뜻대로 쉽게 이루어지지 않는다.

깊은 산 속에서 신령이 내려온 꿈

어떤 기관의 우두머리나 협조자, 위대한 학자를 만나게 된다.

산정 또는 언덕이 평탄한 꿈

자신의 신세가 안정되게 된다.

산정 또는 언덕에 비바람이 사납거나 오르지 못한 꿈

하는 일에 고통이 따른다.

산정 또는 언덕 위에 사람이 많이 모여 있는 꿈

자기와 뜻을 같이 한 사람이나 처우개선을 요구하는 사람을 만나게 된다.

산울림이 들리는 꿈

자신의 요구사항이나 주장이 사회적으로 반영되어 이루어진다.

산의 양지바른 곳에 눕는 꿈

산에 눕는 꿈을 꾸면 눕는 즉시 죽는다고 믿어왔다. 대개의 사람들은 이 꿈을 꿀 때 산에 눕기 전에 잠에서 깨어난다.

양지바른 산등성 등 묘소자리 또는 잔디에 눕는 꿈

역시 죽는 꿈이다. 잔디 또는 양지바른 산등성 등 묘소자리에 눕지 않고 앉기만 해도 좋지 않은 꿈이다.

먼 산의 정상을 올라가 보고 싶다고 생각하는 꿈

외국에 가려는 소망이고, 꿈에 실제로 올라가면 외국에 나가게 되고 해묵은 소원이 이루어진다.

깊은 산에서 길을 잃는 꿈

큰 손해와 실패를 본다. 시험, 시합, 출전하는 사람이 이 꿈을 꾸면 좋지 않다.

산에서 내려오는 꿈

천천히 내려오는 꿈은 모든 일이 큰 허물없이 순조롭게 진행 될 길조이며, 급격히 뛰어난 내려오는 꿈은 손실을 가져 올 꿈이다.

산에서 뛰어 내려오는 꿈

막대한 손해를 볼 수다. 사업 또는 재산상으로 지금까지 쌓아 온 보람이 순식간에 무너져 버린다.

산을 내려오다가 위험 또는 싫어하는 동물 등을 만나 중단하는 꿈

현재 손해보고 있는 일이 더 이상 확대되지 않는다. 얼마간의 여분을 건진다.

산에서 떨어지는 꿈

떨어지는 꿈은 모든 화를 뜻하며 좋지 않다.

지진으로 산이 무너지는 꿈

가까운 장래에 걱정거리가 한꺼번에 닥치게 된다.

산이 무너지는 꿈

산뿐만 아니라 사물이 무너지는 꿈은 모두 파탄을 가져오는 것을 의미하고 있으며 흉몽으로 본다.

산사태의 꿈
지금까지의 노력이나 성과가 일시에 무너져 버린다고 하는 실패나 파산을 예고하는 흉몽이다.

큰 산 전체가 와르르 무너지는 꿈
남의 사업이 쇠퇴하는 바람에 자기에게는 소득이 생기거나 새로운 조직이 이루어진다.

삼태기 모양의 계곡, 양쪽에 나무가 무성한 계곡의 꿈
여성의 몸을 상징한다. 그 계곡에 떨어져서 나갈 길을 찾지 못하고 헤매는 꿈은 남성이 여성의 성적매력의 노예가 되었다는 뜻이다. 여성에 주의하고 절제할 필요가 있다.

깊숙한 산골짜기에서 길을 잃을 꿈
타인에게 배신당하거나 사기를 당하여 손해를 볼 꿈이다. 모든 시험에도 실패하게 된다.

골짜기를 향하여 돌을 던지는 꿈
가족이나 친구, 사람들로부터 비난을 받아 몸 둘 바가 없으리만큼 괴로운 입장에 놓이게 될 흉몽이다.

골짜기에서 야영이나 캠프하는 꿈
비밀을 간직하게 됨을 예고한다.

골짜기의 시내가 흐르는 물소리를 듣는 꿈
비밀은 새어 나가 모두로부터 비난을 받게 되니 조심해야 한다.

골짜기에 떨어지는 꿈
어떤 이유로 실업자가 되거나 사업가는 파산하게 될 예고이다. 반대로 골짜기에서 기어 나오게 되면 타인의 호의나 원조로 회복할 수 있다.

동굴의 꿈
기관이나 학교, 연구소 등을 상징한다.

동굴 속에 들어간 꿈
집을 얻거나 생활이 안정하게 된다.

동굴에 들어가 샘물이 솟아나는 것을 본 꿈(대박)
복권, 로또복권에 당첨이 될 수 있는 길몽이다.

절벽에 서 있는 꿈
이 꿈을 꿀 때는 동시에 공포를 느끼는데 이것은 과거의 불안, 공포가 꿈속에 재현된 것이다.

절벽을 바라보는 꿈
즐거운 풍경을 보다가 절벽을 만나면 당신의 성적인 몽상이 최고에 달한 심리상태에 있다.

처음부터 절벽에 부딪히는 꿈
일의 진척이 막힌 것이고, 과거의 불안, 공포를 잊지 않게 된다.

절벽에서 떨어지는 꿈
당신의 양심에 부끄러운 일을 감추고 있는 심증이다. 부끄러움을 털어버려야 한다. 일반적인 뜻으로는 당신의 불안감 내지는 무력감의 표현이다.

14. 바위, 돌, 흙에 관한 꿈

큰 바위의 꿈
거대한 부를 나타내기도 하고, 그러나 큰 바위가 너무 극단으로 부풀어 오르는 것은 과대망상이 생기므로 급병이나 정신병에 걸리지 않을까 한번 쯤 의심해 볼 필요가 있다.

바위 위에 오르는 꿈
고생한 보람이 나타나서 소원이 성취 될 길몽이다.

바위에 깔리는 꿈
모르는 동안에 일을 저지르고 있거나 시대착오가 심하다든가, 무언지 모르게 좋지 않은 문제를 안고 있는 증거이다.

바위에서 뛰어내리는 꿈
전직을 하는 등 변화가 일어난다. 또한 마음이 변하기 쉬운 상태에 있음을 알리는 징조이다.

바위가 공중을 나는 꿈
입지조건이 불안정 상태를 암시하거나 사업에 성공함을 뜻하므로 가능하면 길몽으로 풀이해야 한다.

바위가 많은 곳을 깡충깡충 뛰어서 가는 꿈
여러 사업에 손대거나 여러 곳의 직장을 전전하게 된다.

큰 바위를 부수어 자갈로 만드는 꿈
학문, 조직 등을 세분화하여 분할 작업에 들어간다.

주먹으로 바위를 쳐서 산산조각 나게 한 꿈
주장, 권력 등에 의해서 단체나 조직을 화해시키거나 권리, 업적, 사업 등이 새로워진다.

바위가 터져서 폭포처럼 쏟아지는 꿈
철학이나 종교 진리적인 교화를 크게 베풀거나 재물을 얻는다.

암벽을 기어오르기가 무척 고통스럽게 느껴지는 꿈
어떤 일을 성사시키기가 어렵다.

돌탑(석탑)을 물끄러미 쳐다보는 꿈
역사, 업적, 등을 연구하고 관청에 소청할 일이 생긴다.

돌기둥의 꿈
국가나 사회단체 등의 기둥이 될 상징이고

또한 어떤 기관의 부서를 상징할 수도 있다.

반석 위에 앉거나 서 있는 꿈

기업, 회사, 관청 등에서 우두머리가 되거나 편하고 좋은 문제가 지속된다.

돌을 만지작거리는 꿈

친한 친구가 찾아오게 되는 즐거운 꿈이다.

길 위에 큰 돌이 가로 막고 있는 꿈

가는 길을 가로막고 있는 큰 돌은 그야말로 인생의 방해자이다. 타인에게 방해를 받아 고생하게 되며, 모든 시험에는 실패하게 된다.

로우프로 바위에 오르는 꿈

협조자의 힘을 얻어서 소원을 달성하게 된다.

돌덩이가 큰 바위로 변하는 꿈

사업이 더 크게 확대되거나 재산이 더 많아질 징조이다.

바윗돌로 머리를 치는 꿈

생명을 잃을 만큼 큰 재난을 만날 위험성이 있다. 교통사고 조심해야 한다.

작은 돌을 던지는 꿈

인간관계가 순조롭지 못하며 다툼이 멎지 않는다. 끝내는 폭력사태까지 발전하게 될지 모르니 조심하도록 해야 한다.

돌 속에서 불꽃이 올라오는 꿈

운명에 급한 변화가 일어나 갑작스런 불행을 당하게 될 것을 경고하는 꿈이다.

돌 위에 꽃이 피는 꿈

사업이나 업적이 명예로와 지고 융성하며 병이 낫는다.

돌층계를 오르는 꿈

만사에 장애가 닥친다. 고생이 겹칠 징조이나. 반대로 돌층계를 내려오는 꿈은 근심이 해소되어 계획한 대로 성취될 것을 예고한다.

축대가 무너져 버리는 꿈

지금까지의 협조세력, 조직, 공적의 예방책이 무너져 버린다. 그러니 한꺼번에 왕창 무너지면 사업의 갱신을 가져온다.

집안에 돌을 끌어 들이는 꿈

하는 일마다 좋은 열매를 맺어 가업이 번창할 길몽이다.

돌로 울타리를 쌓는 꿈

많은 협조세력이나 정부기관의 협조를 얻어 신분이나 사업이 탄탄해진다.

돌로 우물을 만드는 꿈

정신적·물질적인 사업체를 구축할 수 있다.

돌로 뱀, 쥐를 죽이는 꿈

어떤 정신적 또는 물질적 힘을 발휘해서 목

적을 달성할 수 있다.

돌로 사람을 때리는 꿈
바른 말이나 평가 등에 의해서 자기주장을 관철시킬 수 있다.

돌로 얻어맞는 꿈
친반 간에 논평이나 시비가 생긴다.

돌문을 열고 동굴에 들어가는 꿈
새로운 발견, 학문적 성과, 고시합격 등의 일이 이루어지는 꿈이다.

맷돌의 꿈
맷돌의 상하 두 개의 돌은 상하의 권력기관을 상징하며, 맷돌이 돌아가지 않는 꿈은 어떤 기관을 움직일 수 없어 성사되지 않음을 예시한 꿈이다.

조약돌을 손에 쥐고 주물럭거리는 꿈
여러 명의 자식을 출산하게 될 꿈이다.

예쁜 조약돌을 강변에서 주어온 꿈(태몽)
태몽이다. 태아가 장차 커서 학자나 사장이 된다.

모래사장에 발자국을 남기는 꿈
행적, 이력 따위를 어떤 기관이나 조직에 남기게 된다.

모래밭에 씨앗을 뿌리는 꿈
분수에 넘치는 사업으로 성과를 기대하기 어렵다.

산위에 자갈이 깔려 있고 그 위에 비가 촉촉하게 내리는 꿈
논문이나 학설, 주장이 세상에 공개되고 좋은 평가를 얻는다.

정원석의 꿈
정원석이 놓여있는 것은 경제적으로 안정되어 있음을 의미하고 있으므로 좋은 꿈이다.

흙을 파는 꿈(태몽)
좋은 자녀를 얻게 될 태몽이다. 또는 흙을 파고 무엇이 묻혀 있는 꿈도 금전상이 이익을 얻을 길몽이다.

흙을 나르는 꿈
자기가 업을 시작하려고 하는 마음을 표현하고 있는 것이다.

흙덩이를 던지는 꿈
남으로부터 손해를 받는 다는 것을 알려주는 꿈이고, 또한 던지는 것이 아니고 흙덩이를 남에게 주는 꿈을 꾸면 식사 후 계산을 자신이 해야 되는 등 역시 손해를 나타내는 수가 있는 꿈이다.

흙덩이를 줍는 꿈
길몽으로 집, 토지 등 부동산이 손에 들어오게 된다.

흙탕물에 빠져 더러워진 꿈
부끄러움을 드러낼 사건이 생긴다.

흙 속에 들어가는 꿈
기쁜 일이 생길 길몽이다.

흙에 엎드리는 꿈
자신의 몸이 흙에 엎드리는 꿈을 꾸면 죽음이 가까워짐을 암시한다.

흙으로 마당을 돋은 꿈
사업기반이 확장되거나 튼튼해지는 꿈이다.

몸이나 옷에 흙이 묻는 꿈
질병에 걸리거나 누명을 쓰고 신분이나 명예에 오점을 남긴다.

붉은 흙산이 갑자기 생기는 꿈
사회적으로나 국가방위상 불길한 징조가 나타남을 경고한다.

15. 물, 바다, 강, 시냇물에 관한 꿈

물꿈

지방에 어느 로또 판매점 상인 이야기

박사장님은 가게에서 1등이 배출 될 때마다 물과 관련된 꿈을 꾼다고 합니다.
예를 들어 지하수도관, 화장실 수도꼭지, 보일러 배관이 터지는 꿈
(정작 본인은 로또에 당첨 된 적이 없지만 물 꿈을 꾸고 나면 어김없이 로또 당첨자 배출)

Q. 박사장의 물 꿈과 1등 당첨자 배출의 풀이 해주세요

「물」의 상징은 보통 현실에서 재산, 돈, 사상, 조직기반, 등을 의미하며, 물은 용도와 형태 및 색깔 등 상황에 따라 무궁무진하게 변화를 가져옵니다. 가장 일반적으로는 재물을 뜻합니다. 복권에 당첨되는 경우에 많이 꾸는 것이 물이죠.

그리고 우리가 현실에서 "기업의 자금파이프라인"이다. 라고 표현하는데, 「지하수도관, 수도꼭지, 보일러 배관」은 기관, 단체에서의 소문이나 사상 및 신조 등을 세상에 가장 빨리 지름길처럼 펴지게 하거나 배출하는 역할을 하고,
다만, 밑 빠진 독에 물 붓는다는 말은 좋지 않지만,,,

「터지는 것」은 '끊어진다'의 반대로, 급속히, 가장 가까운 시간 안에 기쁘고 즐겁고, 좋으면서 행복한 일이 일어난다는 것을 암시합니다. 예를 들면, "대박이 터진다", 일이 터진다, 머리가 터진다 라는 표현처럼

"터진다"라는 개념은 기존의 상태를 완전히 벗어난다 라는 상징을 가지고 있습니다.

이 꿈을 종합해보면, "어떤 행운이나 복을 주는 조직이나 단체에서 시행하는 일에서, 대박이 터져, 막대한 재물을 얻게 되어, 세상에 소문이 퍼진다"라고 이 꿈에 대한 해몽이니 길몽이라 할 수 있지만, 최상급의 대길몽이라고는 할 수 없군요.

학생이나 수험생이 이 꿈을 꾸면 시험에 합격하고, 대학졸업한 취직준비 중인 자녀가 있다면 이 꿈을 꾸면 좋은 직장에 취직하고, 결혼을 앞 둔 사람은 행복한 결혼을 암시합니다. 직장분은 주요 핵심자리로 승진하는 꿈이죠. 아무튼 자기 인생의 앞에 봉착해 있는 문제가 가장 빠르고 쉽고도 순조롭게 해결된다는 꿈으로써, 자기 인생에 멋진 힐링의 의미가 있습니다(이상은 MBN방송국 엄지의 제왕 제37회 방영내용).

물을 시원하게 마시지 못한 꿈

어떤 일이 성사는 되지만 만족스럽지가 않다.

저수지의 맑은 물에서 송장을 건져내는 꿈

피라미를 낚다가 황금잉어를 잡는다. 뜻밖에 횡재하여 거금을 만지게 된다.

바다를 헤엄치는 꿈

의기가 왕성하며 고생 끝에 명예를 얻게 될 길몽이다.

바다 속으로 헤엄쳐 들어가는 꿈

자기가 평소 생각지 못했던 뜻밖의 사람이나 사건을 만나게 된다.

넓은 바다에서 수영을 하는 꿈

바다나 강물의 파도가 거세면 가정, 사업상 풍파가 심하고 마음이 심란한 파란곡절이 생긴다.

넓은 바다에서 수영하는 꿈

앞으로 활동범위가 넓어질 것을 예고하며 해외로 드나들 일이 생긴다.

배가 항구에 정박하고 있는 꿈

자기의 타인으로부터 신용이 깊어진다.

큰 바다를 건너 서양으로 여행하는 꿈

큰 이익을 기대할 수 있는 길몽이다.

심한 파도가 치는 바다의 꿈

전형적인 여성상위를 나타내고 있어서, 이로 인해 집안에 다툼이 끊이지 않는다.

조용한 바다의 꿈

산이나 언덕 위에서 바라보는 바다가 조용하면 가정은 평화롭다.

바닷물이 밀려오는 꿈

새로운 사조 또는 유행이 주변에 닥치고 사업가는 사업이 융성해진다.

꽉 찬 바닷물이 갑자기 멍석을 말듯 없어지고 광활한 해저가 드러나는 꿈

자기이념을 펼치게 되어 외래사상, 기존학설, 기존사상, 외세 등이 사라지게 된다.

강이나 바다의 물이 발밑에 밀려오는 꿈

뜻하지 않은 때에 재난이 닥칠 염려가 있다. 그리고 발이 젖으면 육친이 급사할 흉조이다.

육지나 산야에 바닷물이 들었다 빠진 흔적을 보는 꿈

사회사업이 기초단계에서 중단된다.

바닷물이 갈라져 길이 생긴 꿈

낡은 사상, 풍습, 종교, 사회제도 등을 혁신할 일이 생긴다.

해일을 본 꿈

큰 권세를 행사하거나 문학 등으로 혁신적인 일을 하게 된다.

해일이 덮쳐 산과 들을 덮어버리는 꿈

거대한 사업, 사상 등으로 크게 이름을 떨친다.

용이 상체는 하천에, 하체는 바다에 선 것을 본 꿈

국내의 사업이 국외로 뻗어 나갈 것을 암시한다.

동물이 바닷물, 호수 속으로 모습을 감추어 버린 꿈

일의 종말이나 사람의 실종을 뜻한다.

동물이 호수 밖에서 바닷물, 호수 속으로 들어가는 꿈

어느 기관이나 회사, 조직에 취직이 되거나 작품 등이 성사된다.

호수 속에서 용, 뱀 같은 동물이 나오는 꿈

그 동물의 상징성과 적합한 출세를 할 인물이 된다.

호수나 바다 가운데 무덤이 있는 꿈

자기 조직, 회사 등에 외무사원을 많이 두거나 해외에 영향을 주는 해외조직, 지사 등을 두게 된다.

자신이 바다 근처에 있는 높은 산속으로 들어간 꿈

죽음을 예지하거나 외국으로 나갈 꿈이다.

강이나 바다 속으로 들어가는 꿈

스스로 물속에 들어가는 꿈은 길몽으로 사업상 큰 이익을 얻게 된다.

강이나 바다에 떠내려가는 꿈

신상에 죽음이 닥칠 꿈이다. 표류하는 인물이 뚜렷하면 그 사람이 불길하다.

바다에서 거북을 타고 다니는 꿈

세력이 커져 명예회복을 하며 유학, 해외이민, 외국합작, 사업구상, 바이어상담운이 있다.

강물에 신발을 띄우거나 꽃, 나뭇가지를 꺾어 띄우는 꿈

애정은 이별을 조심하고 환자는 치유를 서두르지 않으면 안 된다.

거북이가 바다에서 하천으로 가서 나오는 꿈

공기업 또는 해외에서의 일이 개인소유나 국내의 일로 전환되어 크게 성공한다.

큰 강을 헤엄쳐서 건너가는 꿈

세운 계획, 일, 진행하고 있는 작품, 연구 등이 소기의 목적을 달성하여 마무리 된다.

강이나 연못 등에 살얼음이 언 것을 보는 꿈

오래 참고 기다린 후에야 일이 이루어진다.

유유히 흐르는 큰 강의 꿈

모든 일이 순조롭게 진행되는 것을 암시하고 있는 길몽이다.

강물이 흐르는 강가에서 탐스러운 꽃 한송이를 꺾는 꿈

대하소설이나 큰 학술서적을 펴내어 유명해진다.

물살이 거세게 흐르는 곳의 산 위에 분홍꽃이 활짝 피어 있는 꿈

분홍꽃은 여자를 상징하므로 여성 잡지사에 작품발표의 기회가 주어진다.

강물에서 몸을 씻는데 오히려 기름이 묻어서 더러워져 버린 꿈

애써 일을 하지만 성과는 얻지 못하고 직장을 그만 두려고 해도 마음대로 이루어 지지 않는다.

시냇물이나 강물이 거꾸로 거슬러 올라가는 꿈

국가, 종교, 학문, 선생, 부모, 사회 등에 사상적으로 반발을 하게 된다.

강변에서 물길이 바위에 부딪치는 곳에 서 있는 꿈

타인과의 시비가 생기지만, 부득이 큰 흐름에 따르게 된다.

강물, 호수, 냇물 등에서 손발을 씻는 꿈

국가, 사회, 단체, 조직, 직장, 학교, 학원, 모임, 클럽 등에서 원하던 소원이 이루어진다.

사막 한가운데서 강을 찾아 헤매는 꿈

운세가 절망적이거나 어느 직장, 조직에 욕구불만이 쌓여 이직과 전직을 하게 된다.

물이 없는 강바닥에 물고기, 조개, 게 등이 있는 꿈

교회, 사회복지사업 등 정신적, 기업의 상행위 등의 물질적인 사업에서 많은 이득을 얻는다.

하늘에서 똥물이 쏟아져 강물이 되는 꿈(대박)

천우신조로 거지에서 부자가 되어 재벌로 껑충 뛰게 된다.

다리 위에서 맑은 하천이나 강물이 흐르는 것을 내려다보는 꿈

순조로운 발전과 성취를 거두어 안정과 풍요를 획득하게 되고, 여성은 좋은 혼처가 생기고 남성은 귀인, 친구를 얻게 되는 기쁨이 생기게 된다. 다리 위에서 내려다 본 물이 흐리고 혼탁하면 손실과 말썽이 빚어지고, 물이 흐르지 않고 멈춰 정체해 있을 경우는 남에게 훼방이나 타격을 받는 장애를 치르게 된다.

깊은 강물 한가운데에서 물기둥이 하늘 높이 솟는 꿈

타고난 소질, 재량, 노력과 실력을 십분 발휘하여 성공하게 된다. 어려운 관문을 극복하여 용문에 이른다. 희귀한 문예작품을 창작하여 큰상을 받는다. 승진, 당선, 합격, 입학, 자격취득, 취직, 승리 등이 있다.

호수나 강물이 얼어있는 꿈

여러 방면으로 사업자금이 동결되거나 정체된다.

푸른 바다나 강물이 잔잔하게 흘러가는 꿈

장차 부귀, 번창하고 재물과 명예가 크게 증대될 것이다.

강물 위로 해와 달이 만나는 꿈

집안에 경사스런 일이 있거나 뜻밖에 행운을 맞이한다. 선남선녀가 문화의 광장이나 분위기 있는 공간에서 아름다운 사랑의 꽃을 피운다.

맑은 강물에서 금덩어리가 솟아 하늘 위로 오르는 꿈

직위와 신분이 높아지고 입신출세한다. 입학, 승진, 당선, 합격, 승리, 취득, 재물, 횡재 등이 있다. 생산, 서비스, 수출, 가공업 등에 투자하여 사업성과를 올리고 상장회사로 등극하게 된다.

차가 강물에 빠져 떠내려간 꿈

대기업체와 같은 어떤 강력한 세력에 밀려서 자신의 사업기반이 흔들리게 된다.

맑은 강물 위에서 큰 호박 하나를 건져내는 꿈

태몽으로, 부인은 임신을 하여 옥동자를 낳는다. 백화점이나 시장에서 물품 구입을 한다. 깔아놓은 외상값을 거두어들이거나 뜻밖에 횡재를 한다.

강물 밑으로 굴이 뚫려 지하철과 자동차가 다니는 꿈

지금 하는 사업이 잘되고 사업성과가 오르게 된다. 국력이 신장되고 수출이 늘어난다. 남녀가 마음이 통해 대화의 꽃을 피운다.

그릇에 담긴 물, 오줌, 강물 등에 불이 붙는 꿈

어느 기업, 회사 등에서 정신적, 물질적 사업이 크게 이루어질 징조이다.

강물에 사는 용이 입으로 불꽃을 뿜어내는 꿈

명석한 두뇌발달을 가져다주고 인류사회의 복지향상과 세계평화에 공헌을 하게 된다. 어떤 기사거리를 매스컴을 통해 국민에게 알린다.

강물에서 황금덩어리를 건져내는 꿈

뜻밖에 횡재를 한다. 재물과 돈이 생기고 마음먹은 대로 일이 풀리게 된다.

연어가 바다에서 놀다가 강물을 타고 냇가로 올라오는 꿈

실제로 귀소본능과 같이 사람과 동물이 낳고 살던 고향을 찾아 새로운 문명과 씨앗을 낳는다. 귀향, 만남, 입학, 당선, 합격, 승진, 재물, 돈, 발전, 정보, 소식, 복귀, 윤회 등이 있다.

강물에 빠졌다가 나오는 꿈

일에 어려움을 겪을 수도 있으나, 쉽게 성사되고 뜻한 대로 이루어지게 된다.

강물이 거꾸로 흐르는 꿈

자기의 주장을 여러 곳에서 반발을 하고 나서게 된다.

깊은 강물 한가운데에서 물기둥이 하늘 높이 솟는 꿈

타고난 소질, 재량, 노력과 실력을 십분 발휘하여 성공하게 된다. 어려운 관문을 극복하여 용문에 이른다. 희귀한 문예작품을 창작하여 큰상을 받는다. 승진, 당선, 합격, 입학, 자격취득, 취직, 승리 등이 있다.

강물이 한가롭게 흐르는 다리 아래에서 물고기를 잡는 꿈

친구들과의 사이가 좋아지며 우등생이 된다.

강물에 불이 붙은 꿈

어떤 기관과 협력한 정신적, 물질적 사업으로 크게 성공한다.

강물을 따라 헤엄치며 흘러 내려가는 꿈

오래도록 좋은 운수가 지속되거나 즐거운 여행을 떠나게 된다. 재물이 생긴다.

강물이 맑고 깨끗이 보이는 꿈

자신의 사상이나 사업, 작품 등이 번창하고 일이 잘 된다. 사업체나 집의 입지조건이 좋음을 암시한다. 오래간만에 장님이 눈을 뜨게 된다.

강물 위에 떠 있는 통나무를 건져내는 꿈

생산, 가공, 유통, 무역업 등에 투자하여 사업 성과를 올리고 상당한 돈을 벌게 된다.

강물이나 바다 위를 평지에서처럼 유유히 걸어가는 꿈

어떤 사회적 사업기반 또는 외국시장 등에서 크게 성공한다.

학이 맑은 강물 위로 춤을 추는 꿈

예술의 전당이나 극장에서 훌륭한 작품을 감상하게 된다. 작품을 창작하게 된다.

자신이 보고 있는 가운데 바다나 강물의 파도가 거세지는 꿈

가정생활의 파탄으로 이혼을 하거나 별거를 하게 된다. 사업에 재정, 경영에 어려운 상황이 계속되어 재산의 손실이 많아진다.

강물에 빠졌다가 나오는 꿈

일에 어려움을 겪을 수도 있으나, 쉽게 성사되고 뜻한 대로 이루어지게 된다.

시커먼 강물이 물결치는 꿈

조용한 집안에 평지풍파를 겪게 될 것이며, 한 시대의 어두움을 겪게 될 것을 암시한다.

강물 속에 밝은 달이 떠오르는 꿈

한 시대의 정신문명이 탄생된다. 사회의 새로운 지도자가 탄생되고 밝은 내일을 약속하게 된다.

맑은 강물에서 금은보화를 건져내는 꿈

생산업, 유통업, 수출입 등에 투자하여 사업성과를 올리고 많은 돈을 번다. 경제성과 소비성향이 있는 상품을 개발하여 상당한 이익을 챙긴다. 어떤 고색창연한 옛 궁터나 문화의 공간에서 멋있는 사람을 낚는다.

강물 속에서 여러 마리의 물고기가 헤엄치는 꿈

계약이 성사되거나 사람을 양성할 수 있는 일이 있다.

강물을 따라 헤엄치며 흘러 내려가는 꿈

오래도록 좋은 운수가 지속되거나 즐거운 여행을 떠나게 된다. 재물이 생긴다.

맑은 강물이 굽이쳐 흐르는 꿈

새로운 문명이 발생되고 훌륭한 지도자가 탄생된다. 깡마른 생활 속에 어려운 역경을 딛고 일어선다. 새로운 경영기법으로 빈 항아리 안에 재물을 가득 차게 한다.

강물이 벼락을 맞아 쩍 갈라지면서 보물이 반짝거리는 꿈

국보급 보물을 발굴해 낸다. 오래된 문헌 속에 새로운 자료를 발견한다.

꿈에 강물에서 몸을 씻는데 오히려 몸이 더 러워진 꿈

성실하게 일을 하지만 성과를 얻지 못하고 구속당한 곳에서 헤어나지 못할 것이다.

맑은 강물 속에 별이 반짝거리는 꿈

새로운 이념을 창출하여 문명의 씨앗을 낳는다. 문예작품을 창작하여 명예를 얻고 출세한다. 소비자의 취향에 잘 맞는 상품을 개발하여 인기를 얻는다. 핑크빛 행운을 맞이한다.

갑자기 물속에 빠지거나 큰 강물 내지 바다에

떨어지는 꿈

크게 손해볼 일이 발생할 징조인 경우가 있으니 주의해야 한다.

못이나 호수를 바라보고 있는 꿈

수면이 잠잠할 경우에는 가정이 평화롭다. 만약 물이 범람하고 있는 꿈이라면 가족 사이에 트러블이 생길 전조이다.

호수에 돌을 던져서 파문을 일어나게 한 꿈

완전한 사상이나 방도에 의해서 한 기관이나 조직을 동요시킬 수 있다.

잔잔한 호수에 시체가 떠오르는 꿈

원하는 땅을 사게 되고 집과 토지를 상속받을 일이 생긴다.

시내가 흐르는 꿈

걱정스러운 일이 일어날 전조이지만, 시내 이외의 흐르는 물의 꿈을 꾸면 혼담이 무르익게 될 길몽이다.

흐르던 물이 고이는 꿈

흐르는 물은 대체로 재물, 돈, 사상이나 언론, 세력을 말하는데, 자기에게 모이게 된다.

시냇물이 마르는 꿈

좋지 않은 소식이 있을 흉조이다.

개울물이 말라붙어 버린 꿈

회사, 조직 등의 재정이 고갈되고, 자금난에 빠지게 된다.

거의 마른 개천에 물고기가 우글거리는 꿈

유리한 조건에서 재물이나 돈을 취득하나 결국 자금난에 봉착하게 된다.

시냇물을 건너는 꿈

어떤 형태이거나 이 꿈을 꾸면 건강에 조심할 필요가 있다.

홍수의 꿈

길몽이다. 좋은 친구를 만나게 되며 성공할 기회가 찾아올 것이다.

논밭에 넘쳐흐르는 큰물의 꿈

재산을 횡령당하여 무일푼이 될 염려가 있으니 요주의해야 한다.

큰물로 집이 떠내려가는 꿈

가족 중에서 경찰이나 교도소 신세를 지게 될 사건이 일어날 것을 암시하는 꿈이다. 즉 집안에 불행이 닥칠 전조이다.

큰물에 둑이 무너지는 꿈

불길한 사건이 겹쳐 일어날 전조이므로 요주의해야 한다.

큰물로 인해 집에 물이 드는 꿈

아이들 문제로 인해 고민이 생길 흉조이다.

못에서 노는 꿈

애매하지만 어쨌든 좋지 않은 꿈이다.

연못에 빠지는 꿈
후회할일이 있으니 행동에 조심하라.

못 속의 큰 나무
못 안에 큰 나무가 서 있는 꿈은 입신출세에 관한 길조이다.

못에 물고기가 놀고 있는 꿈
금전상의 이익이 있다고 한다. 또한 노니는 물고기는 사용인, 고용인이 생길 것이라는 징조이다.

마른 시냇물에 물고기가 놀고 있는 꿈
폐업, 이혼, 사업상 자금난을 겪게 된다. 무리한 은행대출 및 사채 이용은 가급적 삼가야 한다.

장마로 강물이 불어나서 논과 밭을 덮어버리는 꿈
작가나 교육자, 학자에게 아주 좋은 꿈이다. 언론 출판계에 작품을 발표하거나 명성을 얻을 일이 생긴다.

간장독의 간장이 넘어 주변에 시냇물같이 흐르는 꿈
지출도 많고 소비도 많은 부자가 된다.

16. 우물, 샘, 수돗물, 물에 관한 꿈

우물물이 가득차거나 불어나는 꿈
여러 방면으로 사업이 잘 풀려 재물이 생겨 부자가 된다.

우물물이 가득 불어나서 넘쳐흐른 꿈
많은 재산을 모으지만 그 만큼 소비도 많게 되므로 검소해야 한다.

처녀가 어떤 남자와 우물에서 두레박질을 번갈아 가며 한 꿈
미혼자는 여러 번 혼담이 오고간 후에 결혼이 성사된다.

물을 시원하게 마시지 못한 꿈
어떤 일이 성사는 되지만 만족스럽지가 않다.

우물을 발견하거나 찾아 헤맨 꿈
어떤 기관에 사업 관계로 일을 부탁한 것이 뜻대로 이루어진다.

우물물을 퍼서 손발을 씻은 꿈
근심걱정이 해소되고 입학, 취직되거나 미혼자는 결혼이 성사된다.

우물 안에서 산이 보인 꿈

뜻밖에 큰 사업체가 생기거나 배우자가 나타난다.

우물에 들어간 꿈

어떤 기관에 취직을 하거나 볼일이 있어 들어가게 된다.

뒤집힌 우물물이 흙탕물로 변한 꿈

가정에 우환이 있고 사업체에서 부정한 일을 하게 된다.

우물물이 흐려서 처음엔 못 마셨다가 나중에 맑아져서 떠 마신 꿈

하고 싶은 일이 어려운 난관에 부딪혔다가 성사된다.

출처가 분명하지 않은 곳에서 여러 번 물을 떠다 우물에 붓는 꿈

세일즈맨이 돈을 수금할 일이 생긴다.

동물이 깊은 우물에서 나온 꿈(태몽)

태몽이라면 정부기관이나 사회적으로 대성할 자손을 얻게 된다.

여러 개의 우물을 지나간 꿈

여러 가지 사업경험을 가지고 거래처를 확보하게 된다.

공중에 기둥 같은 호수가 생겨 동네가 물바다를 이룬 꿈

잡지에 어떤 작품이 실려 세상 사람에게 감명을 주게 된다.

뜨거운 물이 끓는 우물에 물고기가 우글거리는 것을 본 꿈

열성적인 사람들이 교회에서 참된 신앙에 몰두하게 된다.

우물 안에서 사람이 나온 것을 본 꿈

어떤 단체에서 훌륭한 인재를 배출하거나 진리가 담긴 서적을 출판한다.

일부러 우물에 들어가 빠지거나 나오지 못한 꿈

자기 꾀에 자기가 넘어가거나 어떤 곳에 구속받게 된다.

돌로 쌓은 우물을 보는 꿈

주로 교회, 학교, 주식회사 등을 상징한다.

우물물이 넘쳐흐르는 꿈

돌연 뜻밖의 이익을 볼 대길몽이다. 수돗물이 철철 흘러나오는 꿈도 마찬가지다. 우물물이 흐렸으면 덜 좋고 맑을수록 좋다.

우물물이나 수돗물이 마르거나 끊어지는 꿈

재물이 마르고 집이나 회사, 조직에 근심걱정이 떠날 날이 없다. 물이 조금이라도 남아 있는 꿈은 다시 호전될 전망이 있다.

우물이 파괴된 꿈

금전을 둘러대기에 바쁘다. 결국 빚을 갚지

못하거나 자금조달이 끊기어 파산할 슬픈 꿈이다.

우물 속에 비친 자기 얼굴을 보는 꿈
샐러리맨은 승진, 영전 등에 의하여 지위가 높아질 길몽이다. 한편 사업주는 남의 도움을 받아 사업이 훌륭하게 번영한다.

우물 속에서 사람소리가 들리는 것을 들은 꿈
가족 간에 언쟁이 벌어진다. 또한 우물, 풀 속에 집이 있는 것을 보면 남에게 쫓기어 갇힌 몸이 된다. 우물 속에 물고기가 노는 꿈은 금전상의 이익이 돌아온다.

우물에 빠지는 꿈
머지않아 중병을 앓게 될 악몽이다.

사람에게 쫓기어 달아나다가 우물 속에 들어가 숨든가 빠지는 꿈
감옥에 투옥될 중대한 사고를 일으킬 꿈이다.

우물에 물건을 빠뜨리는 꿈
뜻밖의 사건이 발생하여 크게 충격을 받는다. 금전, 재물 등의 손실이 클 것이다. 빠진 물건을 다시 찾으면 손해가 회복될 꿈이나 물건은 건졌어도 물을 다 퍼내 바닥이 말랐으면 손해가 연속해서 발생할 흉몽이다.

우물물을 들여다보는 꿈
대단히 좋은 일이 생길 길몽이다.

우물을 파는 꿈
모든 일이 조금씩이나마 좋은 방향으로 나가고 있다는 증거이다.

우물에 가서 물을 길어오는 꿈
곧 사회진출의 길이 열리게 된다.

우물에서 불이 솟아오르는 꿈
당신의 가정이 점차 쇠퇴해짐을 예고하는 꿈이다.

우물물이 불어나는 꿈
부자가 되는 꿈이다.

자기보다 친구가 먼저 우물에서 물을 마시는 꿈
그 친구가 먼저 승진하거나 출세한다.

우물물이 흐려지는 꿈
병이 완쾌해질 전조이다.

깊은 우물물에서 용, 구렁이, 독수리 같은 동물이 나오는 꿈(태몽)
정부기관이나 사회의 기업, 조직, 단체에서 크게 출세하게 된다.

우물물이나 수돗물을 잔뜩 마시는 꿈
어떤 관청이나 회사에서 반갑고 속 시원한 소식이 오거나 진급, 취직 등이 이루어진다.

우물에 동물이나 물고기를 키우는 꿈
큰 기관, 단체나 회사에서 인기인이 되어 성

공하게 된다.

우물 속에 들어가서 나오지 못하는 꿈
옥살이를 하거나 원한이 길며, 모함에 빠지게 된다.

집안에 갑자기 우물이 생겨난 꿈
직장이나 사업체가 생기거나 혼담이 성사된다.

우물 속에 사람을 넣고 묻어버리는 꿈
비밀을 영원히 간직하거나 장기투자나 저축을 하게 된다.

신령이나 선녀가 우물 속에서 나오는 꿈
종교, 관청, 학교 등에서 훌륭한 인재가 나타나거나 진리의 서적이 출판된다.

맑은 우물 속에서 세탁을 한 꿈
사업이나 취직이 잘되고, 물이 흐리거나 더러우면 사업이나 소원이 잘 이루어지지 않는다.

우물물이 갑자기 흙탕물이 되거나 부글부글 끓어오르는 꿈
집안, 직장, 사업체, 조직, 기관 등에서 우환, 부정, 소란 등이 생긴다.

어떤 남자와 우물에서 두레박질을 번갈아 가며 한 처녀의 꿈
미혼자는 여러 번 혼담이 오고간 후에 결혼이 성사된다.

우물물이 가득 불어나서 넘쳐흐른 꿈
많은 재산을 모으지만 그만큼 소비도 많게 된다.

우물 속에 비친 자신의 얼굴을 바라보는 꿈
명예 및 지위의 영전, 승진과 경영하는 사업의 발전, 안정 등 융성이 따르게 된다.

뒤집힌 우물들이 흙탕물로 변한 꿈
가정에 우환이 있고 사업체에서 부정한 일을 하게 된다.

어떤 남자와 우물에서 두레박질을 번갈아 가며 한 처녀의 꿈
미혼자는 여러 번 혼담이 오고간 후에 결혼이 성사된다.

동물이 깊은 우물에서 나온 꿈
이것이 태몽이라면 정부기관이나 사회적으로 대성할 자손을 얻게 된다.

우물 안에서 산이 보인 꿈
뜻밖에 큰 사업체가 생기거나 배우자가 나타난다.

수돗물, 빗물, 우물물을 그릇에 받은 꿈
넘치지 않고 그득하게 받았으면 재수가 있다.

출처가 분명하지 않은 곳에서 여러 번 물을 떠다 우물에 부은 꿈
세일즈맨이 돈을 수금할 일이 생겨 여기저

기서 자금이 들어오는 등 재수가 좋고 활발한 대외활동을 하게 된다.

우물물을 퍼서 손발로 씻은 꿈

근심 걱정이 해소되고 미혼자는 결혼이 성사된다.

우물물이 흐려서 처음엔 못마셨다가 나중에 맑아져서 떠 마신 꿈

하고 싶은 일이 어려운 난관에 부딪혔다가 성사된다.

깊은 동굴 속에서 깊고 맑은 물을 발견한 꿈

제11회 주택복권 당첨자의 꿈이다.

댐, 저수지 꿈

대개 댐이 무너지든지, 넘쳐서 흐르는 꿈, 댐이 고갈된 꿈을 꾼다.

댐이 무너지는 꿈

자신의 심리적인 통제와 조정력을 잃어버려 정신적으로 혼란한 상태다.

댐이 넘쳐 홍수가 나는 꿈

현재의 정신적 혼동이 일어나게 된다. 그 원인으로는 자기의 유년시절의 체념, 가정환경 등의 요인이 밑바닥에 깔려 있다.

샘물에 관한 꿈(태몽)

태몽이라면 사업가나 문학가가 될 자손을 얻게 된다.

샘물이 들판에서 솟는 것을 본 꿈

잡지사에 작품을 연재하거나 사업 자금이 생긴다.

산 밑에서 샘물이 솟아나는 꿈

어느 기관이나 사업체나 조직체에서 정신적 물질적 재산을 얻게 된다.

솟아오르는 샘물의 꿈

희망이 이루어진다. 시험에는 합격하고 연구논문의 발표, 출판에 좋은 결과를 가져올 길몽이다.

샘물이 땅에서 솟아서 그 물이 큰 강물이 되어 흐르는 꿈(대길)

연예, 창작이나 학문 등에서 대단한 인기인이나 인기연예인, 인기작가, 대학자가 된다.

샘물이 땅에서 솟아 나와 그것이 흘러 시냇물이 된 꿈

어떤 서적이 출판되어 베스트셀러가 된다.

샘물이 들에도 마당에서도 솟아나는 꿈

언론 등에 자기 작품이 연재되어 많은 돈이 생긴다.

기름샘이 솟아오르는 꿈

진리나 사상을 전파할 일이 생긴다.

방바닥에 물이 넘치는 꿈

하반신에 병이 걸리기 쉬우므로 요주의해야 한다.

헤엄치면서 사람을 만나는 꿈
집안에 귀찮은 트러블이 일어날 전조이니 조심해야 한다.

물에 빠지는 꿈
생활이 깊숙한 바닥까지 떨어지게 되고, 사는 집도 옮기지 않으면 안 된다. 다만 물에 빠지더라도 자력으로 기어 나오는 꿈을 꾸면 운세가 점차 상승하게 된다.

물을 마시는 꿈(대길)
그 물이 맑고 차면 찰수록 좋다. 맑은 계곡의 물이면 최고이다. 재운, 건강, 명성이 함께 올 대길몽이다.

수돗물, 빗물, 우물물을 그릇에 받는 꿈
넘치지 않고 가득하게 받았으면 재수가 있게 된다.

물을 떠서 손발을 깨끗하게 씻는 꿈
걱정이 사라지고 청탁, 결혼, 입학 등에 관한 어려운 문제가 해결된다.

물이 담긴 그릇을 집어던져 버리는 꿈
서류나 원고를 책상에서 아래에 내려놓는 것이므로 일이나 제작, 저작, 추진 등을 중단하게 된다.

그릇에 담겨져 있는 물이 넘치거나 엎지르는 꿈
재물의 손실, 소원의 좌절, 회담실패 등의 헛된 꿈이다.

물이 넘쳐흐르지만 담을 그릇이 없는 꿈
재산이 많이 모이기는 하지만 그만큼 소비가 많아진다.

골짜기나 폭포의 물을 마시는 꿈
퍽 좋은 꿈으로, 특히 폭포수는 하늘의 은총을 받는다고 하는 길몽이다.

폭포 옆에서 가족들과 밥을 해먹는 꿈
임신부는 낙태를 생각하게 된다. 사랑과 이별로 고민한 일이 생긴다.

물 위에 앉아 있거나 서 있는 꿈
친한 사람의 신상에 흉사가 일어난다. 또 아는 사람이 물 위에 서 있는 꿈을 꾸면 그 사람의 신상에 걱정거리가 있음을 알리는 것이다.

불어나는 물속에 태연히 서 있는 꿈
회사, 단체, 기관에서 세력을 잡거나 재산상 치부하지만, 불어나는 물속에서 도망치면 세력가에 압도당한다.

물 위를 건너가는 꿈
연애는 결혼으로 발전하고, 만약 연애 중이 아니더라도 훌륭한 혼담이 있게 되고 얼마 뒤에 열매를 맺게 될 길몽이다.

물 위를 타오르는 불의 꿈
반쯤 단념하고 있었던 일이 잘 진행되어 갈 길몽이다.

물을 찾아 헤매다가 우물을 발견하는 꿈

취직이나, 시험, 사업관계에서 호전될 일이 생긴다.

물을 감질나게 마시는 꿈

하고자 하는 일이 성사된다. 그러나 별로 신통하지는 않다.

물속에 자기가 던져지는 꿈

누군가가 나를 물속으로 던지는 꿈을 꾸면 타인으로 해서 큰 손해를 보게 된다.

머리 위에 이고 가던 물동이를 던져 버린 꿈

동업하는 사람에게 사기를 당하거나 실속 없는 일을 포기하게 된다.

공중에서 온 동네에 물을 뿌려 주는 꿈

주간지나 일간지에 자기 작품이 실려 세상 사람에게 감명을 주게 된다.

소파에 앉으려는데 물이 젖어 있었다고 하는 꿈

누군가에 대해서 경계심, 시기심, 질투심을 갖고 있다.

물그릇에 자기가 빤 빨래를 담가두는 꿈

직업, 신분이 새로워지고 하는 일마다 호평을 받게 된다.

빨래를 맑은 물에서 한 꿈

하고 있는 일이 뜻대로 순조롭게 이루어진다.

수돗물이 많이 솟아지지만 받을 그릇이 없는 꿈

사업상 빚만 잔뜩 지고 소비할 일만 생긴다.

집안에 있는 물통에 물이 가득 차 있는 것을 본 꿈

많은 재물이 여러 곳에서 생긴다. 가맹점 개설이나 프랜차이즈업에서 대박이 난다.

자신이 세탁한 옷을 물그릇에 담가둔 것을 본 꿈

자기의 직업이 바뀌고 하는 일마다 남의 이목을 받게 된다.

물이 방안에 가득 고인 꿈

좋은 아이디어를 개발하여 사업이 번창해 진다.

약수 물을 마신 꿈

근심 걱정이 해소되고 새로운 진리를 깨닫게 된다.

밑 빠진 독에 자꾸 물을 붓는 꿈

아무리 벌어도 재물이 모이지 않고 소비되어 버린다.

뜨거운 물을 마신 꿈

여러 방면으로 자기가 소원한 일이 성사된다. 가장 애로가 있는 사찰, 교회, 사회복지 사업 등 정신적인 사업이 번창한다.

그릇에 담긴 물이 엎질러진 꿈

재물의 손실이 따르고 자기가 소원했던 꿈

이 좌절된다.

몸을 뜨거운 물에 씻는 꿈
여러 사람의 도움으로 무난히 시험에 합격한다.

물이 여러 군데에서 펑펑 쏟아져 고여 있는 꿈
여러 방면으로 재물을 모아 부자가 된다.

그릇에 담긴 물이 새는 데가 없나 살펴 본 꿈
사업체를 운영해 나가면서 경비를 절약해서 쓴다.

방안에 물이 가득 고여 그 안에서 목욕하거나 헤엄친 꿈
생활이 윤택해지고 자본이 많은 회사를 통해 자기의 소원을 충족시킨다.

힘차게 떨어지는 물의 꿈
시내나 폭포의 물이 힘차게 떨어지고 있는 꿈을 꾸면 만사가 순조롭다.

얼음이 어는 꿈
사물이 모두 정지해 버린다. 그래서 시험은 뜻대로 되지 않고 혼담은 깨어지고 사업은 침체해 버리는 흉몽이다.

물통의 물을 손으로 휘젓는 꿈
형제나 친숙한 사람에게 돈을 얻어 쓸 수 있다.

폭포수에 네모난 흰 물체가 수없이 쏟아 떨어지고 그 아래의 폭포물이 점점 불어나는 꿈(대길)
일이나 작품, 저술, 출판 등의 이 크게 히트하여 돈을 벌게 된다.

흐르는 물줄기가 폭포로 변해서 웅장한 소리로 떨어지는 꿈
작품, 논문 등의 발표로 세상 사람들에게 큰 소문을 내게 된다.

계곡물 가운데 단정하게 서 있는 사람을 본 꿈
새로운 사업이나 불사, 교회, 양로원, 고아원 등 사회복지사업이 잘 추진된다.

물이 부엌에 가득 찬 꿈
집안에 큰 재물이 생긴다.

물이 방안에 가득 찬 꿈
축재를 하거나 불사, 교회 등 정신적인 사업에 성공한다.

물이 나오는 수도꼭지를 잠그려다 파이프에 몸이 얼어붙어 세 번 소리를 지른 꿈
어느 기관을 통하여 자기 일이 세 번 성취되고, 막대한 재물을 얻어 세상에 소문이 퍼진다.

수도꼭지에서 물이 나오는 꿈
문제가 해결되고 순조롭게 진행되어 갈 것이다. 입시나 취직시험도 합격하게 될 것이며 행복한 결혼도 할 수 있는 길몽이다.

수돗물이 나오지 않는 꿈

사업체나 가정이 경제적으로 어려움을 겪는다.

수도꼭지를 틀어도 물이 나오지 않는 꿈

어떤 사업을 추진해 나가는데 뜻대로 이루어지지 않는다.

방안에 물이 가득한데 수영, 목욕을 하는 꿈

유복하고 행복해지거나 어떤 돈 많은 회사를 통해 소원을 충족시킬 수 있는 꿈이다.

사막에서 오아시스를 만나는 꿈

난관에 처해진 사업, 계획한 일, 희망, 생활 등이 그 고통에서 해방된다.

대중목욕탕이나 온천탕에서 여러 사람과 목욕을 하는 꿈

면학이나 포교, 기도 등에 몰두하거나 TV, 신문, 인터넷 등에 자신의 작품이나 드라마가 되거나 인기연예인이 되어 계속 출연 내지 연재된다.

온천에서 목욕하는 꿈

훈련소나 사찰, 교회, 성당을 의미한다. 그곳에서 목욕을 하면 협조기관, 사찰, 교회, 성당, 학교 등에서 소원성취하게 된다.

자신이 빨아놓은 빨래를 빨랫줄에 널지 않고 그냥 담가 둔 꿈

신분이나 직위, 직업 등이 새로워지고 하는 일마다 호평을 얻게 된다.

집안으로 두 줄기의 물이 쏟아져 내리는 꿈

두 곳에서 재물이 생길 징조이다.

호스로 물을 방출하는 꿈

사정(射精)순간의 공상을 나타내거나 어떤 조직에서 밖으로 자금을 지출하게 된다.

수도가 파열되거나, 수도꼭지를 잠그지 않아 온 방안이 물에 넘치는 꿈

당신의 억제할 수 없는 감정에서 해방하고 있는 것을 나타낸다. 기업체, 조직, 기관 등의 최고 관리자는 소속의 회계장부에 관심을 가져 조직원들의 배임, 횡령 등을 미연에 방지하도록 한다.

옷이 물에 젖는 꿈

성행위에의 소망을 나타낸다.

자기가 물에 빠지는 꿈

어릴 때와 같이 안전하게 있고 싶다고 하는 소망을 나타낸다.

물에 빠진 자기를 누군가가 구해 주는 꿈

남에게 의지하거나 응석을 부리고 싶다는 생각이 강하게 나타낸다. 정신적, 물질적으로 안정되어 있지 못하고 있다.

누군가 물에 빠진 것을 당신이 발견하는 꿈

슬픈 일이나 마음이 동요하는 일이 일어날 징조이다.

얕은 물에서 고기를 잡는 꿈(태몽)

태몽으로 아들을 낳게 된다.

분수물이 치솟아 자신의 얼굴, 옷을 적시는 꿈

매입 및 매도 때 타인의 조언을 들으면 좋다. 종교인이 되려는 사람에게도 자주 나타나는 꿈이다.

자기가 물속에 빠져 버린 꿈

구설수에 오른다. 물에서 빠져 나오면 좋다.

홍수가 나서 집에 물이 가득 찬 꿈

자녀가 아프거나 해로운 일이 생긴다.

파도가 거세게 치는 꿈

가정이나 직장에서 다툼이 생기니 조심하라.

물이 바싹 말라 버리는 꿈

빈곤해질 징조이다.

산골짜기에서 물을 길어오는 꿈

장래에 더욱 좋고 부귀할 징조이다.

홍수가 나서 도로가 파손되는 꿈

일이 순조롭게 해결이 되며, 윗사람에게 신임을 얻어 출세하게 된다.

배를 타고 항해를 하다가 항구에 도착하게 된 꿈

일이 뜻대로 잘되고 사람들의 존경을 받게 된다.

도랑에서 맑은 물이 졸졸 흘러가는 것을 본 꿈

길하며 혼사가 성립이 된다. 다만 여난을 조심하라.

물 위에서도 빠지지 않고 서 있는 꿈

불길한 징조이며 기다리는 사람이 오지 않는다.

얼음이 녹는 꿈

먼 곳에서 좋은 소식이 온다.

도랑물이 넘쳐흐르는 것을 본 꿈

술과 떡이 생긴다. 그리고 장수한다.

물속에 들어가 있는 꿈(대길)

대길하고 운수 대통한다.

17. 불(火災), 빛(光), 열(熱), 전깃불, 그림자에 관한 꿈

불의 꿈

자본, 재물, 행운, 사업, 일의 성공여부, 흥망성쇠, 소원충족, 욕정, 세력, 정력, 진리 등 다양하게 해석한다.

집에 불이 나서 자신이 타 죽어버린 꿈

제47회 주택복권 1등 당첨자의 꿈이다.

불을 본 꿈
당신이 다루기 어려울 만큼 격렬하다고 생각하는 충동(노여움이나 성적 욕망)을 상징하고 있다.

자기가 불을 붙이는 꿈
마음속의 불을 불타오르게 하고 싶다는 소망을 나타내며, 사업이 잘 이루어진다.

자기가 불 가운데 있으면서도 타죽지 않는 꿈
강렬한 정신력이나 물질적인 자본을 가지고도 일을 성사시키지 못한다.

시장, 빌딩, 고층건물에 불이 나는 꿈
서두르면 일을 그르치므로 한 번 더 깊이 생각해야 한다.

아래층과 2층에서 각각 불이 난 꿈
상부층이나 하부층에 관계된 사업이 각각 융성하거나 선전광고할 일이 생긴다.

마당, 풀밭, 길가에서 한 가닥 불길이 솟아오르는 꿈
한 번 쯤 언론에 기사거리를 내거나 광고를 하게 된다.

가로등이 환하게 비추는 밑에서 일을 하거나 서 있는 꿈
어떤 협조자나 기관에 의해서 근심걱정이 해소된다.

남의 화재를 구경하고 있는 꿈(대길)
흔히 사업이 크게 번창해 질 길몽이다.

동인천역이 활활 불에 타오르고 있는 꿈
제19회 주택복권 1등 당첨자의 꿈이다.

온 천지가 불바다가 되는 꿈(대길)
집안이 오래도록 영화를 누릴 대길몽이다. 불길이 하늘에 치솟으면 당신의 일가는 유력자의 도움을 받아 번영하고 세상 사람의 인기를 독점한다.

큰 도시가 불타는 꿈
헌법개정, 학설, 교리 등이 전국 또는 지방에 전파되어 큰 감화를 주게 된다.

자신의 집에 불이 난 꿈
이사를 할 일이 생기며 귀인이 나타나 자금마련을 돕는다. 세력가 및 재력가와 좋은 인연을 맺는다.

자기의 집이 불타고 있는 꿈(대길)
일가의 번영을 알리는 길몽으로 재난을 면하게 된다. 그러나 타고 남은 흔적을 보는 꿈은 아직 고생을 더하게 될 징조이다.

자기 집이 활활 타오르는 꿈
사업이 융성하게 된다.

자기 집에 불이 붙어 활활 타오르는 불길을 끈 꿈

융성하던 사업, 작품에 관한 일이 중지되거나 쇠락하게 된다.

자기 집에 불이 났지만 연기만 피어오르는 것을 물을 부어 꺼버리는 꿈

누군가에게 병이 든 것을 약물치료로 회복시킬 수 있게 된다.

남의 집에 붙은 불이 자기 집으로 옮겨 붙어 활활 타는 꿈(대길)

남의 권리나 재산을 이전해 와서 큰 부자가 된다.

부엌이 불타고 있는 꿈

예기치 않았던 재앙이 생겨 집안이 파산할 경고이다.

불타는 연기가 솟아오르고 있는 꿈

검은 연기가 뭉게뭉게 솟아있는 꿈을 꾸면 병이나 걱정거리가 생긴다.

숲이나 얇은 언덕이 불타는 꿈(대길)

하고 있는 일이 번창하고 잘 이루어진다.

산불의 꿈

말다툼을 하게 된다.

산림에 불이 나서 활활 타는 꿈(대길)

크게 재수가 있고 출세를 한다.

산불이 난 것을 구경하는 꿈

작은 아이디어가 당신을 성공으로 이끈다. 작은 힘이 큰 힘으로 되니 정상 정복의 길을 모색한다.

높은 산의 일부가 불타는 꿈

국가 · 사회에 경사 또는 환란이 생기고, 큰 건물이나 기관 등에 실제로 불이 나기도 하는 사실적 투시적인 꿈이다.

논이나 들판에 불을 지르는 꿈(대박)

언론, 출판, 광고, 서비스업 종사자에게 절호의 기회가 찾아오며 재물운도 최상이다.

불길이 여러 군데 옮겨 붙는 꿈(대길)

자기 일이나 작품이 신문, 인터넷, 잡지, 회사 등에서 선전광고하게 되어 세상에 알려지게 된다. 흔히 하는 말, 사업이나 일에 불붙었다고 한다.

풀밭, 길가에서 불이 붙어 번져나가는 꿈

원하던 소원이 성취된다.

숲이나 언덕이 불타는 꿈

사업이 번창하고 일이 크게 성취된다.

물건이 타는데 불길이 없고 연기만 난 꿈

공연한 헛소문이 떠돌게 된다.

불이 다 타서 재만 남은 꿈

사업이 잘 추진되어 가다가 돌발적인 사고로 인해 재물을 잃어버리게 되어 빚만 지게 된다.

옷이 불타고 있는 꿈

모든 일이 순조롭게 운행될 길몽으로 미혼 여성이 이 꿈을 꾸면 행복한 결혼이 가까워 온 것을 알리는 길조이다.

옷을 새까맣게 태운 꿈

반드시 옷을 다시 맞춰야 할 일이 생긴다.

불덩이가 치마폭이나 뱃속으로 들어가는 꿈

큰 사업가를 만나거나 훌륭한 배우자를 만나게 된다.

불 속에서 사람을 구하는 꿈(대길)

길몽이다. 연예인이나 예술가에게는 좋은 꿈으로 명성이 천하에 떨치게 된다.

물을 부어 불을 끄는 꿈

교통사고 등 갑작스레 재난을 만날 경고이다. 물을 부운 량만큼 손해를 본다.

성화를 들고 달리는 꿈

진리탐구에 몰두하거나 종교적 지도자가 된다.

연기가 나오고 있는 굴뚝의 꿈

공장 굴뚝에서 연기가 나오고 있는 것은 길몽이다. 또한 연기는 사업번창을 뜻하고 있다.

상대방 온몸에 불이 붙어 타는 것을 본 꿈(대길)

자기의 출판물이나 일거리 또는 사업이 융성번창하게 된다.

자신이 손, 발, 몸에 화상을 입는 꿈

꿈속에서 화상을 입거나 불에 덴 것 같은 느낌으로 눈을 뜨는 수가 있다. 화상은 좋은 일을 알리는 길조이다. 추진 중인 사업이나 기타 계획한 일이 뜻밖의 기쁨이 있고, 고귀한 인물과 인연이 있을 징조다. 또는 반도덕적 행위를 범하여 후회하고 있는 것을 나타낸다.

화상을 입은 상처에 약을 바르는 꿈

반도덕적 행위를 범해 입게 된 마음의 상처를 치유하고자 하고 있다.

타인이 화형을 당하는 꿈

당신의 타인에 대한 질투심을 나타낸다.

자신의 몸에 불이 붙어 타고 있는 꿈(대길)

호기심이 좋은 결과를 가져온다. 자기가 하고 있는 사업, 일, 작품 등의 홍보가 자동적으로 되어 신분이 갑자기 업그레드 된다. 또는 작품 발표회 성공 및 남의 부동산을 이전등기하거나 명의변경해서 크게 부자가 된다.

담뱃불을 붙이려는데 좀처럼 붙지 않는 꿈

자기가 본능적인 욕망을 이성으로 누르려고 있다는 증거이다.

불꽃이 공중에서 폭발하는 것을 올려다보는 꿈

성적인 쾌감 대한 격렬한 소망을 나타낸다.

모닥불의 꿈

금전상 손실을 보게 된다.

여럿이 모닥불이나 화롯불에 둘러앉아 있는 꿈
자기의 일이나 사업이 융성하고 세상에 알려진다.

화롯불이 꺼져 버린 꿈
소망이 이루어지지 않고, 화롯가에 여럿이 둘러 앉아 있으면 시빗거리가 생긴다.

램프의 불을 켜는 꿈
양심을 강하게 가지고 다짐하고 반성하는 일이 생긴다.

아침이 되어 밝아졌으므로 램프의 불을 끄는 꿈
당신의 이성과의 욕정에 진 것을 나타낸다.

라이터에 불이 잘 켜지지 않는 꿈
성적 교섭이 잘 안 되어 애타게 고민한다.

양초를 선물하는 꿈
친한 사람과 헤어질 징조이다.

방안에 촛불이나 등불이 밝게 켜진 꿈
사업이나 소원이 만족하게 이루어지고, 해명할 일이나 소식에 의해서 근심걱정이 없어진다.

촛불이 꺼져 버리는 꿈
기다리던 소식이 묘연하고, 근심걱정이 생긴다.

화산이 분화하는 꿈
자기에게 폭발할 것 같은 어려운 문제를 안고 있으므로 지혜를 널리 구해야 한다.

분화구 가까이에 있어 피하려고 해도 마음대로 도망할 수 없는 꿈
문제를 회피하고 싶지만, 그렇게도 안 된다는 암시하는 꿈이다.

횃불을 들고 어두운 밤길을 걷는 꿈
어렵고 힘든 일을 극복하거나 진리를 깨닫게 된다.

아궁이에 불을 붙이는 꿈
사업이 시작됨을 뜻한다.

아궁이 불이 잘 타지 않는 꿈
하는 일이 잘 추진되지 않고 고난을 겪는다. 한마디로 사업에 불이 붙지 않는다고 할 때이다.

열의 꿈
물질적인 자본, 힘, 권력, 열성, 정성, 애정, 자비, 방도, 변화 등의 일과 관련 있다.

방바닥이 따뜻하게 느껴지는 꿈
협조자의 혜택을 입거나 유복해지는 꿈이다.

석유, 연탄, 가스, 벽난로 등이 불이 잘 붙는 꿈
사업이 번창하며 소원이 이루어진다.

폭발물이 터져 자신이 죽는 꿈
혁명적이고 창의적인 일이 성사되어 세상을 알려지게 된다.

빛의 꿈

희망, 계몽, 교화, 명예, 세력, 영광, 광명, 진리, 소식, 통찰, 자극, 정력 등 다양하게 해석된다.

햇빛, 달빛, 여러 가지 빛 또는 광선이 방안에 환히 들어오는 꿈

소원하던 계획이 성취되며, 이해, 결의, 문제 등이 해결된다. 또는 강대한 외부세력이나 종교적인 일이 자기에게 미친다.

폭음과 더불어 하늘에 섬광이 번쩍이는 꿈

세상을 깜짝 놀라게 할 만한 뉴스, 창작품, 명예로움이 생긴다.

폭죽의 불길이 밤하늘을 밝게 수놓은 꿈

계몽적이고 센세이셔널한 일로 세인의 이목을 집중시킨다.

오로라 섬광을 보는 꿈

세계평화가 오거나 위대한 지도자, 발명, 진리의 서적 등이 세상에 나타나게 된다.

거울, 유리조각, 구슬 등의 물건이 빛을 받아 반사되는 꿈

어느 사람의 업적이나 일거리가 자기에게 명예로운 영향을 주게 된다.

플래시를 받는 꿈(대길)

강렬한 사정이나 오르가즘을 느낄 일이 있게 된다. 개인적으로 자기의 목표달성이나 경기에서 우승하게 되어 최고조의 기쁨이 있게 된다.

전선이 합선되어 불이 번쩍이는 꿈

현재 추진하고 있는 일이 어떤 기관 또는 회사에서 전격적으로 성취되며 주목거리가 되고 감명을 준다.

모르는 사람이 전깃줄을 거두어 간 꿈

사업이 중단되거나 남에게 청탁한 일이 이루어지지 않는다.

건널목에서 신호기를 오랫동안 기다리는 꿈

자기가 하고 싶은 일에 대한 부모의 허가를 바라고 있는 것을 나타내는 꿈이다.

전기불이 환하게 켜진 밝은 곳을 걸어가는 꿈

하는 일에 근심걱정이 없어지고, 사업, 취직이 순조롭게 이루어진다.

전깃줄을 방안에 새로 개설 한 꿈

새로운 직장, 사업장, 일의 방도가 마련된다.

공중에서 지상의 아래로 번개와 같은 광선이 뻗어 나오는 꿈

인기, 세력, 진리 등으로 세상을 감동시킬 일이 생긴다.

방안에 연기가 새어드는 꿈

전염병에 감염되거나 남에게 누명을 쓰게 된다.

가스가 폭발한 꿈(대길)

어떤 특허개발품, 상품의 디자인, 선전광고나 작품이 대단한 인기를 끌게 된다.

벽에서 가스가 새어 나온 것을 본 꿈

새로운 소식을 전해 듣거나 인쇄물을 보게 된다.

그림자의 꿈

허무한 것, 거짓, 정체불명의 괴한, 영향력, 4차원의 학설 따위를 비유한 꿈이다.

창문에 그림자가 비친 꿈

상대방을 좀처럼 만나기 어렵고 관청의 일 등이 중개수단을 거쳐야 일이 성사된다.

자기의 그림자가 들판을 가로지르는 꿈

자신의 영향력이 사회에 크게 미친다.

어두컴컴한 곳이나 고장을 걷는 꿈

생소한 곳을 가게 되거나 새로운 소식에 접하게 된다.

18. 색깔에 관한 꿈

빨간색 꿈

음양상 양(陽)이며 오행상 화(火)에 속하여 성격상 공격적이고 열성·정열적이며 다급함을 나타낸다. 때로는 격렬한 감정이나 흥분 상태를 뜻한다. 빨간색 꿈을 자주 꾸는 사람 중에는 정열적이며 타인의 의견에는 별로 귀를 기울이지 않는 독선적 타입이 많다. 그러나 자신이 추구하고자 하는 일은 어떤 난관이 닥쳐도 뚫고 나가는 추진력이 있으며 연애에서도 성공을 거두는 경우가 많다. 단 가끔씩 자신에게 브레이크를 거는 것을 잊지 말도록 해야 한다. 현실을 비유하지면 어떤 일이 성숙단계에 있음을 나타내나 언쟁과 시비의 예시도 된다. 또 잘못된 판단으로 후회할 일도 있으니 꿈의 내용에 따라 길흉을 예지하면 된다.

검은색 꿈

오행상 수(水)에 속하면서 추위와 관계가 있어 현실에서는 음흉, 음탕, 비밀, 암담함을 나타내어 어떤 일이나 상대를 이해하는데 어려움이 따른다. 간혹, 후덕함, 자비심과 연관되는 수도 있다. 때로는 공포와 불행, 죽음을 의미한다. 즉 자신의 기분이 완전히 다운되어 있다는 증거이다. 우울한 마음이나 복잡한 갈등을 암시하며 타인에 대한 공격적인 기분이 높아가고 있음을 뜻하기도 한다. 이 꿈을 꾼 날은 가능하면 밝게 하루를 지내기 위해 코믹영화를 본다거나 쇼핑 등을 하여 침체된 기분에서 벗어나도록 노력할 것이다.

파란색 꿈

오행에서 목(木)의 속성을 가져 왕성함을 나타내고, 정신적인 면이나 영적인 것을 상징한다. 푸른 바다. 푸른 하늘, 푸른 모자 등 어느 것이나 행복을 암시하는 길몽이다. 푸른 꿈을 자주 꾸는 사람은 영감이 뛰어난 사람에 속하며, 섬세한 감성의 소유자로 창조적인 재능을 지니고 있는 경우가 많다. 단 신체적으로 간과 장의 질환에 주의할 필요가 있다. 현실에서는 젊음, 일의 시작, 의욕적인 상징성과 명랑, 이지적인 일들과 연관된다.

흰색 꿈

오행상 금(金)에 속하여 속박, 청렴하면서 강건함을 나타낸다. 새로운 직장, 사업, 양보할 수 없는 일들에 관여된다. 흰색 꿈은 좋은 면과 나쁜 면의 양면을 갖고 있는 색이다. 좋은 면은 가정의 안정과 행복을 상징하며, 나쁜 면은 공백으로 인한 현재 상태에 대단히 불만을 갖고 있음을 뜻한다. 흰색의 뱀은 좋은 면을, 흰색의 말을 타고 있는 기사가 나타나는 꿈은 거의가 나쁜 면을 상징한다. 또는 새로운 일이 시작되는 암시의 가능성도 있다.

황색 꿈

오행상 토(土)에 속하여 숙련, 완숙, 노쇠함의 상징이며, 학문·고집스러움과 연관된다. 현실에서는 재물을 얻는 것과 연관된다. 마음의 불안이나 고통을 상징한다. 또는 갈등을 의미하기도 한다. 자신이 입고 있는 황색의 옷을 갈기갈기 찢어 버리는 꿈은 자신의 고통이나 불안 등에서 빨라 도망가고 싶은 심리 상태를 뜻한다. 단 꿈에서 황색의 개가 나오면 형제에게 빨리 도움을 요청하도록 한다.

노란색 꿈

평화적이고 포용적이면서 성스러움으로 표현된다. 현실에서 존경, 평화, 애정의 어떤 일들에 좋은 일로 나타나는데, 경우에 따라 일의 지연에도 연관이 있다.

초록색 꿈

용감성은 있으나 질투, 시기심과 연관되어 현실에서 새로운 일, 유아, 소년기와 관계되며 큰 진전이 있다기보다 시작에 불과하다는 것과 연관된다. 5월의 신록은 보기에도 상쾌하고 아름답다. 녹색은 생명력과 무한한 진취력을 상징한다. 신호등에 녹색의 불이 있는 이치다. 사파이어 등과 같은 녹색의 보석을 몸에 지니고 있는 꿈은 행복한 인생의 암시에 속하므로 언제나 찾아온 행운을 잃지 않도록 노력해야 한다.

회색 꿈

흰색과 검은색의 중간색으로 이중성, 허약성을 상징하니 일의 추진이 분명하지 못하고 결단을 내리지 못하는 일에 연관된다.

분홍색 꿈

심약한 마음이나 어리광을 부리고 싶은 심

리적 상태를 상징한다. 또는 로맨틱한 기질의 표현일 수도 있다. 대개 핑크빛 꿈을 꾸는 사람들에게는 유아적 기질과 의존적 기질이 많은 것이 특징이다. 핑크빛 옷을 입고 강아지를 끌고 산보하는 꿈은 누군가로부터 사랑을 받고 싶다는 잠재의식의 표시다. 그러나 지나치게 사람을 믿는 태도는 제어할 필요가 있다.

자색 꿈

기분이 고조되어 있는 상태를 의미한다. 자색의 꿈을 자주 꾸는 사람은 어떠한 일에 있어서도 돌발적인 태도를 보여 사람들 속에서 고립되기 쉬운 특징을 갖고 있다. 그러나 혼자서도 자신의 생을 꾸려갈 수 있는 지적인 타입이 많고 철학자와 같은 사색적인 면도 보이고 있다. 자색으로 물든 하늘을 보는 꿈은 고귀한 세계에 대한 동경을 의미한다.

갈색 꿈

마음의 안정도나 따뜻함을 표시한다. 녹색 잎이 갈색으로 변화되는 꿈은 약동적인 인생보다는 차분하고 안정된 인생을 소망하고 있다는 증거이다. 커리어우먼보다는 결혼을 해서 요리를 만들고 아이들과 함께 노는 것을 즐기는 가정을 가장 소중히 여기는 타입이라 할 수 있다.

제 8 장 음식물과 곡식, 과일, 술에 관한 꿈 해몽

1. 육류, 어류, 패류, 야채에 관한 꿈

고기를 사거나 요리하는 꿈

부를 암시한다.

생선이나 새 종류의 고기를 익혀서 먹고 있는 꿈

원했던 일이 이루어질 꿈이다.

게를 보는 꿈

반찬이든 살아있든 게를 보면 바람이 분다.

소라를 본 꿈

가족이 흩어지는 일이 생기거나 사랑하는 사람들과 헤어지는 일이 있다.

오징어를 먹는 꿈

흔히 여성이 많이 꾸는데 이것은 여성의 성적 욕망을 나타내며 현실에서도 그 욕망은 성취된다.

고기를 사는 꿈, 고기를 요리하는 꿈(대길)

부를 얻을 것을 암시한다. 땅을 사거나 주식, 펀드 등에 투자하게 되는데, 재물을 얻게 된다.

고기를 먹는 꿈

누군가와 사소한 분쟁을 일으킬 것이다. 냉동육은 배반의 상징이고, 썩은 고기라면 건강에 주의해야 한다.

정육점이 나온 꿈

오랫동안 만나지 않았던 친구와 옛 우정을 돈독히 다지게 될 것이다.

정육점에서 동물을 도살하는 꿈

옛 친구의 죽음을 암시하는 꿈이다.

돼지고기를 먹는 꿈

병이 생길 징조이다. 특히, 고기를 생으로 먹으면 좋지 않다.

불고기를 요리해 먹고 있는 꿈

길몽이며, 뜻했던 일이 순조롭게 진행된다.

직접 불고기 요리를 하거나 불고기 음식점의 점원이 되었던 꿈

가정 내에 축하할 일이 생길 것이다.

돼지비계를 자르는 꿈

친구를 잃을 가능성이 있다는 것을 뜻한다.

돼지비계로 요리를 한 꿈

지나치게 돈에 집착해 있다는 증거이다. 인생에 있어서 돈이 전부가 아니다라는 생각을 가져보자.

쇠고기 날 것을 본 꿈

예부터 남이 죽은 집에서 귀신이 쫓아온다고 믿어왔다.

쇠고기를 날로 먹는 꿈

자기 일은 자기 가슴 속에만 비밀로 간직하라는 경고이므로 비밀을 털어놓지 말도록 조심할 꿈이다.

쇠고기를 권하는데 먹기를 거절한 꿈

가까운 시일 안에 도움이 필요하게 될 징조이다. 반대로 맛있게 먹었다면 사업이 급성장을 할 꿈이다.

돼지고기를 직접 불고기 요리를 하거나 불고기 음식점의 점원이 된 꿈

가정 내에 축하할 일이 생길 것이다.

동물의 간을 먹거나 요리한 꿈

건강 상태가 개선될 징조이다.

콩팥을 먹거나 요리하는 꿈

도박에 손대지 말라는 경고이므로 당분간은 도박성이 있는 일에 손대지 말기 바란다.

생선이나 새 종류의 고기를 익혀서 먹는 꿈

원했던 일이 이루어질 꿈이다.

여성이 조개를 열고 있는 것을 본 꿈(태몽)

재주가 좋은 아이를 낳을 징조로 특히, 남자가 이 꿈을 꾸면 아들을 얻는다.

야채를 보는 꿈

그다지 좋은 꿈은 아니다. 말린 야채나 조리가 끝난 야채는 가족 간의 말다툼을 암시한다.

야채를 먹는 꿈

돈을 잃어버릴 가능성이 많다.

밭에 심어져 있는 야채를 보는 꿈

뭔가 고민이 있다는 증거이다.

야채를 수확하는 꿈

많은 비판을 받고 있다는 것을 의미한다. 썩은 야채는 실망을 암시한다. 야채의 껍질을 벗기고 있었다면 안 좋은 소식이 있을 것이다.

붉은 색이 띄는 가지를 보는 꿈(대길)

매우 좋은 꿈이다. 생각했던 일들이 다 성취된다.

큰 가지를 손에 들고 집으로 돌아오는 꿈(대길)

사회적으로 높은 지위에 올라가는 등 출세할 수 있는 대길몽이다.

남에게 가지를 주는 꿈

좋지 않은 꿈으로 재물이 나가거나 손해를 입게 된다.

가지를 따먹는 꿈

혼담이 성사되며 임신하게 된다.

가지를 따는 꿈

입신출세하게 된다.

가지를 다른 사람에게 주는 꿈

재산이 차츰 없어져서 가난하게 된다.

무를 본 꿈

짧은 시간에 성공을 거둘 수 있을 것이다. 하지만 무를 먹었다면 소망을 이루기 전에 만만치 않은 경쟁을 강요당할 것이다.

무나 파밭이 무성한데 그 옆에 배추밭이 무성한 꿈

혼담이 오고가서 결국 성사된다.

오이를 먹는 꿈

병의 회복 또는 오랫동안 행방을 알 수 없었던 친구가 돌아온다는 것을 암시한다. 요리가 되어 있는 오이였다면 사업 면에서 실수를 할지도 모른다. 결정을 내리기 전에 다시 한 번 재검토 할 필요가 있다.

오이를 보는 꿈

마마에 걸린다.

감자나 고구마 등을 보는 꿈(태몽)

임신을 하거나 영리하고 재능 있는 아들을 낳을 징조이다.

감자나 고구마를 다른 사람에게 주는 꿈

돈 문제로 고민이 생길 것을 암시하는 꿈으로 금전적인 문제에 신경을 써야 할 것이다.

풋콩깍지 꿈(대박)

풋콩깍지를 집으로 가져 와서 보니 어느 새 익어서 검은 콩으로 변하고 양도 많아졌다면 이것은 틀림없는 길몽이다. 현재의 일이나 계획하는 일을 신속하게 처리해야 한다. 머지않아 작은 투자로 엄청난 대박을 보게 될 것이다.

콩을 본 꿈

장수를 상징한다. 현실에 만족하고 건강을 잘 지키도록 바란다.

마늘을 본 꿈

잃어버렸다고 포기하고 있던 물건을 발견하게 될 것을 암시한다.

마늘을 먹는 꿈

주의해야 한다. 가까운 사람이 배신하고 비밀이 폭로되며, 다른 사람과 싸움을 암시하기 때문이다.

마늘을 사용하여 요리를 한 꿈

현재 당신을 동료들 사이에서 평판이 별로 좋지 않은 상태이므로 주의를 요한다.

생강을 먹거나 냄새를 맡는 꿈

정열적인 사랑이 시작될 것을 예고한다.

양파를 본 꿈

험난한 인생을 암시한다.

양파를 먹는 꿈

금전적인 혜택이 있을 것이다.

양파나 마늘 등을 캐는 꿈

동료들과 마찰이 있거나 배신당할 징조가 있으니 이러한 꿈을 꾸었을 때는 언행에 각별히 신경 써야 한다.

약초나 산삼을 먹는 꿈

걱정이나 고민이 해결되고 좋은 일이 생길 길몽이다.

깊은 계곡에 하얀 산삼 꽃이 피어 있는 꿈

명예와 성공 등을 암시하며, 계획하고 있거나 소망하던 일이 잘 풀린다.

커다란 바위틈에 산삼 꽃이 활짝 피어 있는 꿈

신상품을 개발하여 출하함으로써 대중에게 좋은 반응을 얻게 된다.

산삼이 모자를 쓰고 산봉우리를 향해 솟아있는데 그곳을 많은 사람들이 우러러 보는 꿈(태몽)

태아가 장차 훌륭한 법관, 변호사, 의사, 광고 사업 등을 하게 되어 여러 사람들에게 혜택을 줄 것을 뜻한다.

장롱 속에 마른 산삼이 가득한 꿈

집안에 돈과 재물이 들어와 물질적으로 풍요롭게 된다.

산삼을 캐서 뿌리째 먹은 꿈

행운을 암시하며, 대업을 성취하여 부귀영화를 누리게 될 좋은 징조다.

산삼을 안고 애무하는 꿈

실제로 산신령의 도움으로 영약과 산삼을 발견하게 된다. 횡재, 돈이 들어온다.

신선에게 침을 맞거나 약을 받는 꿈

집안이 화목하고 건강해서 평안한 가정이

될 것이다.

약초를 다려 먹거나 약초 즙을 내어 먹는 꿈

건강이 회복되고 근심걱정이 소멸된다.

채소나 청과류를 사오는 꿈

어떤 사업장이나 사회기관에서 재물, 돈, 자료, 성과 등을 얻는다.

채소가 무성함을 보는 꿈

사업이나 관심거리, 혼담, 계약 등의 결실을 가져온다.

호박이나 박이 여기 저기 수없이 많이 열린 것을 보는 꿈(대박)

글자그대로 대박이다. 작품, 일의 성과 등의 큰 얻거나 이룬다.

고추를 포대에 담아두는 꿈

아들이 몸에 상처를 입는다고 한다.

풋고추를 보거나 얻은 꿈(태몽)

풋고추는 딸, 빨간 고추는 아들을 낳을 태몽이다.

2. 곡식, 곡물에 관한 꿈

숲이나 들에 곡물을 심는 꿈

재물이 풍족해진다.

자기가 농사를 짓는 꿈

사업을 추진하거나 작품을 완성한다.

자기가 벼를 심는 꿈

멀리 외출이나 출장가게 된다.

개간을 해서 논밭을 만드는 꿈

개척적이며 계몽적인 사업을 시작한다.

다른 사람을 시켜 농사를 짓는 꿈

어려운 일이 가고 좋은 일이 찾아온다. 대길할 꿈이다.

들판이나 산속에 있는 농삿집으로 자기가 가 보는 꿈

점점 출세를 하여 복록을 누리게 된다.

아직 벼를 심지 않은 논두렁을 혼자 걷는 꿈

사업을 시작할 계획이나 직장에서 어떤 일을 추진할 계획을 세우게 된다.

벼가 누렇게 익은 황금벌판을 보는 꿈

사업이 성공하거나 작품이 결실을 맺는다. 또한 결혼이 성사될 것이며, 남자와 직업은 신문기자와 관계한다.

들판에 벼가 가득하나 아직 여물지 않은 꿈

점차적으로 큰 부자가 된다.

곡물의 씨앗을 만지거나 보는 꿈

인적자원이나 물질적 자본이 풍족하게 된다.

곡식을 바닥에 멍석을 펴고 말리는 꿈
사업성과를 공개하거나 사업을 시작하게 된다.

곡물을 사방에 널어놓는 꿈
노력한 대가를 지불받게 된다.

오곡이 집안에 가득 쌓이는 꿈(대길)
재판에 이기고, 재물이 불어난다.

오곡이 무성하게 보이는 꿈(대박)
집안에 왠 비 맞은 소가 들어오듯 재물과 행운이 찾아온다.

쌀을 입에 물고 있는 꿈
집안에 근심이 생기고, 쌀을 조금이라도 남에게 주면 근심걱정이 해소된다.

곡물이 풍년이 들어 알찬 열매를 맺고 있는 꿈
집안이 화평하고 자기의 신변이 편안하며 큰 재물이 생긴다.

들판에 쌓인 많은 쌀을 보는 꿈(대박)
상당히 먼 훗날에 치부하게 되는 꿈이다.

수많은 쌀가마가 집안 가득 차는 꿈(대박)
크게 부자가 될 꿈이다.

벼가 누렇게 익은 황금벌판을 걸어가는 꿈
길몽으로 자신이 부귀로워진다.

볏단을 운반하거나 쌓는 꿈
재물 또는 작품 등으로 인한 소득을 얻는다.

벼를 수확한 꿈
사업면에서 이익이 발생할 꿈이다.

볏 가마를 밖으로 실어내는 꿈
재물의 손실이 있거나 가족의 죽음 또는 직장인이라면 감원된다.

승려에게 쌀을 시주하는 꿈
취직이나 시험에 합격하게 된다.

다른 사람이 자기에게 쌀을 가져다주는 꿈
남의 도움으로 부자가 된다.

하늘에서 쌀 벼락이 떨어지는 꿈(대박)
부동산투기, 주식투자에서의 국가정책의 도움으로 어려움이 사라지고 만사가 순조롭게 잘 풀려나가 큰 부자가 된다.

자기가 쌀 위에 앉아 있는 꿈
먹고 사는데 걱정이 없어진다.

쌀이 보인 꿈
치성을 드리라는 통지다.

쌀밥을 먹는 꿈
좋은 일거리에 종사할 수 있고, 잡곡밥을 먹으면 맡겨진 일이 힘들다.

보리타작을 하는데 낟알이 하나도 떨어지지 않는 꿈
도박을 하여 큰돈을 잃게 된다. 또 될듯 될듯하면서도 원하는 바가 결코 성취되지 않는다. 한마디로 노력한 만큼 결실이 없다.

곡물의 이삭을 줍는 꿈
돈을 만질 일이 생겨 부자가 된다.

잡곡의 이삭을 줍는 꿈
자본을 얻게 되고 사업을 무난히 이끌어 가게 된다.

자기 또는 다른 사람이 콩이나 팥을 그릇에 넣고 뒤 젓는 꿈
집안에 싸움이나 시끄러운 일이 생기게 된다.

콩이나 보리쌀을 보는 꿈
자손이 싸움을 하거나 병에 걸려 고생한다.

콩, 옥수수를 보는 꿈
마마에 걸린다.

콩, 팥, 녹두 등을 먹는 꿈
집안에 다툼이 있고 자손들 간에 의가 상한다.

곡물을 저울에 달아보는 꿈
다른 사람과 협상할 일이 생기며 그 결과는 만족스럽게 끝난다.

지붕 위에 곡물의 싹이 돋아나는 꿈(대길)
대단한 길몽이다. 출세할 꿈이다. 높은 관직을 얻게 된다.

방아를 찧는 꿈
정신적 물질적으로 풍족해진다.

물레방아를 보는 꿈
자기보다 더 높은 사람을 만나 뜻밖에 좋은 일이 생긴다.

집안에 짚이 쌓여 어찌할 바를 모르는 꿈
흉몽이다. 집안이 차차 기울어져 패망한다.

3. 과일 등에 관한 꿈

과일을 먹는 꿈
과일을 먹는 꿈은 자기의 상황에 따라 다양하게 해석한다. 빨간 과일은 화재 또는 정열적인 성격, 생리의 뜻을 나타낸다. 일반적으로 부인이 과일을 먹는 것을 꾸면 평범한 태몽이다. 꼭지 있는 과일을 먹는 꿈은 남자아이, 꼭지 없는 과일을 먹는 꿈은 딸을 낳게 된다.

신과일이나 단과일을 먹는 꿈
재물을 탕진하거나 가까운 사람들과의 이별하게 된다.

풋과일을 어른이 따줘서 먹는 꿈
제대, 퇴직, 불합격 등에 관한 일이 생긴다.
나무에 올라 과일을 따먹는 꿈
취직, 계약, 시험 등의 일을 나타낸다.

새콤한 과일이나 달콤한 과일을 먹는 꿈
재물을 탕진하거나 가까운 사람들과 이별하

게 된다.

친척집이나 친구에게 과일과 먹을 것을 얻는 꿈

새댁과 부인은 임신을 하고, 가정 식구는 물건을 구입한다. 선물과 횡재수가 있다.

덜 익은 과일을 윗사람이 따주어 먹는 꿈

퇴학, 제대, 퇴직, 불합격 등에 관한 일이 생긴다.

누런 과일과 푸른 과일을 몰래 훔친 꿈

제3자를 통해서 혼담이 이루어지는 등 사랑의 결실을 맺거나 재물을 얻고 사업운이나 금전운, 연애운 등이 활기를 띠게 된다.

과일이나 과자 등을 바라보기만 하고 먹지는 않았던 꿈

남이 하고 있는 일에 참여하고 싶지만 여건이 맞지 않아 그저 바라보기만 할 일이 생긴다.

나무 중간에 열린 과일을 딴 꿈

이것이 태몽이라면 별 어려움 없이 일을 추진해 나갈 자손을 얻는다.

남이 따 준 과일을 받은 꿈

계약, 혼약, 청탁, 일거리 등의 일과 관계하여, 자신이 해야 할 일이 많아 분주할 징조다.

원숭이가 이 나무 저 나무로 옮겨 다니면서 과일을 따먹는 꿈

하는 일이 바쁘고 분주하며, 하는 일마다 결실을 맺을 것입니다. 여기 저기 여행을 다니게 된다.

모자를 벗어서 과일, 돈, 금, 은, 보석, 기타의 물건을 담는 꿈

정신적인 어떤 사업으로 이득을 얻게 된다.

구멍가게에서 과일을 사먹고 오백원을 지불한 현역 군인의 꿈

어떤 다른 부대에서 오개월간 출장 근무할 것을 예시한 꿈이다.

방 안에 심은 과일나무에서 잘 익은 과일을 따먹은 꿈

약혼이나 결혼이 성립되거나 사랑의 고백을 받을 징조입니다. 또한 결혼한 사람은 성교할 일이 생긴다.

익지 않은 과일을 남에게서 받는 꿈

신분이 상승하거나, 사회를 위해 봉사할 수 있는 일이 생긴다. 또한 자신을 아껴주는 사람이 나타난다.

과일나무에 과일이 주렁주렁 달린 꿈

사업성과, 창작 활동 등을 나타낸다.

산 중턱에서 과일을 따온 꿈

이것이 태몽이라면 운세가 서서히 호전되어 일을 성취시키는 자손을 얻는다.

얼굴 미용을 위해 야채와 과일을 썰어서 피

부에 붙이는 꿈
겉과 속이 다른 표리부동한 마음을 나타낸다. 피부질환이 있다.

전주에 달린 과일을 모르는 사람이 따다 버린 꿈
계약이 깨지고 사람이 행방불명된다.

과일을 통째로 삼킨 꿈
재물, 권리, 명예 등을 얻게 되며, 주위 사람들로부터 호평을 받게 된다.

과일을 파는 가게와 관계한 꿈
금융기관에 출입하거나 그런 곳에 근무하고 있는 사람과 상담할 일이 생긴다.

떡과 과일을 훔쳐와서 실컷 먹는 꿈
맹독한 유행성 질환에 걸려 혼쭐난다. 질병, 감기, 위장병, 두통 등이 발생한다.

두 개의 과일 중 한 개는 허리춤에 넣고 한 개는 손에 든 노인의 꿈
같은 해에 친손자와 외손자가 각각 태어날 것을 예시한 꿈이다.

혼담이나 사업상의 일로 썩은 과일을 얻어온 꿈
결혼, 사업 등이 불행을 가져온다.

과일가게에서 토마토를 훔쳐오는 꿈(태몽)
삼신할머니가 귀여운 자식을 점지해 주신다. 작은 욕심으로 마음의 스트레스를 확 풀게 된다.

과일이나 과자 등을 바라보기만 하고 먹지는 않았던 꿈
남이 하고 있는 일에 참여하고 싶지만 여건이 맞지 않아 그저 바라보기만 할 일이 생긴다.

붉은 과일에 관한 꿈
일의 성숙 단계이고, 붉은 꽃은 열정, 애정, 충성, 명예 등의 뜻이다.

한 개뿐인 붉은 과일을 따먹는 꿈
여자를 만날 일이 생기거나 시험에 합격할 꿈이다.

쟁반위에 과일이 가득 담겨 있는 꿈
큰돈이 들어오거나 경사가 생긴다.

과일을 치마 속이나 허리춤에 감추는 꿈
자손이 잉태되거나 이성의 사랑을 얻고 돈이 생길 수도 있다.

과일 주스를 마신 꿈
꿈속에서의 과일주스는 건강 증진과 생명력 향상을 암시하며, 앞으로 생동감 넘치는 나날이 계속된다.

냉장고 안에 갖가지 음식 재료와 과일이 들어 있는 꿈
재물과 돈이 생기고 먹을 것이 풍족하게 된다. 선물, 저장, 물품 등이 생긴다.

쪼개진 과일을 얻은 꿈

확실하지 않은 사업에 손을 대게 되어 손해를 보거나 혼담이 깨지거나 연인과 이별하게 된다.

과일을 손에 들고 식칼로 자르는 꿈

희귀한 병으로 고생하다가 결국에는 수술을 받게 된다. 이런 꿈을 꾸었을 경우 육체적, 정신적으로 무리하지 않도록 주의하는 것이 좋다.

꽃은 졌는데 과일을 맺지 않는 꿈

사업성과를 얻지 못하거나 몰락할 운세에 놓이게 된다.

과일이 세 개 달린 가지를 꺾어 온 꿈

태몽일 경우, 삼형제를 두게 된다. 일반적인 꿈에 있어서는 한 사람이 세 가지 사업 성과를 얻을 것을 예시하는 꿈이다.

자신이 과일을 가지째 꺾어 들고 있거나 꽃가지를 꺾어 쥐고 있는 꿈

구혼, 청혼, 데이트 신청에 즐거운 기분이 된다.

숲속에서 과일을 따먹은 학생의 꿈

여러 학과에서 우수한 성적을 얻게 된다.

가족과 함께 과일을 먹는 꿈

가족 모두가 건강하고 행복하게 된다.

많은 사람을 초대하여 과일을 권하며 잔치나 파티를 벌이는 꿈

차츰 부자가 될 꿈이다.

바구니에 과일이 가득한 꿈

현재 생활에 만족함을 의미한다. 현재 다소의 불만이 있다 하더라도 곧 해결될 수 있다. 재물이 들어올 징조이며, 집안에 경사스런 일이 생기게 된다.

나무에 매달린 열매를 따먹으면서 선악과일이라고 생각하는 꿈

옳고 그름을 판단하는 분별력이 생긴다. 수도 중에 있는 사람은 깨달음을 얻는다.

자기가 과일나무 위에 올라가서 과일을 따먹는 꿈

원하던 일을 성취하게 된다. 취업이나 입학 등이 결정되고 부진하던 이성간의 사귐이 본격화되어 육체적인 결합에 성공한다.

과수원 전경을 바라보거나 자기가 과수원 안으로 들어가는 꿈

학문연구, 작품, 상담 등 추진하고 있던 일이 본격화된다.

과수원이나 밭에 푸른 과일이 주렁주렁 열린 꿈

모든 일이 잘 풀리어 그 결실이 크게 맺는다.

시장에서 과일이나 채소를 사가지고 오는 꿈

직장이나 사업체 등에서 돈이나 재물, 자료

등을 얻게 된다.

과일나무 아래 앉아 있는 꿈

재물이 많이 생긴다.

사과, 대추, 감, 밤 등이 아주 잘 익어 보이는 꿈(태몽)

태몽이라면 재주가 비상한 아이나 관운에 밝은 아이를 낳을 꿈이다. 자손이 번성한다.

사과, 대추, 감, 밤, 배 등의 과일이 아주 잘 익어 보이는 꿈

자손이 번성한다.

과일나무에 과일이 주렁주렁 열려있는 꿈

사업, 작품 등에 큰 성과를 얻는다.

방안의 과목에 과일이 주렁주렁 열리는 꿈

사업, 연구자료, 혼담, 상거래에서 큰 성과를 올린다.

대추를 본 꿈(태몽)

자손이나 집안의 화목과 금슬을 의미한다. 사랑하는 사람의 아이를 가지거나 재주가 비상한 아이를 낳을 꿈이다.

감이나 복숭아를 먹는 꿈

예전에 헤어졌던 사람과 다시 만나게 된다.

푸른 감을 먹는 꿈

병, 특히 감기를 초래한다.

감이 붉게 익은 꿈

현재의 어떤 일에 대해 앞으로 조심할 필요가 있다.

홍시를 따먹거나 사먹는 꿈

관청이나 회사에서 주어지는 일이 수월하고 이득이 많을 것이다.

자기가 밤송이를 주운 꿈(태몽)

길몽으로, 밤송이를 주우면 아들을, 깐 밤을 얻으면 딸을 낳는다.

길가나 땅에 떨어진 밤알을 한 두 개를 주워 먹거나 호주머니에 넣는 꿈

다른 사람과 다툴 일이 생긴다.

밤밭에서 밤알을 호주머니에 가득 채워 넣는 꿈

상당한 재물을 얻거나 학과성적 또는 직장에서의 근무성적이 우수해진다.

자기가 밤나무에 올라가는 꿈

승진하여 중용될 것이다.

밤송이가 충분히 익은 꿈

사업, 결혼, 작품 등의 일이 이루어진다.

밤알이 광에 가득 차는 꿈(태몽)

여아가 태어날 수 있으며, 재물로써 집안을 빛내게 될 것이다.

밤꽃이 피거나 새순이 돋아난 꿈

일의 성과나 기초 작업에서 경사가 있다.

산에 떨어진 도토리나 상수리를 많이 주워오는 꿈

정신적, 물질적인 재물을 얻는다.

사과를 본 꿈

소원 성취할 길조이다. 또는 성적인 유혹을 상징하고 있다. 큰돈을 벌어서 남부럽지 않은 생활을 할 수 있을 것이다.

사과를 먹는 꿈

즐겁고 기쁜 일이 생긴다. 연인으로부터 사랑받게 될 것이다. 덜 익고 새콤한 사과를 먹으면 재판받을 일이 생기거나 경솔한 언행으로 인해 스스로 문제를 일으킬 수도 있다.

꼭지 달린 사과를 따는 꿈(태몽)

아들을 낳는다.

잘 익은 달콤한 사과를 먹는 꿈(태몽)

태몽이거나 즐거운 일이 일어날 징조이다.

여자가 사과를 먹는 꿈

아주 기쁜 일이 생기며 익지 않아서 파란사과를 먹으면 남과 다투게 된다.

배를 먹는 꿈

재수 없는 일이 일어난다. 돈이나 재물을 잃게 된다. 또는 부부싸움을 일으켜 이별해야 하는 입장에 빠지게 될 때도 있다. 또는 감기에 걸릴 것을 암시하기도 한다.

복숭아꽃이 만발하게 핀 꿈(태몽)

미혼의 남녀라면 좋은 연인을 얻거나 가연을 맺게 된다. 가정은 평화롭고 자손은 번영하게 된다.

복숭아나무에 열매가 맺히는 꿈

누군가와 좋은 인연을 맺게 될 꿈이다. 머지않아 당신에게 도움을 줄 사람이 날 것이다.

복숭아나무에 턱도 없는 가지가 열리는 꿈

그리 정당하지 못한 방식으로 눈앞의 이익을 추구할 가능성이 있다.

먹으려고 하는 복숭아가 썩어 있는 꿈

성병에 대한 공포이다.

잘 익은 복숭아를 얻거나 먹은 꿈(태몽)

장차 훌륭한 학자가 될 아이를 갖게 된다. 자신이 연애에 성공하거나 학과성적이 우수해진다.

덜 익은 복숭아를 먹는 꿈

친구를 얻게 된다. 또한 남으로부터 비방을 듣게 되며 걱정거리가 생긴다. 건강도 그다지 좋지 않다.

포도송이를 자르는 꿈

어버이와 자식이 헤어지게 된다.

포도나무가 자라는 꿈

사업이 본궤도에 올라 성공하게 된다.

포도밭에서 자장 굵고 큰 포도를 따가지고 오는 꿈

학교, 직장에서의 성적이 남달리 우수하게 평가된다.

포도 한 송이를 손에 들고 집으로 돌아오는 꿈

길몽이다. 포도는 송이가 많고 씨앗도 많이 들어 있는 과일로써 많은 재물이나 이익을 보게 된다.

포도를 많이 먹는 꿈

현재 사귀고 있는 사람과 한번 헤어지고 다시 만나게 될 것이다.

들고 있는 포도의 색깔이 점점 변해가는 꿈

건강이나 사업, 혹은 인간관계에 있어서 무언가 좋지 않은 변화가 일어나고 있다.

손에 들고 있던 포도를 떨어뜨리는 꿈

역시 좋지 않다. 이익이 있을 뻔했다가 그 이익은 물론 오히려 원금마저도 손해를 보게 된다.

호두알을 먹는 꿈

모든 일이 불쾌하고 신경은 예민해지지만 그 기간이 짧으므로 시간이 지나면 길복하다.

안보이게 감추었던 호도를 찾아내는 꿈(대박)

뜻하지 않은 선물이 생기거나 재물이 들어온다. 로또복권을 사본다.

호도 등을 한입에 깨물어 먹은 꿈

어떤 일을 진행하는 큰 성과를 얻게 된다.

석류나무에 석류가 열려 있는 꿈

아이들로 인한 괴로움이 생긴다.

석류를 먹는 꿈

가족이나 자손에게 좋지 못하다.

석류를 따는 꿈

Sex에 강한 소원을 나타낸다.

무화과나 모과를 따먹는 꿈(대박)

큰 재물을 얻게 되어 일약 부자가 된다. 복권을 산다.

귤을 먹는 꿈

가까운 친구가 죽는다.

귤을 먹는데 무척 시게 느껴지는 꿈

손재수가 있다. 재물을 잃어버리게 된다.

바나나를 사는 꿈

번영을 의미한다.

바나나가 나무에 열려 있는 꿈

좋은 일이 있을 것이다.

썩은 바나나의 꿈

친구에게 실망하게 될 징조이다.

바나나를 먹는 꿈

운이 좋은 것을 암시한다. 무엇인가 의무를

다해야 할 상황에 놓이게 될 것이다.

남성이 꿈에 바나나를 본 꿈

페니스 콤플렉스가 있다.

파인애플을 먹고 있는 꿈

소식이 뜸하던 친구로부터 소식이 오거나 소원이 이루어지게 된다.

파인애플이든 사과 든 설익은 것을 먹은 꿈

싸우는 일이 생기게 된다.

오렌지나 귤, 레몬을 본 꿈

오렌지나 귤이 나무에 매달려 있거나 출하하기 위해 상자에 담겨져 있는 것을 보았다면 안정감 있고 착실한 전진을 의미한다.

레몬을 빨아먹은 꿈

사람들에게 창피를 당할 일이다.

레몬을 쥐어짜는 꿈

절약할 시기가 되었음을 경고하고 있다.

딸기를 먹는 꿈

건강을 해칠 우려가 있는 꿈이다. 딸기를 땄다면 경제상태가 향상될 것을 암시하는 꿈이다. 보통 딸기는 남몰래 하는 사랑을 의미한다.

딸기가 나무나 줄기에 매달려 있는 것을 본 꿈

자기의 사회적인 지위가 향상된다.

수박이 열려 있는 꿈

우연한 사랑에 빠지지 않도록 주의하기 바란다.

수박을 먹는 꿈

주변의 사람이 죽게 되고, 수박을 잘 모르는 사람이 보내오면 자신도 모르게 구설수에 휩쓸리게 된다. 특히 이성간의 문제로 고민한다.

참외를 먹는 꿈

좋은 남자를 만나게 된다.

원예를 하는 꿈

아기를 낳거나, 낳고 싶다는 소망을 나타내고 있다.

푸른 과일과 누런 과일을 훔치는 꿈

중매자를 통해 결혼이 성립될 것이다.

상한 과일을 얻는 꿈

유산되거나 하고 있는 일의 잘 풀리지 않고 실패한다.

터진 과일을 얻어먹는 꿈

결혼 또는 사업이 실패가 온다.

과일을 손에 들고 식칼로 자르는 꿈

희귀한 병으로 고생하다가 결국에는 수술을 받게 된다.

먹으려고 하던 과일이 썩었거나 고약한 냄새가 나는 꿈

성병에 대한 두려움을 나타내고 있다.

4. 음식과 음료수, 식료품 및 음식과 관련한 행동에 관한 꿈

음식의 꿈

그 음식의 상태, 가치, 먹는 방법 여하에 따라 각각 상징의의가 달라진다.

음식재료의 꿈

정신적 물질적인 자본, 일거리, 작품 등을 상징한다.

떡을 먹는 꿈

꿈속에서 떡은 재물을 상징한다. 재물이나 그와 관계된 일거리를 받게 된다. 또는 떡과 밥은 감기를 뜻한다. 감기에 걸릴 꿈이다.

떡장수에게 떡을 사 먹는 꿈

중개업자나 중매쟁이에 의해 일 또는 결혼 등이 성립된다.

떡을 직접 만들거나 먹는 꿈

평소 원했던 일이 성취되며, 사회에 봉사할 일이 생길 것이다. 또한 평생을 함께 할 배필을 만날 징조이기도 하다.

떡을 여러 사람들에게 나누어 준 꿈

어떤 소식이나 도서 등을 남에게 들려주거나 나누어 줄 일이 생긴다. 또한 많은 지식을 갖고 있는 사람과 이야기할 기회를 갖게 된다.

큰 시루에 떡을 다 먹어치운 꿈(태몽)

태아가 장차 커서 모든 면에서 부족한 것이 없으며 세상에 이름을 떨치게 되거나 큰일을 하게 되며 성공하고 부귀로 와진다.

돈이나 유가증권을 음식물이라 생각하고 먹은 꿈

혼자서 외롭게 결정해야 할 일이 생긴다.

빵을 보는 꿈

경마에서 한 몫 잡을 징조로 어쨌든 도박에는 운이 따를 꿈이다.

빵을 먹는 꿈

건강과 튼튼한 신체를 상징하고, 빵을 만드는 꿈은 먼 곳에 있는 친구에게서 소식이 올 것이다. 또 흰 빵은 감수성이 예민해 상처받기 쉬운 상태에 놓여 있다는 뜻이다.

검은 빵을 본 꿈

급박한 상황에 처해 있을 때 친구들이 도움

을 준다는 암시이다. 하지만 롤빵은 유감스럽게도 현재의 평온한 생활이 곧 무너질 징조이다.

잼이나 크림을 빵에 발라 먹는 꿈

어떤 일을 잘 다듬어서 훌륭하게 만든다.

빵에 크림 종류 등을 발라서 먹은 꿈

남들이 쳐다보지도 않던 일을 맡아 훌륭하게 가꾸어 놓는다.

떡이나 빵을 불에 구워 먹는 꿈

계획했던 일이나 계약한 것이 말썽을 일으킬 수 있다.

빵을 자르는 꿈

일의 분배, 문장 해석, 설명의 나열 등의 일이 생긴다.

빵, 케이크를 먹는 꿈

물질적인 재산이 늘어난다는 것을 의미한다. 정신적으로 네 마음속에 부풀어져 있는 상대방 이성에 대한 성욕을 의미한다.

쌀로 밥을 지었던 꿈

할 수 없다고 생각했던 일이 의외로 간단히 풀릴 수도 있다. 또한 길몽으로 로맨스에 있어서 대길할 운이다.

생쌀을 먹는 꿈

육친이 사별하는 꿈이다.

만두를 먹는 꿈

꿈에서 만두를 먹는 것은 자신이 친구나 친척 사이에 다툼이 생기고 구설수에 오를 수 있으나 곧 바로 자신의 진실이 알려지고 오해가 풀린다.

만두를 먹지 않는 꿈

다툼, 구설수가 생기지 않으니 좋은 일이 일어날 징조이다.

만두를 너무나 맛있게 먹다가 깨는 꿈

많은 사람들로부터 구설수에서 벗어나게 되고 근심걱정이 사라진다.

사탕과 과자를 먹는 꿈

어떤 일거리, 책임, 청원, 성욕이나 명예욕 등의 소원을 충족시킬 일과 관계한다.

과자를 먹는 꿈

위장의 상태가 나빠지게 된다는 메시지를 던져주고 있다.

애인과 함께 아이스크림, 아이스캔디 등을 사 먹는 꿈

혼담 또는 이별이 급격히 이루어지고 감정이나 인연이 곧 해소된다.

아이스크림을 먹는 꿈

편안한 인간관계를 상징한다.

아이스크림을 사거나 팔거나 또는 다른 사람에게 먹이는 꿈

약간의 성공을 거둘 징조이다. 달콤한 과자는 괴로운 추억을 상징한다.

다른 사람에게 과자를 주는 꿈

파트너와의 사이가 나빠질 것을 암시한다.

집에서 샌드위치를 먹거나 만든 꿈

자신의 실력을 닦을 기회가 곧 찾아올 징조이다.

우유나 젖의 꿈

가까운 시일 안에 성공을 거둘 징조이다. 우유는 일반적으로 건강을 의미한다. 양젖이었다면 승진할 가능성이 있다는 것을 말해준다. 꿈속에서도 역시 모유라면 최고의 행운을 의미한다. 행복이 오랫동안 지속될 것이다. 그러나 상한 우유는 좌절을 암시한다.

우유병으로 우유를 먹는 꿈

섹스에 대한 소망을 나타내고 있다.

우유가 들어있는 깡통이 공중에 둥둥 떠다니는 걸 본 꿈

자신의 실력을 세상에 널리 알릴 기회가 찾아온다.

우유를 엎지르는 꿈

섹스에서의 사정을 의미한다.

우유를 벌컥벌컥 마신 꿈

책임을 맡을 일이 생기고 남과 상의해서 일을 추진하면 결과가 좋게 나타난다.

어떤 종류이든 주스를 마시는 꿈

누군가가 당신의 금전 문제를 해결해 줄 징조이다.

남에게 주스를 대접하는 꿈

돈을 빌려 달라는 부탁을 받게 될지도 모른다. 오렌지 주스라면 비록 짧은 시간이지만 달콤한 정사를 암시한다.

파인애플주스 꿈

사업 면에서 호전이 있을 것이다.

탄산음료를 마시는 꿈

가슴이 두근거리는 일이 일어날 암시이다.

차를 마신 꿈

누구에게 부탁을 받거나 반대로 부탁할 일이 생기게 된다.

물을 마시는 꿈(대길)

그 물이 맑고 차면 찰수록 좋다. 맑은 계곡의 물이면 최고의 재운, 건강, 명성이 함께 올 대길몽이다.

약을 마시는 꿈

건강한 사람이 마시면 병이 들고 병자가 마시면 병이 회복된다.

약이나 과자 또는 루주를 입술에 바르는 꿈

강한 성희에의 욕구가 치솟아 스스로 성행위의 만족을 얻으려는 심정을 표시한다. 미끄러운 사탕, 루주 등으로 입술을 간지럽게 자극하는 것은 Sex와 같은 만족감을 대신한다고 프로이드는 해석한다.

통조림의 꿈

완성된 일거리, 작품, 학문, 자료 또는 재물을 상징한다.

강물, 동물, 산, 기구 등을 삼켜 버린 꿈(태몽)

첨단산업분야, 정치, 교육, 예능에서 하는 사업, 권세, 명예 등을 얻을 수 있는 아이가 태어난다.

닭고기나 쇠고기를 먹는 꿈

어떤 답답한 일에 직면하게 된다.

식용기름을 사온 꿈(대박)

상당히 많은 돈, 학문 자료 등을 얻게 된다.

국수와 같이 가닥으로 되어 있는 밀가루 음식을 먹은 꿈

심한 파벌체제로 운영되어 오던 어떤 단체가 결합을 하는데 크게 기여하거나 가벼운 감기증세로 앓게 된다.

국수를 먹은 꿈

인연을 맺는다. 계약, 상담, 혼담 등이 원만히 맺어진다. 또는 분파적인 일을 하며 감기에 걸릴 수도 있다.

냉면을 맛있게 먹은 꿈

걱정을 해도 뾰족한 수가 생기지 않아서 방치해 두었던 문제가 시원스럽게 해결된다.

유난스럽게 매끄러운 미역국을 먹은 꿈

입시, 취직시험 등에 낙방하며 무슨 일을 하던 계획에 차질이 생기게 된다.

삶거나 굽지 않은 날 음식을 맛있게 먹은 꿈

경험이나 지식이 없는 일을 처리해야 할 환경에 처하게 되나 무난히 처리하게 된다.

먹음직스러워 보이던 음식이 갑자기 똥으로 변한 꿈(대박)

전혀 노력을 하지 않았는데도 돈을 얻게 된다.

배가 고파서 음식점을 찾는데 끝내 찾지 못한 꿈

현재 다니고 있는 회사에서 끝내 실직하여 남에게 취직을 부탁하게 된다.

음식점을 찾아다니는 꿈

취직자리를 구하거나 성욕을 해소시킬 장소를 물색할 일이 있게 된다.

남에게 빼앗길까 봐 숨어서 살며시 음식물을 먹은 꿈

어떤 일을 자기 혼자서 해결해야 한다.

음식물을 여러 사람과 나누어 먹은 꿈

여러 사람이 협력해서 처리해야 할 일이 생긴다.

과일이나 과자 등을 바라보기만 하고 먹지는 않았던 꿈

남이 하고 있는 일에 참여하고 싶지만 여건이 맞지 않아 그저 바라보기만 할 일이 생긴다.

음식물을 유난히 꼭꼭 씹어 먹었는데 그것이 태몽인 꿈

임신 중에 유산이 되거나 정상적으로 태어나기가 어렵다.

잔칫집 등에 많은 사람들이 모여 음식물을 먹는 꿈

동창회 등 많은 사람들이 모이는 모임에 참석하게 된다.

황제와 각료들이 모인 자리에서 진수성찬을 먹는 꿈

권위자나 학자가 베푸는 회의 또는 세미나에 참석할 일이 생긴다.

냄비에서 찌게가 요란하게 부글부글 끓는 꿈

연정 또는 욕정이 고조되지만 해소할 길이 없거나 대상을 기다리게 되며, 다만 어떤 청탁이나 사업 방편을 준비하게 된다. 또는 사랑하고 싶은 이성을 만나게 되나 상대방이 냉담한 반응을 보여 짝사랑으로 끝나게 된다.

상하거나 부패된 음식을 먹는 꿈

일이 헛수고가 되어 빚을 걸머지거나 불쾌한 일 등이 있게 된다. 또는 재물의 손실을 가져온다.

어린아이들이 좋아하는 사탕종류를 먹은 꿈

평소에 하고 싶던 일을 하게 되거나 작은 소원이 이루어지게 된다.

밥상을 받았는데 밥은 없고 반찬만 즐비한 꿈

무슨 일을 하던 중심에 들지 못하고 수박 겉핥기식으로 사소한 곳에만 정신을 집중하게 된다. 또는 주체적인 일은 못하고 부수적인 일만 하게 된다.

국물에 고깃덩이는 없고 국물만 마시는 꿈

정열적으로 일을 다 해놓고도 거기에 대한 대가를 충분히 보상받지 못하거나 꾀임수에 빠지게 되거나 감기에 걸릴 수가 있다.

음식의 종류도 모르면서 닥치는 대로 먹어치운 꿈(태몽)

무슨 일을 맡겨도 시원스럽게 해결해 내는 능력을 가진 아이가 태어나게 된다.

음식을 남에게 대접하는 꿈

어떤 일을 상대방에게 시키며 남에게 부탁하거나 자기의 주장을 이해시키며 자기에게 순종할 수 있는 사람을 얻게 된다. 자신이 타인을 고용하여 자신의 뜻대로 일해 줄 사람을 얻게 된다.

음식을 남에게서 대접받는 꿈

또는 고용인이 되어 주인을 모실 일이 생기거나 어떤 일의 책임자로 지목 받게 된다.

누군가와 겸상을 해서 음식물을 먹은 꿈

혼담이나 계약 등이 시원스럽게 이루어지고 여러 사람이 모여 무슨 일을 의논해도 의견이 일치된다.

세계 여러 나라의 각료들이 모인 만찬회석상에 자신이 참석하여 함께 음식을 먹은 꿈

저명인사나 문학단체에서 행하는 파티나 세미나 등에 초대받을 일이 생긴다.

애인과 함께 중국집에서 음식을 먹은 꿈

혼담에 좋지 않은 문제가 생기거나 사업상의 일에도 의견이 서로 엇갈려 불이익을 당하게 된다.

음식물을 전혀 씹지 않고 삼킨 꿈

일거리가 쇄도하게 되며 많은 재물이 생겨 저축을 하게 된다.

식사를 야외에 나가서 먹는 꿈

외교적인 일을 하거나 외근을 해야 하는 부서로 발령을 받게 된다. 노점에서 음식을 사 먹으면 사업 도중에 또 다른 일을 또 하게 된다.

진수성찬으로 차려진 음식상을 대한 꿈

자신이 제시한 의견이나 아이디어 등이 좋은 평판을 받게 된다.

음식상 옆에 파란 똥이 있었던 꿈

빚보증을 섰던 일에 사고가 생겨 빚을 걸머지게 되거나 심하게 창피 당할 일이 생긴다.

음식을 먹으려는데 갑자기 황금색의 대변으로 변해서 먹지 못한 꿈

어떤 일을 처리하지 않았는데도 그것이 나중에 돈이 되거나 상품화되어 재물이 모여지게 된다.

어떤 집에 가서 밥을 먹는데 주인은 쌀밥이고 자신은 잡곡밥이거나 찬거리가 보잘 것 없는 것을 먹은 꿈

어떤 사람과 똑같은 일을 했는데도 상대방은 후한 대접을 받는데 자신은 그 반대로 그들보다 못한 직무, 이권 등이 주어진다.

여러 사람이 모여서 음식을 먹는데 자기의 그릇이 유난히 고급스런 꿈

진급을 하게 되고 남보다 뛰어난 사람으로 평가를 받게 된다.

잔칫집에서 음식을 맛있게 먹은 꿈

자신이 한 일에 만족을 느끼게 되고 상부나 정부당국에 부탁한 일이 잘 처리된다.

잔치음식을 잘 먹는 꿈

잔칫집에 모인 사람들을 회원, 직원, 동지, 일꾼 등으로 나타낸다. 모두 각자에게 맡은 일이 만족할 만하고 자기가 제출한 일거리, 청원서가 잘 처리된다.

어두운 곳에서 식사를 한 꿈

혼자서만 알고 있어야 할 비밀이 생기게 되고 자신이 없는 일을 책임지게 된다.

과자나 과일을 보기만 하고 먹지 않는 꿈

어떤 일에 직접 간섭하지 않고 책임을 지지 않은 채 일이 진행됨을 관망하게 된다.

남보다 화려한 그릇에 음식을 담아 먹는 꿈

자기의 직책, 권한, 등이 남보다 뛰어나고 지도자가 된다.

된장 항아리에 구더기가 생겨서 득실거리는 꿈

어떤 사업 밑천을 가지고 이차적인 생산을 하게 된다.

식당에서 음식을 주문했는데 주문한 것이 좀처럼 배달되어 나오지 않는 꿈

자신의 일, 계획, 매력을 드러내서 자랑을 하고 싶지만 적당한 대상이나 기회가 없어서 초조하기만 하지 진행은 이루어지지 않게 된다.

먹고 싶은 음식의 간판을 보는 꿈

자신이 평소에 하고 싶었던 일이나 간절히 원하고 있는 목표를 다시 점검하게 된다.

냉장고에 있는 물건들이 싱싱해야 하는데 썩어있는 꿈

섹스에 대해서 혐오감이나 공포심을 갖고 있다.

사람이나 동물의 살을 생으로 뜯어 먹는 것을 본 꿈

어떤 일거리를 검토하게 된다. 익히거나 구운 고기를 먹으면 완성된 일거리를 심사하게 된다.

삶거나 굽지 않은 날 음식을 맛있게 먹은 꿈

경험이나 지식이 없는 일을 처리해야 할 환경에 처하게 된다.

부엌에서 음식을 열심히 만든 꿈

하고 있는 일을 재점검하거나 무언가를 만들 일이 생긴다.

밀가루로 요리를 만들고 있는 꿈

가정에 좋은 소식이 있을 것이다.

열심히 요리를 만드는 꿈

불타오르는 사랑이나 성적인 욕구를 컨트롤 할 수 없게 되어 곤란한 마음이 생기게 된다.

손님 접대를 위해서 요리를 만드는 꿈

자기 작품이나 일을 외부에 알리거나 이성의 관심을 끌게 된다.

계속해서 요리한 음식을 먹는 꿈
주변사람들로부터 사랑을 많이 받게 된다.

음식을 먹더라도 아주 맛있게 먹는 꿈
욕망을 실현시킬 기회가 다가오게 된다.

음식을 익혀서 먹는 꿈
집안이 융성하고 일가가 번창한다.

음식을 날로 먹는 꿈
예기치 않은 불길한 일이 생긴다.

고기(생선, 날짐승)를 먹는 꿈
일반적으로 생명력과 사는 기쁨을 나타내는데, 생선이나 날짐승의 고기를 먹는다면 오랫동안 바라던 일이 이루어진다.

저절로 죽은 고기를 요리를 해서 먹는 꿈
가까운 사람과 이별을 하게 된다.

계란을 사서 바구니에 넣는 꿈
임신을 하거나 재물이 들어오게 된다.

음식을 만들 때 설탕을 사용한 꿈
작품을 만들거나 일을 해도 좋은 기분으로 하며, 그런 일의 결과에 대해서 사람들이 감탄을 한다.

집안 구석구석에서 식초냄새가 진동한 꿈
자기와 관련된 소문이 떠돌며 그 일로 인하여 많은 생각을 하게 된다.

상대방과 나란히 앉아 식사를 하는 꿈
의견이 일치되고, 결혼, 사업, 계약 등의 일이 잘 이루어진다.

화학조미료나 천연조미료를 사용해서 음식을 만든 꿈
무슨 일을 하던 기분 좋게 처리가 되며, 그로 말미암아 자신의 능력을 인정받는다.

소금을 얻어오거나 사온 꿈
근심걱정이 생기고, 많이 얻어오면 물질적인 자본을 얻는다.

배추를 소금에 절이는 꿈
병들거나 성욕 감퇴, 사업의 침체 등을 가져온다.

넓은 들판에 산더미처럼 쌓인 소금을 본 꿈
큰 사회복지사업을 벌이거나 작품을 출판하거나 또는 빚을 걸머지게도 된다.

배가 고픈 꿈
삶에 대한 회의를 느끼게 된다.

책을 먹고 있는 꿈
지식을 자기의 것으로 할 수 있다는 것을 나타낸다.

물건이나 음식을 깨물어 먹은 꿈(태몽)
대부분 유산되거나 중절된다.

음식을 주문하여 갖고 오게 하는 꿈

자기 자신이 상대방에게 몸을 내맡기고 싶다는 마음을 나타낸다.

짠 음식을 먹고 자는 꿈

소원을 충족시키게 되거나 현실에서 잠을 깨서 물을 마시도록 유도하기도 한다.

안 피우던 담배를 피우는 꿈

현실에서 뭔가 희망적인 일이 많이 생겨날 징조다.

5. 술(酒)에 관한 꿈

술을 마시는 꿈

술이 뜨거우면 육친에 불행이 오고, 술이 차면 좋은 일이 생긴다. 술 먹을 일이 생긴다는 것은 관혼상제(冠婚喪祭)를 뜻한다. 더운 술을 관혼(冠婚)에, 찬술을 상제(喪祭)에 비유하게 된다. 참고로 인간이 사는 데 관혼상제는 빠질 수 없는 일들이며, 유교에 입각한 통치질서가 완강했던 조선시대의 관혼상제는 단순한 의례 이상의 것이었다. 〈주자가례 朱子家禮〉는 예(禮)를 본으로 삼았다. 사례(四禮)에 관한 많은 논란이 항시 있어왔으며, 관례(冠禮)는 청소년이 머리에 관을 쓰고 성년이 되는 의식으로 주로 양반계층에서 행해졌고 일반 백성들과는 무관한 것이었다. 여자의 관례는 계례(笄禮)라 했고 대개 혼례식의 일환으로 혼례 직전에 행하는 것이 보통이었다. 혼례(婚禮)는 결혼식을 말하며, 상례(喪禮)는 장례식인데, 조상을 기리는 제례(祭禮)는 크게 시제(時祭) · 차례(茶禮) · 묘제(墓祭) 등으로 나뉜다.

남이 주는 술을 마신 꿈

남의 계교에 빠지거나 남이 시키는 일에 복종하고 정신적 감시를 자주 받는다.

꿈속에서 적당한 양의 술을 마신 꿈

일반적으로 성공을 의미하지만 수치를 느끼며 남에게 사과해야만 하는 사태에 빠질 가능성이 있다.

금주하는 꿈

재물을 모으게 된다.

다른 사람에게 술을 따르는 꿈

구설수에 오를 일이 생긴다.

남이 권하는 술을 마시고 취한 꿈

남에게 당한 귀찮은 일을 잊고 자유로운 날이 찾아온다.

임금님이 손수 따라주는 술을 받아 마신 꿈

중요한 직책의 자리에 앉게 되거나 명예가 뒤따르는 일을 맡게 된다.

정부 고관이나 그의 비서들에게 술대접을 한 꿈
유명인사나 어떤 회사의 간부사원에게 취직, 청탁을 할 기회가 주어진다.

애인과 함께 술을 마시는 꿈
성의를 다하면 옛 애인과의 사랑을 다시 시작할 수 있다.

결혼한 잔칫집에 술잔이 가득한 꿈
근심이 생긴다.

사람이 많이 모인 곳에서 술을 얻어 마시는 꿈
금전상의 손실을 본다. 파산까지도 염려되는 흉몽이다. 남과의 다툼이 예상된다.

신분이 높은 사람과 술을 함께 마시는 꿈
운수가 열리는 길몽이다. 승진, 영전, 사업이 번창하는 기쁨이 겹친다.

맥주를 마시고 있는 꿈
대인관계에 실패하게 되며, 타인에게 속임을 당하거나 남을 믿지 못하는 일이 일어날 것을 암시하는 꿈이다. 다만 다른 사람이 맥주를 마시고 있었다면 손해는 최소한으로 줄어들 것이다.

김빠진 맥주를 마신 꿈
소문에 휩쓸리지 말도록 조심하라는 경고이다.

포도주를 본 꿈
자신의 성격을 말해준다. 적포도주는 발랄하고 낙천적인 성격을 반영하는 것이고, 백포도주는 성실한 우정을 나타낸다.

달콤한 포도주를 마신 꿈
로맨스가 이루어질 징조이다. 씁쓸한 포도주는 무슨 일이든 지나친 것은 피하라는 것을 경고한다.

포도주를 쏟는 꿈
뜻하지 않은 방해로 일을 그르칠 꿈이다.

포도주를 마시는 꿈
건강을 약속하는 꿈이다.

술집에서 주정을 하는 사람을 본 꿈
건강이 좋지 않다.

자신이 주정을 한 꿈
약간의 수확이 있을 것이다.

자신이 거리에서 주정하는 모습을 본 꿈
지나치게 낭비를 하고 있다는 증거이다.

술이 취해 노래를 부른 꿈
현재 자신감을 잃고 있다는 의미이다.

술이나 우유를 마시는 꿈
현실에서 도피하고 싶다는 의지이다.

미성년자나 여자가 술을 마시는 꿈
도덕적으로 허용되지 않은 일을 하려는 꿈이다.

친구에게 술을 권했는데 그 친구가 이런저런 구실을 대고 안 마시는 꿈

본인과 그 친구 사이에 뭔가 언짢은 일이 있다는 것을 의미하고 있다.

우유로 더럽혀져 있다거나 더럽혀져 더럽다고 생각하는 꿈

성적욕구 불만이나 성적으로 충족된 사람들에 대한 질투심을 나타내는 꿈이다.

제 9 장 사물에 관한 꿈 해몽

1. 집, 관공서, 기타 건물에 관한 꿈

금고를 집에 들여온 꿈

자본주, 물주 등이 생긴다.

비어 있던 집안의 물탱크에 물이 가득 찬 것을 보는 꿈

예상하지 못했던 막대한 돈이 생긴다.

집이 아닌 다른 곳에서 아무 이유 없이 물통에 물을 길어 오는 꿈

용기가 필요한 일이 생기게 되고 그 일을 처리하고 난 후에 그에 상응하는 재물이 생기며 어려움이 사라진다.

자기 집에서 무지개가 피어올랐던 것을 본 꿈

진행 중이던 혼담이 성사되거나 멀리 객지에 나갔던 가족이 무사히 귀환하게 된다.

집의 일부가 부서지는 꿈

사업, 신분, 명예 등이 몰락하고 병이 들게 된다.

집안에 풀이 나는 꿈

가산을 탕진하게 될 흉몽이다.

거미집에 해골이 보이는 꿈

집안 식구나 친인척이 상을 입게 되거나 맹독한 질병으로 고생을 하게 된다.

태풍이 불어 파도가 사납거나 집, 나무, 사람 등이 쓰러지는 꿈

자신의 권세와 능력을 과시하거나 환난과 고통의 상징이다.

남의 밭에 붙은 불이 자기 집에 옮겨 붙어 활활 탄 꿈

남의 권리나 재산을 자기 앞으로 이전해서 크게 부자가 된다.

집이나 소를 파는 꿈

사업체나 배우자와 이별하게 된다.

검은 고양이가 집 안에 들어와서 괴상한 소리를 내며 우는 꿈

집안에 우환이 생기고, 큰 어려움을 겪게 되며. 도둑이나 실물수. 질병, 사고 등의 불운이 닥치게 된다.

오이밭에서 푸른 오이 두 개를 따 가지고 집으로 돌아오는 꿈

태몽으로, 부인과 새댁은 임신을 하여 두뇌가 명석한 아들 형제를 둔다. 시장이나 백화점에서 물건과 반찬거리를 구입한다.

많은 사람들이 집으로 몰려오는 꿈

자신과 관련된 일에 참견할 사람이 많아지게 된다.

살고 있는 집의 우물들이 철철 넘쳐 흐르는 꿈(태몽)

집안에 경사가 생기고, 돈과 재물을 많이 모을 아들을 출산하게 된다.

태풍으로 인한 파도로 집이나, 나무, 사람 등이 쓰러진 꿈

자신의 능력이나 재산 따위를 과시하다가 봉변을 당하거나 몰락하게 된다. 환난과 우환, 고통스러운 일과 관계가 있는 꿈으로 근심하거나 사업적으로 축소해야 할 시기를 알리는 것을 암시한다.

자기 집에 전선줄을 설치한 꿈

어떤 기관을 통해서 많은 협조를 얻게 되거나 새로운 일자리에 취업하거나 새로운 사업을 추진하게 된다.

집안에 있는 패물을 팔아 처분하는 꿈

애지중지하고 키워오던 사업체가 부실로 인해 부채의 대가로 넘어간다.

신선한 시금치 한 다발을 얻어 가지고 집으로 돌아오는 꿈(태몽)

부인과 새댁은 임신을 하여 슈바이처처럼 훌륭한 명인을 낳는다. 횡재, 재물, 돈, 물품 등이 생긴다.

집안에서 거북이를 잡아 밖에 갖다 버리는 꿈

어제까지 잘 살아왔던 복이 종을 친다.

드넓은 논밭과 인접해 있는 집으로 이사 가는 꿈

장차 가업이 번창하고 배우자에게 기쁜 일이 생기게 된다.

집필을 하다가 중단하는 꿈

실제로 모든 일들이 하다가 중도에 좌절되어 어려움을 겪게 된다. 실패가 있다.

밭에서 배추를 뽑아 가지고 집으로 돌아오는 꿈(태몽)

부인과 새댁은 임신을 하여 예쁜 딸을 낳는다. 재물과 돈이 들어온다.

집 주위에 잡초가 무성하게 자라거나 집이 바람이나 지진에 흔들거리는 꿈

집안에 손재나 말썽, 사고, 부상 등 좋지 못한 일이 발생되어 곤란을 겪든지 거처를 옮기거나 머무르던 자리를 비우고 이동하게 된다.

산신령이 집이나 사무실에 나타나는 꿈

뜻밖에 귀인을 만나 어려움을 극복하고 도움을 받게 된다. 소원성취를 한다.

집안에 있던 큰 거미가 밖으로 나가는 꿈

재산과 재물이 점점 줄고 쓸데없이 지출이 많다. 실물수, 가출, 사고, 실패 등 우환이 생긴다.

볏가마를 집 밖으로 내 나간 꿈

가정에서는 재물의 손실이나 실물을 의미하여, 직장에서는 직원의 감원을 의미한다.

집을 짓고 있는 공사현장을 보는 꿈

남의 일에 지나친 관심을 갖게 되거나 어떤 일을 감독, 책임지게 된다.

집안에 불빛이 환하게 켜져 있는 꿈

집안에 경사가 있고 태평무사하다. 행운의 길신이 찾아온다.

가랑잎, 솔잎 등이 바람에 날려와 자신의 집 앞마당에 잔뜩 싸이는 꿈

재물이 모이고, 마당의 쓰레기를 쓸어 불태우면 근심, 걱정이 해소된다.

짐을 가득 실은 화물차가 집 앞에 멈춰 있는 꿈

크나큰 근심이 집안에 쌓인다. 다행히 짐을 다른 집에 내리는 것까지 볼 경우, 한때 오해로 근심을 샀다가 고생에서 벗어날 수 있게 된다. 짐이 무엇인지 모르는 단순한 보따리로 표현된다면 근심이고, 내용이 밝혀졌으면 그 물건이 가진 뜻에 따라 해몽이 달라진다.

외출에서 돌아와 집으로 들어가는 꿈

사업체를 해체하게 되거나 직장에서 퇴직을 하게 된다.

울창한 숲 속에 고색창연한 옛집이 보인 꿈

새로운 아이디어로 일에 활기를 얻게 되어 하고자 하는 일들이 차질없이 진행되며 모두에게 인정을 받아 명성이 높아지게 된다.

집에 상여가 있고 초상이 나서 곡성이 들린 꿈

먼 곳까지 소문이 날 정도로 사업이 번창하거나 좋은 일이 생기게 된다.

집에서 기르는 동물이나 사람을 표범이 물어간 꿈

제3자에 의해서 근심 걱정이 해소되거나 재물의 손실이 있다.

어떤 집에 가서 밥을 먹는데 주인은 쌀밥이고 자신은 잡곡밥인 꿈

어떤 사람과 똑같은 일을 했는데도 상대방은 후한 대접을 받는데 자신은 그 반대가 되는 일을 경험하게 된다.

집이나 땅, 건물과 관련된 문제로 싸우는 꿈

하는 일이 뜻대로 성취되지 않아서 고민이나 방황을 한다든지 말썽, 불이익 등의 장애를 치르게 된다.

술집에서 친구들과 만나는 꿈

실제로 주당이나 애주가들이 즐거움과 멋으로 몸에 낀 액살인 스트레스를 확 풀고 쫓아낸다. 음식점, 바, 카페, 회식, 파티, 동창회, 모임 등이 있다.

집 지붕 위에 인삼꽃이 피어 있어 있는 꿈

집안에 경사가 생기고, 명성을 얻는 가족이 생긴다.

소가 집안으로 들어오거나 밖에서 안으로 끌어들이는 꿈

장차 가업이 번성하고 집안에 좋은 일이 자주 생겨 발전, 안전과 부귀를 누리게 된다. 큰 소를 보면 조상의 음덕으로 귀한 자식을 두게 된다.

천박하게 생긴 개가 자신을 따라오거나 집으로 들어오는 꿈

방랑자 또는 무의탁자를 만나 낭패를 보거나 유행성 전염병에 걸리게 되어 어려움 겪는다.

참나리 꽃송이가 바람을 타고 집안으로 들어오는 꿈

집안에 경사스런 일이 있고 기쁜 소식을 듣게 된다. 혼사관계로 새 식구를 맞이하여 집안에 화기애애한 분위기가 고조된다.

참새 떼가 자신의 집으로 날아 들어오는 꿈

재물이나 이권이 생기고 집안에 번영과 발전, 안정 등 기쁜 일이 생기게 된다.

어느 집 울타리 안에 있는 과일나무에서 집주인이 과일을 따준 꿈

상상하지 않았던 보너스를 받게 되거나 좋은 직장에 취직이 된다.

민들레꽃을 속옷 안에 집어넣는 꿈(태몽)

곧 임신을 하여 지적인 딸을 낳는다.

궁궐 같은 집으로 호랑이를 탄채 들어가는 꿈

권력자가 되고 재물을 얻는다.

국무총리가 집안으로 들어오는 꿈

집안에 경사스런 일이 있고 귀빈과 손님을 맞이하게 된다. 기쁜 소식이 있다.

잃어버렸던 개가 집을 찾아와 기뻐하는 꿈

한 때 잊었던 사람이나 일거리가 찾아온다.

자기 집 마당에서부터 큰 도로가 나 있는 꿈

자신과 주변이 모두 편안하고 여러 방면으로 일이 이치와 순리에 맞게 술술 풀려 집안에 즐거운 경사가 끊이지 않는다.

집이 활활 타고 있는 꿈(대박)

사업이 융성해져서 탄탄한 기반을 잡게 된다.

집에서 기른 매가 새를 사냥하는 꿈

재물이나 예쁜 여인을 얻게 되고, 시험에 합격하게 된다.

집을 고쳐 짓거나 수리하는 꿈

어떤 일에 부분적 변화가 이루어진다. 혁신, 시정, 보관, 변경, 변동 등이 있다.

빵집에서 친구나 애인을 만나는 꿈

실제로 아늑하고 청아한 분위기 있는 곳에서 젊은이들이 쉬어간다

집 마당에 꽃이 만발한 꿈

여러 가지로 좋은 일이 겹쳐서 경사스럽다.

마당이나 정원에 배가 놓여 져 있든지 집 마당에서 배에 올라타는 꿈

재물이 흩어지고 말썽이나 손실 등 장애가 발생하게 된다.

수탉이 개집으로 들어가는 꿈

악귀의 유혹으로 직장을 옮겨 보나 신통치 않고 분쟁만 생긴다.

집안에 높다랗게 쌓인 목재 더미가 있는 것을 보는 꿈

장차 가업의 번성과 일신의 출세 등 기쁨을 누리게 된다.

들것에 시체를 싣고 집 주변에서 서성거리는 모습을 본 꿈

일의 성과를 얻으려면 상당한 시일을 필요로 하게 된다.

거대한 나무나 좋은 재목이 자신의 집으로 떨어지는 꿈

구하는 소망의 목표달성 및 많은 이권이나 재물의 안정과 지위와 사업에 따른 발전과 영화를 얻게 된다.

술집에서 함께 술 마시던 사람과 싸우는 꿈

재산상의 손해를 보게 된다.

집을 지을 재목이 썩어 있거나 이상한 형태가 된 꿈

몸의 어딘가에 고장이 있을 것 같다는 생각을 나타낸다.

공동묘지에서 자신의 집 무덤이 제일 크게 보이는 꿈

동료들 중에서 자신의 배경이 제일 강력하다.

산신령이 바위골에 가면 집터가 있다고 하며 동자를 안겨 준 꿈

그 장소에서 집을 살만한 값어치의 산삼을 얻게 된다.

커다란 거위가 집 안에서 놀고 있는 꿈

집안에 경사가 생기고 돈과 재물이 들어오며 수호신이 집을 지켜주고 있음을 암시한다.

병아리를 안고 집안으로 들어온 꿈

여자는 임신을 하여 예쁜 딸을 낳게 될 징조이며, 작은 선물을 받게 될 수도 있다.

집 마당에 꽃이 만발한 꿈

여러 가지로 좋은 일이 겹쳐서 경사스럽다.

집안 식구가 자동차 사고를 당한 꿈

집안에 시끄러운 말썽이 생기고 장해가 발생하여 곤란을 겪게 되고 어려움이 있다.

큰물로 집에 물이 드는 꿈

아이들 일로 인해 고민이 생길 흉조이다.

집이 바람에 흔들리는 꿈

현재 살고 있는 집이 자신이나 가족들에게 좋지 않다는 암 시이다. 이사할 계획을 세우시기 바란다.

쌀가마가 집안에 수북이 쌓인 꿈

재물이 생기거나 사업이 번창해진다.

죽은 사람이 집에 들어오는 꿈

집안에 들어오면 음식이 많이 생기거나 음식을 차릴 일이 생긴다.

여러 대의 자가용이 자기 집 마당에 정차되어 있는 꿈

사업상 협조자가 많이 있음을 나타낸다.

타인이 자기 집에 낙엽 한 짐을 짊어지고 오는 꿈

자업자금을 융통해야 하는 일이 생기지만 큰 어려움 없이 자기에게 자본을 댈 사람이 생기게 되어 빠른 시일에 처리하게 된다.

알몸으로 집에 들어가는 꿈

바라던 일이 이루어지고 좋은 일이 생긴다.

자신이 무당 집에 가거나 그곳에서 춤이나 노래를 하는 꿈

자신이 쓴 글이 어떤 주간지나 잡지에 게재된다.

남의 집 대문에 묶여 있는 개에게 물리는 꿈

관청이나 공공기관에 취직이 되거나 자기가 원하고 추진하던 일이 어느 공공기관에 의해서 성사된다.

찻집에서 친구나 애인을 만나는 꿈

사람이 사는 곳에서 밝은 희망과 사랑, 행복이 있기에 인연 속에서 희로애락을 낳는다. 총회, 연회석, 파티, 동문회, 문화관, 모임, 계 등이 있다.

한 집안에서 두개의 부엌을 사용하는 꿈

집안 내에 심각한 분쟁이 일어난다. 두 집 살림을 낼 꿈이다. 부인이 더 생기지 않으면 자식이 부모와 다투어 분가할 꿈이다.

갑옷을 입은 장군이 말을 타고 집안으로 들어오는 꿈

집안에 경사스런 일이 있고 귀한 손님이 찾아온다. 서울이나 외국에 간 자식이 금의환향한다. 뜻밖의 좋은 행운으로 풍운아가 되어 대중으로부터 환영을 받는다. 태몽일 경우, 부인과 새댁은 임신을 하여 똑똑한 옥동자를 낳아 출세시킨다.

집안을 망친 조상이 집에 들어오는 꿈

해를 끼치는 어떤 사람이 오거나 집안 운세가 쇠락해진다.

집터나 돌무덤에서 오래된 엽전을 발견하는 꿈

국보급 유물이나 보물을 출토하여 새롭게 햇빛을 보게 된다. 학문과 진리탐구, 작품창작, 신 물질 발명, 아이디어, 횡재, 임신 등이 있다.

옆집 등나무 가지를 타고 올라가는 꿈

채산성이 있는 사업에 공동투자를 하여 짭짤한 수익을 올리게 된다. 가까운 이웃 사이에 남녀가 눈이 맞아 달콤한 사랑을 나눈다.

검은 말이 집에 들어와 날뛰는 꿈

백마는 행운이나 흑마는 좋지 않다. 어떤 충격으로 마음과 몸이 상할 꿈이다.

늑대 여러 마리가 집안으로 들어오는 꿈

예기치 않던 일이 터져 어려움을 겪게 되고, 혹 도둑을 맞는다.

산토끼들이 집안으로 몰려 들어오는 꿈

여러 곳에 깔아놓은 외상값을 거두어들인다. 재물과 돈이 들어온다.

돼지새끼를 실어다가 집 마당에 풀어놓은 꿈

많은 상품 또는 재물이 생기지만 빛 좋은 개살구 격으로 자기 것이 아니다.

쥐들이 집안에 떼 지어 몰려들어와 들끓는 꿈

손실과 장애를 겪는 등 궂은 일이 빚어지게 된다.

밭에서 잘 여물은 옥수수를 따 가지고 집으로 들어오는 꿈(태몽)

부인과 새댁은 임신을 하여 튼튼한 아들을 얻는다.

궁궐 같은 집으로 호랑이를 탄 채 들어간 꿈

권력자가 되고 재물을 얻는다.

남의 집 담 안을 들여다 본 꿈

조용한 장소를 찾아 그곳에서 오랫동안 학문의 탐구, 기술 등의 연구 때문에 머물게 된다.

저당잡힌 집을 할 수 없이 팔거나 주택이나 건물을 양도해주는 꿈

직장이나 사업의 실패, 좌절 및 재산의 낭패

나 가정의 풍파 등 장애, 액운이 발생하게 된다.

장작을 얻거나 구입하든지 집에 저장하는 꿈

이익과 명예의 증진 및 제반 하는 일의 원만한 성취를 얻게 될 것이다.

바닷물이 집 앞에 있는 꿈

자신의 사업판도를 합하거나 해외와 연결성을 갖는 일과 상관한다.

장마비로 집이 침수되는 꿈

집안에 악귀신과 질병이 침노하게 된다. 침범, 비보, 우환, 실패, 불길 등의 불운이 닥친다.

예쁜 꽃봉오리를 꺾어 가지고 집으로 돌아오는 꿈

문학과 예술작품에 관한 자료나 상품가치가 있는 유명 브랜드의 샘플을 얻게 된다. 부인과 새댁은 임신을 하여 곱고 예쁜 딸을 낳는다.

송장을 업고 집안으로 들어오는 꿈(대박)

사업으로 많은 돈을 벌어 부자가 된다. 횡재, 재물, 목돈, 행운 등이 있다.

두 채의 집을 놓고 어느 집으로 이사를 할까 하고 망설였던 꿈

사업을 시작하는데 크게 할 것인가, 작게 할 것인가에 대해 갈등을 느끼게 된다.

학이 종이를 물고 집안으로 들어오는 꿈

기쁜 소식이 오거나 시험 합격 통지서를 받게 된다.

집 마당에 금은보화가 산더미같이 쌓여 있는 꿈

집안에 경사스런 일이 있고 재물과 돈이 들어온다. 행운의 여신을 맞이한다.

잔칫집에서 음식을 맛있게 먹었던 꿈

자신이 한 일에 만족을 느끼게 되고 상부나 정부당국에 부탁한 일이 잘 처리 될 것을 암시한다.

아버지가 큰 말을 타고 집안으로 들어오는 꿈(대박)

집안에 경사가 있고 부모님께 기쁜 일이 생긴다. 진급, 승진, 합격, 당선 등의 길운이다.

고향이나 집을 향해 걸어가는 꿈

지금 진행하고 있는 일의 성공이나 완성 등을 상징한다.

남의 집에서 누에고치를 훔쳐오는 꿈

잃었던 재물과 돈을 되찾게 된다. 태몽일 경우, 임산부는 똘똘한 아들을 낳는다.

집안에 있던 꽃이 바람을 타고 바깥으로 날아가는 꿈

집안 식구나 딸자식이 가출하여 우환이 들끓게 된다. 지출, 여행, 실물수, 사고, 질병, 헛수고, 실패 등이 있다.

토끼들이 떼를 지어 집 안으로 몰려들어오는 꿈

여러 곳에 깔아 두었던 물건 값을 거두어들이는 등 재물과 돈이 들어올 좋은 징조이다.

집터에서 용을 손으로 꼭 잡는 꿈(대박)

전답이나 부동산에 투자하여 엄청난 이익금을 챙긴다. 빌딩, 아파트, 집 등이 생길 길몽이다. 횡재수로 엄청난 돈을 손으로 거머쥔다.

고향집까지 아직 멀었다고 생각되는 꿈

하고 있는 일은 완성이 아직 멀었거나 성공에 있어서 많은 시일을 기다려야함을 암시한다.

뱀이 집안으로 들어오는 꿈

집안 식구가 늘어나거나 사업상 일이 증가하게 된다.

시장에서 참조기를 사가지고 집으로 들어온 꿈

조상에게 제사상을 차려 놓고 정성을 다하여 제사를 지내게 될 것이다. 제례의식, 잔치, 물품 구입을 의미한다.

환자가 새로 지은 집에 들어가서 대문을 걸어 잠그고 나오지 않았던 꿈

병자일 경우, 병이 최대로 악화되거나 가까운 시일 안에 사망하게 된다.

집터 위에 쌀 낟알이 깔려 있는 꿈

집을 장만하거나 부동산에 투자하게 된다.

밖에서 들여다보는 집 창문에 불이 환히 밝혀져 있는 꿈

어떤 기관에서 자기의 성실함을 인정해준다.

자신의 집개의 성기가 발기되어 있는 것을 보는 꿈

식모나 머슴 또는 수준 이하의 사람 등이 자신에게 반항한다.

바싹 마르고 윤기가 없는 소가 집으로 들어오는 꿈

집안이 가난해짐을 예시한 꿈이다.

대통령이 자기 집을 다녀가는 꿈

정부나 직장에서 자기에게 중대한 책임을 준다.

용이 서류 뭉치를 입에 물고 집안으로 들어오는 꿈

문서상 기쁜 일이 있거나 상, 훈장을 받게 된다. 승진, 합격, 당선, 경사 등의 길조이다.

집안에 호랑이가 앉아 있거나 집안으로 들어오는 것을 본 꿈(태몽)

인기인이나 권위 있는 정치가 혹은 사업가가 될 아들을 출산한다.

고양이가 집을 뛰쳐나간 꿈

데리고 있는 사람을 해고시키거나 물건을 분실할 것을 암시하니 주변을 잘 살펴볼 필요가 있다.

상자나 수레에 사과를 싣고 집으로 들어오는 꿈

앞으로 막대한 사업자금이 마련된다.

넓은 들판이나 자신이 살고 있는 집의 마당에서 샘물이 솟는 것을 보는 꿈

어떤 기관을 통해서 창작물이 발표 되거나 사업자금이 생겨서 성공하게 되고 재물을 얻게 된다.

땅거미 집에 죽은 곤충이 보인 꿈

집안 식구나 친인척의 상을 당하게 되거나 질병에 걸려 고생을 하게 될 것을 암시한다.

꽃집에서 아름다운 꽃들이 만발하게 피어 있는 꿈

집안에 예쁘고 아름다운 꽃과 같은 경사가 있고 속속 꽃봉오리가 톡톡 터져 핑크빛으로 물들인다. 사랑과 행복, 꿈과 희망, 멋과 낭만 등이 철철 흐른다.

방울새가 씨앗을 물고 집안으로 들어오는 꿈

꿈같은 기쁜 소식을 듣게 된다. 재물과 먹을 것이 들어온다. 우편물, 선물을 받는다.

집이나 전답, 재산 등을 식구들과 분배하여 나누거나 소유권을 결정하는 꿈

점차 집안 살림이 기울고 사업의 실패나 좌절 및 직장에서의 지위와 재물이 파탄과 좌절 등 난관에 부딪치게 되며, 친지들과의 불화, 말썽 또는 식구들이 사방으로 흩어지게 된다.

푸른 솔잎을 뜯어 가지고 집으로 돌아오는 꿈

학문과 예술적 자료를 수집하거나 이에 상응한 문헌상 자료를 얻는다.

집 마당에 탱크만한 곰이 꿈적도 하지 않고 앉아 있는 꿈

부동산, 주택, 아파트를 사두면 대길하고, 건축과 개축을 하면 부자가 된다.

연예인이 집안으로 들어오는 꿈

뜻밖의 손님이 찾아와 기쁜 소식을 듣는다. 친인척, 친구, 애인, 귀빈 등이 찾아온다.

집안에 쌀섬이 가득한 꿈

재물과 돈이 생기고 먹을 것이 풍부하게 된다. 횡재, 재물, 재수대통 등이 있다.

수레나 차량이 집의 대문을 넘어 들어오는 꿈

근친 가족 간의 이별, 분산, 사고 등 흉험한 액화가 발생하게 된다.

호수에 잠긴 태양 덩어리를 주워 보자기에 싸서 집으로 돌아오는 꿈(태몽)

부인과 새댁은 임신을 하여 귀한 옥동자를 낳는다. 물품을 구입하거나 횡재수가 있다.

경찰관이 집안으로 들어오는 꿈

집안에 우환이 들끓고 싸움, 소송이 생기거나 질병에 걸리게 된다.

돈벌레가 집안으로 들어오는 꿈

유가증권이나 부동산 문서를 잡아 재산을 증식하게 된다. 작품창작을 하게 된다.

남의 집에서 밥을 빌려오는 꿈

별로 힘들이지 않고 재물이 들어와 쌓일 꿈.

드높은 궁성안에 자신의 집을 짓는 꿈

가업이 융성하고 구하는 소망사의 원만한 목표달성을 이루어 재물과 명예가 풍성해질 부귀의 길몽이다. 성터처럼 생긴 평평한 분지에 집을 짓는 꿈도 비슷한 길몽이다.

술집에서 술을 마시고 집에 와서 소변을 한 꿈

어떤 기관의 일거리를 맡아 다른 기관의 도움을 받아 일을 성사시킨다.

집개가 해골을 보고 짖어대는 꿈

집안에 우환이 들끓거나 상을 당하게 된다. 질병, 교통사고, 변사 등의 불운이 생긴다.

양을 끌고 집으로 들어오는 꿈

재물이 들어오거나 직장을 얻게 되며 즐거움을 누릴 징조이다.

자라가 집안에서 밖으로 나가는 꿈

집안의 재산이 줄고 재물과 돈이 나간다. 지출, 우환, 실패, 사고, 질병, 가출 등의 불운이 닥친다.

집 앞에 소나무나 대나무가 빽빽히 들어서 있는 꿈

가문이 번창할 것을 나타내며, 집안 가득히 대나무나 소나무가 들어찬 것은 모든 일에 행운이 따른다.

차가 뒤집히거나 절벽에서 구르는 꿈

인생에 있어서 하나의 좌절을 의미한다. 자신이 믿는 친구, 연인으로부터 배신을 당한다. 인간불신의 괴로움을 맛본다. 하던 일이 급속히 몰락하고 경영하는 일에 부도위기 등이 따르고 파탄에 이른다. 혼자서 운전하고 가다가 떨어지면 남으로 인한 금전적 타격을 받게 된다.

나의 집에서 나가는 꿈

인연을 끊거나 당신과의 어려운 관계가 해결되고 근심걱정이 해소된다.

두꺼비가 집 밖으로 나가는 꿈

집안에 우환이 생기고 재물과 돈이 나가게 될 것이며, 질병, 사고, 사기당함, 사업실패 등을 예시한다.

용이 대궐이나 대통령의 집무실로 들어가는 꿈

한 국가의 통치자가 되어 국운을 창출하고 민족정기를 되살려 국태민안과 국민의 복리를 증진하며 국가를 보위하여 훌륭한 통치자가 된다. 명예, 승진, 당선, 합격, 학위, 자격취득, 승리, 성공, 취직, 결합, 약속, 합의, 부귀공명, 입신출세 등이 있다.

앵무새가 집안으로 들어와 괴상한 소리를 내는 꿈

수다쟁이들이 집안에 모여 매우 어수선해진다.

항구도시 술집에서 술을 많이 마신 선원의 꿈

남에게 꾸지람을 듣거나 사기당할 일이 있다.

찻집에서 친구나 애인을 만나는 꿈

사람이 사는 곳에서 밝은 희망과 사랑, 행복이 있기에 인연 속에서 희로애락을 낳는다. 총회, 연회석, 파티, 동문회, 문화관, 모임, 계 등이 있다.

개미집 구멍이 꽉 막혀 버린 것을 본 꿈

매사 앞뒤가 꽉 막힐 징조로, 소식불통, 교통마비 등을 암시한다.

자신의 집안에 있는 시체를 내다버리는 꿈

모처럼 얻은 일의 성과가 무용지물이 되고 재물을 상실하게 된다.

집의 처마 밑에서 비를 피하는 꿈

권력있 는 사람의 협조를 받아 사업을 경영하게 될 것 같다.

오리나 거위가 집안으로 들어오는 꿈

가축은 재산과 일꾼을 뜻하므로 재물이 생기거나 착한 부하, 하인, 가정부, 애인 등이 새로 집에 들어오게 된다.

거미집에 해골이 보이는 꿈

집안 식구나 친인척이 상을 입게 되거나 맹독한 질병으로 고생을 하게 된다.

친구 집을 방문하는 꿈

친분이 있는 사람의 회사를 찾아가 부탁할 일이 생긴다.

옥수수 뻥튀기를 사 가지고 집으로 돌아오는 꿈

실속 없는 물건을 구입하여 경제적 손실을 가져온다.

새 집이나 공동주택으로 이사 가는 꿈

현실이 실제와 같고 새로운 변화로 암담한 미래를 개척하게 된다. 신규사업, 전직, 이전, 변동, 전학, 출장, 외출, 여행, 창작 등이 있다.

막다른 골목 안 집이 초라하게 보이는 꿈

하루 온종일 답답한 일만 생기고 눈먼 봉사가 된다. 중단, 실패, 불길 등이 있다.

흙을 파서 집으로 가져오는 꿈

사업 밑천이 생긴다는 것을 암시하는 꿈이다.

이사할 집이 부서진 것을 보는 꿈

평생 동안 만날 행운 중에서 제일 큰 행운을 잡게 된다.

집개가 담장을 보고 짖으며 쩔쩔매는 꿈

불청객인 밤손님을 맞이한다. 집안에 우환

이 끓고 검은 악귀가 보인다.

목수가 집을 수리하는 꿈

자신의 성질이나 육체적인 결함을 고치고 싶어하는 소원을 나타낸다.

남의 집에서 계란을 훔쳐오는 꿈

주문을 받아 생산에 들어간다. 백화점이나 시장에서 물품구입을 하게 된다. 재물과 돈이 생기고 물품이 들어온다.

꾀꼬리 울음소리가 집안에 들리는 꿈

집안에 경사스런 일이 있거나 즐거운 모임을 갖게 된다. 잔치를 벌이고 풍악을 울린다.

불난 집에서 용이 하늘로 올라가는 꿈

사업이 번창하거나 세상에 과시할 일이 생긴다.

백호가 집이나 방안으로 들어오는 꿈(태몽)

지위와 명예가 높아지거나 영화로움 및 귀공자를 잉태하게 된다.

오래된 무덤 옆에 집을 짓거나 선조의 묘자리를 잡는 꿈

회사에서 전근 발령을 받게 되거나 오래된 집으로 이사할 일이 생길 것을 암시한다.

집안으로 다른 식구가 들어온 꿈

혼자만이 알고 있는 비밀을 다른 사람들이 알려고 할 것을 암시한다.

집에 문둥병 환자가 찾아온 꿈

선전하거나 전도하는 사람이 자기를 찾아오게 될 것이다.

큰 가지를 손에 들고 집으로 돌아오는 꿈

사회적으로 높은 지위에 올라가는 등 출세할 수 있는 길몽이다. 태몽이면 아들이 생길 기쁨이 있다.

사람이 살지 않는 폐 가옥 또는 낡은 빈 집에 들어가 서성거리는 꿈

예기치 않은 불상사나 중병 또는 손재, 허망 등 액화가 생기고 불안과 실패를 치르게 된다.

집터를 닦는 꿈

사업 판도나 세력권을 형성하는 일에 관계하게 되며, 그 자리에 집을 지으면 정신적, 물질적 사업을 시작하게 된다.

집개가 들쥐를 물어다가 곳간에 쌓아놓는 꿈(대박)

재물과 먹을 곡식이 차떼기로 들어온다. 대풍년으로 이맛살이 펴진다.

무지개가 자신의 집이나 우물에 꽂히는 꿈(대길)

입신양명 무훈을 세우거나 무사귀환, 결혼의 성립 등을 가져온다.

남의 집에서 밥을 빌려오는 꿈

별로 힘들이지 않고 재물이 들어와 쌓이게 된다.

돌의 종류와 관계없이 돌을 집으로 가지고 들어 온 꿈

재수가 좋은 길몽으로, 돌의 크기와 비례하여 재물이 생기고 좋은 일이 생길 것을 암시한다.

높은 산 정상 위에 큰 기와집이 보이는 꿈, 혹은 비슷한 꿈

승진하여 중앙이나 요직으로 자리를 옮기게 된다. 입학, 당선, 합격 등의 길조이다.

집안에 있는 물통에 물이 가득 차 있는 것을 본 꿈

많은 재물이 여러 곳에서 생긴다.

페널티킥으로 공을 차서 골대 안에 집어넣는 꿈

주어진 현재의 장소나 직장에서 맡은 바 책임을 완수하고 실적과 공적으로 승진과 상, 훈장을 받게 된다. 소원성취, 승리를 한다.

이혼자가 여행시에 숙박한 집이 낡은 집이었다는 꿈

소유자 자신이 미래의 결혼 생활에 대해 강한 불신감 또는 체념을 가지고 있기 때문에 결혼과는 관계없이 연애만 즐기려는 경향이 있다는 것을 암시한다.

학이 흰 종이를 물고 집 안으로 날아 들어온 꿈

시험합격통지서와 같은 기쁜 소식을 듣게 될 것이며, 상장이나 훈장이나 소식을 의미한다.

집안에 놓인 복 항아리를 깨뜨리는 꿈

복과 재물과 돈이 새어나가고 매우 어려움을 겪게 된다.

중환자가 새 옷을 입고 집 주변을 돌아다니는 꿈

그 사람이나 그와 비슷한 사람이 변이나 화를 당하게 될 것을 암시하니 미리 준비할 필요가 있다.

대나무 죽순을 잘라서 집으로 가져오는 꿈

외처에 재물이나 이권이 생기든지 외손자를 두게 되는 기쁨이 따르게 된다.

뒤집힌 우물들이 흙탕물로 변한 꿈

가정에 우환이 있고 사업체에서 부정한 일을 하게 된다.

코끼리가 집안에 맑은 물을 뿌려주는 꿈

집안에 경사스런 일이 있고 하는 일마다 순조롭게 일이 잘 풀린다. 재물, 돈, 횡재수가 있다.

명문대학 간판을 떼어 가지고 집으로 돌아오는 꿈

학생이나 재수생은 학업성적이 오르고 명문

대학에 입학하게 된다.

땅속에 사는 용이나 큰 통나무 뱀이 집안으로 들어오는 꿈

당대의 정신과 물질적 부를 가져다주고 집안이 불과 같이 일어난다. 태몽일 경우에는 집안에 식구가 임신하여 큰 별을 낳는다.

참새가 집 주위를 날며 지저귀는 꿈

집안이 번성하고 만사가 형통하여 영화를 누리게 된다.

선생님의 집에 찾아가는 꿈

훌륭한 지도자를 만나 협조와 지도를 받고 많은 것을 깨닫게 된다.

임산부가 집안이나 공공장소에서 어항 속의 금붕어를 들여다 보는 꿈(태몽)

태어날 아이가 장차 예술가가 되어 예술작품으로 성공하거나 많은 여직공을 거느릴 수 있는 기업을 일으키게 되어 많은 돈을 벌게 된다.

온몸에 재를 뒤집어 쓴 꿈

건강에 이상이 오거나 재난이 올수도 있다.

여러 무덤 속에서 자신의 집 무덤을 찾지 못하는 꿈

자신을 도와줄 고위층 사람은 아무도 없다.

자신의 집이 불이나 재만 남은 걸 바라보는 꿈

집을 담보로 절대 사업에 투자하지 마라, 뒤늦게 후회 한다.

남의 밭에 붙은 불이 자기 집에 옮겨 붙어 활활 탄 꿈

남의 권리나 재산을 자기 앞으로 이전해서 크게 부자가 된다.

검은 고양이가 집안으로 들어와 괴상한 소리로 우는 꿈

집안에 우환이 들끓고 큰 어려움을 겪게 된다. 도둑, 실물수, 질병, 사고 등의 불운이 닥친다.

공중에서 많은 지폐가 집 안으로 떨어지는 꿈

사회단체 등을 통하여 재물이 생기거나 돈이 될 일이 있을 것이다.

시험에 떨어져 집으로 돌아오다 꿈에서 깨는 꿈

꿈과 반대의 성적이 나온다.

신문기자가 집에 찾아오는 꿈

신상문제, 직책, 작품 등에 관해서 알려고 하는 사람이 온다.

잔칫집에서 음식을 맛있게 먹은 꿈

자신이 한 일에 만족을 느끼게 되고 상부나 정부당국에 부탁한 일이 잘 처리된다.

삼촌의 집을 방문한 꿈

자신에게 커다란 도움을 줄 사람이나 사업체를 찾게 될 것 같다.

돌멩이를 자꾸 집어던지는 꿈

대인관계나 금전거래, 직업 또는 사업 등과 연관된 다툼 내지 말썽에 부딪치게 된다. 우발적인 사고나 폭력사태가 빚어질 위험성도 있다.

까치가 빨간 열매를 물고 집안으로 들어오는 꿈

집안에 혼사 문제가 들어온다. 친구나 애인이 찾아온다. 정보, 소식, 횡재, 재물, 돈, 물품 등의 대단히 좋은 길조이다.

수레나 차량이 집의 대문을 넘어 들어오는 꿈

근친 가족 간의 이별, 분산, 사고 등 흉험한 액화가 발생하게 된다.

집개가 타 마을 개하고 교미하는 꿈

자사와 타 회사 간에 사업체결을 하고 공동투자를 하게 된다. 결합, 합방을 한다.

객지에 있는 사람의 꿈에 집안 식구가 다 보이는 꿈

집안에 걱정이 생기는 것보다 직장일과 관계가 있다고 보아야 한다.

나무에 걸린 달을 따 가지고 집으로 돌아오는 꿈(태몽)

부인과 새댁은 임신을 하여 예쁜 딸을 낳는다. 횡재, 재물, 돈이 생긴다.

겨울에 떠났던 제비가 봄에 집을 찾아드는 꿈

객지에 나갔던 식구가 돌아올 것을 예시한 꿈이다.

호랑이가 집에 왔다가 사라지는 꿈

태어날 사람이 일찍 요절하거나 장차 권세를 잡지 못한다.

마당이나 정원에 배가 놓여 져 있든지 집 마당에서 배에 올라타는 꿈

재물이 흩어지고 말썽이나 손실 등 장애가 발생하게 된다.

예쁜 다람쥐를 잡아 가지고 집안으로 들어오는 꿈(태몽)

부인과 새댁은 임신을 하여 예쁜 딸을 낳는 태몽이다. 재물과 횡재수가 있다.

자신이 살려고 집을 새로 짓는 꿈

새 집은 무덤을 상징하는 까닭에 심각한 불상사 내지 사고 및 우환이 발생하거나 중병이나 사망 등 흉험이 닥치게 된다. 보통 주택을 새로 짓는 꿈은 주로 꿈속의 집주인에게 재난과 액화가 발생되는 수가 흔하다.

낙타를 자신의 집으로 끌어오는 꿈

소나 양과 같은 가축을 사오게 된다. 협조자를 얻어 성공을 하게 되고 재물이 생기게 된다.

집에 있는 감나무를 보고 지나가던 사람이 감나무 가지를 꺾어 가는 꿈

사업은 일손부족으로 어려움 겪고 경제적 손실이 따른다. 주부는 지갑 단속과 외출 및 유혹을 조심해야 한다.

집안에 호랑이가 앉아 있거나 집안으로 들어오는 것을 본 꿈(태몽)

태몽으로, 인기인이나 권위 있는 정치가 혹은 사업가가 될 아들을 출산한다.

집에 관한 꿈

집은 자신의 몸을 상징하는 것으로 나타난다. 집의 구조인 방, 계단, 현관, 지붕, 기둥 등은 몸의 일부분을 상징하므로 어느 하나가 부서진 꿈은 자신의 몸에 자신이 없는 상태를 나타낸다.

집 안에서 물고기가 노니는 것을 본 꿈(태몽)

문예창작 또는 국가에 공헌하게 될 자손을 출산하게 될 것을 암시한다.

호박 하나를 사 가지고 집으로 돌아오는 꿈(태몽)

태몽으로, 부인과 새댁은 임신을 하여 귀한 자식을 낳는다. 재물, 돈, 횡재, 물품 등의 재수가 대통하다.

채소 또는 곡물 등 음식재료를 집으로 많이 가져오는 꿈

들여오는 양만큼의 재물이 생긴다.

자신의 집 마당의 흙 속에서 갑자기 한 가닥 불꽃이 솟아오르는 꿈

집안에 일이 생기거나 사업상으로 한번쯤은 신문에 광고할 일이 생긴다.

물이 넘쳐 남의 집 논으로 들어간 꿈

재물이 손해를 보거나 사상적 침해를 받을 일이 생긴다.

책을 집필을 하다가 훌륭한 역사적 위인이나 신비한 상상의 동물이 떠오르는 꿈

훌륭한 문예작품을 창작하여 출판하게 된다.

하늘나라에 있는 꽃을 꺾어 가지고 집으로 돌아오는 꿈

태몽으로, 부인과 새댁은 임신을 하여 예쁜 딸을 낳는다. 입학, 승진, 합격, 당선, 학위, 자격취득, 성공 등이 있고 입신출세한다.

가구를 집안으로 들여놓는 꿈

현 위치에서 변동이 있으며, 미혼자는 배필을 만나 결혼을 하게 된다. 하지만 구설수가 있으니 말조심을 해야 한다.

볏가마를 집 밖으로 내 나가는 꿈

가정에서는 재물의 손실이나 실물을 의미하여, 직장에서는 직원의 감원을 의미한다.

결혼한 사람의 꿈에 빈 집이 나타나는 꿈

부부간의 애정의 결핍과 가정생활에 대한 불만을 나타낸다.

새순이 땅을 비집고 나오는 것을 보는 꿈

창작물이나 사업 등이 곧 세상에 공개되거나 시작된다.

무지개가 자기 집이나 우물에 꽂히는 꿈(대길)

입신양명 무훈을 세우거나 무사히 결혼의 성립 등을 가져오는 길몽이다.

내 집에 괴물이 들어오는 꿈

남의 모략으로 인해 손해를 본다. 또는 집안에 우환, 불화가 생긴다.

까마귀가 저녁에 집안으로 들어오는 꿈이나 이와 비슷한 꿈

뜻밖의 슬픈 비보가 날아든다. 생각지도 않은 불청객이 찾아온다.

고향에 있는 자신의 논밭이나 집이 폐허가 된 꿈

장차 번성과 안정, 부귀를 누리게 된다. 뜻밖의 행운이 찾아올 것을 예시한 길몽이다.

UFO가 집 안으로 들어온 꿈

집안에 경사스러운 일이 생기고, 재물과 돈이 들어오게 될 것이며, 행운이나 대길을 상징한다.

고추가 집마당에 널려 있는 꿈

사업을 추진하려고 여러 가지 계획을 세운다.

하얀 선녀가 백마를 타고 집안으로 들어오는 꿈

집안에 새 식구를 맞이하여 경사가 있다. 귀한 손님과 친인척이 찾아온다.

집안에 큰 거북이가 보이는 꿈

어떤 일로 인해 금시발복하고 부자가 된다. 재물과 돈이 들어온다. 소원성취를 한다.

집터나 돌무덤에서 오래된 엽전을 발견하는 꿈

국보급 유물이나 보물을 출토하여 새롭게 햇빛을 보게 된다. 학문과 진리탐구, 작품창작, 신 물질 발명, 아이디어, 횡재, 임신 등이 있다.

냉장고나 집안 기구 안에 있던 독수리가 날아간 꿈

오래 간직하던 보물을 팔아야 하거나 자기만 알고 있던 지식이나 기술을 다른 사람들을 위해 사용하게 될 것을 암시한다.

애인과 함께 중국집에서 음식을 먹은 꿈

혼담에 좋지 않은 문제가 생기거나 사업상의 일에도 의견이 서로 엇갈려 불이익을 당하게 된다.

도랑, 냇물 또는 길이 집 앞에 생기는 꿈

도랑이나 냇물이 집 앞에 생기는 꿈은 계획한 일마다 뜻대로 이루어지지 않고 중간에 끼어들어서 방해하는 사람이 나타나 일을 망치게 될 징조이다. 진퇴유곡의 어려운 상황이 계속 일어 날 불길한 것을 암시하니 자중한다.

많은 사람들이 자기 집과 그 주위에서 웅성거리는 꿈

일친척 중의 누군가가 사망하거나, 사람들이 많이 모일 불상사를 당하게 된다.

집에 갑자기 우물이 생긴 꿈

어떤 회사에 취직이 되거나 미혼자의 경우엔 혼담이 오갈 것을 암시한다.

기차가 폭파되거나 뒤집혀서 엎어진 꿈

어떤 기관의 기능이 마비되거나 사업갱신이 있게 될 것을 암시한다.

가구나 집안에 페인트칠을 한 꿈

간판의 명칭을 바꾸거나 사업의 변경이 있다.

꿩새끼를 품에 안고 집 안으로 들어온 꿈

장차 훌륭한 인물이 될 딸아이를 낳거나 큰 업적을 이루어 상장, 훈장을 받거나 재물이나 먹거리가 들어올 것을 암시한다.

장편소설을 집필하는 꿈

실제로 상고시대부터 현대까지 축적된 역사물이나 야사물을 기록 집필하게 된다. 사상, 문화, 역사, 인물 등의 전집, 의술, 과학 기록문 등의 연구나 저술을 하게 된다.

상갓집에서 관 뚜껑이 열려 있고 그 안의 시체가 보이는 꿈

사회적으로 알려진 어떤 일을 하게 되고 많은 성과를 얻게 되거나 다른 사람의 재물을 관리하게 되어 자신에게도 재산상의 이득을 보게 된다.

불이 나서 집이 검게 타는 꿈

승진을 하거나 벼슬이 오르게 되고 사업은 불같이 일어나 발전할 것이다.

부엉이가 집 앞 담장 위나 나뭇가지에 앉는 꿈

머지않아 좋지 않은 일이 생길 불길한 징조이다.

집안의 고목에서 꽃이 피는 꿈

경사스런 일이 생긴다. 가족 모두가 건강하고, 하는 일이 뜻대로 잘 이루어져 나간다. 태몽이면 많은 사람들을 계몽하고 깨우칠 선구자적인 아들을 얻게 된다.

소변을 보다가 집이 그 소변에 떠내려간 꿈(대길)

길몽 중에 길몽으로, 오랜 소망이 이루어지고 원하는 큰일을 이루게 되는 운수대통의 징조이다.

산토끼들이 집안으로 몰려 들어오는 꿈

여러 곳에 깔아놓은 외상값을 거두어들인다. 재물과 돈이 들어온다.

북두칠성이 집으로 들어오는 꿈

횡재수가 있으며, 직장에서 자리를 바꾸면 변화가 생긴다.

호수에 잠긴 해를 건져 집으로 돌아온 꿈(태몽)
부인은 임신을 하여 귀한 옥동자를 낳을 것이며, 물품을 구입하거나 횡재수가 있을 것이다.

팬더곰 새끼 한 마리를 안고 집안으로 들어오는 꿈
부인과 새댁은 임신을 하여 예쁜 딸을 낳는 확실한 태몽이다.

비행기 안에서 나온 비둘기를 안고 저의 집으로 들어간 꿈(태몽)
태몽으로, 비둘기에 대한 꿈을 꾸면, 성품이 착하고 봉사정신이 강한 여아를 낳거나, 의사나 간호사 등이 될 아이가 태어날 것을 암시한다.

돈궤를 집에 들여오는 꿈
자본주, 사업체, 일의 방도 등이 생긴다.

빈집에 홀로 누워있는 꿈
혼담, 계약 등이 오랜 시일 후에나 성사된다.

환자가 새집을 짓거나 짓고 들어가서 나오지 않는 꿈
환자가 새로 지은 집에 들어가 문을 닫고 나오지 않으면 사망한다.

환자가 빈집에 들어간 꿈
근심걱정이 사라지고 좋은 일이 찾아오게 된다.

남의 집을 들어가는 꿈
당신을 방문하거나 일에 관계하며, 당신에게 소청할 일이 각각 있게 된다.

집에서 나가는 꿈
나가는 사람과 인연을 끊거나 지금까지의 어려운 관계가 해결되고 근심걱정이 해소된다.

집의 일부가 부서지거나 무너지는 꿈
사업, 신분, 명예 등이 몰락하고 병이 들게 된다.

이사 전후에 집이 완전히 무너지는 꿈(대박)
큰 행운이 찾아오는 꿈이다.

새 집으로 이삿짐을 들여 놓는 꿈
사업이 융성해지거나 청탁한 일이 이루어지는 길몽이다.

집을 수리하는 것을 보는 꿈
기존 사업을 완벽하게 하기위해 자본을 더 투자할 일이 생긴다.

친정에서 시댁으로 오는 꿈
일을 성취할 장소, 관공서, 직장 등에 볼 일이 있게 된다.

시댁에서 친정으로 가다 시댁으로 되돌아오는 꿈

헤어졌던 사람과 다시 만나 일을 추진하거나 결합하게 된다.

외갓집에 하루저녁을 잔 꿈

외근관계, 외곽부처에서 한 달이나 1년을 근무하게 된다.

고향으로 가는 꿈

계획하고 추진하고 있는 목적을 달성하기 위한 노력이 필요하다.

고향에서 타향으로 나가는 꿈

사업을 시작하겠고, 하던 일을 다시 해야겠다.

고향집까지 아직 멀리 떨어져 있는 꿈

병에 걸려 신음하거나 생활, 사업 등에 고통을 받는다.

고향집에서 행동하는 꿈

고향집은 현재의 자기 집 또는 직장을 뜻한다. 현재의 위치에서 변동이 없다.

고향에 관한 모든 것들이 자주 보이는 꿈

고향이 기억에 생생하게 남아 있기 때문이고, 고향과는 상관없이 현재의 위치를 바꿔놓게 된다.

시골마을이나 촌을 보는 꿈

사회의 시민단체, 직장, 역사적 자료, 문학전서, 사건, 고담집 등을 살펴보게 된다.

분지에 있는 여러 개의 촌락을 본 꿈

하나의 권력하에 분포된 어떤 관청, 집단, 지청, 지점, 지국 등이 여러 가지 사연으로 나타난다.

한국 서울에 미국 워싱턴의 백악관이 있는 꿈

중앙관서의 어느 부처가 바뀌게 되거나 지상에 발표될 어떤 사람의 업적, 단체들의 업적에 변화가 있게 된다.

서울에서 지방으로 이사 가는 꿈

지점, 지사, 하부관서 등으로 이동하게 된다.

산마을에 초가집이 나란히 있는 꿈

자서전, 수기, 역사적 기록물을 쓰거나 읽게 된다.

현대식 건물가운데 초가집이 한 채 있는 꿈

고고학적 연구와 관계한다.

계단에 오르기가 고통스럽다가 편해지는 꿈

일의 전도, 진급 등에 있어 처음엔 고통스럽지만 후에 편해진다.

계단에서 미끄러지거나 떨어지는 꿈

진급, 진학, 사업, 소망 등이 좌절된다.

끝을 알 수 없는 사다리를 오르는 꿈

실익이 없는 망상적인 일을 진행시키거나 병세가 더욱 악화된다.

사다리 위에 올라가서 내려올 수 없는 꿈

일을 중단하게 되거나 이직, 전직 등이 어렵게 된다.

캄캄한 지하실 내부를 헤매는 꿈

밝힐 것을 제대로 밝히지도 못하고 범죄인으로 몰려 고통 받는다.

벽에 물을 뿌리거나 저절로 흐르는 꿈

여러 사람을 감동시킬 일이 생긴다.

궁궐, 대궐, 저택의 꿈

큰 기관, 큰집, 출세 기반, 큰 사업체, 업적 등과 관계된 표상물이다.

상가를 걸으며 상점을 들여다본 꿈

결혼상대자, 취직처, 연구소, 사업장 등을 알아보거나 물색하고 선택할 일이 있게 된다.

염주, 묵주, 십자가를 목에 걸거나 박는 꿈

자비, 진리, 명예, 권세 등이 주어진다.

마당에 물건을 놓거나 쌓는 꿈

완전한 자기 재산이 되지 않는 공유재산, 일거리, 사업 등이 될 수 있고 어떤 기관에 청탁한 일과 관계한다.

처녀가 대문을 나서서 산이나 무덤으로 걸어가는 꿈

취직 또는 결혼 등이 곧 이루어진다.

벽에 글을 쓴 사람을 본 꿈

신문, 잡지에 글을 발표하는 사람이다.

변소에 빠져 허우적거리는 꿈

신분, 명예 등이 몰락되고 상당한 부채 등을 걸머진다.

저수지, 하천, 약수터 기타 등에서 벌거벗고 목욕하는 꿈

어떤 기관, 회사, 사업장에서 소원을 충족시키고 작품 따위가 지상에 발표된다.

일곱 계단 위에 선 꿈

행복한 어떤 일과 관계하고 일곱 계단을 내려오면 7년의 사업, 불행, 병고 등의 일이 있게 된다.

집에 지붕을 덮는 것을 본 꿈

일의 완성, 간판, 단체명 등이 결정한다.

집터를 물색하는 꿈

사업기반, 일자리를 찾을 일이 생긴다.

집을 증축한 꿈

사업을 확장할 일이 있거나 사업 확장, 인접 부서의 두 가지 업무를 맡게 된다.

자기 집을 새로 지은 꿈

실제의 자기 집, 직장, 사업장, 관공서, 회사 등에서 만사가 이루어진다. 다만 참고 노력해야 만전을 기할 수가 있다.

집터를 닦는 꿈

사업 판도나 세력권을 형성할 일이 있고, 집을 그 자리에 건축하면 정신적, 물질적인 사업을 시작하게 된다.

집을 짓고 상량을 한 꿈(대길)

옛부터 집이나 공장, 건물 등을 지을 때 상량식은 좋은 날을 택하여 하였는데, 소원성취하고 하인은 주인이 될 것이다.

창고를 짓거나 창고를 설치하는 꿈

상인은 영업이 잘되고 예능인은 이름이 나며 부자는 더욱 부자가 되어간다.

가구나 집안에 페인트칠을 한 꿈

간판의 명칭을 바꾸거나 사업의 변경이 있다.

담이나 담장이 무너져 밖이 훤히 내다보이는 꿈(대길)

학문을 개방하거나 사업이 융성하고 운세가 대길해진다.

다락문을 열고 들여다 다락을 본 꿈

학문적 연구나 고위층의 기관에 청탁할 일과 관계한다.

새집으로 이사한 꿈

전학, 입학, 전직, 새 사업, 새 학설 등과 관계하고 중환자가 새집을 짓고 들어가면서 사망이 가깝게 된다.

지붕을 수리하는 꿈

가업이 번창하게 된다. 지붕이 무너지고 지붕이 노후화되어진 것을 본 꿈은 심신이 고달프게 된다.

집을 팔아버리는 꿈(대길)

운이 왕성하고, 집을 사는 꿈은 수명이 길어 장수하게 된다.

집 안에 소나무와 대나무가 있는 꿈

수명이 길다.

절간에서 경문을 읽는 꿈

병자가 완쾌한다.

여승만 사는 절간으로 이사한 꿈

큰 병을 앓거나 근심걱정이 사라지지 않는다.

분수에 넘치는 큰집에서 살며 여러 하인을 거느리고 사치스런 옷을 입고 있는 꿈

소원하는 일이 잘되지 않고 마음이 어지러운 일이 있게 된다. 그러므로 매사에 조심을 해야 한다.

높은 누각에 올라앉은 꿈(대길)

크게 부귀를 이룬다.

집의 대들보가 부러지는 꿈

집의 가장(家長)이나 자식에게 흉하니 만사를 살펴보고 매사에 조심하라.

집 가운데 빛이 환하게 비치는 꿈
길하며 장사꾼은 이익을 크게 볼 것이고 경사가 겹친다.

붉은 빛이 성곽 위를 비추는 꿈(대박)
만사 대통하고 대길하다.

성안으로 들어간 꿈
길몽이고 성에서 나가는 꿈은 불길하다.

집이 무너지고 사람이 없는 꿈
병이 잘 낫지 않고 백약이 무효이다.

창문을 열어 놓는 꿈
매사가 잘되고 창문을 닫아 보이는 꿈은 매사가 여의치 못하다.

교실을 본 꿈
작장 내부의 한 부서를 뜻하며 어떤 작품 내용의 한 부분을 상징할 수 있다.

골동품 상점을 본 꿈
사진관, 고고학적 연구기관, 고전문학, 중매인이나 사상을 가진 사람의 집 등과 상관한다.

친구 집이나 자기 집 꿈
연고가 있고 친분이 있는 회사, 기관, 사업장, 일거리 등을 부탁할 장소 등을 상징하고 실제의 집일 수도 있다.

움막에 들어간 꿈
미인계나 남의 음모에 빠지고, 병을 앓거나 사망하기도 한다.

자기 집이 저절로 허물어지는 꿈
사회적인 추세에 의해서나 개혁, 압력, 이념, 학설 등에 의해서 더욱 새로워질 일과 관계한다.

무당이 굿하면서 노래 부르고 춤추는 것을 본 꿈
어느 주간지에 관상가, 점성가, 성명학자, 기타의 특수층 사람들이 글을 발표한 것을 보게 된다.

친정이 꿈속에서 자주 나타나는 꿈
고향집을 자주 가고 싶은 것이다.

어떤 집 앞에 잠깐 서서 그 집의 안팎을 살펴 본 꿈
그곳에서 한 동안 일에 종사하거나 조직, 단체, 기관의 연구, 청원, 탐지 등을 하게 된다.

화장실에 어떤 사람이 숨어서 나오지 않는 꿈
부정을 저지를 징조이다.

남녀가 함께 변소에 들어가는 것을 본 꿈
간통이나 이익을 가로채려는 사람이 있게 되므로 주위를 살펴본다.

갓난아이를 목욕시키는 꿈
자기의 일, 작품 등을 어떤 기관 또는 사업

장에서 더욱 완전한 것으로 다듬어야 할 일이 생긴다.

목재, 자갈, 시멘트 등의 건축자재를 쌓아놓은 꿈

인재, 연구, 사업자금 등이 마련된다.

큰 암벽에 이름 또는 문구가 새겨진 것을 본 꿈

회사명, 단체명, 책의 표제, 기관이나 조직의 윗사람이나 부서장 등이 된다.

높은 야외의 화장실에서 배설하는 꿈

공개적인 일, 작품 등이 지상에 발표되거나 광고된다.

길고도 높은 돌계단을 오르는 꿈

업적, 사업성과, 사업 계층의 이력, 연말연시와 관계된 일을 각각 상징하는 오래고 긴 동안을 하게 된다.

어떤 학생이 담 위에 올라서있는 것을 본 꿈

시험에 합격되고, 담 밑의 개구멍으로 통과하면 예비고사에 합격된다.

벽의 외면과 내면의 꿈

각각 외향성의 일과 내향성의 일에 관계한다.

담장 안의 주인이 과일을 따주는 꿈

관청이나 회사의 경영자가 자기에게 보상을 해 주거나 그 기관에 채용을 해 준다.

복도에 놓여 있는 꽃병을 가지고 나온 여성의 꿈

회사의 비서나 섭외(외무) 담당자와 교제, 결혼 등을 하게 된다.

철조망을 끊고 안으로 침입하는 꿈

비상한 능력과 방도에 의해서 어떤 조직, 기관을 움직이고 일을 성사시킨다.

호랑이를 타고 대궐이나 큰 저택으로 들어간 꿈(태몽)

정당이나 단체의 추대를 받아 큰 기관 단체의 우두머리로 출세한다.

울타리 밑으로 뱀이나 호랑이 등의 동물이 집으로 들어오는 꿈(태몽)

학업을 닦으면 크게 출세할 것이다.

창문 안에서 유명인과 악수를 하고 키스하는 꿈

상당하게 일이 성사된 소식을 듣거나 명예가 주어진다.

금, 은, 보석점의 꿈

고급 관청, 연구 기관, 회사. 심사기관 등을 상징할 수 있다.

쌀가게의 꿈

은행, 조합, 경제부, 서점, 인적자원부 등을 상징한다.

사당과 종묘의 꿈

권력기관, 정치단체, 종교단체, 업적 등을 상징한다.

2. 집 내부에 관한 꿈

기둥에 관한 꿈

기둥, 전주같이 가늘고 긴 형태는 남성이나 사업의 운세를 뜻한다. 기둥을 수리하는 꿈은 자기의 결함을 인식하고 보강하려는 심리표현이다. 여성이 기둥을 올려다보는 꿈, 만져보는 꿈, 끌어안는 꿈은 성욕의 표시다. 기둥이 쓰러지는 꿈은 성욕감퇴나 사업쇠퇴를 걱정하는 꿈이다.

대들보, 누각에 관한 꿈

대들보가 무너지는 꿈은 한마디로 말해서 흉몽이다. 주변사람들로 인하여 어려움을 겪게 되거나 사랑하는 사람을 잃을 징조이다. 그리고 집의 누각을 높게 세우는 꿈은 길몽으로 목표달성의 기쁨을 누리게 될 것이다. 그 높은 누각에서 술을 마시고 있는 꿈은 고생 끝에 부자가 될 길몽이다. 또한 누각이 초라하게 보이는 꿈도 귀인을 만나 성공할 길몽이다.

천장에 관한 꿈

당신의 정신적, 지적 성장의 척도가 된다. 천정이 낮아 보이는 꿈은 오히려 당신의 지식과 지능이 높아졌음을 뜻하고, 천정이 까맣게 높아 보이면 공부, 또는 수업, 사업상의 숙달 등을 익히기에 지쳐있는 상태 또는 자기의 지식이 미약함을 인식한 상태다.

낭하에 관한 꿈

낭하는 방으로 통하는 통로다. 프로이드의 성심리학에서는 자궁으로 통하는 질을 뜻한다. 긴 낭하를 아무리 지나도 방이 보이지 않는 꿈은 안식처를 구하지 못해 불안해하는 것이다. 방 또는 낭하에 많은 아이들이 있는 꿈은 출산에 대한 기쁨과 불안을 뜻한다. 출산 전후의 여성이 이런 꿈을 꾼다. 낭하에 거추장스런 물건이 많고 지저분해서 청소하기 곤란한 꿈은 부인병에 대한 근심과 질 벽의 파손을 염려하는 심리다.

방에 관한 꿈

방이 많이 보이는 꿈은 그 전체가 자기의 신체를 뜻하고, 방 하나하나는 신체의 일부를 의미한다. 방 하나만이 꿈에 나타나면 이것은 자궁을 뜻하나. 방이 반듯하고 깨끗한 꿈은 건강과 성적인 것이 건전함을 뜻하고, 더럽거나 파괴되어 있으면 건강과 성에 자신이 없음을 뜻한다.

아궁이, 화로에 관한 꿈

화로 위의 주전자, 냄비, 솥이 끓는 꿈(대박)은 명성이 크게 올라가고 가업이 번창한다.

특히 인기상품을 취급하는 상인에게는 최고의 길몽이다. 그리고 남자가 화덕, 아궁이, 난로 등에 불을 붙이는 꿈은 부인에게 불길한 일이 생기거나 부인의 마음이 변하여 가정불화기 일어난다. 또 부인이 아궁이에 불 붙이는 꿈(태몽)은 훌륭한 아기를 잉태할 꿈이다. 또한 아궁이, 난로, 화로 등이 부서지는 꿈은 가까운 장래에 가족 중에 초상을 당한다. 불을 끄든가 불이 꺼지는 꿈은 병자가 생길 흉몽이다. 그리고 또한 화로, 난로, 아궁이, 온돌을 고치는 꿈(대박)은 금전상의 이득을 볼 길몽이다.

부엌에 관한 꿈

여성이 여성임을 자각할 때 부엌 꿈을 꾼다. 부엌에 들어가기를 좋아하고 부엌에서 일하는 데 애착심을 가지면 당신은 여성으로서의 자격을 얻고 싶어 하는 것이다. 즉 결혼, 출산 등을 하고 남편과 아이를 보살피고 싶어 하는 여성본래의 본능이 작용하는 것이다. 또 한 집안에서 두개의 부엌을 사용하는 꿈은 집안 내에 심각한 분쟁이 일어난다. 두 집 살림을 낼 꿈이다. 부인이 더 생기지 않으면 자식이 부모와 다투어 분가할 꿈이다.

대문에 관한 꿈

대문이 크거나 높게 보이는 꿈은 행복이 저절로 굴러 들어오는 운세를 예시한 길몽이다. 재물운이 따라 큰 부자가 되거나 명예를 얻거나 지위가 높아질 징조이다. 그러나 대문이 불에 타버리는 꿈은 좋지 않은 꿈이다. 자신의 주위를 둘러 볼 필요가 있으며 오해를 사지 않도록 주의해야 한다. 다른 집의 대문이 꼭 닫혀 있는 것을 보는 꿈도 흉몽으로 절친한 사람과 절교할 꿈이다. 또 대문이 부서지는 꿈은 집의 대문이 저절로 부서지는 꿈 역시 집안에 재난이 닥칠 징조를 예시하는 흉몽이다. 밖에서 돌아와 보니 대문이 부서져 있는 꿈은 아끼고 믿던 사람이 자신을 떠나가는 꿈이다. 자신의 주위를 돌아보고 한 번쯤 반성할 필요가 있다. 그리고 대문을 다시 만들어 다는 꿈(태몽)은 귀하고 소중한 아들을 낳을 태몽이다. 석문(石門)을 보는 꿈은 장수하는 꿈이다.

현관문을 여는 꿈

현관문을 여는 꿈은 집안에서 누군가가 나가게 되거나 가정불화가 있을 꿈이다. 이럴 때 공동체의식이야말로 무엇보다 중요하다. 그러나 현관문이 갑자기 크게 열려진 것을 보는 꿈은 운세가 좋으므로 성공할 꿈이다. 문이 열리지 않아 들어갈 수 없는 꿈은 하는 일마다 실패를 예시하므로 그리 좋은 꿈이 아니다.

미닫이문에 관한 꿈

미닫이, 병풍, 칸막이 등은 처녀의 상징이다. 미닫이가 잘 열렸다 안 열렸다 하여 미닫이를 손질하는 꿈은 당신의 애정생활에 권태기가 왔음을 알린다. 문종이가 더러워지거나 찢어질까봐 애쓰는 장면의 꿈은 처녀를 잃는 것이 아까우면서도 누군가가 빼앗아주기를 바라는 마음이 작용한 것이다.

도랑, 냇물 또는 길이 집 앞에 생기는 꿈

도랑이나 냇물이 집 앞에 생기는 꿈은 계획한 일마다 뜻대로 이루어지지 않고 중간에 끼어들어서 방해하는 사람이 나타나 일을 망치게 될 징조이다. 진퇴유곡의 어려운 상황이 계속 일어날 불길한 운세이기에, 신중하고 조심해야 한다. 반면 집마당에 큰 길이 나 있는 꿈은 운수대통의 길몽이다.

계단에 관한 꿈

꿈에서 계단으로 올라갔다면 애정이나 사업면에서 좋은 징조가 보이는 꿈이다. 반대로 내려갔다면 말다툼을 조심하라는 경고이다. 계단을 청소했다면 생활이 뜻하지 않은 방향으로 변할 것이다. 나무계단은 지금 하는 일에 실수가 있다는 의미이다. 또 난간을 붙잡고 계단을 내려가는 꿈은 사소한 일 때문에 고민하게 될 것을 암시한다.

지붕에 관한 꿈

지붕은 신체 및 마음의 일부를 뜻하며 물질적으로 재물의 크기를 나타낸다. 지붕의 상태에 따라 당신의 신체 및 심리상태가 표현된다. 지붕 및 추녀 끝이 길어서 집을 덮어버릴만한 형태의 지붕은 당신이 인간사회의 복잡한 문제를 떠나 자연, 우주, 과학의 세계 등으로 도피하려는 마음을 뜻한다. 낡은 지붕, 쓸어져가는 지붕은 사랑이 없는 사랑, 쓸쓸한 상태를 뜻한다. 뾰족한 지붕, 추녀가 높다란 지붕은 당신의 건강상태가 왕성함을 말한다. 지붕을 수리하다 화재가 난 꿈은 제52회 주택복권 1등 당첨자의 꿈이다.

굴뚝에 관한 꿈

억압된 감정의 배출구다. 굴뚝에서 연기와 함께 불꽃이 솟아나오는 꿈은 감정을 격렬하게 폭발시켜 이것으로 현실적으로 억압된 감정을 해소시키려는 심리현상이다. 연기가 굴뚝에서 제대로 펑펑 쏟아져 나오지 못하면 일의 성과나 사업진행에 차질이 있어 더욱 정신이 심란해지는 꿈이다.

지하실과 관한 꿈

지하실에 내려가는 꿈은 무엇인가 비밀에 관한 문제가 쉽게 해결되지 않은 지체되어 있는 상태를 뜻한다. 반면 지하실에서 나와 돌연 옥상이나 밝은 곳으로 향하는 꿈은 비밀을 안고 내면적으로 고민하는 것이 아니라 오히려 솔직하게 해결하려는 낙관적인 태도다. 내성적인 해결을 원하는 사람은 지하실에 들어가 문을 잠근다. 지하실은 연구실, 비밀단체, 비밀장소, 유치장, 뒷거래 등과 관계된 어떤 장소적 의의가 있다.

화장실과 관한 꿈

횡재와 관련된 꿈이 많다. 횡재수와 관련된 꿈은 또 그 반대의 흉몽의미도 있으니 정확한 해몽을 하는 게 중요하다.

담, 울타리를 따라 걸어가는 꿈

당신 심중에 개운치 않은 일이 있어서 결심하기까지 괴로워하는 표시로 나타난다. 담을 헐거나 담장이나 울타리를 비스듬히 해치는 행위는 자기의 심리적 장애를 극복하려는 노력의 표시다.

3. 사무용품, 그릇, 침상, 생활도구에 관한 꿈

학생이 연필을 얻거나 산 꿈

학교 성적이 우수해지거나 훌륭한 친구를 사귀게 된다.

필기도구를 남에게 주는 꿈

자신이 일거리를 뺏기거나 자기 일을 돕게 할 일이 생긴다.

연필을 쥐고 있는 꿈

평소 생각했던 방면의 연구를 하면 이름을 빛낼 수 있다.

답안지를 쓰려는데 연필이 없었던 꿈

자신이 시험, 취업, 전직 등에 방도가 없어 불합격된다.

타이프나 워드에 글자가 잘 찍히지 않거나 틀려서 자꾸 종이를 바꾸어 찍는 꿈

연인과의 관계가 원만치 않거나 윗사람이 자기의 청을 잘 들어주지 않아 애태우게 된다.

붓, 먹, 벼루, 연적 등을 얻는 꿈

계획, 학문, 사상, 연애, 진정, 취직 등의 일이 성취된다.

책상 앞에 걸상을 끌어다 앉은 꿈

어떤 부서나 직책, 지위가 결정된다.

붓이 크거나 고급품인 꿈

사업체, 기관 등이 크고 튼튼한 재력을 가졌음을 뜻한다.

접시를 얻은 꿈(태몽)

둘째 자리와 관계된 직책, 신분의 소유자가 되거나 두 번 시집가는 경우도 있다.

스푼을 잃거나 부러뜨린 꿈

사업 방도, 수단, 능력, 고용인, 식구 중 하나를 상실하거나 일이 중단된다.

함지박에 물이 가득 찬 것을 본 꿈(대박)

조만간 많은 돈이 함지박크기 만큼 엄청나게 생길 징조이다.

수돗가에서 큰 물통으로 물을 받으려고 하지만 물이 한 방울도 나오지 않는 꿈

크게 사업을 벌이지만 수입은 하나도 없음을 뜻한다.

새끼로 가마니를 짠 꿈

조직, 계약, 결혼, 결사, 사업 등의 일과 관계되는데 성취된다.

망치로 못을 박는 꿈

법적 규제, 계약, 결연, 설득 등에 의해서 일을 튼튼히 마무리 짓게 된다.

천막을 친 꿈

임시적이며 감정적인 사업에 종사하게 된다.

여러 개의 돗자리를 펴고 많은 사람들이 앉아 음식을 먹는 꿈

여러 차례의 회담, 사업문의 등이 있게 된다.

긴 호스로 물을 받는 꿈

어떤 기관, 조직, 단체에서 계속 이어주는 재물이 생기고, 호스로 물을 뿌리면 정신적 물질적인 재물을 기관, 단체를 통해 배포하게 된다.

솥에 음식 재료를 넣고 불을 때는 꿈

어떤 사업을 시작하고 있음을 뜻한다.

이불장이나 방 한 모퉁이에 첩첩이 이불이 쌓여 있는 꿈

이력, 경력, 내력, 병력 등을 암시한다.

장농을 활짝 열어 놓는 꿈

개업, 문물의 개방, 등용 등의 일이 있게 되고, 닫으면 보관, 저장, 매장, 단속, 처리 등의 일이 생긴다.

하나의 이불속에 여러 사람이 자는 꿈

여러 동업자와의 사업이 진행되고, 이성을 이불 속으로 끌어들이면 동업계약, 동문, 탐지 등의 일과 관계한다.

주인이 내어주는 방석을 깔고 앉는 꿈

어떤 기관 또는 회사에 취직하거나 직책이 맡겨진다.

쌓아올린 이불속에서 동물이 나오거나 물건을 꺼낸 꿈

일이나 사업을 시작하여 성과를 얻는다.

금, 은으로 된 저울을 얻는 꿈(태몽)

장차 학자, 재판관, 평론가, 비평가 등이 된다.

자물쇠로 잠가놓은 방문을 열쇠로 열고 들어간 꿈

열쇠로 자물쇠에 관계되는 일들은 모두 해결이 되고 여성을 정복하게 된다.

상대방이 깔아준 돗자리에서 쭈그리고 혼자 앉아있는 꿈

할당한 지면, 운영비, 생활비 등이 여의치

않아 고생스럽고 불안스러움을 일러준다.

자리를 짜거나 엮는 꿈

단체, 조직, 결사, 결혼 등이 이루어진다.

새것으로 발을 장만한 꿈

좋은 아내를 얻는다.

이불을 여러 갈래로 찢어버리는 꿈

사업, 결혼 등에 파탄이 생기고 오랜 직업을 포기한다.

담요를 펴서 끌고 다니다가 다리 위로 치켜 올린 꿈

소개장, 작품, 목록 등을 어떤 회사에 제출하게 된다.

화려한 장농이 방안에 가득 찬 것을 본 꿈

협조자, 협조기관, 직책, 살림, 생활 등이 윤택해진다.

긴 식탁에서 여러 사람이 나란히 앉아 음식을 먹는 것을 본 꿈

어떤 직장이나 단체가 질서정연하게 일을 처리함을 뜻한다.

한 음식상에서 두 사람이 마주 앉아 음식을 같이 먹는 꿈

두 사람이 하나의 일을 공동으로 하면서 의견의 대립을 면치 못한다.

새로운 침대를 방안으로 들여온 꿈

사업 기반이 마련되고 미혼자는 결혼하게 된다.

침상 위에 피가 묻은 것을 본 꿈

아내가 간통하고 악한 일이 일어난다.

침대를 수리하는 꿈

좋은 배필을 얻고 이사할 수다. 먼 곳에서 기쁜 소식이 온다.

침상 다리가 부러져 버린 꿈

고용인이 된다.

침상에 깔아놓은 자리를 찢어버린 꿈

관직을 잃고 실직하므로 조심해야 한다.

담요나 이불 등을 깔아 놓는 꿈

만사가 순조로워 진다.

탁상에 개미가 많이 모여 드는 꿈

불길한 징조이다.

4. 옷(衣)에 관한 꿈

옷감 또는 천 꿈

꿈속에서 본 천은 어떤 종류인가 하는 것이 중요하다. 리본은 소득이 오를 징조이고, 울은 안전, 벨벳은 애정의 성취, 실크는 만족

스런 사교생활을 의미한다. 목면이 보였다면 좀 더 신중해지도록 해야 한다. 나일론이었다면 모든 일이 뜻대로 되지 않는다는 뜻이다.

새 옷을 입는 꿈

가업이 번창하고 기쁜 소식이 오게 된다.

예복을 입는 꿈

지위나 명예, 명성을 얻게 될 것이다.

관복을 입은 꿈

남의 도움으로 큰 이익을 보고 승진출세의 길이 열릴 길몽이다.

제복을 입는 꿈

입학, 입사시험에 반드시 합격한다.

자신이 초라한 옷을 입는 꿈

불길한 일이 연속적으로 일어나는 것을 경고하는 꿈이다.

타인이 초라한 차림을 한 사람의 꿈

행운이 찾아들게 된다.

화려한 옷을 입는 꿈

녹의홍상(푸르고 붉은 화려한 옷)을 입으면 죽는 꿈이다.

남에게 의복을 주는 꿈

남에게 근심스러운 일을 남에게 인계한다. 밝은 일이 시작될 꿈이다.

의복이 풀어지는 꿈

맺혔던 고민거리가 해결된다. 단 자기의 살이 노출되면 일은 해결되나 수치스런 꼴을 당한다.

상복을 입는 꿈

출세할 길몽이다.

정장한 꿈

출세할 길몽이다.

외출복으로 정장하는 꿈

무언가 자기를 숨기려고 하고 있다.

잠옷을 입은 꿈

배우자, 집, 작업 등을 얻거나 안식처를 얻는다.

행주치마를 벗어버리는 꿈

식모가 나가고 행주치마에 손을 닦으면 출가한 딸이 집에 온다.

노란 비옷을 입은 꿈

물질적인 상속을 받거나 관청으로부터 용역을 얻거나 관청의 일을 하게 된다. 관급공사에 입찰하면 낙찰을 받게 된다.

상대방이 빨간 옷을 입고 있는 꿈

상대방과 싸우거나 불쾌해지고 재난을 당하

거나 상대방을 극도로 미워하게 된다.

노란색의 옷이나 황금색의 옷을 입고 있는 사람의 꿈

남의 사랑을 받거나 인기를 끌고 남의 이목거리가 될 사람들을 표시한다.

곤색, 푸른색, 초록색의 옷을 입는 꿈

강한 정조관, 규율, 통제, 근면, 노력 등에 관계된 일거리 또는 사람을 대하게 되어 성취하게 된다.

군인, 경찰, 학교, 기관 등의 제복을 벗고 사복을 한 꿈

휴직하거나 단체에서 물러난다.

시장에서 옷을 사온 꿈

일거리나 증명서, 책 등을 얻게 된다.

옷을 다른 천으로 흥부네처럼 누덕누덕 기워 입은 꿈

여러 사람의 도움으로 직분이나 사업을 이어간다.

헌옷을 입은 꿈

직위나 협조자, 권리 등이 쇠퇴하고 병에 걸리기 쉽다.

보라색 옷을 입는 꿈

행운이 찾아들 길몽이다.

흰 옷을 입는 꿈

귀찮은 일이 말려든다. 환자는 죽는다.

검은 옷을 입는 꿈

머지않아 불행이 찾아올 흉몽이다. 특히 환자에게는 최악의 꿈이다. 죽음이 임박했음을 알린다.

푸른 옷을 입는 꿈

신이나 부처에게 기도했던 일이 성취된다.

노란 색의 옷을 입는 꿈

무엇이든 즐거운 일이 생길 전조이다.

붉은 옷을 입는 꿈

길몽으로 남성이 이 꿈을 꾸면 아내나 연인이 근사한 행운을 누리게 된다.

계절에 안 맞는 옷을 입은 꿈

경제적으로 궁할 흉몽이다.

베옷을 입는 꿈

추진 중인 사업 계획 등에서 시원한 일이 생긴다.

여러 가지의 옷을 입는 꿈

여러 가지 다른 것을 해보고 싶다는 생각이 있다.

옷을 벗거나 잃는 꿈

소중히 하던 것을 잃는다.

분홍 옷을 입는 꿈

배우자나 다른 사람에게 극진한 사랑을 받고 매혹시키며 병에 걸리기도 한다.

여장한 남성의 꿈

운이 기울게 된 것을 알려준다.

많은 사람이 수영복을 입고 있는 꿈

선동적인 출판물을 보거나 당선과 관계한 일거리, 작품 등과 관계한다.

윗사람이 주는 옷을 입는 꿈

명예, 권리, 혜택 등이 주어진다.

벗어두었던 옷을 입지 못한 꿈

의지했던 직장이나 사업 등을 상실하고 고독, 빈곤, 고통을 당하게 된다.

자기의 옷과 똑같은 옷을 입은 사람을 본 꿈

정신적으로 상대방에게 압도당하게 되어 위상에 문제가 생겨 곤란을 겪는다.

상대방이 검은 옷을 입는 것을 본 꿈

기억상실이 오거나 상대방의 신분, 성명, 내력 등이 분명하게 알 수 없는 일이 생긴다.

하얀 드레스를 입고 신랑과 결혼식을 올리는 꿈

결사나 계모임, 동창회 등에서 어떤 책임을 맡는다.

여성이 좋은 옷을 입는 꿈

반드시 배은망덕할 일이 생긴다.

결혼식장에 상복을 입은 사람이 나타나는 꿈

결연, 계약, 결사 등에서 우두머리가 되거나 돈을 탈 사람을 본다.

미혼여성이 웨딩드레스를 입는 꿈

실제로 결혼하게 되거나 취직되고, 신문이 새로워지거나 협조자를 만나는 꿈이다.

일반인이 군모와 군복을 입는 꿈

취직, 직책의 변동을 가져온다.

교복을 입은 자신의 모습을 보는 꿈

세상 사람들의 시선과 말에 상당히 신경 쓰게 될 일이 생긴다.

웨딩드레스 입은 신부를 보는 꿈

임신이나 출산 및 신분상의 진전을 의미한다. 남쪽사람의 덕을 본다.

고급양복지나 비단옷감을 사온 꿈

권리, 토지, 명예 등을 얻는다.

옷을 빨아서 진한 색으로 염색을 한 꿈

경영방침, 사업 내용을 변경시키거나 기존 직업을 바꾸게 된다.

재봉사를 본 꿈

재봉사가 일을 하고 있었다면 뜻하지 않은 여행을 하게 될 꿈이다. 자기가 재봉사가 되는 꿈은 남에게 비밀을 털어 놓지 않도록 조심해야 한다.

재봉틀을 사서 방안에 들여 놓은 꿈

사업체를 이끌어 갈 능력이 생기거나 어느 기관에서 협조를 해 준다.

재봉틀을 사거나 집안에 들여놓은 꿈

일을 추진하거나 어떤 기관에서 많은 도움을 준다.

양복점의 재단사가 자신의 옷을 재단한 꿈

자신이 조직, 기관, 단체에 청탁한 경우 담당실무자가 청탁한 일을 진행시키게 된다.

옷감을 필로 들여와서 집안에 수북하게 쌓아 놓은 꿈

넓은 토지, 직권 등을 얻고 풍족하여 부귀로와진다.

허리띠가 끊어지거나 없어져 버린 꿈

어떤 규제, 압력 등에서 해방되거나 일의 중개, 청탁, 결연 등이 허사가 된다.

옷의 상의의 꿈

윗사람, 상부층과 관계하고 하의는 아랫사람, 하부층과 관계된 상징부위다.

상대방이 입던 옷을 자기에게 벗어 준 꿈

상대방의 책임을 전가받거나 업적을 이어받는다.

백설 같은 흰 옷이 빛나고 있는 것을 본 꿈(대길)

정신적 물질적인 사업이 성공해서 신분이 고귀해지고 명예가 주어진다.

상대방이 비단보자기를 주어서 받았던 꿈

결혼이 성립될 징조이다.

옷을 보자기에 싸고 있는 꿈

일이나 사업이 중단되거나 많은 사람을 모집하게 된다.

갑자기 우박과 같이 큰 빗방울이 떨어지거나 비도 안 오는데 의복이 젖는 꿈

부자연스러운 성행위, 예를 들면 자위 같은 것을 자기 자신이 바라고 있다는 것을 의미하는 것이다.

누군가에게 옷 동전을 얻는 꿈

차츰 부귀가 찾아와 말년을 편하게 보내게 된다.

남의 비단 옷을 훔쳐 오는 꿈

학문이 퇴보한다.

자신의 하얀 옷에 붓글씨를 쓴 꿈

신분이 새로워지거나 영업 간판을 새로 달게 된다.

중병 환자가 새 옷을 입고 집 주위를 돌아다니는 꿈

꿈속에서 본 그 환자의 병세가 좋아지게 된다.

물속에 들어가도 옷이 젖지 않는 꿈
그 사람이 휴가를 얻는다.

벗어 놓은 옷을 잃어버리는 꿈
의지했던 협조자, 신분, 직장, 사업 등을 상실하고 고독, 빈곤, 고통을 면치 못한다.

여러 사람이 흰 옷을 입고 웅성거리고 있는 것을 본 꿈
그들이 자신의 일을 떠맡아 해주거나 자신을 고소할 사람이다.

맞추어 입은 옷이 크거나 작아서 마음에 들지 않는 꿈
집, 배우자, 직장 등에서 불만이 생긴다.

모자나 코트가 바람에 날아가 버린 꿈
직장이나 신분 등이 사회 정화나 법규에 저촉되어 상실케 된다.

여인의 옷을 하나하나 벗겨 보는 꿈
책 또는 애착을 가지는 기계류의 내용을 탐독 또는 조사해 볼 일이 생긴다.

옷을 새로 맞추는 꿈
혼담이 오고가서 성사된다.

새 옷을 만드는 꿈
새 옷을 짓는 꿈은 새롭게 이성을 사귀거나 혼담이 들어오며, 기혼일 경우 마음을 흔드는 사람이 나타나 고통을 당하게 된다.

새 옷을 재봉하거나 만드는 꿈
좋은 인연이 나타나 맺게 된다.

흰 옷, 베 옷, 무명 옷, 검은 옷을 짓는 꿈
근친 중에 슬픈 일이 생긴다.

천 또는 옷감을 자르는 꿈
멀리서 소식이 올 징조이다.

베를 짜는 꿈
태몽이다.

다림질을 하는 꿈
귀찮은 문제를 해결해야할 최적기를 알려주는 꿈이다. 내버려 두면 점점 복잡해질 테니 빨리 손을 쓰도록 할 것이다.

꿈에서 옷을 수선하는 꿈
뜻밖의 수입원이 생길 징조이다. 아르바이트 자리가 생길 수도 있다.

옷을 세탁하는 꿈
반드시 기쁜 소식이 있을 것이다.

검은 옷을 빨아서 걸어 놓은 꿈
부모상을 입을 징조이다.

옷이 찢어지는 꿈
기혼 남성이 꾸었을 경우에는 아내의 신상에 불상사가 일어난다는 것을 알리는 흉몽이다.

더러워진 옷을 입고 대중 앞에 나서는 꿈
명예를 잃고 실패할 일이 생긴다.

퇴색하고, 때가 묻고, 찢어진 옷을 입는 꿈
상대방에게 천대를 받거나 집, 사업, 신분 등이 퇴락한다.

옷을 빨아서 손질해 놓은 꿈
근심걱정이 해소되고 새로운 일에 착수하며 생활형편이 좋아진다.

평상복인 채로 외출해서 부끄럽다고 여기는 꿈
자기를 감출 수 없다는 생각을 나타낸다.

바느질을 하고 있는 꿈
누군가가 바느질을 하고 있는 꿈을 꾸었다면 장래에 대한 계획을 세워야 한다. 자신이 바느질을 했다면 새로운 기회가 찾아 올 것이다. 손바느질을 했다면 힘겨운 일이 기다리고 있다는 뜻이고, 재봉틀을 사용했다면 믿을 만한 상대를 조심해서 선택할 필요가 있다는 암시이다.

바늘에 실을 꿰는 꿈
길몽이며 주위 사람들로부터의 신임과 사랑을 받고 원하던 일이 성취된다.

바늘에 꿰인 실의 꿈
결혼, 연결, 인연 등의 성사가 실의 장단에 따라 시간의 길고 짧은 것을 나타내기도 한다.

바늘을 잃어버려서 찾지 못한 꿈
사업 방도를 잃고 사업이 중단된다.

바늘이나 핀을 줍는 꿈
바늘을 줍는 꿈은 신변에 근심이 생길 징조다. 단 바늘에 실을 꿰는 꿈은 바라는 바가 순조롭게 진행되고 혼사가 성사될 길몽이다.

바늘을 남에게 주는 꿈
근심이 풀리는 길몽이다.

바늘에 찔리는 꿈
내 몸에 찔리면 금전의 이익을 본다. 사업상 여러 번 고비를 겪고 반성할 일이 있다.

바느질을 하는 꿈
근친과 이별수가 있다.

바늘이 하늘에서 무수히 쏟아져 옷에 박힌 꿈
자기가 한 일에 대해서 많은 사람들이 평가를 해준다.

옷을 염색소로 들고 가는 꿈
종교 단체에 가입하거나 교도소에 갈 일이 있다.

색실로 옷감에 수를 놓은 꿈
상대방에게 애정을 표시하거나 구혼을 받을 일이 생긴다.

다듬이질을 하는 것을 본 꿈
일이나 사업의 개수, 연마, 보완할 일이 생긴다.

새 옷감을 마름질하는 꿈

이혼, 파혼, 계약파기 등이 초래된다.

손발에 인쇄 물감이 묻어 잘 씻기지 않는 꿈

계약이 이루어지고 사상, 행적 등에서 이탈할 수 없다.

뜨개질을 하는 꿈

마음의 안정을 얻게 될 징조이다.

뜨개질에서 코를 빠뜨린 꿈

얼마 동안 가정생활이 불안할 것이다.

뜨개질에 무늬를 넣은 꿈

오랜 우정이 되살아나거나 새로운 우정이 싹틀 징조이다.

자기가 수를 놓고 있는 꿈

행복을 상징하는 것이다. 반대로 다른 사람이 수를 놓은 꿈은 누군가에게 속을 징조이다.

깨끗한 손수건이나 옷을 더럽히는 꿈

처녀를 범하고 싶다거나 자기의 청결을 더럽히고 싶다는 소망을 나타내고 있다.

옷을 도둑맞든가 분실하는 꿈

근심스러운 일이 자신도 모르게 찾아오다가 해소된다.

옷이나 모자를 태우는 꿈

재난을 면하고 운이 트인다.

옷에 더러운 흙이 묻는 꿈

수치스러운 일을 겪는다.

옷고름이 떨어져 나가는 꿈

인연이 끊어지고 그 저고리가 찢어지면 큰 집 또는 큰 기관에서 이탈한다.

옷이 더러워진 것을 분노하는 꿈

충분한 섹스를 할 수 없는 자기의 무능력에 대해서 화를 내고 있는 것을 나타낸다.

바지의 지퍼를 열고 있는 꿈

성적 열등감을 갖고 있는 남성의 허세를 나타내거나 새로운 일을 하기 위해 준비하게 된다.

흰 와이셔츠나 흰 앞치마의 꿈

동정과 처녀성을 나타낸다.

한 벌의 옷을 소중히 갖고 있는 꿈

재물을 얻게 된다.

옷이 맞지 않는 꿈

모험이 실패로 끝나거나 이성과의 트러블을 예고한다.

상하의 옷의 색이 조화되지 않은 꿈

자신의 마음속에 대립하는 감정이 있다는 것을 나타내고 있다.

누가 옷 보따리를 가져다주었으나 풀어보지도 않은 꿈

오랫동안 근심 걱정을 하게 된다.

이불이 더러워서 잠이 오지 않는 꿈

남편에게 성적 불만을 갖고 있는 여성이 꾸는 꿈이다.

단추에 관한 꿈

꿈에서 번쩍번쩍 빛나는 새 단추가 달려 있었다면 그것이 무엇 이든 부와 안전을 의미한다. 반대로 낡은 단추, 깨어진 단추는 현재의 어수선한 감정을 정리하라는 뜻이다.

바지의 단추를 채웠는데도 페니스가 노출되어 감추려고 한 꿈

자기의 주장이 너무 강경하여 시비를 받고 자숙할 일이 생긴다.

단추를 푸는 꿈

요즘 돈을 낭비하고 있다는 것을 나타낸다.

리본을 본 꿈

누구와도 친구가 될 수 있는 타입이다. 핑크빛 리본은 장기적인 계획이 성공을 거두게 된다는 것을 암시한다. 은색이었다면 당신의 의욕이 좀 지나치다는 뜻이다.

리본을 묶는 꿈

일에서 성공을 거둘 것이다.

5. 모자에 관한 꿈

모자를 쓰고 있는 꿈

현재의 상태가 안정되어 있거나 남의 이목을 끌게 하려는 행동이다.

모자를 새로 사서 써보는 꿈

입학, 취직, 승진 자격이나 주민등록증의 갱신이 있게 된다.

월계관을 쓴 꿈

최고의 명예, 권리, 영광이 주어지며 크게 명성을 떨친다.

사모 써보는 꿈

타인에게 신임을 받아서 입신출세한다. 결혼을 하게 된다.

쓰고 있는 모자가 바람에 날아가 버린 꿈

비밀이 폭로되는 것을 예고하고 있다. 또는 양심에 거리끼는 일이나 죄를 저지르고 있다. 오래지 않아 관계기관으로부터 압력을 받게 되어 일을 추진하지 못하게 된다. 일을 추진한다면 신분이나 직위 등이 법률에 저촉되어 잃게 된다.

모자를 잃어버린 꿈

모자와 띠를 잃으면 벼슬을 잃을 징조이다.

훌륭한 모자를 쓰고 있는 꿈

자기 과시의 강한 욕구를 나타내고 있다.

모자를 줍는 꿈

생각지도 않은 큰 이익이 찾아온다.

군인이 군모를 벗고 집에 나타나는 꿈

그 사람이 휴가를 얻는다.

타인에게 모자를 주는 꿈

길몽이다. 새로운 일을 시작하거 나 자신에게 맞는 직장을 구하게 될 징조이다. 또한 지금까지 해오던 것과는 전혀 다른 새로운 일거리가 주어지게 되니 희망을 가져도 좋다.

도롱이와 삿갓의 꿈

기쁜 일이 생길 길조이다.

6. 신발에 관한 꿈

신발이 헤져 보인 꿈

가족 중에 누군가가 병이 생기거나 친척과 헤어지는 일이 생긴다.

새 신발을 얻게 되는 꿈

자신의 상업에서 귀인의 도움을 받게 된다.

남이 내 신을 버리는 꿈

처첩이 간통하게 된다.

남의 신발을 신는 꿈

크게 이득을 볼 길몽이다.

자기의 신발을 남이 신는 꿈

남으로부터 손해를 본다.

구멍 난 신을 신고 있는 꿈

병을 얻게 될 징조이다.

신발이 자기 집의 신발장에 많이 있는 꿈

사회를 위해 봉사하거나 도와주고 싶다는 것을 뜻한다.

신발을 신지 않는 꿈

항상 불안이나 걱정에 싸여있어 자유롭게 해방되고 싶음을 뜻한다.

새로 산 신발이 발에 맞지 않는 꿈

사업, 생활 등을 정리할 일이 생긴다. 외부의 지출 및 채무관계가 압박을 가해온다.

문전에 여러 사람이 신을 벗어 놓은 것을 본 꿈

일을 청탁하게 되는데 협력해 줄 사람 또는 기관이 생기게 된다.

신었던 신발을 잃어버리는 꿈

부모, 자손, 친지, 배우자, 직장, 재물, 집, 협조 기관, 기타 의지가 되는 모든 것 중 그 어떤 것을 잃는다.

물에 빠진 신발을 건지는데 여러 켤레가 따라 나오는 꿈

친한 사람이 도움을 준다.

신발이 흙탕물로 더럽혀져 곤란을 당한 꿈

타인으로부터 수치를 당할 전조이다.

결혼 전에 신 한 짝을 잃는 꿈

결혼을 하더라도 서로 이별하게 된다.

신을 벗고 마루에 오르는 꿈

직장에서 한동안 일하거나 지위가 전보다 높아진다.

옥색, 흰색, 검은 고무신을 신고 나중에는 검은 고무신을 벗은 여인의 꿈

세 번 결혼한 후에야 인연을 만난다.

하이힐의 뒤 굽이 빠지는 꿈

연애는 결실을 맺지 못하고, 혼담도 깨어지고 만다. 또한 교통사고를 당할 전조이다.

구두가 갑자기 닳아서 해지는 꿈

애인이나 아내와 싸워 배신 감을 느끼게 되는 일이 생기며 신발을 잃는 꿈은 믿었던 사람들과의 헤어지게 된다.

구두를 신는 꿈

꿈에서 구두는 여성을, 다리는 남성을 말하므로 구두를 신는 것은 이성에 대한 욕정을 나타내는 것이다.

슬리퍼를 신고 다니는 꿈

바람을 피울 기회가 생기는 것을 암시한다. 신기에 익숙한 낡은 슬리퍼는 여자 것일 경우 감정적인 관계가 위기에 빠질 징조이다. 남자 것일 경우에는 강한 유대관계가 지속될 징조이다. 천으로 만든 슬리퍼는 약간의 변화가 필요하다는 것을, 가죽슬리퍼는 만사가 뜻대로 진행될 징조이다.

슬리퍼를 사거나 파는 꿈

길몽이다. 슬리퍼가 여기 저기 흩어져 있었다면 경력이 늘어날 징조이다.

7. 소지품에 관한 꿈

새 양말을 신는 꿈

주거를 바꾼다는 것을 말하므로 이사하게 된다.

양말을 신어보니 헤어져 있는 꿈

가까운 사람과 헤어지게 된다.

양말이 찢어지는 꿈

집안에 환자가 생길 우려기 있다.

검은 양말을 신는 꿈
불행이 일어날 전조이다.

양말을 나누어 주는 꿈
현실에서 복을 잃게 되는 흉몽이다.

양말, 스타킹, 버선을 벗어버리는 꿈
지금까지 의지하던 협조자, 육친, 배우자, 자손, 직장 등과 인연을 끊거나 한 동안 작별하게 된다.

새로운 버선을 신어 보는 꿈
이사를 하게 된다.

버선이 해어져 보인 꿈
처자가 병으로 고생을 한다.

목도리와 넥타이의 꿈
목도리는 보호자, 협조자 등을 상징하고 넥타이는 계급, 신분, 간판, 상표, 배우자 등을 상징한다.

여자가 애인의 넥타이를 매어 준 꿈
상대방의 남자의 뜻을 잘 받아 줄 일이 생긴다.

실이 엉키고 흐트러진 꿈
송사가 생긴다.

솜이나 실, 비단을 타인에게 주는 꿈
좋지 않은 일이 일어날 흉몽이다.

다른 사람이 준 실 꾸러미를 가지고 있는 꿈
계획한 일, 질병 등이 오래 간다.

솜, 털, 고치 등으로 실을 자아내는 것을 본 꿈
근심 걱정을 해소시키지 못한다.

실타래를 남에게 주는 꿈
처녀는 곧 결혼하게 되고, 환자는 오랜 병상에서 일어난다.

좋은 털장갑이나 가죽장갑을 끼는 꿈
형제간 우애가 두터워지고 협조자, 협조기관이 생긴다.

손수건에 피를 묻히는 꿈
계약이 성립되는 꿈이다.

여자가 수건을 쓰고 앉아 있는 것을 본 꿈
자기의 주장을 다른 사람이 받아주지 않는다.

여러 사람들이 머리에 수건을 동여 메고 뛰어가는 꿈
남의 사상이나 명령을 불복하고 자기주장을 내세우는 사람과 관계하게 된다.

어떤 디자이너 여자가 수건을 머리에 쓰고 있는 것을 본 꿈
명성을 떨치는 어느 디자이너처럼 남을 이목을 집중시키되 된다.

남이 주는 손수건을 받은 꿈
남의 심복인 또는 고용인이 되거나 그의 뜻

을 동조하게 된다.

타인에게 손수건을 얻는 꿈

병을 얻을 징조이며, 반대로 주는 경우 남성은 사귀는 여성과 이별을, 여성은 몸을 허락하게 되는 것을 암시하는 것으로써 정확한 판단과 적극적인 사고방식이 중요할 때이다.

손수건이 더러운 것을 본 꿈

싸움을 하게 될 것을 암시한다.

목면 손수건을 본 꿈

이제 자기주장을 할 때가 왔다는 신호이다. 조직, 단체, 기관에서 추진하던 일을 적극적으로 밀고 나가게 된다. 실크손수건은 행복한 나날을 암시한다.

손수건이 찢어지거나 헤져 있는 꿈

사업면에서 귀찮은 문제가 발생할 것이다.

손수건을 잃어버린 꿈

조만간 애정의 파국을 갖게 된다.

손수건으로 코를 푸는 꿈

소중한 새 친구가 생길 징조이다.

수건을 어깨에 둘렀는데 그 자락이 손까지 처져있는 꿈

많은 사람들이 자신의 직업을 인정해 준다.

승리라고 쓴 수건을 머리에 동여맨 꿈

정신적으로 어려운 문제에 부딪히지만 잘 극복해 나간다.

손수건을 새로 구입하거나 만든 꿈

고용인, 가정부 등을 구하거나 계약서를 쓸 일이 생긴다.

거울에 자기의 모습이 비치는 꿈

어떤 소식통이나 중개소, 거래소, 매개물 등을 통해서 일이 이루어지거나 소식을 받게 된다.

거울이 떨어지거나 저절로 깨지는 꿈

믿음이 깨어지거나 협조자, 애인 등과 이별하는 꿈이다.

사모를 쓰고 가마를 타보는 꿈

관직이 장차 진급할 징조이고 신임을 얻고 출세하게 된다.

선글라스 쓴 사람을 본 꿈

신분, 학력, 본시 등을 속이거나 위장하고 있는 사람과 상관하게 된다.

안경의 꿈

일반적으로 동업자, 지혜, 통찰력, 선전 등의 일을 나타낸다.

안경 쓴 사람과 마주 본 꿈

상대방이 자기에 관해서 여러모로 알려고 해서 조만간 자신의 상태가 알려지게 된다.

내가 안경을 써보는 꿈
기존 사업 및 새 사업이 성공할 길몽이다.

안경을 사는 꿈
앞일에 광명이 온다.

벗어 놓은 안경을 다시 쓴 꿈
동업자를 만나 도움을 받는다.

안경을 새로 사는 꿈
지위, 직책, 권리 등이 새로워 졌어 전도가 밝게 된다.

안경이 벗겨져 눈이 드러나 보이는 꿈
안경이 벗겨져 눈이 드러나 보이는 꿈은 복(福)의 문이 활짝 열리는 운세를 암시하는 꿈이다.

외눈 안경을 보는 꿈
허세부리지 말고 자기 분수에 맞게 행동하도록 암시하는 꿈이다.

금테안경을 쓴 꿈
어떤 단체에서 자신을 인정해 준다.

망원경을 통해 무언가를 보려다 육안으로 본 꿈
남을 통해서 일을 하지 않고 직접 나서서 일을 처리한다.

망원경으로 본 거리가 햇빛에 빛나는 꿈
좀 더 시일이 경과한 후에 좋은 운이 찾아올 꿈이다.

망원경을 통해 먼 곳의 광경을 가깝게 본 꿈
미래의 일을 알거나 먼 곳에서 소식이 온다.

새로 산 시계에 먼지가 묻어있는 꿈
과거가 있는 여자를 얻는다.

큰 시계를 팔목에 차지 못하고 배에 찬 꿈
주도권, 사업체, 생활 능력 등을 소유한다.

시계가 소포로 발송된 꿈
주어진 임무를 성실하게 수행한다.

시계가 고장 난 꿈
집안사람이 병들거나 사업이 부진해지고 교통사고를 당할 일이 있다.

시계를 선물 받은 꿈
동업자, 재물, 직장 등을 얻는다.

시계를 수리하는 꿈
사업 등을 계획· 수정할 일이 생기고 병을 치료하게 된다.

라이터를 얻어 가진 꿈
취직, 진급 등의 방도가 생기고, 남에게 라이터를 주면 사업, 직업, 협조자의 일이 잘 이루어지지 않는다.

라이터를 남에게 준 꿈
하고 싶은 일이 뜻대로 이루어지지 않는다.

성냥을 그어 불이 붙게 하는 꿈

조그만 사업이 방도, 능력에 의해서 크게 이루어지게 된다.

성냥갑을 많이 실어오는 꿈(대박)

소망이 이루어져서 큰 부자가 된다.

성냥이 젖어 수십 번 그어댄 끝에 불을 붙이는 꿈

청탁, 사업 등에 있어서 여러 번의 수속절차를 밟게 되고 많은 액수의 자금을 소비하게 된다.

성냥갑이 젖어 부뚜막에 말린 꿈

다른 사람에게 일을 청탁할 일이 있다.

담배를 남에게 주는 꿈

상대방의 소원을 충족시켜 주므로 자기에게 손실이 온다.

상대방이 주는 담배를 피우지 않고 가지고 있는 꿈

직책, 계급, 일거리 등을 새로 얻는다.

새로운 담뱃대를 사는 꿈

취직이 되거나 생계, 방도, 사업체 등을 새로 갖게 된다.

상아로 된 담배파이프를 갖는 꿈

자기의 신분이 높아지게 된다. 사회적으로 인정을 받거나 좋은 작품을 쓴다.

담배를 남에게 주어 피우는 것을 본 꿈

자기가 원하는 것을 남이 반드시 들어준다.

담배꽁초를 버린 곳에서 불이 난 꿈

고민하고 있던 일이 순조롭게 풀린다.

재떨이를 얻은 꿈(태몽)

카운슬러나 경리 등에 관계된 직업을 가진 자손을 얻는다.

미혼녀가 재떨이를 얻은 꿈

자신을 잘 이해해주고 어려운 일을 같이 잘 풀어나갈 남성을 만난다.

주머니에서 권총이 생겨서 권총을 소지하여 사용한 꿈

집안의 어른이나 형제에게 사업의 방도를 배우게 된다.

지팡이의 형태가 갑자기 변한 꿈

권력, 지휘능력 등이 확장된다.

연못 속에 꽂혀 있는 지팡이를 얻어 사용한 꿈

어떤 단체에서 자신에게 임무를 부여한다.

지팡이로 옆에 있는 사람을 때린 꿈

하고 있는 일에 압력을 받거나 그 일로 인해 시비가 생긴다.

쌍지팡이를 짚고 있는 꿈

동업자와의 일이 잘 해결된다.

집배원이 들고 오는 가방이 열려 있는 꿈

여러 곳에서 소식이나 편지가 온다.

무거운 책가방을 방에다 놓고 나온 꿈

근심 걱정이 해소된다.

가방 속에 문서가 수북이 쌓인 꿈

하고 있는 일이 계획대로 잘 추진된다.

가방에 물건을 넣는 꿈

원했던 이성과의 만남이 이루어질 꿈이다.

가방 속을 들여다보는 꿈

정신적인 고통이 뒤따를 꿈으로 자신을 되돌아보고 인간관계에 충실할 수 있도록 유의해야 한다. 또한 가방은 종류에 따라 해석이 달라지는데, 종이봉투의 가방은 경제적 위기를 경고하는 것이고, 천으로 만든 가방은 사업적인 성공을, 가죽가방은 뜻밖의 여행을 암시 한다. 무게 있는 가방은 원하는 바람이 이루어질 좋은 징조이다. 또 가방을 한 개만 가지고 있었다면 돈을 빌리게 될 징조이고, 여러 개를 가지고 있었다면 친구의 배신에 주의해야 한다.

핸드백을 구입하는 것, 또는 얻는 꿈

큰 근심거리가 생긴다. 사업은 항상 근심이 떠나지 않는다.

남자용 손가방, 여자용 핸드백을 본 꿈

가정, 직장, 기관, 사업, 기반, 자금 등의 고달픈 일거리 등을 상징한다.

신분증을 제시하고 검문소를 통과한 꿈

증명서를 남에게 보여주거나 정신적, 육체적 고통에서 해방된다.

얼굴을 접수계에 내밀고 들어가게 해달라고 한 꿈

신상카드를 어느 기관에 제출하고 결과가 나오기를 기다린다.

심지, 휘발유, 라이터의 돌 중 어느 한 가지라도 없어서 불을 켜지 못했던 꿈

남에게 부탁을 하지만 상대방이 들어주지 않는다.

비어있는 빈지갑을 받은 꿈

어떤 사람의 감언이설에 속아 넘어가게 된다.

지갑에 지폐가 가득 들어 있는 꿈

여러 방면으로 만족할 만한 재물이 생긴다.

장갑을 끼는 꿈

나쁜 행동을 감추려고 하고 있는 마음을 나타내고 있으므로 조직, 회사, 단에서는 자기의 허점을 보완해야 한다.

장갑에 관한 꿈

꿈속에서 장갑은 종류에 따라 의미가 달라진다. 스키용 장갑은 문제가 해결될 징조이다. 복싱글러브는 새롭고 소중한 만남을 의미한다. 하얀 장갑은 곧 만나게 될 중요한 인물을 상징하고, 검은 장갑은 실패를 의미한다. 가죽장갑은 중대한 결심을 할 징조이고, 털장갑은 문제가 해결될 징조이다.

장갑을 잃어버린 꿈

당신이 바라는 원조가 실현될 가망성이 없다는 뜻이다. 도움을 받을 생각을 마라.

작업용 장갑을 빨래한 꿈

동업자와의 계약이 해소되고, 작업용 장갑이 많이 쌓여 있는 것을 보면 작품 구성에 필요한 많은 자료를 얻는다.

친구의 계급장에 여러 개의 노란별이 달려 있는 꿈

붉은 바탕에 노란 무늬가 박힌 넥타이를 한 사람을 만날 것을 예시한 꿈이다.

자기의 주머니에 들어 있는 물건을 갖지 못한 꿈

어떤 곳에 위탁한 일이나 장차 하려는 사업의 방도나 취직자리를 아직 찾지 못하고 있다.

8. 화장품도구(거울), 화장품에 관한 꿈

거울이 떨어지거나 저절로 깨진 꿈

가깝게 지내던 사람과 멀어지게 된다.

거울 속에 비친 자신의 얼굴이 예뻐 보인 꿈

젊고 예쁜 여자를 만나게 된다.

자신의 얼굴을 거울에 비춰보니 검게 보인 꿈

반갑지 않은 사람을 만나 기분이 불쾌해진다.

거울을 선물 받은 꿈(태몽)

태몽이라면 지식이 많고 사교술에 능한 자손을 얻는다.

오색찬란한 옷을 입고 거울을 본 꿈

동업자, 반가운 사람 등을 만난다.

거울을 얻거나 남에게 선물 받은 꿈

상대방에 대해서 관심을 갖게 되며 그 사람에 대해서 알려고 한다.

거울을 보면서 화장을 하는 꿈

자기 이외에 다른 사람의 마음까지 움직이게 한다.

거울에 아무 것도 비쳐지지 않는 꿈

먼 곳에서 반가운 소식이 온다.

남의 거울을 희롱하는 꿈

처첩이 외간 남자와 간통하는 일이 생기니 조심해야 한다.

남이 나에게 거울을 주는 꿈

귀공자를 낳게 된다.

거울을 보는 꿈

길하다. 또는 환한 일, 경사스러운 일, 반가운 일, 사람을 만날 기회가 온다. 다만 거울이 흐릴 때에는 가슴과 배에 병이 생기고 사기 당하거나 질투를 받게 된다.

거울이 깨져버리는 꿈

부부가 이별 할 수다. 또한 집안에 불행이 찾아온다.

거울 앞에서 자신의 얼굴을 보는 꿈

먼 곳의 친구가 찾아온다.

거울을 우연하게 줍는 꿈

좋은 아내를 얻게 된다.

거울이 아주 선명하게 밝은 꿈

밝으면 길하고 어두우면 흉하다.

황금으로 만든 비녀와 빗을 보는 꿈

애첩이 생길 징조이다.

비녀를 사는 꿈

처첩을 얻고 비녀를 떨어뜨리거나 잃어버리면 먼 여행을 하게 된다.

빗을 얻은 꿈

협력자가 나타나 고민을 풀어줄 길몽이다.

빗을 보는 꿈

길하며 소원성취 한다.

황금 장식이나 금비녀가 요동해 보이는 꿈

먼 길을 가게 된다.

어금니가 빠졌는데 피가 나지 않는 꿈

부모상을 당하게 될 흉몽이다.

금붕어가 땅에 떨어져 어항에 집어넣는 꿈(태몽)

예술적 능력이 뛰어난 아이를 출산하게 된다.

시금치 밭의 잡초를 솎아내는 꿈

어떤 조직 특성상 신상필벌 주의에 따라 공적은 상을 주고, 잘못은 벌을 받는다. 군살빼기, 인원감축, 옥석선별, 무능력자 제거 등이 있다.

금두꺼비나 금송아지를 얻은 꿈(대박)

부귀공명할 자손을 얻게 되거나 복권에 당첨된.

밭에 시금치꽃이 곱게 피어 있는 꿈

소비자의 기호에 잘 맞는 우량식품을 개발하여 시중 백화점이나 시장에 내놓게 된다. 연구, 창작, 발견, 발명, 상거래, 재물 등이 있다.

절에 거금을 시주하는 꿈

만사형통할 꿈, 태몽이든 뭐든지 잘된다.

택시 안에서 금반지를 줍는 꿈

집안에 경사스런 일이 있고 혼사문제가 들어온다. 횡재, 재물, 돈, 임신 등의 길운이다.

황금빛의 누런 흙탕물이 흐르는 것을 보는 꿈

진리의 대작을 쓰거나 특수 사업체와 관련을 맺는다.

어항 속의 금붕어를 가만히 들여다보는 꿈

예술에 관계된 사람이라면 그 분야에서 큰 성공을 거두고, 사업을 하는 사람이라면 많은 여직원을 거느리는 기업가가 된다.

우아하고 예쁜 꽃 항아리 안에 귀금속과 에머랄드가 가득 담겨 있는 꿈

종합예술로 이루어진 멋진 작품을 창작하여 전시하고 멋있는 조화와 예술성을 깊이 감상하게 된다. 새댁은 임신을 하여 예쁜 딸을 낳는다. 적금과 곗돈을 타서 많은 목돈을 만지게 된다.

돈 중에서 금줄이 쳐져있고 상(賞) 자가 써진 것을 받는 꿈

금액이 암시하는 시일 후에 크게 이득을 얻는다.

임금이 입는 곤룡포를 입은 꿈

자신이 맡은 일에 대해 인정받고 명예를 얻게 되며 사회적으로는 세인들에게 인정을 받아 지위와 권위가 올라가게 된다.

호랑이가 화려한 금관을 제 앞에 물어다놓은 꿈

돈, 재물, 합격, 당선 등을 암시하며, 직장에서 승진하거나 일의 성취로 입신양명하게 된다.

소에다 소금 두 가마를 싣고 집으로 들어온 꿈

중년 이후에다 말년에 두 가지의 사업을 벌여 횡재하게 된다.

생선을 소금에 뿌려 절이는 꿈

집안 식구의 우환, 질병이 있게 된다.

집 마당에 금은보화가 산더미같이 쌓여 있는 꿈

집안에 경사스런 일이 있고 재물과 돈이 들어온다. 행운의 여신을 맞이한다.

이순신 장군으로부터 황금 보검을 받는 꿈

부귀공명을 얻고 마음먹은 대로 소원성취를 하게 된다. 횡재, 성공 등이 있으며 수호신, 신령, 문명, 문화, 부귀공명, 권력, 명예, 학문, 예술, 경사, 희소식, 재물, 돈, 부동산, 횡재, 희망, 행운 등을 상징한다.

방 안에 뿔이 난 금두꺼비가 있어 문을 닫았던 꿈

특출하고 부귀로워질 아이가 태어났으나, 어려서 죽을 수 있는 불길한 태몽이다.

백발노인이나 윗사람으로부터 황금 비녀를 받는 꿈

새댁과 부인은 임신을 하여 훌륭한 옥동자를 낳는다. 재물, 돈, 행운 등의 길운이다.

빗으로 머리를 손질하는 꿈

병을 치료하는 방법을 알게 된다.

헝클어진 머리를 빗으로 빗는 꿈
복잡한 일, 근심걱정 등이 제3자의 도움으로 원만하게 해결된다.

빗이 부러지는 꿈
친한 사람과의 이별을 뜻한다. 빗 또는 머릿솔을 남에게 주면 부부, 육친간의 이별이 있다.

사랑하는 사람이 화장품을 사준 꿈
상대방이 결혼 선물을 주거나 애정의 표시를 한다.

친구가 몰라보도록 화장을 짙게 한 꿈
다른 사람에게 주도권을 빼앗기고 사업체 간판, 명의 등이 바뀌게 된다.

화장이 지워져 흉하게 보인 꿈
상대방을 미워하게 되고 간판, 벽화 등이 퇴색한 것을 보게 된다.

남이 화장하는 것을 보는 꿈
남이 본심을 위장하거나 과대한 선전을 하는데 불쾌감을 갖게 된다.

여러 종류의 화장품을 놓고 화장을 하는 꿈
주변에 변화를 주거나 자신이 돋보이는 일이 있다.

머리 기름이나 무스를 발라 머리에 윤기가 나는 꿈
자신의 모습이 남에게 돋보이고 원하던 어떤 소원이 성취된다.

머리를 빗는데 비듬이나 이가 떨어진 꿈
근심 걱정이 해소되고 미궁에 빠졌던 일이 순조롭게 풀린다.

9. 편지, 소식, 전화, 컴퓨터, 인터넷 등에 관한 꿈

편지의 꿈
편지는 상징적인 표상으로 나타나는 일보다 완전 투시, 반 투시로 예지되는 경우가 더 많다. 연애편지는 사업이나 계약, 작품 관계의 일과 관계된 표상이다.

전화의 통화내용이 불분명한 꿈
자문자답할 일이 생기고 상대방의 대답이 없으면 일방적인 어떤 기관의 소청으로 끝난다.

전화기나 컴퓨터를 새로 설치하는 꿈
정신적인 협력자, 협력 기관이 생기고 좋은 방도가 생긴다.

공중전화나 인터넷을 걸거나 하는 꿈
중개인이나 중계기관을 통해서 상대방에게 청탁할 일이 생긴다.

인터넷키를 두드려 전문을 발신하는 꿈
명령, 하달, 소식, 전파 등을 하게 된다.

가족이 모두 텔레비전을 보는 꿈
상사의 명령 수령, 영화 관람, 교육을 받을 일이 생긴다.

라디오에서 연설을 듣는 꿈
윗사람에게 잔소리를 듣고, 뉴스를 들으면 새 소식을 듣는다.

전화나 인터넷을 하면서 껄껄 웃거나 화를 내는 꿈
상대방을 제압하거나 소원이 달성된다.

파란 도장이 편지 봉투에 찍혀 있는 꿈
돈이 들어있거나 돈과 관련이 있는 등기우편이다.

연애편지를 받는 꿈
사업이나 작품 관계의 일을 교섭해 올 어떤 기별이나 새 소식이 온다.

여러 가지의 안테나에 관한 꿈
두뇌, 통신, 기관, 중계수단 등을 상징한다.

전신주에 올라가는 꿈
승진, 소망, 등이 이루어진다.

부모님의 사망전보를 받는 꿈
사업이 성취될 기별을 받거나 현실적으로 부고장을 받을 수도 있다.

우체국이나 우체함에 편지를 넣는 꿈
어떤 기관, 조직, 단체에 소청할 일이 생기고 그 소청한 일이 이루어진다.

정신이상이 된 여자가 연애편지를 보낸 꿈
잡지나 신문사에서 작품 청탁을 해온다.

받은 소포를 뜯어보니 죽은 사람의 유물과 사진 등이 들어 있는 꿈
스승이나 협조자가 저술한 책을 선물로 받게 된다.

누런 봉투의 편지를 받은 꿈
신문 기사, 관보, 부고, 청첩장 등을 받는다.

우체부가 편지가 가득 든 가방을 열어 놓은 채 걸어오는 것을 본 꿈
상당히 많은 소식을 받을 것을 예시한 꿈이다.

편지봉투 속에 우표가 들어 있는 꿈
주소불명의 편지가 되어 반환된다.

TV의 화면 내용을 기억하는 꿈
그것을 꿈의 한 장면으로 편입시켜서 해석하면 된다.

상대방을 전화나 인터넷으로 불러내는 꿈
기관, 단체나 회사에 청탁할 일이 생긴다.

전화벨 소리를 듣는 꿈

외부로부터 뉴스거리나 소식이 온다.

전화를 하는데 상대방의 목소리만 크게 들리는 꿈

상대방의 소식을 듣거나 그 명령에 복종할 일이 생긴다.

새로 사온 텔레비전이나 인터넷을 설치하는 꿈

어떤 기관, 조직, 단체를 통해서 광고할 일을 마련하거나 전화, 라디오의 바꿔놓기가 될 수 있다.

10. 돈(지폐), 동전, 금고, 지갑에 관한 꿈

돈에 관한 꿈

돈, 인격, 방도, 가치. 사연, 편지, 증서를 상징하며 빈부, 귀천 등을 관계한 표상이다.

공중에서 지폐가 눈처럼 떨어져 집안에 수북이 쌓인 꿈

사회단체를 통하여 재물이 생기거나 여러 통의 편지를 받는다.

남이 지폐를 몇 장 주워 가진 걸 본 꿈

근심걱정할 일이 생긴다.

상대방이 백 원짜리 지폐 몇 장을 주어서 받은 꿈

며칠간 근심걱정이 생기며, 반대로 남에게 주었다면 근심걱정이 해소된다.

몇 장의 지폐가 큰돈으로 변한 꿈

좋은 일이 생길 수다.

빳빳한 지폐를 길바닥에서 주운 꿈

펜팔, 채팅, 일거리, 소설 등을 주고받을 일이 있거나 횡재수가 있다.

거리에서 동전을 주워 주머니에 넣은 꿈

친구들과 사소한 일로 다투게 된다.

빛나는 새 동전이 생기는 꿈

그 생긴 수만큼의 방도, 지식, 친구, 직장 등이 생긴다.

길에서 녹 슬은 동전 몇 개를 주워가진 꿈

동료 중에서 누가 죽거나 병이 들어 그 일로 몇 일간을 걱정하고 슬퍼하게 된다.

동전이 우르르 떨어지는 것을 줍는 꿈

돈을 줍는 꿈은 의외로 재수가 있는 꿈이다.

책상 속에 담겨진 수많은 1원 짜리 동전을 보는 꿈

중학교 1학년 학생을 상징한다.

깨끗한 동전을 얻는 꿈

새로운 친구를 소개받거나 직장에 취직이 된다.

돈이 들어 있는 금고가 열려 있는 꿈

재물이 생기거나 정신적, 학문 등을 통해 진리를 깨닫는다. 반대로 금고를 잠그면 자금의 동결, 사업 중지, 청탁 불능 등의 일이 생긴다.

지갑이 비어 있는 꿈

멋진 남자까지는 아니더라도 이성과의 그럴듯한 연애를 못하는데 대한 외로움을 호소하거나 자본이 부족하게 된다.

지갑에 많든 적든 돈을 넣고 꺼내는 꿈

강한 성적인 소망을 나타내고 있다.

지갑을 줍는 꿈

이성에 대한 강한 호기심을 나타낸다. 즉, 이성에 대한 지식이나 정보를 어디선가 얻었으면 하는 마음을 의미하므로 그것이 달성된다.

밭에서 햇볕에 빛나는 2만원 짜리의 외국돈을 주운 꿈

2년 후에 외국기관이나 회사의 의무사원으로 취직이 될 가망성이 있다.

품삯을 달라는데 상대방이 주지 않는 꿈

정신적, 육체적 고통을 받는다.

곗돈을 타오는 꿈(대길)

재물, 보험, 예금, 복권 등을 나타내는데, 재물이 모이거나 복권에 당첨이 된다.

곗돈을 타러 가는데 버스운전사가 돈 보따리를 준 꿈

남의 도움으로 재물을 얻는다.

누군가가 수 억 원의 돈을 가방에 넣어 갖다 주는 꿈

그 액수와 맞먹는 집을 사거나 사업자금을 얻는다.

누런 5천원권을 많이 주어 받은 꿈

제77회 주택복권 1등 당첨자의 꿈이다.

버려진 돈을 가을과 겨울에 돈을 줍는 꿈

흉몽이다. 반대로 봄과 여름에 돈을 줍는 꿈은 길몽이며 재수가 있다.

돈을 줍는 꿈(대박)

엄청나게 재수가 좋다. 하지만 계속해서 돈을 줍는 꿈은 애정에 굶주리고 있다는 걸 나타낸다.

도박으로 돈을 버는 꿈

오히려 돈을 잃어버리게 되는 등 손해가 더 크게 된다.

돈을 많이 소유한 꿈

만족할 일 또는 그 수량만큼의 재물 등이 생긴다.

돈을 조금 소유하는 꿈

근심 걱정이 생긴다.

친구로부터 돈을 받는 꿈

근심이 생긴다. 오히려 액운이 들어온다.

회사에서 보너스와 월급을 받는 꿈

작은 돈은 걱정, 근심을 의미하고 큰돈은 행운을 의미한다.

돈에 금줄이 그어져 있고 상(賞)자가 씌어진 것을 받는 꿈

금액을 암시하는 것이고 차후에 크게 이득을 얻는다.

적은 돈뭉치가 놓여있는 꿈

좋지 않고 많은 뭉칫돈의 꿈은 좋은 꿈이다.

교통편으로 운반 해다 준 보따리를 방에서 풀어보니 돈이 방안에 가득 찬 꿈(태몽)

태몽이라면 자수성가하여 부자가 될 자손을 얻는다.

비행기로 실어온 가방을 집안에서 풀어보니 돈이 방안 가득 차는 꿈(태몽)

자수성가하여 굴지의 갑부가 된다는 뜻이다.

버스 안내양이 5백만 원이 든 가방을 주어서 받는 꿈(대박)

먼 훗날에 막대한 재산을 모으게 된다.

모르는 사람이 돈이 가득 찬 가방을 가져가라고 한 꿈

주택을 구입하거나 사업을 시작하면 자본이 절로 생긴다.

다른 사람에게 돈을 빌려주는 꿈

돈을 빌려주는 것은 나의 나쁜 액운을 넘겨주는 것이므로 길하다.

돈을 여자에게 주는 꿈

남에게 물건을 주는 것은 나의 걱정을 남에게 주는 것이므로 앞으로 근심걱정이 없어진다.

계산을 하는 꿈

사업계획, 사업성과, 심리분석 등의 일이 생긴다.

장사꾼에게 물건 값을 지불하는 꿈

물건 값과 대등한 금액이 시일 후에 생기거나 취득하게 된다.

상점에서 물건 값을 지불한 꿈

어떤 소득이 있거나 취업을 하게 된다.

돈을 헤아리는 동안에 돈이 갑자기 솔가지로 변할 꿈

솔가지는 사업자금을 뜻한다. 사업을 시작하는데 쓰이는 자본금이 한없이 들어간다.

남이 준 돈이 문서나 편지 등의 종이로 변해버리는 꿈

누군가의 강압적인 요구나 명령, 지시를 받게 된다.

남으로부터 돈을 가져오라고 협박을 당하는 꿈
돈을 가져 오라함은 액운을 가져오라 하는 것이니 길몽이다.

돈을 다른 사람에게 빼앗기는 꿈
돈을 잃는 꿈은 근심이 사라진다.

돈을 잃어버리는 꿈
근심이 사라진다.

돈을 낭비하는 꿈
복잡한 이성과의 관계가 많이 얽히게 된다.

동업자가 돈을 몽땅 가져간 꿈
액운을 몽땅 가져갔으니 앞으로는 좋은 일만 생긴다.

11. 책, 문서, 증서(유가증권, 계약서 등), 도장 등에 관한 꿈

서적을 얻는 꿈
진리, 방문, 학문, 선생, 계시 등을 상관하게 되고 서적을 사거나 얻게 된다.

벌거벗은 어린아이가 책을 옆에 끼고 있는 꿈
어린아이는 학문이나 업적을 나타내고, 책은 훌륭한 선생, 연구과제, 교리나 방도 등을 뜻한다. 훌륭한 스승을 통해 업적을 쌓게 되어 빛을 발한다.

상대방이 읽는 책을 어깨너머로 넘겨다보는 꿈
상대방의 심적 동향을 살피거나 비밀을 탐지하게 된다.

자신의 책상 위에 책이 있는 꿈
행복스러운 위치에 나아간다.

색 색종이를 얻거나 갖게 되는 꿈(대박)
큰 재물을 얻는다.

꿈에 열심히 책을 읽는 꿈(태몽)
귀한 자녀를 얻을 징조의 태몽이다.

달력이나 일력 또는 책을 얻는 꿈
장수하게 된다.

붓에 꽃이 피어나는 꿈
문장으로 명망이 높아질 것이다.

벼루나 먹을 본 꿈
장수하며 귀인을 만나게 된다.

증서나 수표 같은 것을 본 꿈
친척이 서로 다투게 되며 증서를 태우는 꿈은 주식이 생긴다.

타이프나 프린트에 글자가 잘 찍혀지지 않거

나 틀려서 자주 종이를 바꾸어 찍는 꿈

연인과의 관계가 원만치 않거나 위 사람이 자기의 청을 잘 들어주지 않아 애를 태운다.

상대방에게 책을 빌려온 꿈

가정교사나 어떤 사람의 지시에 따라 노력할 일이 생긴다.

서적에 관한 꿈

서적은 전리, 교리, 스승, 정신, 지침, 방도 등을 상징하고, 서적내용과 문구는 사상과 예언 형식의 암시이며, 실제의 서적이기도 한다.

책을 찢거나 던지는 꿈

선생에게 반항하거나 상대방을 학대하고 학문을 포기한다.

서적을 얻거나 많은 서적을 가진 꿈(태몽)

책 표제가 암시하는 분야의 학문 연구에 종사할 사람이 된다.

연인이 자신의 책에 씌어진 책의 문구를 읽게 한 꿈

의견일치가 되고 그의 뜻에 동조하게 된다.

애인으로부터 노트를 빌려온 꿈

우정, 애정, 약속 등의 일이 성립된다.

사회적 유명인사에 관한 내용이 적힌 꿈

자신의 행동에 그 사람을 묘사하여 자신에게 동기를 부여하게 된다.

학교 성적표에 기재된 점수의 꿈

실제 그 성적이거나 일수, 월수금의 액수, 인원수 등을 상징할 경우도 있다.

신문기사의 꿈

신문기사 중 처음에는 애매하고 중간은 감명 깊으며 나중 것은 다 읽지 못하고 만 것은 중간에 가장 기분 좋게 될 것을 예시한 꿈이다.

유가증권, 계약서 등 증서에 관한 꿈

일반적으로 계약, 명령, 약속, 권리이양, 선전물 등을 나타낸다.

계약서를 작성한 꿈

다른 일을 체험할 일이 있거나 다른 계약의 성립 등이 이루어진다.

남의 집문서, 부동산등기부 등을 손에 넣는 꿈

권리, 재물, 토지, 금전 등 재산이 생긴다.

동그라미가 많은 수표 석장을 밤길에서 주운 꿈

제18회 주택복권 1등 당첨자의 꿈이다.

통장이나 수표를 은행창구에 넣은 꿈

이력서나 청원서를 당국(국가)에 제출한다.

공중에서 많은 수표가 떨어져 그것을 주워 담는 꿈

단체나 보험회사에 관계된 이권을 신청자들에게서 모집한다.

복권 같은 것을 사거나 누구에게서 받는 꿈

실제 소개장, 상품권, 계약서, 보험증서 따위를 받게 된다.

졸업장, 상장을 받는 꿈

영예, 업적, 공로를 과시할 일이 있거나 권리, 전근, 취직 등이 생긴다.

징집영장, 구속영장 등을 받는 꿈

실제 그대로 받거나 관청직원으로 발탁된다.

경관이 구속영장, 호출장 등을 가져다 준 꿈

작가나 사업가는 자기 작품이 게재되거나 사업결과소식을 접하게 되나 작가나 사업가가 아니면 득병하거나 사망할 수도 있다.

상품권·교환권을 받는 꿈

다른 사람으로부터 소개통지서, 명함 등을 받는다.

기차표에 관한 꿈

신분보장, 권리, 임관, 증명서, 사업방도 등을 상징한다.

극장표에 관한 꿈

방도, 권리, 증서. 우편물 등을 상징한다.

보초에게 여행증을 제시하고 통과하는 꿈

사업감사, 검열, 일의 재검토, 병세진단 등의 일이 있게 된다.

상대방에게 각서나 시말서를 주는 꿈

명령권이 생기거나 남의 사상을 검토하고 심사할 일이 생긴다.

도장에 관한 꿈

직권, 명예, 대리, 권리, 신분, 결정, 사명 등의 일과 관계한다.

자신의 인장을 새로 만든 꿈

새로운 신분, 새로운 권리 등이 주어진다.

문서에 여러 사람의 도장이 찍혀 있는 것을 본 꿈

많은 동조자나 호평가 등을 얻는다.

땅속에서 대통령의 도장을 캐내는 꿈(대박)

운수대통하거나 대업을 완수할 능력, 권리 또는 방도가 주어진다.

어떤 계산에서 여러 사람의 도장이 찍혀 있는 것을 본 꿈

많은 동조자나 호평가 등을 얻는다.

관인이나 직인이 찍힌 문서를 받는 꿈(태몽)

타고난 어떤 사명을 다하거나 고급관리, 유명인이 된다.

남의 성명이 새겨진 인장을 얻는 꿈

협조자나 권리를 얻는다.

자신이 남에게 도장을 찍어주는 꿈

약속, 복종, 승낙, 일의 종결, 대리행사 등이 있게 된다.

상관에게 결재도장을 받은 꿈(대길)

논문통과나 심사통과가 되거나 후원자에 의해서 소원이 충족되고 진급이나 사업성과를 얻는다.

새로운 명함을 갖는 꿈

권리, 명예, 권세 등이 새로워진다.

자신의 성명이 뚜렷하게 나타난 꿈(대길)

명예, 권세, 덕망, 승진, 취직이나 입학이 이루어진다.

누런 군복지에 쓴 자기의 성명의 꿈

진급 대상자가 되고 하얀 백지에 쓴 명찰은 진급이 되지 않는다.

일한 품삯을 주지 않는 꿈

심리적 또는 신체적으로 고통을 받는다.

12. 광산, 광물, 금속, 황금, 금반지, 보석반지 등에 관한 꿈

광맥을 발견하는 꿈

학교에 입학하거나 적당한 연구 분야에 종사하고, 행운의 사업장을 마련하게 된다.

광석을 운반하거나 쌓는 것을 본 꿈

여러 방면으로 많은 재물을 확보하게 된다.

광산을 찾아가거나 광맥을 탐색한 꿈

어떤 기관에 갈 일이 생기고 일의 성과를 얻기 위해 많은 연구를 한다.

광산에 화차가 머리를 외부로 향해 놓여 있는 것을 본 꿈

재산이 늘어나거나 새로운 계획을 추진하게 된다.

금속의 성질이 튼튼하여 오래 보존된 꿈

하는 일이 견고하고 완벽한 가치 있는 것을 나타낸다.

납 종류의 무거운 금속에 관한 꿈

재물을 얻게 된다.

철, 납, 주석, 구리 등의 금속을 꿈에 본 꿈

금속은 바로 돈의 상징이다. 이것을 주우면 재운이 있다.

금, 은 등의 귀금속을 발견한 꿈(태몽)

결혼운 또는 태몽이다. 金은 딸, 銀은 아들이다.

귀금속 또는 장식품의 색이 변한 꿈

아름다웠던 귀금속 또는 장식품이 변색해버리면 당신의 전도에 재난이 기다린다. 반대

로 가치 없던 금속이 귀금속처럼 빛을 발하면 행운이 온다.

금실이 수놓아진 치마를 선물 받은 꿈

미혼자는 마땅한 혼처자리가 나타난다.

미혼녀가 금반지를 남에게 받은 꿈

미혼녀는 결혼이 성사된다.

금반지를 얻는 꿈(태몽)

대체로 여아를 출산하게 되며 태아는 성품이 원만하고 영리하다. 남녀 관계없이 후에 훌륭한 직업, 사업체 등을 소유할 수 있다.

많은 금반지를 얻는 꿈(태몽)

태아가 많은 기업체, 많은 작품, 많은 사업성과를 이룩할 사람이다.

할아버지가 금반지를 손에 끼어 주었는데 그 손에서 광채가 나는 꿈(태몽)

총명한 아들이다.

백금반지와 관계된 꿈

상속이나 학문적 업적을 남기는 일과 관계한다.

비워진 금반지 상자를 얻는 꿈

어떤 사람의 감언이설에 넘어 간다.

쌍가락지를 얻는 꿈(태몽)

쌍둥이 또는 둘째 아기, 둘째가는 지위에 서거나 두 가지 업종에 종사한다.

백금시계 4개, 황금시계 1개를 빌려 팔뚝에 찬 꿈

제35회 주택복권 1등 당첨자의 꿈이다.

금시계를 새로 사거나 차는 꿈

좋은 배우자, 직장, 직위, 권리, 작품, 집을 얻게 된다.

금과 은으로 집을 만드는 꿈(대박)

부자가 될 징조이다.

금, 은 덩어리를 얻는 꿈(태몽)

귀한 자녀를 낳는다.

금, 은으로 된 촛대를 얻는 꿈(태몽)

태몽으로, 세상을 계몽할 수 있는 사람으로 종교, 단체, 계몽, 사업체를 가질 사람의 꿈이다.

금이나 옥으로 만든 빗을 얻는 꿈(태몽)

귀한 자녀를 낳는다.

옥이 산 같이 쌓여 있는 꿈

큰 부자가 된다.

주옥이 품안에 가득 차 있는 꿈

반대로 흉몽이며 재산이 없어지기 쉽다.

금두꺼비나 금송아지를 얻은 꿈(대길 대박)

태몽이라면 부귀 공명할 자손을 얻거나 복

권이 일등 당첨할 꿈이다.

황금 띠나 금장식 띠, 관대 등을 한 꿈(대길)

높은 관직을 오르고 신분이 고귀해지며 자손이 부귀로 와진다.

황금 단추가 여섯 개인데 그중 두 개만 가진 꿈(태몽)

쌍둥이를 얻거나 훌륭하게 될 아기 형제가 있거나 한 사람이 작품, 업적 등에서 두 가지만 성공한다.

땅에서 돌을 주워 보니 황금으로 변해 빛난 꿈

복권에 당첨될 확률이 많고, 눈 먼 돈이 들어오게 된다.

황금덩어리를 어깨에 짊어지고 집안으로 들어오는 꿈

뜻밖에 신의 도움을 받아 엄청난 재물과 돈이 생긴다. 횡재, 재물, 돈, 행운 등이 생긴다.

황금색 용무늬로 된 관복을 입는 꿈이나 이와 비슷한 꿈

국가 원수나 사회지도자가 되어 최상의 신분으로 일국을 통치하고 다스리게 된다. 부귀공명, 입신출세, 승진, 당선, 입학, 합격, 학위, 자격취득, 승리, 성공, 소원성취, 명예, 득도, 결혼, 재물, 돈, 상장, 훈장 등의 길조이다.

구름이 황금색으로 변하는 꿈

영광과 부귀로운 일이 있게 된다.

맑은 물속에서 누런 황금 동전을 건져내는 꿈

생산, 식품, 수산, 유통, 무역업 등에 투자하여 사업성과를 올리고 대기업으로 등극하게 된다. 횡재, 재물, 돈, 물품, 식품 등이 생긴다.

황금두꺼비가 방 안에 앉아 있는 꿈

집안에 경사가 생기고 집안의 웃어른들이 장수하며 복록이 가득하게 될 징조로, 돈 , 재물, 횡재 등을 암시한다.

모란꽃이 황금덩어리로 변한 꿈

농업, 식품, 생산, 유통, 무역업 등에 투자하여 성공하게 된다.

모래산이 황금빛으로 찬란하게 빛난 꿈

시험합격, 취직, 승진, 당선, 성공, 재물 등을 상징하는 길몽으로, 운수가 대통하여 일이 잘 풀리고 매사기 순조롭게 된다.

황금빛 나는 어의를 입은 임금님이 나타나는 꿈

실제로 원수, 통치자, 정부, 권력, 공사직장, 최고지도자, 부귀공명, 명예, 성공, 승리, 소원성취를 하게 된다. 실력자, 귀인, 도움, 승리, 승진, 당선, 행운 등이 있다.

벼가 누렇게 익은 황금벌판을 보는 꿈

결혼이 성사될 것이며, 남자와 직업은 신문기자와 관계한다.

도인으로부터 황금을 받는 꿈, 혹은 비슷한 꿈(태몽)

부인과 새댁은 임신을 하여 귀한 자식을 낳고 그 아이는 장차 커서 훌륭한 사회 지도자가 된다. 상장, 훈장, 승진, 합격, 당선, 횡재, 재물, 행운 등이 있다.

구렁이가 황금덩어리를 휘어 감고 있는 꿈

부귀공명하고 돈벼락을 맞는다. 태몽으로, 자식을 낳아 커서 훌륭한 명인이 된다.

황금 문패가 찬란하게 빛나는 꿈

입신출세하고 세상에 이름을 떨치게 된다. 재물, 합격, 당선, 성공 등이 있다.

방에 황금구렁이가 또아리를 틀고 앉아 있는 꿈

집안이 융성 발전하고 부자가 된다. 재물, 돈, 물품, 경사, 소식 등 길운이다.

알밤을 먹고 황금똥을 싸는 꿈

생산, 무역, 유통, 서비스, 관광업 등에 투자하여 사업성과를 올리고 부자가 된다. 횡재, 재물, 돈, 물품, 선물, 발전, 발명, 생산효과 등이 있다.

황금빛 학위모를 머리에 쓰는 꿈

부귀공명하고 입신출세하여 세상에 이름을 떨치게 된다. 실제로 학위를 받거나 상, 훈장을 받아 승진하게 된다. 명예, 합격, 당선, 자격취득 등의 길운이다.

바닷물이 변해 황금덩어리가 되는 꿈(대박)

당대에 재벌이나 부자가 된다. 생산, 무역업에 투자하여 돈벼락을 맞는다.

금은보석으로 된 단추를 단 꿈(대길)

훌륭한 협조자를 얻거나 명예와 권세가 주어진다.

금화를 호주머니에 주워 가득 담은 꿈(대길)

황금 같은 학식이나 방도, 재물을 만족할 만큼 얻는다.

길가에 떨어진 황금덩어리를 주운 꿈(대박)

제25회 주택복권 1등 당첨자의 꿈이다.

세숫대야에 가득히 쏟아지는 사금(砂金)의 꿈

제124회 주택복권 1등 당첨자의 꿈이다.

무수히 많은 반지나 금반지를 얻은 꿈(태몽)

태몽이라면 여러 군데에서 자기의 능력을 충분히 발휘시키는 자손을 얻게 된다.

옷에 금줄이 달리거나 금장식한 옷을 입은 꿈(대길)

고위층 사람과 인연을 맺어 자기의 신분이 높아진다.

보석이 변색하거나 빛을 잃은 꿈

신분, 명예, 권리 기타 등 자기주변이나 신변에 새로운 변화가 생기는데, 결국 불행이 초래된다.

금화, 보석 등의 물체가 빛을 발하거나 그 빛

이 하늘에 닿는 꿈(대길)

업적, 작품 등이 크게 성취되어 명예, 영광, 부귀, 진가 등을 최고로 인정받게 된다.

누가 자기의 보석을 탐내거나 본 꿈

자기의 비밀이나 좋은 아이디어를 잃거나 유린당한다.

권력자가 보석을 잃은 꿈

자기의 명예나 신분이 하루아침에 몰락하게 된다.

구리반지가 보석반지로 변한 꿈

미천한 것에서 출발하여 점차적으로 발전을 거듭하게 된다.

보물단지나 보물상자를 얻거나 본 꿈(대길)

희귀한 학설을 정립할 수 있고, 상인은 치부하며 일반인은 권리, 명예, 돈과 관계한다.

보석의 종류를 모른 꿈

보석의 종류를 모르는 경우, 보석을 발견하는 꿈, 훔치는 꿈, 받는 꿈 등은 모두 불행하고 우울한 시기를 맞이하게 될 것을 나타낸다.

보석이 산 같이 쌓여 있는 꿈

흉하며 매사가 실패하게 된다.

집안의 보석을 식구나 친척에게 나누어 주는 꿈

집안 식구나 친척이 서로 헤어 질 징조이다.

핸드백 속의 보석을 자꾸만 확인하는 꿈

자기의 순결을 확인하고 안심하고 있다는 것을 나타낸다.

핸드백의 보석을 도둑맞는 꿈

순결을 잃고 싶다는 소망을 나타낸다.

남자가 보석을 보는 꿈

자기에게 없는 여성적인 아름다움이나 여성적인 성격에 대한 동경을 나타낸다.

여자가 보석을 보는 꿈

자신의 여성적인 매력을 찾고 싶어 행동하게 된다.

보석을 주운 꿈

화재의 위험이 있다. 보석을 사면 명성이 높아진다.

보석을 잃는 꿈(대길)

반대로 뜻밖의 수확이 생길 것이다.

처녀가 보석을 잃어버리는 꿈

처녀성을 상실하고, 고급관리가 이것을 잃으면 명예나 신분이 몰락하게 된다.

처녀가 남에게 금반지를 받는 꿈(대길)

결혼이 성립되고, 남성이면 귀한 여인이나 일의 성과, 사업체 등을 얻는다.

입으로 보석을 토하는 꿈

큰 은혜를 받는다.

금은보배 등을 취급해 보는 꿈(대길)

크게 부귀하거나 번창할 것이다.

더러운 하수구에서 보석을 얻는 꿈(대길)

개천에서 용이 나오는 것처럼 훌륭한 인물이 된다.

구덩이 속에서 많은 보석이 나온 꿈

사전류의 책에서 많은 학설 또는 설명할 별책을 작성하게 된다.

가짜보석, 모조품을 본 꿈

당신이 관계된 생각지도 않은 소문이 발생할 것이다.

에메랄드 꿈

상속문제가 발생하여 재산상속하게 된다.

에메랄드를 팔거나 선물하는 꿈

애인과의 이별을 의미하고, 자기가 가지고 있는 꿈은 행운을 상징한다.

사파이어를 몸에 장식하고 있는 꿈

순간적인 감정에 사로잡힌 언행을 주의하라는 경고이다. 다른 사람이 장식하고 있었다면 영향력 있는 친구가 당신의 사회적 지위를 끌어올려 줄 것이다.

산호를 몸에 지니고 있는 꿈

산호는 친구를 상징한다. 옛 애인과의 우연한 재회가 있을 꿈이다. 단순히 산호를 보았다면 사교적인 관계가 넓어질 징조이다.

수정과 크리스털 꿈

지금까지 고민해왔던 일들이 한꺼번에 해소될 것을 암시하는 꿈이다.

수정이 깨진 꿈

성가신 언쟁을 의미한다. 하지만 글라스 같은 가정용품이었다면 행복한 사교생활을 암시한다.

다이아몬드 꿈

모두가 생각하듯 좋은 징조는 아니다. 실제로 다이아몬드를 가지고 있는 사람이 이 꿈을 꾸었다면 손실을 의미한다.

다이아몬드를 가지고 있지 않은 사람의 꿈

약간의 이득이 있을 것을 말해준다.

다이아몬드를 발견하는 꿈

가정 내의 불행을 암시하기도 한다.

진주 꿈(대길)

부와 사회적 지위가 향상될 징조이다.

진주로 만든 목걸이가 끊어진 꿈

몇 가지 불운에 휩싸일 것이다.

손에 끼던 반지가 아무리해도 안 들어가는 꿈

연인관계에 금이 가거나 서로에게 불만이 있다.

예쁜 비취반지를 중지 손가락에 끼는 꿈

아름다운 사랑, 행복, 믿음을 굳게 약속하게 된다. 결혼, 약혼, 재물, 돈, 행운 등의 경사가 있다.

붉은 루비반지를 약지손가락에 끼는 꿈

몸을 보호하는 약신이 들어오고 재물과 행운의 열쇠를 만지게 된다. 사랑과 복된 인연을 맺고 미래를 약속하게 된다. 만남, 사랑, 결실 등이 있다.

낯모르는 사람으로부터 예쁜 산호반지를 받는 꿈

집안에 경사가 있다. 행운이 온다. 약혼이나 결혼을 약속하게 된다.

금은방에서 예쁜 다이아반지를 사 가지고 집으로 돌아오는 꿈

태몽으로, 새댁은 임신을 하여 예쁜 자식을 낳는다. 물품 구입을 한다.

파란색 호박반지를 검지손가락에 끼는 꿈

명예를 얻게 된다. 약속, 결합, 일편단심 등으로 멋진 행운과 달콤한 사랑의 꿈을 꾼다.

루비반지를 검지손가락에 끼는 꿈

훌륭한 문예작품을 창작하여 대중에 인기를 얻게 된다. 달콤한 사랑과 핑크빛으로 인연을 맺는다. 학생은 두뇌가 발달하고 학업성적이 상승한다.

남의 집에서 예쁜 오팔반지를 훔쳐 가지고 나오는 꿈

부인과 새댁은 예쁜 딸을 낳는 태몽이다. 깔아놓은 외상값을 받는다.

금은방에서 예쁜 다이아반지를 사 가지고 집으로 돌아오는 꿈(태몽)

새댁은 임신을 하여 예쁜 자식을 낳는다. 물품 구입을 한다.

맑은 전기석 반지를 엄지손가락에 끼는 꿈

승진하여 자리를 중앙으로 옮기게 된다. 당선, 합격, 취득, 승리 등이 있다.

꽃밭에서 금반지를 줍는 꿈

어떤 화려한 문화의 공간에서 멋진 애인을 낚는다. 횡재의 운이 있다.

누에껍질 속에서 금반지가 나오는 꿈

집안에 경사스런 일이 있고 혼사가 들어온다. 횡재, 재물, 돈, 식복 등의 행운이 온다.

열 손가락 모두에 금반지를 끼고 있는 꿈

집안에 경사스런 일이 생기고, 모든 형제자매가 행운의 여신으로부터 달콤한 축복을 받게 될 것이고, 횡재, 재물, 돈, 기쁨, 소원성취 등을 암시한다.

부모님으로부터 에메랄드반지와 팔찌를 받는 꿈

집안에 혼사 문제가 있거나 경사스런 일이

있다. 귀하고 예쁜 선물을 받는다.

백발노인으로부터 붉은 산호반지를 받는 꿈

십 년 묵은 체증이 내려가듯 앓고 있던 질병이 깨끗이 낫게 된다. 뜻밖에 횡재로 인하여 직장, 가정이 풍요롭다. 재물, 돈, 물품이 생긴다.

금반지를 엄지손가락에 끼는 꿈

사회단체나 조직의 장이 되어 출세하고 휘하에 부하를 거느리게 된다. 학생은 명문 학교에 장학생으로 입학한다. 각종 경기에서 승리한다.

택시 안에서 금반지를 줍는 꿈

집안에 경사스런 일이 있고 혼사문제가 들어온다. 횡재, 재물, 돈, 임신 등의 길운이다.

무수히 많은 반지를 얻은 꿈

이것이 태몽이라면 여러 군데에서 자기의 능력을 충분히 발휘시키는 자손을 얻게 된다.

다이아몬드 반지를 엄지손가락에 끼는 꿈

훌륭한 사회지도자가 되어 입신출세하고 휘하에 많은 부하를 거느린다. 큰 대업을 약속하거나 문서상 계약을 한다. 많은 돈을 손으로 거머쥔다.

구리반지가 보석반지로 변한 꿈

처음엔 미천하거나 보통의 신분, 직위, 업체, 작품 등을 소유했던 사람이 고급스러워질 것을 의미한다.

금반지를 얻은 꿈(태몽)

장차 사회적으로 유명한 여류명인이 될 귀한 딸을 낳게 될 것이다.

은반지를 친구로부터 받는 꿈

사랑의 꽃이 활짝 핀다. 확실한 약속을 주고받아서 뜻을 간직한다.

친구로부터 핑크빛 비취반지를 받는 꿈이나 이와 비슷한 꿈

사랑하는 친구나 애인으로부터 마음의 선물을 받고 약속을 하게 된다. 핑크빛 행운이 꽃구름을 타고 사랑하는 사람의 곁으로 사뿐히 다가온다.

칼을 들고 나들이를 하는 꿈(대길)

만사에 모두 재수가 있다.

칼이 물속에 떨어지는 꿈

처첩이 죽게 된다.

침상 곁에 칼이 놓여 있는 꿈

모든 일들이 길하다.

몸에 갑옷을 입어 보는 꿈

모든 일들이 잘되어 간다.

창이나 방패에 광채가 나는 꿈

지위와 복록이 높아진다.

여자가 칼을 빼어 든 꿈(대길, 대박)

운수가 대통하다. 창이나 칼을 날카롭게 갈아 보이는 것은 재수가 좋다.

남에게 도검을 얻는 꿈

길하며 관직이 올라간다.

무쇠 칼을 보는 꿈

봄, 여름은 길하나 가을, 겨울은 흉하다.

쇠붙이를 본 꿈

흉하며 반드시 놀랄 일이 생긴다.

칼을 차고 먼 길을 가는 꿈

재물을 얻는다.

은장도를 누가 주어 받은 처녀의 꿈

훌륭한 배우자를 만나 시집을 간다.

칼로 물건을 잘라내는 꿈

어떤 방도에 의해서 일, 사건 등을 세분하거나 비판 등의 일을 하게 된다.

의사가 칼을 들고 자기의 목을 수술한 꿈

자기 작품이나 논문을 심사하고 이를 비평하고 검토하게 된다.

제 10 장 취미, 오락, 스포츠에 관한 꿈 해몽

1. 장기, 바둑, 도박 등에 관한 꿈

방안에 화투가 여기저기 흩어져 있는 꿈
심적 갈등이 생긴다.

노름을 통해서 돈을 따거나 잃는 꿈
현재 하고 있는 일의 흥망성쇠를 판별하게 된다.

노름이 아닌 그냥 화투를 치는 꿈
좋은 꿈으로 벼슬할 일이 생긴다.

보물찾기에서 보물을 찾지 못하는 꿈
낙방의 위험이 생길 수다.

바둑이나 장기를 두는 꿈
세상을 보는 눈이 생긴다.

흰 바둑알을 가진 자신이 상대방의 흑돌을 모조리 따먹은 꿈
처음부터 유리한 전세, 실력 등으로 상대방 병력 또는 권리를 뺏고 섬멸함을 뜻한다.

내기바둑을 두는 꿈
송사가 일어난다. 만사를 신중하게 해야 한다. 경솔하면 해를 입는다.

기계를 이용해서 노름하는 꿈
기관이나 단체를 통해서 당첨, 당선이나 노력의 대가를 얻게 된다.

화투짝이나 트럼프에 나타난 숫자의 꿈
바로 현실의 어떤 일의 암시적인 의미로 해석하면 된다.

도박하는 꿈
자신이 뭔가 결딴을 내려야 할 문제를 고민하고 있기 때문에 빨리 어떻게든 결단을 내리고 싶어 한다는 마음을 의미한다.

윷 또는 주사위를 던져서 점수를 따는 꿈
표현된 숫자와 비슷한 석차, 점수를 얻는다.

2. 취미에 관한 꿈

화분에 화초를 재배하는 꿈
새로운 교제상대가 나타난다. 미망인이면 재혼의 혼담이 오고간다. 노인에게는 새로운 말벗이 생기고, 각종 연회, 파티에 초대를 받는다.

목수 일을 하는 꿈
재물을 솔솔 모아들일 꿈이나, 톱으로 켜는 일, 대패, 톱, 칼 등으로 깎는 일을 하지 않고 못질만으로 형태를 만들어 놓는 꿈이라야 한다. 그러나 널쪽, 기둥, 생목 등을 잘게 자르는 일을 하면 모은 재산이 뿔뿔이 흩어질 꿈이다.

수예를 하는 꿈
자기가 수를 놓는 꿈은 행복해지게 되는 꿈이나 타인이 수를 놓는 꿈은 남의 말을 듣다가 엉뚱한 고생을 당하게 될 꿈이다 특히 남성의 유혹에 넘어가지 않도록 주의해야 한다. 남자의 칭찬하는 말, 달콤한 말을 듣고 자기만 고생스러운 일을 당한다.

서도를 연습하거나 붓, 펜, 만년필 등으로 글씨 연습하는 꿈
먼 곳에서 길한 편지가 온다.

큰 붓으로 큰 글씨를 쓰는 꿈
당신의 명성이 크게 높아질 길몽이다.

남에게 붓을 빌려주는 꿈
문서 때문에 소송, 구설수가 생겨 다툼을 하게 된다.

붓끝이 빠져나가든지 펜이 부러지는 꿈
근심이 생긴다.

글을 쓸 때 먹물이 떨어지든지 잉크가 없어서 글씨가 되지 않는 꿈
희망이 어이없이 좌절된다. 붓, 만년필, 연필 등이 부러져도 마찬가지다.

붓, 만년필 등을 빌리는 꿈
남으로부터 붓, 만년필을 얻으면 입학시험, 취직시험, 고시시험, 전근 등이 좋은 방향으로 순조롭게 이루어질 길몽이다. 미혼여성이 이 꿈을 꾸면 가까운 장래에 좋은 인연을 맺게 된다.

자기가 붓, 만년필 등을 남에게 주는 꿈
문서로 인하여 다툴 일이 생긴다. 자칫 명예를 훼손할지 모른다. 젊은 여성은 애인과의 이별수가 있다.

글, 문서, 종이를 남에게서 받는 꿈

이는 염라대왕의 호출장이다. 환자가 이 꿈을 꾸면 위독하고, 건강인이 받으면 갑작스런 사고에 주의해야 한다. 목숨이 위험하다. 단 문서를 받았다가도 무슨 일로 곧 넘겨주거나 마음이 꺼림직 해 한참 생각하다가 돌려주면 위급한 사태를 조금은 면한다. 이런 꿈은 대개 기억이 잘 된다.

꽂꽂이 하는 꿈

꽂꽂이 할 만큼 줄기가 긴 꽃은 남성의 상징이고, 수반은 여성의 상징이다. 남성의 상징과 여성의 상징이 이처럼 하나로 합치되는 꿈은 많다. 이것은 소위 성적 공상으로 구체적인 뜻은 꿈 전체의 흐름에 따라 해석된다. 일반적으로는 성적 접촉이 적어서 서로 이해가 안 되어 고민하는 뜻이다.

습자 쓰는 꿈

처녀에게 강한 동경심을 가진 남자가 자주 꾼다.

처녀막을 뜻하는 흰 백지 위에 검은 먹으로 쓰는 꿈, 힘을 주어 붓을 움직이는 꿈

처녀와 Sex를 가질 때에 필요한 테크닉을 열심히 습득하려는 잠재의식의 표현이다. 물론 여자도 습자 쓰는 꿈을 꾼다. 성경험이 없는 여성의 경우는 남자의 꿈과 같은 뜻이다. 즉, 글씨를 쓰는 일을 자기가 대역하면서 백지의 입장에서 느낀다. 첫 경험을 준비하는 심리작용이다.

아무리 글을 써도 백지 그대로인 꿈

처녀막을 상실하고 싶어 하는 마음의 표시다.

습자선생으로부터 글씨 쓰는 법이 틀렸다고 잔소리 듣는 꿈

자기의 처녀막 상실을 바라는 마음이 너무 강한데 대한 반성의 표시다.

분명히 자기가 쓴 종이가 도로 하얗게 백지로 변하는 꿈

비처녀가 많이 꾼다. 처녀를 선망하는 감정의 표현이다.

낚시에 관한 꿈

성행위에 대한 욕망을 암시한다. 물고기를 낚아 올릴 때 성적인 감촉을 느낀다. 특히 끌려오는 고기가 자기 마음에 드는 미끈한 몸매를 하고 있으면 그 감정이 한층 더 가열된 표시다. 고기가 잘 잡혀 재미있으면 왕성한 성적 욕망과 그것을 충족시키려는 욕구가 강한 탓이다. 이에 반해 실이 끊어지거나 낚싯대 끝이 부러지는 꿈은 성적인 욕구가 별로 좋지 않다고 느낄 때 발생하는 현상이다.

3. 예술(음악, 춤, 연극, 영화, 미술), 운동에 관한 꿈

음악에 맞추어 춤을 춘 꿈

과격한 시위를 목적으로 하는 단체로부터 가입교섭을 받거나 가입하게 된다.

상대방이 노래하는 것을 보는 꿈

남이 자기에게 어떤 호소를 하거나 자기선전으로 불쾌한 체험을 하게 된다. 노래를 하다가 반주가 틀려 제대로 부르지 못하면 청원, 청탁, 해명, 선전 등이 승인 되지 않는다.

자기가 악기를 연주하거나 두드리는 꿈

어떤 사람 또는 기관을 통해 광고하고 소기의 목적을 달성시킬 수 있다.

악마에게 자기의 영혼을 팔아버린 꿈

그 악마는 바이올린을 듣고서 완전한 솜씨로 아름다운 소나타를 연주하였는데 꿈속의 악곡을 악보에 옮겨 놓았더니 유명한 작곡 「타르티나」의 소나타가 된 꿈이다.

피아노를 열심히 치는 꿈

소원이 충족되거나 명성을 떨칠 수 있다.

남이 노래하는데 북을 치거나 장단을 맞추어 준 꿈

자기의 선동에 놀아나거나 대변자 구실을 해준다.

악기의 줄이 끊어진 꿈

일의 실패, 임신중절 등이 있고, 인연이 끊어지거나 이별을 하게 될 수다.

상대방이 춤추며 노래하는 것을 본 꿈

상대방이 지상을 통해서나 실제로 자기주장을 내세워 공박하거나 시비할 일이 있게 된다.

자신이 합창단원이 되어 함께 합창을 한 꿈

공동 성명, 단체적인 건의, 시위 등에 가담할 일이 생긴다.

노래를 하는데 반주가 안 맞거나 가사를 잊어버려서 노래를 제대로 부르지 못한 꿈

선전 등이 개인 또는 단체에 의해서 승인되지 않는다.

춤을 추는 꿈

자기의 감정, 특히 억압된 감정을 마음껏 발산시키고 싶다는 잠재의식이다.

피아노, 기타를 연주하는 꿈

본인에게 최근 초조한 일이 많이 생기고 있다.

노래를 부르는 것을 지휘하는 꿈

가까운 시일 안에 어떤 집단의 리더로서 활약한다.

친구들과 즐겁게 노래를 부르는 꿈

자기가 갖고 있는 매력을 대담하게 표현하고 싶다는 생각을 나타낸다.

자기 혼자서 노래하는 꿈

자기가 말하고 싶은 것을 여러 사람 앞에서 분명히 말하고 싶다는 소망을 나타내기도 한다.

자기가 노래하며 춤을 추는 꿈

남들의 입에 내가 오르내리게 된다.

노래를 감상하는 꿈

뿌리칠 수 없는 부도덕한 생각으로 고민한다. 음악을 듣고 있는 꿈은 성적인 것에 대한 낭만적인 동경을 의미한다.

음악을 들으며 즐거운 기분이 되는 꿈

당신이 섹스의 황홀함에 경탄하게 된다.

음악을 듣는 게 귀찮게 느껴지는 꿈

성적인 불안이나 혐오감을 느끼고 있다는 것을 나타내고 있다. 자신의 성욕은 이상이 아닐까 하는 불안이다.

무용하는 것을 구경한 꿈

과대한 광고 등에 현혹되어 패배를 자초할 일이 생긴다.

여러 사람이 하는 체조나 무용을 자신이 직접 지휘한 꿈

다른 사람의 사업을 인수하게 되거나 소액의 투자로 큰 이익을 얻게 된다.

북을 치니 소리가 나는 꿈

먼 곳에서 친한 사람이 오거나 기쁜 소식을 듣게 된다.

장고, 피리, 거문고 등의 악기를 본 꿈

분수에 맞지 않은 허영심이 생긴다.

영화 스크린에 비친 화면의 꿈

자기의 일, 작품, 운명적 추세 등을 암시하며 매스컴을 통해서 발표될 일을 주로 상징한다.

그림을 그리는 꿈

자기의 행동, 자기의 생각을 숨기고 싶다는 것을 나타낸다. 자화상을 그리는 꿈은 외로움에 대한 불안을 달래려는 자기의 안쓰러운 마음을 의미한다.

화가가 나체를 놓고 그림을 그리는 꿈

사주, 관상, 심리진단, 신상문제 상담 등 기타 운명을 감정하는 일을 상징한다.

추상화를 그린 꿈

어떤 계획, 예정 등을 마련할 일이 있고 정돈되지 않은 마음이 갈등을 가져오기도 한다.

상상화를 그린 꿈

현재나 미래에 체험될 마음의 묘사, 운명적

추세를 예시하는 것이다.

남이 그림을 보내준 꿈

서적, 혼담, 연애편지, 예고나 경고장을 받게 된다.

서커스를 보거나 직접 자기가 무대에서 뭔가를 연기하는 꿈

자연의 법칙을 무시한 초인적 능력이 있었으면 하는 동경심이 마음속에 있다는 것을 의미한다.

영화를 보고 있는 꿈

잠을 자고 싶다거나 공부에서 해방되고 싶다는 소원이다.

앨범을 펼쳐본 꿈

역사책, 수기, 남의 내력 등을 읽거나 조사할 일이 생긴다.

고적이나 풍경을 찍는 꿈

어떤 사건이나 업적을 기록에 남기거나 녹음, 인쇄 등을 하게 된다.

결혼사진을 찍은 꿈

결연, 계약, 결사, 통성명할 일이 있다.

인형이 말을 하는 꿈

선악의 분별, 관념, 투쟁 등을 자기의 사악한 마음속에 비추어서 행위하거나 사업에 재검토 할 일이 생긴다.

자기의 사진을 누가 와서 찍어 가는 꿈

남이 자기의 신상 문제를 따져 묻거나 기사화, 녹음 등을 해간다.

이름난 배가 입던 옷을 받아 입는 꿈

유명한 인기인의 지도를 받거나 협조를 얻어 비슷한 일을 할 수 있다.

줄타기를 하다 떨어지는 것을 본 꿈

일의 실패를 예상할 수 있고, 떨어져 죽은 것을 보면 어려운 일이 어떤 기관을 통해서 성사된다.

국제경기장에서 우리 선수가 이기는 꿈

단체 경기, 작품 응모, 이념 투쟁, 기타 사업 등에서 승리하고 명예를 얻는다.

경기장에 관람객이 아무도 없는 꿈

복잡한 문제에 부딪치지 않고 어떤 판단을 내리거나 독자적인 권리가 주어진다.

우승기와 메달, 상금 등을 탄 꿈

어떤 난관을 극복한 다음 소원이나 계획한 일이 성취되어 명예나 권세를 얻는다.

보물찾기에서 보물을 찾지 못한 꿈

취직, 당첨, 시험, 진급 등에서 탈락한다.

스탠드에 관람자가 많은 꿈

많을수록 자기의 일이 난관에 부딪힌다.

즐겁게 공놀이를 하는 꿈

몸의 컨디션이 아주 좋다.

공을 주고받는 꿈

어떤 시빗거리로 공사를 따질 일이 있게 된다.

공놀이를 하면서 반칙을 하는 꿈

현실에서 도피하고 싶다는 것을 암시한다.

상대가 늙었거나 어린아이와 운동을 한 꿈

자기 또는 자기 나이와 격차가 심한 상대방과 시비를 하게 된다.

운동장, 야구장, 체육관 등을 본 꿈

사건 현장, 기관, 사업장, 신문 잡지의 지면 등을 상징한다.

운동경기를 하는 꿈

정신적 갈등, 사업의 성패, 이데올로기의 선택, 전쟁의 전망 등을 상징한다.

붉은 험산 정상의 연못에 물이 없는데 여러 사람이 낚시질을 한 꿈

산 속에 잠복한 게릴라 소탕작전과 관계된 꿈이다.

자기가 찬 공이 코트 밖으로 벗어나는 꿈

공로를 치하 받거나 능력을 과시하는 일에 성공한다.

자신이 찬 공이 운동장 밖으로 나가는 꿈

자신을 인정받을 일이 생긴다.

구기종목의 운동경기를 구경하는 꿈

본인의 마음속에 생각하고 있는 사실에 대해 모순적인 생각을 하고 있다는 것을 나타낸다.

땀이 뻘뻘 나도록 마음껏 공을 차는 꿈

자기가 현재 직면하고 있는 문제에서 벗어나고 싶다는 생각을 나타낸다.

마음껏 공을 치는 꿈

난관에서 벗어나고 싶다는 소망을 나타내고 있다.

구기(球技)에서 골에 공을 넣어 승리한 꿈

사업, 학문, 논쟁 등에서 승리하고 성공한다.

권투, 레슬링, 씨름, 유도, 태권도, 역도, 줄다리기 등의 투기(鬪技)의 꿈

투쟁적인 일, 비평, 이데올로기, 사업의 성패 여부를 가름하는 표현이다.

마라톤 선수와 관계되는 꿈

긴 시간과 고민을 안고 있는 사업, 전쟁, 이념 투쟁과 관계된다.

마라톤 선수와 같이 뛰는 꿈

새로운 친구가 나타나 여러 방면으로 도와준다.

차를 운전하고 있는 꿈

자신의 운명이나 감정을 컨트롤하고 있거나 컨트롤하고 싶어 하고 있다는 것을 나타내고 있다. 자신을 통제하지 못한다는 것에 대한 불만이다.

친구나 가족에게 장난을 치는 꿈

장난을 거는 상대에게 관심이 있거나 또는 관심을 가져달라는 뜻이다.

필사적으로 헤엄을 치고 있는데 도무지 앞으로 나아가지 않는 꿈

최선을 다하고 있는데 조금도 만족할 만한 결과를 얻을 수 없을 때 꾸는 꿈으로서 자기 자신에 대한 실망을 의미한다.

여자가 보트를 타고 있는 꿈

자위행위를 공상하고 있다는 것을 나타낸다. 직접적으로는 하지 않더라도 무의식적으로 생각하고 있다.

발의 운동에 관한 꿈

자기의 세계를 넓히고 싶다는 간절한 희망이다.

손으로 하는 운동을 하는 꿈

다른 사람과 활발한 대인관계를 가지고 싶다는 생각을 나타낸다.

팔굽혀펴기나 다리를 벌리는 몸 움직임의 꿈

성행위의 체위를 암시하고, 갖가지 성적기교를 몸에 지니고 싶다는 소망이다.

발로 하는 운동을 하는 꿈

현재 자신이 처한 상황보다 더 넓은 세계를 경험하고 싶다는 생각을 나타낸다.

자기의 구령에 맞추어 여러 사람이 체조한 꿈

자기의 지휘 능력이나 교화 사업이 잘 이루어진다.

기계체조를 한 꿈

자기의 재주, 능력, 기술 등을 발표하고 공개할 일이 생긴다.

상대방이 넘겨주는 릴레이 바통을 받고 힘껏 뛰는 꿈

후계자, 문화생 등이 되어 단체나 개인 사업, 학문 등을 인수하여 잘 운영해 간다.

단체부서나 학생들이 도수 체조를 하는 걸 본 꿈

사업이나 학문적 선전 등에 잘 호응해 줄 사람이 생긴다.

요트, 스키, 승마, 사이클, 자동차 등을 이용한 경기를 본 꿈

단체적인 대결, 협조가 또는 협조 세력에 의한 사업 성패 등과 관계된 것이다.

검도나 펜싱 등을 한 꿈

논전(論戰)할 일이 생기게 된다.

4. 물놀이, 수영, 목욕에 관한 꿈

어딘가를 가다가 생각지도 않았던 곳에서 수영을 한 꿈

어느 사업장에서 임시직원으로 일해 달라는 부탁을 받는다.

보트를 타지 않고 헤엄을 쳐서 강을 건넌 꿈

직장에서 진급을 하거나 작품을 출품한 사람은 입상했다는 통지를 받는다.

동물이 헤엄치는 것을 본 꿈

정부기관의 개입에 의하여 자신이 하고 있는 일이 발전한다.

물살이 센 강이나 시내에서 수영을 한 꿈

꼬임에 빠지거나 질병에 걸릴 염려가 있다.

헤엄을 잘 치는 꿈

섹스의 기교가 만족스러움을 나타낸다.

헤엄을 쳐도 앞으로 잘 나가지 않는 꿈

섹스에 대한 실망을 나타낸다.

여성이 보트를 타고 있는 꿈

자위행위를 공상하고 있는 것을 나타낸다.

수영을 하거나 목욕하는 꿈

삼각관계로 고민한다. 인연이 아니라면 눈 딱 감고 정리한다.

옷을 입은 채로 수영을 한 꿈

자신의 직권을 이용하여 잘못된 일을 옳다고 우길 일이 생긴다. 그러나 스스로 잘못을 뉘우치고 후회하게 된다.

수영복도 입지 않고 알몸으로 수영하는 꿈

간섭하는 사람이 없어 자유로워진다.

팬티도 입지 않은 채로 수영을 한 꿈

무슨 일을 하든 간섭하는 사람이 없어 그 누구보다도 자유스럽다.

거울 같이 수면이 잔잔한 곳에서 수영을 한 꿈

모든 생활에서 원만하여 어려움이 없고 하는 일도 거의 실패가 없다.

물에 빠진 사람을 구해서 함께 헤엄쳐 나온 꿈

주어진 일에 열심히 일하지만 아무 보람을 못 느낀다.

열심히 수영을 하는데도 제자리에서 맴도는 꿈

사업이나 사적인 일도 순조롭게 진행되지 않아 불만만 잔뜩 쌓이게 된다.

두더지처럼 땅 속에서 헤엄을 친 꿈

위법성을 띤 일에 손을 대어 정부기관에 해를 끼치게 된다.

항해 도중 배가 파손되어 헤엄을 치다가 구조된 꿈

실직이나 파산, 파혼 직전에 사건이 호전되어 제 위치를 찾게 된다.

목욕을 하는 꿈

대부분 성적인 의미를 담고 있는 것이 많은데 정확한 해몽을 하는 게 중요하다.

비누로 몸을 씻거나 내의를 빨거나 하는 꿈

자위행위를 의미한다. 실제로는 아니더라도 자신이 마음속으로 자위에 대한 생각을 하고 있다는 것을 의미한다.

목욕을 하면서도 주로 입만 씻는 꿈

지금 다니고 있는 직장을 관둬야 할 징조이다.

배를 씻는 꿈

주변에 둘러싼 재앙들을 물리치게 된다.

샤워를 하는 꿈

강렬한 사정(射精)에 대한 희망을 나타낸다.

목욕탕의 물이 순식간에 줄어드는 꿈

성적 능력이 감퇴하는 것에 대한 두려움을 나타낸다.

다른 사람이 목욕을 하고 있는 장면을 보는 꿈

자신이 가지고 있던 병들이 싹 사라지게 된다.

여러 사람과 함께 목욕하는 꿈

취업, 면학, 신앙생활 등이 원만히 이루어진다.

제 11 장 죽음과 영적 존재에 관한 꿈 해몽

1. 죽음, 시체, 장례, 묘지, 제사에 관한 꿈

죽음의 꿈

지금까지 관심을 갖고 있었던 일, 벅차게 생각 했던 일, 성취해야만 할 일 등이 새로워지거나 이루어지게 된다.

사람이 죽는 꿈

누구든 꿈에 나타난 그 사람의 운명을 뜻한다. 고로 본인 이외에 대신 꿈을 꾸어줄 수 있다. 완전히 죽으면 위험이 닥치지만 결국 일이 무사히 수습하게 되고, 죽다가 도중에 살아나면 액운이 닥친다.

누군가가 죽는 꿈

아는 사람 중 살아 있는 사람이 죽게 되는 꿈을 꾸면 당신에겐 금전 운이 트이는 길몽이다.

자신이 죽는 꿈(대박)

운수 대길한 꿈이다. 사업, 그 밖의 일이 뜻밖의 행운을 가져온다. 모든 것이 순조롭게 진행되고 재산이 불어난다. 작품이 완성되거나 집의 매매가 성립되며, 결혼, 사업 등이 완성된다.

다른 사람의 죽음에 대한 부고를 받은 꿈

서류상으로 어떤 합격, 입학통지나 반가운 편지를 받게 된다.

사람이 죽어 집안이 망하는 꿈

반대로 부자가 되고 일이 잘 된다.

기차에 치어 죽은 꿈

정치적인 일, 작품 등이 어떤 기관이나 언론사나 출판사에 의해서 성사된다.

죽은 시체에서 권총을 빼앗아 차는 꿈

소원은 성취됐으나 유형, 무형의 부채를 갚지 못해 마음의 부담을 가질 일과 관계한다.

차나 바위에 깔려 죽은 시체에 관한 꿈
어떤 기관에서 성취된 일거리의 표상이다.

저승에서 죽은 친인척이나 친구를 만나는 꿈
인생의 무상함을 느끼고 유무를 초월하여 감각이 아닌 신비성을 느끼게 된다. 실제로 자연계나 인간계를 통해 많은 체험을 한다.

죽은 사람의 소지품이나 유서 등 그와 관련된 물건이 자기에게 배달된 꿈
자신이 TV, 라디오 등에 출연하게 되거나 매스컴을 타게 된다.

죽은 나무가 소생하는 것을 본 꿈
부진하던 사업이 활기를 띤다.

폭발물이 터져서 죽은 꿈
어떤 혁명적이고 창의적인 일이 성사되어 기쁨을 함께 나눈다.

죽은 사람과 함께 음식을 먹는 꿈
재수가 트이고 좋은 기회를 얻어 유익하게 된다.

임산부가 죽은 아기를 낳는 꿈
기분이 매우 불쾌하고 하는 일마다 어려움을 겪게 된다. 사고, 실패가 있다.

뒤주 속에 쌀은 없고 죽은 송장이 있는 꿈
어떤 기관에 청탁한 일이 성취된다.

까마득한 허공에서 떨어져 머리가 깨져 죽은 꿈
어렵기만 하던 사업이 풀리기 시작하고 좋은 아이디어가 가미된 새로운 사업 계획을 세우게 된다.

목매달고 죽은 사람을 본 꿈
재수가 좋은 꿈이다. 상황의 반전이 와서 운세가 호전되고 행운이 찾아온다.

죽은 친척 여동생이 보이는 꿈
기분이 불쾌하고 하는 일마다 그르치게 된다. 구설, 싸움, 소송, 사고, 질병 등이 발생한다.

죽은 시신을 실은 영구차나 상여의 행렬이 장지를 향해 출발하는 꿈
제반 장애와 손실, 우환 등 궂은일들이 해소되고, 직장과 사업에 큰 유익과 발전이 있게 된다.

까마득한 허공에서 떨어져 머리가 깨져 죽은 꿈
어렵기만 하던 사업이 풀리기 시작하고 좋은 아이디어가 가미된 새로운 사업 계획을 세우게 된다.

죽은 독수리를 보는 꿈
현재의 지위에 따라 재물을 잃는 흉몽도 되고 재물을 얻는 길몽도 된다.

죽은 딸이 나타난 꿈
어떤 일을 애착을 가지고 성사시키려고 한다.

저승에서 죽은 친인척이나 친구를 만나는 꿈

인생의 무상함을 느끼고 유무를 초월하여 감각이 아닌 신비성을 느끼게 된다. 실제로 자연계나 인간계를 통해 많은 체험을 한다.

죽은 사람 또는 조상과 음식을 먹는 꿈

하는 일이 번창하고 물질적 정신적으로 만족을 얻게된다.

죽은 닭을 많이 가져온 꿈

현재 계획하고 있는 일이 좌절되고 만다.

죽은 시체를 염해서 관속에 안치하는 꿈

재물이 늘어나고 하는 일이나 소망사의 순조로운 발전 및 직장, 사업 또는 명예상의 기쁨이 생기게 된다. 죽은 시체가 승려나 신부, 수녀일 경우는 몹쓸 질병이 발병해 우환 등 불상사를 겪게 된다.

병풍 뒤에서 죽은 사람이 살아나오는 꿈

가족에서 사고나 질병 등 집안에 불길한 액운이 있다.

우거진 숲속에 홀로 말라죽은 나무를 보는 꿈

재수가 있고, 한 나무의 일부가 죽어 있으면 사업의 부진이나 질병 또는 세력의 일부를 상실한다.

시장에서 죽은 문어를 사오는 꿈

임산부는 낙태를 하고 병원출입이 잦다. 우환, 질병, 소송 등의 사고가 생긴다.

병원에서 수술을 받다가 죽은 꿈

어떤 물건, 부동산 등의 매매가 이루어지고 축하할 만한 소식을 듣게 된다.

죽은 호랑이가 모기가 되어 앵앵거리며 날아다닌 꿈

하는 일이 잘 풀리지 않고, 재산을 모두 날리거나 빚쟁이한테 괴롭힘을 당하게 된다.

죽은 부모님이 자신을 데리고 길을 가거나 길을 빨리 떠나자고 재촉하는 꿈

뜻밖의 사고나 불행한 일이 생기고 질병 및 우환이 닥쳐 손재와 근심을 치르게 되며 신변에 사망의 위험이 다가오고 있는 징조다.

죽은 아내가 소복을 하고 방안에 앉아 있는 꿈

집안에 검은 그림자가 깔리고 우환이 들끓게 되고 인재가 발생한다.

땅거미 집에 죽은 곤충이 보인 꿈

집안 식구나 친인척의 상을 당하게 되거나 질병에 걸려 고생을 하게된다.

사람이나 짐승 등 움직이는 생명체가 죽은 꿈

자신이 없었던 일, 꺼려했던 일이 잘 해결된다.

죽은 윗사람의 시체 앞에서 예를 갖추어 다소곳이 서 있는 꿈

조상으로부터 유산을 상속받거나 승진을 하게 된다.

죽은 곰의 쓸개를 구한 꿈

일이 잘 추진되어 세인의 이목을 한 몸에 받게 된다.

죽은 소를 묻은 꿈

집안에 우환이 생기고, 하는 일마다 어려움을 겪게 된다.

죽은 부모가 나타나는 꿈

당신을 돕기보다는 당신 일을 참견하려는 뜻이다.

죽은 사람이 절 보며 웃으면서 말하는 꿈

웃으면 중병이 낫고, 말을 하면 사업이 번창한다.

죽은 형제가 보이는 꿈

하루 온종일 머리가 어지럽고 불쾌한 일들이 생길 경우도 있고, 또한 매우 좋은 일이 생겨 하는 일마다 행운이 따르는 경우도 있다.

문 밖에서 죽은 아내가 마주보고 있는 꿈

어떤 일을 시작하는데 집안의 반대로 뜻대로 일이 성사되지 않는다.

생전에 자기에게 잘해 준 돌아가신 누님이 보인 꿈

어떤 도움을 받을 수 있는 협조자를 만나게 된다.

병원에서 수술을 받다가 죽은 꿈

어떤 물건, 부동산 등의 매매가 이루어지고 축하할 만한 소식을 전해 듣게 된다.

부모상을 당하고 대성통곡을 한 꿈(대박)

정신적인 안정과 물질적인 부를 누리게 되고 계획했던 일을 착수하게 된다.

자신이 아무런 고통도 느끼지 않고 안락사 한 꿈

심사기관에 제출한 서류나 출품한 작품 등이 좋은 결과를 얻게 된다.

죽은 사람의 소지품이나 유서 등 그와 관련된 물건이 자기에게 배달된 꿈

자신이 TV, 라디오 등에 출연하게 되거나 매스컴을 타게 된다.

아는 사람이 죽어서 그 사람의 유물을 다른 사람이 가지고 오는 꿈

자기가 이룩한 일의 성과나 아니면 꿈에 죽었다 생각되는 실제인물의 작품, 일의 성과 등이 자기에게 오게 된다.

사람이나 짐승 등 움직이는 생명체가 죽은 꿈

자신이 없었던 일, 꺼려했던 일이 잘 해결된다.

자기가 죽은 사람의 영혼이란 생각이 들었던 꿈

물질적인 만족감을 얻지 못하나 정신적으로 큰 만족감을 맛볼 일을 처리하게 된다.

죽은 사람과 이야기하는 꿈

몸에 우환이 생긴다. 단, 울면서 이야기하면 기쁜 일이 생긴다. 누구와 만났든 꿈에 울면 생시에 웃는 일이 생긴다.

죽은 사람이 집에 들어오는 꿈

음식이 많이 생기거나 음식을 차릴 일이 생긴다.

현재 살아있는 사람이 꿈에 죽는 꿈

그 사람이 재운을 타고 돈을 번다. 당신은 그 사람의 덕을 본다.

죽은 사람과 함께 음식을 먹는 꿈

어려운 일이 사라지고 만사가 잘 풀린다.

죽은 사람이 웃는 꿈

하는 일과 사업이 번창한다.

자신이 수술을 받다가 죽는 꿈

집의 매매, 결혼, 사업, 심사 중인 작품이 성취된다.

부모가 죽어서 통곡하는 꿈

정신적 물질적인 상속, 집, 작품, 사업이 성취된다.

나병환자와 싸우다가 나병환자를 죽여 버린 꿈

제127회 주택복권 1등 당첨자의 꿈이다.

집에 불이 나서 자신이 타 죽어버린 꿈

제47회 주택복권 1등 당첨자의 꿈이다.

죽은 형수가 되살아났다가 다시 죽은 꿈

제64회 주택복권 1등 당첨자의 꿈이다.

죽은 사람과 울면서 얘기하는 꿈

희망이 성취될 길몽으로 반쯤 체념했던 일이 성취된다.

죽은 사람을 만나 얘기하고 있는 동안에 눈물을 흘리는 꿈

모든 일은 진행되지 않고 소원도 이루어지지 않는다.

남의 집에 초상난 것을 보는 꿈

집에 잔치가 있거나 사업상 크게 소문날 일이 있게 된다.

남편이 죽어 아내가 상복을 입는 꿈

어떤 일이 성사되어 부귀해지는 길몽이다.

죽은 딸이 나타난 꿈

천도제를 지내 줄 것을 원하거나 어떤 일을 애착을 가지고 성사시키려고 한다.

억울하게 죽었던 자가 나타난 꿈

자기를 괴롭히는 심적 고통거리나 병마에 시달리게 된다.

조상이 나타나서 예언이나 명령한 꿈

누구의 간섭을 받지 않고 자기주장대로 일을 처리한다.

다른 사람이 제사를 지내는 것을 보는 꿈
자기의 일거리가 성사된다.

상여 뒤에 조문객이 구름처럼 따르고 있는 꿈(태몽)
귀한 아들을 낳을 태몽이며, 후일 아들이 커서 뭇사람들이 우러러 본다.

다른 사람을 조문하는 꿈
좋은 아내를 얻어 귀한 아들을 낳는다.

자기가 목을 매고 자살하는 꿈
근심걱정이 없어지고 건강하고 만사가 형통한다.

사람을 죽이고 정당방위를 주장했던 꿈
열심히 노력해서 목표를 달성하지만 충분한 대가를 받지 못한다.

맹수가 달려드는데 그것을 죽인 꿈
미궁에 빠진 사건을 통쾌하게 처리하게 되나, 임산부는 유산할 가능성이 있다.

자신을 해치려는 괴한을 죽인 꿈
처리하기 힘든 일에 방해자까지 나타나도 결국 무난히 성공을 거두게 된다.

누군가에게 피살당한 꿈
자신이 처리해야 할 몫을 다른 사람에 의해서 이루어진다.

총 한방으로 두 사람을 동시에 죽인 꿈
한 가지의 방법에 의해서 두 가지의 일이 시원스럽게 성취된다.

자기가 질식하는 꿈
자기의 몸에 이상이 있게 된다.

남을 질식시키는 꿈
어떤 사람을 죽이고 싶을 정도로 자신의 일이 답답하고 잘 진행되지 않는다.

시체를 안고 있는 꿈
재운이 트일 대길몽이다.

해골을 안는 꿈
사기에 걸리거나 명예를 손상시킬 만한 사건이 일어난다.

4구의 시체를 본 꿈
제8회 주택복권 1등 당첨자의 꿈이다.

뼈만 앙상하게 보이는 시체가 관에 담겨 있는 꿈
자기 일에 대한 성과나 작품의 줄거리가 요약되어 언론에 소개된다.

시체를 내다 버리는 꿈
모처럼 얻은 일의 성과나 재물을 잃게 된다.

붕대로 감은 시체를 보고 도망치는 꿈
교통사고를 당해 간신히 죽음을 면한다.

시체를 발길로 차서 굴리는 꿈
자본을 활용할 일이 생긴다.

친척이 죽어서 배 옷을 입는 꿈
나에게 시원한 일이 생긴다. 맺혔던 일도 통쾌하게 풀리고 어렵다고 바라지 않았던 일이 의외로 가볍게 처리된다.

여행 떠난 친척이 죽는 꿈
꿈에 나타난 사람의 신상에 곤란한 일이 일어나든지 병에 걸린 것을 알리고 있다.

장례식의 꿈
초상을 치를 예고이다. 그러나 자기가 죽어서 초상 치르는 꿈은 대길몽이다.

화장장의 꿈
화장하고 있는 곳이나 화장터는 반드시 좋은 일이 생길 터이니 기대하고 있어도 좋다.

제물(祭物)이 잘 차려져 있는 꿈
당신이 부탁한 일이 성사되고, 칭찬을 받게 된다.

독충이나 해충을 죽인 꿈
방해자가 스스로 물러나거나 근심걱정이 없어지게 된다.

시체를 만지거나 목욕시키는 꿈(대박)
집안에 재물이 가득하게 된다. 만사가 형통한다.

자기 자신의 시체나 다른 사람의 시체를 내려다보는 꿈
자기의 일이나 가까운 사람의 일이 계획대로 추진되고 성사된다.

자기가 죽인 사람의 시체를 보는 꿈
하고 있는 일이 모두 완성되어 기뻐할 일이 생긴다.

가까운 사람의 시체를 보고 우는 꿈
열심히 노력한 결과로 얻어진 일의 완성을 보고 크게 기뻐한다.

다른 사람과 함께 시체를 보고 통곡하는 꿈
크게 성공하고 기뻐할 일이 생긴다.

자신과 관련 있는 사람이 죽어서 시체에 절을 하며 곡을 하는 꿈
많은 양의 유산을 상속받게 된다.

송장 썩은 물이 냇물처럼 많은 양이 흐르는 꿈
자신의 사업이 융성하게 되어 많은 돈과 명예를 얻게 되고 여러 사람들에게 정신적인 영향을 주게 되거나 사상적으로 감화를 준다.

이미 고인이 된 사람의 시체 옆에 생시처럼 살아 있는 그가 또 있는 꿈
과거에 동업했다가 사이가 벌어지고 만나지 못했던 사람이 다시 나타나고 그 사람의 영향으로 일이 난관에 부딪히게 된다.

누군가 신원미상의 유골(해골)을 가져오는 꿈

작가인 경우 오랜 기간이 걸려 저술한 글이 출판되어 히트치거나 돈과 명예를 얻을 수 있는 증서, 합격증, 상장 등을 받게 된다.

마루 밑에서 해골을 파내는 꿈

특허권, 졸업장, 학위증, 상장 등을 얻게 되어 주위 사람들에게 인정을 받게 된다. 때로는 이것이 차용증서가 될 수도 있다.

밭을 갈다 우연히 해골을 발견하는 꿈

예술가인 경우 그림이나 글의 작품소재를 얻게 되고 비밀스런 일이 생기고 돈의 가치가 높은 골동품 등을 얻게 된다.

시체를 공연히 보게 되어 집에서 맞아들이거나 걸머지고 오는 꿈

소원이 성취되고 어렵게 전개되던 일이 이루어지고, 돈, 재물 등이 쌓이고 명예를 얻게 된다.

시체가 들어 있는 관을 누군가와 맞들고 서 있는 꿈

함께 관을 들고 있던 두 사람은 동업자의 관계로 서로 관련이 있는 어떤 일이 이루어진다.

자신의 집안에 있는 시체를 내다버리는 꿈(대박)

모처럼 얻은 명예나 일의 성과가 무용지물이 되고 재물을 상실하게 된다.

남에게 들킬 것을 두려워하며 한밤중에 자신과 관련이 있는 시체를 길가에 내놓는 꿈

자신이 큰 성공을 이루게 되고 일의 성과에 대해서 세상에 광고를 하게 되고 명성을 얻게 되어 유명인이 된다.

자기 자신이 신상을 알 수 없는 사람을 죽이고 그 시체를 땅을 파고 묻는 꿈

자기와 관련하여 생긴 어떤 사건을 깨끗이 처리하게 되거나 영원히 비밀에 부쳐지게 된다.

대방이 자기 대신 시체를 운반하는 꿈

자신의 일에서 남이 돈을 벌거나 꿈에서 그랬던 것처럼 자기 일을 대신 처리해 주기도 한다.

우연히 보게 된 송장이 무서워서 도망치는 꿈

갑작스럽게 생긴 돈의 기회를 알아보지 못하고 얻지 못하게 되거나 과거에 노력하여 추진한 일이 성공을 이루었는데 그 성과가 자기 것이 되지 못한다.

자신이 사람을 죽이고 그 시체에서 소지품을 빼앗아 가지고 달아나는 꿈

자신이 어떤 일을 성취한 뒤에 물적 증거로 많은 돈을 벌게 되거나 소득이 생긴다.

관속에 죽은 시체를 넣는 꿈

큰 재물을 얻는다.

죽은 사람이 관속에서 나오는 꿈

외국에서 손님이 온다.

관속에 담긴 시체가 자신의 마당에 놓여 있는 꿈(대박)

그 동안 사업상으로 어려웠던 어떤 일이 성사되어 재물이 생기고 명예를 얻게 되며 아니면 먼 미래에서라도 막대한 재물을 얻게 된다.

자신이 빈 관을 들고 서 있는 꿈

사기를 당하여 재산을 잃게 되고 마음에 상처를 입게 되며 결혼이 깨어지고 결사가 수포로 돌아가게 된다.

상갓집에서 관 뚜껑이 열려 있고 그 안의 시체가 보이는 꿈

사회적으로 알려진 어떤 일을 하게 되고 많은 성과를 얻게 되거나 다른 사람의 재물을 관리하게 되어 자신에게도 재산상의 이득을 보게 된다.

아무 이상도 없던 시체가 갑작스럽게 몇 배 몇 십 배로 불어나 방안에 가득 찬 꿈

장차 사업이 번창하게 되고 크게 확장되어 큰 부자가 된다.

주위에 죽은 사람이 있어서 화장을 하고 그 때 불길이 너무 세서 뜨거움을 느끼게 되는 꿈

투자자들에 의해 투자된 사업자금으로 사업이 융성해지게 된다. 그러나 시체가 타서 재가 남으면 사업에 실패하여 파산상태에 이르게 된다.

웃어른이 죽은 후에 그 시신 앞에 있는 꿈

유산상속을 받아 재산이 늘어나거나 관직에 오르게 되어 명예와 돈을 얻게 된다. 그러나 이런 꿈은 실제로 집안 어른들의 죽음을 예시하는 경우도 있다.

어디에선가 나는 시체 썩는 냄새를 맡는 꿈

자신이 바라는 일이 성사되어 세상에 소문이 널리 퍼지고 유명인이 되어 많은 재물을 얻게 된다.

시체가 썩어서 냄새가 나는 것을 맡는 꿈

가업이 계속 번창한다. 사람들의 입에 오르내릴 만큼 많은 재물을 얻게 된다.

자기가 시체를 끌어안는 꿈(대박)

일반인에게는 재물이나 술과 떡이 생긴다. 공무원에게는 운수가 대통하여 관운이 튼다.

시체가 자기를 쫓아오는 꿈

재물이 없어지고 빚을 지게 되며 생활고에 허덕인다.

썩은 시체에 벌레나 구더기가 득실거리는 꿈(대박)

재벌이 될 운수대통한 길몽이다.

길거리에 방치된 채 놓인 시체에서 구더기가 우글거리는 것을 보는 꿈

예상외로 일이 잘 풀려 막대한 돈을 벌게 되거나 부수적으로 이차적인 사업성과를 얻게 되고 주위의 가까운 사람을 감동시키게 된다.

시체를 공동묘지에 매장한 꿈

사회사업에 적극적으로 참여할 일이 생긴다.

신원을 알 수 없는 시체를 혼자서 무덤 속에 묻는 꿈

자신의 재물을 금융기관에 위탁, 보관하게 되고 성공적인 일의 결과를 자신이 경영하지 못하고 다른 기관에 위탁하여 또 다른 성공을 하게 된다.

시체를 다른 묘지가 많이 보이는 공동묘지에 묻는 꿈

많은 사람을 위한 사회사업에 투자할 일이 생기고 정신적인 안정을 얻게 된다.

죽은 사람의 몸에서 소지품을 꺼내 자기가 가진 꿈

어떤 일을 하든 충분한 대가를 받게 되며 하는 일마다 번성한다.

자기가 무덤을 파헤치는 꿈

새로운 작품을 완성하거나 새로운 직업, 사업을 가지게 된다.

무덤에 밝은 햇살이 비친 꿈

사업을 시작하게 되거나 혼담이 성사되거나 재혼이 성사되고, 직장인, 공무원은 진급을 하게 된다.

무덤에서 빛이 나오는 꿈

재물이 들어오거나 경사스럽고 축하받을 일이 생긴다.

무덤에서 사람의 손이 나와 손짓을 한 꿈

빚쟁이에게 빚 독촉을 받아 심하게 시달리게 된다.

무덤은 많은데 자기 조상의 묘(墓)를 찾지 못하는 꿈

자기의 협력자나 배우자를 찾지 못한다.

무덤을 여러 개 지나쳐가는 꿈

여러 번 이사하게 된다. 또는 여러 단체나 기관에서 자기가 일을 관여한다.

묘지가 밝게 느껴지는 꿈

일의 예고이며, 앞으로 하는 일이 잘 진행된다. 흐린 날처럼 어둡거나 저녁 무렵의 묘지 꿈은 흉몽이다.

묘지에서 자는 꿈

큰 이익을 얻게 된다.

묘를 짓는 꿈

생각지도 않았던 행운이 찾아드는 길몽이다.

묘소를 참배하는 꿈
흐뭇한 꿈으로 융숭한 접대를 받게 된다.

산중에서 묘지나 큰 무덤을 본 꿈
큰 이득을 얻게 된다. 다만 검은 구름이 뒤덮어져 있는 묘의 꿈은 흉몽으로 불길한 사건이 생긴다.

새로운 묘나 관의 꿈
괴로운 일, 걱정스러운 일이 사라지게 될 길몽이다.

묘소가 높이 솟아 있는 꿈
당신의 권세나 직위가 높아진다.

무덤에 불이 나는 꿈
사업이 융성해 진다.

무덤에서 피가 흐르는 꿈
협조기관의 재정적 도움을 받거나 사찰, 교회를 통해 정신적 감화를 받는다.

무덤에서 금은보화가 쏟아져 나오는 꿈
정신적 또는 물질적인 유산을 상속받거나 학문적인 연구실적을 얻어 신분이 고귀해진다.

2. 절, 교회, 성당에 관한 꿈

절에서 불공드리는 꿈, 교회에서 예배 보는 꿈
귀인의 도움을 받아 집안이 태평하고 번영할 길몽이다. 미혼자는 훌륭한 결혼 상대를 만난다.

예수나 부처에게 절을 하는 꿈
어떤 기관이나 권력자에게 청원할 일이 생기며, 그 일은 반드시 이루어진다.

교회, 절에서 후광이 비치는 꿈
기막힌 행운이 찾아온다. 환자는 완쾌할 꿈이고, 가난한 사람은 재물이, 지위가 낮은 사람에게는 높은 지위가 찾아온다.

교회, 절에서 신전 또는 부처의 현신을 본 꿈
성직자, 승려가 될 꿈이다.

절, 교회에서 칼, 보물 등을 하사 받는 꿈(대박)
거의 절망에 가까운 고민거리가 깨끗이 해결된다. 당신의 앞길에 행운이 가득할 대길몽이다.

절, 교회에서 물을 얻어 마시는 꿈
당신의 건강이 좋아진다. 환자는 병이 나으며, 노인은 장수한다.

세례를 받은 꿈
여러 사람에게 자신을 인정받을 일이 생긴다.

교회, 절에 십일조나 시주하는 꿈
사업 또는 내기 경쟁에서 이상하리만치 예기치 않은 큰 이익을 얻는다.

교회, 절에서 성직자, 스님과 이야기하는 꿈
예상 밖의 일이 잘 진행된다. 수입이 나고 물건을 얻게 된다.

3. 스님, 신부, 목사에 관한 꿈

자신이 스님 또는 성직자가 되는 꿈
자손들에게 행운이 있을 꿈이다.

스님의 동냥그릇에 돈을 드렸더니 스님이 돈을 받고 하얀 카드 한 장을 주어서 받은 꿈
법정에서 무죄로 밝혀지거나 감옥에서 풀려나게 된다.

스님이 문전에서 염불하는 것을 보고 시주를 하려고 뛰어다니는 꿈
백방으로 노력한 것이 결실을 맺어 소원이 이루어진다.

명성을 떨친 목사와 함께 있거나 걸어간 꿈
어떤 지도자나 학자와 접하고 감명 깊은 책을 읽는다.

불경책을 노승에게 받은 꿈
여러 사람에게 자신을 인정받고 출세할 방도가 생긴다.

고승을 직접 만난 꿈
지도자, 연구자, 스승, 회사, 사장 등을 직접 상관하게 되어 원하던 일이 성취된다.

스님이 자기 집 문전에서 염불한 꿈
태몽이라면 스님에게 시주를 해야 좋고 장차 귀한 자손을 얻는다.

승려에게 시주한 꿈
자신의 일을 제3자를 통해서 어떤 기관에 소청할 일이 해결된다.

승려에게 쌀을 시주한 꿈
취직이나 시험에 100% 합격하게 된다.

스님에게 잡곡을 시주한 꿈
심사과정에서 좋은 점수를 얻거나 학문연구가 뛰어나다는 점을 인정받지 못한다.

파계승이라고 판단된 사람과 관계한 꿈
어려움, 신의 없는 삶 등을 나타낸다.

스님이 웃고 있는 꿈
죽는 사람의 유산을 얻는 등 길한 일이 생긴다.

자기가 신도에게 설교를 하거나 불경, 성경을 읽어준 꿈

자기의 작품을 발표하거나 남을 설득할 일이 있다.

성모마리아상 앞에서 기도한 꿈

다른 사람의 도움으로 자기가 소원한 일이 성취된다.

수녀원에 자신이 들어간 꿈

학교, 직장, 교도소, 교회 등에 일이 있어 가게 된다.

수도자의 꿈

꿈속에서 수도자를 만나면 병이 낫거나 슬픈 일이 즐거운 일로 바뀌게 된다.

4. 부처, 불상에 관한 꿈

부처에게 절하고 공양하는 꿈

송사가 해결되거나 오랫동안 괴로웠던 일이 제거되며, 다른 사람의 도움으로 자기가 소원한 일이 성취된다.

부처로부터 차(茶)를 받아먹는 꿈

길몽이다. 그동안 앓던 고질병이 완쾌된다.

부처로부터 편지 한 장이나 약(藥)을 받아먹는 꿈

몽중가피로써 합격하거나 고질병이 낫거나 소망을 꼭 이루게 된다.

부처님으로부터 열쇠 하나를 받는 꿈

이튿날 돈이 들어와서 재산상 어려운 점이 해결된다.

부처가 집으로 오는 꿈(태몽)

가족 중 누군가가 근심이 있는 것이 없어 질 것을 예고하며, 태몽이라면 장차 사상가로 명성을 떨칠 인물이다.

부처에게 두들겨 맞는 꿈

근심이 없어지며, 오랫동안의 병마가 없어질 것이다.

길에서 부처를 만나는 꿈

손윗사람의 원조나 협력을 얻어 행운을 가져올 길몽이다.

부처에게 바칠 음식을 차리는 꿈

집안이 번영하고 행복해진다, 반대로 부처로부터 음식물을 받는 꿈도 근심이 해소된다.

관세음보살이나 아미타여래에게 절하는 꿈

병이 치유되거나 행운이 찾아올 길몽이다.

관세음보살이나 아미타여래로부터 주사를 맞는 꿈

구제불능의 병이 치유된다.

불상을 그리거나 바라보고 있는 꿈

굉장한 큰 명예를 얻게 될 길몽이다.

자기가 불경을 읽거나 법문을 하는 꿈

남으로부터 칭송을 받을 일이 생긴다.

다른 사람이 독경이나 법문을 하고 있는 꿈

자기 이외의 사람이 불경을 읽거나 법문을 읽어주고 있는 꿈은 미래에 근심이 해소되고, 집안에 복이 들어올 길몽이다.

사찰에 참배하는 꿈

복권 같은 것에서 큰돈이 들어올 길몽이다.

멀리서 사찰을 바라보고 있는 꿈

멀리 있는 친구나 지인으로부터 소식이 있을 것이다. 또한 행방을 몰랐던 사람으로부터 연락이 있을 것이다.

사찰 안에서 여승과 얘기하는 꿈

예기치 않았던 일이 갑자기 생기게 된다.

절을 짓는 꿈

길몽이다. 묘지나 절을 짓는 꿈은 경사스러운 일이 생길 길조이다. 특히 여성의 경우는 임신하게 된다.

불상 앞에서 염불을 외우거나 절을 한 꿈

권위 있는 사람에게 청원할 일이 있거나 자기의 소원이 성취된다.

금불상을 얻은 꿈

감동적인 서적을 읽거나 사회에 기여할 수 있는 일이 성취된다.

5. 신령과 영적존재(귀신, 유령, 도깨비 등)에 관한 꿈

선녀가 옥황상제에게 데려가는 꿈

높은 관직을 얻게 된다.

산, 나무, 바위 등에서 신령님이 나타나는(현신) 꿈

귀인이 나타나 자기 일을 도와주게 된다.

신선의 꿈

길몽 중에서 월등히 차원이 높은 굉장한 길몽이다.

신선이 주는 약을 받아먹는 꿈

꿈속의 그 약과 유사한 약을 먹게 되거나 어떤 일과 방도를 존경의 대상으로부터 얻을 수 있다.

신선이 길을 안내해 주는 꿈

훌륭한 지도자를 만나 일이 잘 진행된다.

선녀가 춤을 추는 꿈

자기 또는 남의 작품이 성취되어 여러 사람

의 이목거리가 된다. 때로는 상급자가 자기를 공박하는 수도 있다.

자신이 신선 또는 선녀가 되는 꿈

훌륭한 사람을 만나거나 계약이 성립된다.

선녀와 육체관계를 하는 꿈

명예로운 일이 성취된다.

신선과 마주앉아 있는 꿈

지금까지의 고통, 위기를 벗어나게 되며 운세는 점점 트이게 될 길몽이다.

신선으로부터 음식물을 내려 받는 꿈

장수할 꿈이다. 중환자이더라도 죽음의 위기를 벗어나 건강을 회복하게 된다.

신선으로부터 금, 은, 주옥을 받는 꿈

기쁜 일이 찾아들며 원조자, 좋은 협력자를 얻게 된다.

하늘로부터 신선의 소리를 듣는 꿈

지위나 신분이 높은 사람을 알게 되며 굉장한 행운을 얻게 된다.

신선에게 꾸지람을 듣는 꿈

남의 싸움에 말려들어 상처를 입거나 경찰의 신세를 지게 될 불상사를 일으킬 염려가 있으니 주의해야 한다.

신선의 전송을 받는 꿈

자손의 행운을 의미하는 길몽이다. 아이들로 인한 경사스럽고 즐거운 일이 생긴다.

신선의 뒷모습을 보는 꿈

희망은 실현되지 않고 모든 진행은 중지되고 만다.

유령이나 귀신의 꿈

가운(家運)이 기울게 된다.

붉은색 망토를 입은 유령이 춤추는 것을 본 꿈

불량배에게 매를 맞거나 코피를 흘리는 것으로 액땜을 하게 된다.

머리를 푼 채 공중을 날아와 머리채를 휘어잡는 유령의 꿈

정신적인 압박을 받건 두통에 시달리게 된다.

방망이로 귀신을 잡아 흔적도 없이 해치운 꿈

정신적으로 시달림을 받던 일이 깨끗이 해결된다.

귀신을 때려뉘어 버리는 꿈

정신적인 고민이 사라진다.

도깨비불의 꿈

재난을 만나게 될 흉조이나, 도깨비가 도와주면 어려운 일, 사업이나 학업을 성취하게 된다.

악마와 싸우는 꿈

생명에 관계될 만큼 흉한 사건이 일어 날 수

있다. 반대로 악마와 싸워 이기면 성공이 약속된다.

괴물이 억누르는 꿈

꿈속에서 괴물은 병마의 상징 언어로 등장하고 있다. 이러한 괴물을 죽이거나 물리치는 꿈은 질병에 걸리지 않거나 운이 트이게 된다.

괴물과 싸우는 꿈

괴물을 쫓아버리거나 괴물을 때려눕힌다든지 무기로 죽여 버리면 내기, 소송, 경쟁에서 이긴다. 반대로 괴물에게 당하면 당신이 타인에게 박해를 받거나 병이 날 흉몽이다.

내 집에 괴물이 들어오는 꿈

남의 모략으로 인해 손해를 본다. 또는 집안에 우환, 불화가 생긴다.

괴물과 함께 우는 꿈

괴물과 정답게 울면 친척 중에 불행이 닥칠 흉몽이다.

자기 자신이 괴물이 된 꿈

운명이 호전되어 재물을 모은다.

괴물에게 살해당하는 꿈

병에 걸리거나 방해를 받는 등 괴로움이 생긴다.

도깨비가 되는 꿈

운이 트이고 재운이 열리게 된다.

신령적인 존재가 준 음식을 받아먹은 꿈

존경하는 사람이 자기에게 일을 맡겨 그 일에 종사하게 된다.

우상이나 신에게 제물을 바친 꿈

어떤 권력자에게 자기가 청원한 일이 성취시켜 달라고 부탁한다.

부 록

인생의 운명을 바꿀 수 있는 기도문 버전

운명(運命)에너지를 향상시키고, 인생살이의 기운(氣運)을 좋게 하고, 건강을 좋게 하기 위한 소원성취 발원기도문 버전

나는 대우주의 영원한 생명이다.

나는 마음이 완전 원만하다. 나는 대우주의 마음과 일체이다.

나는 대우주의 영원한 생명으로서 우주의 대역량의 힘으로 사랑이 넘치고, 훌륭한 일을 하는 사람이 된다.

이 세상은 나의 마음이 비추어지고 있는 거울과 같은 세계이므로 나의 마음만큼의 일들이 비춰져 보이는 것이다. 나는 틀림없이 행복해진다고 생각하면 행복해진다.

나는 운이 좋다고 믿으면 반드시 운이 좋아진다. 나는 틀림없이 운이 좋아져서 반드시 행복해진다. 나의 마음이 나의 운을 일으키는 힘은 놀랄만하다. 그러므로 항상 나는 나의 운명의 주인공이 되도록 해야 한다.

나는 대우주의 영원한 생명으로서, 인간으로 태어난 이래, 천.지.인의 우주에너지는 항상 나를 지키고, 가르치고, 이끌어 주신다.

필요한 경우 영혼의 향상에, 정신의 발달에, 육체의 건강 증진에 가장 적절한 양식을 갖가지 경험을 통해 아주 적당하게 주시는 것이다. 천.지.인의 우주에너지는 영겁의 과거로부터 영원한 미래에 이르기까지 언제나 나와 함께 하시고 나를 인도하고 보호해 주시는, 바다보다도 깊고 산보다도 높은 무한의 은혜이시다.

내 속에 생명의 커다란 강물이 흐르고 있어서 언제나 쉬지 않고 영원한 생명인 나의 전존재를 적셔주고, 새로운 생명을 부여하고, 건강도 찾고, 신선한 활력을 불어넣어 행복한 삶을 살 수가 있다.

매일 매일 행복하게 해주셔서 감사합니다. 천지만물이여 감사합니다.

조상님 감사합니다. 아버지 감사합니다. 어머니 사랑합니다. 감사합니다.

인생살이가 어렵고 몸도 병약할 때 이를 좋게 하기 위한 소원성취 발원 기도문 버전

나는 대우주의 영원한 생명이다.

나는 마음 완전 원만하다. 나는 대우주의 마음과 일체이다.

나는 대우주의 영원한 생명으로서 천.지.인이 말씀하신 생명의 창조에 따라 하나가 되어 생명의 진리를 알아야 한다.

천, 지, 인이 가지신 일체의 선덕, 복덕을 이미 계승하고 있다는 것을 항상 기억함으로써, 용기를 북돋아서 전진해야 한다. 전진하게 되면 원래 천.지.인에게 물려받은 능력과 지혜와 사랑도 자연히 진작되어 발휘된다.

내 속에 생명의 커다란 강물이 흐르고 있어서 언제나 쉬지 않고 영원한 생명인 나의 전존재를 적셔주고, 새로운 생명을 부여하고, 건강도 찾고, 신선한 활력을 불어넣어 행복한 삶을 살 수가 있다. 우주의 모든 것의 실상은 바로 천, 지, 인 그 자체이기 때문에 내가 영원한 생명을 생각할 때에는 그 우주적인 힘이 배후에서 뒷받침해 주는 것이다. 생명의 참모습(實相)으로서 육체 안에 깃들인 마음이라는 것이 이러한 불안과 고난과 불행을 깨끗이 제거해 준다.

이 육체 안에 깃들인 마음이야말로 진짜 '참 나'인 것이다.

천.지.인과의 일체감을 깊게 하고 실상의 완전 원만한 파장이 온 몸과 마음에 스며들게 하면 지난날에 있어서 나의 잘못된 생각, 모든 결핍, 불완전, 질병, 결함, 실패, 불행, 재난 따위의 관념을 깨끗이 씻어낸다.

무한한 지혜와 용기와 자원을 주셔서 감사합니다.

나에게 날마다 천, 지, 인의 자비광명을 충만하게 주셔서 감사합니다.

천지만물이여 감사합니다. 조상님 감사합니다.

아버지 감사합니다. 어머니 사랑합니다. 감사합니다.

자신의 운을 좋아지게 할 때 좋게 하기 위한 소원성취 발원 기도문 버전

나는 대우주의 영원한 생명이다.

나는 마음 완전 원만하다. 나는 대우주의 마음과 일체이다.

나는 대우주의 영원한 생명으로서 우주의 대 역량의 힘으로 사랑이 넘치고, 훌륭한 일을 하는 사람이 된다.

이 세상은 나의 마음이 비추어지고 있는 거울과 같은 세계이므로 나의 마음만큼의 일들이 비춰져 보이는 것이다. 나는 틀림없이 행복해진다고

생각하면 행복해진다. 나는 운이 좋다고 믿으면 반드시 운이 좋아진다.

나는 틀림없이 운이 좋아져서 반드시 행복해진다.

나의 마음이 나의 운을 일으키는 힘은 놀랄 만하다. 그러므로 항상 나의

운명의 주인공이 되도록 해야 한다. 나는 무한한 생명, 무한한 광명, 무한한 지혜, 무한한 자비, 무한한 환희, 무한한 대 역량의 힘이 있다.

나는 무슨 일이든 원만하고 완전하게 이루어낼 수 있다. 나는 어떠한 초

조함도, 어떠한 불완전 생각도, 어떠한 걱정도 없다. 내가 이 일의 성취를 원하는 것은 천, 지, 인이 이 일의 성취를 원하고 계시기 때문이다.

내가 일을 성취한다는 것은 천.지.인의 일을 성취하는 것이다. 나는 훌륭하게 해낼 수 있다. 나는 할 수 있다. 내가 이것을 이루고자 하면 반드시 이

룰 수 있다. 나는 인류를 위해 축복하는 좋은 일을 하겠다.

지금부터 매일 모든 점에서 점점 좋아진다.

자꾸 자꾸 좋아진다. 반드시 좋아진다. 좋아질 수밖에 없다. 벌써 다 좋아졌다. 매일 매일 행복하게 해주셔서 감사합니다. 천지만물이여 감사합니다.

조상님 감사합니다. 아버지 감사합니다. 어머니 사랑합니다. 감사합니다.

가정생활이 어려운 상황 일 때 좋게 하기 위한 소원성취 발원 기도문 버전

나는 대우주의 영원한 생명이다.

나는 마음 완전 원만하다. 나는 대우주의 마음과 일체이다.

우주의 모든 것의 실상은 바로 천, 지, 인 그 자체이기 때문에 내가 영원한 생명을 생각할 때에는 그 우주적인 힘이 배후에서 뒷받침해 주는 것이다.

생명의 참모습(實相)으로서 육체 안에 깃들인 마음이라는 것이 이러한 불안과 고난과 불행을 깨끗이 제거해 준다.

이 육체 안에 깃들인 마음이야말로 진짜 '참 나'인 것이다.

천, 지, 인의 일체감을 깊게 하고 실상의 완전 원만한 파장이 온 몸과 마음에 스며들게 하면 지난날에 있어서 나의 잘못된 생각, 모든 결핍, 불완전, 질병, 결함, 실패, 불행, 재난 따위의 관념을 깨끗이 씻어낸다. 악도 없고, 악한 사람도 없고, 악한 사건도 없다.

지금 나의 주위에 현실로 이미 무한한 부(富)가 있다. 마치 지금 나의 주위에 현실로 이미 무한한 공기가 있는 것과 같다. 풍부한 부와 무한 공급의 세계가 지금 있다. 나의 눈앞에 분명한 모습을 가지고 무한공급의 풍부한 경제상태가 나타나오고 있다.

나는 무한한 생명, 무한한 광명, 무한한 지혜, 무한한 자비와 사랑, 무한한 환희, 무한한 대 역량의 힘이 있다. 무한한 지혜와 용기와 자원을 주셔서 감사합니다. 오늘도 나에게, 나의 가족에게, 우리 가정에 행복·번영·희망·건강·성공의 날을 맞게 해 주셔서 감사합니다.

나는 날이 갈수록 모든 면에서 점점 좋아지고 있다.

천지만물이여 감사합니다. 조상님 감사합니다.

아버지 감사합니다. 어머니 사랑합니다. 감사합니다.

불행이 갑자기 닥쳤을 때 좋게 하기 위한 소원성취 발원 기도문 버전

나는 대우주의 영원한 생명이다.

나는 마음 완전 원만하다. 나는 대우주의 마음과 일체이다.

내 생명은 내가 사는 것이 아니라 대 생명을 살리시는 힘에 의해 살려지고 있다. 내 숨결 속에는 천, 지, 인의 생명이 깃들여 있고 내 생명은 대 생명과 일체다. 이 세계는 천, 지, 인이 만든 세계이니 나쁜 것은 하나도 없다.

일체의 사고, 불행은 모두 망상에서 생긴다. 모든 사고, 불행은 이슬이 햇볕 앞에 사라지듯 사라지리라. 내 안에 천, 지, 인의 생명이 깃들여있다고 하는 것을 나는 믿는다. 천, 지, 인의 생명은 모든 지혜와 모든 능력을 안에 가지고 있고 때와 장소와 사람에 따라서 신통무애하게 그것을 움직여 나간다고 하는 것을 나는 믿는다.

천, 지, 인의 지혜와 능력이 나에게 항상 흘러 들어와서 필요한 힘을 발휘케 해주신다. 어떠한 불행이 일어 나오려고 하든 간에 그 불행이 업인(業因)의 세계에 잉태되어 있을지라도 내가 '영원한 생명'인 권위를 가지고 그것을 결연히 거부한다면 어떠한 불행도 나에게 다가설 수는 없는 것이다.

이 세계는 천, 지, 인이 만드신 세계이고 우리 가족은 영원한 생명이며 천. 지. 인에 의해 사랑 받고 있으니까 천, 지, 인이 항상 지켜주셔서 행복하고,

풍요롭고, 화목하고 건강하다.

나와 우리 가족은 언제나 천, 지, 인과 일체감에 살고 있어서 행복과 평화로 가득 차 있다. 매일 매일 행복한 날 보내게 해주셔서 감사합니다.

천지만물이여 감사합니다. 조상님 감사합니다.

아버지 감사합니다. 어머니 사랑합니다. 감사합니다.

부자로 잘 살기를 원할 때 성취하기 위한 소원성취 발원 기도문 버전

나는 대우주의 영원한 생명이다.

나는 마음 완전 원만하다. 나는 대우주의 마음과 일체이다.

부(富)라고 하는 것은 대우주로부터 오는 것이므로 대우주의 마음을 위하는 생각을 갖는 것에 의해 부(富)를 이룰 수 있다. 부자로 잘 살기 위해서는 나의 약삭빠른 꾀에서 온다고 하는 등의 생각을 해서는 안 된다.

내가 가난하다고 생각하는 한, 나는 가난하다. 내가 불운하다고 생각하는 한 불운하다. 나는 가난을 마음에 그리면서 부자가 될 수 없다. 나는 불운을 마음에 그리면서 행운을 맞이할 수는 없다.

내가 가난하다고 생각하고 있는 한 언제까지나 가난할 수밖에 없다. 이것이 마음의 법칙이다. 내가 부자가 되려면 마음속에 부(富)의 상념, 부(富)에 알맞은 생각을 가져야 한다.

우주와 천, 지, 인과 나는 일체이므로 무한한 능력이 이미 베풀어졌다. 나는 대우주의 영원한 생명으로서 천, 지, 인이 베푸시는 무한 공급을 받고 있다.

지금 나의 주위에 현실로 이미 무한한 부(富)가 있다. 마치 지금 나의 주위에 현실로 이미 무한한 공기가 있는 것과 같다. 풍부한 부와 무한 공급의 세계가 지금 있다.

지금부터의 세계는 나의 자유다. 나의 자유로운 마음의 힘으로 무한 공급의 실상세계가 지금 눈앞에 있다. 나의 눈앞에 분명한 모습을 가지고 무한공급의 풍부한 경제상태가 나타나오고 있다.

나는 무한한 공급을 맞이할 무한한 대 역량의 힘이 있다. 무한한 지혜와 용기와 자원을 주셔서 감사합니다. 벌써 부자가 되어졌다. 매일 매일 행복하게 해주셔서 감사합니다. 천지만물이여 감사합니다. 조상님 감사합니다. 아버지 감사합니다. 어머니 사랑합니다. 감사합니다.

에필로그

나, (　　　　　)은/는 오늘　　　　　년　월　일.

내 인생의 행복을 다짐합니다.

나는 일생을 통하여 항상 긍정적인 정신태도로

생활과 직무를 성실히 수행하며

적극적이고 창조적인 사고로써 능동적으로 행동하며

무한한 잠재력을 개발하여 참된 나를 찾고 존재하는 모든 것에 대한 감사함과 아울러

행복과 성공을 창조하는 행복가(Happilizer)가 될 것을 다짐합니다.

Singnature :

찾아보기

ㅂ

ㅇ

ㅈ

ㅊ

미래를 읽어주는 꿈 전문칼럼니스트 박 재 홍

저자는 경남 밀양 상동에서 태어나 법학을 전공한 법학박사의 학자로서, 20권의 법학저술과 20여편의 법학논문을 발표한 대학교수이다. 저자는 오래 전 인간의 성격에서의 이상심리학과 범죄성과의 관계를 연구한 학자들, 크레페린, 제리히, 슈나이더를 탐구하던 중 정신분석학자 프로이트와 융 및 라깡의 사상을 접하고 꿈에 심취하여 꿈의 자료를 모아 연구하고 있다. 현재에는 현재 '꿈 칼럼니스트'로서 꿈 관련 서적의 출판과 신문기고 및 MBN방송 「엄지의제왕」 꿈해몽 고수로 출연하는 등으로 "꿈과 행복학"이라는 주제로 왕성히 활동 중이다.

한국의 꿈해몽 비결서

초판인쇄 | 2015년 2월 10일 1판 1쇄 인쇄
초판발행 | 2015년 2월 20일 1판 1쇄 발행
지은이 | 박재홍
펴낸이 | 김광식
펴낸곳 | 탑북스
주소 | 서울특별시 마포구 토정로 222 B동 208호
전화 | 02-365-2223
팩스 | 02-365-2224
등록 | 2009.12.21 제 2013-000101 호
가격 | 25,000
ISBN | 979-11-85647-44-9-03180